Algún tiempo atrás

La vida de Gustavo Cerati

Sergio Marchi

Algún tiempo atrás

La vida de Gustavo Cerati

Grijalbo

El papel utilizado para la impresión de este libro ha sido fabricado a partir de madera
procedente de bosques y plantaciones gestionadas con los más altos estándares ambientales,
garantizando una explotación de los recursos sostenible con el medio ambiente y beneficiosa para las personas.

Penguin
Random House
Grupo Editorial

Las letras de Gustavo Cerati son reproducidas
con permiso de JJC Ediciones Musicales.

Algún tiempo atrás
La vida de Gustavo Cerati

Primera edición en Argentina: abril, 2023
Primera edición en México: octubre, 2023
Primera reimpresión: mayo, 2024
Segunda reimpresión abril, 2025

penguinlibros.com

ISBN: 978-607-383-614-2

Impreso en México – *Printed in Mexico*

A Ximena Giussani, por ser el paisaje más soñado.

For absent friends
Bocón Frascino
Noemí Hakel
Peluca Goldsack
Patricia Zalazar
Marciano Cantero
Palo Pandolfo
Willy Crook
Pil-Trafa
Jorge "Killing" Castro
Gustavo Bratoz
Gordon y Gutiérrez

A los amigos de Soda que ya no están
Roberto Cirigliano
Alfredo Lois
Daniel Sais

Y cuento verdades como mentiras.
La culpa es de nadie, solo mía.

GUSTAVO CERATI, "Verbo carne"

Índice

Imágenes retro

La cartografía de un hombre puede llegar a ser infinita. Si vamos a ser rigurosos, y esa es la intención de este libro, deberíamos cuidar de no caer en los excesos que Jorge Luis Borges, inspirado por Lewis Carroll o por Mark Twain, señaló en un breve texto apócrifo[1] donde escribió acerca de un Imperio en el que la exactitud cartográfica era tal que la escala de un kilómetro equivalía exactamente a un kilómetro. La desmesura tornó innecesaria la existencia de mapas tan excesivos porque eran equivalentes al territorio a representar: un duplicado redundante en aras de la precisión o la obsesión. La perfección es inalcanzable. Sin embargo, Gustavo Cerati la buscó desaforadamente en su arte aunque en su interior supiera perfectamente que la vida se encarga de difuminar esa vana pretensión porque la luna roja te hace mortal y todos estamos expuestos a esa luz implacable.

Por lo tanto, este libro intentará aproximarse a los pasos de Gustavo del mismo modo: sabiendo que todo no se puede, en conocimiento de que hay enigmas de imposible resolución, pero actuando sin límites en el afán de esclarecerlos. *Algún Tiempo Atrás: La vida de Gustavo Cerati* no es un título casual; tanto se ha hurgado en su muerte que la vida, su vida, ha quedado ligeramente obturada en el ojo público —aunque no de su público— y ahí es donde quiero poner énfasis, sin olvidar que la muerte forma parte del trazado de esa vida luminosa que tantas maravillas ha forjado. Investigué por todos los rincones

1 "Del rigor en las ciencias"– Jorge Luis Borges. *El hacedor* (1960).

al artista, tanto al que trascendió masivamente con Soda Stereo como al que desplegó una carrera solista deslumbrante que hace aún más terrible su prematura partida: Gustavo Cerati no tenía techo. Pero también quise saber sobre el niño que fue, el adolescente curioso e insaciable, el joven enamoradizo, el hijo de una familia domiciliada en Buenos Aires cuyos padres provenían del interior de Argentina, el muchacho preocupado por su porvenir que sabía de la dificultad de procurárselo solo con su talento, todavía en desarrollo; me interesó averiguar más acerca de su formación musical, sobre el alumno del primario, el secundario y el estudiante de publicidad que encontró unos cuantos aliados en su incompleta vida universitaria; descubrir los nutrientes con los que se alimentó el rockero principiante y el obrero musical que muy poca gente escuchó, sin descuidar al Gustavo que todos conocemos: el cantante fabuloso, el formidable guitarrista, el compositor genial que se fue construyendo a sí mismo y se convirtió en uno de los artistas más prodigiosos de Latinoamérica; la estrella de rock que pisó con paso fuerte territorio americano y europeo al borde de la cornisa, casi a punto de caer; el marido y padre que siempre anheló ser, sin olvidar por eso al hombre que a lo largo de 55 años cargó por tandas con todos los anteriores y otros no mencionados.

El prisma del tiempo nos permite observar también las múltiples dimensiones de un hombre que puede situarse en una multitud de contextos diferentes, y no solo sobre un escenario, un estudio de grabación o un medio de comunicación. Gustavo Cerati ha sido un artista extraordinario, aunque en los incontables formularios que tuvo que llenar al pasar una frontera prefiriera completar el casillero profesional como "músico", una palabra más modesta con la que se sentía absolutamente identificado. Pero también fue un hombre de muchas mujeres que encontró en ellas un manantial inagotable de inspiración, amor, cuidados y no escasos dolores de cabeza, padecimientos y decepciones. Conoció de niño la simpleza de la vida urbana en la Buenos Aires de los 60, que fue un faro cultural para Latinoamérica; entró en ebullición rockera en los 70, al tiempo que la política argentina se volvía sanguinaria y violenta y fue parte fundamental y gran animador dentro de los gasificados y democráticos 80 con Soda Stereo. Se casó dos veces, tuvo dos hijos a los que quiso con locura, perdió propiedades inmobiliarias y estudios de grabación en divorcios; experimentó con el rock, el pop, la electrónica, con la tecnología, con la música y con sus pelos. Probó todas las comidas que estuvieron a su alcance, recorrió los destinos turísticos más vulgares, más exóticos y más incómodos que se pudiera imaginar. Lidió con adversidades externas e internas, aprovechando los ocasionales vientos de cola, esquivando las envidias, los *nubazones*, y los mullidos sillones que ofrece el éxito a cambio de una obediencia a sus supuestas reglas, a las que violentó sin titubeos cuando le pareció necesario para su expresión. Supo rendirse a las ovaciones y también entendió cuál era el momento de escapar a la momificación de la repetición. Fue hábil, talentoso, escurridizo, veloz, inteligente y audaz. Y al mismo tiempo demostró una torpeza absoluta en el plano físico, legendaria entre los que lo quisieron bien. Pero al ser tremendamente famoso no hubo manera de escapar al óxido de los relatos que calcificaron ciertas creencias en torno a su persona que este libro se propone desbaratar convocando a la realidad de los hechos, muchos de los cuales pude presenciar y hoy me permiten, de ser menester, atestiguar.

— • —

Corro con la ventaja de la contemporaneidad: mi carrera profesional como periodista se inició en Buenos Aires durante 1983, al tiempo que Soda Stereo comenzaba a transitar el circuito de pubs abierto a nóveles agrupaciones. Gustavo me llevaba tres años y medio, Zeta Bosio uno más y yo le llevo dos meses a Charly Alberti. Los vi por primera vez en Marabú, un antiguo cabaret devenido en sala para recitales, cuando transcurría marzo de 1984. Esa noche actuaron como banda soporte de Los Twist, el grupo sensación de aquellos primeros meses de la democracia argentina recuperada tras siete años interminables de una dictadura militar asesina e incapaz. Soda Stereo, en aquel entonces, me pareció una banda bien ensayada, ajustada, fervorosa, y no presentí en ese show atisbo alguno de la grandeza que tendrían en un futuro no demasiado lejano, a la que tendría la oportunidad de observar bien de cerca. Pero entendía bien lo que pretendían; Soda Stereo era un grupo decididamente new-wave, que combinaba el pulso reggae de The Police, y el ska británico que tuvo como grandes exponentes a The English Beat, The Specials y Madness, entre otros. Eso me cayó simpático porque yo me había integrado a una banda de características similares: pensé que si a ellos les iba bien, a nosotros nos facilitaría el camino, cosa que no sucedió pues nos separamos a fin de año. Para entonces, Soda Stereo ya había editado un disco, saturaba la exigua capacidad de La Esquina del Sol, un pub que yo frecuentaba asiduamente como periodista, y a fines de año se animarían a presentarse en el Teatro Astros. Se llenó un poco más de la mitad pero fue como un triunfo, aunque lo vivieron con sensaciones contradictorias.

A Gustavo recién lo conocí en 1986 en el departamento que había alquilado en la calle Juncal, a corta distancia de su agencia de representación. Fui junto a Eduardo de la Puente a entrevistarlo y lo primero que hizo tras su recibimiento fue ofrecernos algo no demasiado rockero: "¿No quieren una sopita? Yo me estoy preparando". Típico primer departamento de soltero, parecía tan luminoso como poco amoblado, pero había cierto glamour en él quizás por formar parte de una construcción antigua: los departamentos estaban construidos en torno a un jardín común. No era un edificio y mucho menos una torre; no era lujoso, pero tenía estilo. Gustavo había vuelto hacía poco de un viaje por Europa con los Soda y avanzaba en los temas que conformarían *Signos*; Soda Stereo ya era un grupo de grandes ligas, pero Gustavo no era una figura estelar ni un divo. Me cayó bien de entrada y la conversación fue animada y profunda a la vez. Da ternura leerlo decir que "me gustaría componer un tema clásico algún día": ya había escrito al menos dos pero él no lo sabía.

Muchas veces leí que Gustavo era "frío y distante" y yo conocí a una persona que era exactamente lo contrario: cálido y cercano. En alguna ocasión sentí que alguien me agarraba por detrás, inmovilizándome los brazos y me alzaba por el aire, una broma muy común en el colegio secundario: era Gustavo en alguna gira de Soda durante los 80. Recuerdo cosas más dolorosas como cuando en un viaje a Mar Del Plata, salí de una van para comprar cigarrillos y no pude volver a entrar porque el vehículo había sido rodeado por fanáticas de Soda Stereo. Lo peor era que ellos desde adentro se desternillaban de risa ante mi desventura. Me sentí como un niño al que su madre no fue a buscar al colegio y luego experimenté un intenso dolor: con una maniobra precisa, Charly Alberti me agarró de los pelos y me jaló al interior del rodado. "Es que Charly es el rey de la escapatoria de las fans —me explicó Nicolás Nóbile, personal mánager del trío en las giras de los 90—; se tiraba al piso y pasaba por entre las piernas de las fans. Un experto". Me he cruzado con los tres Soda en los lugares más insólitos: los he visto en Paraguay, en Nueva York y hasta me encontré con Zeta en el festival de Roskilde en Dinamarca durante 2006. A Gustavo lo entrevisté toda la vida, y la última nota que hicimos fue junto a Marcelo Fernández Bitar, con quien lo reporteamos en noviembre de 2009, poco antes de la presentación de *Fuerza Natural* en el Club Ciudad. Fue el último concierto multitudinario de Gustavo en Buenos Aires, y no puedo evitar conectarlo con el hecho de que justo enfrente de aquel club conoció a su primera novia. Ya lo leerán.

Me he ido hasta de gira con Soda Stereo y entrevisté a Gustavo y a los Soda más veces de las que puedo recordar. He sido siempre bien recibido en camarines, no solo por los músicos sino por todo su cuerpo técnico que siempre me trató como a uno más del equipo; con no pocos luego desarrollé amistad personal. Conocí a los padres de Gustavo, a su hermana Laura, y también me encontré con él en algunas situaciones sociales. Recuerdo varias con alguna claridad. La primera es triste e insólita a la vez. Sucedió en la trasnoche de un día de semana en la ciudad de Campana, los tres Soda Stereo, yo y alguien más revolviendo interminablemente unos cafés ya fríos en el único bar abierto a esas horas. Salimos a tomar aire un rato del velatorio de nuestro común amigo Roberto Cirigliano, oriundo de aquella ciudad a 75 kilómetros de Buenos Aires, que había muerto en un terrible accidente automotor en México. Conversamos de lo que se habla en esas circunstancias: naderías que nos oxigenasen frente a la tristeza infinita. Nadie se acercó a tomar fotos ni a pedir autógrafos.

Más divertida fue la invitación que me hizo Richard Coleman a la grabación del disco debut de Los Siete Delfines, producido por Gustavo en Supersónico, el estudio que Soda Stereo construyó en la casa rentada que también oficiaba como oficina comercial, sala de ensayo y, durante un tramo de los 90, refugio temporal para Adrián Taverna. Esa noche Gustavo se puso violento, muy violento. Por fortuna no fui yo el destinatario de su furia desbocada sino un rack de efectos al que casi destroza sacudiendo un cable con la intención de encontrar un sonido especial para la guitarra de Coleman, con fuerza más demencial que natural.

Desconozco el año, pero seguramente fue después de 1993, porque al toparme con Gustavo en algún otro lugar, le dije lo mucho que me había gustado *Amor Amarillo*, su primer disco solista, que había salido hacía poco. "¿En serio me lo decís?", me respondió un poco extrañado. Y no era porque yo fuese un crítico severo sino porque él lo veía como una obra menor, probablemente para no subirle el perfil al disco ante ese tambaleante e incierto momento de Soda Stereo. Se decía —y los rumores eran afirmaciones *off the record* de fuentes inobjetables— que la banda ya no existía como tal.

Otro encuentro fortuito sucedió en la casa del músico y actor Antonio Birabent que invitó a algunos allegados a escuchar un nuevo trabajo antes que saliera. Allí fue Gustavo el que acudió a mi encuentro para agradecerme que le hubiera hecho llegar un ejemplar de mi primer libro, *No Digas Nada: Una vida de Charly García*, contarme que le había gustado mucho y lo había hecho reír. "Ahora: ¡qué feo eso de Charly metiéndose con vos por un pifie! ¡Encima que le salvaste el show!", me dijo con seriedad. Explico: en una ocasión faltó el baterista de García, y al ser yo un amigo cercano en aquel tiempo, lo reemplacé sin mi instrumento, sin ensayo y sin lista de temas. Ante un fallo inevitable, el escorpión me picó: "¡Dedicate a escribir!", me gritó al comando de su guitarra. "Se metió con algo muy tuyo y no tenía por qué", se solidarizó conmigo Cerati. Creo que fue un gesto muy cariñoso de su parte y retengo el haberle dicho que algún día teníamos que hacer un libro sobre él pero que había que dejar pasar el tiempo porque en 1998 estaba muy fresca la separación de Soda Stereo y él tenía que vivir muchas más cosas: todavía no había cumplido cuarenta años. Estuvimos absolutamente de acuerdo.

Tampoco faltaron las quejas profesionales: Gustavo leía todas las críticas y hasta se enfurecía con algunas. Al saber esto me preocupó muchísimo el error de un diagramador que había perdido una línea de mi crítica de *Canción Animal* en la revista *Rock & Pop*; todavía se hacía todo en papel y se recortaban los párrafos con cúter. Con tanta mala suerte que la ausencia de esas palabras cambiaba todo el sentido del comentario. Tenía que explicárselo a Gustavo y lo llamé por teléfono, pero él estaba de gira y solo había un contestador al que llené de mensajes de disculpas tratando de aclarar sin oscurecer. No sé si logré hacerlo con claridad pero me dijo que había escuchado mis mensajes y que notaba la preocupación. Al año siguiente, me contó que él y Daniel Melero se rieron mucho al leer la crítica de *Colores Santos* donde en vez de escribir la palabra "adictivos" yo puse "aditivos". Si mi error provocó su risa, bien ganada estaba. También se enojó cuando *Ahí Vamos* recibió solo tres frías estrellas y media sobre un total de cinco en la revista *La Mano*, y otros álbumes que quizás no fueran tan buenos como el suyo, obtuvieron cuatro. No sé si alguien le explicó que se trataba de distintos periodistas, pero le doy la razón porque *Ahí Vamos* merecía las cuatro estrellas.

Nada de esto constituyó un inconveniente en nuestra relación que no era de estricta amistad pero que estaba enmarcada por una corriente de simpatía, mezclada con complicidad y no pocas discrepancias en nuestras charlas musicales con las que nos divertíamos mucho. Cuando lo provoqué preguntándole por Hot Chip, grupo al que yo había denostado en otra conversación, me dijo: "Para que veas lo fan que soy, una noche salí de River vestido de Soda Stereo y me fui a Crobar a ver un show que transmitían por internet". Leandro Fresco no me deja mentir: "Lo recuerdo, nos bajamos del escenario y Diego Sáenz tenía preparada una combi a pedido de Gustavo para ir a ver el show de Hot Chip a un bar. Fue muy gracioso, y una de las tantas locuras que hicimos".

— • —

Resulta complejo ensamblar la historia de Gustavo Cerati porque transcurrió en muchos niveles. Para comenzar, está inscripto en la historia del rock argentino y también en la idiosincrasia de su público, totalmente diferente de las audiencias de Latinoamérica que también tienen sus regionalismos y valoraciones. Al ser argentinos tanto el protagonista de esta historia como el que estas líneas escribe, pido disculpas si algunos modismos de estas latitudes dificultan la lectura de este libro: traté de hacerlo lo más neutro que pude, pero al fin y al cabo somos quienes somos.

Otro punto en el que opera la figura de Gustavo es el generacional: dentro del rock argentino, pertenece a una segunda camada de músicos que nacieron entre fines de los 50 y los primeros años de los 60. Aunque esté a su altura artística, Cerati es de una generación distinta a la que nos brindó nombres como Luis Alberto Spinetta y Charly García, por mencionar solo algunos de los más conocidos fuera de la frontera argentina, quienes desarrollaron la primera parte de sus carreras en los 70, mientras que Soda Stereo fue y continúa siendo un feliz emblema de los años 80, aunque su evolución los haría muy gravitantes en los 90 también.

A la hora de elegir los entrevistados mi idea fue hablar con todo el mundo pero hubo gente que no quiso participar, otros que lo hicieron pidiendo anonimato, y además hubo que seleccionar porque de ser completa la lista habría sido infinita. Como siempre hago en libros de estas características, quise que la familia fuera la primera en saber del proyecto y hablé con Laura Cerati, que tutela el legado de su hermano junto a Benito y Lisa, los hijos de Gustavo. Ellos habían pensado hacer una biografía familiar con varios periodistas, pero yo soy demasiado neurótico como para poder escribir un libro con más gente. Quedamos en ver si en algún futuro podíamos confluir, pero eso no sucedió y entendí que ese escenario planteaba una categoría clara: esta no es una biografía autorizada ni oficial. También otorga una mayor independencia pero no un compromiso menor con los hechos tal y cual fui entendiendo que verdaderamente sucedieron.

Quise hablar con Lillian Clarke, esa mujer que fue la mejor portavoz de la esperanza durante los cuatro años que Gustavo permaneció en suspenso. Pese a lo bien conservada que se la ve a sus 92 años, Laura no creyó bueno para ella tener que exponerse a remover sus recuerdos. Y yo estuve de acuerdo. Hay que entender que se trata de una familia que sufrió una terrible tragedia, y también hay que comprender que la familia extendida de Gustavo —amigos, músicos, mujeres, colaboradores y otras personas— también fue tocada por lo irremediable de la pérdida, así como sus fans y el rock latinoamericano en su conjunto. Gustavo era un motor que tenía un enorme poder de tracción (¡y atracción!) que actuaba sobre todos. Con el tiempo y no sin insistencia, Laura aceptó ser entrevistada para este proyecto y colaborar en despejar algunos datos imprecisos.

Hay dos ausencias que hacen ruido, en todos y en los mejores de los sentidos: Zeta Bosio y Charly Alberti. Dejé pasar un buen tiempo antes de convocarlos para no desanimarme si me decían que no como sospechaba que iba a ser. Charly fue el más receptivo y sugirió hablar más adelante porque quería conversarlo con Zeta. Al poco tiempo hizo el anuncio de la puesta en marcha de su propio libro. Estefanía Iracet, que maneja los contactos de Zeta con el mundo mediático, me explicó que a su marido lo requieren mucho por toda clase de proyectos y que remite a todos a su autobiografía *Yo conozco ese lugar.* Y que ambos están resguardando lo que quede por contar para otro proyecto, probablemente una serie.

El título *Algún tiempo atrás* apareció con fuerza y naturalidad. Tuvo la cortesía de esperar a que yo terminara *Ruido de magia*, la biografía oficial de Luis Alberto Spinetta, a quien

Gustavo admiraba y adoraba. Cuando finalmente se publicó, yo ya sabía que llegaba el turno de Cerati y estaba percibiendo señales claras y concretas de mis propias ganas de escribir esta fantástica historia. Durante unas hermosas vacaciones en Chile, me llamó la periodista chilena Johanna Watson con la idea de entrevistarme para The Clinic y eligió que hiciéramos fotos frente al famoso mural de Gustavo en Santiago Central realizado por Daniela Galatea y Cristóbal Espinoza. Pudo ser casualidad, pero yo estaba en Santiago porque quería que mi novia, que estaba trabajando en la ciudad, no pasara sola su cumpleaños. Ya hacía tiempo que había entrado por primera vez en su hogar —¡una antigua fábrica de soda!— y había visto una hermosa pintura de la cara de Gustavo en su living. Y de Santiago, nos fuimos unos días a la playa de Zapallar, sitio que según supe después Gustavo supo frecuentar.

Luego, la llegada de la pandemia de Covid obligó a improvisar sobre la marcha y aprovechar los días de confinamiento para conectar, investigar y comenzar las entrevistas a distancia, lo que tuvo ventajas y desventajas. Con Adrián Taverna, cuya enorme generosidad le dio un invalorable sostén a este proyecto, practicamos la presencialidad con distancia social, alegremente vulnerada por su gata Frida. Richard Coleman resultó ser un gran implementador de protocolos y termos de café. Y podría seguir así con cada uno de los que aceptó formar parte de esta aventura, en persona o a distancia, porque todos ellos ayudaron a la concreción de este libro: sugirieron otros nombres, abrieron puertas, pasaron contactos, develaron secretos, aclararon equívocos y bucearon en sus memorias para que yo pudiera escribir esta historia.

¿Qué otra cosa puedo hacer? Gracias por venir.

Sergio Marchi

1

Sweet sahumerio

Una vuelta más.

Entera.

En el fragor de los bises, Gustavo Cerati captó la sonrisa y el movimiento ascendente de la cabeza de Carlos Santana que lo invitaba a hacer una vuelta más de solo en la monumental zapada que se había montado en El Campín de Bogotá, Colombia. "Esa noche, Gustavo la rompió", asegura Adrián Taverna, sonidista de toda la carrera de Gustavo y uno de sus más grandes amigos. Santana es generoso de por sí pero no es un hombre que sea demagógico: si pedía otra vuelta, era porque en realidad la quería. Él disfrutaba más que el propio Gustavo, serio, concentrado y empleándose a fondo. No podía fallar: no quería fallar. Y no lo hizo. ¿Lo disfrutó? Hmmm, es difícil ponerle resultado a esa experiencia, pero cuando todo terminó se sintió muy feliz. ¡Había tocado con Santana, el primer músico que fue a ver a un show! Tenía 14 años y una ansiedad de locos. Pero puso en pausa esa experiencia dentro de su cabeza, porque temía que la emoción le arruinara el solo. Después de todo, era una jam en torno a "Exodus", un tema de Bob Marley, al que alguno de los cantantes de Santana le insertaba unos versos de "Get Up, Stand Up" para que la gente cantara. Pero esa noche, el público estaba más enganchado con los solos de Santana y Gustavo juntos. Los colombianos no hicieron distingos entre ambos: adoraban a los dos sin remilgos y quedaron fascinados por la unión de dos guitarristas universales. Sandro Pujía, iluminador de Soda Stereo y buena parte de la carrera solista de Cerati, coincidió con Adrián: "Lo que tocó esa noche Gustavo, fue algo increíble".

El 15 de marzo de 1996 llovía con furia sobre Bogotá y las fuerzas naturales parecían concentrarse aún más sobre El Campín y las 35 mil personas que resistían el temporal. Santana había llegado temprano para la prueba de sonido y decidió quedarse en el estadio porque aquel día el tránsito era atroz: sería fatigoso ir y volver del hotel. Taverna también fue de los primeros en hacerse presente; se quedó esperando el arribo de Soda Stereo para la prueba de sonido y recibió las bendiciones que Carlos Santana acostumbra a impartir. "El tipo nos saludó a todos —cuenta Adrián—, y atrás venía el mánager prendiendo racimos de incienso que largaban un olor tan fuerte que al aire libre era insoportable; vos ibas al camarín de Santana y te encontrabas con un altar: su Dios en aquella época era Haile Selassie. Él andaba por ahí con su gorrito hindú y a todos saludaba".

—Que Dios te dé sus bendiciones, hermano —le sonreía a todo aquel que cruzase su mirada enyoguizada.

Alguien avisó que habían llegado los Soda Stereo y Santana dijo al aire, sabiendo que alguien lo iba a escuchar: "Quiero invitar a Gustavo a tocar". No dijo Soda Stereo, dijo Gustavo, como si lo conociera del barrio. "Parece que venía con data", reflexiona Taverna, que tomó la antorcha caliente y respondió en su nombre: "¡Uy, sí, le va a encantar! Gustavo te admira desde chico", y apuró los pasos para ir a contarle.

—Gus, Santana quiere que esta noche subas a tocar con él. Ahora te va a venir a ver.

—¡No te lo puedo creer! —se iluminó la cara de Cerati.

Aunque hiciera mucho que no escuchara su música, para Gustavo era una invitación celestial: el primer recital de su vida fue el que brindó Santana en el "Gasómetro", el histórico y desaparecido estadio del club de fútbol San Lorenzo, en el barrio de Boedo. Fue el 16 de octubre de 1973; algunos amigos mayores, que salvo uno no pertenecían al círculo del colegio San Roque, peregrinó brotado de ilusión al concierto. En aquel tiempo, los músicos de rock internacional no llegaban a la Argentina.

El arribo de Santana encendió el entusiasmo de los melómanos y se realizaron cuatro funciones, una enormidad para la época: las dos primeras, con entradas carísimas, en el cine/teatro Metro; la tercera, un poco más económica, en el Luna Park al día siguiente, y la última en la cancha de San Lorenzo a precios populares, que era lo máximo a lo que podía estirarse el bolsillo de Gustavo y sus amigos. Disfrutó enormemente toda aquella experiencia de ir a un primer show de rock y salió como excitado del estadio, en llamas por la música ardorosa de Santana, con las hormonas hirviéndole. Y ahora, veintitrés años más tarde, era el mismo Santana el que quería tocar con él. Para Cerati fue un subidón, porque la gira de Soda Stereo era todo un éxito, y de hecho venían de grabar un disco mentirosamente *unplugged* (acústico) para MTV, pero el grupo estaba en acelerado proceso de desintegración y la mala vibra era tan palpable como una muralla. Se hablaban lo indispensable y mayormente a través de intermediarios.

"Gustavo se puso loco con la invitación —asegura Taverna—; nosotros escuchábamos muchísimo a Santana en los primeros tiempos. Estaba en un estado entre contento y asustado, y se preguntaba qué tema podría tocar con él". "Yo creo que Santana invitó a tocar a Gustavo a instancias del promotor del show", sugiere el empresario colombiano Julio Correal, amigo de Cerati. Pero la cosa parecía venir de mucho más atrás. Aparentemente en 1989, Carlos Santana recibió un CD de Soda Stereo de las manos del argentino Rudy Pensa, cuya tienda de instrumentos en la calle 48 de la ciudad de Nueva York se ha constituido en una suerte de Meca para músicos de todas las latitudes. Y además, Santana fue uno de los primeros en recibir los auspicios (e instrumentos) de las guitarras PRS (Paul Reed Smith). Fue el mismísimo Pensa quien le vendió una a Cerati.

—Gustavo, hay una guitarra que está buenísima: la usan Mark Knopfler de Dire Straits y Santana. —Gustavo abrió bien grandes sus ojos celestes y atinó a preguntar.

—Pero ¿qué tiene la guitarra, Rudy?

—Un sonido impresionante.

La probó, comprobó que era verdad y se la llevó. Esa guitarra se transformaría en uno de sus instrumentos de cabecera y Gustavo la empuñaría esa noche histórica en El Campín. Nunca se llegó a saber si Carlos Santana, que también tocó con una PRS, escuchó alguna vez el ejemplar de *Doble Vida* de Soda Stereo que Pensa le obsequió, pero el nombre de Gustavo Cerati lo tenía bien presente la noche en que lo invitó a su escenario en Bogotá. Y sabía más cosas. "No sé quién le contó a Santana que los pibes estaban mal —revela Tweety González, tecladista de Soda Stereo aquel día—, pero se apareció por el camarín y dijo: 'Hermanos, yo sé que ustedes tienen problemas pero es muy importante que estén unidos porque la música latinoamericana los necesita. Quiero invitar a todos a tocar conmigo dos temas en los bises'. Finalmente, solo subimos Gustavo y yo: nunca vi una nube de faso tan grande en mi vida". El olor de la marihuana competía con el de los sahumerios que el mánager de Santana seguía encendiendo.

"Santana lo trató muy generosamente a Gustavo —completa Taverna—, y se quedó mirando el show de Soda Stereo a un costado del escenario. Se quedó asombrado de cómo saltaba y enloquecía la gente". Cuando llegó el momento de la invitación, Sandro Pujía se acercó al escenario para no perderse el momento de gloria de Cerati, y pudo observar todo de cerca y un poco más.

—Bueno, voy a invitar a un amigo. Ustedes ya lo conocen, es un grande de la música. Con ustedes: ¡Gustavo Cerati!

Apenas comienza la canción, el stage-manager de Santana corre hacia el costado del escenario y empieza a buscar a más argentinos.

—¡Métanse todos a tocar porque a Carlos le encanta!

Y ahí es donde Tweety González se anima, le ponen un shaker en la mano, y se ubica pacíficamente al lado del tecladista de la banda.

—¡Y tú también! —le grita el stage-manager a Sandro Pujía.

—¡Pero no soy músico! —aclara el iluminador.

—¡No importa! —dijo el hombre y le dio dos huevitos a Sandro que se vio arrastrado por la marea y terminó en el escenario junto a los demás.

El Campín se vino abajo cuando Gustavo entró al escenario. El show de Santana terminó muy arriba y dejó a la muchedumbre empapada con la sensación de que había valido la pena aguantar aquel chubasco infernal. Las luces se encendieron mientras los sahumerios seguían brillando sobre el escenario. Gustavo fue invitado al camarín de Santana para conversar con Carlos, al que le agradeció la invitación y le contó que al primer concierto que había ido fue el suyo en Buenos Aires. Carlos le dijo que le encantaba como tocaba y Gustavo se fue con una felicidad como si lo hubiera bendecido un Papa.

— • —

"Mereces lo que sueñas" es una de las tantas frases que Gustavo Cerati escribió en sus canciones que se han convertido en un mantra para sus seguidores. Haber compartido escenario y palabras con Carlos Santana puede verse como un sueño desde afuera, pero es difícil saber si alguna vez Gustavo lo tuvo. En todo caso, es algo muy bueno que le sucedió y que aprovechó debidamente; un enorme gusto, más que un anhelo incubado por años, tal vez porque era imposible siquiera imaginarlo. Pero hubo otro sueño más posible, también realizado y explicitado: "Si hay un sueño cumplido, es este", le dijo Gustavo a Luis Alberto Spinetta frente a casi 40 mil devotos tras haber tocado con él en el estadio argentino de Vélez Sarsfield en Buenos Aires, el 4 de diciembre de 2009. Hicieron "Té para tres" y "Bajan", que Cerati ya había grabado en *Amor Amarillo*, su primer disco solista. "Él es el verdadero maestro", le confirmó a Nicolás "Parker" Pucci, que trabajó en Unísono, su estudio de grabación. "Él es el Uno", subrayó la frase. El cariño y la admiración que Gustavo le tenía a Luis Alberto, que por otro lado era recíproco, se puede ver en el saltito que da cuando va a su encuentro para abrazarlo después de haber compartido ese momento, uno de los mejores del inolvidable concierto Spinetta y Las Bandas Eternas, donde por única vez Luis aceptó reunir a sus grupos históricos: Almendra, Pescado Rabioso, Invisible y algunos miembros de Jade. Fue de tal emotividad el acontecimiento que lejos de refugiarse en los camarines, Gustavo, Ricardo Mollo, Charly García, Fito Páez y otros miembros de la realeza del rock argentino, se quedaron a un costado del escenario escuchando las canciones que les templaron su vivir.

Pero para merecer lo que se sueña hace falta algo más que suerte o talento: hay que trabajar para merecer los sueños y que algún día tengan la chance de hacerse realidad. Y Gustavo le puso una gigantesca cantidad de trabajo a su soñar. En eso hay un consenso absoluto en todos los que lo conocieron. Si bien él se consideraba un vago, nunca lo fue, es un tema de nomenclatura: lo que Cerati hacía con la música, él no lo consideraba trabajo. Trabajo era cargar los equipos, hacer que todo funcione sobre el escenario, viajar, pasar horas y horas en un aeropuerto, hablar con los periodistas, someterse a la quietud del maquillaje, leer contratos, discutirlos, verificar que todos estén cumpliendo sus funciones, tomar decisiones. O escribir letras: eso le daba un verdadero trabajo y se lo tomaba con una responsabilidad absoluta. Ahora, todo lo que estuviera relacionado con tocar instrumentos, quedarse horas mejorando o deformando un loop, un sample, una armonía; subirse al escenario con la guitarra en la mano, cantar sus temas, hacer brotar una canción sólida de una idea tenue, de un sonido encontrado o de dos acordes conectados que se llevan bien, eso no representaba trabajo para él.

Gustavo vivía por y para la música y lo hacía con una intensidad incomparable y una maestría que alcanzó poniendo un empeño superlativo. “Gustavo no era el león alado en el que se convirtió, y yo tampoco”, dijo Zeta Bosio con Charly Alberti a su lado, al ser entrevistados por Bebe Sanzo para la FM 100 de Buenos Aires en 2021, cuando la gira homenaje *Gracias Totales Soda Stereo* ya tenía presto el cordón que bajaría el telón a una historia que convirtió a los tres en personajes legendarios más allá de sus sueños. Pero fue el arrollador crecimiento de Gustavo Cerati como músico, cantante y compositor lo que arrastró a todos, rock argentino y latinoamericano incluidos, a un viaje que transformaría el curso de las cosas. Gustavo fue un motor imparable, incansable y que nunca se quedó sin combustible.

No siempre tuvo esa potencia y capacidad de tracción: ese motor fue alcanzando su puesta a punto con el correr de los años y la acumulación de experiencias. Pero también con el constante afán de mejorar. A lo que ya era excelente, Gustavo le exigía un poco más y ponía de sí lo necesario para lograrlo.

Como todo hombre, Gustavo Cerati fue producto de una época y una familia. La Argentina que lo vio nacer y desarrollarse durante su adolescencia, ya no existe más. Ese lugar que prometía espléndidos frutos para todos aquellos que pusieran manos a la obra, el país de la movilidad ascendente y el desarrollo, la zona de promesas del extremo austral de este planeta, nunca vio el aviso de curva o pretendió desconocerlo cuando se lo encontró. En cambio, la familia que fundaron Juan José Cerati y Lillian Elsa Clarke cuando firmaron el acta que los unió en matrimonio, continúa cohesionada y adelante pese a todo lo que significó el accidente cerebro-vascular (ACV) que padeció Gustavo y los cuatro años de coma en los que permaneció hasta el 4 de septiembre de 2014. Intentan seguir juntándose los fines de semana como típica familia argentina, preferentemente al aire libre si el tiempo lo permite. Lillian se ha convertido en bisabuela de Carmelo, hijo de Valentina que a su vez es hija de Estela Andrea Cerati, hermana de Gustavo y de María Laura, que es mamá de Guadalupe. A ellos suelen sumarse Benito y Lisa Cerati. El elenco es variado y la reunión dominical intermitente, pero se los ve juntos. Más allá del cariño y los lazos familiares hay algo que a casi todos atraviesa, que tiene que ver con el juego y con lo actoral. De hecho, Julián Cerati, el otro hijo de Estela, licenciada en Ciencias de la Educación como su madre Lillian, es un exitoso actor en Colombia, y Valentina es periodista y también actriz. Guadalupe Mujica Cerati, la hija de Laura, es artista plástica y diseñadora de indumentaria y su mamá es psicóloga, actriz y administradora de la editora musical JJC Ediciones. Desde hace mucho tiempo, Benito Cerati Amenábar se dedica a la música, mientras que su hermana Lisa estudia diseño publicitario y cada tanto incursiona como DJ. Los frutos no caen muy lejos del árbol.

En Gustavo no hay que buscar demasiado para encontrar, en la amplitud de su vocación artística, la veta actoral: en la gira de *Fuerza Natural* salía vestido de negro portando un antifaz; Oscar Wilde decía que si le dan una máscara a un hombre, éste contará la verdad. El show comenzaba con Gustavo a oscuras, con el uniforme negro y el antifaz colocado, que ligeramente recuerda en su perfil al "Fantasma en el Paraíso" que encarnó el cantante Paul Williams para la película de Brian De Palma (1974). Pero si la película mostraba a un personaje monstruoso, en el show de Gustavo el antifaz era un modo de sostener un breve misterio y un concepto. Gustavo, inmóvil y con el mentón ligeramente erguido, enfrentaba a la multitud en silencio durante dos minutos cronometrados, segmento que concluía cuando tocaba las notas de la coda de "Fuerza natural". Mientras tanto una pista de sonido envolvente creaba una atmósfera. El público sacaba fotos, aullaba y gritaba ante su sola presencia y toda esa agitación se veía reflejada en su antifaz.

"Ese dron de sonido lo hizo Gustavo, y era el hilo conductor del show —explica Adrián Taverna—; esa intro está compuesta por todos los temas de *Fuerza Natural* mezclados. Era como un anticipo de lo que iban a escuchar. Todo tenía un sentido, a él le gustaba lo del antifaz y no hay que olvidarse que en *Siempre es hoy* tenía un tema llamado 'Camuflaje'. Por primera vez en toda su carrera había un uniforme que era todo negro y en la segunda mitad era blanco. Gustavo jugaba con todas esas cosas: música, letra, actitud, vestimenta. Era un nene, pero con criterio y sentido. Buscaba provocar algo". Y siempre lo conseguía.

"Nunca me gustó que alguien me diga mucho de qué está hablando una canción —dijo Gustavo—, más allá que me pueda interesar leerlo en una nota. Porque me puede llegar a complicar la vida: me está quitando la magia. Algunas de mis letras son muy claras, otras no tanto. Si vos le preguntaras a Spinetta como es que llegó a eso, uno imagina que siempre se encuentra en un estado de lucidez total, y eso no es real: a veces esas cosas son musicales. Hay palabras que te dicen cosas o te las sugieren: temas como 'Vivo' o 'Signos', que tenían esa palabra de movida. La música me da siempre la idea de la letra y por eso lo que quiere decir una letra no siempre es algo concreto. Cuando algunos periodistas o críticos hacen referencia a mi vida personal directa, y filosofan sobre si determinada canción se la escribí a mi mujer actual, a mi exmujer o a Ricky Maravilla[2], se están equivocando porque están subestimando al oyente. A mí no me importa por qué John Lennon escribió 'Jealous Guy'; yo sé que tiene que ver con Yoko Ono y todo eso, pero cuando escucho la canción, ella es lo suficientemente importante para que no me interese otra cosa. Me pega porque mi emoción simpatiza con esa canción. Es natural que uno quisiera que no se dijera tanto sobre el artista; se pierde un poco la magia de las cosas. Pero cuando están sonando las canciones, la gente las interpreta como quiere. La canción es un manejo de emoción: es algo que puede salvarte el estado de ánimo. Primero, yo parto de la música, y a lo mejor, en esa música, existe algún tipo de palabra…"[3].

La rima: esa hechicera promiscua que duerme en todas las palabras; que las va uniendo a conciencia o en consonancia y revelando algún sentido real que solo se completa en la mente de quien puede escucharla o interpretarla. Como en los sueños, que a veces se componen de restos diurnos, viejos recuerdos o diablos escondidos. Es hora de desordenar muchos átomos para hacer que las cenizas de esta historia vuelvan al papel.

---

2 Cantante argentino de música tropical.

3 Entrevista con el autor en el año 2002.

2

Sobredosis de TV

Cuando el rock argentino pegó su primer alarido, Gustavo Adrián Cerati recién comenzaba el colegio primario. Si a los habitantes de la ciudad les pasó desapercibido el tema "Rebelde" de Los Beatniks, uno de los posibles inicios del rock en Argentina, a Gustavo tal acontecimiento no lo tocó ni de lejos. Para él fue mucho más importante un hecho apócrifo que sucedió cuando aún no había cumplido cinco años, en 1964, momento en el que Buenos Aires recibió la visita de... Los Beetles. Los American Beetles eran unos impostores oriundos de Miami cuya historia en Argentina acontece gracias a la viveza criolla de Alejandro Romay, director del Canal 9 de televisión, quien puso en marcha una gran farsa. Dio a entender que había contratado al famoso grupo de Liverpool, pero luego se comprobó que se trataba de unos simuladores estadounidenses. Mucha gente creyó en ese engaño salvo algunos muchachitos airados que fueron a protestar al aeropuerto por el fraude. Entre ellos se encontraba un tal Juan Alberto Badía, que décadas más tarde sería uno de los conductores más importantes de la historia de los medios de comunicación, y en los 80 tendría un gran programa ómnibus en la televisión, *Badía y Compañía*, donde tocarían todos los grandes de la música argentina, entre ellos Soda Stereo.

El 8 de julio de 1964, Los American Beetles, se presentaron en vivo en los estudios de Canal 9 y realizaron un set de seis canciones, ninguna de ellas firmadas por Lennon-McCartney. El conductor Alberto Berco los anunciaba con tanto convencimiento que hasta los sinsentidos que articulaba pasaban sin ser advertidos. "Muy pocos sabrán comprenderlos: ellos representan una reacción contra el materialismo", arrancó su alocución. "Ustedes me preguntarán si la dignidad se puede presentar así, de esa manera —continuó—, con esa ropa, con esos cabellos: la iracundia se presenta siempre exteriormente". Todos los jóvenes en la tribuna vestían con saco y camisa, y entre las chicas no se divisaba ninguna minifalda; aplaudían acompasadamente y sin desbordes en las tribunas del programa *El Festival de la Risa*. Hoy parece una broma, pero... ¿nadie se daba cuenta de la estafa? En 1964, The Beatles eran apenas una nota de color para los hogares argentinos y la beatlemanía un fenómeno muy lejano: no hay que olvidar que Argentina es un país remoto geográficamente y las comunicaciones de los 60, modernas para su época, permitían cierto aislamiento cultural al que la idiosincrasia argentina siempre le tuvo simpatía. En Buenos Aires, la música masiva era otra: la de *El Club del Clan*, otro producto para televisión al cual Gustavo Cerati estuvo expuesto frente al aparato receptor de sus padres pero que no produjo mella en él. Lillian Clarke recuerda que a Gustavo le gustaba Johnny Tedesco, uno de los tantos personajes del show (Palito Ortega y Violeta Rivas eran los más conocidos) pero hay que tener en cuenta que su hijo apenas tenía tres o cuatro años cuando vio el programa. Su predilección puede haberse dado porque era el más parecido a él —rubio, ojos claros—, o por el colorido de sus pullovers que difícilmente pudiera apreciar a través del grisáceo blanco y negro de las emisiones de aquel tiempo.

Si a la primera generación del rock argentino la definió la radio, a la segunda, aquella que comprendía a los jóvenes nacidos entre fines de los 50 y comienzos de los 60, la capturó la televisión. En una fiesta del jardín de infantes, Gustavo y otros compañeros emularon a esos falsos Beetles, y pisaron el escenario escolar munidos con palos de escoba que simulaban ser guitarras eléctricas para una mímica de "Twist & Shout". Era simplemente un divertimento de niños que aprovechaban la ocasión para arrojarse al suelo y enloquecer en el jardín de infantes, pero Gustavo se lo tomó muy en serio, así como se tomaba en serio sus "actuaciones" en fiestas familiares, de las cuales trascendieron un par de registros. Su padre, Juan José Cerati, lo presentaba con el oficio que rápidamente adquirió el poco tiempo que estuvo frente a los micrófonos de LT 15, AM 560 de Concordia, Entre Ríos, una radio nueva en aquel entonces que le permitió trabajar primero como operador técnico, luego como locutor, y juntar unos pesos para ir a Buenos Aires a estudiar Ciencias Económicas. Quería ser contador público.

En las fiestas, Juan José engolaba la voz y daba paso a la presentación de su hijo que, como iba a ser su costumbre, empezó a exigirle algo más que un mero anuncio. Al principio se conformaba con poco, pero cuando advertía que su padre comenzaba a improvisar o a desviarse de lo que él consideraba una presentación correcta, pegaba el grito de descontento. Ahí, Juan José enderezaba el discurso y lo colmaba de elogios. Dos son las canciones interpretadas *a capella* por el niño Gustavo de las cuales quedan registro, ambas publicadas en 1965; una era "Ocho días tristes", traducida por Ben Molar al castellano sin respetar palabras ni fonética, en la que se empeñaba un grupo beat local llamado Los Pick-Ups. La otra fue "Yo que no vivo sin ti", popularizada por el cantante Juan "Corazón" Ramón en una versión castellanizada de "You don't have to say you love me", exitazo de la inglesa Dusty Springfield, que a su vez versionó una canción finalista de la edición 1965 del Festival de San Remo: "Io che non vivo (senza te)", de Pino Donaggio y Vito Pallavicini. También la grabó Elvis Presley en 1970.

Gustavo tenía una voz fuerte pero ronca, fallaba en la dicción, como cualquier niño de cinco o seis años que todavía no dominaba cabalmente los fonemas; mantenía el tono aunque no lograra del todo la afinación. Solo su padre podía presentarlo como "una espléndida voz, un extraordinario cantante"; sin embargo, Juan José Cerati terminó por ser un involuntario visionario porque con el tiempo su hijo iba a convertirse en uno de los mejores cantantes del rock argentino y latinoamericano. Todo era parte de un juego actoral, una situación muy presente en la familia. A Juan José, el locutor le salía perfecto y utilizaba la jerga de la radio de los 40, recordando las siglas de Radio Belgrano e incluso algunas de sus repetidoras en la provincia de Buenos Aires y hasta en Paraguay. "Mi papá tenía algo artístico —recuerda Laura Cerati—, actuaba en cualquier situación y dentro de casa también tenía esa veta". Ese era uno de los tantos puntos de coincidencia con Lillian. "Mi mamá —prosigue Laura— sigue considerando hasta el día de hoy que la actuación era su gran vocación. Se ve que a mi papá también le gustaba, porque animó muchas fiestas de entrega de premios de la compañía donde trabajaba. Lo convocaban porque tenía una muy linda forma de expresarse, y además era medido pero ocurrente".

La compañía era la petrolera Esso, muy popular en Argentina en los tiempos de niño de Gustavo. Se trataba de una marca de la Standard Oil basada en la pronunciación inglesa de sus iniciales (Es + Ou), en la que Juan José Cerati consiguió trabajo de cadete a fines de los años 40, cuando su inquietud por estudiar y progresar en la vida lo trasladó de Concordia a Buenos Aires. Llegó con el contacto de su tío, Adán Guaglianone[4], un pintor que le hizo lugar en la habitación que rentaba en una pensión del barrio de Barracas. Esa zona al sur de la ciudad, muy próxima al Riachuelo, supo ser próspera pero la epidemia de fiebre amarilla de 1871 hizo que las familias más pudientes se mudaran hacia la zona norte de Buenos Aires para eludir la peste del vómito negro y le quitaron el tinte residencial, otorgándole un perfil más industrial. Cuando Juan José comenzó a vivir en las calles de Barracas, le llamó la atención que algunas veredas fueran más altas que otras y que a lo largo de una cuadra hubiera tantos desniveles. Esto era para evitar los desbordes del Riachuelo que solían anegar la zona en los días de lluvia. Hoy, el barrio está muy mejorado, pero en aquel entonces proliferaban los depósitos y las fábricas, aromas nauseabundos provenientes del Riachuelo y era la continuidad del barrio de La Boca; conventillos de otros tiempos devinieron en pensiones al alcance de aquellos que no contaban con lo suficiente como

4 Por alguna razón, su nombre es conocido como Adam Guaglianone. Se especializaba en arte campestre, gauchos y paisajes.

para alquilar un departamento. Barracas era uno de los barrios más económicos de Buenos Aires. Hoy tiene diferentes zonas, algunas muy caras y otras que parecen detenidas en el tiempo, sin encanto, empobrecidas.

— • —

Los Cerati venían de Mozzate, un pueblo italiano de la provincia de Como, al norte de la ciudad de Milán. Ambrogio Cerati partió de allí el 2 de agosto de 1923 con destino a la casa de un hermano de su padre Alessandro Cerati, Emilio, con la ilusión de encontrar un futuro en Concordia, a 430 kilómetros de Buenos Aires. La Argentina parecía tener un destino de grandeza un siglo atrás y Ambrogio se convirtió en Ambrosio, algo muy común en aquellos tiempos donde se anotaban los nombres según lo que escuchara el funcionario. Quizás no haya encontrado lo que soñaba, pero consiguió trabajo en el ferrocarril y el 2 de junio de 1927 contrajo enlace con otra italiana como él: María Angélica Guaglianone. Tuvieron un primer hijo en 1928, llamado Emilio en honor al tío de Ambrosio, que murió de tétanos a los pocos días del nacimiento. No se rindieron y tuvieron otros cuatro: Juan José, Luis Ángel, Delia y Dora.

Distintos fueron los orígenes de Lillian Elsa Clarke, hija de Nélida Larrondo, de sangre vasco-francesa, y Eduardo Clarke, descendiente de irlandeses. También tuvieron cuatro hijos: Eduardo Juan, Abel Esteban, Lillian y Ethel. Todos nacieron en la localidad de Coronel Suárez, al sur de la provincia de Buenos Aires, pero en 1936 se mudarían a General Alvear, una ciudad más al norte y más próxima a la Ciudad de Buenos Aires donde el jefe de familia pondría su negocio de talabartería. Preocupado por el futuro de sus hijos, Eduardo Clarke quiso que todos estudiaran y decidió el traslado final a Buenos Aires. Se establecieron en el límite de la ciudad, en el barrio de Liniers, donde alquilaron una humilde casa con local al frente y luego se mudaron a otra un poquito mejor en la calle Murguiondo, más al sur, ya en el barrio de Mataderos, más propicio para la actividad laboral de Eduardo por la proximidad al Mercado de

Hacienda de Liniers[5]. Lillian estudió toda la secundaria en Villa Lugano, recibiéndose de perito mercantil. Hoy, en Argentina, completar los estudios secundarios es algo obligatorio; en aquellos años, era opcional, pero con el título en la mano, la salida laboral era mucho más inmediata y Lillian, que acentuaba la é de su apellido para que no la anotaran como Clark, pudo entrar a trabajar a Esso en 1954 como empleada administrativa, tras algunos trabajos más informales, incluyendo un breve paso por la compañía telefónica recientemente estatizada por el gobierno peronista. Cuando ella llegó a la empresa Juan José ya no era un cadete y había ascendido algunos peldaños dentro de la petrolera; no terminó la carrera universitaria pero su dedicación al trabajo y su buen ojo para los números lo hicieron progresar en el área contable.

"Hoy mi padre sería un *stalker* —se ríe Laura—, porque la seguía a mi mamá en el tranvía a la salida del trabajo. Ella no le daba mucha bolilla, entonces comenzó a silbar tangos en la esquina de su casa y se hizo amigo de mi abuelo Eduardo, que enseguida se dio cuenta de la situación". Juan José se lo fue ganando a su futuro suegro; tenía simpatía, era cordial, su voz denotaba una seriedad considerable para su edad. Lillian resultó un poco más difícil pero Juan José fue persistente, galante y paciente. Primero tuvo que arrancarle un saludo, después una charla breve en algún pasillo, y finalmente algunos tramos de paseo por la calle Florida que desembocaron en un té en la confitería Richmond y un posterior intercambio de cartas que fue generando cercanía y, por fin, el florecimiento del amor. Un romance en cámara lenta, que prosperó, según quien lo cuente, en 1954 o 1955, y que culminó en un matrimonio celebrado en el mes de diciembre de 1957, en una iglesia de Mataderos.

Hacía tiempo ya que su tío Adán había dejado la pensión de Barracas para mudarse a la calle Boyacá del barrio de Flores. Juan José permaneció en la pensión para no incurrir en mayores gastos. Siempre fue un hombre ahorrativo; lo tuvo que ser

5 Hoy el mercado se trasladó a la localidad bonaerense de Cañuelas.

a la fuerza en los primeros años en Buenos Aires, y era de los que creía que una restricción presupuestaria le iba a permitir acceder a mejores condiciones de vida en un futuro. Ya se había acostumbrado a Barracas y no le quedaba a mucha distancia del trabajo que lo desvelaba, donde estaban todos sus intereses: su progreso personal y Lillian, que se iría a vivir con él una vez casados. La luna de miel también fue austera: unos días en Mar del Plata, la mejor ciudad balnearia de la Argentina, que a su vez ofrecía varias opciones para todos los presupuestos.

Lillian, además de ser bellísima, era el complemento ideal para Juan José: tenía vuelo artístico e intelectual pero, al igual que él, no perdía noción de la realidad. "Mi mamá participaba en toda actividad artística que hubiera en el centro cultural de la compañía —cuenta Laura—, y actuó en varias obras. Pero mi padre no quería que ella actuara porque tenía miedo de que fuera a quedarse con otro, con algún protagonista. Hay cartas hermosas entre ellos donde aparece esa cuestión, pero mamá no claudicaba y papá iba a todos los ensayos, por lo que terminó aprendiendo todos los parlamentos. Y un día en que faltó uno de los protagonistas se subió él a reemplazarlo".

— • —

"Nací en Barracas... me dicen El Matador", reía Gustavo Cerati al momento de responder —citando el célebre tema de Los Fabulosos Cadillacs— una pregunta básica de su biografía, pero la verdad es que nació en Palermo Chico, dentro del Sanatorio Mater Dei, uno de los de mejor atención de Buenos Aires gracias a la obra social del gremio petrolero al cual sus padres pertenecían por su trabajo en Esso. Gustavo arribó a este mundo a las 6.35 de la mañana, horario que en algunos tramos de su vida sería más cercano a la hora de acostarse que a la del despertar. Cuando los médicos le dieron el alta a Lillian, Juan José los llevó al nuevo hogar al que se habían mudado: ya no la pensión de la calle Olavarría sino a un departamento alquilado en la avenida Montes de Oca. Cuando Lillian quedó embarazada renunció a su empleo en Esso y también postergó sus anhelos actorales, aunque Juan José nunca la coartó. No fue una situación impuesta sino algo conversado: los esquemas de la familia argentina en 1959 eran bastante rígidos todavía; aunque la sociedad pareciera entrar en una situación de modernidad bajo el gobierno de Arturo Frondizi, todavía prevalecían en el inconsciente argentino varios de los preceptos impartidos por el general Juan Domingo Perón que gobernó el país entre 1946 y 1955, año en que fue derrocado por un golpe militar. Uno de ellos era: "de la casa al trabajo y del trabajo a la casa".

En el gobierno de Frondizi, que asumió la presidencia el 1° de mayo de 1958, el petróleo sería un tema central, lo que lógicamente impactaría en el ámbito laboral de Juan José. Pero al año siguiente, el del nacimiento de Gustavo, la gran estrella política a nivel mundial sería la Revolución Cubana encabezada por Fidel Castro que tras años de lucha revolucionaria tomó el poder desde el primer día de 1959. Dentro de aquel tornado político que hizo de Cuba el primer país socialista de partido único en Latinoamérica había un argentino: Ernesto Guevara, también conocido como el Che, apelativo derivado de un modismo porteño. A poco más de treinta años de la muerte de Guevara en Bolivia, a Gustavo le pondrían una boina roja con estrella y una barba postiza para la portada de la revista *D-Mode* para crear un personaje insólito: Che-rati. Gustavo dijo que para él fue un desafío actoral y hasta un homenaje al romanticismo de Guevara, pero muchos lo sintieron como una afrenta, porque con el correr del tiempo, cuando Gustavo Cerati se transformó en otro argentino que exportó su propia revolución por toda Latinoamérica, se empezó a decir de él que era "un cheto".

¿Qué es un cheto? Alguien que también, como el Che Guevara, posee distintos significados, pero básicamente se lo entiende como sinónimo de persona que viene de la riqueza, de un hogar pudiente, de un lugar de privilegio. Y Gustavo fue el primer hijo de una familia de dos trabajadores que nacieron en el interior del país, llegaron a Buenos Aires y compartieron la estrechez de una habitación en una pensión de uno de los barrios más obreros de la ciudad, para poder brindarles a sus hijos una mayor comodidad. A esas personas se las conoce en

Argentina como "laburantes", término adaptado del italiano que identifica a los trabajadores. Juan José y Lillian conocieron y escogieron las privaciones para poder ahorrar y llevar a cabo un plan de progreso para su familia. Y los años 60 fueron años de movilidad ascendente y profundos cambios culturales en Argentina. Acaso los últimos...

"Yo diría que hemos tenido padres muy fuertes —razona Laura—, muy en eje los dos. Se dividían tareas; mi padre era un tipo que se iba bien temprano con su valijita y su traje. Empezó de abajo en Esso y fue haciendo mucha carrera sin ser contador recibido. A partir de un determinado momento comenzó a tener viajes de trabajo a Estados Unidos y a Brasil. Estudiaba inglés, no le resultaba fácil pero lo hablaba. Se la pasó estudiando para poder expresarse bien en lenguaje técnico. Mi mamá dejó de trabajar con la maternidad y también postergó su pasión por el teatro y sus clases de actuación, pero eligió quedarse en casa y asumir todas las responsabilidades de nuestra crianza. Cuando nosotros fuimos más grandes terminó la carrera de Licenciatura en Ciencias de la Educación, hizo muchas prácticas en colegios secundarios y también algún posgrado como para armar un buen currículum".

Desde su nacimiento, a Gustavo le creció el pelo bien ensortijado y ya de niño tenía una presencia especial. Era pícaro e inquieto, pero sin maldad: sus travesuras eran muchas veces cometidas más por torpeza que por desobediencia. Su simpatía natural se manifestó desde las primeras fotos, sonriente en brazos de su madre o pisando la arena de Mar del Plata en 1961. La familia se agrandó al año siguiente con la llegada de Estela y el departamento comenzó a quedar chico. Podían acceder a algo más espacioso y menos ruidoso: Juan José y Lillian disfrutaban de todo lo que la ciudad tenía para ofrecer, pero la avenida Montes de Oca era ruta obligada del tránsito que ingresaba desde la provincia de Buenos Aires a la ciudad capital: todavía no existía la autopista que hoy atraviesa Barracas. Juan José comenzó a hacer números y llegó a la conclusión de que podía acceder a un crédito hipotecario: su recibo de sueldo de Esso era la mejor garantía, no tanto por lo que percibía sino por el respaldo que le daba el poderoso nombre de la empresa petrolera. Investigó zonas posibles a través de los avisos clasificados del diario *Clarín* y comprobó que había muchas oportunidades: Palermo era un barrio accesible, de casas bajas, pero se encarecía en las inmediaciones de la avenida Santa Fe, y en las lejanías los medios de transporte comenzaban a ser escasos. Los barrios de moda eran Barrancas de Belgrano, Caballito y Flores, pero sus dedos subieron por el mapa y desde Palermo llegó a Colegiales.

En los 60, Colegiales era un barrio escondido, pegado a Chacarita y verdaderamente una extensión del mismo. Tenía una zona fea con descampados y una villa miseria no demasiado grande —crecería con el tiempo— donde estaba la cancha del Club Atlético Fénix. Pero cruzando la avenida Federico Lacroze el barrio era arbolado y muy tranquilo. No había plazas cerca y quedaba más lejos que Barracas con respecto al trabajo de Juan José. Tenía pros y contras, pero un día fueron con Lillian a ver un PH en la calle Virrey Arredondo 3151 y les pareció que con algunos ajustes ese podía ser el lugar. Era el último departamento de tres, el que daba al fondo; un comedor, dos habitaciones y un patio con un pino cuyas raíces luchaban contra las baldosas. La cercanía de la finalización del contrato del departamento de Barracas y un nuevo embarazo de Lillian que traería al mundo a Laura los hicieron decidirse y a comienzos de 1964 se convirtieron en vecinos de Colegiales. Gustavo comenzaría a ir al jardín de infantes al colegio Marcos Sastre que quedaba a la vuelta, en Virrey Loreto 3050. La escolarización de Gustavo le daría oxígeno a Lillian para cuidar de Estela y esperar a Laura que nació el 11 de junio. Luego de la mudanza, Juan José se concentró aún más en su trabajo, no solo por el crédito que había que pagar, sino porque debía hacer méritos para seguir ascendiendo.

"Mi papá tenía puesta la camiseta de la empresa —recuerda Laura—, y mi mamá siempre se lo criticaba. Ella consideraba que al estar siempre tan al servicio de la empresa, un día le iban a dar una patada y que nadie iba a valorar todo lo que él se había sacrificado". En honor a la verdad, Esso era una camiseta para lucir con cierto orgullo; por medio de una publicidad agresiva en términos de inversión, la marca se impuso claramente en todo el mundo. Durante el año 1959, el mismo del nacimiento de Gustavo, se lanzó una fortísima campaña publicitaria cuyo slogan era: "ponga un tigre en el tanque" y vino acompañada de un simpático felino animado. El tigre de Esso había hecho su primera aparición a comienzos de aquel siglo en un aviso confeccionado en Noruega; se trató de un animal que fue mutando de apariencia hasta que en 1959 se consiguió la fisonomía ideal: un tigre musculoso pero servicial que apareció en todo tipo de publicidades, metiéndose en tanques de nafta y dejando huellas felinas a medida que el auto, cargado con la potente nafta, se perdía por una carretera. La Argentina de 1963 asistió a la novedad de *El Reporter Esso*, el primer "compacto" de noticias que se emitió desde un canal privado; lo conducía un sobrio y magnífico locutor llamado Armando Repetto y constituyó toda una novedad: el público podía enterarse de todas las noticias por televisión y no solamente por la radio.

Como si el slogan, el icónico tigre y el noticiero fueran poco, a partir de 1968 y a través de CBS Discos, Esso incursionaría en el marketing a través de una colección de discos llamada *Cordialidad Musical*; el tigre hacía su aparición en alguna de las portadas de la serie de álbumes que contenía distintos estilos de música, pero había una característica que predominaba sobre otras: la música ligera. La cuestión estilística es un punto de debate infinito, pero básicamente era el equivalente al *easy-listening* anglosajón y fue muy popular entre las amas de casa argentinas de los años 60 y 70. Era lo opuesto al estridente rock and roll, y quizás su mayor éxito haya sido el de Percy Faith y su orquesta, que colocó en la cima de los charts británicos su melosa e instrumental "Theme from 'A Summer Place'" durante nueve semanas en febrero de 1960.

Orquestas de música ligera hubo montones. La de Mantovani no fue tan popular en el hemisferio sur; en cambio la de Ray Conniff y la de Caravelli azucararon los oídos de toda una generación, y la de sus hijos también. Particularmente en Argentina, tuvo mucho suceso Lafayette, un músico brasileño mucho más joven que los anteriores que hacía versiones de órgano y con banda, más que con orquesta, de variados éxitos de la música pop de los 60. Y hasta con alguna guitarra eléctrica en breve participación. En algún reportaje, Gustavo contó que de chico se había obsesionado con un tema de Lafayette, y es probable que haya sido uno que encontró al probar el equipo musical de su casa: lo que en esos años se llamaba un "combinado", porque reproducía discos y también funcionaba como radio. Los LPs de *Cordialidad Musical* llegaban regularmente al hogar de los Cerati, porque la empresa les obsequiaba ejemplares a sus empleados, además de servir como regalos empresariales que aceitaban las relaciones públicas. Solamente se vendían en estaciones de servicio Esso con notable éxito, el que se acrecentaría cuando se pusieron a la venta los cassettes y los automóviles comenzaron a fabricarse con el dispositivo que permitía reproducirlos.

Gustavo ha mencionado esa colección en alguna oportunidad, por lo que no sería un delirio pensar que los discos de *Cordialidad Musical* pasaron por su cabeza a la hora de titular "De música ligera" en 1990. ¿Cuál habrá sido el tema de Lafayette que lo fascinó? Es complejo determinarlo porque el organista brasileño figura en varias de ellas. En el primer volumen de la serie, Lafayette acomete una versión de "No te duermas en el subte", canción que conoció originalmente el éxito en la voz de la británica Petula Clark en 1967. Pero la colección de la cual Gustavo habría extraído el mágico nombre del clásico de Soda Stereo, según sus palabras, era una caja llamada *Clásicos ligeros de todos los tiempos*. Ha resultado imposible encontrarla y que además respondiera a las características que él señalaba. Lo más cercano que hasta el momento ha podido hallarse es otra caja titulada *Gran festival ligero de los clásicos*, publicada por la revista *Selecciones del Reader's Digest*, tan popular en los hogares argentinos como los discos de Caravelli, Ray Conniff o Lafayette.

En los 60 los electrodomésticos marcaban el nivel de una casa. Por ejemplo, no todos los domicilios tenían teléfono y conseguir que Entel, la empresa estatal de comunicaciones, instalara uno era un trámite eterno y costoso. Pero las clases medias que constituían la mayoría de los hogares en aquella década tenían en sus domicilios una heladera, una radio, un televisor y en las familias más melómanas, un combinado. Gustavo recordaba que el de su hogar, a diferencia de los demás, tenía tres parlantes y no dos; uno ubicado al centro, donde se concentraban los graves y los otros dos mezclando frecuencias medias y agudas y produciendo el efecto estéreo. Allí debe haber escuchado ese otro álbum iniciático que ha mencionado en algunas entrevistas, un compilado que traía una canción que también lo obsesionó: "Monsieur Yamamoto", de Hervè Vilard, un cantante pop francés de los 60. Cerati nunca explicó bien dónde la descubrió, presumiblemente por la radio, pero no era un tema que convocara a la alta rotación; típico ritmo andante del pop de los años 60, con una cadencia parecida al "Mellow Yellow" de Donovan y con cierta similitud al tema de Petula Clark interpretado por Lafayette y su órgano.

Tiene su lógica: Vilard inicia su canción emitiendo un sonido gracioso para un niño, como si imitara una trompeta, desembocando en un estribillo marchoso y épico mientras que el tema de Lafayette es más rápido pero también más melancólico. Épica y melancolía serían dos elementos que en un futuro estarían muy presentes en la música de Cerati, pero creer que estas dos canciones fueron las fuentes originarias de dichos atributos sería una desproporción. Sí es cierto que el tema de Vilard al menos giró en el combinado familiar junto con otras canciones que figuraban en el compilado *Más de Modart en la Noche*, en cuya portada aparece bien al centro una pareja alada, y en la esquina inferior derecha una imagen de Jerry García de Grateful Dead fumando un porro en San Francisco. *Modart* era lo que se llamaba una sastrería joven, marca creada por el mítico Ricardo Kleinman que juntó dos palabras en boga: Mod + Art, y tenía un programa de radio muy popular que pasaba los éxitos en inglés. Entre ellos, los muy apetecidos Beatles que no tenían en Buenos Aires la abrumadora superioridad que ostentaban en las programaciones de otras latitudes. Y es por eso que los músicos que fundaron el rock argentino seguían el programa.

A través de aquel disco de Modart, Gustavo Cerati accedió a sonidos como "Pictures of Lily" de The Who, "To Love Somebody" de Bee Gees y, sobre todo, "Purple Haze" de Jimi Hendrix, tema que le llamó la atención por el ruido que provocaba: temía que arruinara el preciado combinado familiar. Tenía ocho o nueve años, y sus intereses todavía no eran esos. Pero ya era un gran lector de historietas que sus padres le compraban. Sobre todo las de Editorial Novaro que protagonizaban héroes clásicos como Batman, Superman, Flash, Linterna Verde, Aquaman y El Hombre Halcón. Ya se había manifestado en Gustavo un gran talento para el dibujo. Era un zurdo virtuoso. "Yo dibujo con la izquierda: mi primer impulso siempre es zurdo —explicó Cerati—, y cuando era chico, era así. Dibujo con la izquierda y hoy puedo hacer el mismo trazo con la derecha en el mouse. Una especie de ambidiestro, porque no hago las dos cosas con las dos manos, eso sería un ambidiestro concretamente. Hubo una época en la que escribía como en espejito, perfecto, pero después fui dejando cosas para la izquierda y otras para la derecha. Con la izquierda escribo, dibujo y en vez de hacer reveses con la paleta cambio de mano, y también como. Y con la derecha hago casi todo el resto"[6].

Cuando Laura completó la familia, los Cerati comenzaron a tener salidas en conjunto. "Mi papá trabajaba toda la semana —cuenta Laura—, pero los fines de semana eran para salir a pasear, a disfrutar el pasto, la naturaleza. Por ejemplo, íbamos a los bosques de Ezeiza en el auto, al parque Pereyra Iraola, al Parque Almirante Brown, al Parque Saavedra, o a la Costanera a ver despegar los aviones desde Aeroparque. Eran las típicas salidas de familia de esa época; cuando se acercaba el verano, llevaban la heladerita con sanguchitos y bebidas. Era divertido y durante muchos años fue así. En los veranos, mi papá lograba alquilar algo en Mar del Plata o San Bernardo. Mi papá ahorraba todo el año para ese momento; los fines de semana se vestía de fajina y arreglaba las cosas de la casa. Si había Coca-Cola,

6 Entrevista con Marcelo Fernández Bitar y Sergio Marchi. 2009.

tenía que durar todo un día: media botella al mediodía y media a la noche. Y éramos tres, no había Coca-Cola todos los días, pero si había era así. La realidad es que lo que había era un solo sueldo y mis padres tenían muchos proyectos y ganas de cosas por lo que había que administrar bien".

Juan José pondría en marcha toda clase de estrategias con la intención de generar un ahorro para la familia, el que después serviría para poder tener un auto (el primero fue un Renault 4L) y poder salir de vacaciones. "Esto es algo que mis padres consideraban muy necesario: el tema de la vacación, cambiar de aire, el contacto con lo natural". Para Lillian y Juan José, era también un modo de recuperar algo de las tierras que los vieron nacer, donde los cielos eran más azules y el verde más cotidiano.

3

Vitaminas

—¡Hola, prima! Decime, ¿sos vos la que está en esta foto?
—Hola, Charlie. Sí, soy yo. ¿De dónde la sacaste?
—Ahora te cuento. ¿Con quién estás en esta foto?
—Con los compañeros del primario.
—¿Y quién es el que está al lado tuyo?
—Ah, ese es Gustavito.
—¿Sabés quién es?
—Sí, mi compañero del colegio.
—¿Vos sabés que ese compañerito tuyo es Gustavo Cerati?

Ese día del 2020, a Adriana Torea, compañera de Gustavo Cerati en la escuela primaria Marcos Sastre de Colegiales, se le activó una avalancha de recuerdos. Y comenzó a atar cabos sueltos en su memoria. "Una de las cosas que recordé es el olor a humedad del suelo donde nos tirábamos a jugar, cuando yo les marcaba con tiza las pistas para los autitos de colección", comenta Adriana. Pero lo que la impactó muy fuerte tenía que ver con algo más reciente: su conexión con Lillian Clarke durante el tiempo que Gustavo permaneció en coma.

"Me impresionó mucho la mamá —continúa Adriana— durante ese tiempo que Gustavo estuvo internado; cuando esa mujer aparecía yo tenía que seguirla, escucharla: se me paraban las rotativas. Era como si yo la conociera y yo no sabía que, efectivamente, la conocía. Yo no me engancho con la televisión, no estoy pendiente, pero seguía esa situación. Esa señora me generaba algo. Yo recién me entero que Gustavito era Gustavo

Cerati en la pandemia. No soy una mujer que esté pendiente de los artistas o que siga grupos y cantantes, sí escuché Soda Stereo en cassettes que me pasaban pero más allá de eso no tenía conocimiento". El primo que le reveló la identidad de su compañero es el fotógrafo Charlie Píccoli, que se especializó en rock a comienzos de los 80 y cubrió infinidad de entrevistas y conciertos para distintos medios.

Adriana llegó a la escuela Marcos Sastre en 1968, para comenzar tercer grado luego de que una mudanza familiar a Mar del Plata terminara bruscamente cuando murió su padre. Apenas tenía siete años y el dolor la encerró en sí misma. "Yo era la mudita —dice—, un hongo trasplantado que no se comunicaba con nadie. Estábamos en un tercer grado muy numeroso; no había pupitres sino tablones largos que los papás ayudaban a acomodar para que pudiéramos entrar todos. Para mí todo era muy abrumador, y de entrada me ubicaron al lado de este chico Gustavo, que era muy gritón. Como yo no hablaba pusieron a la muda al lado del gritón para que lo calmara, pero fue al revés porque él me despertó a mí. Me sentía cómoda con los varones porque tenía a mi primo Charlie y a su hermano, que eran grandes y yo conocía los juegos de ellos. A mí me pusieron en el medio de Gustavo y otro compañerito que era muy morocho, casi chocolate, que se llamaba Oscar. Los mejores recuerdos de mi vida son con mis primos y en la escuela con los varones, con ese grupo que me permitió reconectar con una parte de mí que estaba llena de vida".

Adriana había prácticamente dejado de alimentarse porque la muerte de su padre a tan temprana edad la sumió en una tristeza infinita. "Me mandaban para ver si me hacían comer —cuenta Torea—, y en el recreo largo pasaba el carrito de mate cocido con leche que era asqueroso. A mí me agarraban de las trenzas las maestras, me obligaban a tomarlo, y yo lo vomitaba". Gustavo y Oscar decidieron intervenir en la escena para ayudarla; tras una breve negociación, cada vez que le daban a Adriana el inmundo potaje alguno de los dos se lo tomaba y le daban el vaso vacío para que lo ofreciese como prueba de que lo había bebido. "¡Y se acabaron mis problemas! Pero para que se lo tomaran les tenía que dar el pan que te daban con el mate".

En el primer día de ese tercer grado, la maestra escribió bien grande su nombre en el pizarrón a un costado y lo dejó allí para que no lo olvidaran: María de las Mercedes A. de Carro. "¡Gustavo tenía un vozarrón tremendo! Era lo que más me llamaba la atención; me molestaba el sonido tan alto de su voz, hablaba gritando. Era un vozarrón como afónico. Gustavo era muy bruto, movía mucho los brazos y tenías que tener cuidado; era de los grandes movimientos cuando se expresaba, siempre me ponía a buena distancia para que no me alcanzara pero no había manera: sus brazos siempre llegaban hasta mí". Hubo otra razón por la cual la maestra la envió al fondo con los varones: junto con Gustavo y Oscar era de las más altas del grupo. "Pero mi mayor recuerdo de él es en los recreos; nos la pasábamos jugando y era lo más fantástico del mundo".

El régimen era bastante exigente: doble escolaridad con inglés, que no era algo habitual para colegios primarios de la época. Se almorzaba en el colegio y por la tarde se hacían actividades prácticas: costura para las chicas y manualidades para los varones. Adriana se apresuraba a terminar la tarea para ir con sus amigos a hacer lámparas y cables. A tal punto se sentía a gusto con ellos que siempre buscaba formar equipo con los varones. "Es que jugábamos al quemado, que es tirarle la pelota a uno del otro equipo y si le pegabas quedaba fuera del juego. Nosotros jugábamos con pelotas que eran muy pesadas y cuando te pegaban, dolía; como los chicos tiraban fuerte yo trataba de estar en el equipo de los varones bravos, porque había varones calmos: Gustavo y Oscar eran varones bravos. Entonces nadie se metía conmigo porque yo estaba protegida por ellos dos. Gustavo siempre estaba en problemas, y si lo retaban a él me nombraban a mí también: a Oscar nunca lo retaban. La profesora de educación física había puesto sogas en el patio para que aprendiéramos a treparnos, o nos hacían hacer gimnasia con música, que no era muy habitual en ese tiempo. Cuando corríamos en invierno para entrar en calor, nos salía el vaporcito y con Gustavo jugábamos a hacer vapor con el aliento y hacer que alcanzara a otros, y el alcanzado por el humito estaba 'tocado'; éramos muy rápidos y no nos ganaba nadie".

Un privilegio del que Adriana fue inconsciente hasta el 2020 fue haber sido la compañera de coro de Gustavo Cerati. "Cantábamos juntos y la profesora nos ponía en varios coros, el repertorio era básicamente de folklore pero con canciones más bien modernas. Teníamos una sala de música que tenía un lindo piano de cola. Hay una foto que recuerdo que nos tomaron en las gradas de madera donde nos parábamos, y tuvieron que repetir la toma varias veces, porque Gustavo estaba detrás de mí y los dos nos matábamos de risa y no nos podíamos poner serios. Yo he llegado a llorar de la risa con Gustavo, tomaba agua y se me salía por la nariz de lo que me reía. Y para mí era increíble poder reír otra vez después de todo lo que me había tocado vivir".

El descubrimiento de aquella fotografía colegial publicada en el sitio oficial de Gustavo Cerati un 11 de agosto como recuerdo de su cumpleaños, llevó a Adriana a nuevos hallazgos, como las fotos de su comunión cuya fiesta se celebró en la casa de su primo Charlie en Florida, Buenos Aires, no muy lejos de donde hoy se encuentra Unísono, el estudio de grabación de Cerati, invitado especial a la celebración posterior. "Volví a mirar esas fotografías y ahí me sorprendí de verlo a Gustavito tan atildado parado al lado mío: en el colegio, nosotros éramos considerados desprolijos". Así y todo, Gustavo comenzó en la escuela su largo historial de noviazgos. "Pero no era yo la novia —aclara Adriana—, sino una chica llamada Patricia que le gustaba. Yo tenía hasta ese grado de complicidad donde me daban cartitas y se las llevaba al otro".

Cuando terminó cuarto grado, Cerati tuvo que abandonar la escuela Marcos Sastre porque la modalidad indicaba que el establecimiento pasaba a ser exclusivamente femenino. A fines de 1969, los problemas de integración y alimentación de Adriana ya habían sido largamente superados. "Yo tenía una pertenencia que era a ese grupo, y después pude armar amistades con otras chicas, pero mi pertenencia inicial fue ese grupo de varones con Gustavo y Oscar, que le dejaron un problema a la escuela, porque dejé de ser esa nena que ni pensaba y en quinto grado armé la Huelga General de Sopa".

— • —

La habilidad de Juan José Cerati como administrador rindió sus frutos y pudo cancelar anticipadamente el crédito hipotecario con el que compró el PH de la calle Virrey Arredondo. Prontamente decidió ponerlo a la venta y tomar un nuevo crédito para acceder a una casa mejor que encontraron con Lillian a solamente ocho cuadras, en la calle Heredia, casi esquina con Giribone, en el barrio de Villa Ortúzar. El frente construido con lo que se llama "piedra Mar del Plata"[7] daba distinción y solidez; se accede a la vivienda desde la puerta de calle que da a una escalera que desemboca en el living. Al lado de la entrada había un garaje que serviría para albergar al Ford Falcon que Juan José adquirió en 1968, que reemplazó al Renault 4L. Pero el punto que terminó por bajar el martillo para la adquisición del célebre inmueble fue la cercanía, a treinta metros, de la plaza 25 de Agosto.

"La compra de la casa de Heredia —cuenta Laura— se hizo pensando que hubiera una plaza cerca. En mis viejos estaba muy presente la importancia de pisar tierra, de estar ligados a la naturaleza. Siempre tuvimos como esa necesidad; en la semana podías pisar el asfalto pero el fin de semana había que ir a algún lugar, o aunque más no sea poder jugar en la plaza, correr: la idea era que uno potreara". Más allá de que la casa era más espaciosa y muy luminosa, la plaza sería muy aprovechada por los niños de la familia Cerati que llegaron a Heredia en 1969; Gustavo había cumplido diez, Estela tenía siete y Laura cinco. La plaza 25 de Agosto es un espacio inaugurado a fines de los años 30 y reemplazó al Palomar de Ortúzar, propiedad del dueño de esas tierras al cual el barrio de Villa Ortúzar debe su denominación. Ese hombre, Santiago de Ortúzar, vivió en la manzana que desde 1969 recibió a la familia Cerati. El barrio ha tenido varios músicos —y futbolistas y actores— célebres:

---

7 Tipo de roca que proviene del sur de la provincia de Buenos Aires, muy utilizada en las construcciones marplatenses, que luego se extendió a gran parte de Argentina.

el gran Osvaldo Pugliese, una de las figuras más destacadas del tango, vivió en tres locaciones distintas. Pero en la calle Heredia, además de Gustavo Cerati, tiene su centro de operaciones Andrés Ciro Martínez, líder de Ciro y Los Persas que se hizo conocido como vocalista de Los Piojos en los 90. Y casi llegando a Triunvirato, Heredia cobijó a otro músico ilustre: Rodolfo García, el baterista de Almendra que compró su casita de Villa Ortúzar a comienzos de los 80 y vivió allí hasta su muerte en 2021. El barrio tenía doble perfil; hacia el lado de la Chacarita, cruzando la avenida Triunvirato ostentaba una fisonomía más fabril, que coincide con el emblema de la ciudad: unas chimeneas entreveradas con un tanque de agua y una iglesia, que es la de la parroquia San Roque. Probablemente, ese emblema haya sido diseñado con la fábrica textil Sudamtex, un coloso industrial asentado hasta los años 80 en Girardot 1560. Del lado de la familia Cerati, más cercano a la avenida Álvarez Thomas predominaban las casas bajas en calles calmas y arboladas.

La mudanza de hogar coincidió con el traslado de Gustavo al Instituto San Roque situado en Plaza y Charlone, a cuatro cuadras de su nuevo domicilio. Allí comenzó a cursar quinto grado como alumno regular en 1970; Estela y Laura concurrirían a la escuela General Acha de la calle Roseti. Entre 1969 y 1970 hubo dos sucesos de vital importancia para Gustavo. Uno de ellos fue la llegada del hombre a la luna, el 20 de julio de 1969: fue un hecho que lo marcó no solo a él sino a todos los que presenciaron el descenso de Neil Armstrong sobre la superficie lunar. Era el futuro y todo el mundo hablaba del alunizaje. Uno de los músicos que tocaron con Gustavo recuerda una conversación al respecto. "A Gustavo le gustaba mucho hablar de los planetas, los agujeros negros y el espacio en general —cuenta Leo García—, y nosotros charlamos de eso en la época en que se decía que la llegada del hombre a la luna no era verdad. Yo se lo comentaba y él se ponía furioso".

—¡A mí no me van a romper la fantasía de que el hombre fue a la luna! ¡Yo lo vi por la tele!

El otro gran acontecimiento fue la llegada de una guitarra criolla al hogar de los Cerati. "Cuando me regalaron la primera guitarra —recordó Gustavo—, mis viejos me llevaron en auto hasta el lugar. 'Tenemos una sorpresa', me dijeron; yo estaba en la parte de atrás del 4L, era la cosa de que había que comprarle una guitarra a este chico. Y vinieron con una guitarra española. ¡Guau! ¡Qué bueno! Y me fui tocando en la parte de atrás del auto, cualquier cosa. Y después voy a aprender con una profesora de estas de barrio que nos hacía sentar en ronda, porque éramos varios, y todos estaban para un solo lado. Como soy zurdo me ponía al revés y jodía la ronda. Así que dije, si todos se ponen así... y ahí fui".[8] "La primera guitarra de Gustavo —asegura Laura— fue la española que compraron mis viejos en Antigua Casa Nuñez. La trajeron porque su idea fue siempre que hubiera alguna cosa ligada a lo musical; estimaban que teníamos que tener algo de eso, de inglés y de deporte". Gustavo no necesitaba incentivos para lo musical: en Heredia ya era un oyente activo de The Beatles y veía los programas musicales de aquella época como *Sótano Beat* donde descubrió a Carlos Bisso, un cantante muy popular que interpretaba en inglés éxitos de Creedence Clearwater Revival y otros[9]. En el hogar de los Cerati la música era algo presente, se prendía la radio, se encendía el combinado y los estilos variaban. En una excelente entrevista que le realizaron para la revista *Rolling Stone* en su edición argentina[10] le preguntaron si le había gustado Joan Manuel Serrat de chico, y recordó el compilado *Los Preferidos a la luna*, que se editó aprovechando la fiebre lunar que desató el "gran paso para la humanidad" de Neil Armstrong. Y de ese disco el tema que más le gustaba era "Tu nombre me sabe a hierba", interpretado por la cantante española Marisol.

---

8 Nota con el autor y Marcelo Fernández Bitar para *La Mano*, 2009.

9 Gustavo recordó un disco de tapa roja, pero no existen álbumes de Carlos Bisso con la portada en ese color. Sí hay un álbum, *Carlos Bisso con su grupo Conexión Nº5* de 1969, donde el cantante luce una camisa roja e interpreta versiones de temas de The Beatles, Creedence Clearwater Revival, Blood, Sweat & Tears y The Guess Who. Pappo pasó brevemente por alguna formación de Conexión Nº5.

10 Entrevista de *Rolling Stone* por Oscar Jalil del 31 de julio de 2006.

Esos eran discos que estaban en todos los hogares: álbumes populares y actuales; Gustavo era muy selectivo, no todo le gustaba. Iba tomando cosas de diferentes fuentes y sería una costumbre que mantendría toda la vida. "Desde los cinco o seis años —revela Laura—, Gustavo estaba siempre cantando por ahí y supongo que la música, lo que cantaba, le debe haber llegado a través de los discos. Los Beatles les gustaban a mis viejos, no tenían una postura contraria como otros padres de la época, pero ellos eran más bien tangueros. A Gustavo, Los Beatles lo impactaron especialmente y siguió investigando sobre eso por su cuenta". A Lillian también le gustaba la música melódica de aquel tiempo y Gustavo recordó especialmente el tema "Yo soy aquel" de Raphael que se incrustó en las radios argentinas desde su edición en 1966. "Ese disco me partió el mate —dijo a *Rolling Stone*—. Estuve con ese y 'Por amor' de Roberto Carlos".

A partir de 1970, el interés de Gustavo por la música se profundiza naturalmente por el cambio de barrio y la llegada de nuevas amistades a través del Instituto San Roque. Eduardo Barrantes, con quien iba a compartir muchos años de escolaridad, lo vio aterrizar en el banco que estaba adelante suyo. "En esa época —explica Barrantes—, Gustavo vivía a treinta metros de la plaza por Heredia y yo también vivía a treinta metros por la otra esquina, uno desayunaba y se iba a la calle, y la calle era la plaza. Gustavo no era un gran futbolista pero le gustaba jugar y era muy rápido. Le decíamos 'El Chueco', porque era realmente chueco y en esos años se le notaba más. Era muy flaquito y alto para la edad que tenía. Cuando jugábamos en el sector más grande de la plaza sacaba alguna ventaja por su velocidad". "Lo mío siempre fue correr rápido —dijo Gustavo—; si entraba, entraba con pelota y todo. Era delantero porque era muy rápido corriendo. Inclusive corría carreras: cien metros; hacía ciento un metros y caía rendido. ¿Maratones? Forget it, va en contra de mi biorritmo. Pero la velocidad sí, nadando y corriendo".

"Frente a la casa de mi abuela —retoma Barrantes—, y en diagonal a la de Gustavo, vivía el profesor de guitarra del barrio; un viejo que tenía como setenta años y que enseñaba con una antología aburrida; te hacía tocar cosita por cosita, te enseñaba solfeo. Utilizaba un método clásico y antiguo, pero eso con la actitud que tenía Gustavo, le debe haber dado cierta base, algunas herramientas". "Eran dos hermanos —dice Laura—, el hermano era el profesor. Un personaje quedado en el tiempo que nos enseñaba a puntear, a solfear y trabajaba con un repertorio exclusivamente de folklore. Íbamos los tres una vez por semana, pero el único que aprendió un poco y después eligió otro profesor fue mi hermano. En un momento, Gustavo comenzó a querer guitarra eléctrica, y el hombre le decía que no, que para qué, ¿qué iba a tocar con eso? Y un día armó una guitarra con una lata de dulce de batata y se la regaló, como diciéndole que se entretuviera con eso". Lógicamente, la cosa no iba a quedar así porque Gustavo aprendió rápidamente lo que le interesaba y comenzó a sacar canciones con la criolla, estimulado por la posibilidad de tocarla en actos del colegio. Había un simple muy popular por aquellos días que en la cara A tenía el tema "Alfonsina y el mar" y del lado B "Juana Azurduy", cantadas por Mercedes Sosa, y Laura recuerda a Gustavo sacando los acordes de ambas.

"Eso debe haber sido en la primaria —estima Eduardo Barrantes—; para los actos escolares nos vestíamos de San Martín, Colón, Belgrano, hacíamos 'La casita de Tucumán' y se tocaba folklore, canciones como 'Los 60 granaderos' y 'Zamba de mi esperanza'. En nuestro grupo solamente Gustavo y otros dos chicos tocaban la guitarra, y en esa época el que tenía guitarra la llevaba a todos lados, al colegio, a un cumpleaños o a la plaza. Y las canciones que cantábamos eran folklóricas: a mí no me gustaba el folklore. Gustavo tocaba en un acto, y el papá de un compañero me dijo: 'Eduardo, hacele la segunda', y le hice lo que pude, nos divertíamos. Para otra fiesta escolar tuvimos que tocar 'Juana Azurduy', entonces con un traste viejo de guitarra y una lata de dulce de batata me armó como un charango y con eso teníamos un instrumento más". ¡Lo que Barrantes no sabía era que Gustavo le había endosado el armatoste con el que su profesor de guitarra trató de disuadirlo de pensar en una eléctrica!

—•—

A comienzos de los 70, la televisión argentina encontró una fórmula tan básica como rendidora: modelos mujeres y varones bailando los temas de moda insertos en un decorado o sobre plataformas. De ese modo se promocionaban los éxitos y se mantenía interesada a una audiencia vasta, con un producto que no espantaba a los adultos como sí lo hacía el naciente rock argentino. De esa manera, *Música en Libertad* primero y *Alta Tensión* después, tuvieron ratings espectaculares y captaron el interés de casi todos los adolescentes. En el hogar de los Cerati, *Alta Tensión* se seguía con mucho interés. "Al principio —cuenta Laura—, los discos que estaban en casa eran los de *Cordialidad Musical*, y alguno de Raphael o de Sandro. Pero después aparecieron todos los de *Alta Tensión*: ahí estábamos nosotros. Gustavo veía el programa, por supuesto". Más que el baile, a Gustavo le interesaban algunas canciones determinadas. Era de los que se fascinaba con un tema pero ahora, en vez de repetirlo constantemente buscaba ver de qué estaba hecho. Ya sabía acordes y su primera elección fuera del mundo folklórico se trató de un blanco fácil pero seguro.

Era una canción que había escuchado en el vinilo *Verano con Alta Tensión/ Sótano Beat a todo color*, un nombre demasiado largo y exagerado para un programa que se transmitía en blanco y negro, pero el color estaba en la tapa del disco —y en el mismísimo vinilo coloreado— que establecía una continuidad entre los dos programas televisivos de Canal 13: *Sótano Beat*, conducido por Liliana Caldini y Charly Leroy, dio paso a *Alta Tensión* en 1971 que desde que el ascendente y joven locutor Fernando Bravo se hizo cargo de la conducción, no paró de crecer. El tema que le interesó a Gustavo lo suficiente como para ir y sacar los acordes fue "Soley Soley" de Middle of The Road[11], un cuarteto escocés que fue ABBA antes de ABBA,

11 Otros éxitos de Middle Of The Road, muy populares en Argentina a comienzos de los 70, fueron "Sacramento", "Chirpy Chirpy Cheep Cheep", "Samson And Delilah" y "Tweedle Dee, Tweedle Dum".

muy populares en Europa y en Sudamérica. La cantante, Sally Carr, era casi más rubia que Agnetha Fältskog, la rubia de ABBA. Y la música era tan azucarada como la de ABBA pero con menos cuerdas, y una cadencia más folk. "Mi hermano propuso que ensayáramos algo los tres para tener repertorio en las fiestas familiares; mi papá avisaba que iba a haber una y nosotros sabíamos que teníamos que ensayar con Gustavo los coros, armonizados. Hacíamos algunas canciones religiosas como el 'Huachi Torito'[12], a tres voces y después nos animábamos a cantar 'Soley Soley'. Gustavo nos hacía ensayar bien, no era todo rápido. Él tocaba la guitarra, cantaba y nosotras le hacíamos los coros".

"Soley Soley" es una canción de una melancolía casi infantil. Comienza triste y se va alegrando ante la repentina llegada de un amor que se creía perdido. A Gustavo le interesaba ese recurso de la palabra que suena bien pero no quiere decir nada en particular y a la vez es capaz de trasladar una sensación radiante a caballo de una instrumentación moderna. Interesante elección para un público constituido por sus parientes que celebraban la llegada de 1972 o la Navidad previa. También la podía tocar en la plaza. Pero más temprano que tarde habría un radical cambio de repertorio.

— • —

El que mejor define el espíritu de lo que era el Colegio San Roque en los 70 es "el flaco" Alberto Della Morte, otro compañero de Gustavo, y lo hace en argentino: "El San Roque era una escuela muy gamba". Ser gamba, en el lunfardo porteño, es ser compañero y pese a su nombre el San Roque no era entonces una institución religiosa a ultranza. "El colegio formaba personas —cuenta Cristian Avella que junto con Claudio Giudice y Gustavo formaron un trío inseparable—; el rector se llamaba Oscar Ancella, un gordo bueno, un tipo bárbaro, que creo

12 "Huachi Torito" es un villancico folklórico, infaltable en el repertorio navideño.

que nos enseñaba Geografía. Nosotros nos matábamos de risa porque se quedaba dormido cuando estaba dando una clase, pero siempre te tiraba una buena nota y si tenías un problema, el hombre se preocupaba y buscaba una manera de que salgas adelante. Si llamaba a tus padres no era para retar sino para conversar y buscar soluciones. La verdad es que el colegio era muy bueno".

Roberto Jokanovic es hoy vicario parroquial de la Iglesia de San Jacopo (San Jacobo) en Italia, Pisa, y además trabaja en un Convictorio Universitario de la Universidad de Pisa. Junto a su hermano Ricardo perteneció a la división de Cerati, y brinda una definición más sociológica sobre el colegio. "El San Roque era una escuela de curas de barrio, la típica escuela parroquial, no la tradicional escuela católica. En Argentina, los colegios católicos eran los colegios de la oligarquía: el Salvador, el Champagnat y algunos colegios de los Maristas. Colegios como el Santa Rita, el San Roque y otros parroquiales eran accesibles a la clase media porteña. Eran colegios discretamente buenos, subvencionados por el Estado, y no había examen de ingreso: para ir a un colegio prestigioso tenías que dar examen. Nosotros veníamos de una clase media y media baja, éramos hijos de empleados y de obreros; Cerati estaba un poco mejor que todos nosotros porque el padre trabajaba en una multinacional, pero él era muy humilde y nunca hizo alarde de eso". "Gustavo era un tipo que siempre pensó muy socialmente —coincide Avella—, en el sentido de respetar al más humilde, de cuidar al otro, de no ser elitista".

"Al ser un colegio chico —dice Della Morte—, todo era muy familiar y había como una especie de hermandad entre la gente de la misma división. También había subgrupos, como por ejemplo los que jugaban al fútbol y los que no. Yo no pertenecía al núcleo más cercano de Gustavo, que lo conformaban Cristian Avella y Claudio Giudice, pero todos andábamos juntos. Yo estaba mucho en el fútbol; Gustavo era hincha de Racing y yo de River, entonces nuestra vida en los recreos pasaba por las discusiones futboleras. Gustavo jugaba a la pelota en el patio, era zurdo y corría mucho. Un fin de semana por año hacíamos unos retiros religiosos en Villa Udaondo, porque la orden del colegio, Oblatos de María, tenía un terreno ahí. Había uno que hacía de director técnico del equipo de la división y yo quería entrar, me esforzaba. El hombre me dijo que tenía que correr. Y a Gustavo lo había puesto en el equipo porque corría. Cuento esto para explicar que Gustavo no era un negado ni un apartado, si bien sus intereses eran otros, no le escapaba a la cosa grupal".

"Gustavo era un pibe de barrio como todos nosotros —apunta Eduardo Vaccaro, otro compañero de división—, nos gustaban la música, el fútbol y las minas. De primero a tercer año del San Roque éramos todos varones y recién en cuarto año nos juntan con las mujeres. Para nosotros fue todo un tiempo de experimentación: no sabíamos cómo comportarnos con las chicas porque hasta tercer año nos arrancábamos la cabeza entre nosotros". "La integración entre todos los de la división —completa Della Morte—, se dio con el tiempo, como los melones que se van acomodando en el carro durante el camino. Todo era extremadamente natural. Avella, Giudice y Cerati eran un poco 'los facheros', los que estaban en lo último de la ropa. Más diferencia que esa no había". Pese a ese cuidado por lo visual que parecería venir desde la adolescencia, Gustavo era medio salvajón. En una ocasión la mamá de un amigo lo retó porque en vez de cinturón, tenía atado el pantalón corto con un cable. Probablemente, no fuera de guitarra eléctrica: eso llegaría más adelante.

4

En camino

Hacia 1975, Sebastián Simonetti, compañero de Gustavo durante toda la secundaria con quien compartía el interés por el espacio y la vida extraterrestre, hizo volar el laboratorio de química del Instituto San Roque. Fue una detonación inolvidable. Como Simonetti estaba muy avanzado en física y miraba constantemente al cielo, más interesado en los aviones de la Fuerza Aérea que hacían maniobras que en la lección que el profesor se afanaba en dictar, un día le preguntó por qué no prestaba atención. También le hizo una pregunta muy técnica que Sebastián respondió con solvencia. ¿Cómo podía ser que supiera tanto sobre física? Simonetti le contó que hacía maquetas y que frecuentaba el centro de investigaciones espaciales. El profesor, sorprendido, le propuso hacer algo en el colegio, y le consiguió permiso del rector Oscar Ancella para que en las horas de física él pudiera experimentar en el laboratorio de la institución. "¿Me puedo llevar al equipo?", preguntó. El equipo era la fila de la ventana que incluía, entre otros, a Gustavo Cerati, Claudio Martínez, Daniel Prima, Alejandro Magno y otros.

"No hacían un carajo pero nos íbamos todos —se ríe Simonetti—, nos metíamos al laboratorio a boludear. Y habíamos hecho dos motores de cohetes para lanzar; yo estaba armando otros dos y uno tuvo un problema en la cámara de combustión. Un día, a la séptima hora, teníamos matemática, nos mandan a buscar; un preceptor abre la puerta justo cuando veo que el motor falla".

—¡Todos abajo! —gritó Sebastián.

La explosión se escuchó en toda la manzana, amplificada por el retumbe natural del colegio. La mayoría de las probetas estallaron pero no hubo heridos, salvo Claudio Martínez que quedó manchado de amarillo y de ahí en adelante recibió el apodo de Tweety. El acceso al laboratorio quedó cancelado, y Simonetti no podía siquiera volver a entrar al aula durante las horas de física. "Lo que no sabían era que yo contaba con un segundo motor; la encargada de Mapoteca tenía una llave del laboratorio, entonces vine un día y probé el motor. Funcionó, lo armé y me dieron permiso para un lanzamiento en la semana". El San Roque se detuvo el día indicado a las 11.45 de la mañana y Simonetti realizó el exitoso despegue en la terraza, presenciado por todo el colegio... a prudente distancia. "El cohete cayó a dos cuadras, en Donado entre Roseti y Charlone, una vecina lo devolvió y una profesora lo guardó de recuerdo".

Gustavo comenzó la secundaria en 1973, año muy particular para la historia política argentina, ya que se celebraron elecciones que ganó el peronismo con la fórmula Héctor J. Cámpora – Vicente Solano Lima. Fueron los primeros comicios desde la caída del régimen justicialista, derrocado en 1955 por los militares, donde el peronismo no estuvo proscripto: Juan Domingo Perón no pudo participar por trabas legales que puso el gobierno militar de Alejandro Lanusse, pero a través de Cámpora, su delegado, se aseguró un amplio triunfo en todo el país. Luego, Cámpora llamaría a nuevas elecciones en septiembre del mismo año y, ya sin obstáculos, Juan Domingo Perón arrasó en las urnas y el 12 de octubre asumió su tercera y última presidencia. "En casa se hablaba de política —recuerda Laura Cerati—; mis viejos eran personajes interesantes, cuando venían familiares se charlaba en la mesa, opinaban, discutían entre ellos. Mi papá era más de la onda de Manrique[13], a quien votó; mi

13 Francisco Manrique, ministro de Bienestar Social durante los gobiernos militares de Roberto Levingston y Alejandro Agustín Lanusse. Se presentó como candidato presidencial en 1973, y quedó tercero.

mamá tenía ideas más socialistas y terminó votando a Balbín[14]. Mi hermano escuchaba, pensaba, pero tenía trece años en ese entonces. Después se interesó por la política pero no se comprometió concretamente con ningún partido, le interesaba saber por dónde iban las cuestiones de poder pero no era eso lo que a él lo movilizaba". "Había una materia que se puso ese año en el que comenzamos —explica Roberto Jokanovic—, que se llamaba ERSA (Estudios de la Realidad Social Argentina); algún profesor dijo una cosa y Gustavo dijo otra y se le plantó: no le quitó la mirada. El profesor no lo pudo callar, lo que demuestra su valentía, porque a esa edad y en esa época éramos un poco cobardes; vos dejabas que el profesor hablara, no te metías".

Los intereses de Gustavo venían por otro lado y lo primero que todos recuerdan era su habilidad con el dibujo. Ahí comenzaban las historietas y los superhéroes que Cerati empieza a plasmar en papel, pero su fuente imaginativa venía bien nutrida por las enciclopedias que Lillian compraba en fascículos coleccionables. "En séptimo grado —cuenta Eduardo Barrantes—, le gustó mucho la mitología griega, e inclusive hacía dibujos de las Guerras Médicas; dibujaba a los soldados, enfrentamientos, y tenía muy presentes a los dioses griegos, el porqué, el sentido. Gustavo no era una persona religiosa, pero le atraía la mitología, era un chico lector, y eso va a estar reflejado en sus canciones". "Por el lado de mi madre —agrega Laura— circulaban muchos libros de filosofía, las colecciones Salvat, había libros de Borges. La que era más de leer es Estela; Gustavo era más de historieta pero también leía, agarraba algún libro. A mamá le encantaban Borges, Cortázar, Neruda, fana de Don Quijote de la Mancha. Mi hermano se copaba con los fascículos, y aun de grande aparecía por casa y buscaba en ellos".

En Sebastián Simonetti, Gustavo encontró un aliado en su interés por la astronomía, durante un tiempo en el que la temática espacial estaba de moda, tras la llegada del hombre a la luna. "Yo estaba con todo lo que era fenómeno Ovni —dice Simo-

---

14 Ricardo Balbín (a) "El Chino", legendaria figura de la Unión Cívica Radical, que quedó segundo en la misma elección presidencial.

netti—, egiptología, pirámides. Teníamos un centro: el CEFO, Centro de Estudios de Fenómeno Ovni, formábamos a algunos de los chicos y dos de ellos eran Gustavo y el Tano, Alejandro José Magno. Gustavo venía a casa y nosotros teníamos parque atrás, nos tirábamos boca arriba a la noche y yo le iba nombrando el hexágono celeste[15]. También le gustaba la arqueología moderna: no creíamos que las hubieran hecho con esclavos empujando rodillos de madera. Estábamos metidos en eso y a mí me decían Marciano". De ahí, salió una de las canciones que Soda Stereo tocó en sus primeros tiempos pero que nunca grabó: "Contame Sebastián". "No era 'dime Sebastián' —aclara el destinatario—, era 'contame Sebastián de las estrellas'".

Y como caído del cielo, aterriza Led Zeppelin en el primer año del San Roque. Aparentemente cayó en el hogar de los Barrantes. "Un primo de mi mamá me presta *Led Zeppelin I* —evoca Eduardo—, lo escuchamos con Gustavo y quedamos alucinados, y él recontra alucinado con Jimmy Page. Después, el papá viajaba por trabajo y le traía discos. Era muy difícil conseguir algunos y para pibes sin plata como nosotros era todavía más difícil el acceso a los discos importados". Alejandro Magno era el más identificado de la división con el rock pesado, y probablemente fuera quien acercó *Led Zeppelin II* y un disco que estallaría en el cerebro de Cerati como el laboratorio del San Roque: *Machine Head* de Deep Purple. La digitación de Ritchie Blackmore lo volvió loco y se puso como meta sacar el solo que hacía en "Highway Star", cosa que haría con el grabador con el que su padre estudiaba inglés, que permitía reproducir a menor velocidad las palabras y que Gustavo aplicó a aquel solo específicamente y a otros no identificados.

"Gustavo iba a clases de guitarra —se acuerda Cristian Avella—, pero un profesor le dijo que él jamás iba a tocar bien la guitarra, porque tenía el dedo pulgar alargado y medio tirado para atrás. Cuando él ponía la mano en el diapasón, el dedo sobresalía y si quería podía tocar la cuerda de arriba. El tipo le

15 Figura astronómica también conocida como Hexágono Invernal.

decía que el dedo no podía pasar para adelante, que tenía que quedar apoyado en el diapasón. A mi vieja, que le gustan todas estas cosas, le parecía que era una señal de que iba a progresar". En efecto, Gustavo quería mejorar y lo iba a hacer. Su oído ya era un radar que captaba muchísimas frecuencias y las iba decodificando. A veces tocaba con la guitarra de Sebastián Simonetti y le decía: "miente".

—¿Quién miente?

—Tu guitarra: miente.

"Entonces me hacía un solo y me mostraba donde estiraba la cuerda y la guitarra sonaba desafinada, y me hacía la nota que correcta con la voz". En el barrio, Gustavo no iba a encontrar un buen profesor de guitarra, entonces un día Claudio Redondo y Simonetti lo llevaron al lugar donde ellos estudiaban, el Instituto Yamaha Prestige en Coronel Díaz y Juncal y lo presentaron. Le hacen una prueba.

—¿Sabés tocar?

—Sí, algo sé tocar.

—Dale, empezá — le dijo el profesor. Pero lo tuvo que frenar rápidamente.

—No, pibe, vos necesitás otra cosa, no tenés que venir acá. Yo puedo enseñarles a tus amigos, pero vos estás más allá. Tratá de enganchar a un músico en lo posible, buscate un David Lebón.

El problema era que David Lebón era un guitarrista ya muy conocido y no daba clases. ¿Dónde iba a encontrar algo similar? Pero Gustavo tenía amigos extramuros del San Roque y de alguna manera conseguiría el teléfono del que sería su gran profesor: Quique García Berro que, curiosamente, años más tarde formaría parte de la banda de David Lebón.

En el colegio, Gustavo pasó del hard-rock de Zeppelin y Purple a las delicias del rock sinfónico: Emerson Lake & Palmer, Focus, Yes y, finalmente, el grupo de que se enamoraría perdidamente: Genesis. Justamente, Enrique García Berro, era especialista en toda esa clase de música, que tocaba con un grupo llamado Sátrapa cuyo repertorio esencialmente se componía de covers de Procol Harum, Gentle Giant y Genesis.

Poco tiempo después trabaría amistad con Anthony Phillips, que fue miembro fundador de Genesis. Pero antes tuvo un golpe de suerte, al recibir una invitación del productor argentino Francis Smith, una suerte de Rey Midas de la música comercial argentina, que le sugirió que lo visitara en los estudios de CBS. Estaba grabando una de sus tantas creaciones, el grupo Safari, y el guitarrista se estaba yendo. A la semana, Quique fue a audicionar para el puesto vacante y su primera grabación fue uno de los éxitos más rutilantes de 1971: "Estoy hecho un demonio". Francis Smith le pidió a Quique que hiciera como una entrada para el tema y lo resolvió en un tris.

Un día de 1974, en el edificio donde Quique García Berro daba sus clases de guitarrra, en Billinghurst 2455, apareció un chico de rulitos que le hicieron merecer el apodo de "Melena". Era Gustavo, listo para su primera clase. "Venía una vez por semana —evoca Quique—, era muy talentoso para su edad aunque todavía no se le había despertado ese enorme talento que mostró después. Pero tenía facilidad manual para tocar, eso le jugaba en contra porque como le salía fácil era de los que menos avanzaban, porque avanza el que necesita estudiar más. Estuvo estudiando dos años y medio, ya que a fines de 1976 me fui a Inglaterra. Gustavo sabía los acordes básicos, pero de los alterados o invertidos no tenía ni idea, entonces le empecé a pasar eso porque le gustaba la música más elaborada. Al comienzo vimos mucho Beatles porque a él le gustaban mucho los arpegios. Pasamos temas del piano a la guitarra, como 'Hey Jude' y 'Let It Be'; canciones de *Revolver*, *Help!* y *Rubber Soul*, y hasta recuerdo que trabajamos 'Nowhere Man' con solo incluido. Y después sacamos 'Blackbird', que es muy arpegiada. En esa época, él tenía una guitarra española, y como yo tenía dos dejó de traerla porque tenía miedo que se la robaran. Tendría catorce, quince años".

— • —

En el año 1971, cuando Gustavo todavía cursaba sexto grado, se publicó un disco de rock argentino que tendría una enorme repercusión no solamente dentro del ámbito reducido de los rockeros, y que trascendería sus por entonces módicas fronteras: *La Biblia* de Vox Dei. El impacto del álbum fue colosal, no tanto por las ventas que fueron considerables, sino por la penetración que tuvo; fue un disco que no solo abrió mentes: abrió puertas. El rock era mal visto por la Iglesia, pero en este caso *La Biblia* recibió la bendición de la curia y del público. Era un álbum doble, con un filo muy rockero, letras filosóficas que no bajaban línea religiosa, y acordes accesibles, que permitieron que chicos con pocos conocimientos pudieran tocar algunas de sus canciones que se convirtieron en "clásicos de fogón"[16]. *La Biblia* galvanizó a una generación y en los colegios católicos que quizás antes hubieran tabicado las entradas para que el rock no profanase las mentes jóvenes, recibió una calurosa bienvenida. Es conocida la historia donde una alta autoridad eclesiástica leyó el primer párrafo y dictaminó: "A mí me hubiera costado tres horas explicar qué es Dios y ustedes lo consiguieron con un silogismo". Esa venia de la iglesia ayudó a que alumnos de colegios católicos se animaran a innovar en los ritos religiosos de su parroquia. Y es así como Gustavo mostró interés por la misa: la nueva situación le proporcionó un escenario inesperado.

"En nuestro segundo año de secundaria —sitúa Eduardo Barrantes—, explotó Vox Dei con *La Biblia*. Hasta entonces, el tema de entrada era como una música que te preparaba para la ceremonia. Cuando aparecimos nosotros, el tema de entrada pasó a ser 'Genesis' de Vox Dei. No tenía nada que ver pero las viejas se recopaban porque Gustavo se arpegiaba todo; también tocábamos 'Libros Sapienciales' y 'Profecías'". "Gustavo ya estaba en la pomada de la música —confirma Roberto Jokanovic—, aunque yo no pertenecía a su círculo íntimo había cosas ya que te mostraban la genialidad que después va a manifestar en su carrera. Todos los primeros viernes de cada mes había una

16 En Argentina se habla de determinadas canciones de rock de los años 60 y 70 que eran hipotéticamente tocadas en fogones. Rara vez ha sucedido eso: más que un fogón, pueden haber sido interpretadas en reuniones informales en plazas, como la experiencia de Cerati indica.

misa para todo el colegio y él tomó la delantera con la guitarra, guiando los cantos que no eran otros que los de *La Biblia* de Vox Dei. Por ejemplo, 'Muchacha (ojos de papel) lo tocaba como Canto y Meditación, tarareándolo, sin letra. Después de la misa había un recreo largo y mientras los demás se iban, muchos se quedaban con Gustavo, que seguía tocando".

"Muchacha (ojos de papel)" es una canción que fue muy conocida en los inicios de 1970 por una propaganda televisiva que la usó como banda de sonido, lo que llevó a la popularidad al grupo Almendra y sobre todo a su líder, Luis Alberto Spinetta. Todo el mundo coincide con que Gustavo la tocaba maravillosamente bien, pero es difícil poder saber cuándo Cerati entra de lleno a la música de Spinetta que lo va a marcar por siempre. Sebastián Simonetti recuerda que uno de los primeros intentos de banda de Gustavo ensayó un par de veces en su casa, y que Cerati ahí ya estaba como loco con "Serpiente (viaja por la sal)", otra canción de Spinetta que pertenecía a un nuevo grupo que armó tras la ruptura de Almendra, Pescado Rabioso. Ese nueva formación fascinó a Gustavo, sobre todo cuando la brevedad de la banda hizo que Luis Alberto Spinetta demostrara un poder creativo insuperable haciéndose cargo de completar, él solo, un nuevo y final álbum de Pescado Rabioso: el prodigioso *Artaud*. Editado en 1973 con una tapa de contornos tan irregulares que impedían una exhibición normal en disquerías, fue un manantial de belleza del cual Gustavo bebió hasta el hastío.

La tapa del álbum tenía un degradé que iba del verde dominante hacia un amarillo encapsulado y le recordaba otra: la de *Close To The Edge*, de Yes, un disco complejo que a Gustavo le encantaba, además de la música, por la tipografía dibujada por Roger Dean y ese logo tan personal, que para deleite de sus compañeros comenzó a dibujar en el pizarrón. Cerati utilizó lo visual de muchas bandas de la época para entretenerse en las clases, dibujando tapas al detalle y tratando que los profesores no se dieran cuenta. Ese logo de Yes mutó de YES a LAS, las iniciales de Luis Alberto Spinetta. Y ese ejercicio de apropiación tan importante alcanzaría su punto cúlmine cuando Cerati dibuje con esa tipografía su nombre propio: GUS. "Todo el tiempo dibujaba el logo de Yes —confirma Eduardo Vaccaro— y con esas letras hacía el de Spinetta: las columnas del colegio estaban todas escritas con LAS, y aparte le salían muy bien". "Le gustaba mucho Yes —sigue Eduardo Barrantes—, sobre todo Steve Howe y Chris Squire; agarraba *Close To The Edge*, y te lo tocaba todo, hasta el último sonido del disco". "Con la tipografía de los discos de Yes —revela Silvana o Silvia Fernández, que en muy poco tiempo será su novia—, te escribía una carta de amor o lo que quieras. Dibujaba y escribía con colores. Todo eso que podés sentir con la música, él lo ponía en un papel".

Sobre el papel, el pizarrón o cualquier superficie, Gustavo atraía la atención de sus compañeros e incluso de sus familiares. "Fijate en la raíz del nombre —asocia su hermana Laura—, Gustavo = gustar. Tuvo una época en la que dibujaba las tapas de los discos para los compañeros, que las colgaban en sus habitaciones. Dibujaba y pintaba muy bien con lápices de colores; alguien le pedía que le hiciera un poster de tal o cual tapa y él se pasaba horas en el living dibujando". Para divertir a sus amigos hacía dos clases de dibujos, retratos de sus profesores en el pizarrón y dibujos pornográficos que les hacían hervir la sangre. "Cuando se aburría en clase —evoca Roberto Jokanovic—, se ponía a hacer dibujos pornográficos debajo del banco. Me acuerdo de haber visto algunos y te aseguro que eran más excitantes que las fotos". Otra cosa que Jokanovic observó desde el comienzo es el gusto que Cerati tenía por el tabaco. "Estaba el grupo de los que fumaban y los que no, en aquellos años eso marcaba una diferencia. Drogas nunca hubo, pero Gustavo fumaba desde primer año, estaba con los que fumaban, los que escuchaban música moderna; nosotros, mi hermano Ricardo y yo, éramos más de la música clásica hasta que descubrimos a Los Beatles, somos de la segunda ola de Los Beatles, la que trajo Juan Alberto Badía con *La Beatlemanía*". Dentro del acotado acceso radial que tenía la música de rock en aquel entonces, el programa de Badía, *Imaginate: Flecha Juventud*, tenía una sección que iba a la once de la noche donde brindaba información sobre el grupo y la ficha técnica de las canciones. Era como un oasis para una juventud sedienta de información.

También estaba la revista *Pelo*, la única de rock hasta que apareció *Mordisco*, que acercaba las novedades en materia musical y ampliaba los horizontes de escucha, aunque en general las bandas se iban conociendo paulatinamente a través de descubrimientos fortuitos. "Yo inicié el contagio de Focus —se atribuye Sebastián Simonetti—, resulta que fui a ver el ballet de Oscar Araiz en el teatro Maipo y el tema principal del espectáculo era 'Hocus Pocus', entonces conseguí el disco y se lo pasé a Alejandro Magno y después se contagiaron todos los demás". Y después llegó el grupo que enloquecería a todos los que estaban con la "música progresiva": Genesis. Su disco *Selling England By The Pound*, se editó en Argentina un año más tarde, y resultó una revelación. Gustavo enloqueció con ese álbum y cuando tuvo las herramientas comenzó a sacar las canciones más complejas. Pese a que sus compañeros, de manera unánime, afirman que Cerati podía tocar entero "Firth Of Fifth" en la guitarra, su profesor, Enrique García Berro lo desmiente. "Ese no lo vimos —aclara—, pero sí estudiamos muchas cosas de Genesis. A él le gustaba esa música más elaborada. Le interesó mucho por cómo eran los acordes, lo que más lo intrigaba al principio; trabajamos partes de 'Supper's Ready', y también vimos un poco un tema de Steve Hackett llamado 'Horizons', del disco *Foxtrot*, pero nunca terminaba de estudiarlo. Le aburría la disciplina; Gustavo no era disciplinado pero suplía eso con talento. Yo le insistía en la parte técnica y la parte física, porque veía que tenía buenas ideas, pero no las podía resolver. Después, él irá mejorando por su cuenta".

Se puede afirmar sin temor que esos dos años y medio de clases con Quique Berro, fueron fundamentales para la formación del guitarrista Gustavo Cerati, y probablemente también para el compositor. Navegaron juntos por los océanos de Genesis, pero también tocaron costas bonaerenses. "De lo nacional vimos algo de Charly García, pero a él le gustaba más Spinetta. Vimos 'Fermín', que le interesó por la armonía. Gustavo tenía algo en su cabeza que quería llevar a cabo y era la composición de sus canciones. Vimos 'Fermín'. 'Muchacha (ojos de papel)'; le llamó la atención 'Hoy todo el hielo en la ciudad', porque tenía un giro interesante: un mi menor con la quinta aumentada. También le hacía bases para que él improvisara un poco, en esa época esa parte era la más floja que tenía. Yo le explicaba, pero como era un tipo muy creativo no le gustaba tanto trabajar sobre algo estipulado. Mi profesor de guitarra me decía que las escalas había que aprenderlas para olvidarlas. Y yo se lo decía".

—Gus, olvidate de lo que está sonando. Aprendete la forma porque eso después te da la libertad para que si se te ocurre algo, puedas llegar a eso físicamente y hacerlo cómodo, tranquilo y seguro.

Cerati era un alumno cumplidor con sus clases, no faltaba nunca aunque alguna vez tuvo problemas de dinero, pero García Berro le decía que si no podía pagar la clase igual fuera a estudiar, que ya verían cómo resolver eso. "Además de las lecciones, teníamos muchas charlas. Yo hacía bases de temas para explicarle enlaces armónicos, progresiones, y él se me pegaba para ver cómo eran esos pasajes. De hecho, el arpegio ese de 'En la ciudad de la furia', la entrada de mi menor con séptima, lo hacíamos siempre: jugábamos todo el tiempo. Cuando escuché la canción, me sentí súper bien de haber podido colaborar a que eso estuviera ahí". Quique Berro no solamente le enseñó guitarra, progresiones, arpegios, acordes de novena u oncena, sino que también lo alentaba a pensar.

Una tarde estuvieron trabajando en el repertorio de Pink Floyd, otro de los nuevos descubrimientos de Gustavo, absolutamente natural por la irresistible fuerza gravitatoria de *The Dark Side Of The Moon*. También se aventuraron por los sonidos de *Wish You Were Here*, pero el disco con el que más disfrutaron fue uno que Gustavo no conocía: *Meedle*, de 1971, que pertenecía a una época anterior y que tenía canciones con muchas partes de guitarra acústica. Una que sacó, trabajó en su casa y luego corrigió con su profesor fue "A Pillow Of Winds". Habían terminado y antes que se fuera, Quique Berro le tiró una pregunta a la parrilla.

—Gus, decime: ¿cómo te imaginás tu futuro? ¿Qué es lo que más te gustaría hacer?

Sin titubear, le respondió:

—Lo que más me gustaría es poder componer mis temas y que me vaya bien. Poder hacer una carrera con mis temas.

Si hay algo premonitorio en la vida de Gustavo es esta intención que empezó a madurar en 1975, cuando cursaba tercer año, y sentía que la guitarra y la música era algo que lo apasionaba y para lo que no tenía límites. Sin embargo, sabía que era algo muy difícil porque el éxito suele esquivar las mejores intenciones y los sueños más arrebatados. "Gustavo siempre tuvo en su cabeza y en su corazón que iba a triunfar —cuenta Eduardo Barrantes—. Era algo que estaba dentro de él y sabía a donde iba a llegar. Lo que no sabía era cómo lo iba a hacer: todos vivíamos en una nube de pedos, y él no era distinto a nosotros. En sus charlas de pibe te decía lo que iba a hacer. Decía que para triunfar no iba a hacer la música que él quería, que no iba a hacer Yes o Genesis: eso lo tenía claro. Pero también sabía que su camino no era transar y llenarse de dinero. Eran escalones que había que subir".

Gustavo no se preguntó cuántos peldaños tendría que escalar para llegar a su objetivo ni si tendría el temple para hacer todo el recorrido. Pero ya se estaba preguntando donde cuernos estaba la escalera. Y sabía que no se trataba precisamente de una "escalera al cielo".

5

Nací para esto

Un modesto espectáculo multimedia celebrado alrededor de 1975 cuando el concepto multimedia no había sido muy frecuentado, al menos en Argentina, sacudió la rutina del Instituto San Roque. El concepto no dejaba de ser novedoso pese a expresar algo que se venía repitiendo en todos los colegios argentinos desde tiempos inmemoriales: Las Islas Malvinas son argentinas. Era una de esas frases automáticas que de tanto repetirse dejaban de tener significado real. Sebastián Simonetti decidió hacer algo al respecto por unos familiares suyos que tenían diapositivas de lo que en aquel entonces se llamaba simplemente Stanley, y que luego del inicio de la guerra que Argentina emprendió en 1982 por la soberanía sobre aquel archipiélago comenzó a denominarse Puerto Argentino, y tras la derrota retomó su vieja denominación.

"Nunca nadie había visto Port Stanley y recién comenzaba a hablarse del tema soberanía de las Islas Malvinas —cuenta Simonetti—; unos familiares míos tenían fotos y pidieron colaborar con actos, entonces nos juntamos con Gustavo y Hugo Midolo para hacer algo. Nos permitieron usar el salón de actos, que tenía una trampa para el apuntador, que en una obra de teatro es el que te da la letra si te olvidás, y eso yo lo usé para meterme con un proyector y pasar diapositivas". En la superficie, a un costado, Gustavo tocaba las notas de "From The Beginning", un éxito de Emerson, Lake & Palmer con una introducción de guitarra que Gustavo descifró nota por nota, y matizada con una percusión simple que en esta ocasión fue interpretada por Hugo Midolo en sus bongós". "Salió muy bien —estima Simonetti—, nunca nadie de los que estaba allí había visto fotos de Malvinas". Había sido una muy buena idea: ¿cómo querer lo que no se conoce? Pero siempre hay un preceptor nacionalista que se pasa de argentino y mezcla los tantos.

—¡Todo muy lindo, muchachos! ¡Pero estamos reclamando las islas con música inglesa!

Sin embargo, nadie que no tuviera conocimientos de rock progresivo se hubiera dado cuenta del detalle porque Gustavo y Hugo hicieron una versión instrumental. Pequeña picardía para tocar lo que les gustaba.

Desde que asistió al mítico show que Carlos Santana hizo en el estadio de San Lorenzo en octubre de 1973, a Gustavo se le aceleraron las partículas y comenzó a tramar nuevos pasos en la música. Concretamente, buscó aliados y situaciones que le permitieran acceder a escenarios. Uno de ellos se dio naturalmente: la plaza 25 de Agosto. Silvia Cerávolo, vecina del barrio y directora de secundaria del Instituto San Roque en la actualidad, recuerda que ese espacio verde tan próximo al hogar de los Cerati era un punto de reunión para los jóvenes de Villa Ortúzar.

"En esos años, íbamos todos a la plaza —recuerda Silvia—, y podíamos ir solos. Era la época en que te juntabas con los demás y tocabas la guitarra si sabías. Todos éramos del mundo del San Roque, y entre las pibas sabíamos quiénes eran los chicos más grandes. Porque una chica de sexto o séptimo año se enamoraba de un pibe de tercer o cuarto año y no importaba si era lindo o feo: solo interesaba que fuera más grande. Eran varios los que iban a tocar la guitarra, no solamente Gustavo". Cuando el papá de Silvia consideraba que se estaba haciendo tarde la iba a buscar a la plaza, y ella siempre lo hacía esperar porque los chicos estaban cantando. El padre se impacientaba fácilmente y les gritaba:

—¡Vayan a trabajar! ¡Con la guitarra no van a llegar a ningún lado!

Varios años más tarde, cuando Soda Stereo ya se había

convertido en un grupo con amplio reconocimiento y presencia en televisión, el padre de Silvia pasó frente al aparato y se quedó mirándolo, reconociendo algún rasgo sin saber de quién era.

—Esta cara me parece conocida —farfulló.

Su esposa y su hija no pudieron contener la carcajada.

—¡Mirá tu ojo clínico! —se rió la madre de Silvia—. ¡Mirá dónde llegó el chico que tocaba la guitarrita en la plaza!

—¡No me jodas! ¿Este es el que tocaba en la 25 de Agosto?

—¡Sí! —se vengó Silvia—. ¿Te acordás que vos le decías que tenía que ir a trabajar? Te hizo caso y fue a trabajar... ¡de músico!

Mientras tanto, en el San Roque los discos iban pasando de mano en mano y de equipo en equipo. Algunos los escuchaban en el Wincofón que era un reproductor portátil muy popular aunque sin demasiada fidelidad. Gustavo era el que poseía un aparato con mejor calidad, pero tenía que compartirlo con los otros cuatro integrantes de la familia. Con Juan José en la oficina y sus hermanas en el colegio, Lillian no le ponía demasiada resistencia. "En ese tiempo —recuerda Laura—, los discos de Genesis, Yes, Jimi Hendrix rondaban por la casa, y además mi papá había comenzado a viajar y le traía material de afuera". El único ruido de púa en el hogar de los Cerati era la relación entre Gustavo y Estela, que era más introvertida: dos temperamentos diferentes que armonizarían cuando crecieran. "Estela es la hermana del medio —clarifica Laura—, muy estudiosa, y no era tan amiguera como mi hermano y yo, que éramos de salir por el barrio, estar mucho tiempo afuera. Mi mamá nos retaba más a Gus y a mí, porque Estela era más tranqui. Gustavo es una de las personas que yo siempre admiré, y para reírnos y para jugar yo estaba siempre. Teníamos algo especial, porque yo era Laurita, la chiquita, y le tenía admiración porque era lindo, porque era amoroso conmigo. En general, no dábamos problemas pero eso era también porque mis padres estaban encima de los tres".

El que daba problemas en el colegio, o al menos parecía atraerlos, era un muchacho que había repetido segundo año llamado Gabriel Altube. Y ante su mención el veredicto de los compañeros de Cerati es unánime: "No lo queríamos". Gustavo era el único que le prestaba atención, había algo de él que lo fascinaba e incluso lo recordaría en algún reportaje: "Era como un salvaje". "Un chico complicado —lo define Laura— en ese momento, cuando eran jóvenes debió haber sido muy importante hasta que lo echaron del colegio. Se han divertido mucho con él". Los que compartieron aulas con Altube piensan distinto. "Altube: el segundo de la lista —precisa Jokanovic—. Solo estuvo con nosotros en segundo año; se enganchó mucho con Gustavo pero de una manera obsesiva: lo quería poseer, pero Gustavo no era un tipo que se dejaba poseer. Altube era un chico muy limitado y se pegaba a Cerati, lo seguía por todos lados. También había otro muchacho, Carlos Cruz, que era hijo de un mecánico de La Paternal, que no es que fuese malo: era un poco mitómano". "El que se siempre se sentaba al lado de Gustavo era el Tano Magno —sitúa Simonetti—, y cuando el Tano faltaba, Altube se sentaba ahí". Pese al rechazo que su figura parece concentrar entre sus compañeros, Gabriel resultó ser la persona indicada cuando a Gustavo lo vinieron a buscar chicos de otro colegio para darle una paliza: había estado coqueteando con una chica que ellos sentían que les pertenecía. "Unos tipos lo vinieron a buscar a Gustavo —cuenta Cristian Avella—, que estaba muy preocupado, entonces buscamos ver con quién podíamos juntarnos para hacerles frente y Altube que era grandote resultó ser el indicado. Gustavo la pasó mal, se sentía perseguido, se metía en la casa y no salía".

Gustavo parecía tener amigos por todos lados, no solamente en el San Roque y después que Altube fue expulsado del colegio mantuvo contacto con él, y hasta lo invitó a su casamiento en Chile en 1993. Y también tuvo actividades extracurriculares con él, pero que no estaban vinculadas a la música que era lo que los unía. "Si tengo que decir cosas que hizo Gus trabajando de chico... —se ríe Laura—, hizo pulseras, mostacillas, collares, tenía todas las herramientas para hacerlas y las vendía en la feria de Plaza Francia. Eso lo hacía con alguien del secundario, pero no recuerdo con quien. Otro trabajo que tuvo fue el de rellenar cartuchos con tinta de lapicera". "Hay una anécdota que tenía que ver con uno que paraba con Gustavo —dice Eduardo Vaccaro—, un flaco muy loco que era amigo de otro lado y manejaba un colectivo de línea paseando con los amigos. Incomprobable, pero Gustavo frecuentaba gente que no tenía nada que ver con el colegio". Amigos suyos de ese tiempo, cuentan que frecuentaba una barra de muchachos de Parque Chas, barrio adjunto a Villa Ortúzar, conocido por sus formas laberínticas. Se dice que Altube vivía por ahí y que se movilizaba en un Citroën, uno de los famosos escarabajos, que un día, cuando el vehículo no anduvo más, quedó apoyado en una pared de aquel barrio.

Es probable que parte del interés que Altube le despertó a Gustavo tuviera que ver con que fuera más salvaje que él. "Gustavo era un chico salvaje pero educado —matiza Jokanovic—; hay un hecho sobre el que leí varias veces y que es absolutamente falso. Salió en algún lugar que había sido suspendido en misa porque había eructado, y yo no tengo ningún recuerdo de que lo hayan retado o suspendido por un eructo en una iglesia. Alguna vez le llamaron la atención por un acorde que tocó en la iglesia del colegio cuando terminó una misa. Se acercó la directora, la señorita Josefina que nosotros queríamos mucho, y le dijo algo. Pero fue como un acorde que no iba y que hizo como un chiste: era la genialidad de un chico de quince años. Creo que él se iba dando cuenta de que tenía capacidades, y no solo empezaba el despertar sexual sino también el intelectual: a esa edad te das cuenta de que valés algo. Y él era consciente de eso, pero destaco su humildad: nunca fue soberbio".

Gustavo comenzó a estar más presente en las misas y a instancias de Eduardo Barrantes, líder nato de aquella división según Jokanovic, se sumó a Acción Católica. "Era un movimiento de la Iglesia más que nada de jóvenes —explica Barrantes—, Gustavo empezó a venir alrededor de tercer año. Y siguió ligado hasta un par de años después de haber terminado el secundario. Un día nos destinaron dos grandes salones para juntar a los pibes, y como éramos los más grandes nos encargaron la organización. Ordenamos los dos salones, conseguimos unos metegoles, y Gustavo se trajo unas cartucheras enormes y comenzó a dibujar escenas para pegarlas en la pared. ¡Imaginate *La última cena* dibujada por Cerati! Además de los temas de Vox Dei, en las misas comenzó a tocar un 'Cordero de Dios' medio bluseado. Buscaba figuras en la Biblia y las hacía; un día me dibujó a mí con el uniforme de colegio, crucificado y con el escudito de la Acción Católica".

— • —

A medida que avanzaban los años, la progresividad de la música también se incrementaba. Si bien Genesis permanecía como banda favorita del curso de Gustavo, había otros discos que llamaban la atención como *Brain Salad Surgery* de Emerson, Lake & Palmer, que había sucedido a *Trilogy*, acaso el trabajo más popular del grupo en Argentina y que era el que traía "From The Beginning", que muchos años más tarde sonaría en las pruebas de sonido de Soda Stereo y de Cerati como solista, al igual que la introducción de armónicos de "Roundabout" de Yes. "Nosotros la música la escuchábamos a través de Gustavo —se sincera Cristian Avella—, que era el que conocía cosas raras y siempre aparecía con algún disco nuevo. Premiata Forneria Marconi la conocí por él; cuando nos gustaba mucho algo le pedíamos que sacara el tema y lo tocara. La cantidad de horas que lo hemos escuchado es increíble".

—¡Decime la verdad! ¡Ustedes se drogan para escuchar esto! —le decía exaltada la madre a Eduardo Barrantes absolutamente alarmada.

"Teníamos quince años y estábamos escuchando *Starless & Bible Black* de King Crimson. Después un compañero encontró un disco rarísimo que tenía en la tapa un ratón que estaba saliendo de un huevito". Se trataba de una banda alemana de rock sinfónico llamada Triumvirat, con una cadencia más melódica y menos elaborada, que se hizo escuchar a través de su álbum de 1974: *Illusions On A Double Dimple* (traducido en Argentina como *Ilusiones en un agujero doble*). "Gustavo era muy cercano a Cristian Avella y andaban siempre con discos —recuerda Alberto Della Morte—, yo trataba de seguirlos pero ellos siempre estaban un paso adelante. Recuerdo una escena de ellos con el disco doble de Genesis, *The Lamb Lies Down On Broadway*, y que me mostraron la revista *Pelo* con un título tremendo: 'El estrellato no es la meta de Peter Gabriel al dejar Genesis'. Y yo todavía estaba con el disco anterior. Es más, estos dos vienen un día con un disco rarísimo, que tenía una tapa con un ratón adentro de una lamparita. ¿A quién se le ocurre? Después supe que Triumvirat era un grupo alemán[17]. Pero en ese tiempo sentía que siempre estaba un paso detrás de ellos".

Nadie sabe a ciencia cierta la sucesión de hechos, pero los diferentes compañeros de Gustavo coinciden que su primer grupo comenzó a funcionar en 1975 y que se llamó Koala. Fue un quinteto que sumó a otros dos alumnos del San Roque, Carlos Requejo, Claudio Maquera, y un segundo guitarrista y un baterista cuyos nombres no han podido establecerse. Gustavo, todavía muy impactado por el show de Santana, le imprimió un estilo "afro", como lo dijo en varias entrevistas. "Tengo la impresión que Gustavo ya estaba haciendo algo en 1972 —trata de precisar Sebastián Simonetti—, porque comenzó a ensayar en casa con algunos chicos cuando yo entré al colegio, en 1973, y eso venía de antes. Pero no era Koala, que recién arranca por tercer año. Mucha guitarra, mucha percusión, tocaban 'Oye como va' de Santana. Los temas propios vienen después. Yo comencé a meterlos en todos los festivales de Acción Católica donde se podía tocar".

Una profesora de historia a la que volvieron loca haciéndole trapisondas, fue la que justamente les hizo la conexión con un festival que se realizó en la parroquia Sagrada Familia del barrio

---

17 Triumvirat fue parte del rock progresivo europeo, escindido de la línea británica con menor complejidad y un matiz más melódico. El disco al que hace referencia Della Morte se llamó *Spartacus* y se publicó en Argentina en 1975.

de Saavedra. Aparentemente, allí debutó Koala. Simonetti, de puro hinchapelotas, comenzó a arrojar monedas al escenario en una lluvia constante y molesta hasta que Claudio Maquera agarró el micrófono.

—¡Basta, muchachos! Dejen de tirar monedas que nos van a lastimar.

No era un acto agresivo, sino una diversión de compañeros de colegio, adolescentes y traviesos, que tomaron la ocasión como un evento festivo más que como un verdadero concierto. Mientras tanto, Gustavo seguía sacando las canciones que le interesaban, con alguna ayuda de su profesor Enrique García Berro y buscando nuevas fuentes de las que nutrirse. Siguió la carrera de sus grupos favoritos, con sus vaivenes, comprendiendo que las grandes bandas evolucionaban, no repetían siempre lo mismo. Y también incorporó nuevos nombres a su colección. En cuarto año, apareció un disco que los trastornó a todos: *Moonmadness*, álbum de los británicos Camel. Parecía la evolución del rock sinfónico, una especie de cruza entre Yes y Pink Floyd, pero en realidad era una distorsión ya que el género había comenzado un sostenido declive solo que en Argentina las novedades llegaban con algunos años de demora. En 1976, nadie había escuchado hablar del punk en Buenos Aires, mientras que en Londres comenzaba a ser la especie dominante.

Para tocar con Koala, Gustavo se había agenciado su primera guitarra eléctrica: una Faim. Sin embargo, a las vacaciones de verano con algunos compañeros del colegio se llevó la española. "Cuando egresamos de tercer año —cuenta Cristian Avella—, nos fuimos solos a Mar del Plata, Gustavo, Claudio Giúdice, yo y Hugo Roca, un compañero muy buena onda que no era del grupo nuestro pero que había conseguido que le presten la casa de una tía, que estaba cerca del puerto de Mar del Plata. Nuestros viejos no nos dijeron que no nos fuéramos pero tenían miedo. Llegamos a la casa y no había nadie para abrirnos y no teníamos la llave. Cuatro boludos con las valijas en la puerta, entonces uno entró por el techo, encontró la llave y nos abrió. Íbamos a la playa y el flaco —apodo de Gustavo, por cierta delgadez, pero más que nada por su amor hacia Spinetta— se llevaba la viola y se ponía a tocar. Por supuesto que se arrimaba gente. No era algo muy común en 1976, pero se llenaban de gente las escaleras de la rambla. Cuando tocaba 'From The Beginning' se arrimaban más las chicas, pero si se ponía a tocar 'Firth of Fifth' de Genesis, la gente se aburría. Entonces incorporó material de rock nacional: tocaba temas de Sui Generis como 'Rasguña las piedras', 'Muchacha (ojos de papel)' que le salía re bien, temas de Vox Dei, alguna de Pappo, alguna de Moris y 'Jugo de tomate frío' de Manal".

Cerati nunca fue un rockero militante, pero claramente le gustaba el rock. Era uno de los pocos en la división que tenía el pelo largo por una cuestión natural: le crecía en forma de rulos y más que longitud, su cabello tenía volumen. Sebastián Simonetti, por ejemplo, le encargaba a su hermana que se lo recogiera con horquillas, y fuera del colegio se lo quitaba. Cuando llegó el golpe militar de marzo de 1976, una de las primeras órdenes que se bajaron a los colegios fue: nada de pelo largo. La regla era que el pelo no tocara el cuello de la camisa, y como a Gustavo le crecía a lo ancho podía darse el lujo de dejárselo crecer sin violar esa regla.

Eduardo Vaccaro intentó hacer que Gustavo escuchara a Kiss, un grupo estadounidense que había comenzado a sumar seguidores en Argentina, sobre todo en el público adolescente. "Gustavo me había invitado a su casa a escuchar el último de Camel —explica Vaccaro—, y yo le hice escuchar *Destroyer* de Kiss, que me lo había prestado un amigo con acceso a discos importados. Le llamó la atención la potencia que tenían pero le gustó más el logo y comenzó a dibujarlo en el pizarrón del colegio. Ya en esa época también había comenzado a interesarle Mahavishnu Orchestra". Otro grupo que también comenzó a tallar fuerte en el gusto del San Roque fue Queen; mientras todos se deslumbraban por el impetuoso registro de Freddie Mercury, Gustavo puso especial atención en el sonido de capas de Brian May.

A todo esto, un día llega Juan José Cerati de Estados Unidos, radiante, con un anuncio importante para hacer. "¡Esto es lo nuevo en la música!", anunció, y extrajo de su valija un álbum con el envoltorio brillante intacto. Se trataba de *A Love Trilogy* de Donna Summer. "Creo que en su momento no le gustó, pero con el tiempo sí", razona Laura hoy. Gustavo lo puso en una carpeta mental y a lo largo de los años fue atando los cabos que unían su gusto por el soul y el funk clásico (Earth Wind & Fire y Commodores) con la variable electrónica conocida como Eurodisco que proponía Donna Summer o, mejor dicho, su productor: Giorgio Moroder. Pero todo esto comenzaría a acentuarse recién en 1977, cuando empieza a salir a bailar con los amigos y queda expuesto a la música disco y a lo que en esa época se llamaba "música bolichera", que incluía bandas de funk, de soul o de otras variantes que convergieron en la pista de baile, entre ellas una incipiente electrónica a través de Kraftwerk y algunas derivaciones rockeras que aprovecharon la corriente.[18]

Hasta ese entonces, los bailes, situaciones donde un joven podía conocer a alguna chica o incluso tener alguna clase de intimidad, se daban en los cumpleaños, las fiestas caseras bailables conocidas como "asaltos", o en los festejos de carnaval. "Mi hermana cumplió quince años en 1976 —cuenta Alberto Della Morte—, entonces lo festejamos en mi casa y ella quería que viniera el grupito de los facheros, que eran Gustavo, Cristian Avella y Claudio Giudice. Yo empecé tarde con la música y lo invité a Gustavo pero le avisé cómo iba a ser la cosa, abriendo el paraguas, porque yo lo veía como que estaba muy por delante de mí en la música".

—Gustavo, nos encantaría que vinieran a la fiesta. Pero mirá que va a ser todo Beatles porque nosotros estamos con eso.

—¡Pero Los Beatles son unos genios! Que yo escuche otras cosas no significa que me hayan dejado de gustar Los Beatles.

18 Una breve lista podría incluir temas como "Miss You" de The Rolling Stones o "Da ya think I'm sexy" de Rod Stewart, pero pertenecen a 1978. En 1977, yendo a bailar, Gustavo escuchó "Trans Europe Express" de Kraftwerk que a veces se enganchaba con temas de Alan Parsons Project o de Giorgio Moroder como solista.

Gustavo ya había incursionado en terreno romántico con alguna chica del San Roque, aparentemente llamada Silvina Fernández. Y con el alboroto de las hormonas esa necesidad de contacto con el sexo femenino se le fue incrementando, pero la música seguía predominando en el amplio panorama de sus intereses. Sin embargo, hay una discrepancia con respecto a su carácter: muchos de sus compañeros recuerdan a un Cerati tímido e introvertido, pero otros piensan lo contrario: lo veían como un compañero bastante audaz y predispuesto a prenderse en cualquier situación divertida, lo que en Argentina se conoce como "un alumno quilombero". "¿Gustavo tímido? —se asombra su hermana Laura—. No me cierra, hacían cosas, locuras; puede que fuera reservado, observador, pero tímido no. Era quilombero, muy curioso, interesado en cada cosa que veía".

El contraluz lo brinda Sebastián Simonetti que recuerda haber ido a un encuentro de Acción Católica junto con Gustavo y Claudio Maquera a la parroquia del Buen Consejo en el barrio de Floresta. "Gustavo era tímido —dice—, no tocaba para cualquiera, tocaba para nosotros. Pero ese día en la parroquia, Claudio agarró una guitarra, tomó un micrófono... y lo presentó a Gustavo, que no tuvo más remedio que agarrar la guitarra. Claudio le sacó la silla para que toque parado, no sentado como un concertista".

—Bueno —dijo Gustavo al micrófono—, les voy a pedir que hagan silencio porque si no, no se va a escuchar.

Y arrancó con "Time table" de Genesis, una balada del álbum *Foxtrot* que casi nadie conocía, pero que Gustavo tocaba como si fuera una pieza clásica. Siguió con "Aisle of plenty", de *Selling England By The Pound* y cerró con "After The Ordeal". De a poco el bullicio se fue aquietando y lo escucharon en silencio como si fuera un concertista de música clásica. Y de algún modo, lo era, porque despojadas de baterías, bajos y sintetizadores, estas piezas sonaban armoniosas y familiares aunque no se las conocieran. Lo aplaudieron a rabiar. Le devolvió la guitarra a la chica de la parroquia que se la había facilitado. Un flaco del Buen Consejo, aparentemente conocedor de la música que Cerati había interpretado aquella noche, pasmado se acercó a Simonetti y le hizo una pregunta a boca de jarro.

—¿De dónde sacaron esto?

Simonetti infló el pecho, impostó la voz, buscó el tono canchero y respondió:

—Y... son los monstruos que tenemos en el San Roque.

6

Juego de seducción

Una noche, Eduardo Barrantes llegó a su casa y encontró a su padre furioso como nunca antes.

—¡Decime en qué andás! ¿En qué estás? —le aulló tomándolo del cuello.

Eduardo no entendía a qué se refería ni lo desorbitado del reclamo. Su padre era supervisor del área de residuos de la Municipalidad de Buenos Aires y trabajaba en el horario vespertino. Un grupo de tareas del ejército entró al organismo, lo encerró en una oficina donde fue sometido a un feroz interrogatorio, preguntándole qué estaban tramando en la parroquia del San Roque. "Yo me quería morir —cuenta ahora Eduardo—, dos o tres días atrás había sido la fiesta patronal y vino el obispo; yo estaba de monaguillo en la misa, la gente va saliendo en procesión, se abren las puertas y entra un montón de mujeres: familiares de desaparecidos. Uno de los curas les hacía una asistencia espiritual, entonces los milicos no sabían si la parroquia estaba haciendo cosas de Acción Católica, o si nosotros andábamos en otra cosa. Se trataba de solidarizarse con esa gente, y a dos o tres pibes los pararon por la calle, lo apretaron al cura que dio la misa, que durante todos los días a lo largo de varios meses tenía que llamar a una persona y comunicar que estábamos todos bien. De hecho, yo andaba con una carta del obispo entre mis documentos, en la que decía que si se requería algún conocimiento sobre mí se tenían que comunicar con él". La Iglesia hacía esas asistencias para familiares de desaparecidos, y los servicios de inteligencia empezaron a husmear en el San Roque sin percatarse de que en el mismo lugar también había asistencias espirituales para miembros de la policía.

Fueron años de plomo y confusión; en la superficie la vida parecía seguir un curso normal, pero se bajaban un par de peldaños y había otro mundo donde las reglas las establecían los militares que disponían de cualquier vida que les despertara la más mínima sospecha de actividad subversiva. Y siempre estaban a la pesca. "Nosotros teníamos rulos —cuenta Cristian Avella— y nos han levantado mal varias veces. Zafamos de pura suerte. Han venido los militares por encima de los techos de la Iglesia, haciendo lo que hacían en esa época. Nosotros medio que no nos dábamos cuenta, éramos chicos, no andábamos en nada, salvo zafar de las clases; con Claudio Giudice y Gustavo nos íbamos a un lugar debajo de la Iglesia al que le decíamos 'la covacha', un lugar de reunión donde teníamos un metegol y una mesa de pool. Supuestamente, teníamos que hacer trabajos prácticos, pero nos dedicábamos a perder el tiempo".

Fuera del colegio, Gustavo no perdía ni un segundo. Fue Alejandro Magno el que lo acompañó al conurbano bonaerense, traspasando los límites de la Ciudad de Buenos Aires, a comprarse una guitarra Fender usada. Por problemas familiares, Sebastián Simonetti quedó fuera del San Roque pero estuvo atento al desarrollo de una convocatoria para un certamen entre colegios religiosos donde se elegiría la Canción Navideña de 1977. Para poder participar, había que presentar una grabación del tema a interpretar, que iría a una preselección de la cual saldrían los solistas, dúos o conjuntos que integrarían la competencia que se transmitiría por el Canal 9 de televisión. Desde afuera, Simonetti apoyó la movida para que un grupo del San Roque encabezado por Gustavo y Eduardo Barrantes pudiera participar. "Yo había comenzado a trabajar en el diario *La Prensa* —cuenta Sebastián— y estaba en la organización del festival por parte del Consejo. Había gente de la revista *Esquiú*, una publicación vinculada al mundo católico, y en el jurado estuvieron León Gieco y Carlos Cutaia". En "la covacha" hicieron la grabación del tema para el concurso en el grabador National Panasonic de Simonetti: "Nazcamos juntos" que Gustavo escribió específicamente para la ocasión. "Gustavo ya tenía alguna experiencia en composición —cuenta Cristian Avella—, hacía alguna canción para algún amor de secundario y a medida que iba cambiando aparecían nuevos temas. Generalmente, cada novia era una canción, entonces le pedíamos la de tal o cual, y había varios temas que eran muy lindos". La grabación se presentó, sorteó sin dificultad la preselección y llegó a la instancia de la final que se celebró en el Teatro Coliseo.

A Cerati, Barrantes y compañía no les fue mal, pero salieron segundos. Simonetti se arrancaba los pelos y aun hoy se indigna. "Yo me enojé con la organización porque le dieron el primer premio en 'ritmo moderno' a un grupo de La Plata que presentó un pibe que arpegiaba la viola y otro que recitaba. ¡Contra una banda! Si escuchás el tema, los gritos y los aplausos eran impresionantes". Por el celular de Simonetti, la canción se oye con cierta nitidez aunque con mucho ruido ambiente; Gustavo canta una letra poco discernible y toca una guitarra con wah-wah. Pero además de los compañeros del San Roque hubo allí alguien más que recuerda el estribillo de "Nazcamos juntos": Silvia Fernández, a quien llamaban Silvana, y que desde febrero de 1977 era novia de Gustavo. "Él estaba muy nervioso —cuenta Silvia/Silvana—, porque había tardado mucho en escribir la canción que decía: 'Hoy es Navidad y todo es paz, y todo es amor/ Que nadie esté solo ni sienta dolor'. Gustavo estaba muy entusiasmado pero feliz con ese segundo premio. Quería que la canción le llegara a la gente". Las cintas de aquel festival de la canción navideña fueron extraviadas por Canal 9, con lo cual se ha perdido un tesoro histórico.

— • —

Silvia y Gustavo se pusieron de novios formalmente y mantuvieron una relación que abarcó más de cuatro años. Se conocieron en un baile de carnaval en el Club YPF, frente al Club Ciudad de Buenos Aires. Los carnavales todavía eran multitudinarios en 1977, y Gustavo fue a YPF con un grupo de amigos; apenas vio a Silvia sintió el proverbial flechazo y quiso salir con ella. "Yo iba a un colegio de monjas llamado Compañía de María —cuenta Silvia—, y conocí a Gustavo a través de mi hermana y de Cristian Avella, yo era muy amiga suya. Se armó un grupo y salimos todos juntos. Estaba cursando tercer año del secundario y él estaba en quinto. Gustavo era un chico divino: un dulce total. Era educado, respetuoso, contenedor, familiero, amiguero: todo lo que se te pueda ocurrir. Tengo el mejor de los recuerdos". "De Silvana (Silvia) me acuerdo bien —ratifica Laura Cerati—, mi hermano estuvo un largo tiempo con ella. Era alta, rubia y de pelo largo".

Sin dudas, 1977 fue un año de cambios para Gustavo, que comenzó a estar menos visible en los confines del Instituto el San Roque. "Los últimos años de secundaria, Gustavo estuvo medio ausente —confirma Roberto Jokanovic—, él ya estaba a otro nivel en todo. A Eduación Física, que hacíamos en el Círculo de Suboficiales del Ejército en Villa Martelli, no vino más. Ya estaba en otra cosa". Enrique García Berro se fue a vivir a Inglaterra y por ende Gustavo se quedó sin profesor, pero ya tenía herramientas suficientes para seguir aprendiendo por su cuenta, por lo tanto se instalaba en el living de su casa a practicar sobre discos, deteniéndose en las cosas que no le salían bien y buscando la perfección. Se olfateaba en el aire el aroma de fin de ciclo que implica haber traspasado el meridiano de la mitad del último año de secundario. Había un programa ómnibus que se emitía todos los domingos a la tarde por Canal 9 que se llamaba *¡Feliz Domingo!*, en el que se anotaban todos los cursos de quinto año para competir en distintas prendas. El colegio vencedor se ganaba un viaje de egresados a Bariloche para toda la división. En ese curso del San Roque, el héroe de aquella jornada fue Alberto Della Morte, que desestimando la posibilidad de consultar con el equipo asesor, contestó con seguridad la respuesta correcta a una pregunta dificilísima que le hizo el conductor, Orlando Marconi: "membranas nictitantes". "Era una pregunta de zoología —cuenta Della Morte—: 'Separando los párpados del sapo se encuentra una membrana transparente que protege sus ojos del medio ambiente. ¿Cómo se llama esa membrana?'. ¡Y yo la sabía! Gustavo hizo un dibujo de la escena que fue muy gracioso, porque además de dibujarme a mí y a Marconi, dibujó a la profesora de biología llorando, que dice: 'pedile las Interminables', que eran unas zapatillas de la época. Te daban premios y algo de dinero que se suponía que se juntaba para ir a Bariloche, pero nunca se pudo hacer. Con esa plata fuimos a cenar todos juntos y fue mi momento de gloria".

Gustavo cumplió 18 años el 11 de agosto, lo que le otorgaba cierta mayoría de edad que le permitía entrar a una discoteca, sacar un registro para conducir y beber alcohol legalmente. Pero aun antes de eso, junto con Cristian Avella y Claudio Giudice, comenzaron a frecuentar un lugar muy singular: Zodíaco, legendario boliche de la avenida Juan B. Justo, en el barrio de Floresta, con varios pisos y un dato que delata la época: los lentos solo podían bailarse con un brazo y a un metro de distancia de la pareja. Y, además, las madres iban con sus hijas para cuidar que ningún muchachito quisiera propasarse con ellas. Pese a que hoy la escena se ve antediluviana, todo el mundo que se hizo habitué de Zodíaco recuerda el lugar con intenso cariño. Era más un club familiar donde se bailaba que una discoteca hecha y derecha. La competencia eran Bamboche y Tarot, dos locales de Flores en donde las costumbres estaban menos controladas y el público era de mayor edad; en Zodíaco, un beso tenía que ser a escondidas porque los guardianes musculosos del lugar no lo permitían. Si alguien se emborrachaba se lo dirigía discretamente a la puerta de salida. La música disco convivía con el rock y con algunos lentos de Ricardo Cocciante. La tarjeta del lugar era sobria y formal: "Zodíaco, su lugar de reunión".

"Nosotros empezamos a salir de chicos —se sincera Cristian Avella—, aun siendo menores, el resto de la división, más futbolero, arrancó de más grande. Íbamos a Zodíaco casi siempre, y alguna vuelta hemos ido a boliches de Monte Grande, Quilmes o Temperley, pero era algo ocasional: nuestro lugar era Zodíaco. Los sábados tenías que ir con saco y corbata, y nos teníamos que poner ganchitos porque no te dejaban entrar si tenías el pelo muy largo; abajo había un quiosquito que te vendía los ganchos para el pelo. Tenía cinco pistas distintas y si enganchabas una chica te ibas a bailar lentos a la pista de arriba que tenía una calesita, porque en el primer piso estaban las madres de las chicas. También íbamos los domingos donde no tenías que ir con corbata, pero sí con saco; en esa época se usaban los sacos de terciopelo, de pana y zapatos con plataforma, pero Gustavo era alto y no le gustaban esos zapatos. El tema por excelencia era el 'John Lee Hooker '74', de Johnny Rivers; después se bailaba soul de la época y más adelante comenzaron a pasar Gloria Gaynor y Donna Summer. No íbamos por la música, sino por las chicas".

A Gustavo le gustaba salir con sus amigos, pero no le gustaba mucho bailar, costumbre que después de grande revertiría. Por otro lado, tenía a Silvia que no podía ir a bailar con él porque tenía quince años. "No iba todos los sábados —aclara Silvia—, era Cristian el que estaba fascinado con salir a bailar. Pero Gustavo más de un sábado me decía que no iba a ir y se venía para mi casa. Yo vivía a cuatro cuadras de la suya, en Avenida Elcano, entre Álvarez Thomas y Delgado. Mis viejos lo adoraban, sobre todo mi mamá, y Gustavo también era muy cariñoso con mi familia. En la casa de él también había buena onda. Nuestra relación era de noviazgo formal y eso incluía salidas familiares; tengo un vago recuerdo de ir a la casa de unos tíos donde hacían asados a la noche y también a un lugar que su familia llamaba 'la casita' en San Isidro". Laura echa un poco de claridad en las locaciones: "Cuando mi hermano cumplió quince, mi viejo tuvo la oportunidad de comprar un par de terrenos en San Isidro que eran baldíos, y hoy es el barrio La Horqueta. Esa es 'la casita', que formó parte de nuestra vida para siempre".

El 21 de septiembre, día que comienza la primavera en el hemisferio sur, es también el "día del estudiante", y se suele celebrar con reuniones al aire libre en plazas, parques o jardines, públicos y privados. Como en el San Roque sabían que el clima era un poco pesado afuera por la dictadura gobernante, les dieron carta libre a los alumnos para que dispusieran del salón de actos y realizaran su propia celebración. "Cada división —cuenta Alberto Della Morte— armó un sketch y lo interpretó sobre el escenario. Otra división presentó a un chico al que el padre le había regalado una guitarra Gibson Les Paul negra; el pibe tocó, todo bárbaro y nosotros hicimos un sketch. Pero después Gustavo agarró esa guitarra... y fue como pasar del blanco y negro al color. No es por desmerecer al otro chico: Gustavo iluminó el salón, la rompió, la descosió. Fue una improvisación pero nos quedamos todos enloquecidos". Muchos años después, en diciembre de 2006, hubo una reunión de ex compañeros en la casa de los Della Morte y salió la anécdota de la Gibson que tocó en el salón de actos. Gustavo contó algo que se había callado: "En realidad les quiero confesar que no era una Gibson original, pero me dio pena decírselo al dueño".

"Gustavo era muy detallista: con todo —explica Silvana—. Siempre quería verte bien. A mi mamá la contenía cuando salíamos, porque nos ponía un horario límite para volver, a las dos de la mañana. Y él le decía: 'No, negrita, quedate tranquila que a las dos o dos y cinco a más tardar estamos acá. Yo la cuido, yo la traigo, vos sabés que no la voy a dejar sola'. Era muy perfeccionista y exigente para con todo, pero en el terreno del amor él veía todo bien, todo lindo, todo divino. Me venía a buscar a la salida del colegio y me esperaba en la vereda de enfrente, fumando: siempre fumando. Venía a todas las fiestas o reuniones que hacíamos con mis amigas del secundario que lo adoraban. Era muy lindo pibe, muy simpático y agradable, cuidadoso para con el otro. Un romántico empedernido, un enamorado de la vida: toda su vida estuvo enamorado. Primero de mí, y después de un montón de otras mujeres, porque él era así".

Son los últimos días de los que egresarán del Instituto San Roque en 1977 y las costumbres se relajan. La última semana de un quinto año no es para estudiar, salvo para los que se llevan materias y tengan que rendir un examen adicional en diciembre o marzo, sino para vivir en un recreo permanente. El rector del colegio les permite llevar una filmadora para retratar ese momento de sus vidas que, seguramente, todos querrán atesorar. Con el tiempo transcurrido, ese pequeño film que durará unos diez o quince minutos, se agiganta en la memoria y cuando Cerati tiene el accidente cerebro-vascular en Caracas, todos sus compañeros se juramentan no cederlo para ningún documental ni lucrar con eso. La memoria del amigo es sagrada, pero todos ya tienen más de sesenta años, saben que ese material tiene un valor histórico y que en un futuro ya no tan lejano se olvidará. Es reconfortante ver cómo todos los compañeros de Gustavo cuidan su recuerdo, tratan de no bastardearlo ni hacer nada incorrecto o por fuera del conocimiento de su familia.

En ese film secreto, la estrella es Roberto Jokanovic, muy canchero frente a las cámaras; en segundo lugar, aparece Gustavo Cerati, más furtivo, pasando a dar examen y haciéndole cuernitos por detrás de la cabeza al profesor de Psicología, que les caía mal a todos. Se los ve en sus bancos, tomando apuntes, Gustavo siempre recostado contra la pared y haciendo morisquetas cuando la cámara lo enfoca. Casi en tiempo real se lo puede observar haciendo un dibujo de un profesor al que le escribe la palabra "rengo" por encima de su cabeza y el número 100 en el entrecejo. Todos lucen blazer azul, camisa blanca y corbata azul. De pronto, las imágenes quedan atrapadas en un gris borroso, y se ve a uno de los alumnos parado arriba del escritorio y arrojándose encima de otro en cámara lenta: es Gustavo haciendo la parodia de *El Hombre Nuclear*, una serie que causaba furor y que se veía los martes a la noche. Cerati lucha con otro compañero y exageran los golpes, las caídas, los movimientos. Hacia el final, se lo ve sin saco, sin corbata pero con una camisa celeste/azul a rayas, conversando con otros chicos o dibujando. Dato curioso: en determinado momento aparece el rector fumando en el patio del colegio, lo que no tenía nada de inusual en aquel tiempo; lo extraño es que los demás chicos también están fumando y conversando con él en un clima de cordialidad. Cierra la película una imagen premonitoria: es Gustavo, con su guitarra española y un cigarrillo en la boca, rasgueando, moviendo lentamente sus caderas, haciendo un giro hasta que queda de espaldas, y luego de perfil, donde se ve a sus compañeros reír.

Gustavo Cerati ha descubierto que la guitarra no solo es un instrumento musical sino que además se trata de una poderosa herramienta de comunicación que él sabrá usar como nadie para expresarse y expresar a otros.

7

Pasos

Como todo aquel que termina el secundario, Gustavo Cerati tuvo que enfrentar senderos que se bifurcan: la elección de una carrera universitaria, un oficio rentable, un trabajo temporario o el llamado de una vocación artística. ¿Podría todo eso combinarse? En quinto año, Gustavo solicitó una prórroga de su ingreso al servicio militar, infierno muy temido por todo aquel que cumplía dieciocho años hasta que se abolió en 1994. Ese período de "servir a la patria" era vivido por la mayoría como una pérdida de tiempo y una mortificación mayúscula para todo el que no tuviera vocación militar. Como Gustavo cumplió dieciocho en agosto de 1977 y eso coincidía con la finalización de su quinto año, estaba en condiciones de solicitar una prórroga y se la concedieron. Con más tiempo en sus manos, Gustavo continuó con esporádicos ensayos y actuaciones de Koala, que tocó muy poco en lugares irrelevantes. "El grupo ya estaba armado antes que comenzáramos a salir —dice Silvia Fernández—, ensayaban por avenida De Los Incas y 14 de Julio, donde vivía el baterista, que era más grande y estaba casado. Recuerdo cenas con ellos, y también me acuerdo que tenían algo que era como 'el tema de Koala', como si fuera un jingle del grupo. Koala tocaba en lugares feos, con ese ambiente de la noche pesada, y las chicas que acompañaban a los otros músicos eran más grandes que yo, que además me movía en otro grupo de gente. Había alcohol y marihuana. Pero no duró mucho tiempo el grupo".

Por intermedio de un conocido, a Gustavo le ofrecieron un trabajo como suplente del guitarrista de Manuela Bravo, una cantante melódica que había embocado un hit en 1976: "El fruto de nuestro amor". Era la cantante del momento y tenía muchos shows por todo el país, por lo que en algún percance se hizo necesario un reemplazo para el guitarrista y Gustavo fue como "cambio", denominación para los suplentes que saben el repertorio y están prestos a cubrir la ausencia del músico principal. "Lo que me acuerdo de él —dice hoy Manuela Bravo— es que era muy, pero muy tímido, flaquito y ya muy guapo. Ensayábamos en una casa en Martínez, Gus vino de cambio y finalmente se quedó un tiempito en la banda". Por el grupo de Manuela pasaron otras eminencias como Tweety González (Manuela recuerda su interminable ingesta de galletitas Tita), Adrián Iaies, Daniel Castro, Daniel Volpini, Pato Loza y Carlos Madariaga. "Pobre Gus —se ríe Manuela—, tenía que tocar 'El fruto de nuestro amor' que era el éxito. Ya no lo toco más. Tengo un lindo recuerdo de él, era muy linda persona".

"Cuando tocó con Manuela Bravo le pagaban —cuenta Silvia Fernández—, poco, pero le pagaban. A él no le importaba: Gustavo vivía con poco, el viejo le daba dinero pero a Gustavo no le importaba nada, ni tener una buena pilcha, ni un buen par de zapatos. Cuando teníamos que ir a algún lado le decía 'fijate qué te vas a poner'. El del buen vestir era Cristian Avella, impoluto, y la Chancha Giudice era un facha de pelo largo y rubio. ¿Pero Gustavo? Se ponía las zapatillas Topper y con ellas iba a todos lados. Una vez tuvimos que ir a un casamiento de un primo mío, medio cajetilla, en la Iglesia del Pilar, y apareció con un saco a cuadros, con camisa y el pelo largo, lleno de rulos. '¿Cómo te pusiste ese saco?', yo lo retaba, '¿No tenías otra cosa para ponerte?' Él era así, llamaba la atención. La fiesta se hizo en Recoleta, al lado de La Biela, y terminamos todos bailando porque Gustavo tocaba la guitarra: él feliz con su saco a cuadros y siendo el centro de atención. Como pez en el agua".

Gustavo se había fanatizado con una canción que repetía en su tocadiscos una y otra vez: "If you leave me now", del grupo Chicago. También había comenzado a escuchar algo de Electric Light Orchestra y, de acuerdo con Silvia, había sacado en la guitarra "Baby, I Love Your Way" de Peter Frampton, para poder lucirse con temas de moda en eventuales reuniones. "Y otra cosa que escuchaba —revela Laura Cerati— era Vivencia, pero era porque le habían regalado el disco a mi hermana para el cumpleaños. Por lo general, todo lo que traía Gustavo o mi padre era escuchado por toda la familia y quedaba dando vueltas cerca del tocadiscos". El disco era *En mi cuarto*, segundo título de Vivencia, que se vio beneficiado por el furor de los dúos que desató el éxito de Sui Generis. "En las pruebas de sonido —revela Adrián Taverna—, Gustavo tenía un mini show y cuando agarraba la acústica tocaba 'En mi cuarto' de Vivencia, 'Roundabout' de Yes y 'From The Beginning' de Emerson, Lake & Palmer. Cuando hacía la de Vivencia, yo la cantaba por el talk-back con él".

Ayuda Silvia a constatar el hecho y a ampliarlo. "De Vivencia no tocaba solamente 'En mi cuarto', sino también 'Natalia y Juan Simón'. A él le gustaban más Yes, Peter Gabriel, Focus y Camel; Pink Floyd era otra cosa que escuchábamos siempre. Pero no disfrutaba tanto lo nacional, que era lo que me gustaba a mí. Sui Generis no le copaba demasiado; Pastoral me gustaba más a mí que a él, que era más spinetteano: cantaba canciones de Spinetta, Pappo, y las de *La Biblia* de Vox Dei. Y también para ese tiempo hizo una canción propia que salió un poco inspirada por todos estos temas de música nacional. Me acuerdo una estrofa: 'A lo lejos se ve/ Un jinete de papel/ Y un mar hecho de miel/ Y un (no recuerda la palabra) de mil paredes/ Y un principio que es final/ Para amigos que se van/ Ilusión, déjame: no me hagas caer".

Daba la impresión de que a Gustavo le costaba dejar el confort de los años colegiales y entrar a una vida con mayores responsabilidades Eso se manifestaba en dilaciones inútiles como sacar el permiso para conducir. "Tardó una enormidad en tramitarlo —dice Silvia—, ya todos sus amigos manejaban y era el único que no tenía registro: lo que para otro pibc cra importante, para él no". "Mi viejo le enseñó a manejar —cuenta Laura—, y le vino muy bien para los años de servicio militar porque cuando comenzó a manejar para alguien la pasó mucho mejor". La jornada fatal llegó finalmente y el recluta Gustavo Cerati tuvo que presentarse en Campo de Mayo para ser esquilado cual oveja, uniformado según los usos y costumbres castrenses, y someterse a la instrucción militar, que le resultó un infierno al igual que a cualquier otro hijo de vecino. Y sobre todo en aquellos años de dictadura donde los militares tenían la crueldad exacerbada. "No quería hacer la colimba —asegura Laura—, no le gustaba; hizo la instrucción durante dos o tres meses y después le tocó destino en el Instituto Geográfico Militar (hoy Nacional), en la calle Cabildo, con algún contacto que tenía mi padre que le mejoró un poco la situación". Pese al mal recuerdo que despertaría ese tiempo en Gustavo, le tocó un destino amable, a veinticinco cuadras de su casa. "Los tres primeros meses de instrucción militar—recuerda Silvia—, me mandaba mensajes a través del hermano de una compañera mía de secundario que ya estaba terminando".

Cuando ya tuvo destino en el Instituto Geográfico Militar, retomó la rutina de ir a buscar a Silvia a la salida del colegio, solo que ahora ella había iniciado sus estudios universitarios.

—A la princesa le gusta ver al príncipe con el birrete, parado sobre la calle Delgado.

"Permanentemente me decía esa frase. Me venía a buscar vestido de colimba y me esperaba, siempre fumando. A mí me decían Silvana porque mi mamá me decía así, pero yo me llamo Silvia; Gustavo me decía 'princesa' o lo que se le ocurriera: nunca me llamaba por el nombre".

Luego de acomodarse como chofer de algún militar de rango mediano, Gustavo encontró algo que le aliviaría aún más ese tiempo interminable hasta la finalización del servicio militar: sus conocimientos musicales. Se metió con otros muchachos a un concurso de folklore, un estilo bien visto y fomentado por los militares, en donde sacó buena ventaja de las lecciones que le dio aquel primer profesor que vivía frente a su domicilio. "Cuando me tocó la colimba —dijo Cerati—, una de las formas de ratearme fue participar en un festival de folklore que se hizo en todos los distritos militares del país. Tenía un grupo de vagos; solo uno que era concertista de guitarra era bueno, mucho mejor que yo. Era para ratearnos de la disciplina milica; nos metíamos en una habitación y con la excusa de ensayar estábamos ahí todo el día. ¡Y ganó una canción mía! Le ganamos a los tucumanos, a los salteños. La letra la había escrito un sargento que teníamos que era re patriota, re folklórico. Ganamos el premio mayor que era ir una semana a Bariloche… al destacamento militar".[19]

El paso de Gustavo por la institución militar no fue sin sobresaltos. "Despotricaba mucho cuando se quedaba dormido —explica Laura—, recuerdo los gritos cuando se levantaba tarde: 'Uh, ahora me van a dar calabozo por llegar tarde'. Se tenía que despertar a las cinco o seis de la mañana. Y mi viejo lo llevaba con el auto para intentar llegar a tiempo". "Gustavo se quedaba siempre dormido —dice Silvia—, la madre vivía llamándolo, pero cuando una lo llamaba por teléfono, ella decía: 'Gustavito está dormido como un lirón. Imposible despertarlo'". En una ocasión se llevó un gran susto cuando balearon el frente del Instituto Geográfico: todo transcurrió antes que supiera bien cómo repeler el ataque o dónde esconderse de él.

De la mano de la mayoría de edad y con el servicio militar, llegó otro cambio para Gustavo, pero esta vez dentro de su casa: se mudó de cuarto. "En la casa —trata de graficar Laura—, hay dos habitaciones, y otra más cerca de la cocina, pero como estaba muy lejos no podía ser la de Gustavo, porque mis padres decían que teníamos que estar todos juntos en la otra ala de la casa. Nosotros llegamos a Heredia cuando él tenía diez. Había un pasillo que llevaba a las dos habitaciones que dije antes y un baño; hasta la colimba, el cuarto de mi hermano fue el pasillo, que era como un escritorio. Y cuando cumple diecinueve, en el medio de la colimba, se va a la habitación cercana a la cocina, una habitación de servicio con baño". Sin embargo, las horas de tocar la guitarra se desarrollaban en el living, porque había una puerta que separaba esa parte de la casa de las habitaciones de

---

19 Entrevista de Marcelo Fernández Bitar y Sergio Marchi para la revista *La Mano*, 2009.

sus padres y sus hermanas, y su antigua habitación/escritorio, que oficiaba de cámara aislante.

Gustavo terminó el servicio militar con algunas cosas nuevas en su formación musical que hasta ese momento se había volcado al rock sinfónico, un poco al hard-rock de Zeppelin y Purple y algunos éxitos pop que le llamaron la atención. En cuanto al rock argentino, Luis Alberto Spinetta continuaba a la cabeza de sus predilecciones. Se aventuró un poco en los sonidos de la Mahavishnu Orchestra, idolatrada por Spinetta, cuyo tecladista era Jan Hammer, que tuvo cierta repercusión como solista; su disco más conocido fue *Oh, Yeah?*, pero Gustavo también investigó el anterior: *The First Seven Days.* Vaya coincidencia: ninguno de los dos tenía guitarra, y por eso fue lógico que se interesara más cuando Jan Hammer constituyó una sociedad con el flamígero Jeff Beck para un álbum en vivo. Es probable que Gustavo haya escuchado anteriormente una canción del disco *Wired* de Jeff Beck, en donde Hammer además de sintetizadores toca la batería: "Blue Wind"[20].

Durante las noches de guardia en el Instituto Geográfico Militar, Gustavo sintonizó un programa de radio en la AM más popular de la época: Radio Rivadavia. En las trasnoches del fin de semana, *El Tren Fantasma* atravesaba el éter con una propuesta tan novedosa como delirante y bien llevada a cabo; con el locutor Omar Cerasuolo interpretando un papel formal y Daniel Morano, su productor, que realizaba una artística basada en compaginaciones absurdas con audios extraídos de programas de televisión, que podían ser documentales sobre tiburones, comedias o diálogos de teleteatro repetidos hasta el sinsentido. La música incluía algo del rock conocido, pero iniciaba una apertura hacia un mundo nuevo que a Gustavo le intrigó: el punk, pero sobre todo la new-wave. Fue allí donde escuchó por primera vez a The Police, una banda que solo sonaba por ser una novedad en el resto de las radios pero que

20 La canción se dio a conocer a un público más amplio cuando Canal 13 la utilizó para musicalizar avances de la serie *Kung Fu.*

en *El Tren Fantasma* era un grupo favorito. También estuvo expuesto a ignotos grupos de reggae y ska.

Simultáneamente proseguía su noviazgo con Silvia Fernández y pasaba mucho tiempo con ella. "A Gustavo no le gustaba estar solo —cuenta ella—, por eso se la pasaba en mi casa; no porque no tuviera familia pero con los padres trabajando y las hermanas estudiando se creaba el hueco para que estuviéramos todo el tiempo juntos en casa". Adela, la mamá de Silvia, a la que cariñosamente le decían "negrita", disfrutaba de cocinarle porque veía que comía con gusto y que celebraba los platos que ella le servía. Una noche le hizo niños envueltos con palta, papas y arvejas. Gustavo se devoró dos platos.

—Gustavito, ¿te sirvo más? —le preguntó Adela.

—No, negrita, gracias. No me des más que ya me comí un jardín de infantes completo.

"Él era así, espontáneo, gracioso. Siempre tenía algo justo para decir. Era de buen comer pero no a deshoras. Y en ese tiempo era muy flaco. En esa época no era de ir a bailar, salvo que hubiese una fiesta. La música disco no nos pegó nada. Y tanto que dijeron que era un cheto, ¡nada que ver! A Gustavo no le gustaban los chetos, siempre decía 'estos chetos boludos', por un grupito que había por la zona. Pero tampoco era rockero: Gustavo era un tipo de barrio-barrio y no lo podés definir de otra manera. No del barrio de jugar a la pelota en la calle porque no le gustaba jugar al fútbol, pero era un pibe de barrio, hincha de Racing, pero no fanático como mi viejo. Corría rápido, pero no jugaba bien y lo mandaban al arco".

— • —

El hecho más importante de 1979 no fue protagonizado por Gustavo, sino por su padre que en un viaje laboral a Estados Unidos en vez de comprar discos para su hijo entró a una tienda y adquirió una Gibson SG. Gustavo estuvo por desmayarse de la emoción: una Gibson era un anhelo para cualquier guitarrista y un instrumento inaccesible en Argentina. "¡Gustavo estaba enloquecido! —recuerda Silvia—. Y a mí me trajo una calculadora científica para la facultad. Yo creo que los padres apoyaban su vocación, y Lillian más que Juan José, pero fue él quien trajo la viola". "En realidad —corrige Laura—, mi hermano se la había pedido, lo que pasaba es que no era seguro que la trajera porque había que pagar mucho por la importación. Entonces, mi papá se hizo pasar por músico y dijo que era concertista, y se la dejaron entrar. Incluso alguien que lo vio con la guitarra lo confundió con un músico conocido y él dijo que sí, que era esa persona. Mi hermano flasheó y todos estábamos muy felices porque nos trajo a cada uno lo que queríamos. Fue maravilloso".

Haciendo uso de su capacidad como dibujante, Gustavo diseñó el escudo de egresados de la división de Silvia: una viejita con bastón, camisa blanca y el uniforme del colegio; la pollera era azul a cuadros con tiras rojas. "El slogan del colegio era 'tiempo y esfuerzo: esenciales para cualquier logro'. Mis compañeras me decían: '¡Pensar que llevábamos el escudo que nos hizo Cerati!'. Gustavo tenía una veta artística que excedía lo musical; escribía utilizando las letras de los discos de Yes y con esa tipografía te escribía una carta de amor, un discurso. Le encantaba dibujar y escribir con colores; todo eso que podés sentir con la música, él lo ponía en un papel. Dibujaba con lápiz y colores, manejaba muy bien el degradé. Recuerdo una carpeta negra sobre la que me hizo un montón de dibujos en blanco y negro con una tipografía especial. Como no teníamos el papel autoadhesivo transparente para forrarla, a él se le ocurrió forrarla perfectamente, línea por línea, con cinta scotch. Ese era Gustavo: el detalle para con todo. Para que tu carpeta sea linda, para que te pregunten. Lo hacía para mí: una galantería de las que él tenía. Le encantaba inventar, ponerte frases, y no era algo que yo le pidiera: lo hacía solo".

En el *crossfade* de la década del 70, al tiempo que terminaba el servicio militar, Gustavo decidió comenzar la carrera de Comunicación Social en la Universidad del Salvador. Era un plan de estudios de cinco años, que al cabo de tres se dividía en dos especializaciones: Publicidad o Periodismo. Gustavo sabía que sus padres podrían eventualmente apoyar cualquier plan que se propusiera, pero sobre él había una responsabilidad inherente a su educación y aceptó que le pagaran los estudios en una universidad privada y prestigiosa como Del Salvador, mientras él buscaba ver cómo podía generar algunos ingresos. Siempre andaba sin un peso y no le gustaba pedirle a su padre. "Eso, en un punto, fue como un problema —cuenta Silvia—, porque como no trabajaba, si quería salir no tenía dinero. Igual íbamos al cine, salíamos a comer o a pasear, pero a mí me gustaba salir con mis amigas y sus novios. A Gustavo le gustaban las películas de terror y se reía con todo. ¡Gustavo era tan divertido! A todo le buscaba la parte graciosa, pero cuando se enojaba era tremendo".

Hubo un curso de ingreso a la Universidad del Salvador en el que Gustavo se anotó en 1979. Tenía un nombre pomposo: "Ambientación a la vida universitaria". Y en esa especie de filtro para el ingreso a la carrera de Comunicación Social, Gustavo se hizo de un montón de amigos que compartían la pasión por el rock con la misma intensidad con la que él la vivía. Cada uno tenía su gusto particular, pero podría decirse que todos estaban atravesados por la música de su tiempo e incluso adelantados a la mayoría de los melómanos contemporáneos. Puede decirse que con esta gente, Gustavo accedió a una cantidad de información musical de la cual tenía una somera idea a través de lo que había podido escuchar en *El Tren Fantasma* o bien mediante algún comentario en las revistas *Expreso Imaginario* o *Pelo*. A poco de finalizar la década del 70, entre los rockeros argentinos existía un cierto consenso en que la música que valía la pena y regía el momento era el jazz-rock, y algunos grupos que buscaban prolongar el *momentum* del rock sinfónico. Sin embargo, Inglaterra ya cursaba felizmente el apogeo de la new-wave, un rock que purificado por el fuego destructor del punk, proponía un regreso a ciertas reglas simples del pop: armonías vocales, vitalidad rítmica, melodías amigables y una cruza saludable con el ska y el reggae, ritmos derivados del rhythm & blues estadounidense. Dentro de ese amplísimo universo de bandas, había un montón de variantes y la única regla era evitar la complejidad excesiva que había anquilosado al rock sinfónico en un cataclismo parecido al de los dinosaurios.

Había dos núcleos de amantes de la música en aquel curso en Del Salvador. Uno era el que conformaba Chris Penn, un declarado y orgulloso amante de The Moody Blues y The Kinks, en cuyas manos yacía un tesoro vinílico de incalculables profundidades, pero mayormente circunscripto al rock británico de los 60. Con él congeniaban —aún lo hacen— los mellizos Briones, Gustavo (alumno del Salvador) y Fernando, que se cuentan entre los miembros fundadores de lo que fue una feria espontánea de intercambio de discos usados en el Parque Rivadavia, todos los domingos por la mañana, que luego sería corrida por las fuerzas del orden al servicio de la dictadura y se transformaría en una feria nómade para evitar las redadas policiales. "Nosotros íbamos a almorzar a una hamburguesería, Oasis, de la avenida Callao —cuenta Gustavo Briones—. Me siento en la barra, y al lado se sienta Chris y lo escucho hablar de Moody Blues. En el 79 no se hablaba de esas bandas y nos pusimos a conversar de música. La música disco hizo una irrupción medio fea, y por el otro lado estaba el punk y la new-wave: no sabíamos muy bien donde estábamos parados".

Fue el ojo de Chris el que detectó a un grupito de tres muchachos que se sentaban al fondo de la clase. "No le daban bola a nadie —explica Penn—, fumaban, a veces prestaban atención. Eran Gustavo Cerati, Carlos Salotti y Oscar Kamienomosky, y a estos dos le decíamos 'los sindicalistas'". Carlos y Oscar usaban campera de cuero y eso alcanzaba para ponerles ese mote. "Oscar no era de mi núcleo —interviene Gustavo Briones—, y no sé por qué, tal vez porque era más de la onda del rock pesado, más blues, algo que a nosotros no nos gustaba tanto". Evidentemente, su pasado lo precedía; además de ser un excelente guitarrista, Oscar Kamienomosky, ya tenía sus bandas y algo que, sobre todo en esta historia, probaría ser determinante: una sala de ensayo. "Mi mamá tenía un taller de modista —cuenta Oscar—, y mi papá unos galpones atrás. A la calle daba una vidriera de la tapicería de mi viejo, y en lo que sería el local estaba el probador, el taller de modista y como mi vieja había dejado de coser, yo le copé el probador. Cerré todo y mi vieja estaba contenta porque en esas épocas prefería que estuviéramos en casa y no en la calle. Prefería que tuviera una guitarra y no una ametralladora".

Gustavo y Oscar se engancharon porque en una charla casual entre clases descubrieron que los dos eran guitarristas y para juntarse a tocar, tan solo por el placer de hacerlo, el hogar de Oscar era más apropiado por la sala. "Más adelante empecé a ir yo a la casa de Gustavo —recuerda Kamienomosky—, con mis discos de The Police, Bob Marley y The Selecter a romperle la cabeza. Él venía más del rock sinfónico, escuchaba U.K.[21], Stevie Wonder, y tocaba en un estilo Allan Holdsworth. A mí ya me habían desfragmentado el cerebro porque tuve una novia que había salido con un marinero que le traía discos importados; ya no escuchaba más Deep Purple, escuchaba The Police, Stranglers, y le empiezo a mandar esa data a Gustavo". El otro "sindicalista", Carlos Salotti, tiene una visión parecida. "Cuando íbamos a la casa de Oscar —cuenta Salotti—, él nos hacía escuchar tipos como Elvis Costello, que Gustavo no lo tenía en la cabeza. En ese tiempo, Gustavo era considerado un chico lindo, medio dandy, y para nosotros era un flaco simpático con el que podías hablar".

Tanto Carlos como Oscar conservan muy lindos recuerdos de la familia de Gustavo, sobre todo de Lillian que les preparaba meriendas para que ellos hicieran los trabajos prácticos con el estómago lleno, pero prevalecían las conversaciones musicales. "Teníamos muchos trabajos de sociología —se acuerda Oscar, agarrándose la cabeza—, y él me daba una mano. Yo venía del colegio industrial y era un cascote: la mamá de Gustavo me ayudaba muchísimo a interpretar. No consumíamos drogas en absoluto, pero fumábamos como chimeneas: a Gustavo siempre lo cargábamos por los Jockey Suaves Largos y por el olor a pata. En verdad, esos trabajos prácticos los hacía prácticamente él. Después nos poníamos a dibujar unos egipcios y nos cagába-

21 U.K. fue un súper grupo inglés compuesto por John Wetton y Bill Bruford, base rítmica de King Crimson, Allan Holdsworth en guitarra y Eddie Jobson en teclados y violín. Duró lo que un suspiro.

mos de risa". "Yo vivía en Mataderos —contrapone Carlos—, mi casa era muy italiana, con mucho olor y mucha comida. Y cuando entrabas a lo de Gustavo te encontrabas con una casa llena de libros, cortinados, sillones tapizados: era un hogar que me deslumbraba. En lo de Gustavo había un amplio dominio de la mamá; el papá venía, saludaba, y se iba a tomar un mate. Pero la mamá era una duquesa y es lógico que Gustavo entonces fuera un chico de buenos modales; manejaba cuestiones culturales que por ahí nosotros no teníamos".

En la Universidad del Salvador se cursaba de ocho de la mañana hasta la una de la tarde. El resto del día era para los trabajos prácticos o para la jornada laboral de los que tenían un empleo. Al mismo tiempo que hacía los trabajos prácticos con Oscar y Carlos, Gustavo trabó amistad con Chris Penn y los mellizos Briones, contingente al que se sumó un personaje deslumbrante: Carlos Alfonsín, actualmente DJ y socio en una tienda de vinilos. "Yo era el más raro musicalmente —explica Alfonsín—, lo que pasa es que desde muy chico estuve viajando mucho, creciendo en diferentes ciudades y diferentes colegios. Siempre era el que tenía música rara y cuando llegué al Salvador, me encontré con Chris y Gustavo Briones, con quienes teníamos gustos en común". Curiosamente, Carlos Alfonsín se haría más amigo del mellizo de Gustavo, Fernando, que estudiaba administración de empresas pero que era tan enfermo de la música como los demás. "Terminé siendo amigo de todos —explica Fernando— pero Carlitos fue un gran amigo de andanzas de juventud. Tenía una facha que no se podía creer, ganaba chicas y yo aprovechaba. Esa del Salvador fue una gran camada".

Chris Penn, en algún modo, coincide con la mirada de Kamienomosky acerca de los gustos musicales de Cerati hasta ese momento. "A Gus le gustaba el rock sinfónico, Return To Forever, Mahavishnu Orchestra: ese tipo de música lo excitaba bastante y él era consciente de que tenía una técnica bastante desarrollada. Por suerte después incorporó las melodías a su música, si él se hubiese quedado enfrascado en el jazz-rock, jamás habría sido el músico que fue". Chris Penn comenzaría a trabajar en 1980 en la filial argentina de Phonogram, como asistente de Adrian Berwick, label manager internacional de la compañía. Y ese trabajo se convertiría en una fuente de delicias para algunos de sus compañeros, sobre todo para los mellizos Briones que conseguirían copias de álbumes que Phonogram había decidido no publicar en Argentina. "Él sabía más de lo que podíamos saber nosotros —reconoce Gustavo Briones—, y nos aprovechamos de la bondad de Chris que, además, recibía la *Melody Maker*". Ahí estaba la información en tiempo real, esa que Gustavo había comenzado a conocer a través de *El Tren Fantasma*, los discos de Oscar y la cercanía con Penn y los Briones. Es en esos primeros dos años de facultad, donde Cerati abandona a sus viejos héroes y los reemplaza por unos nuevos que le ampliarán los horizontes.

8

Un modelo para armar

A los veinte años, Gustavo sentía que el reloj de arena había comenzado a correr. Librado del servicio militar, estaba dedicado a sus estudios de Comunicación Social y a la música, pero a la vez había otras demandas que satisfacer. "En mi casa —aclara Laura— la exigencia era estudiar y trabajar. O al menos intentar las dos cosas". Gustavo intentaría tres, involucrando a la música en la ecuación. Ya había tenido la experiencia de haber ganado un poco de dinero acompañando a Manuela Bravo. ¿Por qué no intentar una salida laboral dentro de la música? Le faltaban conexiones, pero Oscar Kamienomosky lo invitó a tocar con algunos amigos en su sala de Caballito. "En esa época yo tenía una banda con el que era baterista de Pappo: Carlos Koelln, que había tocado con él en la película *Hasta que se ponga el sol*, porque era miembro de La Máquina, y Tony Cascardo en el bajo. Lo empiezo a traer a Gustavo, que era distinto; él era más de tomarse un té y acá había más vino, era un ambiente más de rock and roll. Para cantar y que se escuchara tenía que gritar. ¡Y a veces nos sobrepasaba! Tremendo. Éramos dos mundos y una batalla de volumen, pero Gustavo ya tocaba bien, tenía un poco de blues en sangre y un vozarrón. Medio que se desgañitaba un poco porque éramos una banda de rock furiosa. Le gustaba, pero el esfuerzo lo mataba. Y no había mucha piel entre él y los demás, de eso me di cuenta luego".

En muchos reportajes, Gustavo contó que a los 12 años tenía bandas de blues en Flores, lo que suena muy poco creíble, ya que a esa edad los niños no arman bandas en barrios lejanos. Sin embargo, Laura recuerda que su padre lo ha llevado con el auto por esa zona. Y la sala de Oscar quedaba en Caballito, a la vuelta del estadio de Ferro Carril Oeste, un barrio lindante con Flores. Silvia también recuerda que abordaba un colectivo, en dirección a Flores. "Se tomaba el 76 en la calle Forest —confirma—, iba con la guitarra y se subía al colectivo para ir a ensayar entre las dos y las tres de la tarde. Fue posterior a Koala". De haber sido así, el transporte lo dejaba a seis cuadras de la calle Aranguren donde Oscar continúa viviendo en la actualidad. Pero no era una banda de blues en Flores, sino un grupo de rock and roll en Caballito. Gustavo hasta dio el nombre de la banda que, en teoría, se llamó Experiencia Terrenal para luego acortarse a E.T., por el film que se estrenó en 1982, cuando Gustavo tenía 22 ó 23 años. Este grupo de Oscar pertenece a 1980. "No teníamos nombre y seguro que Existencia Terrenal no nos llamábamos, pero con la única banda con la que Gustavo tocó rock and roll o algo parecido al blues fue con nosotros".

Al estar más vinculado al ambiente musical, Oscar reclutó a Gustavo para un par de trabajos efímeros que no dieron frutos. "Había una chica llamada Mónica que quería una banda que la acompañe para tocar en el colegio Don Bosco. Ensayamos unos temas de moda con Gustavo y nos cagamos de risa. No recuerdo los temas, pero era algo horrible. Hasta nos pagaron y todo". Una de las canciones que integraron aquel único repertorio fue un éxito de Ángela Carrasco: "No, no hay nadie más". "Gustavo tocó con una camisa blanca y yo me puse un chaleco con la lengua de los Stones para tocar el bajo".

—Mmm. ¿Vos vas a comer eso? —le preguntó Gustavo a Oscar.

De por sí era raro que Gustavo pusiera algún reparo con un alimento a ingerir, pero la apariencia de las empanadas que les habían ofrecido no daba ninguna garantía. Era otro de esos raros trabajos musicales que aparecieron durante aquel año: un señor que trabajaba en una rotisería quería una banda para que lo acompañase en un show en el Teatro Lasalle, donde a veces se presentaba algún grupo de rock. "Éramos un poco asquerositos con la comida. El cantante se llamaba Adrián Mar, y trabajaba en un local de comidas de la calle 24 de Noviembre. Nuevamente, yo al bajo y Gus en la guitarra más algún otro músico. En este caso eran canciones románticas al estilo de Nino Bravo".

En una de esas raras combinaciones de seres humanos que deambulaban por la sala de Oscar, apareció una verdadera estrella: Pappo. Gustavo se quedó pasmado. Nadie recuerda si Pappo y Gustavo llegaron a tocar juntos aquella tarde, pero a Cerati el recuerdo se le quedó grabado. Un testigo accidental de esa cumbre conectaría a Gustavo con un nuevo proyecto musical. A Alejandro Kiryczuk Udod también se lo conocía como Alejandro Slingerland por la batería que usaba, o Alejandro Toldo por el jopo que portaba. Tocaba en una banda para fiestas que ensayaba en la calle Malvinas y que venía trabajando bien. "Había escuchado tocar a Gustavo cuando zapábamos en la sala de Oscar —cuenta—, y en un momento lo llevé a la sala de Malvinas porque en la banda para fiestas en la que yo tocaba hizo falta un guitarrista, y él quedó porque también cantaba lo que era algo que sumaba. Tenía su onda, algo particular, y cantaba cosas interesantes en una tonalidad que le quedaba cómoda: tenía perfil. Gustavo me decía Bill Bruford y hablábamos de cosas de adolescentes, sobre todo de minas. Tenía su impronta y su personalidad: Gustavo salía de lo común".

La banda ya estaba más o menos asentada y tenía un líder absoluto: Daniel Murnard, dueño de equipos de sonido, muy buen bajista que aportaba con coros y sobre todo con su visión comercial y la organización de las cosas. Sabía dónde estaban los trabajos y como llevarlos a cabo. Su recuerdo sobre el ingreso de Cerati a su banda es diferente. "A Gustavo lo convoqué yo —asegura—, como siempre puse un aviso en el rubro 55 de los clasificados de *Clarín*. Tenía una terrible cantidad de trabajos, grupos de siete u ocho personas. Creo que el que estaba tocando la guitarra antes de Gustavo era Manuel Lavandera, un musicazo, y cuando se fue puse el aviso. Un día fui a buscar el auto que había estacionado a la vuelta para ponerlo frente a la sala y cargar equipos. Y ahí lo veo paradito a Gustavo con su estuche de Gibson". Ese grupo fue Savage que contó con varias formaciones; la primera de ellas con tres vocalistas. "Una se llamaba Trudy —hace memoria Murnard—, y era escocesa, las otras dos eran inglesas y estaban trabajando en una academia de inglés y hacían traducciones. No cantaban tan bien, pero lo que tocábamos interpretado por inglesas hacía que sonara muy diferente a las otras bandas para fiestas".

El repertorio de Savage estaba conformado por temas de moda, y en 1980 la corriente dominante seguía siendo la música disco, sobre todo en fiestas. Gustavo tuvo que aprender a tocar el estilo y las canciones que interpretaba la banda, ahí descubrió que no era muy diferente al soul de Commodores que a él le gustaba y que el estilo de Thomas McClary, guitarrista de la banda, había evolucionado en las manos de otro guitarrista llamado Nile Rodgers, líder de Chic, banda de la cual Savage interpretaba su flamante hit "Good Times". Ese sería un hallazgo clave para Cerati que aprendiendo a tocar las partes de Rodgers, encontró un formidable ejercicio para su mano derecha, que en su caso no era la más diestra porque él era zurdo. Toda la experiencia con Savage, tocando los fines de semana en distintos lugares y ganando dinero al mismo tiempo, le dio músculo guitarrístico, rigor de escenario y una mirada hacia el público que el músico convencional de rock no tenía. En una banda para fiestas hay que divertir a la gente, hacerla bailar; las bandas de rock argentinas todavía estaban acostumbradas a una audiencia que escuchaba sentada, en silencio y con atención.

"Yo no diría que en aquel tiempo Cerati fuera excelente guitarrista —acota Murnard—, pero sí que tenía mucho gusto, buena rítmica y muy buen concepto. Como se ganaba buena plata en aquel entonces, lo acompañé a comprarse un equipo Music Man porque había visto uno que yo tenía en la sala y se había enamorado de aquel equipo. Otra cosa importante: Cerati tenía buena 'percha' y las chicas morían con él". Gustavo se fue convirtiendo en una pieza importante dentro de la estructura de Savage y tocó con ellos todo 1980, mientras las otras posiciones en la banda iban cambiando: los músicos iban y venían. Pero el show se fue asentando y Gustavo solía dar inicio a los shows con una impecable interpretación de "Telephone Line" de Electric Light Orchestra, a la que le seguían números disco como "Funkytown" de Lipps Inc., "Ladies Night" de Kool & The Gang, y la ya mencionada "Good Times". Las "inglesas" no estuvieron mucho tiempo en Savage y luego Murnard encontró otra joya: Claudia Carenzio, que entonces tenía unos quince o dieciséis años y que luego haría una carrera profesional. "Savage era una banda que Murnard había armado para tocar en fiestas privadas —explica Carenzio—, ahí conocí a Gustavo que estaba con el pelo cortito, después le crecieron los rulos. Tenía mucha admiración por él porque era un excelente guitarrista y cantante. 'Telephone Line' le salía fantástico y yo cantaba varias de Donna Summer y Gloria Gaynor. Lo recuerdo como muy fana de The Police, y un compañero maravilloso; no era tímido, pero sí introvertido. En este ambiente de las fiestas uno no suele encontrar gente copada, sobre todo cantantes, pero Gustavo era muy buena onda".

Savage tocaba en lugares tradicionales para fiestas como El Hostal del Lago, el Club Americano frente al Teatro Colón, el Club Alemán, el Club Armenio en las afueras de Buenos Aires, y un restaurante de comida judía donde también se realizaban muchas fiestas de la colectividad cuyo recuerdo ha sido masacrado en no pocos textos: La Barca de Noé. El primero en confundir a los que han intentado contar aquella historia fue el propio Gustavo, que nunca tocó blues en Flores ni tampoco en un cabaret de la calle Estado de Israel como dijo en algunos reportajes. La Barca de Noé (y no El Arca) quedaba frente al Parque Centenario, en la avenida Ángel Gallardo 543, donde no desfilaban prostitutas, ni se interpretaban temas compuestos por Cerati. "¡Noooo! ¿Cómo va a ser un cabaret? —se horroriza Murnard ante el equívoco—, era un restaurante judío; yo les hacía sonido, además, porque se llevaban a cabo obras de teatro". Alejandro Sanguinetti, un formidable baterista de jazz que entró a Savage después que Gustavo coincide: "No me suena para nada que fuera un cabaret, era un lugar más vale tradicional, de familias, un restaurante donde se celebraban Bar Mitzvah. Savage jamás tocó en cabarets, era más de un ambiente de fiestas privadas o distintos tipos de celebraciones. Alguna vez tocamos en la calle 25 de Mayo donde sí había cabarets, pero también había un lugar especializado en fiestas que era muy bueno, que a las cinco de la mañana despachaba una torre de mollejas de varios pisos, porque la fiesta seguía hasta cualquier hora".

A través de Sanguinetti llegaron dos tecladistas: Marcelo Kaplan y su eventual reemplazo ocasional, el Pollo Raffo. "Hice una sola suplencia de Kaplan en Savage y me acuerdo de Gustavo cantando 'Telephone Line' y 'Ladies Night' de Kool & The Gang. En el grupo toda era gente que tocaba muy bien y para mí que Gustavo haya tenido esa actitud de músico profesional sesionista es un detalle importantísimo, que posiblemente no esté muy destacado en sus biografías. Yo consumo muchos documentales y biografías de músicos, y por lo general se centran o en detalles escabrosos, o románticos, o en el aspecto más mágico de la parte creativa. Y hay poco énfasis de que estos tipos geniales son personas que han trabajado muchísimo. Si todo se reduce a que estás tocado por la varita, el talento es independiente del esfuerzo, y para mí es un aspecto muy destacable de Gustavo. El músico sesionista estaba menospreciado por la intelectualidad del rock. Gustavo decidió ser músico y de alguna manera el plato de sopa tenía que llegar a la boca. Se generó un oficio y eso le sumó un montón. '¡Cuánto talento! ¡Qué poco oficio!', decía Stravinsky. Mi recuerdo de él es de un tipo extremadamente prolijo en el sentido de alguien que llega, enchufa, afina y suena: alguien que transmite confianza y que uno quiere jugando en su equipo".

Daniel Murnard parecía pensar de igual modo y por eso un par de años más tarde se involucró en un proyecto paralelo a Savage, exclusivamente con Gustavo: Triciclo. "Fue un trío —cuenta Murnard— donde tocábamos las canciones de Cerati, y tenía un estilo más reggae. Héctor Domínguez era el baterista, pero no le copaba mucho el estilo". Sin embargo, no fue inmune al talento que ya irradiaba Gustavo.

—¿Sabés una cosa? —le dijo Domínguez a Murnard—. No hay que despegarse de este muchacho porque va a llegar a lo más alto que se puede llegar en la música. Este pibe está con la estrella.

"¡No me lo olvido más! —exclama Murnard—. Domínguez era medio místico, viajaba a la India, estaba con el Dalai Lama. No le pifió a una".

— • —

"Si me preguntabas con quién hubiera hecho una banda Gustavo de los chicos de la facultad, te hubiera dicho que con Oscar. Esa relación se caía de maduro, y de hecho estaba más cerca de él, escuchábamos The Police, Joe Jackson y Elvis Costello juntos. Sin embargo, Zeta tiene una personalidad muy fuerte y es un tipo brillante. Yo soy Gustavista, pero Zeta tenía el talento de que cuando hablaba, nos quedábamos escuchándolo. Gustavo era más vergonzoso. Lo de Zeta y Gustavo no fue amor a primera vista, fue más como la gota que horada la piedra. Zeta tenía algunas ventajas: una casa grande con mucho fondo y un AMI 8 naranja con el que podía cargar equipos, sin discutir el talento de Zeta como músico. Pero se dieron una serie de cosas, y había una diferencia de carácter: Gustavo era metódico y Zeta no". Carlos Salotti sintetiza con agudeza el imperceptible movimiento que se dio en el aula de la Universidad del Salvador con el arribo de Héctor Juan Pedro Bosio en 1980, que con naturalidad se fue acercando a los que en el fondo parecían estar menos interesados en la carrera en sí y más pendientes de la música. Pero en ese momento de su vida, Héctor tenía al músico dentro de él en penitencia; algunos proyectos frustrados le habían quitado el aire en las velas que supo conservar durante un año tocando en la banda de la famosa Fragata Libertad, donde pulió un oficio de bajista que le sería de muchísima utilidad. Al igual que Gustavo, la música fue su mejor aliada durante el servicio militar que de alguna manera extendió para subirse a la Fragata. En Puerto Rico pudo comprarse un Fender Jazz Bass, codiciado e insuperable instrumento.

Es probable que Héctor haya recuperado el entusiasmo musical con sus compañeros de facultad. Chris Penn recuerda que Héctor, luego apodado Zeta por su proverbial impuntualidad, se sumó pronto a los que iban a escuchar música a su casa. "A

Zeta le encantaban The Hollies y yo tenía todos los discos —se enorgullece Penn—, cuando los vio se desmayó. En cambio, a Gustavo le fui presentando cosas de los 60 que tuvieran alguna técnica, alguna progresión de acordes, y se fue copando hasta que descubrió a The Beatles en serio, porque hasta ese entonces los consideraba como 'música fácil', pero no había absorbido los discos más complejos. Creo que ahí entendió que la melodía es rey en la canción". Lógicamente, no faltó la cuota de new-wave en esas sesiones: Nick Lowe, Cheap Trick, Dave Edmunds y Squeeze, entre otros. "Quedaron atónitos —continúa Penn—, especialmente Gustavo, que se enamoró de Squeeze. The Police ya conocían y a Zeta le gustaban por el bajo de Sting; en cambio a Gustavo le interesaba el toque de jazz que ponía Andy Summers".

La idea de que el trabajo de Chris Penn en Phonogram abastecía a Gustavo y Zeta de vinilos es un tanto incorrecta. "Una calumnia: yo solo le regalaba vinilos a los mellizos Briones. Igual, vinieron todos a casa a escuchar música". "Gustavo también venía a nuestra casa —cuenta Gustavo Briones—, y ahí se nos sumaba mi hermano Fernando, otro melómano tremendo. Acá escuchábamos Roxy Music y David Bowie. También recuerdo escuchar con Gustavo a Brinsley Schwarz, XTC, 10cc, Rockpile, Boomtown Rats, Godley & Creme y Splitz Enz, cuya estética puede haber influido en él". Pero hubo un álbum en especial con el que Cerati enloqueció al escucharlo.

—¡Yo quiero hacer esto! — casi que gritó en un tsunami de entusiasmo.

Era un título y un intérprete fuera del repertorio frecuentado incluso por los paladares negros de la new-wave, que Briones se había traído de un viaje: *Sound-On-Sound* de Bill Nelson's Red Noise, el grupo que el cantante de Be-Bop Deluxe, conjunto británico de escaso reconocimiento, formó luego de la separación de su banda. Un proyecto solista encubierto y brillante. "Le voló la cabeza ese disco entonces se lo prestamos —comenta Fernando Briones—, hasta que se lo empezamos a pedir y un día le dije a mi hermano que lo fuera a buscar: ¡no lo quería soltar!". Al grupo de melómanos se sumó un joven de la misma universidad pero que era diseñador: Alfredo Lois, al que todos querían muchísimo. "Era para llevárselo a la mesita de luz —lo recuerda Chris Penn con cariño—, un divino, un tipo alucinante, tímido y reservado, al que sí le regalé un par de discos de The Kinks porque venía también con una veta sinfónica".

1980 fue un año considerado de "plata dulce" por el bajo valor del dólar con respecto al peso argentino, y esa distorsión económica, más allá de los estragos en la cadena de precios relativos, facilitó la llegada a la Argentina de varios números internacionales. Según se recuerda, Gustavo fue a ver a Earth, Wind & Fire con Daniel Murnard al Luna Park, y Oscar Kamienomosky fue con Zeta a ver a Peter Frampton al mismo recinto con un mes de diferencia. Pero la fiebre de The Police ya estaba muy alta, sobre todo cuando se anunció su llegada a Buenos Aires. La novia de Cerati se alarmó un poco. "A Gus —cuenta Silvia—, le provoca un efecto especial. Estaba desesperado por ir a verlos a New York City, una discoteca que quedaba justo a la vuelta de su casa. Cuando escuchaba algunos acordes de Gustavo me parecía que los estaba copiando. Llegué a comentárselo y me dijo que no". Algo de verdad había en la observación. "Sin lugar a dudas —ratifica Oscar Kamienomosky—, cuando te picaba ese bichito eras fan. Nosotros hemos escuchado hasta Klark Kent, la banda de Stewart Copeland".

La presentación de The Police que presenciaron Gustavo, Zeta, Oscar, Carlos Alfonsín, Carlos Salotti y Chris Penn (los Briones los vieron en otro show), cambió el estado de las cosas en las orejas de los que escuchaban rock en Argentina. El show de New York City, según recuerda Salotti, no tuvo mucha concurrencia: era una discoteca frívola y cara, y hasta los mismos músicos sintieron cierta frialdad. Pero a Gustavo fue como si le pasara un tren por encima: lo conmocionó. A tal punto que luego siguió a la banda al Sheraton y consiguió que le autografiaran un poster que fue el emblema de su habitación al lado de la cocina hogareña. El concierto que The Police hizo al día siguiente en el estadio Obras fue aun superior: con un público propio y en buena atmósfera, el trío fue aplastante. Andy Summers empujó con el pie a un policía que le impedía bailar a una chica y casi termina preso. Era diciembre de 1980 y la dictadura militar permanecía imperturbable en el poder. Pero con ese puntapié de Summers, que no tenía intención de dañar al uniformado, cinco mil personas pensaron que las cosas no iban a seguir siempre así. Ni en el país ni en el rock local, que iniciaría un acelerado proceso de transformación.

Y menos que menos en la vida de Gustavo Cerati, pero eso todavía no estaba al alcance de su propia imaginación, por más frondosa que fuese.

9

Tracción a sangre

El noviazgo de Gustavo y Silvia se venía deteriorando. Comenzaron a aflorar las diferencias, y los tiempos de Gustavo con la música y la universidad colisionaban con los de ella, sus estudios y la vida social. Estaban comenzando a crecer para lados distintos y los dos lo venían notando. Sin embargo, Silvia fue todo oídos cuando Gustavo le contó que Savage tenía la oportunidad de ir a tocar a Punta del Este pero que no tenía plata para el pasaje; sus padres estaban en Pinamar de vacaciones con sus hermanas, y él había decidido quedarse en Buenos Aires.

—Bueno, si querés le decimos a mi papá y él te la presta — le propuso Silvia.

A Gustavo le pareció una idea salvadora, tenía muy buena relación con los padres de Silvia, y pese a que Juan José ya le habilitaba el Falcon cada tanto, muchas veces era Luis, el papá de Silvia quien le ofrecía su propio auto para que salieran. Y también fue el que le prestó el dinero para que pudiera viajar a Punta del Este con Savage. Era toda una aventura ir a hacer temporada al extranjero; podría haber sido lo que Hamburgo fue para The Beatles, pero no tardó en convertirse en desilusión. Un saxofonista que habituaba tocar con Savage tenía un amigo que salía con la dueña de una discoteca de Punta del Este y buscaba una banda que animara las noches veraniegas. El lugar se montó en el sótano del edificio El Mejillón. "Fuimos con mucha expectativa —recuerda Marcelo Kaplan que era el tecladista—, éramos muy jóvenes y teníamos mucha fantasía de tocar en un lugar de otro tipo. Gustavo estaba fanatizado con The Police, entonces incluimos algunos temas en nuestro repertorio. Viajamos toda la noche en el Vapor de la Carrera y yo llevaba mi piano Fender en un *anvil case* hogareño, que bajaron con sogas y arneses". Kaplan vio su piano colgando en el espacio y rogó que no se les cayera al río. Pero eso no fue lo peor: el personal de la aduana uruguaya no los quería dejar entrar y tuvieron que esperar a que liberaran los equipos, lo que sucedió a las tres de la tarde cuando habían llegado muertos a la mañana.

"Esa versión de Savage —evoca Daniel Murnard— estaba muy bien armada con Marcelo Kaplan, José María Arrom en batería, Cerati en guitarra, yo en el bajo y Claudia Carenzio, que era como una Whitney Houston". Como ella era menor, viajó con su padre. Vivieron en un muy buen chalet y comían en el restaurante El Cacique, pero la discoteca era una desgracia y la situación no demoró en desmadrarse. "Fue todo un fiasco —dice Claudia Carenzio—, esto era una boite en el subsuelo de El Mejillón, pero la dueña era una estafadora". "El boliche era de Carlos Monzón, el boxeador —completa Murnard—, pero los dueños se fugaron con la plata y nos dejaron en la calle y con los equipos adentro". Era un lugar sin público, alfombrado como una discoteca y después de las primeras noches comenzaron a vivir una mala experiencia, angustiándose ante el transcurrir de los minutos y la ausencia casi total de público. "Nos sentíamos como un grupo nuevo que toca en un pub y no viene nadie —sintetiza Kaplan—, y para nosotros era un trabajo. El lugar estaba muerto, nos postergaban el pago, comenzaron a dejar de recibirnos donde comíamos y entonces no tocamos más. Nos quedamos varados, sin alojamiento y quedamos solos con Gustavo, durmiendo en el altillo del Cine Casino, en Gorlero. Tuve la suerte que mi abuela apareció de vacaciones por ahí, alquiló un departamento, nos tiró unos pesos y pudimos volver. Gustavo se vino más adelante".

Cerati ya había arrojado sus redes hacia otro lado, porque se enteró que su compañero de facultad, Zeta, había vuelto a la música con otra banda para fiestas, The Morgan, y estaba tocando en la misma ciudad. Su situación era diametralmente opuesta: les iba muy bien y estaban pasando un verano fabuloso. "Nosotros lo íbamos a ver a Gustavo y él nos venía a ver a nosotros —se acuerda Sandra Baylac, cantante de The Morgan—. Estaban en un hotel que era horrible, no los habían tratado muy bien. A nosotros nos vino a ver Alejandro Celasco, el hijo del dueño del sello Music Hall, y nos propuso grabar una canción de las que estábamos tocando: 'Lanzaperfume' de Rita Lee, que no se podía pasar por radio ya que estaba prohibida, y él quería una versión en castellano para poder lanzarla al mercado y difundirla en la radio. Gustavo ya era buen guitarrista; tenía sensibilidad, creatividad y buen gusto. Lo que no tenía en dedos, lo tenía en idea, tocaba muy lindo con un sonido especial, propio y muy interesante".

"En ese verano conocí a los dos, a Zeta y a Gustavo", cuenta Marcelo Angiolini, que tendrá una vital importancia en casi toda la historia de Soda Stereo. "Yo fui como sonidista a reemplazar a mi socio, Eduardo Hinrichs, en la segunda quincena de enero. Parábamos en el hotel La Casita, Gorlero y 32, y tocábamos en un boliche llamado La Olla. Recuerdo a Gustavo viniendo a zapar con The Morgan y cuando lo dejaron tirado vino a dormir un tiempo, no mucho, con nosotros". Cuando Gustavo logra recuperar su guitarra, emprende la huida hacia Buenos Aires donde Silvia lo esperaba sin demasiadas expectativas. "Siempre que se iba a algún lado —razona hoy—, Gustavo escribía, donde quiera que fuese, a la semana tenías una carta. Pasó el tiempo y la carta no llegó. Le decía a mi mamá que me parecía que la relación había terminado. Y así fue. Antes de hablar conmigo fue a hablar con mi papá, le devolvió lo que le había prestado, y también habló con mi mamá para decirles lo que él quería y por qué pensaba que nuestra relación tenía que terminar. Después habló conmigo y estuvimos de acuerdo con que lo nuestro se había desgastado y que queríamos cosas distintas. Nunca lo volví a ver, pero amigos y familiares que se lo encontraron me contaron que siempre preguntaba por mí. Gustavo es un recuerdo mío muy lindo, muy puro, muy limpio y por eso hasta ahora no quise contárselo a nadie".

— • —

El verano de 1981 ayudó a que Gustavo y Zeta comenzaran a verse como potenciales socios musicales más que buenos compañeros de trabajos prácticos de la universidad del Salvador. El simple de The Morgan se editó, pero su "Lanzaperfume" no fue el éxito que se esperaba, aunque lograron poner en el lado B una canción propia, "Is There All There Is To See?", en un estilo que buscaba el sonido de Devo sin hallarlo. Pero en ese grupo había problemas insolubles que concluyeron cuando el tecladista Osvaldo Kaplan (nada que ver con el tecladista de Savage, Marcelo Kaplan), les avisa a sus compañeros que ha registrado el nombre de la banda y por lo tanto ya no pueden usarlo a menos que le paguen. "Ya en Punta del Este comenzaron los disturbios dentro de The Morgan —explica Sandra Baylac—; 'Lanzaperfume' era un tema difícil de tocar en el piano porque tiene contra tempos que a Osvaldo no le salían y eso fue generando una bola de nieve. Estábamos un poco hartos de él y el grupo se divide: yo sigo con Zeta y Charlie Amato y Kaplan se van con Cristian Hansen y forman Malvaho. Pero Amato se va, entra Cerati y eso es Stress". Los ensayos continúan por un tiempo en el fondo de la casa de Zeta en San Fernando, distrito con mucho anclaje en la industria naviera que tampoco es un barrio "cheto", pese a su pertenencia a la zona norte de las afueras de Buenos Aires. Y la familia Bosio era un contingente numeroso de italianos trabajadores. Se suma al proyecto por un corto tiempo el tecladista Andrés Calamaro, que tenía un pequeño nombre por haber integrado el grupo Raíces, liderado por el uruguayo Beto Satragni, que proponía una fusión de jazz, candombe y rock. Pero su estadía fue efímera porque muy pronto tendría una oferta más prometedora por parte de Los Abuelos de la Nada, un grupo con leyenda gracias a un breve existir en los albores del rock argentino, que venía en busca de revancha. No obstante, Zeta y Gustavo sacarían buen provecho de los teclados de Calamaro, divirtiéndose con ellos y afianzando su amistad y compromiso musical.

"Estuve solo un rato en Stress —concluye Sandra Baylac—, hacíamos muchos covers de The Police. Gustavo cantaba increíble pero en esa época era más guitarrista que cantante. Comenzamos a meter temas de Toto como 'Hold The Line'. Ensayábamos en lo de Zeta, pero nos trasladamos al Conservatorio Fracassi en Belgrano, y me fui muy pronto porque quería cantar jazz y me sumé a una banda llamada Collage donde hacíamos covers de Manhattan Transfer". Stress tampoco duraría mucho porque no pudieron entrar en el circuito de bandas para fiestas y terminaron tocando por equivocación en la Caja Nacional de Ahorro y Seguros frente a un auditorio de jubilados que había concurrido al lugar para ver una obra de teatro. Esto fue casi al final de 1981; entretanto, Gustavo tejía otros planes como Triciclo, con Daniel Murnard, pero a ese vehículo le costaba rodar ya que Murnard vivía trabajando con sus bandas de fiestas y solamente pudieron grabar un demo. Pero al ser Gustavo el que más pedaleaba y ofrecía la dirección a seguir, por inercia Triciclo avanzó hasta 1982 sin demasiada seriedad.

Vozarrón, en cambio, sí fue una banda de verdad. Marcelo Kaplan ya venía con el proyecto, y allí volcaba sus composiciones que transitaban el camino de la "proyección folklórica", donde al amparo de la corriente jazz-rockera de aquel tiempo, se producían experimentos que procuraban modernizar el folklore con baterías e instrumentos eléctricos. "A mitad de año me quedé sin guitarrista —cuenta Kaplan—, y lo llamé a Gustavo que se sumó desde algún momento de 1981 y hasta alguna parte de 1982. Yo estudiaba con Manolo Juárez y estaba influido por eso; Vozarrón hacía música latinoamericana de fusión. Grabamos un demo que quedó muy bien en Estudios Del Jardín y Mario Breuer estaba por ahí. Grabamos dos temas: uno era 'Cueca para los amigos' y el otro un candombe que Gustavo tarareaba. Nuestro primer show fue en un festival llamado Música Siempre, y hasta tocamos en el estadio cubierto de Boca". El baterista de Vozarrrón era Alejandro Sanguinetti, el mismo que había tocado en Savage, grupo que no obstante el colapso de Punta del Este, se mantuvo activo tocando en fiestas. "Vozarrón era una mezcla de ritmos folklóricos con armonías más jazzísticas —explica Sanguinetti—; no era jazz, pero era moderno y tampoco era del todo folklore. El padre de Kaplan coleccionaba autos antiguos, y a varios shows de Savage hemos ido en alguno. Vozarrón era un proyecto más serio".

El dato más divertido de aquella grabación de Vozarrón lo aporta uno de los últimos miembros en incorporarse, el saxofonista y hoy exitoso productor Sebastián Schon. "Vozarrón era toda música original, hasta que yo escribí una zamba, que no se si llegó a tocar Gustavo: Zamba-Schon, y ese tema se grabó en el demo. Ese día cayó la policía, le encontraron un porro a Mario Breuer y se armó flor de quilombo. En una coincidencia muy extraña llegó al estudio Pipo Cipolatti, que recién comenzaba con Los Twist, y se puso a saludar a los policías: los conocía porque su padre era comisario. Creo que con esa maniobra distractiva lo hizo zafar a Mario". "No teníamos demasiado público —se sincera Kaplan—, éramos un grupo nuevo de música instrumental y tocábamos en lugares más o menos buenos como Entreacto o La Trastienda".

En 1981, La Trastienda se domiciliaba en el barrio de Palermo, justo en la esquina de Thames y Gorriti. Ahí tocaban músicos provenientes de ambientes jazzísticos en su mayoría, por lo que Vozarrón podía encajar perfectamente en la programación. De hecho, hicieron no menos de dos fechas con dos formaciones diferentes. Gustavo se había acoplado sin problemas porque había descubierto que ciertas rítmicas folklóricas maridaban con el reggae que lo apasionaba, y para el resto tenía un criterio profesional que sumaba en ese entorno de músicos más bien virtuosos. "Mi relación con el folklore siempre fue mayor que con que con el tango —describió Cerati—, que lo único que sé es lo que te llega por ósmosis de vivir en esta ciudad, o un poco por mi padre. El tango se me filtra por inversiones de acordes a lo mejor, pero al folklore lo busco un poco más. Estoy más cerca por lo que hice con Leda Valladares (*Grito en el cielo Vol 2*), con Vozarrón en algún momento, a pesar de que en Vozarrón yo tocaba reggae que era lo que más me interesaba en ese momento, y el resto tocaba cuecas. Era medio raro tocar reggae arriba del folklore, pero Vozarrón era un grupo de fusión, antes que llegaran las primeras bandas de new-wave. Yo trataba de meter lo que escuchaba en ese momento, cosa que también hice en mis bandas de música disco". "Ni me enteré —se asombra Sebastián Schon—, de que él tocara reggae encima del resto. Yo apenas lograba tocar lo que estaba escrito. Tocábamos con partituras y Gustavo también: tenía un típico cuadernito Istonio". En una de esas noches en La Trastienda, Marcelo Kaplan, que se ubicaba en el centro del escenario, anunció que iban a hacer una balada: "Marítimo" que constaba de una sola palabra, la del título, y que cantaba Gustavo. Esa noche apareció un muchachito bastante más joven que el promedio de público, estrenando sus dieciocho años: Richard Coleman.

"Llegué a La Trastienda por Marcelo Kaplan —cuenta Coleman—, nos hicimos amigos en el Nacional de Vicente López. Iba un año por delante, pero los más rockeros nos hacíamos amigos en el patio del colegio. Kaplan editaba una revista llamada *Periscopio*, sabía un montón de música y me invitó al show. Yo quería conocer el lugar; la banda sonaba muy bien, era jazz-rock con fusión folklórica, una idea nueva, interesante, que no se despegaba mucho de lo que escuchaba. Más allá que el show de Police en Obras me rompió la cabeza, tenía cierto gusto por el jazz-rock. Y tenían a ese violero: siempre miraba a los violeros, como se paraban, como tocaban, con qué pedales. Fui con mi mejor amiga, Marcela Fernández, las salidas culturales eran con ella, a quien le hice la traducción de 'Héroes' de David Bowie. La Trastienda: cerveza y maní. Mesitas de madera. El violero tocaba bien, rapidito, tenía su SG, un chorus. En un momento saca un micrófono... ¡y para qué! Inmediatamente, mi compañera me ignoró por completo y quedó hechizada. Y fue lo que pasó en todo el boliche: bajó una ola de seducción, y peló una chacarera-zamba romántica, con esa voz tan linda, algo inesperado para una banda instrumental: 'Marítimo'. Cuando cantó le dio sentido a mucho de lo que estaba sucediendo allí, y la verdad era que hacía bastante que no veía a un cantante que me interesara. Y... Gustavo. Porque ahí, ya era Gustavo".

— • —

La industria discográfica tenía una marcada fascinación por los temas en inglés prohibidos, que habían sido éxitos probados y que podrían reproducirse en una versión argentina con una letra acomodada que evitara los tópicos censurados. Ian Dury & The Blockheads probó ser una de las mejores bandas del rock británico de 1977 con el disco *New Boots And Panties!!* Si bien el tema más conocido del álbum fue "Sex & Drugs & Rock & Roll", el tercer simple del álbum, aparecido en 1978, se probó como una canción más amable para los paladares argentinos. Solamente que la dictadura militar tenía también propósitos moralizadores y censuraba toda canción que aludiera al sexo, de manera que "Wake Up And Make Love With Me" (Levántate y haz el amor conmigo), también cayó en la guillotina. Hubo un argentino, Richard Ferry, que se animó a hacer una versión en inglés y cambió el "make love" por el "come and dance". A través del conductor radial Mochín Marafiotti que le tenía una enorme fe, consiguió grabar una versión muy competente con varios de los mejores músicos de sesión, y editarla como simple en 1979 en CBS. "El director musical era Emilio Valle, y estaban Ricardo Lew en guitarras y el Zurdo Roisner en la batería. La ocurrencia fue de Mochín, que cuando me citó en su oficina para hacerme escuchar el tema, estaba reunido con Jorge Porcel[22], que no entendía nada".

CBS le cambió el nombre artístico a Ferry por un burdo Ian Durand, al que hubo que quitarle la d final para que el robo no fuera tan alevoso. Se grabaron dos versiones de la canción, una con la letra tal cual la original, y la segunda parte con el "come and dance". Pero pese a que la dictadura era muy distraída, alguien advirtió la maniobra. "Cuando arrancamos con la difusión en televisión —continúa Ferry—, nos prohíbe el gobierno militar; tengo la documentación con una carta sellada y firmada por un coronel, que cita la frase por la cual nos prohíbe". Eso hace que fracase el lanzamiento por CBS, pero a Music Hall le interesa el artista y ofrece grabar un segundo disco. Para poder

22 Jorge "El Gordo" Porcel era un cómico de primera línea en Argentina y muy buen cantante, además.

defender el nuevo álbum en vivo, Alejandro Celasco (sí, el mismo que se interesó por The Morgan), lo manda a ver a un bajista llamado Daniel a una sala de la calle Malvinas. Ahí es donde ensayaba Savage, Triciclo, y donde Daniel Murnard recibe a Ian Duran, que de ese modo ensaya con lo que era Triciclo para una presentación en el programa televisivo *Domingos para la juventud*. "Fui a la sala de Malvinas —dice Ferry/ Durand—, y estaba Daniel, un baterista y Gustavo vestido con una camisa escocesa y zapatillas Flecha blancas. Cuando terminamos de ensayar hablo con Daniel y le digo que necesitaría una banda fija, que me había gustado Gustavo, porque era muy dúctil, con mucha onda. Y ahí él me explica que Gustavo no podía porque está con un proyecto musical. No se habló más del tema". Se hicieron dos presentaciones televisivas con este grupo y luego cada uno continuó con sus tareas habituales. Se venía el verano y Gustavo seguía viendo como el reloj de arena continuaba vaciándose y más allá de esporádicos ingresos, una carrera como músico parecía más un salto al vacío que una posibilidad concreta.

Mientras paveaban con los teclados que Andrés Calamaro dejó un tiempo en casa de Zeta, que les sirvió para delirar con una banda alternativa llamada Proyecto Erecto porque las letras inventadas por Gustavo al calor de esas improvisaciones siempre rondaban en torno al sexo, fue que ambos pensaron en la posibilidad de hacer un grupo de rock en serio, solo que orientado a la new-wave. Había un solo antecedente: Virus, el grupo de los hermanos Moura, había editado su *Wadu-Wadu* por CBS, pero se le hacía cuesta arriba el camino porque el público de rock argentino no estaba muy convencido de las bondades del género. A gatas había asimilado el sonido de The Police, más no del resto de los grupos ingleses. La escena del *mainstream* rockero estaba monopolizada por Serú Girán, el grupo liderado por Charly García, que hasta se había burlado del estilo en su inolvidable "Mientras miro las nuevas olas", una canción que más que mofarse de la new-wave, advertía sobre los peligros de proponer como futuro algo que venía del pasado. La información que llegaba sobre la new-wave era bastante acotada y llamaba a equívocos; a fines de año, en su show del Teatro Coliseo, Serú Girán estaría haciendo guiños a la new-wave. No solo ellos: a su regreso de un forzoso exilio en España, Miguel Cantilo retornó a la Argentina con una propuesta llamada Punch, un grupo que también intentaba algo new-wave. Raúl Porchetto había bajado de las nubes sinfónicas hacia formatos musicales más simples, y hasta León Gieco tenía un corte de difusión, "Pensar en nada", que sonaba un poco como Dire Straits.

Evidentemente, existían intentos de modernización. Todavía era prematuro pensar en un cambio que permitiera que bandas de new-wave prosperaran en el ecosistema musical rockero de la Argentina. Sin embargo, era lo que venía.

10

Esperando algún milagro

Llegó el verano de 1982 y Gustavo se fue con su familia a Pinamar; detrás de él irían Zeta y Ernesto Savaglio, otro compañero de facultad, quienes rentarían una casa con espacio para subalquilar algunos cuartos y de ese modo tratar de recuperar algunos gastos. Consiguieron un par de inquilinos singulares, uno de ellos de apreciable importancia para el futuro cercano: un uruguayo llamado Marcel Dupit que era una suerte de *bon vivant*, despreocupado y con suerte en los juegos de azar. Obviamente, Gustavo no tardó en reunirse con sus compañeros y fue en ese divertido verano de 1982 donde le sugirió a Zeta que se pusieran a pensar en un proyecto de banda, ya no de covers, sino con temas propios. No obstante, Gustavo continuaría con Vozarrón y con Triciclo, tratando de abarcar todo el territorio posible.

Más allá de los sueños musicales, había que trabajar. A Gustavo se le angostaban los tiempos y a Zeta también: los dos hijos grandes de familias trabajadoras no podían sostener mucho tiempo más el teatro de la música, con el que conseguían algún ingreso esporádico. No era una cuestión de dinero, sino de educación, aunque a comienzos de los 80 ya no se exigía que el hijo varón dejara el nido: sí que aportara algo. A través de Ernesto Savaglio, que con el tiempo se convertiría en un publicitario muy exitoso, armaron una temporaria agencia de publicidad entre él, Zeta, Gustavo y Alfredo Lois. Los dos últimos se encargarían del dibujo y el diseño de avisos, mientras que Zeta sería el redactor creativo junto con Savaglio que era el que más idea tenía de todos ellos. Consiguieron un altillo sobre una casa de pronósticos deportivos (PRODE) en Villa Adelina, y se pusieron a "trabajar", aunque no hubiera clientes. Algunos aparecerían. "Al menos es de lo que yo tengo memoria —asegura Laura Cerati—, porque recuerdo que Gustavo hizo todo el despliegue gráfico para una propaganda de caldos para sopa". Pronto serían tres contra uno, porque Savaglio iba en serio y los otros estaban todo el tiempo con la música en la cabeza.

Una vez en Buenos Aires, Marcel Dupit organiza una fiesta en su casa de San Isidro e invita a todos sus amigos, los de siempre y los que había hecho en aquel verano. Y en esa celebración es donde Gustavo conoce a Ana Saint Jean. "Gustavo venía de una relación anterior con una chica de familia judía que vivía en la calle Libertad —recapitula Ana—, no pareció algo muy intenso por el modo en que me la describió. Yo vivía en Arenales y Cerrito. Tuvimos una relación tranquila; él era un chico como cualquier otro, súper amoroso, sensible, compañero, cariñoso: no tengo nada malo para decir de él. Pero los dos teníamos muchas cosas y poco tiempo; yo estudiaba Letras y trabajaba. Nos veíamos mucho en nuestras casas, casi siempre en la mía porque quedaba cerca del Salvador. Los fines de semana yo iba a la suya y a la quinta que tenían en San Isidro sus padres. Teníamos salidas con Marcelo Kaplan y su novia, a veces con Héctor (Zeta) y Silvina y también con Marcelo Angiolini y su novia. Yo tenía un grupo con mis amigos de teatro al que a veces Gustavo se incorporaba. Salíamos al cine, a comer a lugares baratos. Yo me levantaba muy temprano y una noche fuimos a ver *Mefisto* y me quedé dormida en el cine. Gustavo se enojó: ¿cómo podía quedarme dormida ante esa película?".

El verano apagaba sus jornadas más fogosas y Laura Cerati aprovechaba los últimos días en la pileta de River; si bien su hermano fue socio, no frecuentaba el natatorio de Núñez y prefería el del Club Comunicaciones. A Laura la rondaban los muchachos, y uno de ellos en especial fue bastante insistente:

Charly Alberti. "A mí no me gustaba mucho —explica Laura—, pero tampoco era como para cortarle el rostro. Y cuando él me contó que era baterista, yo le dije que mi hermano tocaba la guitarra. Cuando me pregunta qué tipo de música tocaba yo le dije The Police. Mi sensación fue que él no sabía qué era". Charly no soltaba la presa y discaba el número de la familia Cerati para convencerla a Laura de salir con él, y en un diálogo le pidió que le pasara con su hermano. "Yo sabía que Gustavo estaba buscando un baterista, entonces por ahí esa charla servía. Después de esa conversación, llama a Zeta y le cuenta que este chico tenía batería y sala de ensayo, que sería interesante conocerlo".

Carlos Alberto Ficicchia era unos años menor que ellos y era el hijo mayor del percusionista Tito Alberti, conocido baterista y *showman*, oriundo de Zárate, que tuvo proyección internacional integrando las orquestas de Xavier Cugat y nada menos que la de Dámaso Pérez Prado, el indiscutible Rey del Mambo, ritmo caribeño que causó picazón en Argentina. También fue el autor de muchísimas canciones, aunque ninguna como el himno infantil "El elefante Trompita". Carismático y muy trabajador, formó la orquesta Jazz Casino en los 50 y ya en los 60 le puso su nombre a otra. Durante muchos años fue el grupo estrella de los carnavales, donde ponía a bailar a todo el mundo con su frenético ritmo. Una auténtica estrella de la música popular que le dio unas primeras clases a su hijo, hasta que comprendió que su paciencia no era tan firme como su golpe de tambor y lo mandó a estudiar con luminarias como el célebre Rolando "Oso" Picardi, Chiche Heger, Alberto Alcalá y, por último, Willy Iturri en los 80, que ya era una estrella por haber tocado con Raúl Porchetto, Gustavo Santaolalla y Charly García. De todos, Charly sacó algo, pero de Iturri aprendió a ser atrayente además de preciso.

En la primera reunión, Gustavo y Zeta estudiaron al joven Alberti que también hizo lo mismo. Luego tocaron un poco como para saber si estaban a la misma altura musical, aunque lo que predominó en la conformación de la alianza fue la misma idea: armar una banda moderna que fuera a la conquista del éxito, dejando de lado ciertos pruritos culposos, típicos de los músicos de rock más propensos a privilegiar veleidades artísticas y caprichos estéticos, que a trabajar de manera integral el proyecto de una banda. En Charly Alberti, Gustavo y Zeta encontraron la predisposición necesaria y no solo un baterista que acompañaba, sino a alguien dispuesto a ser protagonista dentro del proyecto. Combinaron juntarse a ensayar los sábados.

Pero... ¿a ensayar qué? Ahí es donde Gustavo, que ya tenía una mínima experiencia en el armado de canciones, se pone el traje de compositor y entre lo que tenía escrito hace una discriminación porque varias de sus canciones no encajaban de ninguna manera en el sentido que querían darle a la banda. "Gustavo me había mostrado algunas canciones que había compuesto y que tenían que ver con nuestra relación —cuenta Ana Saint Jean—, pero no recuerdo que tuviera alguna otra canción antes de los ensayos. Estas dos eran 'Hablando de vos' y 'Magia', que no era la que después hizo como solista. Lo que más recuerdo es que con Charly y Zeta comienzan a ensayar mucho y muy seriamente: se ve que se produjo algo intenso entre los tres. Vi en ellos el placer de los músicos tocando como el de los chicos jugando. Disfrutaba ver eso y lo hacían muy en serio cuando no tenían perspectiva de nada". Gustavo dejó Vozarrón y mantuvo en suspensión animada a Triciclo; Zeta tenía una mirada puesta ahí porque tenía miedo que si ese Triciclo funcionaba, Gustavo dejara ese trío incipiente con Charly Alberti. Pero no fue más que un proyecto de sala de ensayo y un demo que no llegó demasiado lejos. Sin embargo, Gustavo volvería a la sala de la calle Malvinas en Caballito.

— • —

Ninguno de los tres sabía tocar bien reggae, pero dentro de ellos era Gustavo el que más le tenía tomado el pulso al ritmo jamaiquino. Zeta pudo entenderlo rápidamente por oficio y por su escucha intensiva, pero a Charly Alberti le costó un poquito más. Para que el concepto se le volviera familiar, lo inundaron de cassettes con distintas bandas new-wave: The Police, The Specials, XTC, The Selecter. Charly ya había tenido su bautismo new-wave con un breve paso por el grupo Radio City, que se quedó sin base rítmica cuando se puso en marcha Suéter, el grupo de Miguel Zavaleta y Jorge Minissale en el que participaron Gustavo Donés y Daniel Colombres, que ya era un baterista muy poderoso. Su vacante fue llenada temporalmente por Charly, que no duró en la banda porque en el medio de un ensayo en la sala de Parque Avellaneda apareció su padre, Tito Alberti, y se lo llevó de las orejas. "Acá no venís más", decretó, espantado por el intenso olor a marihuana que emanaba del lugar. Prefirió a su hijo en un ambiente que él pudiera controlar, y eso explica por qué Charly tenía la sala de su padre a disposición. Y no solo eso: tenía al alcance unos cuantos instrumentos de percusión que serían de gran ayuda para el trío.

Entre zapadas de temas de Bob Marley, The Clash y The Police, comenzaron a tomar forma algunas de las canciones que Gustavo traía a la sala y que el trío trabajaba con afán: "Contame Sebastián", "Choripán", "La calle enseña", "Jet Set" y "Demagogo". La inseguridad les hizo sentir que necesitaban una guitarra o acaso un teclado para tener un sonido más lleno. Pero no era fácil conseguir músicos que estuvieran en la misma sintonía. Aníbal René, de Radio City, estuvo en un ensayo y no se encontró a gusto, porque ya tenía cierta trayectoria y no lo convencía arrancar en otro proyecto desde cero. Afuera, un país entraba en uno de sus tantos delirios colectivos al apoyar un enfrentamiento bélico contra Gran Bretaña por la soberanía de las Islas Malvinas. Mayor razón para refugiarse en la música.

Por la sala apareció un formidable guitarrista que estuvo algún tiempo ensayando con el trío: Ulises Butrón. Además de tocar muy bien, a Gustavo le interesaba ese sonido al estilo Robert Fripp y el uso que hacía de los pedales. Tenía un trío llamado David Vincent, con Ricky Sáenz Paz y Javier Miranda, al que un flaco de Flores ayudaba con las grabaciones e ideas: Daniel Melero. Con Butrón, que además podía cantar, el trío lograba un sonido más envolvente y Gustavo, lejos de sentirse cómodo en el papel de único compositor, le daba espacio para que introdujera alguna de sus canciones como "Debo soñar", una especie de reggae deforme. Se grabó un demo, aparentemente en la sala de Malvinas con ayuda de Daniel Murnard (es hora de aclarar que se trata de un seudónimo), que en algún momento había sido bajista del grupo de Tito Alberti. Se incluyeron dos temas de Gustavo: "Jet Set" y "Contame Sebastián", más el título de Ulises Butrón, que después perdió el interés en el trío y se marchó.

Mientras tanto se afianzaba un probable nombre surgido de un tema de The Specials: Los Estereotipos o Estereotipos a secas. Todos los otros nombres que las distintas historias señalaron nunca salieron del papel; Estereotipos es el que recuerdan los compañeros de facultad de Gustavo. No tardarían mucho en encontrar las dos palabras que los harían sonar, en el más amplio sentido del término: Soda Stereo. Las pruebas de músicos no fueron tantas como las distintas historias sugieren, pero sí hubo invitaciones a varios allegados a zapar, solamente que Soda no funciona por medio de las zapadas: los estímulos necesitaban estar nucleados en torno a canciones. Cuando Eduardo Rogatti llegó a la sala de Victorino de la Plaza, hogar de los Alberti, ya era un músico conocido y muy virtuoso. Podía entender perfectamente el concepto y ajustarse a él porque era un profesional, pero se sintió como alguien grande que juega con chicos y les sugirió uno de sus alumnos.

Richard Coleman era de la pandilla de Butrón y Melero. Se sumó a David Vincent y el grupo comenzó a llamarse Siam. Así como Butrón estaba muy interesado en Robert Fripp, Richard Coleman era un fanático de David Bowie, que además podía congeniar con Melero, vocacionalmente adepto de Brian Eno. Eran intérpretes que pocos escuchaban en Argentina. Un día sonó el teléfono en la casa de los Coleman.

—Hola, Richard. Soy Charly Alberti. Te llamo porque tenemos una banda llamada Soda Stereo, la más moderna de la Argentina y con el mejor guitarrista de todos.

—Ah, qué bien. ¿Y para qué me necesitás? —lo cortó, tajante.

—Eh, queremos agregar un poco más de sonido, y Eduardo Rogatti nos habló de vos.

—Bueno, pero no voy a poder porque estoy con muchas cosas.

—Uh, qué pena.

—¿Dónde están ensayando ustedes?

—Tenemos sala propia, estamos en el barrio River.

—Bueno, eso lo hace un poco más fácil. Hablemos la semana que viene.

Clac. "Mentira, me había caído mal la introducción —cuenta Richard—, la semana siguiente bajé un cambio yo también y le dije que podía, combinamos y me fui con la guitarra, el bolsito con los pedales, un cassette y una carpeta con las letras de mis canciones. Había algunas que hice con Siam, y un par que grabé con Melero: 'Rey de la noche' y 'Monstruo blando', que eran los temas más modernos con sintetizador y batería electrónica".

Cuando Richard llegó a la sala, lo vio a Gustavo y se sorprendió.

—Yo te vi tocando con Vozarrón —lo saludó. No fue la mejor tarjeta de presentación porque el grupo con Kaplan era de un estilo de música muy diferente.

—Sí, toqué con ellos —respondió Gustavo.

—Sí, y te crucé en una hamburguesería en Villa Gesell. ¡Comías como un asqueroso!

—¡Ese sí era yo! —se rió Cerati y se quebró el hielo.

Richard se puso a armar su set y los Soda le tocaron algunas de sus canciones. "Era todo muy ska, y eso mucho no me atraía —se sincera Coleman—, pero ya estaba ahí. El primer tema que debo haber tocado fue 'Vitaminas'. Gustavo me pasó los acordes y me señaló un momento en el que hiciera lo que quisiera. Él dirigía, y Charly repetía lo que Gustavo decía pero con otras palabras. Yo les hice unos sonidos con *delay*; tenía un *flanger* con un pedal que cambiaba la velocidad de la modulación. Yo tocaba raro, como siempre, pero tenía la onda de los solos de Andy Summers o Adrian Belew". Gustavo reconoció claramente esos sonidos y se entusiasmó, pero le dio algunas directivas como para que todo cuajase. "Ese fue el método de trabajo —continúa Richard—, yo ofrecía y Gustavo me lo editaba un poquitito. Vi que venían tan Police que entonces les hice algo más climático".

Después llegó el turno de que Richard mostrara sus canciones, las que escucharon en un grabador portátil.

—Están buenísimas. ¿Tenés más? —asintió Gustavo.

Y ahí Richard sacó su carpeta de cartón blanco llena de letras escritas en hojas cuadriculadas, con una caligrafía impoluta y casi gótica. Gustavo se interesó por "Autos sobre mi cama", "Falsa información" y "Monstruo blando". Les pasó los acordes y Gustavo le dijo que los cantara. Ahí descubrió que el guitarrista tenía una voz muy especial y cantaba tan bien como él. "Ellos tocaban tan bien juntos que vos les tirabas una semilla y enseguida crecía", comenta Richard que comenzó a ensayar con el trío. Los temas empezaron a instalarse como repertorio: "Vitaminas", "Mi novia tiene bíceps", "Teleka", "Dorian Gray", "La calle enseña", "Contame Sebastian" (pronto saldría de la lista, al igual que "Choripán", que haría un regreso). "Gustavo pedía siempre más —reconoce Richard—, creo que fue una inyección vital para todos, porque ya venían tocando hacía bastante, probando con gente. Habremos estado como cuarteto tres meses, hasta fines de 1982 y ahí me abrí. Sentí que yo tocaba en sus temas y ellos tocaban en los míos. Por más que Gustavo quisiera abrir, ya era algo muscular, orgánico, por más que quisiéramos no se podía: eran un trío. Si seguía iba a ser un problema: ellos querían salir ya a tocar y había demasiado ska para mi gusto. Lo planteé en la antesala de un ensayo; yo tenía esa mística del arte y lo distinto, la vanguardia me seducía muchísimo y en Soda sentía frivolidad. Igual, Gustavo tenía sus segundas intenciones, pero eso se vería con el tiempo".

Curiosamente, con quien Richard tenía más relación era con Charly, se pasaban cassettes. Coleman le dio uno con *Remain*

In Light de Talking Heads de un lado y *Boy* de U2 del otro, y este fue el que le gustó a Alberti. Ahí entendió un poco más hacia dónde iban ellos, pero Richard estaba más interesado en la otra dirección. Se separaron en buenos términos sin saber que ya estaban unidos de por vida.

— • —

Gustavo quería casarse. La pulsión de formar una familia le venía en la sangre, tal vez por sentir lo importante que la suya había sido para él. Tenía 23 años y estaba convencido. Ana, no tanto. Pero le siguió la corriente. "Él tenía más claro que yo que quería tener una familia —confirma Saint Jean—, tenía ganas de eso y yo estaba menos preparada para asumir una responsabilidad así. Gustavo, en general, tenía bastante claridad". Fueron a ver departamentos para comprar y ahí Gustavo tuvo un baño de realidad: para pagar un crédito siquiera necesitaba incrementar sus ingresos. La persona que los presentó, Marcel Dupit, fue quien consiguió un trabajo para Cerati como visitador médico en los laboratorios Boehringer. Hizo un curso y arrancó con el trabajo. Era un sueldo seguro a fin de mes, una cuota que podía pagarse para adquirir un inmueble en la calle Amenábar, en el barrio de Belgrano.

Ya con Soda definido como trío y con una considerable cantidad de ensayos sobre sus espaldas, tocaron en el cumpleaños de Alfredo Lois, que estaba permanentemente con ellos porque además había conseguido un trabajo en Cablevisión junto con Zeta y parecía irles muy bien. Fue un evento para quince personas, fervoroso, caótico y contenido porque si tocaban muy fuerte la policía podría aparecer en cualquier momento. Más distendida fue la fiesta de cumpleaños de Marcel Dupit en su casa de Boulogne, donde tampoco hubo mucha más gente ni mejores condiciones. Soda Stereo eran tres chicos bien ensayados, con equipamiento decente y algunas canciones atractivas. Pasaban cosas mucho más interesantes no demasiado lejos.

El fin de la guerra de Malvinas dejó un paisaje absolutamente cambiado. A caballito de un nacionalismo futbolero, las radios dejaron de emitir música en inglés y mientras las AM incrementaron las dosis de tango, folklore y cantantes melódicos, las incipientes FM se volcaron al rock cantado en castellano. Pronto comprendieron que no había tanto material y eso generó una demanda que facilitó oportunidades para números establecidos y nóveles aspirantes. Había un grupo new-wave que parecía estar aprovechando bien el momento de deshielo: Los Helicópteros, que presentaron su disco debut, *Música Pep*, en el Palacio Sans Souci, una residencia de estilo neoclásico, demasiado fina para recibir a un grupo de rockeros. Pero Los Helicópteros venían de familias de alcurnia. Su tema "Radio Venus" se había escuchado en las radios y la idea no era imponerlos en el circuito del rock sino en una categoría que trascendiera los géneros. Detrás de la movida estaba un audaz empresario, fanático de Elvis Presley, llamado Carlos Rodríguez Ares. Y a pocos grados de separación estaba Marcelo Angiolini, que después de un paso por Tower Records se trasladó a la disquería Sam El Pirata, de Rodríguez Ares, establecida en el paquetísimo Hotel Alvear. El rasgo de distinción del negocio, más allá de su locación, era que prestaban discos para ser grabados y tenían todo el material importado que no llegaba a la Argentina.

Para ese entonces, Angiolini se había hecho muy amigo de los Soda, que lo invitaron para el primer show real de la banda en un desfile de modelos que se celebró en la discoteca Airport, el 26 de julio de 1983. "El que organizó eso —explica Angiolini— fue Carlos Pires. Me invitaron los chicos a ver el show y después nos juntamos para una devolución: habían sonado para el culo. El lugar no era viable y era lógico ese resultado; yo tenía la experiencia de operar sonido y de estar trabajando en la agencia de Rodríguez Ares a través de la disquería Sam El Pirata. Les dije a los muchachos que lo primero que tenían que hacer era grabar un buen demo para poder salir a golpear puertas. ¿Cómo hacemos para juntar el dinero? Había un amigo, Marcel Dupit, El Pinta, todo un personaje que financió el demo en Estudios Buenos Aires, un cuchitril en Billinghurst y Córdoba. Con el demo en la mano, comencé a ofrecerlos y le conté al vendedor del sello DBN[23] que trabajaba con esta banda. No me dieron ni la hora. Hoy, todavía se golpean los huevos con un martillo".

23 Distribuidora Belgrano Norte.

11

Primavera 0

En 1983, Gustavo y Zeta decidieron pasar al turno noche de la Universidad del Salvador. Ya se veía claramente que la publicidad no era su norte, ni tampoco el de Alfredo Lois. El compromiso que tenían con el estudio era cada vez menor a medida que se incrementaba el compromiso con la música. El que recuerda bien todo esto es Daniel Gutiérrez, un ex compañero de estos dos miembros de Soda, que ahora es el director de la carrera de Publicidad del Salvador. "Era ya la época de Estereotipos —confirma Gutiérrez—; me acuerdo de haberlo visto a Gustavo vestido de 'verde', porque estaba haciendo el servicio militar cuando comenzó en 1979, y yo estaba vestido de marinero, pero no nos cruzamos hasta los últimos años porque yo fui de entrada a la noche. Después él y Zeta se pasaron a ese turno, pero daban el presente y se iban con los instrumentos a ensayar. Los dos terminaron la carrera, pero quedaron debiendo materias: colgaron finales y las respectivas tesis. Adeudan materias de cuarto y quinto año, por eso son egresados y no graduados. Además la camada nuestra fue la última de Licenciatura en Publicidad, y la carrera de Comunicación Social recién comenzó al año siguiente de nuestra graduación, es decir en 1984".

La Argentina de 1983 se encontraba en un estado de optimismo y excitación fruto del colapso de la dictadura militar; tras la derrota militar en Malvinas, la misma gente que los había aplaudido pidió su cabeza. Y no tuvieron más remedio que entregarla, aunque patearon el trámite hacia adelante y convocaron a elecciones que se celebrarían el 30 de octubre de 1983. Musicalmente se mezclaban las aguas de los grandes mares representadas por Charly García y Luis Alberto Spinetta con las de las nuevas olas; los grupos de aquel año eran Riff, un cuarteto cuya cara más visible era la del milenario Pappo, Los Abuelos de la Nada en ascenso con Miguel Abuelo, tan ilustre como Pappo, y Virus, el grupo más moderno, que con su tercer álbum *Agujero Interior* había logrado romper su techo y se transformó en un grupo al que se le abrieron enormes posibilidades. El filo rockero que les dio la producción de Michel Peyronel, baterista de Riff, les hizo mucho bien y con la demanda de buenos temas de rock para la radio, "En mi garaje", "Agujero interior", "El probador" y "Carolina" tuvieron mucha rotación.

Soda Stereo se zambulló en la escena de los pubs. A los dos días de haber tocado en Airport, donde se produjo el debut real del trío, apareció por la casa de Charly el bajista Rick Mor, de la banda Nylon, que tenía una fecha en el Stud Free Pub y a su cantante Diana Nylon descompuesta. ¿No podrían tocar ellos en su lugar? Terminaron de deglutir unos tallarines, cargaron los equipos y se fueron al Stud, que quedaba muy cerca. Tuvieron una muy buena reacción del público y por eso accedieron a una segunda fecha que es en la que los vio Horacio Martínez, un personaje muy conocido en el rock de Argentina por haber facilitado la grabación de "La Balsa" de Los Gatos, el primer éxito del rock local en 1967, y el que verdaderamente echó por tierra con todos los prejuicios que había con la idea de cantar rock en castellano. "Le había alcanzado el demo y vino a ver el show —cuenta Marcelo Angiolini, ya casi en papel de mánager—, se ve que le gustó porque nos aconsejó tocar todo lo que pudiéramos para afianzar el sonido de la banda, y acostumbrarnos a tocar para mucha o poca gente".

Soda comenzó a tocar en los dos lugares donde un grupo emergente podía conseguir un espacio: el Café Einstein y Zero. Einstein era un sitio con más mística que capacidad: 50 personas bastaban para atestar una superficie que estaba dentro de una galería y se parecía más a un departamento amplio que a un local para espectáculos. Allí los grupos fuertes eran Los Twist y Sumo, que contaba con el empuje de Luca Prodan, dueño de un carisma y una personalidad que lo transformaban en un líder nato. Pero Luca era un arma de doble filo y podía ser un aliado o un enemigo, de acuerdo al día, a su humor o a su conveniencia. Un día podía subirse a cantar con Soda Stereo un tema de The Police, y al siguiente acusarlos de *chetitos* por no sumarse a un boicot al Einstein para que les pagaran más.

Ellos encajaban mucho mejor en Zero Bar, que quedaba frente al otrora Zoológico de la Ciudad de Buenos Aires. "Marcel Dupit fue quien los llevó a Zero —dice Ana Saint Jean—, porque era amigo de Justo, el dueño del lugar. Ahí apareció el primer atisbo de que podían funcionar, pero aun antes de ese show ellos tocaban con una pasión y seriedad que mostraba que algo muy potente estaba sucediendo". Ese primer show en Zero, ya en la primavera de 1983, puso en evidencia una habilidad de Soda: transformar en éxito un rotundo fracaso. Llevaron un equipo adicional del padre de Charly Alberti para amplificar la voz y los teclados de Daniel Melero, que se sumó aquella noche como entusiasta invitado. Pero todo salió mal: el equipo de Zeta no resistió, el del padre de Charly explotó, literalmente, y el show terminó con Gustavo cantando prácticamente solo con Charly Alberti aporreando la batería, decidido a terminar el set a como diese lugar. La gente se volvió loca. El coraje fue recompensado por Justo que les pagó más de lo que correspondía para colaborar con las reparaciones y les propuso tocar más seguido. Exactamente lo que estaban buscando. "Los vi en Zero —se acuerda Richard Coleman—, hicieron un show impresionante. Tocaron 'La vi parada ahí' de The Beatles, en una versión punk que no se podía creer. Gustavo había cortado tres o cuatro cuerdas y seguía tocando con las que quedaban. Un guerrero. Fue la primera vez que los vi fuera de la sala de ensayo".

En el mismo lugar, Richard y Gustavo comenzaron a encontrarse y a forjar una amistad imprevista. "Nos encontramos en Zereo de casualidad un día de semana —dice Richard—, yo iba los martes porque era mi lugar en el mundo: había videos, mesas, onda y algo para tomar. Yo no iba cuando tocaban bandas, iba al bar a ver videos de Devo. Una noche me lo encontré a Gustavo, nos tomamos un vino y empezamos a charlar. Ahí comenzamos a hablar más profundamente de música, de chicas y de qué esperábamos de la vida". Soda se hizo fuerte en Zero, al tiempo que Café Einstein comenzaba a tambalear. "Soda la rompía ahí —confirma Angiolini—, atraía mucho público a Zero. Hubo un afiche que salímos a pegar donde anunciábamos el 'Sodazo', que tenía que ver con el fin de la campaña de Alfonsín". El candidato presidencial por la Unión Cívica Radical, Raúl Alfonsín, que ganaría abrumadoramente en los comicios, había hecho un "alfonsinazo en Ferro", y eso los inspiró para generar un evento similar a mucha menor escala: el Sodazo. Sería en la víspera de elecciones, pero al no haber comicios en Argentina desde hacía mucho tiempo nadie previó que no se podía realizar ningún concierto después de las diez de la noche, y Soda tenía previsto comenzar a medianoche. Fue un contratiempo que quedó perdido en el barullo del momento, porque el grupo tenía otros planes.

En Argentina, la industria del videoclip era algo inexistente; solo los grandes nombres podían llegar a producir uno, con grandes costos absorbidos por una compañía grabadora. Pero el ingenio de Zeta y Alfredo Lois, que trabajaban en Cablevisión, una de las primeras empresas de televisión por cable que hubo en Argentina, posibilitó algunos materiales como para que hicieran un clip con relativa buena calidad de la época y bajo costo. "Se tomaron prestadas algunas cámaras —relata Angiolini—, y grabamos en varias locaciones. Una de ellas fue en la casa de Leo Satragno, frente al Jardín Botánico; otra fue en la avenida General Paz y una tercera fue en una quinta de San Isidro, donde Zeta se mete en una pileta tocando un bajo que era mío. Era el tiempo de tirar todos para adelante, divertido, creativo: todos juntos trabajando como equipo". El tema elegido fue "Dietético", que hacía juego con la época en que había comenzado a incorporarse el concepto de lo "diet", por eso aparece Charly Alberti en el rol protagónico de un demente que satura de sacarinas gigantes una taza de café, secundado por Gustavo que abre una puerta que lo deposita en la playa de Olivos, como si se tratase de un portal mágico. El departamento graffiteado por el cual se arrastran los tres es el de la calle Malabia habitado por los Satragno, que hospedaban a Charly Alberti que había dejado su hogar y también la sala de ensayo, por lo que el grupo ensayó temporalmente en lo de Zeta hasta que se comprobó que la sala incrementaba el calor del verano que ya depositaba su carga solar sobre las chapas de San Fernando. Conseguirían una sala mal aislada en Capital por un corto tiempo.

"Dietético" fue filmado con la música del demo grabado en Buenos Aires Records con un sonido más tosco que el que Soda obtendría en su primer álbum, pero ya mostraba las intenciones modernas de la banda. Y también su ironía porque, a propósito o no, la canción remataba en la frase "¡El régimen se acabó!", que podía aludir tanto al fin de una dieta como al fin de la dictadura militar. Ese sería un problema para Soda Stereo cuando comenzara a jugar en las ligas profesionales porque más allá de su público nadie captaba un sarcasmo evidente en frases como "somos un conjunto dietético". Parecían frívolos y superficiales cuando en realidad se reían de la sociedad de consumo en un lenguaje descontracturado. El hecho de que Gustavo y Zeta hubieran estudiado publicidad aumentó las sospechas de pasatismo: el lenguaje parecía deliberadamente publicitario como para "vender", expresión que para el rock argentino de aquellos tiempos todavía era anatema.

Inmejorable recepción tuvieron cuando se presentaron en la fiesta de egresados de su camada de la Universidad del Salvador, el 17 de noviembre de 1983 en Anabell's, un sucucho de la avenida Santa Fe, casi Coronel Díaz, a pocos metros de la casa de Charly García. "Cuando se pasan a la noche —recuerda Gustavo Briones—, les perdí el rastro hasta el día de la graduación de fin de año, donde Soda Stereo tocó. Y ya eran otras personas: terminaron el show y se me cayó la mandíbula".

—¡¡Ustedes no tienen techo!! —los felicitó un emocionado Briones, inconsciente de que lo que estaba vaticinando se iba a cumplir al pie de la letra.

— • —

Ajeno aun a los denodados esfuerzos de Soda Stereo por trascender, el rock argentino de 1983 asistía a un acelerado proceso de renovación, encabezado por el mejor Charly García de todos los tiempos que deslumbraba con el sonido y el concepto de *Clics Modernos*, también criticado por una supuesta simplificación que en realidad era un salto cuántico de evolución. Todavía en estado deliberativo, el rock recibió otro cachetazo cuando se publicó *La dicha en movimiento* de Los Twist, producido también por Charly García, que alcanzó un volumen de venta inaudito que trascendía el público de rock. Se estaban moviendo las placas tectónicas de la música argentina: el grupo Zas de Miguel Mateos, ignorado el año anterior, también se dirigía hacia la superficie con la edición de *Huevos*, su segundo álbum.

Atento a los cambios, Horacio Martínez se apresuró en cerrar trato con Soda Stereo ofreciéndoles entrar en su agencia y un acuerdo de grabación con CBS. El contrato fue firmado pero la grabación del disco fue demorada y hay dos versiones. En la primera, Horacio Martínez, pendiente del fenomenal éxito de Los Twist, pretende que Soda Stereo grabe nuevas versiones de éxitos de Los Teen Tops, plan que desarrolla en una reunión con los tres músicos en el local de comidas de Dolly, la mamá de Charly Alberti. Eso terminaría con un enfrentamiento por el que la grabación del disco quedaría congelada hasta que el grupo se aviniese a las exigencias. Marcelo Angiolini duda de esa historia, que terminó por convertirse en oficial. "Yo no recuerdo que la grabación estuviera demorada por eso: no me cierra eso de Horacio diciéndoles que si no tocaban 'Popotitos' no grababan. Me suena más a una intención de Horacio queriendo que además firmaran con su agencia, y sí recuerdo a otro siniestro que quería imponerles temas".

Hay unos meses de tensión y pocas algunas acciones concretas. Las agencias de representación de grupos de rock van adquiriendo fisonomías claras. La de Daniel Grinbank era la del *mainstream* y la más poderosa; Abraxas de Pity Iñurrigarro y Alberto Ohanián cruje por desinteligencias entre los socios —Luis Alberto Spinetta, Raúl Porchetto y León Gieco eran algunos de los números fuertes—, mientras que Oscar López consolida La Corporación con Alejandro Lerner, Claudia Puyó y Miguel Mateos. La cuarta agencia, la de Carlos Rodríguez Ares, es la productora de la new-wave con Virus y Los Helicópteros, que ya venían perdiendo altura. Y Marcelo Angiolini estaba trabajando en ella, pero como sonidista. Fue la iniciativa de Charly Alberti la que una vez más provocó un movimiento favorable.

"Yo me enteré que existía Soda Stereo —cuenta Carlos Rodríguez Ares—, el día que presenté a Los Helicópteros en un concierto gratuito en el Italpark[24]. Una vez que terminó el show, mientras desarmábamos, subió al escenario un chico que me quería dejar un cassette de su banda y que quería que lo escuchara. Le prometí que lo iba a hacer. El chico era Charly Alberti". La cosa no quedó ahí, porque Charly fue a un show de Virus en el Teatro Arenas de Pinamar con la intención de darle una copia del demo a Federico Moura, cantante de Virus. Llegó muy temprano y solo encontró al sonidista.

—Hola —lo saludó—, ¿sabés a qué hora viene Federico?

—En un rato, a las siete —respondió el hombre de las perillas, un muchacho de pelo muy largo que parecía más del palo del heavy-metal que de la new-wave.

—Ah, bueno. Decile que estuvo Charly Alberti.

"Tengo la imagen de Charly muy presente —cuenta el sonidista, que no era otro que Adrián Taverna—, pelo largo, con rulos; vino en ojotas, muy hippón, caradura como siempre. Dijo que tenía la mejor banda moderna del momento. No lo conocía nadie, pero él siempre tuvo esa actitud". Taverna ya era un profesional que además de hacerle sonido a Virus, había trabajado con Riff, el grupo de Pappo. Gustavo y Charly solían ir a ver a Virus, que era un poco el grupo que estaba consiguiendo lo que ellos aspiraban a lograr entrando a su misma agencia.

La presencia de Gustavo en otro show de Virus no le pasó desapercibida a Adrián, porque lo conocía del barrio: si bien se crio en San Martín, en las afueras de Buenos Aires, su fami-

24 Desaparecido y añorado parque de diversiones.

lia se había mudado a Donado y avenida Triunvirato, en Villa Ortúzar, donde dos vecinitas muy lindas iban al San Roque. "Ellas tocaban la guitarra todo el día y cantaban... con Gustavo —se ríe hoy Taverna— un repertorio bien de la época: 'Pupitre Marrón' y 'En mi cuarto' de Vivencia, 'Canción para mi muerte' de Sui Generis, todo eso. Lo tenía visto a Gustavo, un pibe muy flaco y desgarbado, con rulos, muy poquitos". Coincidieron en Duomo, un salón de fiestas arriba del Teatro 25 de Mayo en Villa Urquiza donde se hacían bailes; pasaban "Money" de Pink Floyd y "John Lee Hooker '74" de Johnny Rivers que hacía arder la pista en un trance de rock and roll. "Yo no iba a Zodíaco —apunta Adrián—, porque no dejaban entrar a menores y era de elegante sport: ¡ni saco tenía!"

Un día, Taverna se sube al colectivo 108, y a la siguiente parada ve subir a Gustavo, le hace señas y se sientan juntos. Los dos iban a la oficina de Rodríguez Ares; Adrián para cobrar sus honorarios de sonidista, y Gustavo para averiguar si el productor había escuchado la cinta. En esa hora de viaje que insumía el trayecto serpenteante del 108 hablaron de música. Y lo siguieron haciendo en la hora del viaje de vuelta y quedaron en juntarse en lo de Taverna a escuchar discos.

"En casa yo tenía un equipo de sonido que sonaba increíble —recuerda Taverna—, y escuchábamos música por las tardes. Él consideraba que el rock pesado era grasa, pero te tocaba el solo de Ritchie Blackmore en 'Highway Star' en las pruebas de sonido. Le gustaba Led Zeppelin, pero no Black Sabbath. Yo le hice escuchar Judas Priest, no le gustó demasiado pero sí le interesó lo que hacían las violas. Le puse *We're An American Band* de Grand Funk, que no es una banda tan pesada. También le puse una banda rarísima: Titanic[25]. Gustavo me hacía escuchar The Police y XTC". A todo esto, Rodríguez Ares se debatía en la duda de si contratar el grupo o no. "Una vez que escuché la cassette —explica Ares—, me pregunté si serían tan buenos en vivo como en ese precario demo que me dieron. Y fui a verlos a

25 Grupo holandés cuyo "grandes éxitos" fue furor en Argentina.

Zero con algunos miembros de Virus, y me partieron la cabeza. En vivo eran aún mejores; lo que me llamó la atención de ellos fue su energía. ¡Casi punk!" Después del show, Charly se subió al auto de Rodríguez Ares, que le comentó su opinión favorable y su contratación inmediata. El baterista tenía otro cassette con una canción nueva llamada "Sobredosis de TV". Eso le confirmó al productor que había hecho la elección correcta.

Observando la escena desde muy lejos se encontraba un muchacho mendocino que estuvo por ser el gerente de la resurrección de la revista *Expreso Imaginario*: Oscar Sayavedra y por ende tuvo en sus cercanías a Roberto Pettinato, que continuaría como director, quien le propuso ir a la fiesta de fin de año de Tower Records en un balneario con pileta situado en la zona norte de las afueras de la ciudad. "Nos dijeron que tocaba Soda Stereo, que era un grupo que había que ver. Nos quedamos y me partieron la cabeza: vi en Cerati, en su posición sobre el escenario, en cómo se colgaba la guitarra y miraba a sus compañeros, a Spinetta. No tenían nada que ver pero es lo que vi". Expeditivo, fue a la consola de sonido a preguntar por el mánager. "Soy yo", le dijo Marcelo Angiolini y le pasó su teléfono. Luego hablaron y le alcanzó un demo de Soda a la agencia donde Oscar Sayavedra trabajaba: Abraxas, que en ese momento compartían Pity Iñurrigarro con Alberto Ohanián, muy próximo a independizarse.

El entusiasmo de Oscar se topó con algunas barreras.

—No, Oscar, esas bandas modernas dejáselas a Grinbank —lo frenó Iñurrigarro.

—Son impresionantes —dictaminó con ojo de lince Bernardo Bergeret, que trabajaba en la agencia.

Pero a Oscar le fue imposible reunir el quórum necesario como para que Abraxas fichase a Soda Stereo. "Lo dejé pasar, pero me di cuenta que la banda tenía algo y que Gustavo era un Spinettín, no sé por qué".

Ya en febrero de 1984, Soda Stereo pertenecía al staff de Rodríguez Ares Producciones. Y a Gustavo se le había pinchado el deseo de casarse y tener hijos con Ana Saint Jean. A ella esa idea también se le había desteñido. "Nuestra relación estaba tambaleante —reconoce Ana—, estaba ese proyecto de familia que yo no sostenía tan bien y a Gustavo se le abren las puertas con Soda Stereo, y toda la paciencia que me tenía dejó de tenerla porque el foco de atención pasó a ser otro. Recuerdo haber estado con él hasta que comenzaron a grabar el disco, pero la relación no soportó esa divergencia que teníamos. Habíamos pagado cinco cuotas del crédito del departamento de Amenábar que habíamos pintado juntos y yo se lo vendí a mi hermano, que además es abogado y fue el que vio ese primer contrato de Soda Stereo, bravo como todo contrato, pero que en el fondo les convenía. La relación mía con Gustavo no termina por un hecho puntual: nadie lastimó a nadie. Simplemente, murió de muerte natural".

— • —

Vientos huracanados empujaban a Gustavo hacia la música. Se dio la oportunidad de presentarse en televisión en el programa musical del momento: *Música Total*, conducido por Marcelo Bello[26]. Soda Stereo hizo un playback atroz en una escenografía que se parecía a un establo; con Gustavo cantando y haciendo que tocaba la guitarra y Zeta con un bajo en las manos, Charly Alberti quedaba libre para hacer toda clase de monerías, molestar a sus compañeros, tirarle un poco de heno en la cabeza a Gustavo y darle muy poca importancia al tambor y al platillo que, solitarios, completaban la escena. Ese video muestra algo que parece haberse perdido en los entresijos de la leyenda de Soda Stereo: el centro de atracción del trío no era Gustavo Cerati, sino Charly Alberti.

"Cuando salió Soda, la imagen más fuerte era la de Charly —explica Adrián Taverna—; el que no haya estado en esa época va a pensar que estoy loco, lo que es probable, pero en lo que era imagen, Gustavo estaba muy incómodo. El que llamaba la atención era Charly Alberti, que era muy vistoso para tocar y

26 Marcelo es el padre de Chloé Bello, última novia de Cerati.

muy efectivo". "Gustavo no trabajaba la imagen y Charly sí —coincide Marcelo Angiolini—, tenía su remerita cuadriculada que hacía juego con la batería, tiraba los palillos al público, era lindo y las chicas lo amaban. Me había comprado un buzo Calvin Klein y Gustavo me lo pidió prestado para tocar: no ponía el mismo trabajo en lo visual que sí le ponía Charly, que un día me pidió cien dólares que me iba a devolver con los shows. Era para comprarse unos rototoms: eso lo hacía aún más vistoso. Obviamente, Gustavo después va a crecer en eso y un montón de otras cosas".

A Rodríguez Ares le gustaban las ideas que hicieran sobresalir a sus artistas y en el verano de 1984 pergeñó unos bailes/recitales de carnaval en un cabaret olvidado de la calle Maipú: Marabú. "Era un tugurio tanguero de otros tiempos —explica Carlos—. Un cabaret donde además de las 'acompañantes' que trabajaban en la barra, era el lugar de grandes orquestas como la de Aníbal Troilo 'Pichuco'. Siempre me gustaron las ideas locas, así que me mandé a hablar con el dueño. ¡Un personaje que parecía sacado de una película de Gardel! Le encantó la idea y empezamos a trabajar de inmediato". La idea era hacer shows sábados y domingos todos los fines de semanas con los grupos de la agencia y otras bandas. Y que Soda Stereo fuera la banda telonera todas las noches, como para darlos a conocer. Una estrategia brillante... que tuvo sus contratiempos, porque no se estilaba que hubiera una banda soporte y los grupos que Rodríguez Ares contrató ya tenían estatura de estrellas y poca camaradería.

"En el Marabú hubo rispideces —confirma Taverna—, Los Twist y Los Abuelos de la Nada no querían que Soda toque, porque los asistentes no querían armar y desarmar dos veces. Entonces se llegó a un arreglo insólito en el que Soda empezaba después del grupo central, por lo que arrancaban a las cinco de la mañana. Miguel Mateos era importante pero no tanto, los que explotaban eran Los Abuelos de la Nada, y Virus ahí pegaditos. Pero con ellos estaba todo bien porque éramos de la misma agencia. Si bien los había operado a los Soda en otros lugares chiquitos, Marabú fue mi debut oficial como sonidista de la banda". Hubo situaciones insólitas en el ciclo donde quizás Soda tocaba primero y después lo hacían Los Twist... dos horas más tarde.

Porque Soda Stereo en vivo era una banda muy ajustada y muy adrenalínica. Desplegaban mucha energía, se movían mucho sobre el escenario y además de sus temas agregaban algún cover como "I Saw Her Standing There" de The Beatles, y en alguna ocasión "Shake It Up" de The Cars, otro de los grupos favoritos de Gustavo. Para el trío, ese ciclo del Marabú fue un buen fogueo y un modo de darse a conocer a un público diferente del que ya los seguía. "Marabú iba a durar dos semanas —cierra Rodríguez Ares—, pero el tremendo suceso de esas noches con la sala a tope hizo que siguiéramos hasta abril. Hubo una noche inolvidable en donde presentamos a Virus y Los Twist, con Soda Stereo de soporte. Virus y la mitad de Los Twist cerraron la noche haciendo 'Tengo', un tema del gran Sandro".

Sin dudas, un mundo de sensaciones.

12

Se quiebran las paredes

En una de las tantas fechas del ciclo de carnavales de Marabú, el ojo de Gustavo detectó una presencia inusual cercana al escenario. Era una adolescente con un look muy extraño y muy moderno. Esa noche, eran soportes de Miguel Mateos, y era una buena oportunidad para captar ese público, pero Gustavo miraba a esa chica que con su compañera, vestida y maquillada como ella, no parecía muy entusiasmada con lo que veía arriba del escenario. Esa actitud hizo que Gustavo redoblara sus esfuerzos y se agachara para mirarla a los ojos. Ella le aguantó la mirada pero no esbozó ni una sola sonrisa. Se estaban comunicando de otra manera: Gustavo quería cambiarle la expresión y ella, de a poco, dejaba que su enfado se descongelara.

—¡No, por Dios, no! —fue lo que gritó Anastasia Chomyszyn cuando sus padres le comunicaron que se volvían a la Argentina.

"Viví en Bélgica de 1980 a comienzos de 1984 —cuenta Anastasia hoy—. Era un momento increíble de los 80 donde yo corría por las calles del casco histórico de Bruselas y todo era arte. En una plaza veías a The Sisters Of Mercy tocando gratis. Tenía 14 años, estábamos con el pelo parado, vestidas de negro y además de moda, era protección, porque a determinadas horas la calle estaba tensa. Ese look raro imponía una distancia".

Para ella fue un bajón encontrarse de nuevo en Buenos Aires, pero de ninguna manera devaluó su look, que enarbolaba ya más como desafío que como capa protectora. No había *darks* en Buenos Aires y la gente la miraba. Con la única que tenía algo en común era con su amiga Guadalupe, que era hija del productor Oscar López, y ella quería que Anastasia viera a Virus, porque sabía que le iban a gustar. Pero justo le tocó la noche donde tocaba Miguel Mateos. Guadalupe la advirtió.

—Ahora viene un grupo que es un garrón, se llama Soda Stereo, y después viene la otra banda que está mejor. Los aguantamos y después vemos a los otros.

"Era mi primera salida de noche en Buenos Aires —recuerda Anastasia—, el lugar estaba prácticamente vacío y nos ubicamos adelante. Salió Gustavo con unos rulos de lado a lado, vestido así nomás. Y la música me pareció un espanto, sumamente básica. Dictaminé que la música de este país no me gustaba. En un momento, Gustavo me vio desde arriba, y se agachó unos tres minutos y tocó para mí. Ahí pensé que la música estaba mal, pero que el cantante estaba muy bien".

Cuando termina el show, alguien las invita a pasar al backstage, lo que no era ilógico siendo Guadalupe hija del productor de la banda que iba a tocar después. Pero el que esperaba ahí era Gustavo, que la saludó.

—¿Qué tal? ¿Qué te pareció? ¿Te gustó? —abrió la conversación Cerati.

—No, la verdad que no —le respondió Anastasia.

—¿Y por qué no te gustó?

—No es la música de mi gusto.

—¿Y qué tipo de música escuchás vos?

—Otro tipo.

Tuvieron que correrse porque ya venía Miguel Mateos y había que desalojar el precario backstage. La gente afuera estaba impaciente, comenzó a arrojar cosas al escenario. La conversación se cortó abruptamente, pero iba a continuar… unos cuantos días más tarde. Guadalupe intercambió teléfonos con Charly Alberti y también se hizo del de Gustavo, a quien quedó en hacerle un corte de pelo verdaderamente moderno. Claramente, Cerati quedó intrigado e interesado, pero Anastasia tenía quince y si bien el look le desdibujaba la edad, era chica.

De manera que aprovechó la diferencia de edad con su baterista, y le pidió que la llamara él.

—Hola, Tashi — saludó expeditivo el baterista—, ¿cómo estás? Che, Gustavo te quiere conocer.

—¿Y por qué me llamás vos, entonces? —preguntó Anastasia.

Charly balbuceó alguna excusa pero fue peor. "Si él no sabe llamar, no me interesa hablar con él", remató ella y cortó la comunicación. Al instante, Gustavo se puso al habla. "Pidió disculpas y ahí me invitó a salir a Fire". Se trataba de una de las discotecas de moda de aquel álgido momento de los 80, donde el baile duraba toda la noche y se podían conseguir drogas para prolongar la velada hasta el amanecer. El padre de Anastasia la vio toda arregladita, emperifollada para salir y le preguntó a donde iba. Ella le contó que a Fire a encontrarse con un tipo de 24 años.

—¿Qué? ¡No salís!

Lubomiro Chomyszyn, que por ese entonces era subgerente de Relaciones Institucionales del diario *Clarín*, cerró la puerta con llave y la escondió. Tashi no tenía forma de avisarle a Gustavo que no iba a poder ir a Fire. Guadalupe le contó que Gustavo había ido todo arreglado para encontrarse con ella. Al día, siguiente Cerati la llamó y le dijo que estaba todo bien, que dejaran las cosas ahí.

—Entiendo la situación, sos muy chica y tu papá no te deja salir.

—Mirá, tengo quince años y lo normal es que mi papá no me deje salir. Ahora, si por una vez que no me dejaron salir te desinteresaste, era que no tenías tanto interés y está todo bien.

—Sí que me interesa conocerte.

Arreglaron una salida más diurna y en un ambiente supuestamente más controlado. "Nos encontramos en Under Malabia —cuenta ella—, que era el departamento de los hermanos Satragno, que Pinky, una genia, le alquiló a los chicos en el mismo edificio. Lo tenían todo decorado con graffitis, listo para escuchar música y llevar chicas. Cuando nos sentamos a charlar con Gustavo ya sabía que iba a ser mi novio". Comenzaron a llamarse y a hablar todos los días, al mismo tiempo que Gustavo terminaba su relación con Ana Saint Jean, y se preparaba para grabar su primer disco. Pero antes, había otros frentes internos que atender.

El hecho de que Gustavo hubiera dejado sin más su trabajo de visitador médico en los laboratorios Boehringer cayó como una bomba de profundidad en el hogar de los Cerati. "Sí, esas cosas no estaban buenas —reconoce Laura—, que él perdiera el trabajo por ir a tocar. Pero mis viejos fueron compañeros en la música, solo que querían que él estudiara en la facultad aunque le encantara tocar la guitarra". Dentro de los que conformaron el primer núcleo de Soda Stereo, hay cierta sensación de que el apoyo de los padres de Gustavo no era muy decidido, y que su tía Dora fue la que verdaderamente apostó a la causa regalándole a su sobrino una cámara Roland 501, que permitía efectos de eco, reverberancia y chorus. No habría que olvidar que fue Juan José el que le trajo a Gustavo la Gibson SG y el que arrastraba a Lillian a los shows de Soda. Pero ella tampoco boicoteaba o se oponía a algo relacionado con la música. Aunque es verdad que cuando Gustavo no buscó nuevo trabajo después de que lo echaran de Boehringer porque sus compañeros lo vieron tocando por televisión cuando había dado parte de enfermo, en la familia se preguntaron: ¿Qué está haciendo este muchacho? Pero Zeta había dado un salto similar y Charly Alberti ya estaba jugado.

Y los vientos comenzaron a soplar a favor, porque Carlos Rodríguez Ares consiguió que esa capa de hielo que recubría el contrato que Soda tenía con CBS comenzara a derretirse. "Prácticamente no hubo que negociar nada —aclara Rodríguez Ares—; yo tenía en la mano un súper éxito como había sido *Agujero Interior* de Virus, lo cual me facilitó una barbaridad el 'descongelamiento de Soda'. Y mi contacto clave fue el Negro Tejero: le prometí un éxito similar con esta nueva banda. Y así fue".

Antes de aquel viaje en el colectivo 108 que inició la relación entre Gustavo Cerati y Adrián Taverna, el sonidista recibió una invitación de Federico Moura, el cantante de Virus.

—Adrián, ¿qué tenés que hacer el jueves? —le dijo el vocalista.

—Creo que nada, ¿por?

—¿Vamos a ver a una banda que me ofrecieron para que produzca?

—¿Qué hacen?

—No sé, me dijeron que es un trío new-wave.

Adrián pasó a buscar a Federico por el departamento donde vivía con su familia en la calle Bulnes y se dirigieron hacia un pub de Palermo llamado La Alcantarilla. "Llegué medio desconfiado —reconoce Taverna—, los vi... y no me gustaron. Se veían muy nerviosos, eran muy desprolijos y todos los temas me parecían iguales. Esto fue antes de Marabú". Pero a Federico el desafío lo atraía y le dijo que sí a Carlos Rodríguez Ares. "Federico los produce a mi pedido —confirma Ares—, ya que ambas bandas estaban en mi agencia. Además, Federico y Gustavo tenían una muy buena relación. Por lo tanto, dos más dos son cuatro...".

Cuando terminó el ciclo en Marabú, los Soda se pusieron a trabajar en el disco y Taverna se ofreció a ayudarlos. "Ya había pasado varias tardes con Gus y era inminente la grabación del disco, entonces llevé una consola potenciada y un deck a la salita, que estaba buena, y grabamos con seis micrófonos, arriba en el garaje. Yo mezclaba del otro lado con auriculares, y ese es el demo que se llevó Federico para comenzar a trabajar". Más allá del aval que era tener al cantante de uno de los grupos más importantes como productor, la presencia de Federico los ayudó a no dispersarse en los estudios de CBS en la calle Paraguay. Sobre todo, porque había muchos técnicos diferentes según el horario que les tocara, y a veces comenzaban a trabajar una canción con uno, continuaban con un segundo y terminaban con un tercero. "Tenían horarios de empleados municipales —confirma Marcelo Angiolini—, el control estaba en el primer piso y abajo había un gran espacio. Pero ya eran estudios viejos y nos tiraban los horarios que les sobraban. Si venía alguien que vendía mucho, le daban nuestro horario".

Federico Moura diseñó una producción pragmática conociendo las costumbres de CBS en aquel entonces y buscó darle seguridad al grupo, fluidez a la continuidad de la grabación y asegurarse que las tomas elegidas fueran las correctas. "A mí me dijeron que había que hacer esto muy rápido —declaró Federico Moura en un reportaje—, había escuchado los demos y visto algún que otro show. Yo no intervengo en arreglos musicales porque había algunos digeridos hacía mucho tiempo, por ahí trabajé más en las voces, lo que es obvio siendo yo cantante. El sonido es limpio, con arreglos muy cerebrales, sonando compactos". ¿A qué se refería con "cerebrales"? Probablemente al modo de tocar de Gustavo. Hay una canción que fue clave en el álbum, "Trátamente suavemente", una composición de Daniel Melero, presente en la grabación, que Virus quiso versionar pero finalmente descartó. Se dice que Melero se la negó a Virus, aunque no puso obstáculo con Soda, pero Gustavo no estaba convencido de su inclusión: no quería hacer temas que no fueran del grupo.

"Fui yo quien le pidió el tema a Daniel Melero —confirma Rodríguez Ares—; siempre me gustó agregar una balada en mis discos, para las chicas, como lo fue 'Qué hago en Manila' de Virus, 'Uh-Na-Na' de Cosméticos, 'Elena X' de Riff o 'Carol' de Ratones Paranoicos. Lo que aquí se llamaba rock, hasta la llegada de Virus no era más que una movida súper machista en la que prácticamente no había mujeres en los shows. 'Trátamente suavemente' fue el complemento ideal para ese primer álbum de Soda". Los arreglos cerebrales son los que hace Cerati, con la introducción del arpegio a dos notas, y los armónicos con los que recubre la melodía. La batería suma un sonido electrónico con un Synare, tambor electrónico que ya era viejo cuando Soda lo utilizó. Todo eso vistió muy bien el tema, pero lo que le dio vida fue el modo en que Gustavo lo cantó, dotándolo de emoción. Melero escribió esta balada neurótica con una inspiración disociada: mirando un discurso del general Leopoldo Galtieri en tiempo de la guerra por las Islas Malvinas. "Es una mezcla de canción de amor con ver a Galtieri hablando en pleno estado de violencia, un poco jugando con la idea de lo gay que hay en todo lo militar: un mundo de hombres con jefes subordinados (...) En cuanto a la música, pensé en Los Gatos"[27].

---

27 Textual del libro *Ahora, antes y después*, de Gustavo Álvarez Núñez (2012).

Durante la grabación del disco, los amigos musicales estuvieron cerca. Daniel Melero tocó teclados en "Tele-ka" y en "Ni un segundo", que quedaron un poco bajos en la mezcla pero que no obstante le otorgan identidad a las canciones. Richard Coleman prestó equipos y pedales, "además de conocer a Federico previamente en la sala, que fue muy lindo porque era la segunda persona con la que podía hablar de Roxy Music además de Melero". A Adrián Taverna se lo escucha en "Mi novia tiene bíceps" haciendo la cuenta del ambiente de gimnasio de la canción, quizás la más lograda desde el punto de vista humorístico: "Yo soy un complemento de sus pesas" es una gran frase. El "¡eio!" de Zeta, es el anverso del "¡oye!" de "Vitaminas". Y los dos temas están emparentados por el ska. Que es la tendencia dominante en el disco, aunque no la única.

Hubo nuevos amigos en la grabación, como El Gonzo, que era el saxofonista de Los Twist, pero que ya había grabado en *Recrudece* con Virus y que también recibió un cassette de las manos de Charly Alberti en una de sus frecuentes visitas a Zero: "Tomá, este es el cassette de la banda que va a romper todo". Una mañana, Gonzalo atiende un llamado de Federico Moura.

—Gonzo, estoy produciendo el disco de Soda Stereo. ¿Te divierte venir a tocar?

—Sí, claro. Lo que vos quieras.

"Nos conocimos en el momento de grabar —dice Gonzalo—, Federico me dijo que había que llenar algún espacio, improvisar un poco. En 'Jet Set' hice una toma y sugerí agregar una segunda voz, fue todo bastante rápido. Incluso no tenían resuelta la introducción al tema, y fue Federico que les sugirió que la hiciera yo. En esa época, yo me inflaba, contaba cuatro y algo salía siempre". Después le pedirían que se sumase a "Mi novia tiene bíceps". "Nos hicimos todos amigos de inmediato, pero en esa época a ellos no los quería nadie, eran víctimas de prejuicios. Es más: durante un par de años me preguntaron: '¿Cómo fuiste a grabar con esos?' El prejuicio era el mismo que había habido con Los Twist y Los Encargados (cl grupo tccno de Melero). El establishment del rock era antiguo. Gustavo tocaba fantástico, tenía muy buena técnica y mucha inventiva.

Y en ese tiempo tenía el shot del ska súper controlado, porque una cosa es tocar roots ska, y otra el ska acelerado new-wavero: a ese hay que darle y sostenerlo".

Alfredo Lois se dedicó a trabajar lo que sería la portada: un dibujo basado en una fotografía, cruzada por rayas de colores, donde Gustavo es el centro y la cara más grande es la de Zeta, que parece atravesado por esas líneas a tal punto que mucha gente creyó que era un maquillaje y algunos se atrevieron a replicarlo en su propio rostro. Era un diseño new-wave, que tendía hacia cierto new-romantic y que remataba en el excelente logo creado por Lois. "Un talento", lo definió Rodríguez Ares. El que entendió no solo la importancia de la imagen sino el modo que esta debía tener para ser moderna y atractiva. Pronto se sumaría al equipo Roberto Cirigliano, un periodista de Campana que desde el primer minuto apostó por la banda, y se convirtió en su jefe de prensa.

Soda Stereo, el debut discográfico, fue editado a fines de agosto de 1984 y contó con apoyo de la compañía discográfica que se ocupó de que "Vitaminas", el primer simple, sonara en las radios y que el álbum tuviera presencia en las revistas especializadas con un aviso cuyo slogan decía: "Tomate el disco de Soda Stereo de un solo trago". Las ventas no reaccionaron de inmediato. "Fue gradual —reconoce Rodríguez Ares—, el ascenso fue acompañando a la gran difusión en radios. Una buena idea fue promocionar el nombre Soda Stereo en esa banda americana luminosa que había entonces en la zona del Obelisco. Recuerdo pararme a esperar que apareciera entre marcas de televisores, cigarrillos y programas de TV".

Soda Stereo contó con otro gran aliado en la figura de Rafael Abud, un bioquímico amante de la música y fanático de *El Club del Clan*, que había escrito en la revista *Rock Superstar* y que se encontraba al frente del área de prensa de la agencia de Rodríguez Ares; aunque Roberto Cirigliano fuera el jefe de prensa personal del grupo, Soda Stereo era la banda favorita de Abud. Marcelo Angiolini le hizo escuchar un demo con "Jet Set" y se volvió un fan, que ideó una gran gacetilla al estilo de las estrellas televisivas. "Rafael hizo un gran trabajo de prensa y es uno de los pocos argentinos que conocían la verdadera historia del rock and roll en Argentina", afirma Rodríguez Ares. En ese entonces escribía en *Twist & Gritos*, donde hizo una reseña que ponía al grupo por las nubes: "Si Soda Stereo no se convierte en el boom del rock argentino, mejor paso a retiro efectivo". La misma revista había sido mucho menos generosa en su reseña del show que hicieran en Marabú secundando a Los Helicópteros: "Con una onda pomposa tipo Caesar Palace salió al ruedo el trío de Núñez, Soda Stereo; muchos temas con nombres modernos, letras modernas y ropas modernas. Estilo: Elvis Costello, Joe Jackson, Police, todo sostenido por la demoledora batería de Charly Alberti y el Fender de Zeta en la guitarra baja. El guitarrista sabe lo que quiere pero todavía no lo consigue. Sin temas conocidos, para el público fue más una presentación que una consagración. Las letras son más bien olvidables". La revista *Pelo*, la más antigua de todas, fue sarcástica: "Ellos definen su música como efervescente, pura, para elevar a la gente. Esperemos que tanto gas no se transforme en hipo o en alguna sonoridad poco digna de ser llamada música".

— • —

El 1° de octubre de 1984, coincidiendo con el cumpleaños de Zeta, CBS hizo una presentación inusual del disco de Soda Stereo en un local de comidas rápidas, una emulación argentina de McDonald's llamado Pumper Nic, cuyo isotipo era un hipopótamo verde. Al comienzo de su existencia, en los años 70, era un local exclusivo y caro, por lo que se lo consideraba "cheto"; luego pasó a ser un lugar normal. En la sucursal de Suipacha y Corrientes, que tenía un primer piso y un sótano, se presentó el álbum para la prensa. "Hoy todo el mundo habla de esa presentación —se enorgullece Rodríguez Ares—, pero en su momento me acuerdo que muchos en CBS decían que yo estaba loco. Y como ahora se sabe, tuvo una gran difusión mediática". "Lo del Pumper Nic fue divino —suspira Marcelo Angiolini, ya personal manager de Soda dentro de la agencia—; queríamos poner una rockola con los simples de difusión del grupo y unos flippers[28]; conseguí un flipper de un loco, lo convencí de alquilármelo por un día pero la gente de Pumper no me dejó porque no tenía la habilitación y si le caía una inspección municipal le iban a cerrar el local. No los pudimos usar".

Fue un contratiempo menor que no impidió el ruido que hizo aquella presentación. Las burbujas comenzaban a subir a la superficie.

28 Pinballs. Había locales repletos de ellos en provincia de Buenos Aires, pero no estaban habilitados en la Ciudad de Buenos Aires.

13

Una grieta

El disco de Soda Stereo hacía un recorrido lento por los medios y más lento aun por las planillas de ventas. Lo curioso es que el trío ya tenía un público de base importante, aun con una competencia muy fuerte de bandas que convocaban mucha gente y eran un éxito seguro. Lo que dificultaba conseguir fechas. En 1984 había dos pubs que marcaban una diferencia: Stud Free Pub, donde Soda no hizo demasiadas presentaciones, y La Esquina del Sol, de perfil más rockero. Su dueño era Gustavo De Rosa que se había hecho muy amigo de Enrique García Moreno, el vendedor de shows de la agencia de Rodríguez Ares y hermano menor de Charly García. Comían pizza en un restaurante que aún hoy resiste en la intersección de Paraguay y Borges: El Pingüino de Palermo. Quique, como le decían cariñosamente a García Moreno, le mostró al dueño de La Esquina del Sol dos discos de nuevos productos de su agencia: los debuts de Cosméticos y Soda Stereo. "Los Cosméticos me cayeron súper bien —dice hoy De Rosa—, y Soda Stereo me cayó muy mal, la estética, los peinados. Mi frase célebre fue: 'con estos no va a pasar nada'. Un visionario".

Gustavo De Rosa también hizo buenas migas con Marcelo Angiolini, que concurría a La Esquina del Sol a ver a María Rosa Yorio y La Torre.

—¿No me das una fechita con los Soda? —le pidió Angiolini a Gustavo.

—¿Quiénes son los Soda? No me rompás las bolas —contestó, amargo, De Rosa.

—Dale, dame una fechita, no seas malo —insistió Marcelo.

Un día lo convenció. Pero como La Esquina del Sol trabajaba a tope los fines de semana, le ofreció un jueves, como para que las pérdidas fueran menores en un día flojo para shows. Carente de interés, le dio las llaves del local y le pidió que se encargue de abrir, le indicó dónde estaba la cerveza, y que cerrara al terminar. De Rosa se iba a quedar en su casa. "Van a ir veinte boludos…", pensó. Se olvidó del tema hasta que sonó el teléfono. Era Angiolini.

—¡Por favor, Gustavo, vení para acá! Tuve que sacar todas las mesas y sillas al patio, tengo a toda la gente parada, a doscientas personas más en la puerta y la cerveza está caliente.

"Cuando llego era todo un quilombo de chicos jóvenes, como si fueran *millennials* pero de aquella época. Fue caótico, pero zafamos. Y ahí paré la oreja". Después de ese éxito imprevisto, Gustavo les ofreció tocar todos los viernes del mes. Y Soda Stereo los llenó. Algo fuera de escuadra estaba sucediendo. Pero se trataba de una situación absolutamente lógica: Radio Del Plata apoyaba a Soda Stereo en los dos programas nocturnos, que además eran los de mayor audiencia: *9PM* y sobre todo *Submarino Amarillo*, que tenía como productores a Alberto De Ritis y a Carlos Salotti, antiguo compañero de facultad de Cerati. El programa era conducido por Rubén Darío Vega, a quien luego se sumó Marcela Feudale en la locución y Tom Lupo era el periodista estrella. Los miércoles, *Submarino Amarillo* era musicalizado por un músico invitado, pero Cerati iba seguido de visita junto con Zeta. "Además de Gustavo y Zeta —cuenta Salotti— han venido a musicalizar Luca Prodan, Federico Moura, Andrés Calamaro, Skay. Pero un día le pedí a Gustavo que Soda nos hiciera el jingle del programa y me dijo que sí. Lo único que pidió fueron cuatro o cinco consignas que caracterizaran al programa. Uno fue 'comunicación con expresión', y él escribió lo de 'corriente a favor' como remate. Brillante".

Mientras Soda intentaba progresos en su carrera, Gustavo quiso sorprender a Anastasia con una copia de su primer disco firmada y dedicada especialmente. Se había obsesionado con hacer que su música le gustase a esa chica que ahora era su novia, un poco por ego, otro poco por capricho y obsesión, pero también porque pensaba que era el target al cual su música se dirigía: no por nada había estudiado publicidad. No hubo modo. "Sacame esto, por favor", le decía ella, cada vez que intentaba hacerle escuchar el disco. Y de vuelta, la pregunta: "¿Pero a vos qué te gusta?" Tashi iba a poder contestarle contundentemente cuando llegaron sus discos que su mamá había enviado por barco desde Bruselas porque pesaban muchísimo. Y ahí le hizo escuchar a Gustavo sus preferencias: Soft Cell, The Sisters Of Mercy, The Cure, The Lords of the New Church, Psychedelic Furs, "y sobre todo lo que más le gustó a él: Ultravox". La música parecía más propia de Los Encargados, pero la voz de Midge Ure le transmitía una emoción especial. "Eso era lo que hacíamos mientras esperábamos ese momento en que yo estuviera lo suficientemente madura como para tener algún tipo de intimidad", resume Tashi. Hubo un disco que le interesó más que los otros: *Rage In Eden*, el álbum de Ultravox de 1981. Una rareza en Buenos Aires. Era de la hermana de Tashi y Gustavo consiguió que se lo prestara.

Cuando bajaron por el ascensor, Gustavo le hizo una pregunta a Anastasia.

—¿Qué quiere decir Rage In Eden?

—Furia en el Edén —contestó ella.

—Furia... ¡qué buena palabra! ¡Cómo suena!

"Él se agarraba mucho del sonido de las palabras no importando mucho el significado —explica Tashi—, sino cómo sonaban. Tenía ese cuadernito Autor con las palabras lindas anotadas en orden alfabético pero con la última letra. Por ejemplo, la palabra vulnerable no estaba en la v sino en la e, porque para componer buscaba la rima".

— • —

"La impresión que me fui haciendo de los tres era muy distinta —razona Gustavo De Rosa—, porque cuando llegaba Zeta era como un compañero de secundario; entraba a la cocina, comíamos empanadas y tomábamos cerveza durante la prueba de sonido. Cuando entraba Charly Alberti, era Brad Pitt, un galán; tenía a todas las minas detrás y lo sabía. Venía tres horas antes y con un plomo armaba una tarima que lo elevaba hasta el techo: era como Cuauhtémoc en un altar. Gustavo, en cambio, era un artista desde que entraba hasta que se iba. Toda una estrella. A mí no me gustaban musicalmente; yo prefería a Sumo y a Los Redonditos de Ricota y al comienzo los odiaba, pero lo escuchaba a Gustavo cantar y tocar la guitarra, y sentía que sin ser ni Jimi Hendrix ni Jeff Beck, tenía un ángel propio. Este tipo triunfa, se lleva el mundo por delante. No recuerdo haber intercambiado más que cortesías, pero siempre tuve esa impresión. Recuerdo las paredes del baño de mujeres de La Esquina del Sol llenas de graffitis que decían 'Gus, te amo', escritas con delineador y lápiz de labios".

Ya en ese tramo final de 1984, el maquillaje, el look y los peinados habían ganado importancia, aunque a veces se convirtieran en un factor en contra. "En La Esquina del Sol hacía tanto calor que no se podía respirar —recuerda Tashi—, tenían un camarín muy chiquito y transpiraban como locos. Yo los maquillaba pero por el calor se les arruinaba". Buscando un look, Gustavo se puso la ropa de Tashi, pero cuando se vio al espejo tuvo dudas.

—Van a pensar que soy gay —le dijo Gustavo.

—No, porque estás de la mano conmigo —lo tranquilizó Anastasia.

"En esa época era muy novedoso que un varón tuviera los ojos maquillados", comenta Tashi. Pero no eran solamente los ojos, sino que el maquillaje se fue esparciendo hasta ocupar el rostro de los tres Soda y subirles por el pelo. Siempre se creyó que Charly García compuso "Raros peinados nuevos" inspirado por el look de Soda, aunque lo cierto es que *Piano Bar*, el álbum que contiene la canción, fue compuesto en Brasil y se grabó casi al mismo tiempo que el disco de Soda salía. En todo caso, Charly habría visto peinados más raros y más nuevos en Nueva York cuando compuso *Clics Modernos* en 1983. Peinados que Tashi vio en Europa también y que buscó reproducir en la cabellera de los Soda, no sin reticencias.

"Se habló de que el look era idea de Alfredo Lois —revela Anastasia—, pero no era buen marketing decir que el look lo había inspirado una nena de quince años. Yo era el look viviente y me bancaba los comentarios horrorosos del pelo enfermizo. Yo no sabía cortar el pelo, mi amiga lo hacía mejor, pero yo venía con las directivas europeas: había que cortarlo lo más corto posible y levantarlo con limón o jabón blanco. Con cerveza no era conveniente, daba muy de borracho, mucho olor. El limón terminó por ser lo mejor, porque con las luces el jabón se derretía y les caía en los ojos, mientras que el limón era ácido pero más tolerable". A Alfredo no le preocupaban esas cosas, sino la estética general, el concepto visual. Esa fue su especialidad.

La corriente ascendente animó a Carlos Rodríguez Ares a producir un show en un teatro y el elegido fue el Astros, más vinculado al teatro de revistas que al rock, y en eso consistía su atractivo, además de tener un aforo de mil personas. Si Soda metía trescientas o más cada vez que tocaba, llenarlo no parecía inalcanzable. Alfredo Lois hizo una puesta brillante con televisores desfasados puestos uno arriba del otro. Como no había mucho presupuesto les pidió a todos los miembros del staff que trajeran el que hubiese en su casa. "Yo le robé un televisor a mi padre —confiesa Marcelo Angiolini—, que debe haber quedado en el teatro. Eran de esos que venían con el estabilizador de corriente, que lo prendías y hacía más ruido que el televisor. Había más de todos los tamaños, grandes, chiquitos". Fue una puesta tan modesta como ingeniosa que tuvo una excelente repercusión. "Yo llevé el televisor de mi casa —asegura Adrián Taverna—, y no fueron veintiséis ni quince: fueron ocho televisores y tengo las fotos. Lo que agranda el número es la fantasía de la gente. Todos estaban haciendo lluvia, sintonizados en ningún lugar. Gustavo trajo un Sony de su casa, se usó el de la casa de Zeta también. Solo pusimos dos andamios; hoy se ve muy patético pero la puesta quedó bárbara". "Era caño y nudo y... agarrate —dice Angiolini—, pero imaginate saltar a tu primer teatro: era impresionante. Todo salió muy bien, Soda siempre fue un grupo muy creativo, siempre buscaba salir con algo sorprendente y a partir de ahí se impuso".

Tan bien salió la parte escénica que mucha gente se olvidó de la música: Soda Stereo además de hacer un show muy compacto, que como era lógico arrancó con "Sobredosis de TV", innovó incluyendo un tecladista muy jovencito que recién había cumplido dieciocho años. Fabián Quintiero tocaba con Suéter en La Esquina del Sol, y en un intervalo se encontró a dos chicos con un look muy extraño hecho de bombachas de gaucho y alpargatas. Ellos le contaron que tenían una banda y que ensayaban cerca del estadio de River. "¿Por qué no te venís mañana a la sala?", le propusieron. "Traé el teclado". Fue con su Korg Poly 800, y le abrió Dolly, la mamá de Charly Alberti.

—Subí por ahí que ya hay uno —lo orientó.

"A medida que me acercaba —explica Fabián Quintiero— escuchaba una guitarra con repetición de eco, practicando solo. Era Gustavo, me dijo que armara por ahí y después vino Charly, Zeta a lo último. Eran bichos rarísimos, yo venía de otro palo y no conocía ni un tema. Gustavo me propuso que fuera músico invitado, y empecé a tocar con ellos. Yo tenía el look rockero, y cuando pasaron dos o tres shows, Gustavo mandó a Rodríguez Ares a que hablara conmigo para que me cortara el pelo. No era mi idea, pero había que adaptarse. Me fui a cortar el pelo con Tashi... ¡cuando me vi en el espejo me quería matar! Me cortó todo y me dejó una colita, un mechón largo, y empezó el tema del jabón, el spray y el pelo batido". "Recuerdo el shock de Fabián —se ríe Anastasia—, pero si querías tocar en Soda tenías que pasar por mis manos".

El otro invitado al show del Teatro Astros, el 14 de diciembre de 1984, fue Richard Coleman que venía tejiendo otra historia con Gustavo, porque comenzaron a pasarse cassettes, a intercambiar música. Cerati le pasó uno que tenía un sesgo conceptual; el lado A se llamaba "África" y tenía "Across The River", una rareza que Peter Gabriel grabó junto al guitarrista David Rhodes, al violinista L. Shankar y al baterista de The Police, Stewart Copeland; se completaba con "It's nearly Africa" de sus amados XTC, "Mirror in the bathroom" de The English Beat, "His Wife Refused" de David Byrne con Adrian Belew, dos temas de Vic Coppersmith y otro de Jon Hassell. El lado

B era más conciso: cuatro temas del primer disco de Howard Jones y tres de *Hearbeat City* de The Cars. Un día lo llamó por teléfono para hacerle una pregunta.

—Che, Richard, ¿vos seguís haciendo temas?

—Sí, Gustavo. Sigo estudiando física en la facultad pero sigo componiendo temas.

—¿No tenés ganas de que nos juntemos a tocar? Me gustaría armar otras cosas y probar con tus temas.

—Sí, podríamos juntarnos y probar.

Pero eso sucedería un poco más adelante, porque Soda Stereo tenía que tocar en el Astros y eso requería una preparación especial. Hubo un conflicto allí porque Virus iba a tocar en la misma sala a la semana siguiente, el 21 de diciembre, y dentro de la agencia de Rodríguez tenían prioridad. "Sí, había celos de Soda hacia Virus —reconoce Rodríguez Ares—, Virus abrió la puerta a todo lo que venía después". Ares intentó difundir los dos shows pero en la previa quedó en claro que los medios preferían a Virus, que con su álbum *Relax* había confirmado su lugar de primacía y Soda aún era una promesa a confirmarse.

En el festejo posterior al show de Soda, Gustavo se puso pálido cuando fueron al restaurante donde iban a celebrar el éxito del Teatro Astros... y se encontraron con que Virus ocupaba el lugar central de la mesa.

—Esto no es justo —protestó Gustavo al oído de Tashi—. ¡Mirá dónde se sentaron! En el centro deberíamos estar Zeta, Charly y yo, que fuimos los protagonistas de la noche.

Pero el enojo de Gustavo duró muy poco tiempo, porque apenas se acomodaron y todas las copas se llenaron, Federico fue el que propuso el brindis por los Soda.

—A nuestros amigos de Soda Stereo, Gustavo, Zeta y Charly, les auguramos un gran éxito. Fue un show maravilloso, y todos nosotros queremos desearle el mejor éxito profesional.

Federico Moura, además de haber sido siempre un caballero, era una persona muy sensitiva que debió haber percibido que había cierta molestia en sus amigos, y se encargó de disiparla.

Aunque no lo logró del todo. Pero no era su culpa.

— • —

Soda Stereo se encontraba en una crisis de crecimiento que, como todas, es contradictoria. No habían alcanzado a llenar el Teatro Astros, pero dejaron una sensación de victoria inapelable. Hicieron una maratón de conciertos de fin de año en La Esquina del Sol que fue un escándalo: varios shows seguidos desde antes de Navidad y hasta llegado el Año Nuevo. Pero después, en el verano, donde se suponía que iban a aprovechar la temporada en la costa, casi no trabajaron. El vendedor de la agencia de Rodríguez Ares, Quique García, se había pasado a la agencia de Alberto Ohanián, que ya venía con la experiencia de haber logrado la reunión de Almendra y el manejo de la carrera de Luis Alberto Spinetta hasta 1982. Luego se asoció con Abraxas por un año, y en 1984 abrió su propia productora con la que desarrolló las carreras de David Lebón, dos grupos nuevos y prometedores, Los Enanitos Verdes y Autobús, y un número de indiscutible importancia aunque muy alejado del rock: Piero.

En el torbellino de las cosas que sucedieron desde que Soda Stereo editó su primer álbum, quedó asordinada una discusión interna por los derechos de autor de los temas. De las once canciones grabadas, una era de Daniel Melero, y en las diez restantes Gustavo firmaba en todas, compartiendo autorías en cinco. Una era grupal: "Mi novia tiene bíceps". "¿Por qué no puedo ser del Jet Set?" la firmó con Charly Alberti, mientras que en "Te hacen falta vitaminas", "Ni un segundo" y "Afrodisíacos", Cerati compartía la autoría con Zeta. Ahí comenzaron las discrepancias, porque Gustavo era el que llevaba los temas a la sala, los trabajaba con el grupo, y la idea originalmente partía de él. Los otros dos, sobre todo Zeta, consideraban que la autoría de todos los temas tenía que ser grupal. Gustavo no estaba de acuerdo ni jamás iba a estarlo, pero cuando sentía que el aporte de alguno de sus compañeros había influido decisivamente en el destino de cada canción, compartía la autoría. Este escenario no fue producto ni de un cálculo, ni de una estrategia, sino del sentimiento genuino de

Gustavo que era el que siempre llevaba las canciones a la sala. Toda canción de Soda, partió siempre de sus manos: nunca hubo un crédito de un tema del grupo solamente de Zeta o de Charly: todos tienen el nombre de Gustavo. Luego, tanto Zeta como Charly, expusieron sus puntos de vista. Alberti recordó que su padre decía "ojo con los derechos de autor, porque los temas salen de la sala". Zeta pensaba que el hecho de trabajar en el desarrollo de las canciones que traía Gustavo lo hacía merecedor de un crédito en la composición.

"Esto es un conflicto histórico entre ellos —comenta Adrián Taverna, que vio todo el proceso de punta a punta— porque el primer problema fue cuando anotaron los temas del primer disco. Ahí se produjo el primer quiebre. ¿Dónde comenzó la separación de Soda? El día que fueron a anotar a SADAIC las autorías del primer disco". Estaban pasando demasiadas cosas buenas como para que ese conflicto fuera central, sin embargo ahí comienza a rodar una bola de nieve que terminará aplastando a Soda Stereo y que les causará malestares durante buena parte de su ciclo vital. A fines de 1984, los problemas de Soda eran que después del Astros el grupo parecía haber entrado en hibernación —paradójicamente en verano—, y que Virus era el centro de atención de Rodríguez Ares.

Por su lado, Anastasia habló en su momento con el padre de su amiga Guadalupe, Oscar López, que tenía una agencia fuerte: La Corporación. Le dio un dictamen claro: "Me gusta Gustavo pero los otros dos, no". "Le pedí a Oscar que escuchara el disco de mi novio —confirma Tashi—, yo deseaba con toda mi alma que él fuera una estrella. Oscar tuvo una reunión con Gustavo para proponerle que hiciera algo solo, y después él me dijo que los otros dos eran una prolongación de su ser: 'Yo soy Soda Stereo; yo soy Charly y Zeta: soy tres. No existe en mi pensamiento hacer algo sin ellos'. En ese momento, Gustavo estaba arraigado muy fuertemente al grupo". Pero no a la agencia de Rodríguez Ares, y de hecho cuando Quique García Moreno pasa al departamento de ventas de Ohanián Producciones, les sugiere que cambien de agencia. Había un problema en el arreglo con Ares, por el cual la banda asumía todos los costos y en un contexto inflacionario, luego de la comisión de la agencia, a los tres les quedaban pocas monedas.

En un show de David Lebón, apareció un chico que exigía ver el concierto desde arriba del escenario. Ante su insistencia, un asistente le contó la situación a Oscar Sayavedra que fue a ver qué pasaba.

—Dame una razón por la cual vos tengas que ver el show desde arriba —lo encaró Oscar.

—Es que yo soy Charly Alberti, el baterista de la mejor banda de la Argentina.

—¡Pucha! ¿Y cómo se llama tu banda?

—Soda Stereo.

—¡Sí, me encantan! ¡Subí nomás!

De esa situación partió una invitación para que Soda estuviese presente en una celebración de Ohanián Producciones en el Stud Free Pub, donde se lanzaron los discos de Los Enanitos Verdes y Autobús. A la salida, los invitados se llevarían un souvenir singular: una botella de vino Ohanián. Eran los tiempos en que Patricio Rey y Sus Redonditos de Ricota cantaban en el mismo Stud, "¿pueden acaso ustedes hoy beber el vino por ustedes envasado?". Oscar también había iniciado un romance laboral con Quique García, a quien designó como único vendedor de la agencia. Después de ver cómo funcionaban los compartimentos estancos de Daniel Grinbank producciones, donde cada mánager intentaba vender a su grupo, se le ocurrió mantener el management separado pero unificar las ventas en una única ventanilla. Los tres Soda tomaron nota del despliegue que Ohanián había hecho en torno a dos bandas que no movían tanta gente como ellos y... ¡los celos otra vez!

"Yo estaba en otra —cuenta Alberto Ohanián—, tenía a mis artistas y me hice un plan demoledor para ese verano. Salí en diciembre a la ruta y arreglé tocar gratis en todos lados, al empresario no le costaba nada, y concerté cuarenta shows para Enanos y Autobús durante enero y febrero. Alquilé una casa muy grande en Villa Gesell y un departamento en Mar del Plata; compré dos Mehari y alquilé un camión dos meses para los traslados. Aprovisionábamos las heladeras de todas las casas.

Era un movimiento bárbaro con una logística que trabajaron Quique García Moreno, Oscar Sayavedra y Juan Carlos Mendiry. Soda llegó creo que a Gesell y se enteró de todo el operativo, pero ellos vinieron en un colectivo de línea. Fue ahí donde Oscar Sayavedra terminó de convencerme: él fue el gestor del ingreso de Soda a la agencia, con resistencia mía".

Se convino en que Alberto vería el show de Soda Stereo en la primera edición de Rock In Bali, un evento que se realizó en una playa a pocos kilómetros de Mar del Plata el 26 de enero de 1985 en el que tocaron Autobús, Soda Stereo, G.I.T., y Fito Páez. "Yo había ido por Autobús —reconoce Ohanián—, pero llego al borde del escenario, los veo y siento un click: lo vi a Gustavo y no pude despegar los ojos de él. Cuando lo escuché cantar sentí un paralelismo con Spinetta, de alguna manera, en algún movimiento. Tenía un dominio escénico absoluto". Cuando el show terminó, Oscar se acercó con ansiedad a Alberto.

—¿Y? ¿Qué te parecieron?

—Contratalos.

"Me acerqué a los chicos —termina Ohanián—, me presenté y les dije: 'muchachos, bienvenidos a mi agencia'. Se pusieron recontentos y a la semana siguiente firmamos contrato". En el medio, los Soda Stereo fueron a hablar con Rodríguez Ares para decirles que desde ese momento dejaban de trabajar con él, situación que aceptó sin demasiada protesta, como el caballero que siempre ha sido. Ahora, el empresario que hay en él peleó un poco más la situación y lo llamó a Ohanián.

—Alberto, te estás llevando un grupo de mi agencia.

—Ellos me dijeron que querían trabajar conmigo y que no tenían ninguna relación contractual contigo. No te llamé para no entorpecer ninguna negociación, pero me parece que es lo que ellos quieren.

Soda Stereo pasó a Ohanián Producciones con su gente de confianza. Marcelo Angiolini quedaría como personal mánager, Roberto Cirigliano se sumaría a Jorge Brunelli en el departamento de prensa de Ohanián. Jorge Rearte y Eduardo Pirilo, los asistentes de la banda, también se irían con ellos.

Pero Adrián Taverna era el sonidista de Virus. ¿Cómo hacer para llevárselo? La realidad fue que él se peleó con Federico Moura, porque se negó a ir al estudio de grabación a conocer los temas de *Relax*, y el grupo decidió que en la presentación del Astros el sonido de sala lo haría Mariano López, que había grabado el álbum en Moebio. Y que Taverna se encargaría de los monitores. Adrián estalló.

—Yo no hago monitores. Me banqué la mugre y el camión, ¿y vos le das el sonido a otro?

—Adrián —quiso aminorarlo Federico—, no estás pensando bien.

—Si no hago el Astros, no trabajo más con ustedes.

Y es así como Taverna se fue con Soda Stereo pese a que Virus era un grupo muchísimo más importante en aquel momento. Pero ese estado de cosas se alteraría con enorme rapidez.

14

Un ritmo cruel

Cuando Soda Stereo entró a Ohanián Producciones, el equipo de la agencia se puso a trabajar en un plan para la banda. El primer contacto lo tuvo Oscar Sayavedra con la gente de CBS, que notó que había un ambiente frío para con el trío. En la compañía sentían que habían invertido mucho dinero en publicidad pero que el disco no había reaccionado todo lo bien que se esperaba. El segundo corte había sido "¿Por qué no puedo ser del jet set?", que seguía la línea del primero, "Te hacen falta vitaminas". Oscar convenció a CBS de darle una oportunidad más al álbum pero cambiando la estrategia y editando en simple "Sobredosis de TV". Era el tema indicado en el momento justo. Ese corte viajó de inmediato hacia las discotecas, un tejido amplio de locales distribuidos en lo que se conoce como Conurbano o Gran Buenos Aires, el gran ejido en torno a los límites de la Ciudad de Buenos Aires con lo que el conglomerado se convierte en una megalópolis[29]. "Sobredosis de TV" se hizo un lugar junto a los temas de Los Abuelos de la Nada, Virus, Charly García, Van Halen, Tina Turner y Bruce Springsteen, y Soda pudo acceder al circuito de discotecas que se transformó en un bastión para el trío. "Con 'Sobredosis de TV' reventamos la discoteca —recuerda Sayavedra— y cambia la tónica. Ahí vendieron quince mil copias del

29 En la actualidad, se calcula en más de quince millones de personas la población de lo que se llamó AMBA (Área Metropolitana Buenos Aires) durante la pandemia.

primer álbum y llegamos a disco de oro. Pusimos mucha plata, unos carteles monumentales en Santa Fe y Callao, no íbamos a llorarle a la CBS porque no nos apoyara. Además, Alberto, un negociador formidable, era muy respetado por el contrato que consiguió para Piero, que volvía por la puerta grande al sello después de haber estado exiliado".

Alberto Ohanián en persona se encargó de destrabar los reparos que había con Soda Stereo. "El primer disco no vendió —confirma Ohanián—, entonces, fui a hablar con el presidente de la compañía, Alberto Caldeiro, para contarle que iba a tomar al grupo y que quería grabar un nuevo disco con ellos. Y me dijo que no le tenía fe a Soda Stereo y que estaban pensando en liberarles el contrato. Pero aceptó seguir un disco más, solo que grabando en los estudios de la calle Paraguay nuevamente".

—Ni muerto vuelvo a ese estudio —contestó seco Gustavo Cerati cuando le contaron.

Ohanián se reunió con sus socios, Oscar Sayavedra y Juan Carlos Mendiry, que había entrado a la agencia a través de Piero. "No era su mánager —aclara Mendiry—, pero Piero necesitaba a alguien que hiciera los números y no se drogara. La primera vez que Soda entró a la agencia estábamos en Juncal. Tenían que hacer su primera sesión de fotos, y Gustavo estaba con unas zapatillas hechas mierda. ¡No podés ir con eso a una sesión de fotos! ¡A ver quién tiene para prestarle algo! Yo tenía una novia azafata y me había ido con ella a Italia, de ahí me traje unos borceguíes y con ellos se sacó la foto. Ni lo conocía yo a Gustavo". Ohanián es un tipo que cuando apuesta lo hace bien fuerte y se decidió que la agencia se haría cargo de los costos de producción del nuevo disco de Soda Stereo en Moebio, el mejor estudio de aquel entonces, donde grababa Luis Alberto Spinetta. "Yo tenía relación con el dueño —explica Alberto—, porque con Spinetta prácticamente habíamos inaugurado ese estudio. Le comenté que tenía una banda que quería grabar ahí, que le iba a hacer un plan de pagos y le iría pagando. Hablé con los Soda y les dije que si bien el disco iba a ser propiedad de CBS, iba a ser una apuesta conjunta, que pondría yo la plata y que ellos me irían devolviendo su parte con los shows futuros".

Haría falta evaluar el mejor material para ese disco, aunque en verdad era más necesario componerlo: el último estreno de Soda Stereo había sido un tema reggae/ska llamado "Demagogo", presentado en el Astros y compuesto a raíz de un debate que hubo en torno a un litigio geográfico con Chile, por tres islas al sur de Tierra del Fuego. Los dos bandos en pugna fueron representados por el sólido canciller Dante Caputo, a favor de llegar a un arreglo con Chile, y por Vicente Leónidas Saadi, un dirigente catamarqueño peronista que no estaba de acuerdo y cuyas frases eran como latiguillos que hoy hubieran sido memes en Twitter: "¡Pura cháchara!", "¡No se vaya por las nubes de Úbeda!" A él, Cerati le dedicó esa canción sin decirlo: "Hace así, dice no: asesinó". Fue debut y despedida para "Demagogo". Habiendo descartado temas anteriores hacía falta un repertorio nuevo. "Yo tenía la experiencia de lo que habíamos hecho con David Lebón —continúa Ohanián—, entonces alquilamos una quinta por la zona de Castelar para que se encerraran allí y se pusieran a componer".

Gustavo ya tenía en claro que Soda no podía seguir estilísticamente igual, porque si querían ser una banda moderna tenían que reconocer que lo que habían hecho en el primer disco ya estaba demodé. *Soda Stereo* fue el álbum donde agotaron la fórmula Police de rock, reggae y ska. Por otro lado, solo, con Tashi y con Richard, ya estaba escuchando otras cosas, que indicaban que la aguja musical de la actualidad se había movido hacia otro lado. Y es bueno hacer una aclaración: Gustavo se nutría, no copiaba. Es muy fácil saber cuáles fueron sus fuentes, porque él las mencionaba en reportajes, sin embargo es poco frecuente encontrar citas o apropiaciones en su material. Cerati era una esponja que absorbía y procesaba sonidos, estilos y tendencias, pero el resultado que arrojaba siempre era original.

— • —

La amistad que cultivaban Richard Coleman y Gustavo Cerati ya era una planta tupida que los envolvía a ambos sin que se dieran cuenta, pero también sin invadir sus respectivos proyectos, aunque Coleman todavía no tenía ninguno y continuaba sus estudios de Física en la facultad. Comenzaron a juntarse en algún momento de 1984 en lo de Richard en la calle Ramallo, con una batería electrónica y una consola TASCAM para grabar, cortesía de Ricky Sáenz Paz, un bajista amigo. "Nos juntamos para ver qué salía —explica Coleman—, yo tenía algunas cosas garabateadas, un semidemo de 'Eléctrica', y un par de cosas sueltas. Nos reuníamos a la mañana, yo prácticamente en pijama y él venía en jogging, pantuflas y con los pelos Soda Stereo. Mamá nos preparaba algo de comer. Yo fui varias veces a Heredia, conocí su cuartito y recuerdo que Gus ponía la guitarra criolla al lado del hogar para que se enderezara. Me quemaba cuando la tocaba".

—Le hace bien el calor a la guitarra —sentenciaba Gustavo.

—¡Sí, pero está caliente!

Un sábado a la tarde lo llamó para que lo acompañara al show que hacía Soda en Pinar de Rocha, clásica discoteca de Ramos Mejía, en los suburbios del oeste. "¡Tenés que venir a ver esto que está pasando porque yo no lo puedo creer!", le dijo, y fueron juntos en el Falcon 68 de Juan José Cerati y que ahora pertenecía a Gustavo. "Era parecido a lo que yo había visto en Zero —cuenta Richard—, pero frente a otro público, de boliche, de provincia, más general. No era un público que iba a ver a una banda, iban a bailar, a divertirse. Yo no tenía una perspectiva para entenderlo bien, pero toda esa gente cantando y saltando con los temas era muestra que el disco había pegado. En vivo transmitían algo que el disco no tenía: quedó demasiado correcto".

Volvieron a lo Gustavo que tenía la casa para él porque la familia estaba de vacaciones, compartieron un porro, y se pusieron a escuchar *Tonight* de David Bowie, tratando de dilucidar si la voz tenía un poco de distorsión o no. A las cuatro de la mañana, en un equipo Ken Brown, y después de un show de Soda con los volúmenes al taco. Sin embargo, era una escena familiar. Richard comenzó a ser un asiduo visitante de la calle Heredia. "Hay un montón de cosas en común en nuestros padres —dice Richard—, en los de Ulises, en los de Gustavo y en los míos: todos tuvieron hijos músicos y los apoyaron. Juan José y Lillian eran buena onda, y en casa pasaba lo mismo: mis viejos se alegraban cuando a Gustavo le iba bien en algo. Juan José era un tipo genial, nunca te dabas cuenta de que te estaba jodiendo, por eso parecía seco; te medía todo el tiempo y contaba cosas increíbles. Tenía el mismo humor de Gustavo, muy rápido e inteligente, que lo tiene Benito también. Todo ese aspecto artístico, actoral".

Anastasia comparte una impresión similar, aunque en circunstancias muy distintas. "Había preocupación en los dos hogares por razones diferentes —cuenta—, en mi casa mi padre se opuso a la relación desde el minuto cero porque Gustavo era músico: eso para él no era una carrera ni nada. Lillian en cambio estaba preocupada porque yo era muy chica, pero Gustavo le decía que me iba a cuidar. De hecho, él no permitía que nadie tomara cocaína delante de mí, ni él tomaba nada estando yo con él. Juan José aflojó a Lillian, y era muy gracioso, muy formal, con la voz de locutor". Gustavo le comentaba que venía de tocar y Juan José le preguntaba:

—¿Hubo aceptación del público?

"Y nosotros nos moríamos de risa con esa palabra: aceptación. ¿Cómo se le ocurría? Lo mismo que cuando Gustavo se compró un pedal, el Vibrator. Juan José preguntaba todo serio: ¿Suena bien el vibrador? Caíamos al piso de la risa".

Gustavo y Anastasia pasaban por un gran momento de la relación en aquellos primeros meses de 1985. Sobre todo porque los grandes miedos de los padres —siempre queda alguno agazapado—, habían sido superados. "Yo vi una casa con mucha luz, muy ordenada, muy familiar, similar a la mía. Una familia normal, con dos hermanas; Gustavo se llevaba mejor con Laura que con Estela, que para mí era un diez. Al principio costó porque Gustavo dejó a una chica de veintiséis años por una de dieciséis, abandonó la facultad y el trabajo para dedicarse a la música. Claro que estaban muy preocupados. Y Gustavo también".

—Mis padres lo tienen que aceptar —decía Gustavo—, se tienen que dar cuenta. Yo no quiero estudiar, no voy a ser publicista ni a tener un trabajo de oficina. Me quiero dedicar a la música. La música es todo.

Todo ese rollo había quedado atrás cuando Gustavo y Tashi se refrescaban en la terraza de Heredia en una pileta Pelopincho de lona bastante chica, y Lillian se asomó para darle un mensaje a su hijo:

—¡Zeta en el teléfono!

—¡Decile que estoy en la piscina!

"Y nos reíamos porque estábamos en algo que claramente no era ni una pileta. En ese momento, me tiro hacia atrás, me sumerjo en el agua para refrescarme y el pelo me queda chato. Cuando me ve se agarra la cabeza y me dice: '¡Por favor, volvé a pararte el pelo que parecés de doce! Que no te vea así mi madre".

— • —

Los estudios de Física de Richard Coleman brindaron una ventaja adicional a la hora de seleccionar un nombre para ese proyecto que iban construyendo con Gustavo. Fricción fue elegido, en parte, por ser un tema del grupo Television, una banda neoyorquina contemporánea a Ramones, Blondie, Patti Smith y Talking Heads en la era CBGB. "A mí me pareció copado usar el tema de la fuerza inversa —explica Coleman—. Fricción es por la aceleración inversa, una fuerza que generaba energía. Estuvimos boyando sin dirección con Gustavo, que se había comprado una Drumulator, una batería electrónica muy grossa". Decidieron ampliar la formación y primero intentaron como trío semimecánico en una sala de Triunvirato y Quesada, en el barrio de Villa Urquiza; un lugar húmedo y precario en donde ensayaba el grupo Biorsi, con Tito Losavio y Guido Nissenson, bajista que pareció interesarse en el proyecto de la máquina con los dos humanos, aunque bien temprano saltó de cubierta y Richard contrajo sarampión.

"Fue mi verdadera cuarentena —ironiza Coleman—, porque si te lo agarrabas de grande era peligroso. Y recuerdo que durante una semana tuve cuarenta grados de fiebre y aluciné que con Gustavo hacíamos 'Héroes' de David Bowie y yo lo cantaba, probablemente haya surgido la idea de alguna conversación con él. Cuando me recuperé decidimos buscar músicos y Fernando Samalea ya estaba en la conversación; había tocado con él en Metrópoli y teníamos una muy buena relación, además de que tocaba súper bien". Samalea, siempre un campeón del entusiasmo, estaba comprometido con otro proyecto llamado Clap, que tenía a Diego Frenkel como voz cantante, pero se sumó alegremente y después de buscar bajistas, sugirió llamar a Christian Basso que tocaba con él en Clap. Esta vez, procuraron una sala de mejor calidad y la encontraron en Mendoza y Cabildo, pero era muy cara y Gustavo sugirió que fueran a la de Malvinas Argentinas, donde ensayó con Savage y Triciclo. Fue una buena opción, pero el barrio de Caballito les quedaba lejos a todos. "Estuvimos ensayando desde fines de 1984 y un par de meses en 1985 —intenta precisar Coleman—. De Malvinas no tengo muchos recuerdos, pero de ahí salimos a tocar en vivo. El que nos hizo tocar fue Samalea, nosotros decíamos que no. Y él nos insistía. Sentíamos que no había suficiente repertorio".

Una noche en el Stud Free Pub, Samalea vio a uno de los dueños y le pidió una fecha. El único más o menos conocido era Cerati, pero Raúl Romeo sabía quién era cada uno porque siempre andaban circulando por el Stud como músicos, como público o como invitados de alguna formación alocada. Y les ofreció el domingo 7 de abril para el debut. Romeo recuerda los infructuosos intentos de que Adrián Taverna, que se sumó como sonidista por pedido de Gustavo, bajara el volumen... en la prueba de sonido. "Nunca mejoró —dice Romeo—, tenían un volumen ensordecedor. Pero en el Stud se vivía una cierta condición de libertad y no se molestaba a nadie. Y si alguna vez algo sucedió, me encargué de intentar solucionarlo. Trataba de que dentro de la manzana o a un par de cuadras, la cosa estuviera tranquila; era una zona protegida, había paz, no se hacía tanto daño, no encontrabas jeringas tiradas en el baño. Al Stud venía gente que tenía ganas de salir".

Y los voluntariosos fueron a ver a Fricción! escrito así, con un signo de admiración al final. Antes de tocar, decidieron que harían la versión de "Héroes" de David Bowie en castellano. "Yo hice una traducción al castellano para mi amiga Marcela Fernández, que es quien me acompañó a ver a Vozarrón —cuenta Coleman—, años después Gustavo me dijo de tocarla, pero en verdad la incorporamos al repertorio porque nos faltaban temas". No llenaron el Stud, pero todos se llevaron una excelente impresión porque Fricción! ya reflejaba el sonido dark que imperaba en el mundo y se podía observar la solidez de la base Basso—Samalea, la voz grave de Richard Coleman con sus desconcertantes sonidos de guitarra, y a un Gustavo Cerati relajado, como guitarrista principal, con su cámara Roland extrayéndole un sonido envolvente que recordaba el de The Edge, guitarrista de U2, en *The Unforgettable Fire.* Hubo muchos comentarios sobre el hecho de que Cerati tuviera otra banda además de Soda, pero no se trataba de una salida a escondidas ni de un doble juego, ya que hasta Charly Alberti fue a felicitarlos al primer show. "Fricción! tocó tres veces —recuerda Raúl Romeo—, y después del primero hubo un poco más de gente, porque el Stud tenía ese fenómeno de boca en boca. Pero nunca fueron rentables y hasta hubo momentos de puertas abiertas para que entrara gente".

Hubo un show el 5 de mayo y un tercero y final en junio, antes que Soda entrara a ensayar fuerte para la presentación de un nuevo espectáculo. Ya se veía que Gustavo no iba a poder sostener sus esfuerzos con las dos bandas. "La reunión no es casual porque Soda y Metrópoli tuvieron un crecimiento casi en paralelo. Clap también forma parte de esta nueva generación de grupos. La idea nuestra al crear Fricción! fue la de encarar un proyecto que tuviera importancia por sí solo, que no por ser paralelo a otros proyectos perdiera identidad o seriedad. Concebimos a un grupo, no a una diversión", le dijo Gustavo a la revista *Pelo.* Y de hecho tuvo razón, porque Fricción! seguiría sin él, que de todos modos permanecería cerca de la banda durante toda su trayectoria.

— • —

Hubo un termómetro que sirvió para medir con exactitud el crecimiento de Soda Stereo: el anuncio de un nuevo show en el Teatro Astros. Después de tanto rodar por discotecas del Gran Buenos Aires, la banda tenía una musculatura muy tonificada. Ya estaban instalados en una casaquinta en Castelar, alquilada por Ohanián Producciones para que el grupo pudiera trabajar en nuevas canciones. Lo que sucedió a medias porque recibían visitas de los amigos y Gustavo recibía a Tashi que iba con sus amigas, capaces de distraer a un monje budista. "Yo veía un cambio en lo que ellos estaban haciendo —dice Anastasia—, y creo que me escuchó cuando le dije que a su música le faltaba bajo. Le había hecho escuchar un disco de The Cure[30] con mi canción favorita, 'A Forest', que tenía un bajo muy marcado. Incluso Zeta me dijo: 'ché, qué lindos cambios le estás haciendo a Gustavo'. Claro, a él le convenía porque el bajo empieza a tomar protagonismo. Pero eso es lo que yo sentía con el nuevo material".

Varias de las canciones del segundo álbum hicieron su debut en el repertorio que se ensayó para el Teatro Astros. "En la quinta nos cagamos de frío como locos —recuerda Taverna—, pero cuando fuimos al Astros era como la maravillización. Ohanián puso la plata para las palmeras, porque queríamos hacer que el escenario pareciera una playa". En realidad, el diseño de Alfredo Lois era una respuesta a una crítica que le hacían mucho a Soda Stereo: el ser plásticos. La prensa de rock no captaba ese juego de luces irónico que la banda planteaba con humor, y como crítica a la sociedad de consumo. Entonces decidieron exagerar la "plasticidad" y convertir al Astros en un envase de polietileno. Las ideas de Alfredo funcionaban bien y le daban a Soda Stereo un extra que pocos grupos poseían. En el primer Astros lo había acompañado Carlos Alfonsín, ex compañero de Gustavo en el Salvador en la dirección de arte, y para este se sumaría un chico de Mar del Plata, amigo de Alfonsín: Eduardo Capilla. "Para el show del Astros —cuenta Alfon-

30 El disco era *Seventeen Seconds*.

sín—, Alfredo y yo diseñamos un afiche donde hay una rubia empujando un carrito de supermercado con tres televisores, y la foto la tomamos en una casa de ropa interior que Ohanián tenía en el Once. Toda la puesta en escena con los neones y los chicos viendo televisión la hicimos con Capilla y Lois".

"Yo armé una playa artificial para 'Jet Set' —cuenta Capilla—, con materiales sobrantes de otros laburos de escenografía. También hicimos una silueta tipo Mirtha Legrand". Con el correr de los años, Eduardo Capilla se transformaría en uno de los mejores amigos de Gustavo. "Un día voy a bailar a Fire en Núñez —prosigue Capilla—, y llegué temprano. También Gustavo. Nadie estaba bailando y de pronto, en la pared de enfrente veo a un tipo con un look increíble. Gustavo se me acerca y me dice: 'este nos cagó a todos'. El tipo se acerca a hablarnos, se corre el pelo que le tapaba toda la cara y era Carlitos Alfonsín, compañero mío de la secundaria. ¡Se había puesto una peluca!".

Por donde se lo mirase, el show del Teatro Astros fue un éxito. Soda Stereo hizo una performance arrasadora y de movida anunciaron dos funciones el 21 y 22 de junio: agotaron ambas. El trío venía con paso ganador, pero volvía a la quinta y debía soportar el frío que se abatía sobre ellos porque en realidad era una casa de verano que no estaba preparada para los rigores invernales. "Habrán estado dos meses —estima Oscar Sayavedra—, yo iba dos o tres veces por semana a llevar comida o a Lalo Mir a transmitir en directo desde la quinta. La evolución era tremenda, y ya se escuchaba en el Astros porque el material del primer disco se venía intoxicando con el sonido que iba a tener el segundo". "La verdad es que no compusieron mucho en la quinta —se ríe Taverna—, y ya nos teníamos que ir cuando vino Ohanián a escuchar los temas nuevos. Y los dos que le mostraron fueron 'Ecos' y 'Azulado' de Fricción! Más un poco de 'Danza rota', que todavía no tenía forma aunque sí el ritmo: ¡Ohanián los quería matar!".

No le faltaba razón al empresario para querer ahorcarlos, pero los músicos muertos no graban y él ya tenía reservadas las horas en los estudios Moebio. Con la idea de aprovechar mejor el tiempo de lo que se preveía como una larga grabación, Ohanián llevó colchones al estudio para que no se perdiera ni un segundo. Más allá de la mejora que implicaba el cambio de estudio, una clave muy importante fue la presencia del ingeniero Mariano López que además de haber trabajado con Luis Alberto Spinetta, lo que era un antecedente importante para Gustavo; era mucho más cercano en edad y en ideas al grupo que los ingenieros de CBS. Es esa conjunción lo que genera ese impresionante salto cualitativo que impulsará a Soda Stereo al infinito. Baterías procesadas y con cámaras, la contundencia de los bajos, unas cuantas intervenciones de los teclados de Fabián Quintiero, el tratamiento de las guitarras de Gustavo, pero sobre todo la presencia de su voz, que adquiere un cuerpo completamente diferente que permite el despliegue de todos sus matices: todos esos elementos estuvieron ausentes del álbum debut. Todavía les faltaba la visión y la madurez que adquirieron a lo largo de 1985.

"Nada personal" fue la canción que le daría título al álbum y que también aportaría un poco de leña a la hoguera de los que criticaban a Soda por su supuesta frialdad, al no entender que la queja que expresaba el tema era justamente por las sensaciones y emociones superficiales. "La frase 'nada personal' era de las primeras letras que había escrito para Fricción! —asegura Richard Coleman—; a Gustavo le gustó el título y me preguntó si podía usar la frase. Que lo que significaba, desde mi lado, era ambigüedad: no tengo nada personal contra vos". Tashi, la novia de Gustavo, lo veía diferente. "En esa famosa quinta hubo un desfile de minas del que ni me enteré —cuenta—, cuando yo iba la escena era Gustavo tocando y yo mirándolo. Pero después nos peleamos porque vi mucho movimiento y le contesté mal. Una vez comenzó a tocar y yo me quedé dormida en el sillón. Y me cantaba: 'No siento nada'. Y el 'oh oh oh' fue inspirado por Charly García que había dicho que una buena canción tenía que tener eso".

"Si no fuera por..." parecía un nexo entre el nuevo y el viejo sonido del grupo; hay un pulso ska en la parte instrumental. Otro vestigio del pasado fue "Trae cola", que tuvo una remodelación drástica y se convirtió en un clásico: "Juego de seducción". "Un día, subo las escaleras de la casa de Gustavo —cuenta

Anastasia— y me dice que tiene una canción para mí. Me senté en el sillón y escuché ''Juego de seducción' por primera vez".

—Y ahora que te conocí, encontré la letra que realmente va.

"La única persona que sabe esto es María Carámbula, porque también se lo dijo. Ellos dos tenían una cuestión en paralelo; cuando se afianza mi relación con Gustavo supuse que no salía con otras chicas. Pero me fui enterando".

—Escuchame —lo increpó Tashi—, ¡estoy podrida de que salgas con un montón de minas!

—¡Qué injusta que sos conmigo! —se defendió Gustavo—. ¡A vos te fui fiel como nueve meses!

"Danza rota" es, paradójicamente, el tema más bailable de todos, remite a Savage simplemente por la brillante guitarra de Gustavo, que rasguea con velocidad al estilo disco de Nile Rodgers y que complementa con arpegios repetidos como si fuera un riff. Parece también en sintonía con otra historia que involucra a Anastasia. "Era celoso Gustavo —admite Tashi—; una vez nos habíamos peleado y yo me enojé y me fui con mis amigas. Y Gustavo recorrió boliche por boliche hasta que me encontró y se quedó parado detrás de una columna, mirando mi comportamiento y me encontró solita bailando en el medio de la pista de Paladium. Se me acercó y me dijo: 'vení, vamos, no quiero pelear más, te llevo a tu casa que es tarde'. Cuando había chicos de mi edad se ponía mal". Era evidente que algo crujía y no era la danza: Anastasia se enteró que Gustavo estaba viéndose muy seguido con la modelo María Carámbula. "La danza rota es la de ellos dos", asegura Tashi hoy.

Dos temas del repertorio de Fricción! reforzaron la lista de *Nada Personal*. Uno es "Ecos", muy diferente a la versión que Gustavo hacía con Fricción!, y con un arreglo que algunos supuestos "detectives musicales", de esos que buscan monetizar contenido en YouTube, han vinculado con "Fire" de *October*, segundo trabajo de U2. "El otro día hablaba con Richard Coleman —declaró Gustavo—, y tratábamos de sacar cosas que componen otros tipos, pero no para copiarlos sino para saber cómo lo hacen. No tiene nada que ver con el afán de copiar un sonido sino que es una cuestión de admiración y nada más.

Nosotros, por lo menos conscientemente, jamás robamos nada. Sí hemos rescatado climas, sí hemos partido de bases que ya existían". La otra canción fue "Azulado", también en una versión muy distinta y mucho más lograda.

"Gustavo me planteó que tenía un tema con unos acordes y la idea era que yo hiciera algo como introducción —cuenta El Gonzo—. Eso fue en la quinta de Parque Leloir (Castelar), previo al Astros. Yo andaba con una Fostex de cuatro canales que le había comprado a Charly García y le dije que me grabara los acordes en un canal y me llevé la base a casa para darle forma a algo. Estuve toda una noche trabajándola nota por nota en los otros tres canales. Volví a la semana siguiente, lo toqué, y el arreglo quedó, sin ningún cambio. Pasaron unos meses hasta que lo grabé en Moebio; cuando voy a grabar el solo, Gustavo me pide que no suene como un saxo. No tenía nada preparado y estuvimos un buen rato. Y no salía. De pronto entra Richard al estudio y le dije: 'Richard, estoy bloqueado, dame una alegría'. Como era su tema me sopló al oído las palabras justas y de primera toma salió el solo que quedó grabado".

"Iba mucho al estudio aunque no tuviera que grabar —recuerda Fabián Quintiero—, fue una grabación muy larga y siempre comíamos milanesa con ensalada de zanahoria y huevo. Gustavo era muy meticuloso y en esa época aparece el sampler, que lo vuelve loco y alquilamos el Emulator de René Greco para usarlo como secuencia: el sonido de campanas del tema 'Nada personal' es de ahí". El colchón de teclados que escolta a la canción hacia su salida, también tocado por Fabián, parece tener las huellas digitales de Charly García, así como "Imágenes retro" con sus metáforas sobre las prolongadísimas noches de Buenos Aires y "El cuerpo del delito" podrían haber entrado en el repertorio de Duran Duran. Distinto es el caso de "Observándonos (Satélites)", que inyecta en su letra la paranoia de la guerra fría que había asomado en "Un misil en mi placard", donde el bajo de Zeta determina la armonía y la guitarra de Gustavo tiene su momento David Byrne durante algunos compases.

Lo que no sabían era que la estrella polar de *Nada Personal* sería ese híbrido exótico que parecía una variación de lo que

Gustavo hacía con Vozarrón: introducir un acento reggae en ritmos folklóricos. Le dio muchas vueltas en su casa antes de llevarlo a la sala y ensamblarlo rápidamente con Charly y Zeta.

—Esperame un poquito que estoy haciendo "El temblor" —la sorprendió Gustavo a Tashi, instalado en su living con la criolla.

Anastasia se quedó escuchando y contra lo que podría haberse pronosticado dado sus gustos más europeos, la canción le gustó y también la intrigó.

—¡Está linda! ¿Por qué despiértame cuando pase el temblor?

—Porque trata de un hombre que está en una cueva, alrededor de las piedras: se quiere despertar pero no puede.

Muchos años más tarde, esas palabras volverían a retumbar en la cabeza de Anastasia, que encontraría un sentido absolutamente inesperado en ese diálogo que pareció tan mínimo en su momento.

15

Bajo una luna hostil

Maquillados hasta la médula y con un paisaje amenazante, Soda Stereo tuvo su primer baño de multitud el 13 de octubre de 1985 frente a un público que había convocado Charly García. Era la última fecha del Festival Rock & Pop donde los principales grupos argentinos pudieron codearse con luminarias como Nina Hagen, INXS y John Mayall, conocerse con pares de habla hispana como los españoles de La Unión y confraternizar con los hermanos brasileños Blitz. La primera fecha, el viernes 11, fue brava porque la presencia de Nina Hagen parecía alterar al público: es recordado el monedazo que hizo sangrar la mejilla del líder de Los Abuelos de la Nada, Miguel Abuelo, que mostró su guapeza —y su sentido de la teatralidad— prosiguiendo el show goteando sangre. Virus estuvo fantástico aquella noche. En la siguiente jornada, Miguel Mateos recibió pelotazos de barro; cuando el público quiso hacer lo mismo con los australianos INXS, Michael Hutchence propinó algunos golpes con el pie de micrófono y domesticó a las fieras.

El domingo se tornó incierto por la meteorología imperante. Sumo abrió la jornada sin demasiado brillo, ya que estaban acostumbrados a lugares más íntimos, y luego le tocó a Soda Stereo, que mostró su ascendente sobre el público. Habría unas quince mil personas que no solo escucharon, sino que además bailaron y cantaron el "oh oh oh" de "Nada Personal" aunque el disco no había sido editado: conocían la canción porque la emisora Rock & Pop ya la tenía en su alta rotación. "En ese momento se decía que nadie podía tocar después de Sumo —cuenta Adrián Taverna—, y subíamos como con esa cosa. Y Soda la rompió, nos fue súper bien y fue un momento importante". Apenas concluyeron su contundente set, una tormenta de granizo arrasó el estadio de Vélez. El piso se movió y el escenario pareció hundirse. Le avisaron al encargado de las estructuras y dictaminó que no había peligro. "Nos hundimos a la velocidad prevista", concluyó su informe.

Nada Personal se editó el 21 de noviembre de 1985. Su tapa violeta, con diseño de Alfredo Lois, mostraba el cambio de imagen de Soda, que aparecía suspendida en una foto que mostraba un señor de gesto sombrío, que parecía golpear un escritorio con su puño tenso y cerrado. Cualquiera podía pensar que se trataba de alguno de esos miembros del Servicio de Inteligencia del Estado, que tanto protagonismo tuvieron durante la dictadura militar. La portada parecía mucho más dark que el disco en sí y el look de Soda Stereo confirmaba esa primera impresión. "Cuando lo conocí a Gustavo —aventura Taverna—, trabajaba como visitador médico, vestido con traje y sobretodo. Un día vino a un show con sobretodo y de ahí salió la idea del look de *Nada Personal*". En la foto del sobre interno, aparecen con el Zorrito: Fabián Von Quintiero. ¿Se agrandaba la familia? No, Soda seguiría siendo un trío. Sin embargo, hay que reconocer el aporte de Quintiero, sobre todo en "Cuando pase el temblor", a la que le aportó el riff del inicio.

"Gustavo me daba indicaciones generales —cuenta Fabián—: poné brass, poné una cuerda. En lo comercial estaban los tres, pero en lo musical Gustavo era el jefe: muy detallista con el sonido. Y siempre tuve con él una cosa de entendimiento con respecto a qué tocar. La idea de un sonido de quena fue de él. ¡Quería altiplano! ¡Estaba con el carnavalito en la cabeza! Y yo enfilé para ese lado y puse un riff en terceras. Sí, tendría que haber figurado en la autoría, pero yo era chico y estaba muy contento de estar ahí, y que fluyera ese entendimiento con

Gustavo. Yo era muy compinche de Zeta, pero arranqué durmiendo con Charly en las giras. Las habitaciones individuales vinieron después".

Antes de pensar en mínimos lujos Soda Stereo debería afrontar otras cuestiones. Porque la cantidad de shows que tenían por fin de semana en el circuito de discotecas era inusitada y los llevaba a recorrer todos los suburbios de Buenos Aires. Un fin de semana de noviembre tenían tres shows; el segundo, correspondiente al día sábado, había sido en el colegio Ward de Ramos Mejía, donde les había ido muy bien. Como no les daban los tiempos para ir al show, armar, tocar, desarmar y descargar todo nuevamente en la sala, decidieron dejar los equipos en el camión que se estacionaba en el garaje del chofer. Los asistentes y los músicos volvían a sus casas en diferentes autos particulares. Esa noche, el hombre bajó a abrir el portón y fue rodeado por cuatro encapuchados. Armados.

—¡No te muevas, quedate quietito y no hagas nada raro! —le indicaron mientras lo encañonaban.

Con un rápido momento le arrebataron las llaves, se subieron al camión y se perdieron en la noche... con todos los equipos cargados, los de Soda y los de la empresa de sonido. Marcelo Angiolini tuvo un brusco amanecer cuando Yayo Milanesi, que trabajaba en la producción de la agencia se presentó a los pies de su cama. "Claro, yo no tenía línea telefónica y no existían los celulares —explica—, y la chica que vivía conmigo en aquel entonces lo hizo entrar".

—¿Qué pasó? —se sobresaltó Angiolini, que se había acostado no hacía mucho tiempo.

—Nos robaron los equipos —le dio la mala nueva Yayo.

Aquello fue una hecatombe para la banda; un golpe que los hizo bajar de las burbujas en el momento. Habían perdido todo. Y en la noche de ese domingo tenían un show en la discoteca Noi Noi de Ezpeleta, al sur del Gran Buenos Aires. No había modo de que pudieran tocar y para colmo cuando avisaron lo acontecido, el dueño de la discoteca se enfureció.

—¿Y ustedes creen que yo voy a dar la cara? ¡De ninguna

manera! ¡Vengan ustedes a explicarle a la gente por qué no van a tocar!

"En ese tiempo hacíamos unos ciento veinte shows por año —cuenta Taverna—, por todo el Gran Buenos Aires: Country Club de Banfield, Electric Circus en Quilmes, La Casona en Lanús, Cuernavaca y el Patio Cervecero también en Quilmes. No había autopista todavía y el acceso a esa zona era de terror. Gustavo me pidió que lo acompañara a dar la cara". Cuando se acercaba la hora del show, el público coreaba el nombre de la banda: ya era Soda Stereo el que llenaba los lugares y atraía audiencia. Por lo tanto, correspondía alguna explicación. Los tres músicos se hicieron presentes y contaron lo que les había sucedido en las primeras horas de aquel domingo. El público agradeció el gesto y aceptó la promesa de cumplir con el show apenas pudieran reponerse. A las dos semanas estaban tocando en Noi Noi con equipos prestados. La gente supo que era verdad porque a través de la radio Rock & Pop se pidió la ayuda de la audiencia para recuperar el equipamiento perdido. Solo apareció el camión y luego algunos instrumentos en una subasta comandada por mafiosos.

Había que recuperarse y pronto. Taverna acudió a su amigo Ricardo Mollo, guitarrista de Sumo, para que le prestara una guitarra y un equipo a Gustavo. "Ricardo no lo conocía a Gustavo —explica Adrián—, pero inmediatamente dijo que sí y nos prestó su mejor guitarra. Una Stratocaster con mucha ganancia que Gustavo no podía dominar". Roberto Cirigliano, el jefe de prensa, tenía una batería de sus tiempos de músico y la puso a disposición de Charly Alberti, mientras que Zeta contó con la solidaridad de Enrique Muguetti de Virus. Carlos Onorato de la tienda Blue's, una de las más grandes y completas de Buenos Aires, les dio unos equipos a pagar a crédito. El más dañado por la situación fue Fabián Quintiero que tocaba con teclados que le había prestado Andrés Calamaro. "Yo era músico invitado, no ganaba lo mismo y tuve que pagarle el teclado a Calamaro, pero Gustavo me dijo que me quedara tranquilo, que nos íbamos a recuperar. Yo pensé que iban a repartir la plata entre los cuatro hasta que cubriéramos el costo de lo que perdimos pero nunca sucedió. Con la primera liquidación se me rompió la ilusión, y lo de ser el cuarto Soda. Cosas que nunca pasaron".

El robo de los equipos le dio a Soda Stereo un chubasco de realidad y los despabiló. Las cosas ya no eran como antes: eran una banda tan importante que hasta los piratas del asfalto estaban al pendiente de sus movimientos. "A partir de ahí —resume Angiolini— aseguramos todos los equipos y comenzó a venir un custodio a todos nuestros shows".

— • —

Jorge Brunelli, el jefe de prensa de la agencia de Ohanián, estaba de gira con Piero en el sur de Argentina cuando sus superiores llegaron de sorpresa. "Después del concierto en Comodoro Rivadavia —se acuerda Brunelli—, Alberto y Oscar Sayavedra nos reunieron a todos en un saloncito del hotel y pusieron *Nada Personal*, recién terminado para que lo escucháramos antes que se editara. El sonido de ese disco era una locura: te volaba la cabeza y era algo nuevo y distinto". El público pensó de idéntico modo y Soda Stereo sorprendió en las encuestas de fin de año de las revistas *Pelo* y la flamante *Rock & Pop*, ganando en ambas. Si bien 1985 había sido el año récord de Miguel Mateos/Zas que alcanzó el escalón del disco más vendido de la historia del rock argentino hasta ese entonces con *Rockas Vivas*, en la revista *Pelo*, Soda Stereo les sacó cuatro puntos de ventaja. En la *Rock & Pop*, la diferencia fue abrumadora: 40% de Soda contra 21% de Zas. Ese año el grupo revelación fue Sumo para los lectores de *Pelo*, seis puntos por arriba de Soda, pero en *Rock & Pop* se hizo una aclaración diciendo que para el rubro "revelación", computarían los votos de bandas o solistas que hubiesen iniciado su trayectoria o hubieran editado su primer disco en 1985. "Por eso no fueron tenidos en cuenta los votos correspondientes a Soda Stereo (36%), que habría obtenido la primera posición". Sumo también fue el ganador en esa publicación. Gustavo y Zeta se impusieron como guitarrista y bajista, respectivamente, y Charly Alberti quedó en segundo lugar detrás de su ex profesor de batería, Willy Iturri. *Nada Personal* fue el álbum del año para *Rock & Pop*, mientras que los lectores de *Pelo* privilegiaron a *Rockas Vivas*. En ambas revistas, Fito Páez fue el compositor del año por su disco *Giros*.

Alberto Ohanián estaba mirando otro canal, pero no un mal programa. Vivía cerca del Stud Free Pub y se había hecho amigo del dueño, Raúl Romeo, que tenía una amplia experiencia con una agencia española que había trabajado muchísimo con artistas como Miguel Bosé y Rocío Durcal. "Le pedí ayuda con Piero, que sabía que podía trabajar bien en el exterior. Y cuando comienzo a vislumbrar eso dejamos la oficina de la calle Juncal y me alquilé un piso en el centro, en Diagonal Norte y Florida. Lo primero que hace Raúl es vender a Piero en Ecuador y Colombia, y yo sugerí que sus músicos fueran Los Enanitos Verdes. Piero aceptó, pero impuso a su baterista, El Negro Tordó. Yo quería que me dejara hacer tres temas con Los Enanitos en el medio del show para ir metiéndolos". Ohanián viajó a Ecuador y conoció al promotor la noche del show de Piero.

—Te guardé la última entrada —le dijo.

Alberto quedó deslumbrado: un estadio a tope con diez mil personas. "Con Piero en la agencia —razona Oscar Sayavedra—, activamos el circuito internacional. Era muy conocido por sus viejos éxitos: 'Mi viejo', 'Juan Boliche', y eso nos sirvió para ir entrando en Latinoamérica". "¿Cómo puede ser esto? —pensó Alberto—, tanta gente y con un ticket tan caro. ¿Por qué el rock no puede entrar acá? Tengo los grupos: Soda Stereo, Enanitos Verdes. Quiero esta plaza". Y a partir de ahí comenzó a trazar un plan que, visto a la distancia, se desarrolló a la velocidad de un tornado. Su corazón quizás estuviera con Los Enanitos Verdes, con quienes venía trabajando desde el comienzo, pero el fenómeno que Soda Stereo desató con *Nada Personal* no podía ser ignorado.

Para evitar la obviedad, el trío decidió que el videoclip a filmar tenía que ser "Cuando pase el temblor", y Gustavo tenía en la cabeza el lugar indicado para hacerlo: el pucará de Tilcara, en la quebrada de Humahuaca, en la provincia de Jujuy, extremo noroeste de Argentina. Un huayno digital o un carnavalito tecno debía tener una geografía telúrica como digno marco. A fines de 1985 se "inventaron" unos shows en Salta para poder ir hasta Tilcara y estudiar las posibilidades del video que quedaría en manos de Alfredo Lois. No pudieron instalarse mucho tiempo, porque los esperaba una agenda demoledora de shows en discotecas bonaerenses, para después recibir los primeros meses de 1986 tocando en la costa atlántica argentina.

Después de mucho insistir Anastasia consiguió la autorización de su padre para irse de gira con Gustavo a la costa. Pero el viaje fue corto para ella porque hizo su aparición Noëlle Balfour, una modelo y actriz que destacaba por su expansiva y ondulada cabellera. Había ido a una discoteca donde tocaba Soda Stereo y cuando cruzó miradas con Gustavo en el VIP supo que sería suyo si hacía los movimientos correctos. Tashi tenía diecisiete años pero se dio cuenta de lo que estaba comenzando a pasar frente a sus ojos, sobre todo porque Noëlle comenzó a subirse al micro de Soda Stereo. Así comenzaron las discusiones con Gustavo y el ambiente se le fue contaminando. "Una aprende más en la derrota que en la gloria —reflexiona hoy Tashi—, pero ella le hizo una seducción genial. Se tiraba con todo el pelo para atrás, no hablaba y lo miraba. Un manejo de miradas que hoy me saco el sombrero, pero en ese momento me daba cuenta que no tenía armas ni para empezar. Gustavo de a poco quedó envuelto, y a mitad de la gira me volví". Anastasia logró que una vez no dejaran subir a Noëlle al micro, pero cuando llegó al siguiente destino y la vio esperando la llegada de la banda bajo la lluvia una noche de frío fatal, supo que era su última estación. "Esto no puede seguir así: te vas a tener que ir", le dijo Gustavo con frialdad forense. "Ya me había dado cuenta cuando la vi bajo la lluvia: la mina hizo una jugada magistral. Una jugadora profesional".

Gustavo la acompañó a la estación para que se tomara el primer micro a Buenos Aires. Cuando ella abrió la puerta de su casa, después de haber escuchado "Kyoto Song" de The Cure a repetición durante el viaje, y le dijo a su padre que las cosas con Gustavo habían terminado, el hombre se abrió una botella de champagne para celebrar.

—¡Qué bueno! ¡No te das una idea de lo contento que estoy! No era para vos.

"Hoy entiendo que la tentación era muy grande para él —cierra Anastasia— porque había muchas minas rondándolo y le sería difícil decir que no. Pero Gustavo generaba un nivel de unión con vos tan grande que te sentías formando parte. Y después te suelta, sin ningún apego, con una falta total de melancolía. Es un modus operandi que tuvo con todas sus novias: si no bailabas alrededor de su música, quedabas fuera sin ningún resquemor".

— • —

"La primera vez que lo vi a Charly García debe haber sido en 1972, 1973, en Daiam, la casa de música en la calle Talcahuano —contó Gustavo Cerati—, donde habían llevado una guitarra Repiso para arreglar. En la época de Sui Generis, no recuerdo qué hacía yo, supongo que paseaba por Talcahuano mirando instrumentos, que era uno de mis momentos favoritos 'vidrierísticos'. Ahí lo vi, me acuerdo que entré al negocio, me llamaba la atención que fuera tan flaco, tan desgarbado y con los pelos súper largos". En la gira de verano de 1986, durante un show en Mar del Plata, cuando el show de Soda estaba por terminar, Gustavo lo encontró a sus espaldas, tocando los teclados de Fabián Quintiero, sin invitación, pero con el beneplácito del tecladista que lo admiraba profundamente. "Charly apareció tocando unas notas que estaban en cualquier lugar —prosiguió Gustavo—, pero que definitivamente tenían una potencia inusitada. Esa fue la primera circunstancia en la que tocamos juntos; años después escuché la grabación: no conocía ni el tema ni nada, pero se ve que subió porque había un buen ambiente y es muy gracioso lo que se escucha"[31]. Charly García

31 En entrevista con Sergio Marchi.

era el principal músico de rock en Argentina y si bien Gustavo lo percibió como un gesto amistoso, en realidad el hombre del bigote bicolor estaba patrullando la zona porque olfateaba que Soda Stereo podía eclipsarlo. El trío venía pisando fuerte y lo demostró en los festivales de verano, en el de La Falda, en Córdoba, y sobre todo en el Chateau Rock, que se realizaba en el estadio mundialista de la ciudad.

Después de un verano tan favorable, no sorprendió a nadie que Soda Stereo presentara *Nada Personal* en el estadio Obras, cosa que solamente hacían los grupos consagrados, aunque se percibió cierta audacia por parte de Alberto Ohanián, que anunció dos fechas. ¿No sería demasiado? Fue poco: terminaron por ser cuatro presentaciones, con casi veinte mil entradas vendidas, y dos funciones el día sábado. Se trató de una súper producción que incluía una orquesta de cuerdas (dirigidas por Aby Rojzle), una alucinante escenografía de Alfredo Lois, con edificios implantados sobre el escenario, y la presencia de los invitados usuales: Richard Coleman, El Gonzo y Fabián Quintiero. "La escenografía la hicieron en mi casa —revela Adrián Taverna— sin tomar las medidas y no entraba por la puerta del estadio. Tampoco midieron la altura; Alfredito era un genio pero un desbolado marca cañón". "¡Tuvimos que cortarla y volverla a armar! —se ríe Ohanián—. ¡Una cosa de locos!"

La ruptura de Gustavo con Anastasia dejó un poco su apariencia en manos del destino. Si bien ella no era la encargada del look, fue quien lo inspiró y quien les cortaba el pelo a los músicos. Alejandra Boquete era productora de espectáculos y después de haber vivido un año y medio en Miami regresó a Buenos Aires y llamó a todas las productoras para conseguir algún trabajo, sin resultado positivo. En Ohanián Producciones, Juan Carlos Mendiry le contó que estaban buscando a alguien que maquillara a un grupo que ella no conocía. Como había estado trabajando con un fotógrafo, encargándose de estética y ambientación en las sesiones, se lo comentó a Claudia Dorga, por entonces mujer de David Lebón, que la hospedaba en su casa.

—¡Pero sí! ¡Se lo hacemos de taquito! —lo minimizó Claudia—. Es como nos maquillamos nosotras.

"Es verdad —reconoce Alejandra—, nosotras nos vestíamos como ellos querían verse, éramos parte de esa cultura, también escuchábamos a The Cure. Necesitaban una prueba, un book, o algo y agarramos a una amiga, Alejandra Rodríguez Mentasti, hermosísima ella, nos lookeamos las tres y fuimos así montadas a la cita con Alfredo Lois en Obras, dos días antes del concierto". Cuando las chicas llegaron al estadio, vestidas de negro, con los pelos arriba, tacos altos, la banda hizo un alto en la prueba. "Eso es lo que quiero", comunicó Gustavo. Tuvieron una charla con Alfredo, arreglaron números con la productora y manos a la obra... o a las caras de los músicos. "Juntamos maquillajes que yo había traído de Miami —explica Boquete—, un polvo blanco que me ponía yo en la cara: *dark* era el look del momento. Nos armamos una valijita y fuimos a batir los pelos con peine de cola. Yo maquillé a Gustavo y a Zeta, y Claudia a Charly y a Richard. María Carámbula estaba por ahí en los camarines y me tocaba todos los maquillajes; yo muy paranoica porque no quería que se rompiera nada, estaba nerviosa, y así nos hicimos amigas hasta hoy. Salió todo bien y nos ofrecieron quedarnos ayudando con la ropa y el look, pero Claudia era psicóloga y quedé yo sola a cargo".

Los cuatro conciertos de Soda Stereo en Obras, más allá de las buenas críticas que recibió, eran un punto de inicio de otra cosa, más que una anhelada consagración que ya habían recibido de facto. Alberto Ohanián esperaba ansioso ver todo lo que se había filmado, no solo porque ese concierto se iba a poner a la venta como video, sino porque necesitaba una prueba irrefutable del grupo arriba del escenario para probar suerte en Latinoamérica. "Pero se arruinó el sincro —se lamenta Ohanián—, y les propuse que se mataran viendo ese video y que grabáramos de nuevo el audio el fin de semana siguiente en otro show en La Plata, siguiendo la mímica del concierto de Obras. ¡Y lo hicieron! Algo perfecto. Eso era Soda Stereo".

Richard Coleman y Gabriela Aisenson, su novia de aquel entonces, salían del cine América en la calle Callao y divisaron en la puerta a Gustavo y a Alberto Ohanián. "Ah, vienen a ver la misma película", pensó él. Cerati le aclaró la situación.

—No, Richard. Tu canal de guitarra no se registró. Tenemos el video con tus partes pero no tu audio: venimos a buscarte para que grabes tu guitarra. Pasé por lo de tus padres, tu mamá me dio tu guitarra, una bolsa de pedales y me dijo en qué cine estabas.

"Fuimos directamente al estudio donde estaban editando el video, me conectaron a la consola de audio y grabé sobre el video. Fijate el detalle de Gustavo de encontrar la solución para no dejarme afuera. Otro hubiera pensado que nadie se iba a dar cuenta".

Alfredo Lois llegó al aeropuerto de Ezeiza con la lengua afuera pero con tres temas terminados y las copias correspondientes para que Alberto Ohanián emprendiera aquel viaje épico a la conquista del mercado latinoamericano. Aunque en la época era más como una misión suicida. Ningún grupo de rock argentino o de rock latino había podido ser exportado. Pero Ohanián se tenía una fe enorme.

— • —

No había respiro para Soda Stereo. Luego de Obras se encaminaron hacia Tilcara para grabar el video de "Cuando pase el temblor". Hicieron una jornada previa de reconocimiento y planificación y al día siguiente se despertaron a las cuatro de la mañana para ser maquillados y vestidos. El contraste entre la naturaleza del pucará y tres muchachos peinados y maquillados al límite era un poco lo que se buscaba. Fue una larga jornada con muchos percances, muchos de los cuales fueron solucionados sobre la marcha bajo la dirección de Alfredo Lois. "¡No sabés lo que es Tilcara a las cuatro de la mañana! Un lugar helado", se asombra hoy Alejandra Boquete. A medida que avanzaran las horas, el lugar iría adquiriendo temperatura de horno, afectando el maquillaje y la presión de los músicos, que pedían recreos para quitarse las pesadas vestimentas. Parte del equipamiento, por error de la aerolínea, fue a parar al otro extremo del país, a Ushuaia en Tierra del Fuego, pero con la carretilla de un lugareño consiguieron un modesto carrito para la cámara. Algunos curiosos comenzaron a asomarse para ver a esos seres tan extraños, entre ellos un chiquito de cinco años que participó como extra. Hay divergencias con respecto a su paga: años más tarde aseguró que cobró su actuación en caramelos pero parece que hubo que procurar algo de efectivo para que tomara la mano de Cerati y así concluir el video alejándose del lugar a la puesta del sol. Otro cuarto Soda: Ángel Norberto Serapio, que sigue residiendo en Tilcara.

Soda ya comenzaba a transitar el interior de Argentina, intentando llevar la misma calidad de show que tenían en Buenos Aires. Lo que no era fácil. "El interior nos recibió mejor que Buenos Aires, siempre —opina Adrián Taverna—, se sentían muy tocados porque los grupos llevaban el veinte por ciento de lo que usaban en Buenos Aires, y nosotros teníamos en claro que el show debía ser el mismo en todas partes. Eso nos dio mucho training, mucha convivencia, mucha hermandad, y comenzamos a ver que funcionaba". De cualquier manera, la eterna rivalidad entre la gente del interior y los habitantes de Buenos Aires se hacía sentir.

—¡Porteños... hijos de puta! ¡La puta que los parió! —cantaba la gente ante la más mínima demora en el inicio del show. Era casi un ritual folklórico.

—Nos están puteando... ¡va a ser una noche exitosa! —se reía el grupo en camarines.

El que no podía reírse y debía sofrenar su fuerte temperamento era Alberto Ohanián, que comprobó *in situ* lo arduo de su tarea en el intento de exportar a Soda Stereo por Latinoamérica. "Fue un viaje largo —se acuerda Ohanián—, que en muchos lugares fue humillante. El objetivo era conseguir la edición del disco". Para eso se embarcó pertrechado con fotos, videos y álbumes. "La compañía no confiaba en el desarrollo internacional del rock argentino —confirma Oscar Sayavedra—, entonces como adelanto de regalías le pedíamos doscientos discos". "Ese primer viaje lo hago solito —retoma Ohanían—, como si fuera un corredor de venta de artículos de cocina, con la valija llena de fotos y discos. Comienzo en Chile donde se estaba empezando a mover un poco la historia". Sayavedra ratifica eso contando que por cuestiones cambiarias, los disc-jockeys chilenos viajaban a Argentina, por lo general a Mendoza que les queda cerca, y compraban los discos del momento. Por lo tanto, en alguna radio ya había alguna canción sonando. CBS Chile fue la primera filial en publicar los dos primeros discos de Soda.

"Pero en el resto de los países fue muy difícil —prosigue Ohanián—; nadie quería editarlo y yo tenía que obtener eso como fuere". Se topó con el desdén del presidente de CBS Perú que se la pasó firmando cheques, y que lo recibió más por ser el mánager de Piero que por ayuda de CBS Argentina. "Le pedí que viéramos el video de Soda y el tipo seguía firmando sin levantar la cabeza. Yo sentado, con mucha humillación, pensaba que la cosa no iba a andar. ¿Colombia? Olvidate. Venezuela, tampoco, y finalmente llegué a La Meca, que para nosotros era México: me rechazaron de plano". Alberto recibió un signo de aliento en esa reunión negativa, porque escuchó sonar una canción de Soda Stereo que venía de otra oficina. Cuando termina su reunión, se le acerca alguien.

—Yo soy fanático de Soda —le dijo un empleado de la discográfica—, voy a hacer que pongan una canción en un compilado.

No era mucho, pero era algo. Intentó una jugada más en México y visitó a su compatriota Luis Mendez, que era el director de RCA. "Alberto, acá tenés que usar presiones. Voy a llamar a Mario Lecuona de Televisa, lo vas a ver de parte mía y forzamos a CBS a que edite el álbum". Con el ánimo destrozado, Alberto visita a Lecuona, y vuelve a Buenos Aires con muy poco resultado y el sueño astillado. La historia parecía estar definida.

Lo que la historia no sabía era de qué madera estaba hecho Alberto Ohanián.

16

Acertijos bajo el agua

Al tiempo que Alberto Ohanián volvía a Buenos Aires, Oscar Sayavedra acompañó a Soda Stereo en su primera visita a Chile, donde arribaron en mayo de 1986. Aprovecharon una coyuntura por la cual la televisión chilena necesitaba mucho producto y con la edición de los dos primeros discos del trío, gracias a la pasada rasante de Alberto Ohanián por Santiago, el programa *Martes 13* se interesó en una presentación de Soda Stereo. "En Chile tenían toque de queda —explica Oscar—, había dictadura y no podía entrar cualquiera, los programas de televisión pagaban fortunas por artistas españoles. Al programa que más pagaba, lo convencimos de llevar rock en español, llevaron a Soda y reventó. Habíamos hecho la previa de llevar los discos a los paradores de la playa, entonces un poco el grupo se conocía, pero nos ofrecieron cinco mil dólares. ¡Que nadie te lo pagaba en aquel entonces! Dijimos que no: que nos pagaran una semana en el hotel Sheraton. Y a la CBS le dijimos que queríamos hacer toda la prensa posible". El programa se emitió el 20 de mayo de 1986, y eso excitó el olfato de los medios que descubrió a Soda Stereo. "Y nos quemamos las pestañas, pero valió la pena". Ahí se pudo observar la disposición del grupo al trabajo porque hicieron todas las notas que les pidieron, fuera bien temprano a la mañana, o ya caída la madrugada para una emisión radial nocturna. "Fueron los artistas menos conflictivos y los más trabajadores", resume Alberto Ohanián. Eso es fundamental para entender la trascendencia que Soda Stereo tendría en el tiempo. Además, existía una acertada estrategia de posicionar al grupo primero e ir a tocar después.

Horacio Nieto era un mánager que había comenzado a dar sus pasos a comienzos de los 80, pero a mediados de la década había devenido en personalidad radial por sus controvertidas columnas para *Submarino Amarillo* bajo el seudónimo de Moby Dick. Voluminoso, simpático y expansivo, fue al que Oscar Sayavedra acudió para tratar de solucionar un imprevisto.

—Te estuve llamando toda la mañana —le dijo—, me tenés que salvar. Nos cancelaron la discoteca donde íbamos a presentar el video de "Cuando pase el temblor". ¿Qué se te ocurre?

—Dejame que ya te lo soluciono —responde Nieto.

"Llamé a mi amigo Charly Burguin —explica Horacio—, que tenía una discoteca llamada Cardiff en Carlos Pellegrini y Santa Fe. Le pedí que me salvara, que le pagábamos las bebidas y los gastos, pero que teníamos que presentar el video ahí. Nos quedaba otro problema: ¿cómo hacemos para avisarle a la gente que se cambió el lugar? Y se me ocurrió la idea de poner dos tipos disfrazados en la otra discoteca, repartiendo las tarjetas de donde era la verdadera fiesta". Los periodistas y allegados se encontraron con Batman y Superman explicándoles que debían dirigirse a Cardiff, y allí, sentado con las integrantes del grupo Las Primas, Horacio Nieto les daba la bienvenida. Ese fue su ingreso como coordinador general a la agencia de Alberto Ohanián.

— • —

Gustavo tomó la determinación de irse a vivir solo. Si bien la relación con Noëlle Balfour había avanzado, el motivo de su mudanza al departamento de la calle Juncal al 2100 obedecía a otras razones además del deseo de intimidad con su nueva novia. "La piecita ya le quedaba muy chica —cuenta Laura Cerati—, y él ya se podía pagar un alquiler. Gustavo se dio cuenta que quería vivir cosas diferentes, despegado de la familia y se alquiló el departamento de Juncal. Seguramente lo de Noëlle también tuvo que ver. Recuerdo que era la novia de Vilas, que era actriz, nos mostraba películas donde había actuado, y era muy bonita". La zona le había gustado a Gustavo, desde los tiempos en que Ohanián Producciones había tenido la oficina a una cuadra por la misma calle, pero la vecindad fue muy breve, porque ante el crecimiento de su agencia, Alberto Ohanián tomaría el piso entero de un edificio en Diagonal Norte y Florida, donde la ciudad era un hervidero de transeúntes.

Dentro de Ohanián Producciones, Raúl Romeo miraba todo con una visión global y sugirió que Soda Stereo fuera a España. Alberto lo acompañó en la idea y convenció a Gustavo, Zeta y Charly de que usaran la plata de todo lo que habían ganado y se hicieran un viaje a Europa, mitad placer, mitad trabajo. A su vez, Gustavo fue el que lo convenció a Fabián Quintiero de que se sumara al viaje.

—Ahora que agarramos plata y un poco de vuelo, ¿por qué no venís? —le propuso.

"Me gustó que me incluyeran —admite Fabián—, y pese a que yo no tenía los ingresos de ellos, viajé igual bajo mi costo y la pasamos muy bien. Arrancamos por la España post Franco, post destape; recuerdo que había mucha gente en la calle, heroinómanos en Malasaña, mucha cultura gay en Benidorm. Hemos ido a la playa vestidos de negro a descubrir el Mediterráneo. Anduvimos por la trasnoche madrileña, fuimos a discotecas". La única fantasía que no se pudo cumplir fue la de Gustavo que quería ver a dos chicas haciendo el amor, de ahí lo de ser un espía, un espectador, idea que retomaría no mucho tiempo después. "Me lo pidió Gustavo una noche —recuerda Ohanián—, que él quería ver eso. Fuimos... y no pudimos conseguirlas. Agarramos el coche y fuimos al barrio de putas. No quisieron, rarísimo".

Alberto y Raúl querían establecer una cabeza de puente en España, pero no hubo receptividad hacia Soda Stereo. "Yo viajé antes con Raúl —retoma Ohanián—, para meter 'Sobredosis de TV' en la radio española, como punto rojo en *Los 40 Principales* y le ofrecí todas las regalías del tema al dueño de la radio. Estuve un buen tiempo esperando hasta que aceptó, pero lo pasaron unas pocas veces, no funcionó y el arreglo se pinchó". Alberto regresó a Buenos Aires y los cuatro músicos, se dirigieron a donde verdaderamente querían ir: a Londres. Los recibió Eddie Simmons, un empresario argentino que residía en Inglaterra y había hecho de promotor en sus shows marplatenses. Al llegar se dieron cuenta que a lo *dark* se le había pasado el cuarto de hora y lo comprobaron más fehacientemente cuando fueron a un par de conciertos.

"Paramos con otros dos ingleses en Sydenham —cuenta Quintiero—, el plan era ir al festival de Glastonbury y ver a The Cure, que era la banda que marcaba la cancha; también nos interesaba Psychedelic Furs, que cerró la primera noche, y nos quedó mucho el sonido de la voz de Richard Butler. Tengo la imagen de Gustavo clavando las estacas de la carpa: ¡éramos como boy scouts! Teníamos una muy grande tipo loft, y Charly Alberti se llevó una chiquita para él solo. Como acampamos muy lejos, encaramos la caminata para ver a Psychedelic Furs: doscientas mil personas, toda la energía de un festival británico, te vendían lo que quisieras, todo tipo de gente, ropa, merchandising, tragos. No encontrábamos el auto cuando volvimos y nos robaron la carpa. Con Zeta y Gustavo dormimos en un Mini Cooper y Charly Alberti en su carpita individual. Nos levantamos y fuimos a ver a The Cure, antes tocó un gran artista: John Martyn, y al día siguiente teníamos entradas para ver a Simple Minds en el Milton Keynes Bowl".

Fue el mejor momento artístico y comercial de la carrera de Simple Minds, Gustavo les había echado el ojo hacía tiempo: "Don't You Forget About Me" era un número clavado en todas las discotecas. Los tenía estudiados. Pero ese día hubo otro rol protagónico: el 22 de junio de 1986 Argentina se medía con Inglaterra por el campeonato mundial que se celebraba en México. Muy futboleros los ingleses, tenían encendidos televisores en todos los food-trucks. Y en el medio de esos cientos de miles de personas, británicas en su mayoría, cuatro argentinos que impostaban su acento para parecer españoles. "Teníamos miedo que nos peguen —se ríe Quintiero—; la banda soporte era The Waterboys y sentimos una ovación: gol de los ingleses. No podíamos ver el partido. La puta madre". Jim Kerr, el cantante de

Simple Minds, salió al escenario con una sonrisa luminosa que fue causada por algo más que el recibimiento de una multitud; al ser escocés se alegró en comunicarle al público que Argentina le había ganado dos a uno a Inglaterra. "Nos agarramos las manos los cuatro —sigue contando Fabián—, nos dimos un abrazo en silencio. A veinte años de esos dos goles, el de la 'mano de Dios' y el otro, le conté la anécdota a Maradona en Frankfurt".

"En España me pareció que la cosa estaba bastante caída a nivel música —contó Gustavo—; tuvieron aparentemente un buen momento en el que se dispararon una serie de grupos que dieron pie a lo que ellos llamaron 'la movida'. Inglaterra en cambio está muy bien, está pasando por un momento bárbaro; grupos que salen todos los días y uno mejor que el otro (...) Conocimos a una cantante llamada Lene Lovich, que tuvo su importancia en un tiempo, que se ofreció a hacer una versión en inglés de 'Juego de seducción' (...) Conocimos Abbey Road y pudimos ver a la Sinfónica de Londres poniéndole música a una película de Spielberg; pudimos ir a un par de festivales. Ahí vimos lo bien que están musicalmente los tipos, ¿no? Aunque también se nota una decadencia abismal. El joven que no se dedica a la música, prácticamente no tiene salida"[32].

Una vez concluida la experiencia inglesa, los cuatro partieron hacia París. Fueron a muchos museos, y llegaron a Pigalle, a la zona de cabarets pasado el mediodía. "Entremos de a uno para vivir la experiencia", se dieron ánimos entre ellos. "Nos afanaron toda la plata —concluyó Quintiero—, se nos sentaron unas minas y nos cobraban las copas. Intenté guardarme la plata en las bolas, pero vino uno, me agarró del brazo y me sacó el dinero. ¡Tendría que haberlo pagado Gustavo porque fue su idea!" Pese a que también lo robaron a Fabián cuando se compraba ropa en un local, de París trajeron muchas vestimentas que servirían para darle una vuelta de campana a su apariencia. El viaje terminó en Nueva York; Charly y Fabián se volvieron

32 Revista *Rock & Pop*. Reportaje de Eduardo de la Puente y Sergio Marchi.

antes y Zeta y Gustavo se quedaron. A todos los esperaba el frío de Buenos Aires y un nuevo capítulo.

— • —

Ya hacía tiempo que Soda Stereo ensayaba en la casa adaptada que Ohanián les había alquilado en la célebre esquina de Sucre y Naón, en el barrio de Belgrano R. Cuando volvieron de Europa y retomaron su rutina de shows de fines de semana, Gustavo comenzó a componer las canciones del tercer álbum de Soda Stereo y a llevarlas a la sala para ensayarlas con Zeta y Charly. Al mismo tiempo le había propuesto casamiento a Noëlle Balfour, que aceptó y desde ese momento la relación experimentó turbulencias en el vuelo y una serie de discusiones que dejaban a Gustavo en un lugar extraño: solo, en un departamento al que Noëlle nunca se mudó aunque tuviera llaves y que él había pensado de a dos. Gustavo se había comprado una videocasettera con la que vio muchas películas, pero no dejaba de sentir los nocivos efectos que la soledad prolongada causa en los organismos sensibles. Aunque tampoco tenía mucho tiempo para aburrirse con los shows, los ensayos y un nuevo disco por delante, la situación no dejaba de afectarlo. Gustavo se rodeó de equipos, de amigos y de música. Eso planteó un abismo mayor con Noëlle, y ya se sabe que el diablo frecuenta soledades.

¿Cuándo entró la cocaína en Soda Stereo? Imposible saberlo. Mucha gente cree que fue a partir de las giras internacionales sobre todo en visitas a países que producían la sustancia, pero dentro del ambiente del rock, y aun trascendiéndolo, había mucha cocaína dando vueltas por Buenos Aires. Antes era privativa de los tangueros, pero a partir de 1984 comenzó a circular con llamativa rapidez y a conseguirse con cierta facilidad. Y tal vez por eso es mencionada en el nuevo material de Soda, en temas como "Sin sobresaltos", sin que constituyera una novedad: la "blanca" había sido casi el tema central de *La dicha en movimiento* de Los Twist y hasta Charly García había aludido a ella en los últimos tiempos de Serú Girán.

La música avanzaba, pero las letras no, y es a partir de este momento donde Gustavo comenzará a tener problemas con esa cuestión. No por incapacidad, sino por las increíbles inseguridades que tienen todos los artistas, que sienten que no están a la altura de las expectativas ajenas, pero sobre todo de las propias. Gustavo tomaba notas de conceptos o de palabras unidas pero no terminaba de encontrar lo que las nucleara en una letra. Tenía imágenes sueltas como la de "Persiana americana". "Esa canción ya estaba compuesta desde antes —asegura Anastasia—, y la letra había venido de un concurso. En ese tiempo había una propaganda de desodorante con una persiana americana, y cuando la vimos un par de veces, Gustavo me dijo: 'Es más importante lo que se insinúa que lo que se ve'. Justo estaba haciendo la canción y la situación del concurso".

El programa radial *Submarino Amarillo* organizó junto con el Suplemento Sí! del diario *Clarín*, dedicado a los jóvenes y recién aparecido, un concurso de poesías y letras. "Nosotros teníamos mucha llegada a todos lados —cuenta Carlos Salotti, productor del programa—, y nos escuchaban hasta los presos, cuando no había otra forma de entretenerse que no fuera la radio. Le pedimos a Tom Lupo que consiguiera el auspicio del Sí! de *Clarín*, que nos dice que necesitamos otro formato con un jurado de notables y que se usaran esas letras para canciones. Yo lo convoco a Gustavo, Tom convoca a Federico Moura y Alberto De Ritis a Willy Iturri de GIT. Llenamos canastos con las letras que nos llegaron y con Tom hicimos una preselección; Gustavo eligió 'Persiana americana' y lo grabó".

Pero hay un lado B de esta historia que es el que contó Jorge Daffunchio, autor de la letra de "Cine negro" que fue la que a Gustavo le gustó. El autor sostiene que Soda Stereo se bajó del concurso porque consideraba que no se le podía poner música a la letra que eligió. Carlos Salotti lo niega rotundamente: "Para nada, nadie se bajó y de hecho tenés el tema donde Gustavo comparte la autoría con el participante". En realidad, "Cine negro" hubiera sido una letra mucho más apropiada para Patricio Rey y sus Redonditos de Ricota, con sus caños y onomatopeya. Daffunchio no se dio por vencido y por medio de un amigo que participó de la filmación de "Cuando pase el temblor", le hizo llegar a Gustavo nuevo material. Finalmente consiguió su teléfono, dejó un mensaje en su contestador, y al día siguiente Gustavo devolvió el llamado y le pidió que fuera a verlo al departamento de Juncal. Allí conversaron y le dio una de sus tantas listas para que tuviera algún parámetro. En ese papel, ya estaban buena parte de las ideas-fuerza que aparecerían en el resto de las letras: "Caja negra", "El rito", "Luna hostil", "Fisuras (une fisuras)", y "Persiana americana", entre otras. Daffunchio se llevó el papel y empezó a trabajar en varias, de las cuales Gustavo seleccionó "Persiana americana", que tenía una fuerte influencia de autores de la novela negra americana y le pidió que fuera más romántica. Allí la letra encontró una forma más apropiada y luego Gustavo la trabajó un poco más y la dejó lista. Daffunchio no volvió a tener noticias de Cerati hasta que un día recibió un llamado para que fuera a escuchar el disco a Ohanián Producciones y se encontró con una planilla de SADAIC para que firmara como uno de los autores de una de las canciones más exitosas de la historia de Soda Stereo.

Pese a los pronósticos, Fricción continuó como grupo bajo el liderazgo de Richard Coleman y el aliento desde afuera de Gustavo, que iba a ser el productor del primer álbum. La banda había devenido en quinteto con Coleman, Samalea, Basso y la llegada de El Gonzo como saxofonista y guitarrista y Celsa Mel Gowland como vocalista y eventual tecladista. Si bien Cerati no pudo asumir su papel de productor y le sugirió a Richard que lo hiciera directamente él, y participó como invitado de la grabación de *Consumación o consumo*. "En ese primer disco me dio manija —cuenta Coleman—, me acompañó en la selección de temas, me prestó una batería electrónica: estuvo muy cerca. De hecho, el primer acorde del disco es Gustavo, que metió una viola en 'Perdiendo el contacto', otra en 'Durante la demolición' y una guitarra sintetizada con sonido de marimbas en 'Gabinete de amor'. Con nosotros estrenó su guitarra Jackson".

En la grabación del disco de Fricción, Gustavo conoció a Celsa y quedó fascinado por su voz. Le parecía que tenía el soul que estaba buscando para su música. "Gustavo me invitó a cantar al nuevo disco —recuerda Celsa—, ese día que fui a su casa tenía todas las músicas pero no las letras. Vivía en el departamento de Juncal, primer departamento de soltero, y como todo departamento de un pibe tenía muy pocas cosas, un ambiente muy despojado. Y en el piso estaban tirados todos los papelitos con proyectos de letras, y ahí me mostró como se enamoraba del sonido de las palabras: amaba las esdrújulas. Juntaba las palabras y frases que le resultaban sonoras en una carpeta chiquita, negra, con un índice; las guardaba en orden alfabético. Eran cosas que le disparaban imágenes, como un diccionario de palabras. Era un coleccionista. Ese día quiso probar coros y cosas y había hecho un dispositivo para tener cámara montando el micrófono dentro de la bañera".

El departamento va a estar vacío de muebles casi durante todo el tiempo que Gustavo vivió allí, porque su relación con Noëlle se deterioró al punto de que el plan de casamiento se desmoronó y la pareja se terminó. Al menos, para Gustavo. Cuando él quiso terminar la relación, ella no lo aceptó y comenzó una serie de problemas que continuaron cuando ella se fue a Europa y seguía llamándolo por teléfono. En un momento le dijo que estaba embarazada. A Gustavo la idea lo inquietó —fue todo una falsa alarma—, y ese paso de psicodrama sumado a la presión de las grabaciones que habían comenzado, el hecho de no tener las letras, y las interminables jornadas, plagadas de problemas técnicos en Moebio, le pasaron una factura que se presentó en un ataque de pánico. No fueron pocos los que lo relacionaron con la cocaína, pero Gustavo siempre contó que se había ido a dormir a su departamento y que despertó con un sobresalto, pero la cocaína suele privar del sueño a quien la consume. En ese brusco despertar habría compuesto las letras que le faltaban para el disco. Las historias de esa noche, relatadas por el propio Gustavo en entrevistas, son cuanto menos, confusas porque Cerati fue a una guardia a que lo atendieran y luego terminó en la casa de sus padres donde Lillian consiguió tranquilizarlo. Son raros los casos de alguien que en una emergencia termina las letras de las canciones de un disco antes de atender la urgencia.

La única letra terminada de un tirón aquella noche habría sido la de "No existes", dedicada con bronca a Noëlle. Gustavo tenía la idea de pedirle letras a Richard, pero como él estaba ya con bastantes problemas con el disco de Fricción, cuya edición se dilataba, encontró una solución cercana: Isabel de Sebastián, muy amiga de Celsa Mel Gowland, era la cantante y letrista de Metrópoli. "Nos cruzábamos inevitablemente —cuenta Isabel—, íbamos a escucharnos entre bandas y había un espíritu de camaradería. Así conocí a Gustavo; un poco más adelante, le estaban faltando letras ya terminando de grabar, y ahí me convocó, probablemente mi nombre haya salida en una charla con Mariano López, con quien yo vivía en ese momento. Fui a la casa de Gustavo a escuchar 'En camino', que era el que no tenía nada de letra. Gustavo estaba trabajando las otras canciones con papeles que había en el piso que tenían palabras que le gustaban, mezclándolas, como una forma del juego surrealista Cadáver Exquisito. Me traje un cassette con el tema a casa y la letra salió muy rápidamente. Se la llevé a los pocos días y le encantó".

Otro tema irresuelto era el del tecladista. Fabián Quintiero no estaba conforme con las condiciones de trabajo y lo hacía saber. Quedó en stand-by mientras buscaron alternativas. "Había muchos rollos —explica Oscar Sayavedra—, creo que se ilusionó con ser el cuarto Soda. El asunto es que el Zorrito parte a algún lado y cuando llega el momento de grabar el disco, yo propuse a Natalio Faingold, hermano mío de Mendoza de toda la vida. Llevó a la sala de Naón su Yamaha CP-70 y su órgano Hammond; fue él quien propuso un sonido de teclado más orgánico. Lo aprobaron pero justo le salió una beca para estudiar en la Universidad de Berklee en Boston, y tuvieron que llamar al Zorrito para grabar". Valió la pena porque ese sonido orgánico era ideal para Fabián que lo entendió rápidamente. "En pos de grabar y no perder el lugar acepté —dice Quintiero—, y mi gran entendimiento con Gustavo era que se bancaba que yo metiera un arreglo en sus canciones. En un momento me dijo: 'hacete un piano acá', y toqué tres notas. Y le gustó". Tanto que en base a eso se hizo todo el arreglo de piano de "Signos", un tema enorme con aires de tango y a la vez un modo progresivo de tocar en la impresionante introducción de guitarra que hace Gustavo. Si hay algún rastro de aquel "Melena" que escuchaba Yes en el San Roque, está en esa canción.

Gustavo quería vientos en un par de canciones y llamó al Pollo Raffo, que además de ser un pianista eximio, se dedicaba a hacer arreglos. "Me acuerdo de que tuvimos una charla en el estudio —acomoda Raffo sus recuerdos—. Que me mostró los temas, algún demo, y de que él estaba muy orgulloso de 'Signos' como canción: me dijo que era lo mejor que había hecho. Me llevó *So* de Peter Gabriel para mostrarme la clase de arreglos que quería. Con la bata de Charly Alberti, el arreglo de 'Sin sobresaltos' estaba claro: tenía que ser algo tipo Motown, Otis Redding. El problema es que el tema estaba en Sí Mayor, que es una tonalidad espantosa para los caños; pregunté si podíamos pasarlo a Do y me dijeron que no había margen. Para 'Prófugos', la situación era más parecida a lo que me mostró de Gabriel; el resultado no fue el que ellos estaba esperando pero lo resolvieron editando. En vez de hacerme revisar el arreglo, fueron editando los fragmentos que funcionaban. Pusieron a Moebio al límite de sus capacidades y agregaron una catarata de raks y efectos. Sonó fenómeno, pero estaban empujando más de lo que el estudio podía dar".

Surgió una situación experimental en la grabación de la sección de vientos compuesta por Miguel Ángel Tallarita, Pablo Rodríguez, Diego Urcola, Bebe Ferreyra y Sebastián Schon.

—Pollo, ¿le podemos pedir a alguno de los trompetistas que improvise en La menor sin ninguna referencia?

El que se animó al desafío fue Diego Urcola, gran trompetista de jazz. "Querían tenerlo como una trompeta a la distancia —sigue Raffo—, y usarlo como un fondo fantasmal. Y en 'Signos' escuchás una trompeta con mucha cámara que toca a un tempo distinto porque no tenía referencia de nada. Fue algo muy beatle; estaría corriendo la cinta de efectos, levantaron el volumen del canal a ver qué había, y les gustó lo que quedó".

— • —

Durante la grabación, Gustavo, vulnerable después de su ruptura con Noëlle, se sintió atraído por Celsa. Y le pidió a Richard que le hiciera gancho con ella, pero su amigo frenó la iniciativa.

—Gustavo, no te hagas ilusiones porque hace seis años que está de novia.

"Yo estudiaba biología y di mi última materia grabando *Signos* —revela Celsa—, Gustavo y yo nos enamoramos fugazmente durante la grabación. Tuvimos un romance que duró muy poco". Hay por lo menos dos letras nutridas por esa efímera pasión: "El rito" y "Prófugos"; la primera es bien puntual, y la segunda incluye otros elementos como la locura de tantos días de trabajo: "estar así despiertos es un delirio de condenados". "Yo creo que él estaba enamorado de mi voz —continúa Celsa—, y yo estaba enamorada del talento, cómo tocaba, cómo cantaba. Gustavo tenía un Falcon, empezó a llevarme a mi casa, y para manejar se ponía un par de anteojos rotos, pegados con cinta scotch. ¡Pensar que fue tan glamoroso! Todos éramos un poco así, y en la vida íntima Gustavo andaba en un Falcon con un anteojo despegado".

Celsa tardó mucho tiempo en aceptar los avances de Gustavo, y de ahí frases como "no seas tan cruel", "no busques más pretextos", "somos cómplices los dos", terminaron en la letra de "Prófugos", una de las canciones más *funky* de Soda Stereo. En "El rito", Gustavo mostraba cierta confianza y a la vez su atracción por el fruto prohibido en frases como "soy un profanador", "desafiando el tiempo", "destruyendo mitos", esta última referida a la advertencia de su amigo Richard. "Cuando termina la grabación de *Signos* —retoma Celsa—, un día se presenta en mi casa, me toca el timbre y me trae el disco de regalo. Me dijo que lo mirara atentamente porque tenía algo para mí. Lo miré y no vi nada; cuando lo miré bien de cerca, encontré escrito con letras minúsculas, muy chiquitas, repartidas en la tapa, contratapa y sobre interno, la frase: te quiero. Fue su manera de declararse y ahí comenzó el romance".

Solo que Gustavo quería imprimirle velocidad a la relación y definir las cosas con rapidez. Y lo logró. "Pasamos juntos la Navidad de 1986 —finaliza Celsa—, y me sentí muy triste; extrañaba a mi novio y además me di cuenta que en realidad estábamos enamorados de la parte musical del otro, pero que no teníamos más cosas en común. No mirábamos las mismas películas ni leíamos los mismos libros, nos encantaba conversar pero no había más en común. Entonces, esto no continuó y nos separamos muy civilizadamente. Le regalé un bonsái para despedirme... creo que se le secó".

17

La lluvia de meteoritos

Hay fechas difíciles de precisar en las fechas de ediciones de los álbumes, sobre todo en los de procedencia argentina donde el desprecio por el archivo, la estadística y la rigurosidad en los datos forma parte de cierta idiosincrasia nacional. Más en el caso de sellos que estuvieron sometidos a ventas y a fusiones corporativas: los papeles se mezclan o desaparecen en mudanzas. En los años 90 se puso un poco más de cuidado en el detalle, pero se estima que *Signos* se publicó en noviembre de 1986. De lo que no hay duda alguna es de que fue el álbum en el que toda resistencia a Soda Stereo fue vencida: *Signos* fue un disco ante el que nadie puso el menor reparo y hoy es considerado uno de los mejores trabajos del trío. Exhibió una madurez en el sonido con baterías más cercanas a un sonido natural y mejor definición de todos los instrumentos, sobre todo de las guitarras de Cerati y más que nada de su voz. Ocho temas inapelables donde Soda Stereo mostró que podía seguir creciendo disco a disco y que no había una fórmula que los gobernara. Sí había una personalidad común a los tres álbumes, que conformaban un organismo breve capaz de mutar y desarrollarse. Ya no hacía falta que salieran en la tapa, que se diseñó a través de una idea de Caíto Lorenzo de trabajar con rollos vencidos de Polaroids, bajo el diseño integral de Alfredo Lois que otra vez creó un nuevo logo. No sería el último.

"La grabación en Moebio fue una masacre de horarios —recuerda Oscar Sayavedra—; Piris había inventado un sistema de dos ADAT sincronizados y teníamos treinta y dos canales digitales… que se desprogramaban cada media hora. La grabación que iba a insumir dos semanas se nos fue a seis y se nos venía la gira internacional encima. Lo terminaron contra viento y marea". Soda Stereo tocó por primera vez en el extranjero en enero de 1985 cuando hicieron unos pocos shows en Punta del Este, Uruguay. "Tocamos en un balneario que era un gaterío —se ríe Adrián Taverna—; creían que era una banda de covers y había diez personas, grandes, de otro target. Íbamos a tocar diez días pero nos mandaron de vuelta muy pronto". En realidad, la conquista de Latinoamérica comenzó el 6 de noviembre de 1986 cuando Soda Stereo tocó en una discoteca llamada Keops en Bogotá. "Tenía forma de pirámide —prosigue Adrián—, no era enorme pero era importante y antes de que toque Soda había un desfile de modelos. Habrá habido quinientas personas, nos fue muy bien pero fue muy raro; Colombia es de una cultura muy particular: fue muy fuerte para nosotros que después de tocar Soda pusieran vallenatos. Luego fuimos a Medellín a tocar en una plaza de toros para dos mil personas con Kraken, un grupo de heavy metal local de soporte". Ya ahí, Soda Stereo se sintió más a su aire, a tal punto que quisieron salir a recorrer la ciudad, pero la gente del hotel les recomendó que no lo hicieran: entre los grupos terroristas y los narcotraficantes no había paz en Medellín. "Fuimos al centro al mediodía —retoma Taverna—, y en el hotel nos pidieron que no bajáramos al lobby. Claro, con los pelos largos y las ropas éramos marcianos. Pero no creíamos que fuera tan difícil salir a comer enfrente del hotel: cruzamos una calle y volvimos aterrados. Era todo muy violento, veíamos gente armada todo el tiempo. No podíamos dormir por los ruidos de balazos".

Recobraron cierta normalidad en su vuelta a Bogotá donde se presentaron, ya para un público más regular y más numeroso junto con el grupo local Compañía Ilimitada. La recepción fue fabulosa. Pero ¿cómo es que se abre el mercado colombiano para Soda? La respuesta la da el empresario Julio Correal: "Había una emisora muy fuerte en Colombia que era la 88.9 La Súper Estación. Eran número uno desde hacía cinco años, una radio muy poderosa donde Soda Stereo tonaba a tope. Los han llegado a pasar hasta cinco veces en un día". "En el show de Bogotá —retoma Taverna— hubo como cinco mil personas; la gente se agolpaba y los parlantes eran todos distintos, hasta había parlantes hogareños. No existía el *rider*[33], ni tampoco el fax: hicimos un dibujo a mano alzada para explicar cómo queríamos el escenario". Aprovecharon la cercanía y viajaron a Quito, Ecuador, a presentarse los Estudios Telecentro, donde Gustavo explicó que el rock ya tenía veinte años en Argentina. Todos estaban menos maquillados que antes, pero Gustavo tenía una colita de cabello muy larga. "Era un pelo que yo me cortaba —revela Alejandra Boquete—, le ponía gomitas, lo pegaba con Plasticola y después se lo metía con dos clips de vieja ahí atrás, porque no existía el postizo como ahora. Después empezamos a cortarles pelo a las chicas que venían a las puertas de los micros. Gustavo quería el pelo muy levantado en esa época".

Luego partieron hacia Perú, pero no se detuvieron en Lima y siguieron de largo hasta Arequipa, la ciudad blanca, que a Gustavo le fascinó. Después, sí: tres funciones en el Estadio Amauta de Lima. En los mismos lugares donde habían rechazado a Ohanián, ahora las puertas parecían abiertas de par en par. Nuevamente la magia de la radio: un locutor de Radio Panamericana enloqueció con un tema de Soda Stereo y los irradió a más no poder. Y se notaba que en distintas latitudes había una juventud esperando grupos latinos que sonaran como los anglosajones. Fue toda una novedad para una región cerrada al rock, sobre todo al rock en castellano: Latinoaméricana estaba como Argentina antes que aparecieran los primeros grupos de rock en los 60. Con actividad, pero sumergida por la cultura dominante.

En el vuelo hacia Chile, donde esperaban grandes cosas, se sintieron verdaderas estrellas de rock cuando el comandante de la nave anunció por micrófono que le daba la bienvenida "a la agrupación de Soda Stereo". Después fue en persona a saludarlos.

---

33 Un *rider* es una lista de requerimientos profesionales que también incluye el plano del escenario.

—Muchachos —dijo el piloto—, prepárense porque hay gente esperándolos en el aeropuerto.

—Sí —contestó alguien—, debe ser el empresario.

—Creo que no entienden: estamos evaluando si podemos aterrizar en Santiago porque hay dos mil personas esperándolos a ustedes.

A medida que iniciaban el descenso observaron lo que desde las alturas parecía un galpón rodeado por una marabunta que luego oscureció una nube. Poner un pie en tierra fue como detonar un dispositivo de alarma: dos mil voces, en su mayoría femeninas, profirieron el alarido que decretó el inicio de la Sodamanía.

Se presentaron nuevamente en *Martes 13*, el programa de televisión que los había dado a conocer en el mes de mayo, y luego tocaron tres veces en el Estadio Nacional y realizaron una presentación en Valparaíso. *Signos* todavía no había sido editado en ninguno de los países, y el grupo todavía no se había encontrado con el producto terminado. "Tuve que quedarme en Buenos Aires para aprobar el acetato y las pruebas de tapa —cuenta Oscar Sayavedra—; me encontré con ellos en Chile durante una de las funciones. Yo llegaba con mi maleta al estadio con el puto disco y no me dejaban entrar. Tuve que abrir la maleta mostrarle el disco, mi nombre en la tapa, mi cédula de identidad y finalmente me dejaron pasar. Subo al escenario, Gustavo se da vuelta, le muestro el disco abierto y él lo agarra y los muestra al público".

"¡Nuestro nuevo disco: *Signos*!", anunció Gustavo a una multitud completamente extasiada. Las cosas no volverían a ser iguales jamás.

— • —

A su regreso de la primera gira internacional, Soda retomó el circuito de discotecas que venía haciendo. La fatalidad los sorprendió pronto, aunque de manera indirecta: mientras Soda hacía un show en la discoteca Wall Street de Moreno llegó la noticia de un accidente automovilístico. Esto sucedió el 12 de diciembre de 1986 y conmocionó a toda la estructura de Ohanián Producciones. En viaje hacia un show de Raúl Porchetto en la discoteca Highland Road de la ciudad de Salto, Osvaldo Marzullo y Quique García Moreno chocaron con el auto. Marzullo llegó ensangrentado a Moreno a pedir ayuda. "Yo salí con Charlie Burguin inmediatamente a Luján —cuenta Horacio Nieto—, y cuando llego al hospital me entero que Quique había fallecido. Vuelvo a Moreno y con Marcelo Angiolini decidimos no decírselo a los Soda hasta que terminaran el show. Justo había venido Quebracho, histórico plomo de Charly, y con él fuimos a avisarles a sus hermanos Daniel y Josi. Charly estaba en Brasil y fue Daniel el que le dio la noticia".

La muerte de Quique no solo afectó a la gente de la productora sino a todo el mundo del rock argentino. Simpático, campechano, entrador, era un muchacho entrañable: no hay quien no lo recuerde con cariño. "Quique era un tipazo, con un corazón inmenso", asiente Juan Carlos Mendiry, socio de la agencia. "Perderlo fue tremendo, recuerdo cómo nos cagábamos de risa con él cuando nos juntábamos con la banda de Andrés Calamaro", recuerda Nieto. "Quique era divino —amplía Ohanián—, pero daba vuelta la cabeza para mirarte cuando manejaba. Charly lo hizo llorar cuando rompió aquel vitral en La Falda". El paso de Charly García por la agencia de Ohanián fue accidentado, y continuó hasta 1988. Pero se sentía amenazado por el crecimiento exponencial de Soda Stereo. "Tenía una pica terrible con los Soda —confirma Jorge Brunelli—; estaba todo el tiempo con un bastidor de la tapa de un disco de ellos donde peinaba la merca, pero todo el tiempo le tiraba cerveza y quería prenderlo fuego con un encendedor. Los odiaba". "Había grieta", reconoce Fabián Quintiero.

El verano aguardaba a Soda Stereo con una multitud de presentaciones, una de ellas en la segunda edición del festival Rock in Bali, organizado esta vez por Ohanián Producciones. Fue un encuentro de alta calidad y también alto en polémica, porque el primer día, después de un show arrasador de Sumo, Luca Prodan se despidió diciendo: "Ahora vienen los putitos", haciendo alusión a Virus que enfrentó la situación con una presentación inapelable. Al día siguiente cerraban Los Enanitos Verdes y Soda Stereo que como ya era costumbre hizo un show descomunal que dejaba en claro que crecían a cada punto del camino y que ya eran un grupo gigante. Sin embargo, el desafío más importante estaba a muy pocos días: el Festival de Viña del Mar en Chile. Una vez más hay que reconocer la visión de Alberto Ohanián, porque para Argentina el festival es una anécdota y para el mundo del rock algo tóxico. "Hablé con el empresario de Chile, Ernesto Clavería —cuenta Ohanián—, con quien hicimos promoción y a quien le había llevado cómicos argentinos para shows en televisión: Alberto Olmedo, Jorge Porcel, Juan Carlos Calabró, que son tipos secos, duros serios, encerrados en sí mismos. Clavería me dice que nos puede meter como artistas invitados en Viña del Mar y me propone una gira muy bien paga de unos diez shows en Chile, aproximadamente".

Gustavo no fue solo a la gira: a su lado estaba Belén Edwards, que trabajaba como modelo para la marca Dufour pero que en realidad era bailarina clásica hasta que un día le propusieron que bailara en el programa de televisión *Música Total*. El modelaje fue consecuencia de esos pasos de baile. Belén tenía una amiga que era la novia de Marcelo Moura, tecladista de Virus, y estaba siempre cerca de ellos. Pero Gustavo y Belén se conocieron en la fiesta que anualmente hacía Federico Moura en su coqueto y bien decorado departamento entre Navidad y Año Nuevo. Cuando comienza la retirada de los invitados, Gustavo le hace una pregunta sorpresiva a Belén.

—Che, ¿dónde vas a pasar Año Nuevo?

—No sé, no tengo idea —respondió Belén con sinceridad.

—¿No querés comenzarlo conmigo en mi departamento?

—No sé, pero pasame tu dirección.

Gustavo se había comprado su primer departamento en la calle José Hernández, en el borde del barrio de Belgrano, donde corta la calle Cuba. "Era todo muy alocado y a la vez fue una situación muy romántica —cuenta Belén—; toqué el timbre en el 4° B, subí... y nunca más me fui. Él me estaba esperando. No creo que hayamos comido esa noche, pero sí nos tomamos unos buenos whiskies. Terminamos el año... y comenzamos el otro".

Enero se pasó volando y en febrero Gustavo le propone a Belén que lo acompañe a Viña del Mar. "A mí me costaba eso de dejar todo e irme —explica—, venía de toda esa escuela prusiana del Teatro Colón, pero cuando uno es joven... y yo tenía veintidós años". "Está bien pero no pueden viajar en el mismo vuelo", objetó Alberto Ohanián.

—Pero ¿por qué? —le preguntó Belén a su flamante novio.

—Lo que pasa es que en Chile somos muy conocidos, y hay peligro porque las chicas se suben a las camionetas, nos persiguen, nos tiran de los pelos —intentó aclararle Gustavo.

—Está bien, dale.

Para sus adentros, Belén pensaba que era una situación muy extraña. "¿Quién se cree que es? ¿Un beatle?", conjeturó. Volaron separados y para llegar al hotel abordó la combi que transportaba a Miguel Mateos/Zas. "Yo estaba con un mal humor tremendo —confiesa—, ¿este se quiere hacer el canchero conmigo? ¡Y era verdad! ¡Eran Los Beatles!" La locura que Soda había vivido en el viaje anterior era una nube de mosquitos comparado a lo sucedió a su llegada a Viña del Mar. Fue una locura total, con las fans desquiciadas, colgadas de la camioneta, gritando, convulsionando. "Soda llega a Viña como megaestrellas —afirma Taverna—, había paparazzis por todos lados, fans por todos los rincones. Era como ir a la entrega de los Oscars. Y ellos vivían todo con felicidad, estaban unidos y creo que lo de Viña fue el nivel más alto de adrenalina que Soda tuvo en toda su carrera. ¡Eran Los Beatles en 1964!" "Quisimos salir del hotel —jura Belén— y Gustavo tuvo que disfrazarse. Fue divertido en el momento, pero después terminó no siendo tan divertido en la vida de él".

Al público del Festival de Viña del Mar le dicen "el monstruo" porque si no está conforme con lo que está pasando se manifiesta al punto de arruinar una presentación e incluso una carrera. Cuando Soda Stereo dio inicio a su presentación, "el monstruo" tuvo su momento: Fabian Quintiero realizó una introducción interminable. Algo sucedía. El monstruo se relamía, más aún porque Soda era un grupo de rock en un festival de canciones melódicas. "Se abre un telón y comienza la introducción —explica Taverna—. Cuando se va corriendo la tarima, sus ruedas de acero cortan el cable de la guitarra de Gustavo, por lo que la introducción de diez segundos se alargó a más de un minuto porque había que encontrar la falla en la guitarra de Gus. No nos habíamos dado cuenta y no entendí qué pasaba dado que ese show lo hice desde abajo del escenario porque montaron un estudio para que el sonido saliera bien en televisión". El monstruo cambió apenas las cosas se normalizaron y Soda se prodigó en un show espectacular en el que los famosos bailaban como pisando un charco y el público general deliraba. Tuvieron que tocar dos veces y lo hicieron con una categoría que más de un grupo inglés hubiera envidiado. Y "el monstruo", habitualmente serio e imperturbable, dejó pasar el chiste de "Jet Set", cuando Gustavo cantó: "Pero al menos tengo un Rolex: ¡lo he robado!".

Luego emprendieron una gira por el territorio chileno que los llevó a Puerto Montt, donde jugaron su ya mítico "picadito" (partido de fútbol informal), Valdivia, Talcahuano, Chillán y Temuco. El empresario chileno Luis Venegas, oriundo del lugar, fue el encargado de recibirlos en la entrada de la ciudad y llevarlos al estadio. "En esa época —cuenta Venegas—, Temuco tenía ciento ochenta mil habitantes. La ciudad hacía todos los años un festival por el aniversario de la ciudad y me pidieron que lo coordinara. Era una cosa modesta, gratuita, pero yo me impresioné con todo lo que trajeron los Soda Stereo, y ellos se sorprendieron de que no hubiera nadie en la calle: casi todos estaban en el estadio. En un escenario chiquito tocaba Pachuco y la Cubanacán, música popular, tropical. Y luego se armó otro escenario mucho más grande para Soda Stereo. Cuando comenzaron a tocar fue como si entraras a otra galaxia, estaban en un nivel muy diferente a todo". La gira de Soda por Chile terminó recién en marzo porque tuvieron que volver a Viña del Mar y a Santiago.

Fueron los últimos shows de Fabián Quintiero con Soda Stereo. "Viña del Mar fue el quiebre para mí; éramos un grupo muy *teen*, demasiado *lookeados*. La relación se había desgastado muchísimo y la histeria colectiva me pegaba de rebote;

aunque no salía en las fotos las pibas me agarraban de los pelos, comenzaron a hacerme notas porque tocaba con Soda. Pero cuando Charly García entra a la agencia de Ohanián, no dudé: mi sueño era tocar con él". Tras probar algunos candidatos, Soda se quedó con Daniel Sais, un tecladista que curiosamente había tocado con Charly Alberti, "cuando todavía se llamaba Carlitos y teníamos 14 años". Ahora el tiempo, el azar y la música volvía a reunirlos.

— • —

Ni Belén recuerda el día en que se casó con Gustavo Cerati, aunque sí su proposición.

—¿Nos casamos? —le propuso él sin preaviso ni ceremonia alguna poco después de volver de Chile.

—¡Sí! ¡Nos re casamos! —aceptó ella con entusiasmo.

Pero para poner en marcha los preparativos tenían que conocer a los padres del otro.

—Papá, me voy a casar —le anunció sin anestesia Belén a su padre.

—¿Cómo te vas a casar? —arqueó una ceja el hombre.

—Sí, me voy a casar. ¿Te acordás de Gustavo? Cerati...

—Ah, bueno, ok.

"Mi papá era súper buena onda y cualquier cosa que yo hiciera iba a estar bien. Más allá de todo Gustavo era una persona muy encantadora, muy simple, súper cariñosa, muy introvertida, muy tímida. Y conmigo fue un amor. El tema para mí fue Lillian, que es una madraza: tenía que aceptarme ella porque era su hijo varón. Pero enseguida pegamos buena onda, de hecho tengo un sinfín de fotos que le mandé no hace mucho a Laura, fotos cuando ellos tenían una quinta en San Isidro. Cuando a Gustavo le empezó a ir súper bien, les regaló a sus padres una pileta nueva que estaba buenísima. Íbamos mucho los fines de semana, así que tengo un sinfín de fotos con Lillian, con Guada, que tendría tres años. Laura era muy joven cuando la tuvo a Guadi".

Se casaron en abril con muy bajo perfil. "Al civil —cuenta Belén—, vinieron nuestros amigos íntimos y a la fiesta... ¡no me acuerdo! Fue muy divertida, un descontrol total. No era consciente de que me estaba casando, hicimos las fotos con los pelos parados. Y en un momento dije basta, no me bancaba más los tacos ni el vestido, entonces me puse mis pantalones de cuero, mi musculosa y mis zapatillas. Ya está". Llegó alguien y le dijo que tenía que cortar la torta: "¡Decile al mozo que la corte!" Belén quería bailar, divertirse, y Gustavo también. "Hicimos una súper fiesta en el bajo de San Isidro, armamos un escenario y tocaron todos: Richard, los Virus, Gustavo tocó, los Soda también, todos mezclados. Estaba El Gonzo que era un amor, con Mavi Díaz, otro amor". Fue una fiesta larga que terminó porque al día siguiente se iban de luna de miel a Nueva York. En el avión, Gustavo le pidió a Belén que le diseñara una guitarra. Cuando llegaron fueron al célebre local de Rudy Pensa en la calle 48 y se la hicieron. "¿La hacemos como un cielo?", propuso Belén. Y la guitarra fue toda celeste. "Sí, hablábamos de música, escuchábamos a Led Zeppelin en mi casa. Gustavo no solo se trajo la guitarra sino también una portaestudio TASCAM, que la pusimos en un cuarto donde él se armó un estudio para trabajar, generalmente con Richard. Luego nos fuimos a una gira eterna por Latinoamérica; fue duro para mí porque era muy chica y había abandonado todo. ¡Qué vértigo! ¡Y lo volvería a hacer!"

Soda Stereo había traspasado el umbral de la fama latinoamericana y lo había hecho por la puerta grande. No fue solamente la visión y la tenacidad de Alberto Ohanián, ni el hecho de que tuviera el mejor producto en sus manos. La capacidad de trabajo y de resistencia de Soda Stereo se puso a prueba durante esos primeros años de giras por Latinoamérica, y eso marcó la diferencia. "La gente no ve las estaciones intermedias —aclara Horacio Nieto—; recuerdan los shows de estadios pero no los shows en los techos de una radio (Panamericana, Perú). Ni tampoco la cantidad de veces que respondieron la típica pregunta de por qué se llaman Soda Stereo". "Ellos siempre me llevaron mucho el apunte —reconoce Ohanián—. Fueron muy piolas y profesionales; las reuniones de trabajo las teníamos en mi triplex de Belgrano, yo hacía asado, venían los tres y mientras se asaba la carne charlábamos. Me enamoré del grupo y les iba contando todos los proyectos que podíamos llevar adelante. Tuvieron mucho que ver en el éxito que lograron con su habilidad y su falta de prejuicio por el mercado internacional. Todo era muy costoso con los artistas. Con ellos, no. Estaban en pie de guerra, con buena actitud, entendían, no eran autómatas: se acoplaron mucho a todo esto con gran sacrificio. Hay algo que no le gustaba a Gustavo, y era hacer televisión; más precisamente, tocar en la televisión con la banda. No le gustaba hacer playback, pero si había que hacerlo lo hacía. Me acuerdo de algo que en su momento me dijo: para hacer un buen playback un cantante tiene que marcar mucho las vocales en las palabras para que no se note tanto que es playback".

Con las Antorchas de Plata en la valija, Soda Stereo regresó triunfador a Buenos Aires para planificar la presentación de *Signos* en el estadio Obras y continuar fatigando el circuito enrevesado de discotecas, donde los aguardaba una tragedia.

18

Al borde de la cornisa

Soda Stereo debe haber sido el primer grupo que tuvo que planificar su año, algo inédito para el rock argentino, que se regía más improvisadamente. Después de Viña del Mar el plan era presentar *Signos* en Obras, y que simultáneamente Ohanián y Roberto Cirigliano salieran en gira de avanzada para llevar material promocional y conseguir presentaciones en vivo y de prensa. De acuerdo con la leyenda se llevaron doscientos kilos de discos, fotos, U-matics y solo Dios sabe qué más. Después Soda Stereo haría la gira nacional y partiría hacia el extranjero. Celsa Mel Gowland fue invitada a cantar a Obras y para completar los coros llevó a una vieja amiga de los Soda: Sandra Baylac, que había tocado con ellos en The Morgan y Stress. Se acordó que Daniel Sais debutara como tecladista a fines de abril en Paraguay, y Celsa y Sandra se incorporaran para dos fechas de fogueo en dos discotecas, como para que el grupo hubiera tenido algún rodaje antes de Obras. Fueron a lo seguro y tocaron en las dos Highland Road, primero la de Salto y luego la de San Nicolás. "Las dos discotecas eran de confianza —explica Oscar Sayavedra— San Nicolás que la manejaba Norma Parolín, que era la única que venía y pagaba todo de contado. Era la que menos rollo tenía, no discutía el *rider*, el catering siempre era de puta madre. Ir a trabajar a la discoteca de ella era lo mejor".

A la breve gira se sumó Miguel, el marido de Sandra que había sido madre de Félix apenas dos meses antes y no podía dejar de amamantar al niño. "Yo iba a ensayar con el cochecito —cuenta Sandra—, ellos estaban recontra emocionados y loquitos porque les estaba pasando lo que sueña todo el mundo: hacer sus canciones, tener una dirección, vivir de eso. Y para ese entonces ya eran estrellas, yo lo viví con mucho cariño, pero sabía que después de Obras me tocaba seguir siendo madre". La noche del 2 de mayo se apagaron las luces, comenzó la introducción de "Persiana americana" y se escuchó un ruido extraño. Miguel se había quedado con el bebé afuera, en las oficinas de la discoteca, y se asomó a la entrada para ver el comienzo del show. Escuchó el crujido y comprobó con horror que había una rajadura en el techo que se hacía más enorme a cada momento.

"Me acuerdo que arrancó el show —dice Celsa—, y desde el escenario veías el stack de los parlantes grandes colgados con las cadenas, apuntando hacia la gente, y la marea de público en planta baja. Pero arriba había una bandeja, la gente comienza a saltar y de pronto se escucha un estruendo terrible, levanto la cabeza y veo que al lado nuestro cae el stack con los parlantes... y ya fue todo oscuridad". La bandeja había cedido y se había venido abajo, aplastando al público. El sistema de iluminación de emergencia se activó inmediatamente. "Nos hicieron salir hacia el backstage —prosigue Celsa—, y recuerdo en la oscuridad, en el medio de la estampida de la gente, a Gustavo parado arriba de una mesa pidiéndole calma a la gente". "Yo vi todo desde atrás —recuerda la vestuarista Alejandra Boquete—, y cuando cayó el balcón, ellos desaparecieron del escenario. Y uno reacciona de manera que no imagina; me subí arriba de un parlante y empecé a sacar a la gente. Los asistentes lo primero que hicieron fue sacar a los Soda, y como yo quedé atrás no me encontraban. Después salí y tuve un shock, porque me quedó la imagen del cemento aplastando al público y los bracitos de los que querían salir".

No fue el único susto: lo primero que hizo Sandra Baylac fue buscar a su marido y a su bebé. Y no los encontraron. Con Celsa se desesperaron hasta que apareció Miguel que había reaccionado rápido: envolvió a Félix en una manta y salió de la discoteca. Una vez en el hotel, Soda Stereo recibió la peor noticia: hubo cinco muertos en el derrumbe y más de cien heridos. Catástrofe total y absoluta a menos de una semana de los shows presentación de *Signos* en Obras. ¿Qué hacer? ¿Suspenderlos o seguir adelante? Decidieron proseguir con los recitales, dedicarlos a la memoria de las víctimas y cambiar la superproducción que habían planteado, por una escenografía y una iluminación más sobria, acorde a las circunstancias. El 8 y 9 de mayo Soda presentó *Signos* en Obras y tuvieron que agregar una función el día sábado. Estuvo ausente la euforia de los primeros Obras, los de *Nada Personal*, por la tragedia que vivió el trío en San Nicolás, pero la calidad fue la misma de siempre, sino mejor.

Además de presentar los nuevos temas y a Daniel Sais en teclados, Soda Stereo despedía a sus coristas, Celsa y Sandra, que decidieron seguir con sus proyectos individuales. Otra novedad la constituyó la inclusión de un cuarteto de vientos con los arreglos hechos por el Pollo Raffo. El Bebe Ferreyra dio la nota durante la tediosa prueba de sonido enloqueciendo al monitorista, quejándose que su trombón sonaba como un fliscornio. Pollo Raffo tocó el clavinet en "Prófugos", que se perfilaba como éxito aunque en la compañía no se percataran. "¡Sobre mi cadáver! —le aulló Oscar Sayavedra al gerente de marketing de CBS—. ¡El corte tiene que ser 'Prófugos'!". Y tenía razón: la compañía quería "Signos", que quizás fuera una mejor canción, pero que carecía de la épica de "Prófugos", que se convirtió en uno de los mayores éxitos de Soda Stereo. Y todos sabían que "Persiana americana" tenía el mismo destino, cosa que en Obras quedó muy clara.

Después de Obras, Soda Stereo recorrería el país de punta a punta para embarcarse en una nueva gira por Latinoamérica a mediados de junio, la cual se estaba concretando en tiempo real. Alberto Ohanián no se había rendido frente a las negativas de su primera gira para tratar de imponer a la banda, y emprendió una segunda recorrida por Latinoamérica en plan casi evangelizador, con la fe renovada. "Ohanián se fue con Roberto Cirigliano y nueve másters y nueve videos, a nueve países —clarifica Juan Carlos Mendiry—. No tuvimos apoyo: la compañía ni llamó por teléfono para que lo reciban. Todo lo que se logró, fue trabajo de Alberto". "Todavía había resistencia —retoma Ohanián—; yo llegué con Roberto a Colombia y pude acceder a la radio más poderosa, la 88.9, donde me dijeron: 'acá no pasamos temas en castellano'. Pero a través de otra persona, muy entradora, se logró que pusieran al aire 'Sobredosis de TV' como un favor. Por cada país fui concertando presentaciones de promoción, y en otros cerré shows y amplié el recorrido. Lo importante era que el disco tuviera difusión: con eso sabía que ganábamos. Llegamos a México y voy de nuevo a ver a Mario Lecuona".

Es en esa segunda reunión donde aparece un ángel que cambia la situación. En pleno encuentro entra una hermosa mujer con botas y un rubio capilar deslumbrante, que se aproxima al escritorio del directivo, mira una foto de Soda Stereo y pega un grito.

—¡No me digas que vas a traer a estos güeros!

—¿Por qué? —pregunta Lecuona—. ¿Te gustan acaso?

—¡Me encantan, Marito! ¡Tráelos, tráelos!

—Ok, el mes que viene los quiero aquí —dice Lecuona ya mirando a Ohanián.

"Eso dio vuelta todo: la mujer era la amante del dueño de Televisa. Y ese hecho cambia todo el escenario porque México desparrama. Ahí logramos cerrar la primera visita de Soda Stereo a México en promoción". De allí, Alberto y Roberto viajan directamente a Lima para sumarse a la banda que va a realizar una gira nacional, algo que ningún otro grupo argentino había logrado en Perú. "Ohanián conocía promotores en cada país —recuerda Taverna—; nosotros salimos para hacer una gira de un mes y volvimos a los ocho meses con un disco bajo el brazo. Perú después de Viña explotó mal, hicimos el Amauta varias veces, y fuimos a Trujillo, Ica, Arequipa, Chiclayo y Piura".

Sucedieron dos cosas para que ese "disco bajo el brazo" se materializase. A caballito de Radio Panamericana, Soda Stereo brindó cinco shows en el estadio Amauta, donde tenían la idea de hacer un video para poder mostrar en Buenos Aires lo que estaba pasando con la banda en el exterior. "La grabación no salió bien y habíamos perdido todo —revela Juan Carlos Mendiry—, y el pibe de Panamericana me contó que grabó el show. Lo queríamos matar porque lo hizo de contrabando en complicidad con la compañía de sonido. Instalaron una máquina grabadora abajo del escenario sin que lo supiéramos". Cuando escucharon el material se dieron cuenta que no estaba tan mal y decidieron hacerlo bien. "Era todo tan precario —se agarra la cabeza Taverna—, no había nada para hacerlo en condiciones. Había que encontrar un grabador de cinta abierta, le insistimos a la compañía para que nos ayudara y nos consiguieron un grabador de cinta abierta en una escuela de música de Lima. Pero el tipo no quería sacarlo del lugar; ahí apareció Ohanián y le propuso un seguro tres veces más caro de lo que salía el grabador. Lo entregó inmediatamente".

En uno de los shows que hicieron en Perú pusieron el grabador en el mangrullo y organizaron la lista de temas de manera tal que pudieran tener tiempo para cambiar las cintas. En aquel entonces no había tapacables, y era todo un problema lograr comunicar el cablerío del escenario al mangrullo. "Entonces colgamos la manguera de cables —cuenta Taverna—, y comenzamos el show con el cable recto por encima de la gente. Cuando terminamos, el cable quedó curvo hacia abajo y el mangrullo terminó tres metros adelante, no sé cómo". La próxima parada era La Paz: el debut de Soda Stereo en Bolivia. Pero Gustavo y Adrián tomaron la decisión de no viajar en el grupo y quedarse toda la noche mezclando lo que habían registrado. "Nos dijeron de hacerlo al día siguiente —retoma Taverna—, pero no daban los tiempos y además había que volver a conectar todo. Entonces nos quedamos nosotros dos toda la noche mezclando el show que quedó buenísimo, y ahí salió la idea de hacer *Ruido Blanco*. Yo siempre decía que sonaban mejor en vivo que en los discos, y esa noche Gustavo me dio la razón: 'Boludo, ¡cómo suena esto!'. Nos fuimos del hotel con la valijita, en bermudas y mezclamos toda la noche. Cuando terminamos nos fuimos al aeropuerto. Hacía veintiocho grados en Lima, nos desmayamos en el avión y nos despertó el anunció de que estábamos por aterrizar en La Paz, donde la temperatura era de ¡cinco grados bajo cero! Claro, era llegar de Lima al nivel del mar y aterrizar en La Paz a cuatro mil metros de altura. Nos estaba esperando Mendiry con dos frazadas. ¡No me lo olvido más!"

Prosiguieron la gira por Santa Cruz de la Sierra y Cochabamba, y luego partieron hacia Ecuador donde tocarían en Quito y Guayaquil. Donde había condiciones técnicas y las dimensiones del escenario lo permitían, grababan el show. Como contaban con las partituras de los arreglos para vientos que había transcripto el Pollo Raffo, donde había una buena sección de vientos la utilizaban, y si no había o no se podía, Daniel Sais se había vuelto un especialista en ese arreglo. Pero en el Caribe hay tradición de buenos instrumentistas y encontraron una excelente sección en Venezuela: la agrupación Casablanca. Con ellos tocaron en Mata de Coco. "Era un grupo de música latina y se aprendieron muy rápido lo que tenían que tocar: Soda Stereo quedó muy sorprendiendo y de todos los conciertos que les he visto fueron los mejores. No te imaginas lo espectacular que sonaron esos señores". El que cuenta esto es Carlos Sánchez, un fotógrafo que había estado presente cuando Soda hizo un breve paso por Caracas para hacer promoción el año anterior. En Venezuela, unas presentaciones de Charly García habían encendido el interés de los venezolanos por el rock argentino.

Esa presentación de prensa fue un poco anticlimática, en un local nocturno ubicado en la zona rosa de Caracas, Las Mercedes. Para colmo el lugar se llamaba Pánico. "Cuando entré a la presentación, nadie les hacía caso —continúa Sánchez—; los periodistas estaban muertos de risa porque los fotógrafos se negaban a retratarlos por esos peinados que tenían. Entonces les dije: 'Yo me voy a tomar una foto con ellos'. Y después les saqué fotos grupales e individuales. Ellos fueron muy simpáticos, se tomaron una cerveza, conversaron y nos regalaron un disco. Pero era solo otro grupo que venía de afuera". Los shows de

Mata de Coco, además de servir para la grabación de los vientos que terminarían en *Ruido Blanco*, permitieron que Soda Stereo se abriera camino en Venezuela. Tras un paso promocional por Honduras y Costa Rica, llegaron al mercado más apetecido: México. No fue fácil la conquista.

La primera presentación de Soda Stereo en México fue el 4 de agosto en una discoteca llamada Magic Circus. "Ese primer show —cuenta Horacio Nieto— fue solventado por el grupo y por Ohanián. Tuvimos que llevar gente a punta de revólver: nadie los conocía. Pero en los tres había mucha vocación de trabajo y confianza en el plan. Un día de promoción en México implicaba despertar a todos a las siete, desayunar, que Alejandra Boquete los maquillara a todos y le pintara a Zeta los huecos con tinta negra, que se pusieran los sobretodos, los borcegos y ya a las ocho estaban haciendo un playback en Cadena Eco. Volvíamos a las dos de la tarde para comer algo, y salían de nuevo a las cuatro para regresar a las ocho o nueve de la noche. Así, se la pasaron semanas". Todo ese trabajo generó un interés en el grupo, que por otro lado avanzaba en su disco en vivo. Por las limitaciones de la grabación, Taverna tuvo que transferir las cintas que registraron en los shows de Perú, Colombia, Venezuela más alguno que trajeron de Buenos Aires. "No entraba todo en dieciséis canales —explica el ingeniero de sonido—, entonces prefería tener el trío bien y luego grabamos los teclados de Daniel Sais por línea en los estudios de CBS en México. Nos íbamos los dos por la mañana, y los Soda venían por la tarde a ver cómo había quedado todo".

Se habían instalado en el Sheraton de México y un día, más de aburridos que por interés artístico, fueron a una cena-show del hotel donde se presentaba nada menos que el mítico grupo de soul The Supremes. En realidad, usaban la marca y no quedaba ninguna de las integrantes originales, pero era algo para hacer en las noches mexicanas.

—Chicos, ¿no quieren que hable para ver si las podemos tener en el disco? —sugirió Juan Carlos Mendiry.

—Uy, estaría buenísimo —respondieron.

"Fue algo espontáneo, nada planeado —subraya Mendiry—, hablé con el mánager que era un italiano; me acerqué a él y le pregunté si había alguna posibilidad de que las Supremes grabaran en el disco. Arreglamos un número y una tarde fueron al estudio de CBS a poner sus coros". Como auténticas profesionales hicieron su trabajo bien, rápido y con un humor excelente. Para Gustavo era algo fantástico, porque tanto él como Zeta pensaban que *Signos* era un disco que tenía algo de soul. Ahora había que tomar la decisión de dónde terminar de mezclar el álbum en vivo.

Zeta quería ir a Nueva York, Adrián Taverna prefería Londres. Gustavo los cortó y puso una condición: "¡Basta de ciudad!" Cerati siempre tuvo ese espíritu *National Geographic* y pensó en algún lugar paradisíaco. A todos les gustaba la idea de la playa, pero no sabían bien donde podría haber un estudio a la altura de lo que querían hacer. Alberto Ohanián tomó cartas en el asunto y llamó al ingeniero de sonido Mario Breuer en Buenos Aires, a quien conocía por su cercanía con Charly García.

—Hola, Mario. Estamos de gira con Soda Stereo por Latinoamérica. Queremos mezclar un disco que se está grabando en vivo. Los chicos quieren un estudio en un lugar paradisíaco y que no pertenezca a Estados Unidos. ¿Se te ocurre dónde podrían grabar?

—Ahora, en el momento, no. Pero dame unos días que te averiguo —respondió sorprendido Breuer.

Mario comenzó a llamar a gente conocida que pudiera darle una pista. Fue Bernardo Bergeret, productor de Viuda e Hijas de Roque Enroll, quien le pasó el dato de Blue Wave Recording Studio de Eddy Grant, porque a comienzos de los 80 había trabajado con él, ya que había logrado un súper hit en Argentina con "Living in the frontline". Contactó a Mario con el jefe del estudio en Barbados, y luego le pasó un informe técnico a Ohanián. Lo discutieron con la banda, que había sopesado la idea de mezclar en los estudios Air de George Martin en la isla de Montserrat, pero el presupuesto no alcanzaba. Blue Wave tenía sus créditos: Sting grabó allí

The Dream Of The Blue Turtles, y luego Mick Jagger trabajaría en su segundo álbum solista, *Primitive Cool*. Una tarde, Gustavo Cerati llegó con un atlas: "¡Es acá!", dijo, señalando lo que parecía una mancha en el mapa, justo arriba de Venezuela. Quedaron en encontrarse con Mario en Caracas y partir todos desde allá.

"Gustavo me esperaba muy ansioso —se ríe Breuer— porque le estaba llevando una guitarra, la Pensa azul. También llevaba un paquete que me había dado el papá de Zeta: butifarra, salamín, longaniza, fiambre de cerdo, todos embutidos. Llevaba esas cosas que trajeron una gran alegría, y productos para la caída del cabello. El paquete era así gigante, tuve que sacar ropa mía para que entrasen los salamines". A cargo de la delegación estaba Juan Carlos Mendiry, que en Mata de Coco se había enamorado de una venezolana que terminaría siendo su mujer, quien junto a Mario oficiaría de intérprete. Barbados había sido colonia británica y el idioma que se hablaba era un inglés bastante farragoso. "Tuvimos que viajar en un avión a hélice —cuenta Taverna—, y descubrí que vuela mucho mejor que uno con turbinas. Como solo entran doce pasajeros y había más gente, viajamos en tres vuelos. Cuando llegamos la pasamos muy mal: el aeropuerto lo manejaban negros muy racistas, que nos pidieron visa, nos retuvieron y nos querían mandar de vuelta. Encima íbamos con un equipaje muy cargado, lo que nos ponía bastante nerviosos. Nos tuvieron seis horas hasta que pudimos enganchar al mánager del estudio". "No nos dejaban entrar al país —confirma Breuer—; no podíamos salir de migraciones porque no teníamos pasaje de salida, Mendiry no sabía cuándo íbamos a terminar la grabación. Tuvo que comprar esos pasajes para poder ingresar. Yo estaba tranquilo pero vi a un par de personajes un tanto nerviosos".

La carga a la que se refiere Taverna no es por la cantidad de cintas, ni los instrumentos ni los salamines que había enviado el padre de Zeta. Soda Stereo venía muy arriba, en una nube tóxica que fue lo que originó el nombre del disco. "*Ruido Blanco* no fue el sonido que tenía todas las frecuencias sino otra clase de ruido. No parábamos, estábamos terribles". Afortunadamente pudieron pasar todas las provisiones y encaminarse hacia el estudio. Una vez instalados, comenzaron a trabajar. O al menos lo intentaron. Había un problema de jurisdicciones. Tres ingenieros: Adrián Taverna, que era quien grabó el material y sabía dónde estaba todo; Mario Breuer, que a diferencia de Adrián está más enfocado al estudio, y el técnico de Blue Wave, Glen Johansen, un canadiense. "Mi función era de todo un poco —dice hoy Mario—, me sentaba un rato en la consola, pero había un ingeniero en jefe del estudio, entonces estaba más de productor, traductor, acompañante o segundo ingeniero, según hiciera falta". "La grabación fue un dolor de huevos —reconoce Taverna—; hubo un problema: Breuer creía que él iba como ingeniero. Nosotros queríamos un ingeniero gringo. Y además el que conocía el sonido de la banda era yo. Mario se sienta en la consola el primer día, yo no sabía qué habían arreglado con Ohanián, pero no hubo cortocircuito porque se habló de frente con Mario y entendió la confusión de roles".

Ahora el problema era el canadiense, porque trabajaba de un modo muy diferente a como Soda Stereo estaba acostumbrado. "Mario sintió que tenía que irse —cuenta Taverna—, pero le pedimos que se quedara porque hablaba bien inglés, es ingeniero y domina el lenguaje técnico. Glen no nos entendía y eso lo fastidiaba muchísimo. Gustavo también estaba fastidiado. El tipo era un obsesivo, tomaba leche, comía solo cosas de paquete. Era un rompebolas para comprimir y procesar: al tercer día no teníamos mezclado ni un tema". Hubo ahí un intercambio de pareceres entre Taverna y Johansen.

—No me gusta lo que estás haciendo —fue duro y al hueso Taverna.

—¿Qué es lo que no te gusta? —buscó precisiones Glen.

—Nosotros somos latinos, nos gustan las cosas más calientes, más crudas, no tan procesadas.

—Mezclalo vos.

Mario Breuer fue el que intercedió y logró que el canadiense aflojara un poco con sus rigideces y fuera más expeditivo. Taverna se refugió en la exquisita cerveza de Barbados. "La Bank, la segunda mejor del mundo —informa Adrián—; hubo cuatro o cinco días de tironeos. Una vez estuvo una hora para buscarle el sonido al aro de tambor. Al cuarto o quinto día entramos en confianza. Un loco importante este Glen. Él no entendía como tomábamos tanta cerveza: era deliciosa y la teníamos en la casa. Me iba a buscar una cerveza, y cuando llegaba a la consola ya no tenía más. Implementé un sistema con una señora que limpiaba: le pedí dos baldes y cómo hacer para que consiguieran hielo. Un día esa señora nos dijo que nos iba a preparar un asado. Nos hizo una pelota de fútbol carbonizada con una salsa picante, que no sabíamos por dónde cortarla. Un asco, comimos porque teníamos hambre".

Una tarde, Eddy Grant pasó a saludar por el estudio, y luego comenzaron a verlo más seguido cuando salía a correr. Vivía en la casa principal, lejos de las caballerizas donde se armó el estudio y a prudente distancia de las habitaciones donde se instalaban los usuarios del establecimiento. Tenía una mujer, unos cincuenta gatos y diez amigos que andaban siempre por ahí. "Eddy Grant es después de Rihanna el barbadense más famoso del mundo —ilustra Taverna—; cuando tuvo dinero compró esas tierras donde instaló el estudio, que había sido un arrozal donde había trabajado su abuelo como esclavo. Él lo contaba con mucho orgullo y se le llenaban los ojos de lágrimas. Toda la gente era muy tranquila, pero nuestro problema es que fuimos a una isla paradisíaca en el Caribe y dormíamos todo el día: mezclábamos de noche".

En los pocos ratos libres que tenían, los Soda mataban el tiempo en interminables partidas de billar. Mario Breuer estaba jugando con alguien y ganó la contienda. Recostado sobre la puerta, Eddy Grant le dijo: "El próximo partido es conmigo". "Te imaginarás —se ríe Breuer—, había una presión, estaban todos: los empleados del lugar, la cocinera, Glen; jugamos el partido y por un error de Eddy... gana el argentino". Se escuchó un "uh" que no era producto del viento.

—Muy bien —aceptó Eddy Grant la derrota—, mañana me

vas a dar la revancha. Pero para que estemos todos al mismo nivel yo te voy a prestar mi mejor taco.

"Lo acompañé a su oficina y sacó un estuche con un taco que tenía incrustaciones de nácar, de plata; lo armó y me lo dio".

—Tomá, te lo doy ahora. Desde este momento, practicá —casi que le ordenó Eddy Grant, que al día siguiente lo vapulearía a lo largo de tres partidos.

"Dejó bien en claro quién era el jefe —reconoce Mario—, este fue nuestro encuentro. Realmente un tipo muy simpático y muy buena onda".

— • —

Y a todo esto, los Soda Stereo, ¿qué decían? "Gustavo era el capitán —ordena Breuer las jerarquías—, Zeta era el contramaestre y Charly Alberti el encargado de festejos y protocolos, algo importantísimo en toda banda. Tuvimos situaciones donde algunos temas tenían canales de público pero otros no porque no alcanzaban los canales. En Perú, por ejemplo, no se grabaron canales de público, pero antes que Soda saliera a tocar la explosión del público era tan grande que sirvió para poder agarrar esos pedacitos. Apelamos al Synclavier del estudio, que tenía mucha capacidad de sampleo, y armamos tres loops; uno era ambiente de murmullo, otro con el ambiente más alto y otro donde teníamos al público más fervoroso. Y en la mezcla yo manejaba ese canal; en otras palabras manejaba lo que era el 'ruido blanco'. Cuando Gustavo sentía que la mezcla definitiva estaba muy cerca y no sabía lo que faltaba, lo traía a Zeta y lo sentaba. Héctor cerraba los ojos y luego emitía su parecer. Y a menudo era muy preciso: era como Daniel Lanois, que es un productor que maneja más la energía y el sentir".

En exactamente un mes, *Ruido Blanco* estuvo listo y se publicó a principios de noviembre de 1987. Era un disco caliente, poderoso, con nuevas versiones de temas viejos y potentes registros de las canciones más recientes. Reflejó a la banda tal cual era en directo. Cuando terminaron la mezcla todos se apresuraron con el equipaje porque estaban desesperados por volver a Buenos Aires después de muchos meses afuera. Pero a Mario, Zeta y Charly todavía les faltaba una escala en Miami, para tomar otro vuelo a Los Angeles y masterizar el material. El más urgido en regresar era Gustavo, porque se había casado con Belén pero el tiempo de convivencia había sido muy escaso y tenía ganas de reencontrarse con ella. Afortunadamente halló un ambiente en calma. Las cosas ya tendrían tiempo de enrarecerse.

19

Aviso de curva

No hubo mucho tiempo para descansar porque el gigante dormido se despertó y tenía apetito: México se había asegurado una gran cantidad de shows entre noviembre y diciembre de 1987. En esa tanda de shows, conocieron a Jorge Mondragón, que trabajaba para BMG. "En ese momento —recuerda Jorge— BMG empieza un movimiento llamado 'Rock en tu idioma', del que hice el lanzamiento. Los argentinos y españoles no se escuchaban entre sí, pero en México se escuchaban artistas de los dos países. CBS tiene también la idea de contratar este tipo de grupos y traen a esta banda Soda Stereo que va a tocar en una discoteca que se llamaba El Magic. El primero que se acercó a hablarme fue Roberto Cirigliano. Soda incorporaba un show de luces y escenario que me hizo pensar en Simple Minds: eso me llamó mucho la atención. En México apenas comenzábamos a tener conciertos de música en inglés. Soda nos hace ver lo que era un show de una banda internacional en cuando a producción y luces".

Mondragón, que después trabajará con Caifanes, Café Tacuba, Molotov y muchas otras bandas, trajo a Radio Futura, grupo español que funcionaba muy bien en México y se dio un concierto donde tocarían con Soda Stereo en el Centro Internacional Acapulco, el 21 de noviembre de 1987. "Radio Futura era más popular —cuenta Mondragón—, y recuerdo que la mánager se puso súper necia y se empecinó en que cerraran el concierto. Gran equivocación: salió Soda Stereo primero y la rompieron.

Y cuando salió Radio Futura, toda la vibra se vino abajo y les fue muy mal por esa pendejada. Mi familia tiene un restaurante en Acapulco, El Palau, en la isla de La Rosqueta, y yo extiendo una invitación a las dos bandas para ir al día siguiente a comer y pasar el día. De Radio Futura no viene nadie, pero sí llegan todos los Soda Stereo, hasta con los plomos. Curioso, porque la banda de mi disquera era la otra. Pero pasamos un día genial y nos hicimos muy amigos".

En uno de los tantos shows que Soda Stereo brindó en México, Alberto Ohanián vio un estadio lleno y a miles de mexicanos cantando "Cuando pase el temblor", se agarró la cara y se puso a llorar como un chico. ¡Lo había logrado! Contra viento, marea y los peores pronósticos, este armenio cabeza dura consiguió lo que le aseguraron que era imposible: Soda Stereo era el grupo más importante del rock latinoamericano y no hacía otra cosa que crecer con cada paso. Eso le dio la seguridad suficiente como para encarar la renovación del contrato de Soda Stereo con CBS.

—Para renovar juntá muchos billetes —le dijo medio en broma, medio en serio, Alberto Ohanián al presidente de CBS Argentina.

La compañía se puso firme y se plantó en la cifra de cincuenta mil dólares. Alberto quería cuatro veces más y todo un plan atado a las ventas. No hubo modo de destrabar eso. ¿Habría que cambiar de compañía? "Al día siguiente llamé al presidente Tomás Muñoz de la regional latina de CBS, pedí una reunión y me fui a Nueva York a hablar con él. Llevé las fotos, hablé con las filiales para pedir apoyo y finalmente me reuní. Hoy pienso en eso y creo que fui un kamikaze total. El hombre me escuchó, habló con los presidentes de las filiales y me preguntó cuánto quería. Doscientos mil dólares". Muñoz volvió a mirar las fotos, pensó unos segundos y bajó el martillo.

—Me gustan estos chicos, me gusta lo que hacen. Ok, tenés los doscientos mil dólares, volvé tranquilo.

A Ohanián lo esperaba el presidente de CBS Argentina, bastante contrariado. "Me quitaste el bono, la gente no puede cobrar los sueldos: me destruiste, me traicionaste, fuiste a hablar con el gerente general que me tuvo que llamar", le enrostró. Alberto se encogió de hombros. Ya sabía que la victoria era suya. Y para CBS, ese adelanto sería un gran negocio por lo que vendría. Eso, ya se estaba cocinando en el departamento de la calle José Hernández. Solo que Gustavo había decidido darle una mano a su amigo Richard Coleman, porque se había quedado con las ganas de producir a Fricción (ya sin signo de admiración), sobre todo esa poderosa versión de "Héroes" de David Bowie. La banda había sufrido un recambio: Fernando Samalea y Christian Basso continuaron con Clap, y luego el baterista encontraría su lugar en la banda de Charly García. En reemplazo ingresaron dos músicos fabulosos: el baterista Daniel Ávila y el bajista Daniel Castro. Celsa Mel Gowland también se había ido del grupo y Richard reclutó al guitarrista Roli Ureta que venía de Sachet. El Gonzo fue el único que permaneció de la integración del primer álbum

En el departamento de José Hernández, Gustavo había instalado un estudio casero con la consola TASCAM que se trajo de la luna de miel con Belén. "Un aparato que era consola, portaestudio y grabador a la vez —explica Coleman—. Gustavo produjo ese segundo disco de Fricción, *Para Terminar*, y lo hizo súper bien. En realidad, él quería grabar con Mariano López y yo quería grabar con Mario Breuer, y finalmente grabamos en Panda con Mario. Para él era probar algo nuevo. Y nos hizo trabajar muy bien: a Roli le encomendó la tarea de grabar los ensayos y él estaba encantado con la tarea. Además, coincidía con una época de mucha intimidad porque yo vivía muy cerca y mi novia de entonces, Gaby Aisenson, se hizo amiga de Belén, por lo que éramos dos muchachos jóvenes con sus novias, espléndidos todos, íbamos a comer, entrábamos en muchos lugares y no sabíamos cómo salíamos. Gustavo organizó todo con las grabaciones de Roli y a mí me hizo como un coach vocal para ver qué se podía corregir".

Se comenzó a grabar el disco y las cosas se deslizaban sobre rieles. O eso parecía, porque Richard, al ver que todos obedecían a Gustavo, se relajó, tal vez en demasía. "Gustavo sabía lo que yo quería y no iba a tener cruces, pero me faltaban dos letras y fui pateándolas para adelante. Llegó el día de la grabación, tenía un garabato y confié en que se me ocurriera algo en el estudio. Y no me salió nada. Tiré unas melodías que no eran y Gustavo paró la grabación".

—Che, esto no da —dijo Gustavo—. ¿No tenés más?

—No, no me salió —contestó Richard.

—¿Pero cómo no te salió? Si en realidad no estás tanto tiempo acá, no estás tan exigido.

—No me sale, no sé qué hacer.

—Hoy voy a cerrar acá el estudio porque es lo último que falta. Pero la verdad es que estoy decepcionado, Richard.

"¡Yo casi me muero! —se angustia Richard—. ¡Lo decepcioné! Suspendió la grabación porque era lo único que faltaba. Quedé mal, me acomodé un poco, estaba medio desubicado y subido a una moto que no sabía cuál era". Había habido un altercado en el estudio, una competencia entre Richard y Roli que en un momento terminó mal y delante de Gustavo. "Llegamos a irnos a las manos —sigue Coleman—, pero ninguno de los dos sabe pelear. Éramos como dos gatitos. Gustavo nos dejó encerrados en el estudio y se fue a ver la escena con Mario Breuer muerto de risa. Dejó que nos sacáramos la bronca y terminamos tirándonos piñas debajo del piano".

Ahora, lo de las letras era diferente: la costumbre era que Richard ayudase a Gustavo con las letras, no al revés. "Entré en razones y esa misma noche escribí la letra de las dos canciones, al otro día llamé a Gustavo, fuimos a grabarlas y me dijo: 'Bien, eh. Ahora podemos continuar'. Fue una situación muy interesante: ahí me encontré con el productor. Gustavo era mi amigo, pero era el productor del disco. Es de las cosas que me han marcado del trabajar con él. Me puso en mi lugar. Decepcionarlo dolió más que las piñas de Roli".

El hecho insólito de la grabación sucedió un día en el que Mario Breuer se encontraba ajustando el sonido para un solo de guitarra, y el dueño de Estudios Panda, Miguel Krochik entró a la sala con algo entre manos.

—Miren, muchachos, les traje un pedazo de poesía —anunció, mostrando a un pajarito muerto que encontró en la calle. Gustavo se indignó.

—¡Pero qué poesía ni qué ocho cuartos! ¿No ves que estoy grabando un solo de guitarra? Si vas a entrar tenés que entrar con algo que tire buena onda. ¡Salí de acá!

Se ve que Krochik no captó el mensaje de que no tenía que entrar en la sala. Porque un par de horas más tarde, hizo algo todavía más demente. Volvió a ingresar pero con compañía: un payaso lleno de luces que estaba paralizado frente a la situación.

—¿No querías algo más alegre? —dijo Krochik—. ¡Acá lo tenés! Dale, vos: ¡hacele una gracia a Cerati!

— • —

1988 se inició con una demoledora presentación de Soda Stereo en el Rock Sanber de Paraguay, en la localidad de San Bernardino, a cuarenta kilómetros de Asunción. Fue un momento importante en la historia del rock de Paraguay, tal como cuenta Mario Ferreiro, locutor, hombre de medios y ex intendente de Asunción. "El rock argentino entró acá con Charly García y 'No me dejan salir'; traje el disco de Buenos Aires, comencé a pasarlo en la radio y casi me echan. A los tres meses estaban todos enloquecidos. Soda Stereo vino después con 'Jet Set' y 'Sobredosis de TV'. Al año siguiente con Ángel Aguilera, dueño de medios y empresario conocido, fuimos a Rock In Rio 1985 y volvimos locos, con la idea de hacer algo con grupos de Argentina, Paraguay y Brasil: una idea Mercosur. Soda ya había estado el año anterior y trajo mucha gente, conseguimos a Paralamas do Sucesso en un muy buen momento, Miguel Mateos y Fito Páez que viene por primera vez como solista".

El 17 de enero se presentó muy lluvioso y se pasó todo para el día siguiente, que caía domingo, pero por un show en Puerto Iguazú, Argentina, Miguel Mateos no pudo quedarse. El 18 de enero fue todo lo contrario: el sol paraguayo derretía las pieles pero no alcanzó para evaporar el barro, lo que paradójicamente jugó a favor. "Hubo veinte mil personas —continúa Ferreiro—, había barro, lo que fue ideal para que fuera como un Woodstock paraguayo. Todos los grupos estaban en su mejor momento. Soda Stereo era el plato fuerte". Sin embargo, no se contaba con la potencia del show de Paralamas: solamente un grupo como Soda Stereo podía tocar después y tras algunos problemas de sonido, remontaron una actuación aceptable y la convirtieron en gloriosa tras una versión de "Final caja negra", donde Gustavo tocó la guitarra como un poseído. Hoy, Rock Sanber es un recuerdo mítico para los paraguayos. "Antes de la caída del dictador Stroessner pasaron dos cosas —concluye Ferreiro—; vino el Papa Juan Pablo II, que lo cagó a puteadas a Stroessner, que cayó un año después de Rock Sanber. Dictadura e Iglesia estaban en contra del festival, pero se hizo igual y desde el concepto de festival, nunca más se repitió algo así en Paraguay".

Era hora de que Soda Stereo pensara en un nuevo disco, y Gustavo se puso a componer en su departamento de José Hernández y tomó como punto de partida algunas pocas cosas que tenía, como dos títulos que venían de antes: "Picnic en el cuarto" y "Terapia de amor intensiva", que llegó a estar en la lista del primer disco, aunque luego lo descartaron. Pero el título seguía siendo bueno y fue lo único que conservó del original. Marcelo Angiolini conserva un manuscrito de Cerati donde ya figuraba el nombre de Lisa. "Estaba lo de 'picnic en el cuarto': un sándwich de placer; estaba 'Lisa': servida en bandeja de metal; también estaba 'Choripán', todos de la primera época. Gustavo me dijo que nos juntáramos para ver si salía algo porque tenía la onda de la música pero no de las letras.

Con una simple asociación, Gustavo unió un viejo título con su momento actual y surgió: "Picnic en el 4°B" que describe su nueva vida junto a Belén, bastante multitudinaria. "Sí —confirma Belén—, es re nosotros: era una fiesta todo el tiempo y después se transformó en un grave problema". Se dormía poco en el 4°B, sobre todo cuando se instaló Claudio Lanzetta, un amigo de Belén que trabajaba en Relaciones Públicas, y como tal incrementaba exponencialmente la población del departamento. "La Clota Lanzetta estuvo como un año viviendo ahí —recuerda Taverna—, y había otro llamado Cristian que le usaba la ropa a Belén. Era una cosa de locos, el timbre no paraba en esa casa y Belén no paraba de hablar. Gustavo necesitaba hacer algo porque no aguantaba más, por eso hizo la producción de Fricción y compuso todo el nuevo disco". El mayor percance sucedió cuando Juan José Cerati, que tenía la llave del inmueble, llegó sin avisar un día a la mañana o a la tarde y se encontró con un muchacho que caminaba desnudo de lo más orondo. El papá de Gustavo encendió todas las alarmas. ¿Qué está pasando acá? Y después de una charla con él, Gustavo trató de parar ese ir y venir constante de gente. La letra de "Picnic en el 4°B" es una de las que menos le debió haber costado escribir a Cerati en toda su vida: el final muestra a Gustavo creyendo "cambiar aquel sonido", pero fallando en el intento. Y de ahí apareció otra idea vieja que describía también su sentimiento ambivalente con respecto a su realidad cotidiana: "Doble vida". "Era un tema de Fricción —revela Coleman—, un título que no terminamos nunca, solo tenía el estribillo. Gustavo me preguntó si lo iba a usar porque le gustaba la idea de la doble vida, y le dije que no, que lo usara tranquilo".

—¿Cómo vas con el disco nuevo? —preguntó Richard.

—¡Qué bueno que me lo preguntás! —se sinceró Gustavo—. Tengo un montón de cosas para pasarte a ver si me podés ayudar.

"Estaba muy avanzado con la música y verdaderamente atrasado con las letras —sintetiza Richard—. Entonces nos juntamos y yo le di un cuadernito que tenía un montón de cosas, poesías inconclusas que había escrito ese año. En ese cuadernito encontró varias ideas. Por la que siempre lo quise matar, pero después me lo devolvió con creces, fue cuando usó 'Yo conozco ese lugar donde revientan las estrellas'. Esa frase es mía, es mi cuaderno, una imagen que yo tuve del reviente, una metáfora bastante directa sobre cómo estábamos viviendo en esa época, con toda la noche y la merca, bueno, esa es la Gran Metáfora. Yo hablé de la Cúpula desde mi ángulo". Con esa frase, Gustavo desarrolló el resto y lo insertó en una música a lo Santana pero modernizado. Mientras la grababa supo que podía ser un hit.

Poco a poco, Cerati fue cincelando lo que sería uno de los mejores temas de su historia, y que tenía ya antecedentes: una serie de acordes con los que Gustavo jugaba desde su adolescencia y que se convirtieron finalmente en "La ciudad de la furia". Esa última palabra también le resonaba de antes, cuando la hermana de Anastasia le prestó *Rage In Eden* (Furia en el Edén) de Ultravox. Y quizás haya tenido que ver, como contrario, el nombre de una calle cercana a su domicilio: Ciudad de la Paz. La letra tiene que ver con Belén Edwards, pero a ella le dio vergüenza revelar detalles. También está la explicación que Gustavo dio alguna vez: "Es una canción que le hice a una chica cuando me dejó. Tenía unos diecisiete años. La grabé en un cassette y se la mandé, como para que llorara, sufriera y volviera. En ese momento estaba desesperado (...) Cuando la empecé a recomponer y a transformar, la imagen que tenía en mente era la de un personaje que yo dibujaba de chico que se llamaba Argos, que era un hombre alado. Se juntaban varias cosas: por un lado era el momento de la hiperinflación, y Buenos Aires en una situación muy caótica, todo estaba muy tremendo y la gente estaba re paranoica. (...) La música estuvo inspirada en Todd Rundgren, un músico de los 70, y algo de la base sonora salió de una canción que se llama 'Healing' que tenía el mismo groove, no la misma armonía, pero sí el mismo pulso"[34]. De ese boceto inicial, la canción sufriría algunas remodelaciones hasta su grabación en Nueva York.

"Languis", la única que tiene un crédito grupal que incluye a Daniel Sais, provino de alguna improvisación y la letra continúa un poco el tópico de "Picnic en el 4°B", con su tiempo de blandos y rígidos, el final de la fiesta y la sed creciente. Languis es una derivación de "lánguidos" y también define a esa fauna porteña de sobretodos *dark* y su afición a la cocaína. "Este tema lo escribí pensando en vos", le dijo Cerati a Coleman sobre "Día común - Doble vida". "En el cuaderno, un Éxito, que tenía un borde rojo, un cuadrado blanco y un círculo negro en el medio, había una observación sobre las máscaras chinas y la imagen de la gente caminando por las calles con esas máscaras kabukis, y la usó también. Me debe haber visto caminando como fantasma por avenida Cabildo".

34 Del libro *Antología del rock argentino* de Maitena Aboitiz, 2007.

Gustavo quería un productor importante para el disco, y cuando lo manifestó muchos pensaron en Charly García, pero Cerati apuntaba a alguien de renombre internacional. "Gustavo quería a Mark Knopfler —aventura Taverna—, porque le gustaba mucho a su papá, que era fanático de Dire Straits". El nexo para encontrarlo fue Rudy Pensa. "Yo lo fui a buscar a Mark Knopfler —dice Ohanián—, intenté conectarlo a través de Rudy sin resultado y él me recomendó a Carlos Alomar". ¿Quién era ese hombre? Había formado parte de la banda de David Bowie y estuvo en la legendaria sesión con John Lennon donde compusieron "Fame", primer número uno de Bowie en Estados Unidos. Rudy Pensa le pasó a Alomar unos discos de Soda y enseguida demostró interés, por lo que naturalmente discó el número de Ohanián Producciones. En Argentina era feriado y el único que estaba trabajando en la oficina era Jorge Brunelli, escribiendo gacetillas, y le pasó el teléfono de Oscar Sayavedra, que había avanzado en conversaciones con Hernán Rojas, un ingeniero de sonido chileno que había grabado con Prince, lo que a Gustavo le habría interesado.

"Me llama Jorge —continúa Sayavedra—, y me dice que me va a llamar Carlos Alomar. Descolgué el teléfono para que le diera ocupado y lo llamo a Gustavo para contarle. Me dijo: 'Vamos con él'. Definitivamente Knopfler fue una posibilidad, pero con el tiempo Gustavo hubiera optado por Alomar por su vinculación con David Bowie". Oscar tenía razón, porque terminando los temas se lo comentó a Richard.

—Pero ¿Alomar produce?

—Es lo más cercano a Bowie que conseguí —respondió Cerati.

Carlos Ohanián, el hijo de Alberto, estaba estudiando en Nueva York y se encargó de la logística, mientras que Oscar Sayavedra acompañó a la banda desde Buenos Aires. Pero no fue una partida tan feliz como otras. A Zeta y a Charly les cayó muy mal cuando Gustavo le entregó un cassette a cada uno para que se aprendieran los temas. Fue la primera vez que Gustavo llevó todo terminado sin darles la posibilidad de opinar. Y ya había dos bandos en pugna por los derechos de autor, sobre todo cuando se hizo evidente que gracias a esos derechos Gustavo ganaba mucho más dinero que sus compañeros. También le correspondía como autor de las canciones. Los tres crecieron muchísimo como músicos desde aquellos ensayos en la casa de Tito Alberti, donde todavía existía una paridad razonable entre ellos. Pero con la enorme cantidad de shows realizada, el crecimiento de Gustavo fue muy superior en todo sentido. La imagen del trío, que en un comienzo parecía ser la mirada melancólica de Charly Alberti, se convirtió en los ojos celestes de Cerati, que por otro lado seleccionaba las fotos, pero siempre cuidando que los tres se vieran bien. De todos modos, en *Doble Vida*, tanto Bosio como Alberti tendrían créditos en cuatro de los nueve temas del disco. Ese conflicto fue un nudo que nunca pudieron resolver. "Esto es un conflicto histórico entre ellos —describe Taverna— porque el primer problema fue cuando anotaron las autorías del primer disco: ahí estuvo el primer quiebre. Y después fue irremontable, porque Gustavo trajo todos los temas hechos y se los puso en la jeta".

El ambiente cambió cuando aterrizaron en Nueva York. "Primero tomamos un estudio de ensayo —cuenta Sayavedra—, equipado para poder hacer maquetas que estaba cerca de las Torres Gemelas. Estuvimos unos diez días con Alomar todo el tiempo, tratando de sacarles un sonido más *funky*. Alomar trabajaba bien, pero veía que no había mucho espacio para maniobrar porque venía todo muy masticado. Los demos que Gustavo le presenta a la banda, ya estaban al noventa por ciento. Alomar no tuvo mucho que meter. Buscó buenos sesionistas como Lenny Pickett de Tower Of Power, se le ocurrió poner un rap en 'En el borde', metió ese solo brutal en 'Lo que sangra (La cúpula)' y ajustó todo un poco al sonido urbano de Nueva York que era lo que quería Gustavo y se logró". Cerati ya usaba una boina que le había visto al cantante del grupo británico Curiosity Killed The Cat. "Gustavo y Alomar comenzaron con mucho respeto —prosigue Sayavedra—, porque Gustavo ya traía todo casi listo y eso Carlos lo entendió. Lo que tenía a cargo era el humor de las sesiones: todo el tiempo era un cagadero de risa. Y cuando llegó el momento de la mezcla, Gustavo y Zeta comienzan a tomar el control; las opiniones de Alomar eran más ligeras. Al final de la mezcla, Gustavo había tomado el control total. La tensión con Charly Alberti ya estaba muy marcada".

Casi desde el arranque, la relación conflictiva fue la de Gustavo con Charly. Había diferencias de edad y cierta cosa quisquillosa de Gustavo con respecto a querer marcarle a Charly lo que quería tocar. Y si bien Alberti se esforzaba por interpretarlo y seguir sus indicaciones, Gustavo se fue tornando cada vez más exigente con su compañero hasta un punto donde su crueldad se exacerbó. "Creo que también había una cuestión de chicas —especula Sayavedra— porque Charly estaba siempre en la cacería. En el departamento yo compartía habitación con Charly y Gustavo lo hacía con Zeta. Después de esas tensiones, Charly terminaba bastante noqueado".

"Gustavo era difícil —examina al grupo Ohanián—, muy determinado, muy exigente, pero muy cerrado en sí mismo. Era muy educado, con mucha prestancia, pero con el tiempo se fue tornando más exigente. En varios shows ha hecho llorar a sus músicos: a Zeta lo volvía loco y con Charly se ensañaba. Muy intolerante con los errores, exigente en el plano de la interpretación musical. No sonreía mucho Gustavo, pero era un tipo muy capaz, serio y más bien hermético; tenía un mundo interior no sé si sufrido, pero con mucha personalidad, mucho temple. En las reuniones que teníamos en mi casa, Charly era... raro, no parecía estar interesado. Era divino y simpático, pero Zeta era el más simpático de todos. Charly era más piola y más interesado en los sponsors, cosa que Gustavo no: nunca le interesó que le dieran guitarras o ser patrocinado por una marca".

Doble Vida fue el disco de Soda Stereo con sonido internacional e intención latina, que se manifestó claramente en "Lo que sangra (La cúpula)", y en los vientos de Lenny Pickett y Chris Botti, que acentuaron el componente funk sobre el que Alomar machacó. Otra cosa con la que insistió fue con el sonido y la línea del bajo de Zeta en "En la ciudad de la furia" a la que Alomar le encontró un enorme parecido a 'Dreams' de Fleetwood Mac, aunque Cerati no compartía su opinión. Era evidente que esa canción se despegaba del resto en calidad, aunque hubo otra con aire folklórico que no estaba muy atrás:

"Corazón delator", inspirada en la idea central de 'The Tell-Tale Heart', un cuento de Edgar Allan Poe, solo que el corazón en vez de indicar al culpable de un asesinato descubre a un hombre enamorado. Hoy, a la distancia, suena un tanto forzada la inclusión del rap de Carlos Alomar, pero hay que entender que el género estaba viviendo sus días de gloria y era un signo de modernidad. La letra, intrigante, dice que no hablará del final por ninguna razón. Richard Coleman, que la escribió, confiesa la verdad: "¡Porque me quedé sin letra! ¿Viste los músicos que escriben que tienen que componer una canción y no saben por dónde empezar? Es lo mismo pero al revés. Es medio autobiográfica 'En el borde', me salió bien pero estaba en el borde yo también. Con Gustavo hacía un trabajo como el de Bernie Taupin con Elton John, pero él metía lo suyo. Para mí era una película: 'mientras canta una sirena la violación de un cristal' y Gustavo la acomodó y puso: 'mientras canta una sirena viola un cristal'. Lo que estaba pasando era que habían comenzado a robar autoestéreos. Era tremendo, todas las noches se escuchaban las sirenas de los autos a los que les rompían los vidrios para robarle el autoestéreo. En la pieza donde yo escribía tenía la ventana abierta y se escuchaba la calle. Eso se lo expliqué a Gustavo y le encantó".

"Terapia de amor intensiva" cierra el álbum con un toque beatle, con esas baterías al revés, una melodía inconfundible y una palabra clave que revela el pasado spinetteano de Cerati: "Credulidad". Los coros y los "la la la" acrecientan ese sentimiento beatle. Para Taverna es una de las canciones más subestimadas de Soda. "Tiene algo de himno", dice. "Es muy 'Hey Jude'". *Doble Vida* marcó también un cambio de estética desde la portada en blanco y negro, donde los Soda aparecen fotografiados, en la esquina de Diagonal Sur y Bolívar por la lente de Daniel Ackerman. La imagen de los tres músicos tiene como un aura que le da un aire a *Las alas del deseo*, una película de Win Wenders de 1987 que fue muy elogiada en Buenos Aires. Las fotos de prensa se harían en el estudio de Daniel Ackerman en La Boca, mientras que el diseño de portada estuvo a cargo de la artista mendocina Tite Barbuzza.

"Fue un largo trabajo —explica Barbuzza—, supongo que me habrá propuesto Oscar, pero era Alfredo Lois el que me bajaba el concepto; Soda estaba alejándose de sus fans y la premisa era volver a la calle. Entonces propuse la locación; esa parte de la ciudad me llamaba mucho la atención por su arquitectura grandilocuente. El ángulo de la foto es desde abajo y ellos están como despegándose de la ciudad, sobrevolando la ciudad de la furia. También querían un nuevo logo, fácil de retener. Probé millones de combinaciones; había un juego de niñas que si dibujabas un 6 y un 4 con una X: este es tu retrato. Fui probando por ahí, hasta que descubrí algo que era como el perfil de un rostro: La S es la nariz, la O es el ojo y la D es la sonrisa; la A queda como flotante. Y ese logo es conocido como 'el tipito de Soda'. Yo tenía cierta idea de qué podía querer Gustavo, porque era amiga de Belén y conversé varias veces con Gustavo de películas y libros. Me acuerdo que nos gustaba mucho a los dos *Más que humano*, una novela de ciencia ficción de Theodore Sturgeon. Nos intercambiamos un par de libros en el proceso; él me dio *The Art of Rock*, un libro muy psicodélico y yo le di uno de culturas precolombinas".

Hubo un detalle final, una exquisitez sonora que en otras circunstancias le habrían dado un realce especial a *Doble Vida*: la masterización a cargo de Bob Ludwig, una eminencia. "Eso no lo pudo conseguir ni Charly García —remata Sayavedra—, Carlos Alomar lo logró y en siete minutos conseguimos turno para el día anterior al viaje de regreso. Preguntamos por el corte directo a metal que suena increíble, y como teníamos plata lo hicimos. Alberti ya se había vuelto, Gustavo, Zeta y yo nos quedamos despiertos toda la noche para terminar todo y nos fuimos directos a la sesión. Mientras esperábamos nos quedamos dormidos. Ludwig me dio las placas de cobre firmadas por él, y las llevé a CBS. En Argentina estábamos en una crisis económica brutal y las compañías compraban vinilo usado y lo reciclaban, con papel en el medio. ¡La primera copia era un flan! ¡Me quería matar! Alomar en cambio no nos cobró muy caro: estaba enamorado del grupo. En el mundo anglo es común que el productor se lleve algún punto de regalías: Alomar no nos pidió nada".

Mientras Argentina entraba al Plan Primavera, un programa de estabilización de su economía, *Doble Vida* anunciaba su propio plan primavera con la edición del álbum el 15 de septiembre de 1988. El suyo sería mucho más duradero y exitoso que el del gobierno, pero también tendría un final abrupto en 1989 cuando determinadas situaciones se precipitarían en un desenlace inesperado para todos.

20

Una cuestión de voltaje

Soda Stereo no pudo ni deshacer el equipaje cuando finalizó *Ruido Blanco*, porque nuevas actuaciones los esperaban. Pero debían resolver algunas cosas antes de partir ya que iban a presentar los temas de *Doble Vida*, y para completar en vivo de alguna manera la sonoridad alcanzada en el disco, necesitaban vientos. Allí se produce la entrada de Marcelo Sánchez, a quien le decían "El chino" y que participaría solamente en esa gira. "Lo trajo el papá de Gustavo —dice Taverna—, hacía cosas inexplicables. Yo escuchaba un acople y no podía descubrir de dónde venía, y era este pibe que sacaba el micrófono del saxo y se lo guardaba en el bolsillo. Duró poco porque ese tiempo fue una transición". Luego debían acomodar la formación de su equipo porque algunos quedaron en México y es así como Marcelo Angiolini convoca a un nuevo monitorista: Gabriel Alaniz, que en esos momentos estaba luchando contra el papelerío necesario para entrar a la Unión Soviética, como parte de La Torre. Era todo un acontecimiento que un grupo de rock argentino tocara allí, pero trabajar con Soda Stereo le resultó algo imposible de rechazar. "Los dejé plantados —reconoce Alaniz—; Oscar Mediavilla y Patricia Sosa no me hablaron por cuatro años". En Ohanián Producciones también trabajaba Marcela Carminio, su novia de aquel entonces, que había entrado por recomendación de Roberto Cirigliano que se estaba radicando en México, enamorado de una chica del país azteca.

Iba a ser la primera gran gira de Soda Stereo por estadios de Latinoamérica y arrancaron por el Hernando Siles de La Paz, Bolivia. Horacio Nieto, que acompañó a la banda, se anotició por el promotor de que después de la prueba de sonido Soda Stereo debía quedarse en el estadio y no podía regresar al hotel. El problema es que debían hacerlo para vestirse y maquillarse. De manera que Nieto, acompañado por Carminio y Alejandra Boquete, intentó ir al rescate de los implementos necesarios. "No podíamos caminar —recuerda—, era todo gente alrededor. No había filas: las calles enteras estaban inundadas de gente. Y nos pasó lo mismo cuando tuvimos que volver con el vestuario y el maquillaje. Fue un shock muy fuerte".

La segunda parada fue en Cochabamba, donde Soda tocaría en el estadio de la Coronilla. Cuando llegaron al aeropuerto, una noviecita de Horacio lo estaba esperando con un Volkswagen, al que se lo conocía como "escarabajo". "¿No quieren que vayamos a beber algo?", propuso, y el vehículo partió con los tres Soda en el asiento trasero mientras el resto del equipo se dirigió al hotel. Querían conocer un poco la ciudad. Llegaron a un lugar de moda llamado Dumbo, donde Nieto les quería hacer probar el trago San Mateo. "Y de repente —continúa Horacio—, empiezo a ver gente, como cuando pateás un hormiguero y en dos minutos se convirtió en una locura. Les dije que nos fuéramos y cuando llegamos al hotel, el promotor me pidió que Soda Stereo saludara a su mamá. No iba a haber problema, ellos siempre fueron muy amigables y creo que estaban en su mejor momento de predisposición. No recuerdo bien si fue en esta fecha, pero como Cerati al final siempre arrojaba su guitarra, un día le armamos un arco al costado del escenario y el asistente se puso guantes y una gorra. Gustavo hizo 'chan chan', vio el arco y comenzó a reírse. Esas giras eran muy divertidas".

También eran insólitas las cosas que hacían las fans para llegar a Soda Stereo y se ve que las tenían de todas las edades.

—Bueno, ¿a qué hora puedo pasar a buscarlos para ir al hospital? —preguntó el promotor boliviano.

—¿Cómo dice?

—Es que mi madre está internada.

—No, los Soda Stereo no van a ir al hospital a saludar a su mamá.

—Bueno, buscaremos la manera...

"Llegamos con la van, los Soda y yo al estadio, y vemos otra van estacionada enfrente, a la que le habían sacado los asientos: era el promotor con su madre en una camilla y mascarilla de oxígeno. Pusimos la nuestra al lado y los Soda Stereo finalmente saludaron a la señora por la ventanilla".

"La gira por México fue increíble —se acuerda Gabriel Alaniz—, yo no podía creer lo que estaba viendo: éramos Los Beatles. Era la primera gira donde Soda iba a tocar en estadios de México y la produjimos con Marcelo Angiolini en una Commodore 64 y un fax: dibujábamos y mandábamos el plano a las compañías de sonido. Recorrimos México de punta a punta en dos buses, uno para el personal y otro para Soda y Adrián". Se las tuvieron que ingeniar para que todo funcionara. Ya entrar al hotel era una pesadilla porque estaba lleno de fans y otro tanto a la salida. "En México canibalizaban los equipos —completa Alaniz—, les cambiaban las fases y con Adrián nos pasábamos el día poniendo en fase los equipos. Parecíamos los egipcios montando tres pisos de equipos. Un delirio, pero también una gran escuela. ¡Lo que hemos soldado con Adrián no tiene nombre!".

Tijuana, Acapulco, Ciudad de México, Mexicali, Veracruz, Ciudad Juárez, Chihuahua, Guadalajara, Hermosillo: Soda Stereo conoció México a fondo. A Gustavo lo fascinaron la inmensidad y las enormes diferencias entre los lugares, y conectó con su interés por la cultura maya, prometiéndose profundizar cuando tuviera tiempo de recorrer sin prisa el país, promesa que cumpliría. Los aguardaba en Buenos Aires la presentación de *Doble Vida* en el estadio Obras, pero no adentro sino afuera: en la cancha de hockey. Cuando ya casi habían pasado dos meses, dejaron tierra mexicana y aprovecharon una escala para tocar en Colombia: Medellín y Bogotá. Grave error: cuando llegaron a Medellín comprobaron que nada de lo que habían pedido para el escenario estaba en su lugar y encima llovía torrencialmente. "Llovía dentro del escenario —enfatiza Juan Carlos Mendiry—, había techo, pero era un toldo que se llenó de agua y se cayó toda encima de los instrumentos". Volvieron para Bogotá. Y recibieron una llamada telefónica. Era el DAS (Departamento Administrativo de Seguridad), comunicándoles que habían recibido una denuncia de incumplimiento de contrato y que hasta que eso no fuera reparado estaban bajo arresto en el hotel. Al día siguiente, la policía los "escoltó" hasta Medellín.

"En Bogotá —recapitula Alaniz— tocamos en un estadio y después tenías que pagar un impuesto o hacer un show para la gente, y lo hicimos en la parte de afuera de un cine". "Fue una actuación gratuita —ratifica Taverna—, en un morro llamado La Media Torta, un lugar muy marginal. Nos dijeron que era peligroso. Fuimos destruidos a tocar a las diez de la mañana". "Cuando llegamos dos horas antes con Adrián, armamos las mezclas, nos pusimos todos atrás con la consigna de hacerlo a como diera lugar". "Llegamos y estaban Los Chalchaleros[35] —continúa Taverna—, vestidos de gaucho. Sacaron las guitarras arriba de lo que se suponía que era el escenario porque tenían miedo que se las roben. El conductor del evento saludó a Ohanián, lo conocía: 'Y contamos con la presencia de Don Alberto'. Después, todo el tiempo lo llamábamos Don Alberto y a él no le gustaba: ¡Don Alberto! '¡Andá a la puta que te parió!', te respondía. Nos hemos reído mucho con eso". "Finalmente —termina la historia Alaniz—, los Soda se subieron, hicieron un show del carajo, más cortito, bajamos y nos fuimos"[36].

Sin respirar, Soda Stereo llegó justo para la presentación de *Doble Vida* en la cancha de hockey de Obras Sanitarias, al aire

35 Los Chalchaleros fue uno de los grupos más importantes del folklore argentino. Cuando hicieron una gira de despedida la estiraron tanto en el tiempo que quedó como dicho popular: "Más largo que la despedida de Los Chalchaleros".

36 Corroborando la fecha, en distintos sitios de internet, aparece que el show de Soda Stereo en La Media Torta fue en 1987. Pero en ese año Gabriel Alaniz no trabajaba para Soda Stereo. Adrián Taverna contó la misma historia y también la ubicó en la gira de *Doble Vida*. Y los shows de La Torre en la Unión Soviética, el trabajo que dejó Gabriel para sumarse a la crew de Soda Stereo, fueron en septiembre y octubre de 1988.

libre. "Originalmente —explica Sayavedra—, queríamos hacerlo perpendicular a la avenida Del Libertador, pero descubrimos que si lo torcíamos íbamos a tener el doble de capacidad; el escenario quedó a cuarenta y cinco grados de la cancha de rugby y se llenó todo". Fueron veinticinco mil personas y no cabía ni un alfiler. Como invitado especial iba a estar nada menos que Carlos Alomar, el productor del disco, que intentaría replicar en vivo el increíble solo de guitarra que hizo para el disco en "Lo que sangra (La cúpula)". "A mí me tocó ser el chaperón de Alomar —se ríe Sayavedra—, lo llevé a pasear al Tigre. Alomar fue una risa permanente, nunca se puso serio y estaba fascinado con la Argentina, con Soda, con un grupo de rock en español que hacía eso. Lo llevé a comer un choripán, en retribución a que él nos llevó a su casa, donde conocimos a su mujer, Robin Clark, que en esa época hacía coros con Simple Minds. La casa de Alomar tenía cancha de tenis y estudio de grabación, pero nos preparó unas hamburguesas inmundas y asquerosas".

El mismo día de la presentación, el 3 de diciembre, Argentina había sufrido un tercer alzamiento militar contra el gobierno constitucional, desde la recuperación de la democracia en 1983. En esta ocasión estaba encabezado por el coronel Mohamed Ali Seineldín que se sublevó y tomó algunas instalaciones militares. Para Soda era un terrible contratiempo porque el presidente Alfonsín decretó el estadio de sitio, por lo que técnicamente el show debía cancelarse. Una vez más, Soda se rebeló contra los acontecimientos y decidió seguir con el show adelante con la ayuda de la radio Rock & Pop que se encargó de difundir que el concierto no iba a suspenderse. "La policía nos levantó todo el dispositivo de seguridad —recuerda Horacio Nieto—, y tuvimos que remar muchísimo para poder hacerlo". Oscar Sayavedra, instalado en las oficinas de Ohanián Producciones ese sábado, siguiendo todo muy de cerca, escuchaba como Taverna exigía a los parlantes en la prueba de sonido... a dos kilómetros y medio de distancia. "¡Hijo de puta! Desde acá escucho a Living Colour". El público no se amilanó y el show se hizo con total libertad y felicidad: fue también un desafío a los militares insurrectos. La música no iba a detenerse.

Al día siguiente, un periodista llamó a Marcela Carminio para preguntarle si habían visto tanques de guerra. Le trasladó la pregunta a Ohanián, que respondió: "el único tanque que vimos fue el de agua".

— • —

Roberto Cirigliano aprovechó el show de Soda para hacerse una escapada desde México y ver a sus amigos. Circuló por todos lados con su credencial *all access* y celebraron el logro de haber llenado la cancha de hockey de Obras, de que la gente hubiera desafiado el estado de sitio y la asonada militar (que concluyó al día siguiente). Sin embargo, esto no era el final de gira sino el comienzo de otra que los llevaría por todo el interior de Argentina. Pero antes habría que lamentar la muerte de Federico Moura, cantante de Virus y primer productor de Soda Stereo, acontecida el 21 de diciembre, a casi un año de la desaparición de Luca Prodan, el alma de Sumo y ocasional rival y compañero de andanzas. Soda se sumó a un homenaje tan espontáneo como desordenado, genial y cálido, cuando durante el show que tenía pautado en La Casona de Lanús se subió Virus para tocar junto a ellos "Wadu-Wadu" en honor a Federico, que falleció a consecuencia del SIDA que en ese tiempo no tenía tratamiento.

Mucho más multitudinaria fue la participación de Soda Stereo en el festival Tres días por la democracia, el 27 de diciembre de 1988, para celebrar un lustro en el poder de un gobierno elegido por el pueblo. Se hizo en la bajada de la avenida 9 de Julio, donde una barranca conduce a la avenida Del Libertador, y participó la primera plana del rock con Luis Alberto Spinetta, La Torre, Fito Páez (que invitó a Charly García), Man Ray y hasta los brasileños Paralamas do Sucesso. Soda Stereo fue el número de cierre. El día anterior hubo un concierto de música clásica y una presentación de Les Luthiers, y al día siguiente se terminaría con tango y folklore. Ese martes fue exclusivo del rock.

"Este festival se hizo durante la gestión de Facundo Suárez Lastra como intendente de la ciudad —explica Horacio Nieto—, y la producción corrió por cuenta de Daniel Grinbank. El escenario tenía un vallado de pared de madera pero con unas puertas. Ya venía Soda a cerrar y nos piden que bajemos todos, porque Grinbank estaba invitando a un brindis por el éxito del festival y quería que todos estuvieran presentes. Inmediatamente, Marcelo Angiolini, Jorgito Rearte, el Toro y yo, nos pusimos a clavar las puertas para cerrarlas: no entró nadie". Pequeño olvido: dejaron afuera al Intendente de la ciudad, por lo que hubo que hacer maniobras para que pudiera estar presente ya que la seguridad era muy estricta.

—Estoy acá con el intendente que quiere subir, ¿me das el ok? —solicitó Marcelo Angiolini desde un handy.

—Sí, que suba con vos —dijo desde adentro Horacio Nieto.

—Quiere subir con dos personas de seguridad.

—Seguridad hay de sobra, que venga solo con vos.

—¿Viene conmigo, intendente? —le preguntó Angiolini a Suárez Lastra que asintió, y contempló atónito cómo desclavaban la puerta de acceso para que pudiera entrar.

Pocos minutos más tarde, Soda Stereo salió al escenario y estuvo a la altura del gran gentío que los esperó estoicamente durante todo el día. Gustavo hizo un alto en el show para dedicarle "En la ciudad de la furia" a la memoria de Federico Moura. Antes de "Persiana americana", que era el cierre, Gustavo tomó el micrófono y dijo: "¡Por la democracia y a favor de la realidad y no del absurdo!" Fue un final feliz para una jornada populosa donde había cierta violencia, alimentada por opositores al gobierno radical rondando el festival y el país en general. El último show fue en Junín, donde el promotor preguntó si podía ir a tomar una foto desde atrás del escenario. "Imaginate que eso implicaba a alguien parado detrás del escenario —explica Nieto—, lo que estaba fuera de todas las normas: nadie ajeno a la producción podía estar ahí. Lo consulto con Marcelo Angiolini que me da el ok para que se haga rápido. El grupo seguía tocando y el promotor se plantificó en ese punto".

—¿Y? —le gritó Horacio—. ¿Sacaste la foto? ¡Vamos!

—Es que estoy esperando a que se den vuelta.

Lo único que daría vuelta y con mucho ruido iba a ser una etapa que se iba a clausurar en marzo de 1989, cuando Soda Stereo concluyera el segundo tramo de la gira por el interior de Argentina. "A todos los artistas —comienza su explicación Alberto Ohanián— les exigí no hablar de plata con ellos y que me designaran una persona por escrito para las liquidaciones, así no mezclamos el dinero con la actividad del producto. Los Enanitos Verdes tenían su contador, y el papá de Gustavo hizo ese rol en Soda. Juan José Cerati venía a cobrar a la oficina y un día me dijo: 'En un fin de semana, mi hijo gana lo que yo gano en un mes'. Lo que era verdad, y cometí el error garrafal de enseñarle el negocio editorial". Juan José lo aprendió rápidamente, no solo con Ohanián sino también averiguando por su cuenta. "Mi papá no conocía ese negocio —cuenta Laura Cerati—, pero se la pasó yendo a SADAIC, haciendo contactos allí y preguntando, se dio cuenta que era bueno tener una editorial musical, porque se llevaba un porcentaje de la obra y el autor se tenía que interesar en eso. La armó para el segundo disco de Soda y lo hizo muy bien, porque hoy JJC Ediciones Musicales tiene material de folklore, cosas de Los Pericos, Fricción, Manuel Wirzt y otros. Muchas veces se dijo que armó la editorial para quedarse con más de los derechos que le correspondían a mi hermano, pero lo que no se dice es que, justamente, lo hizo para bajar costos: en el mundo cualquier editorial musical se lleva entre un 33% y un 25%; mi papá lo hizo por el 15% y es la única editorial en el mundo que se lleva un porcentaje así. Esos derechos también trajeron discusiones dentro de Soda, porque había canciones con autoría compartida y no existía aun la posibilidad de diferenciar porcentajes dentro de la letra y de la música: cada rubro era un 50% de lo que corresponda; hoy se pueden establecer repartos proporcionales dentro de la letra por un lado, y dentro de la música por el otro".

El problema no fue estrictamente ese sino que comenzó allí. Juan José Cerati fue metiéndose cada vez más en ese mundo como un apoyo a su hijo. Era el oficial de contralor de las liquidaciones y es conocida su sorpresa ante las cifras del rubro "libros y revistas", que encubría los gastos en cosas de las que el papá de Gustavo no podía enterarse. "¡Qué manera de leer que tienen estos chicos!", decía no exento de ironía. Obviamente, sospechaba pero no podía meterse en esa cuestión. A veces causaba gracia en algunas discusiones donde hablaba de "las páginas musicales de mi hijo", pero pasaba como un toque exótico de su vocabulario. "Mi papá se da cuenta que a mi hermano le va bien —retoma Laura—, y lo ayuda mucho a pensar y ver cómo moverse". Hay un hecho significativo, que es que a Juan José lo jubilan anticipadamente en Esso, en 1988. "En realidad le ofrecen un retiro voluntario —sigue Laura—, donde le daban mucho dinero y él sacó cuentas y le convenía. Pero fue un cimbronazo enorme. Era la política de la empresa". Era lógico entonces que después, con mayor tiempo libre, profundizara más en su otra actividad como contralor de las liquidaciones de Ohanián Producciones a Soda Stereo.

Por otro lado, en el tramo por México de la gira de *Doble Vida* fue como invitado el periodista Daniel Kon, que era el director del Suplemento Sí! del diario *Clarín*, un producto muy exitoso que, en su primera época, estaba casi dedicado al rock. "A Gustavo lo había conocido por el concurso de letras que hicimos en el Sí! con *Submarino Amarillo* —recuerda Kon—, después los vi en algún festival. Me fui de gira con ellos en 1988 a México DF, Mexicali y Tijuana. Era impresionante lo que se veía desde adentro, porque por primera vez vi la maquinaria aceitada de una banda de rock en gira, la cantidad de gente que los seguía, la repercusión que causaban. Era increíble lo que pasaba con las chicas; yo me paraba por ahí y agarraba rebotes a lo bobo. Zeta me hacía pasar por el actor Jorge Martínez que era muy conocido en México. Cuando llegamos a Colombia, una parte de la crew de Soda se tenía que volver a Buenos Aires porque tenían el show en Obras casi encima".

Allí se produce una situación que se amplificó en muchas historias sobre la banda pero que hoy todos los involucrados minimizan. Soda se había ido de Medellín sin dar el concierto por la lluvia y la falta de infraestructura, pero por la intimación del DAS debieron regresar; Mendiry tenía que quedarse en Bogotá para solucionar ese entuerto, y le preguntó a Daniel Kon si se animaba a ir con los Soda. "Marcelo Angiolini ya estaba en Medellín —cuenta Daniel— y Mendiry me preguntó si yo me animaba a viajar con ellos. Sí, era una pavada, debo haber coordinado algunas combis. Y los Soda comenzaron a joderme con lo de que yo era el mánager. Decían: 'este tiene más pinta, está bronceado como nosotros'. Tenía buena relación con los tres". "Creo que los acompaña dos días —da su mirada Taverna—, nosotros viajábamos con los equipos, y los Soda cuando se juntan de vuelta con nosotros vienen muy compinches con Daniel Kon, y empezaron a hacer un rancho aparte con respecto a la producción". Más que un complot, la situación parecía ser de afinidad.

Soda Stereo ya había hecho un planteo dentro de Ohanián Producciones con respecto al reparto del dinero. Y Alberto lo aceptó y redujo su porcentaje que era del 30%, si no más, al 25%. Pero también había otras cuestiones que tenían que ver con los celos: Soda Stereo se sentía muy grande y pretendía cierta exclusividad, no ser un artista más de la agencia. "Ellos tuvieron siempre una gran pica con los GIT —recuerda Jorge Brunelli—, que era el otro trío. Aunque en realidad la pica era más de los GIT que de Soda y por eso los GIT se van de la agencia porque decían que se les daba más importancia a Soda cuando a ellos les iba mejor, sobre todo por Latinoamérica". Lo que era una verdad relativa, porque con el tiempo Soda Stereo sería inalcanzable. Pero antes tendrían que resolver su situación a marzo de 1989.

Se realizó una reunión en las oficinas de Ohanián, a la que acudieron los tres miembros de Soda Stereo acompañados por Juan José Cerati. Del otro lado, estaba Alberto Ohanián con sus dos socios, Juan Carlos Mendiry y Oscar Sayavedra. El que llevó el planteo adelante fue Gustavo.

—Queremos plantearles que para nuestra tranquilidad y, nuestro crecimiento, queremos que él (Juan José Cerati) se incorpore al grupo empresarial que maneja la parte del management. Que tenga un lugar en la oficina y que cobre un porcentaje que saldría de la participación de ustedes y de la nuestra.

El planteo cayó como un ladrillo desde un edificio de nueve pisos. Después se quejaron de que no tenían prioridad en la agencia, que crecía gracias a ellos y utilizaba recursos de Soda, como el circuito de recitales, para desarrollar otros artistas como Los Enanitos Verdes. Algo que en realidad fue al revés, porque Ohanián usó el circuito que pudo armar con Piero, a quien Los Enanitos Verdes acompañaron durante una gira, para intentar la patriada de exportar a Soda Stereo. Además fue Soda quien quiso entrar en la agencia de Ohanián cuando sintieron que Rodríguez Ares priorizaba a Virus y además había contratado a Riff. También expresaron que se sentían acéfalos en el sector de prensa desde que Roberto Cirigliano se había instalado en México; otra ingratitud porque si Roberto iba a las giras era porque Jorge Brunelli se quedaba haciendo el trabajo de comunicar el triunfo de Soda por Latinoamérica en Buenos Aires. Y además Marcela Carminio ocupó el lugar de Roberto cuando se enamoró de una mexicana y se convirtió en la pata de Ohanián Producciones en México. Para la prensa de Soda Stereo propusieron a Daniel Kon como condición excluyente, y de hecho Ohanián sostiene que lo contrató como asesor ya que Kon estaba al mando del Suplemento Sí! de *Clarín* y no podía incorporarse full time.

La versión de Alberto Ohanián es la siguiente: "La desvinculación de Soda de mi productora partió de una realidad que era que había terminado el contrato. Yo siempre estuve bien remunerado, pero conseguía unos grandes contratos. Entonces, todos valemos pero en la medida en que yo consigo mejores contratos, el porcentaje que cuesto se va diluyendo. Ya en el departamento de Gustavo en José Hernández, me plantearon que querían dividir las utilidades en partes iguales y yo bajé mi porcentaje. Me dio en las pelotas pero acepté. Ahora no solo querían meterme al padre en la oficina sino que además bajara de nuevo mi participación para pagarle a él. Lo sentí como una traición, porque dejé alma y vida en Soda Stereo. Yo hice la parte del talento comercial, el triunfo musical era de ellos. Pero el desarrollo fue mío; hice las cosas bien de mi lado, pero me enamoré del grupo. Lo sentí en el plano emotivo. Escuché bien a Gustavo, no contesté su planteo pero le dije otra cosa".

—Gustavo: no trabajo más con ustedes.

—¿Cómo? —se sorprendió Cerati.

—No trabajo más con ustedes. A partir de este momento arreglamos nuestras cuentas, lo que tengamos pendiente y no los quiero ver nunca más.

—No nos podés hacer esto…

—Sí, se los puedo hacer. Y les pido que se levanten y que se vayan.

Había caído la bomba. No era un *bluff*, sino una decisión irreductible de Ohanián que fue respaldada en su totalidad por sus dos socios. "Estuve de acuerdo —confirma Oscar Sayavedra—; nosotros los agarramos cuando metían cien personas en el Stud, y ahora que vemos los frutos nos quieren cambiar las condiciones. Cuando se fueron, Alberto nos dijo: 'Ustedes, que son mis socios, decidan'. Y decidimos no renovar el contrato. Como yo había llevado a Soda a la organización era como perder un hijo. Estábamos grabando en los estudios Panda con Andrés Calamaro el disco *Nadie sale vivo de aquí*. Y al día siguiente vino Gustavo a grabar su parte en 'Nuestro Vietnam', llegó y nos abrazamos llorando, él sabía que habíamos dicho que no". En esa misma sesión, Gustavo grabó una segunda voz en otra canción: "Adiós, amigos, adiós". "¿Es tragedia o comedia, Andrés?", preguntó Cerati para poder darle la intención correcta a su voz. O quizás se lo preguntó a sí mismo.

"Gustavo quería incluir al padre en una figura que ellos decían que era *business manager* —confirma Juan Carlos Mendiry—. Pero la comisión del padre salía reduciendo la nuestra. En la reunión final en la oficina de Cabildo, arriba de la galería Las Vegas, piso 11, dijimos que no aceptábamos esa forma de trabajo y en ese momento le devolvimos todo el material que teníamos. Nos preguntaron si había alguna forma de negociación y dijimos otra vez que no. Los echó Ohanián, pero nunca fue pelea: había demasiado cariño entre todos. El armenio es muy personalista y tener que compartir las decisiones con el papá de Gustavo no hubiera funcionado. Nuestras mujeres decían que estábamos locos por dejar ir a Soda, pero íbamos a terminar peleados de verdad".

La única negociación que prosperó fue el traspaso de la sala de Naón y Sucre a manos de Soda Stereo. Luego, llamaron a Mendiry y le preguntaron si no quería seguir trabajando con ellos como jefe de ventas, y también hablaron con Oscar Sayavedra para proponerle ser mánager general en una nueva agencia independiente que finalmente sería Triple. "Yo acepté una propuesta de Prodín en Chile y me mudé en mayo —confirma Sayavedra—; vuelvo en julio a Buenos Aires y los Soda presentaban en la discoteca New York City el video de 'La ciudad de la furia'. Gustavo me invitó al día siguiente a su casa, y estaban los tres con Juan José, y me ofrecieron ser el mánager. ¡Les dije que no! ¡El no más grande de mi vida! Pero yo ya no quería más Argentina: la hiperinflación hacía que cambiaras cien dólares por la mañana y a la tarde solo te comprabas un maní". "Los eché a los Soda en el mejor momento —reconoce Ohanián—, yo sabía que dejaba ir un negocio muy grande, pero nunca me arrepentí. Porque lo único que perdí fue dinero, pero salvé mi dignidad: no hay dinero que me compre".

En el proceso hiperinflacionario más grande de su historia (habría otros), Argentina parecía desintegrarse. Soda Stereo sentía el temblor en sus piernas y ya no había refugio. Deberían construirlo desde cero.

21

Tiempo anfibio

La salida de Soda Stereo de Ohanián Producciones fue un sacudón importante para las dos partes, porque destrabó conflictos sumergidos que comenzaron a salir a flote. Lo primero que hizo Ohanián fue hablar con Marcela Carminio y despedirla, ya que Soda no iba a estar más con ellos que, por otro lado, manifestaron querer tener en prensa a "alguien más profesional". Marcela tenía 21 años, conocía a todo el mundo, se desempeñaba bien en su oficio y poseía una experiencia de veterano. Luego le comunicaron a Roberto Cirigliano que Soda se había ido de la agencia, pero le ratificaron que él iba a continuar como integrante del staff de Ohanián Producciones en México. A Roberto se le rompió el corazón, porque ninguno de los Soda fue capaz de llamarlo y decirle. El encargado de contárselo fue Horacio Nieto con quien compartía habitación de hotel en México por la gira de Los Enanitos Verdes.

—¿Y qué va a ser de mi vida ahora? —dijo con tristeza y desconcierto.

Lo tomó de la peor manera: pensó que los Soda ya no lo querían. Había sido un soldado de los primeros días, fanático del grupo, que peleó a capa y espada por el trío. ¿No ameritaba ni un llamado de la banda? Roberto se encargaba de la prensa en las giras, y en Buenos Aires, Jorge Brunelli le echaba carbón a la maquinaria mediática para que se supieran de los logros de los Soda en el extranjero. "Ohanián nos dijo lo mismo a él y a mí —cuenta Marcela Carminio—, que los Soda pensaban que no éramos *good enough* para ellos". Todo fue mucho peor unos meses más tarde, el 7 de mayo de 1989, cuando el micro que transportaba a Los Enanitos Verdes tomó una curva demasiado rápido y volcó. Roberto salió disparado, su nuca pegó en el pavimento y murió en el acto. Tenía el walkman puesto y venía escuchando "La bestia pop" de Patricio Rey y sus Redonditos de Ricota. Felipe Staiti, el guitarrista de Los Enanitos, quedó muy grave con conmoción cerebral, un mes al borde de la muerte. Logró recuperarse pero al comienzo no recobraba la plena conciencia y deliraba; aliviados por las palabras de los médicos que aseguraron que se trataba de algo pasajero y prometieron una recuperación completa, le pusieron un apodo por sus increíbles parlamentos: Castaneda. Cecilia, la mujer de Marciano Cantero, se quebró un brazo al igual que Daniel Píccolo, el baterista. Pidieron auxilio a Alberto Ohanián que estaba en el DF y le contaron lo sucedido. Alberto, con los ojos llenos de lágrimas, se dio vuelta, lo abrazó a Horacio Nieto y le comunicó la mala noticia de la muerte de Roberto.

"El accidente fue entre Guadalajara y Monterrey —cuenta Nieto—, el problema fue que le robaron todos los documentos. Tuve que ir al hospital, reconocer el cuerpo y mentir que era mi primo, que Cirigliano era mi segundo apellido materno, y así logré sacarlo. Tuve que darle la noticia al padre y le prometí que se lo iba a mandar rápido. Ya había sacado fecha para casarse con Julieta. Yo vivía con él en los hoteles. Tuve que vestirlo para el cajón: le puse una remera de INXS, porque me taladraba la cabeza con esa banda, y un jean. Quedé muy mal con todo eso".

Para los Soda Stereo fue también muy doloroso, porque era un amigo de años y los tres miembros del grupo, más varios allegados, se hicieron presente en el velorio que se realizó en la ciudad de Campana, donde Roberto había nacido. En alguna charla extraviada, un poco en serio, un poco en broma, había pedido que si se moría en su despedida sonara música de Soda Stereo. Alguien cumplió con su deseo y depositó un radiograbador que sonaba con todos los temas del trío que tanto quiso. Cerati, Zeta y Alberti estaban muy tristes. Marcelo Angiolini recordó que no hacía mucho había recibido una carta de Roberto donde le decía: "Te extraño, peloncho", y le contaba la experiencia de haber sacado su primera fotocopia color. "Robertito era muy entrañable y afectuoso", lo recuerda hoy Angiolini. El mundo Soda quedó conmocionado con la pérdida, al igual que el ambiente profesional del rock argentino que lo recuerda como una de las personas más cordiales y agradables del rubro.

Tras la salida de Ohanián Producciones, a Soda Stereo le urgía reconfigurarse. Como empresa y como banda, no podían ni querían darse el lujo de esperar un tiempo. Como mánager de transición fue ungido Marcelo Angiolini, que por otro lado trabajaba con ellos desde los comienzos. "Pero quien mandaba era Juan José y con él era muy difícil —reconoce Angiolini—, Soda quería demostrar que podía trabajar con Triple y se dio una situación un tanto conflictiva. Me acuerdo que estábamos en la casa de Gustavo los tres Soda y yo, votando como seguir con la historia, y los tres me tiraron un almohadón dándome el voto de confianza".

El primer paso de Soda fue la realización del video de "En la ciudad de la furia", que se produjo con calidad cinematográfica. Ese proyecto sería comandado por Alfredo Lois, el grupo solventaría los gastos y armaría un grupo de producción en el que estaría Carlos Alfonsín, antiguo compañero de facultad que se dedicaba al cine. "Yo trabajaba en Flehner Films —cuenta Alfonsín—, que era la mejor productora de Argentina en ese momento, y llevé a todo el equipo a filmar. Hicimos una producción de un mes, lo hicimos declarar de interés para la Ciudad de Buenos Aires, y eso abrió muchas puertas en cuanto a la autorización para filmar en terrazas de ministerios. Usamos un helicóptero, con un técnico de la productora hicimos un arnés especial para colgar al camarógrafo debajo del helicóptero para hacer las tomas de frente. El director de fotografía era el Chango Monti (Félix Monti), que ya tenía dos Oscars en su haber. Igual, se nos presentaron muchas dificultades técnicas y tuvimos que hacer un trabajo de hormiga. Fue un clip que sin contar el salario de los técnicos costó quince mil dólares, pero hubiera salido cincuenta mil si lo hubiera hecho otra productora. Llegamos a estar ternados entre los mejores videos de MTV ese año, quedamos segundos y ganó Gloria Stefan con 'Oye mi canto', que costó un cuarto de millón de dólares".

La calidad del clip lo ubicaba muy por encima de la media en Argentina y Latinoamérica en general. Recogía un poco cierta inspiración de *Las Alas del Deseo*, película de Wim Wenders, muy vista en círculos artísticos y aunque parezca en blanco y negro, está filmado en diferentes tonos de azul. Alfredo Lois hizo la dirección, asistido por Alfonsín que también se encargó de la producción. "Luego de ese video me distancié de Soda —confiesa Alfonsín—; la filmación duró bastante y los chicos no estaban acostumbrados a tanta espera. Me peleé con Juan José Cerati, que era el productor; en ese momento estábamos en hiperinflación, y había arreglado que lo poco que iban a cobrar los técnicos lo iban a cobrar cuando termináramos la filmación, y cobraron un mes después. Yo tenía que cobrar mil dólares y solo cobré trescientos. Obviamente, quedé distanciado de Gustavo".

Había otra tarea igual de urgente porque pese al interinato de Angiolini, Soda Stereo se puso a buscar a un nuevo mánager. Zeta y Charly Alberti no estaban de acuerdo con que Juan José Cerati fuera quien liderara la parte comercial de Soda Stereo y tenían dos argumentos más que atendibles: el primero es que se trataba del padre de uno de ellos; podían confiar en él pero a la hora de las diferencias era casi lógico que fuera a proteger el interés de su hijo. Y el segundo es que Juan José venía de otro ámbito y no tenía ni conocimientos ni conexiones dentro del ambiente del rock y de las producciones latinoamericanas. Por más que hubiera viajado con la banda, y tenido la precaución de dejar su tarjeta de negocios en todos lados, los empresarios lo seguían viendo como el padre de Gustavo. Fueron a ver a los más grandes productores de la Argentina, como Daniel Grinbank, que había decidido no ser más mánager y dejó pasar la oportunidad.

—Hola, Daniel. Nos encantó la nota, ¿podrías venir a la sala? Queremos conversar con vos —convocó Gustavo Cerati a Daniel Kon.

"En esa reunión me cuentan que se fueron de Ohanián —recuerda Kon—, que querían armar su staff con gente que trabajara solo para ellos y que pensaron en mí para que me ocupara de la prensa. Estaban buscando nuevo mánager. Juan José era una figura muy potente, un hombre muy prolijo que quería defender los intereses de su hijo en un mundo, como el de las discográficas, donde las cosas no son siempre tan prolijas. Yo les dije que probáramos, y me extralimito, y les hago todo un plan de comunicación para la presentación del video de 'En la ciudad de la furia' en la discoteca New York City".

Daniel Kon tenía mucha experiencia periodística y en el manejo de equipos; había sido prosecretario de redacción en la revista *Siete Días*, rival de la eterna *Gente*. Y transformó lo que iba a ser un recital común en todo un evento. "Yo planteé que los tenía que conocer hasta mi tía —explica—, no quería que quedaran solamente en el mundo del rock y por eso los llevé al programa de Susana Giménez. Es algo que aprendí en *Clarín*: algo popular es algo masivo, no es una cosa sin la otra. Y en verdad ellos fueron muy permeables a la idea". La presentación fue todo un éxito; se celebró el 29 de junio y Soda Stereo aprovechó para mostrar el resto del juego porque habían hecho cirugía mayor dentro de la banda. Daniel Sais no iba a seguir como invitado del grupo y buscó nuevos rumbos. "Tenía muchos problemas de salud —recuerda Taverna—, y además estuvo dos años de lleno en Soda Stereo, y nosotros no parábamos nunca. Eso te desgasta mucho. Después se fue a vivir a Ecuador, se volvió a casar y encontró en Guayaquil un lugar más amigable y con otra cadencia de vida. Hizo su escuela de música, le fue bien y se quedó".

Su reemplazante fue Tweety González, una especie de geniecillo que además de tocar muy bien, había acumulado mucha experiencia y conocía el sistema MIDI del derecho y del revés. En esa época era el tecladista de Fito Páez, que estaba estudiando irse de Argentina, pero se conocía con los Soda y sobre todo tenía buena onda con Charly Alberti, ya que ambos eran los únicos felices poseedores de sendos samplers AKG 6000. "Eran aparatos muy sensibles —recuerda Tweety—, que estaban siempre en reparación, sobre todo si salían mucho de gira. Entonces nos salvábamos las papas el uno al otro. Cuando se fue Sais, Charly me preguntó si quería probar". Tweety sería el tecladista titular de Soda Stereo hasta el final, con algunas suplencias que haría el Zorrito en casos de fuerza mayor.

Gonzalo Palacios, a.k.a. El Gonzo, volvería a vestir la casaca de músico invitado en reemplazo de Marcelo Sánchez. Era un viejo conocido, y Gustavo lo llamó directamente. Además tenían una relación de amistad importante que incluía a sus mujeres, Belén Edwards y Mavi Díaz, que participó haciendo coros en las sesiones de *Languis*, un maxi con cuatro temas, uno de ellos inédito. A ambos les vino bien ese breve paso por Soda porque El Gonzo había visto volar por el aire el proyecto Fricción, y otro tanto le había sucedido a Mavi con Viuda e Hijas de Roque Enroll. La tercera pieza fue la inclusión de Andrea Álvarez como percusionista, que ya había formado parte de la banda de Charly García. Con esa nueva formación, conocida como la "big-band" de Soda, ensayaron mucho tiempo y grabaron ese maxi que incluyó "Mundo de quimeras", una deslucida canción con un aire a lo Santana, que firmaron todos. El resto fueron versiones maxis de "Languis", "En el borde" y "Lo que sangra (La cúpula)". "Ese maxi lo grabamos en ION con Marianito López y lo mezclamos en Panda —amplía Taverna—, creo que nos arrepentimos toda la vida de haber hecho ese tema, pero pensá que veníamos de *Doble Vida*, el disco latino de Soda y estábamos más latinoamericanos que Pablo Milanés. Estuvimos de gira dos años por Latinoamérica, descubrimos los batidos, los jugos, las arepas y todo eso nos dio otra perspectiva y llevó todo para ese lado".

Soda Stereo volvió a salir de gira, pero tuvieron que tercerizar su comercialización porque todavía no tenían montada la estructura que les permitiera hacerse cargo del negocio. Por lo tanto esa gira la hicieron con el empresario Pity Iñurrigarro, que era mánager de León Gieco y tenía su productora, Abraxas. "Me acuerdo que íbamos a sus oficinas —ratifica Marcelo Angiolini—, y que el papá de Gustavo me hacía ir en colectivo con él, siempre moviendo las monedas en su bolsillo. Había otra escena que era que Pity tenía su silla muy alta y la de los invitados ahí abajo: lo tenías ahí arriba al tipo. La bajada de línea de Gustavo era que tenían que demostrar que Soda se había separado de Ohanián, que su padre estaba al frente y que podían salir de gira". Antes que el grupo pisara el camino hubo mucho ruido interno porque la paga de los músicos y varios de los miembros de la crew era muy pobre.

"La ida de Ohanián fue muy traumática para el equipo —explica Gabriel Alaniz—, esa gira fue muy complicada; Juan José Cerati era muy difícil con el dinero y cuando me senté con él me quería pagar menos de lo que yo cobraba con Ohanián. Si en la gira salíamos los técnicos a comer con los músicos era todo un lío, siempre estuvimos todos en el mismo hotel, músicos y técnicos íbamos a comer juntos. Gustavo venía a comer con nosotros todo el tiempo, pero eso comenzó a cambiar". Marcelo Angiolini reconoce la situación. "Uno de los puntos era que los músicos tenían que estar en un hotel y el personal técnico en otro. Eso causó problemas".

— • —

¿Cuándo comenzó la rivalidad entre Soda Stereo y Patricio Rey y sus Redonditos de Ricota? En primer lugar, ese fue un enfrentamiento de dos sectores del público de rock que probablemente haya surgido al calor de la muerte de Luca Prodan, el calvo cantante de Sumo. O por lo menos de ahí apareció el cantito que se entonaba en algunos conciertos, cuando la cultura del rock comenzó a contaminarse con los modos del fútbol: "Luca no se murió/ Que se muera Cerati/ La puta madre que los parió". Gustavo se sintió lógicamente afectado: "¿Piden por mi muerte?" Hasta finales de los 80, con algunas excepciones, el público de rock convivió y los que eran fanáticos de una banda podían ir a ver cualquier otra sin sentir que se traicionaba algún mandato. Y de hecho, una de las máximas del rock, que no figuran en ningún registro o catastro, es desafiar los mandatos y obtener el máximo grado de libertad. Las costumbres futboleras no llegaron al rock por Patricio Rey y sus Redonditos de Ricota, una banda más longeva que Soda Stereo: sus orígenes datan de fines de los años 70. Pero su público no: el grupo comienza a ascender en la consideración popular cuando están terminando los 80, y Soda ya es una banda internacional de un suceso que no tiene antecedentes. Eran candidatos a tiro al pichón: todos quieren desafiar al campeón.

Solo que Patricio Rey y sus Redonditos de Ricota eran una banda independiente que comenzó a tener un gran éxito a partir de que tuvieron registros discográficos, generosamente irradiados por la emisora Rock & Pop, y no tenían la menor intención de conquistar nada. O al menos así lo manifestaban. Y se manifestaban poco en la prensa: cultivaban el misterio y el bajo perfil mediático. Soda Stereo era todo lo contrario. Y los argentinos aman las rivalidades. Una canción de los de Ricota, "Vamos las bandas" tenía un verso que hablaba de ¿cuánto costaba ser una nueva banda que trepa radares militares? ¿Podía ser Soda esa banda? Aun cuando no, el público quiso entender que sí. Gonzalo Palacios tocó con los dos grupos y confirma el antagonismo. "Sí, eran muy diferentes —dice—, Gustavo me preguntó si 'Vamos las bandas' hablaba de ellos, y le dije que no. Y a la vez, Los Redonditos se preocupaban por no quedar asociados con otra gente que no fueran ellos mismos. Los dos se preocupaban. Siempre tuve el grupito de veinte pibes en los shows de Los Redondos que me gritaban: '¡Eh! ¡Careta! Tocás con Soda Stereo vos'. Yo tocaba tres o cuatro temas con Los Redondos y después me iba al pogo y me los encontraba: '¡Eh, careta! ¿Qué hacés acá, vos?' Y después me daban un abrazo. Era todo parte de la liturgia".

La otra invitada que se sumaba a Soda Stereo era Andrea Álvarez, que venía tocando en la banda de David Lebón, pero se le hacía cuesta arriba porque los ensayos terminaban muy tarde en la ciudad de Buenos Aires, y ella vivía en Burzaco. No eran buenos tiempos para que una mujer anduviera sola de noche en el inmenso Conurbano. Cuando le comentó a David la situación no tuvo una respuesta favorable; de camino a su casa pasó por donde Jota Morelli y Charly Alberti, que era muy amigo suyo, estaban dando una clínica y decidió bajarse del colectivo para saludarlos. En la puerta se encontró con Gustavo Cerati. Se conocían de las grabaciones de *Doble Vida*, a las que fue varias veces, ya que vivía en Nueva York y era compinche de Alberti.

—¿Qué hacés por acá? —la saludó Gustavo.

"Nunca había tenido un real diálogo con él —cuenta Andrea—, pero sabía todo lo que pasaba, porque Tweety me contó que había tenido una audición, que estaban tocando, que estaban empezando algo nuevo. Entonces le pregunté si no le parecería buena idea poner percusión, que me encantaban los temas de Soda y que podían ir con percusión como los de Bryan Ferry". En verdad, Andrea no conocía las canciones, pero cuando Gustavo aceptó probarla compró los discos, los escuchó y fue a ensayar con los deberes hechos. Charly Alberti le dijo que Gustavo quería probarla, pero además quería que hiciera coros. "Eso estuvo bueno —dice—, porque nos entrenaba Mavi Díaz. Me di cuenta que iba a entrar porque comenzaron a venir las mujeres y novias a chequear quién era la que estaba tocando ahí. En un momento estamos tocando 'Juego de seducción', y comencé a tocar los cencerros. Vi que a Gustavo le gustaba y un día que me puse a tocar las congas, Gustavo llegó, se sentó en el suelo y dijo que quedaban bien. Así salió 'Mundo de quimeras'; ese tema no habría aparecido si no hubiera habido percusión".

La paga de los músicos era escasa, pero había una cantidad de fechas por delante que hicieron que valiera la pena. "Yo me enteré cuánto me iban a pagar —se acuerda Tweety— media hora antes de tocar. Era ocho veces más de lo que pagaba Fito, pero hay que reconocer que lo medí contra el Fito más pobre". Para El Gonzo y Andrea fue una desilusión enterarse de sus cachets, y quizás haya sido peor el tema viáticos, porque ese ingreso de manutención los condenaba a tener que estar en otros hoteles y comer en otros restaurantes que los Soda. Esa desigualdad social fue socavando a todo el elenco y al final de la gira varios técnicos, la vestuarista Alejandra Boquete y hasta Alfredo Lois dejarían de participar de las giras. El Gonzo también se bajaría de ese barco. Con lo bien que le iba a Soda, que llenaba plazas de toros en México, centros de convenciones, auditorios y todo recinto donde se presentara, podría haberse manejado mejor esa cuestión, probablemente fruto de cierta inexperiencia por parte del nuevo management.

Hubo otra baja importante pero ya no en el seno de Soda Stereo sino en la vida de Gustavo: su matrimonio con Belén Edwards murió por causas naturales. "El punto de inflexión fueron las giras —reconoce Belén—, era difícil tanto para el que se iba como para el que se quedaba. Cuando se empieza a generar esto de que tanto uno o el otro quiere estar con otra persona dijimos, 'no, ¿para qué vamos a estar casados? seamos libres y hagamos lo que querramos y no sintamos la presión de convivir con algo que es una mentira'. Había muchas tentaciones, pero creo que hicimos bien: mientras estemos contentos, sí. Y si no, no. Teníamos que hacer muchas cosas y nos faltaba camino por recorrer. Casi que estrenamos la ley de divorcio; cuando fuimos a la mediación, la abogada nos preguntó la causa de la separación, porque nos llevábamos muy bien. No nos peleamos por nada material, pero Gustavo fue muy generoso y me dijo que me quedara con el departamento de José Hernández". Se fueron a festejar la separación al restaurante Happening. En verdad, se trataba de un falso festejo: los dos ya tenían otras parejas con diferentes grados de compromisos y estabilidad. Porque a la gira de *Languis*, que comenzó a finales de septiembre de 1989, fue Paola Antonucci, quien comenzó el año siendo novia de Charly Alberti y ahora todos la conocían como la nueva pareja de Gustavo Cerati.

— • —

Paola Antonucci se conoció con Charly Alberti en el verano de 1989 en el parador Bianca de Pinamar. Iniciaron una relación que continuó en Buenos Aires. Ella vivía con su familia en La Plata, pero se sentía muy cómoda en el ambiente familiar de los Alberti, con el hermano de Charly, Andrés, con la novia de Andrés y con Dolly, la mamá de ambos. Paola recuerda que Charly no estaba pasando un buen momento y que una noche, mientras escuchaban al grupo español El Último de la Fila, sonó el timbre. Era Gustavo, anunció Dolly. "Quedate acá", le indicó el baterista a su novia, que haciendo caso omiso bajó las escaleras. "No nos teníamos muy vistos con Gustavo —recuerda Paola—, porque él y Charly íban cada uno por su lado. Pero ese día fue mirarnos y tener un súper *crush*. Había ido a buscar una cámara, Dolly lo invitó a cenar y él se quedó. Y en la cena todo el mundo se dio cuenta que teníamos una onda bárbara, Charly incluido". Desde ese momento, un frío glacial comenzó a cubrir paulatinamente la relación entre Charly y Paola, que no tardó en sucumbir.

Gustavo consiguió su teléfono, la llamó a La Plata, y continuó la conversación que habían entablado aquella primera noche en lo de los Alberti.

—¡No sabés lo que me costó conseguir tu teléfono! —bromeó Gustavo—. ¡La cantidad de asistentes que tuve que sobornar! ¿Estás en tu casa? Voy para allá.

Cerati cubrió en velocidad récord la distancia entre Buenos Aires y La Plata y tocó el timbre con la nariz, porque en una mano llevaba una botella de vino y en la otra un ramo de flores. Corría junio y Gustavo ya dormía separado de Belén: había vuelto a la casa de sus padres, a ocupar su vieja habitación. "Comencé a no ir a la facultad —reconoce Paola—, y mis padres se enojaron muchísimo. Yo escuchaba rock: Black Sabbath, Whitesnake, Ozzy Osbourne y de Soda solamente *Ruido Blanco*: me fascinaba ese disco. A Gustavo le encantaba Led Zeppelin, y ahí coincidimos, pero confieso que él me enseñó muchísimo. Y también noté que comenzó a ponerle un sonido más rockero a cosas que estaba haciendo".

Siempre con gestos caballerosos, Gustavo llamó a la familia de Paola y solicitó que le dieran permiso para irse con él de gira. No causó la felicidad de aquella familia que pretendía que Paola continuara con sus estudios, pero finalmente la dejaron partir. Fue una situación rara, porque de gira Paola tenía que convivir no solo con Gustavo, sino también con su exnovio. "Honestamente, el primer año, la relación entre Gustavo, Charly y yo fue un desastre", reconoce. Pero Paola se haría muy amiga de Alejandra Boquete y tendría buena relación con Marcela Carminio, que había vuelto a trabajar con Soda como segunda de Daniel

Kon en prensa. En una primera instancia, Gustavo quiso a Jorge Brunelli en el equipo pero él había decidido abrir su primera agencia de prensa independiente: La Strada Comunicaciones. Y también encontraría una aliada en Andrea Álvarez, que a su vez encontraría un novio en la figura de Pepo Ferradas, un chico muy joven que se sumó como tour manager y que hoy es uno de los empresarios más importantes de la música latina. Con ese inestable elenco, Soda Stereo atravesó su primera gira por Latinoamérica sin el cobijo de Ohanián Producciones.

22

Un juego eléctrico

Y finalmente, Soda Stereo llegó a Estados Unidos. Ni siquiera fue algo muy planeado pero sucedió cuando estaban tocando en Tijuana, pegaditos a la frontera. Alguien de una productora los vio y les ofreció tocar en The Palace, solo que antes debían ir a hacer promoción a Los Angeles. Sin perder un minuto, Marcelo Angiolini salió disparado hacia California, y los siguieron los miembros del grupo acompañados por Marcela Carminio, Alejandra Boquete y Paola Antonucci. "Se alquiló una típica van —cuenta Carminio—, y llegamos a la frontera para cruzar. Era mi primera entrada a Estados Unidos".

—¿Qué vienen a hacer a Estados Unidos? —preguntó el oficial de migraciones.

—Somos una banda de rock, venimos a comprar equipos —dijo Marcela, que era la que hablaba inglés, sabiendo que no podía decir que iban a tocar porque sería considerado trabajo y eso requiere una visa especial.

—Ok, pruébenlo.

"Me acordé que teníamos unos programas grandes que se hicieron para *Doble Vida*, un programa de lujo para la gira. Estaban las fotos de ellos y las fechas. Abro mi valija de prensa con las fotocopias y digo: "miren las fotos". Pero el documento de Zeta decía Héctor Bosio, y en los programas decía Zeta. ¡Es la misma persona! Mi apellido estaba mal escrito: Carmiño, y en mi pasaporte decía Carminio. Hicieron subir a un perro para ver si encontraba algo bueno, y finalmente nos dejaron pasar". Más tarde llegarían los técnicos. A su arribo, Taverna se encontró con que lo esperaba una limusina: se la había mandado Pappo que vivía en Los Angeles y le estaba preparando un asado. Adrián lo invitó a ver el show y Pappo, rápido de reflejos, le propuso una idea:

—¿Viste cómo hace U2 con B.B. King? Bueno, nosotros tenemos que hacer Soda Stereo y Pappo —le dijo el guitarrista que se sorprendió ante el público femenino, y también con el sonido del trío.

"Cuando se lo conté a Gustavo —dice Taverna—, tiempo después, me dijo que deberíamos haberlo hecho". En aquel entonces, era muy impensado: como unir dos extremos opuestos del rock argentino. "El debut en The Palace fue muy bueno —comenta Gabriel Alaniz—, no había mucha gente, esperábamos más. Pero se sonaron todo. Cuando Gustavo salía, no le importaba si eran cinco, diez o quince mil: siempre terminaba haciendo un show increíble. Soda tenía mucha potencia, en todos los shows. Era una aplanadora".

Gustavo ya estaba pensando en el próximo disco y en quien debería producirlo. Quería un productor de renombre, pero al mismo tiempo no quería que fuera alguien como Alomar que llevó el sonido de Soda hacia un lugar determinado. Gustavo quería reservarse la decisión de la orientación general, y es así como aceptó una invitación a cenar de Gustavo Santaolalla, que todavía no era el gran productor que hoy es. No había ganado ningún galardón, pero su olfato le indicaba por donde vendría lo próximo. Y captó muy rápido que Soda Stereo era un grupo muy interesante para producir. Paola, que concurrió a aquella reunión cumbre, recuerda que "Santaolalla estaba interesado, pero apenas nos fuimos, Gustavo me dijo que no creía que fuera la persona indicada".

Luego de aquella primera incursión en Estados Unidos, Soda Stereo regresó para cumplir con el resto de la gira nacional que el 23 de enero de 1990 los llevaría nuevamente a un estadio: tocarían en el Derby Rock Festival compartiendo cartel con Tears For Fears que venía a presentar *The Seeds of Love*. Como soporte estaría Daniel Melero, amigo de la banda, que ya había retomado sus conversaciones con Gustavo Cerati cuando lo invitó a tocar guitarra en el tema "Sagrado corazón" de su primer álbum como solista titulado *Conga*. Aquella noche, Soda hizo otro show maravilloso y contó con la presencia de David Lebón que tocó en "Terapia de amor intensiva". Luego, a Tears For Fears lo esperó un diluvio universal que hizo que su show debiera ser suspendido. Ya había gente que se había ido preventivamente y, en algún caso, porque el objetivo era ver a Soda Stereo, pero no es verdad que la mitad del público fue a ver a Soda: ese torrente desanimaba a cualquier acuanauta.

— • —

Gustavo se compró un nuevo departamento en una zona muy particular de Buenos Aires: sobre la avenida Figueroa Alcorta, en su intersección con Basavilbaso, casi enfrente del estadio de River Plate. "Al principio —cuenta Paola Antonucci—, vivíamos en la casa de los padres de Gustavo, en su piecita que nos vino bastante bien, y después en el departamento de unos tíos míos que nos lo prestaban. Un día dijo: 'vamos a buscar algo', y se compró el departamento de Alcorta. Yo lo ayudé a decorarlo, empezamos a comprar cosas para la casa, y como se casaba Zeta, compramos un regalo para él". Lo que no mucha gente sabía es que Paola había perdido un embarazo en el mes de febrero de 1990. "Nos enteramos en Los Angeles. No sabíamos mucho si queríamos ser padres o no, pero después nos encariñamos y queríamos tenerlo. Lo perdí la noche del show de Rosario. Cuando pasó eso, nos quedó un hueco en el alma".

Antes que finalizara 1989, Gustavo recibió una invitación inusual: la de sumarse a Charly García y Pedro Aznar que estaban tramando Tango 3. A Cerati le daba curiosidad acercarse a Charly; a Pedro lo conocía de una experiencia con la folklorista Leda Valladares que resultó en un disco, *Grito en el Cielo, Vol.2*, donde Gustavo cantó una canción con Fito Páez, otra con Pedro Aznar y una tercera él solo: "De vicio me has de aborrecer". Se hicieron algunas reuniones preliminares en la casa de Charly y establecieron juntarse una vez por semana para ver qué salía, y en alguna de esas reuniones se dieron cuenta que compartían un humor similar. Charly quedó muy impresionado con los talentos de Gustavo como cantante; le daba una idea de armonía y Cerati la agarraba al vuelo y la mejoraba. Pedro ya había descubierto su talento hacía tiempo. Se divirtieron con formaciones alternativas en donde cambiaban de instrumentos y hasta compusieron una letra juntos, aportando una frase cada uno, que derivó en "No te mueras en mi casa", canción que aterrizaría en *Filosofía Barata y Zapatos de Goma*, el álbum de Charly García en 1990. La letra hablaba en clave humorística de alguien que consumió demasiada cocaína, y Charly la concluyó con el famoso refrán: "Taza, taza, cada cual a su casa". A Gustavo le encantó que se apropiara del tema y nació entre ellos una corriente de simpatía que se acrecentaría con el tiempo. Igual, ya sabía de los cambiantes estados de ánimo del Sr. García. "A él le gustaba tocar con Charly y hacer cosas —cuenta Paola—, le tenía mucho respeto: le gustaba que lo incluyeran. Charly podía ser divino; estaba saliendo con una conocida mía y una noche fuimos a comer con él y la pasamos bárbaro. Pero cuando se hizo la foto para *Corazones en llamas*, el libro de Laura Ramos y Cintia Lejbowicz, donde salían Gustavo, Fabiana Cantilo, Fito Páez y él, Charly se portó muy mal y era para matarlo. Empujaba a los mozos, tiraba la comida, agarraba las masas finas y las revoleaba contra la pared. Esa noche fue un desastre y no sé cómo pudieron sacar esa foto".

Una vez instalado en Alcorta, Gustavo se puso a trabajar en nuevas canciones y fue agarrando ritmo de a poco. Primero utilizó su TASCAM, que tan buenos resultados le dio con *Doble Vida* y luego accedió a una de las primeras workstation: la AKAI MPC 60. Se iría comprando cada nuevo modelo. Uno de los que visitaba el nuevo hogar de Gustavo con alguna periodicidad era Tweety González, que conocía bien esa máquina, y con él grabó los teclados de un nuevo tema: "Cae el sol", inspirado por el brillo de las hojas de los árboles de Figueroa Alcorta. "Yo les hacía café con leche batido con espuma —cuenta Paola—, ellos estaban en el estudio, y estaba cayendo el sol por avenida Alcorta. Siempre estábamos a la tardecita tomando café con leche y disfrutando de ese momento. Teníamos un balcón corrido. El tema es un juego de palabras que habla de un momento feliz". Curiosamente, la canción habla de un desencuentro que va desde que "cae el sol" y hasta que "sale el sol". Era como un código de juegos de rol que él experimentaba con Paola.

"Todo era muy dramático —cuenta ella—, presumo que el dramatismo era porque nos habíamos comido esa película de que él era un *rockstar*, que lo era, y yo su musa inspiradora. Yo pegaba el portazo llorando, y él me iba a buscar al parque, me corría, y nos quedábamos en el pasto. Nos gustaba reconciliarnos. Era todo fogosidad. Pero también andábamos en bicicleta y él llevaba una vida muy ordenada en Alcorta, porque yo soy ordenada: no me gusta el reviente". Otra canción que tenía que ver con la vida amorosa de Gustavo y Paola era uno de los que había surgido en las zapadas con Pedro Aznar y Charly García: "Sueles dejarme solo", una de las páginas más violentas y rockeras de toda la trayectoria de Soda Stereo. Adrián Taverna le encuentra algún parecido con el tema "Color humano" de Almendra, aunque en su primera presentación en público, en octubre de 1990, Gustavo citará partes de 'Genesis' de Vox Dei. "Sí, hay partes de esa letra que son características de nuestras peleas —acota Paola—. 'Afuera el frío', es porque era invierno; yo de repente decía que me volvía a mi casa, y todo se ponía dramático. A su vez nos divertíamos mucho, nos íbamos a comer a un bodegón y él me decía que me pusiera su abrigo pero que fuera desnuda debajo del sobretodo. Teníamos esa cosa de magia, que creo que él necesitaba para crear, y a mí me gustaba ser su musa. Tenía el pelo largo y rojo por la cintura. ¿Y a quién no le hubiera gustado en ese momento ser la musa inspiradora de Gustavo Cerati? ¡Vamos!"

Otro de los visitantes frecuentes del departamento de Alcorta fue Daniel Melero, que solía pasar a la hora del té y mantenía animadas conversaciones con Gustavo, que disfrutaba su compañía, lo que no le hacía tanta gracia a Paola. En ese tiempo, Daniel estaba en pareja con la actriz Vivi Tellas, y vivían en un departamento antiguo de Esmeralda y Córdoba, sobre el Café Castelar, que tenía una cúpula hermosísima. Cada tanto, Gustavo y Paola solían cenar con ellos. "Yo tenía buena onda con ambos —dice Antonucci—, pero después se separó de esta chica y empezó como a querer ponerse de novio con Gustavo, y yo no lo tomé muy bien". En realidad, Gustavo comenzó a darle cabida en el material que iba armando, Daniel fue a fondo con la colaboración, sobre todo con la grabación del demo de lo que finalmente derivaría en *Canción Animal*. "Es lo que yo pensaba —reafirma Paola—, o lo que yo viví: lo quería a Gustavo para él. Tenía ciertas cosas que hacer con Gustavo y se me aparecía con Daniel. Entonces me lo llevaba aparte y le decía: '¿Pero cómo es esto?' 'Es que no me lo puedo sacar de encima', me decía. Pero Gustavo no era ningún tonto, lo seducía a Daniel para tomar cosas musicales de él. Para mí era una situación muy incómoda".

Es verdad: Gustavo disfrutaba no solo de la compañía de Daniel, sino también del intercambio artístico que se daba con él. Melero era —lo sigue siendo— un hombre de ideas, de conceptos; de poner el carburador en otro lado del motor y ver qué sucede. Gustavo encontraba en él un eco creativo que no hallaba en Zeta o en Charly. Era como sintonizar otro canal con una programación completamente nueva. Y más allá de las grabaciones, su presencia concreta derivó en tres letras: "Cae el sol", "Hombre al agua" y, sobre todo, "Canción animal", que Melero hizo a pedido de Gustavo sobre su relación con Paola.

—¡No! ¿Cómo vas a dejar que Daniel escriba sobre nuestra relación? —aulló Paola.

—Vos confiá en mí, que sé perfectamente lo que hago —respondió Cerati.

Melero estuvo a la altura del desafío. ¡Y hasta la mismísima Paola estuvo de acuerdo! "Le tuve que decir gracias a Daniel porque hizo una letra alucinante. La historia de amor no podía estar mejor plasmada que con esa letra". La música, inquietante, hizo que Daniel diera lo mejor de sí y además su poder de observación diseccionó ese vínculo con precisión. Era una letra de contrastes, un tanto sadomasoquista, y con algún exceso barroco. Cuero, piel, metal, carmín, charol.

Los otros Soda brillaban por su ausencia del proceso creativo, al menos en esa fase: Gustavo no los habilitaba demasiado. Además de la cuestión con Paola, Charly Alberti estaba distanciado de Gustavo por el maltrato musical al que lo había sometido en la gira. "En los demos de *Canción Animal* —explica Taverna— Gustavo programó todas las baterías, tocó todos los bajos y la única vez que fue Zeta a la casa fue porque se había comprado el stick bass para *Doble Vida* pero no logró meterlo y además no sabía tocarlo. Le costó aprender eso. Recién en el tema 'Canción Animal' pudo usar el stick".

— • —

Dentro de la estructura provisoria que Soda Stereo había montado hubo algunos sacudones fuertes. Marcelo Angiolini no terminaba de contar con todas las prerrogativas y atribuciones que debe tener un mánager; al mismo tiempo, Daniel Kon se iba interesando en algunos temas que excedían el área de comunicación. Más adelante, en alguna instancia en la que Angiolini revisaba unos contratos de Soda con Daniel, le propuso que trabajaran juntos, pero se encontró con una negativa. Kon todavía estaba vinculado a *Clarín* y no podía saltar alegremente a otro trabajo que aún se encontraba en la nebulosa. Hubo una situación que detonó una fuerte alarma cuando se conoció: Juan José Cerati tenía cáncer de pulmón. Era un hombre de 60 años que había sido un fumador empedernido con algún problema circulatorio. Es conocida la historia en la cual Gustavo le retacea a su padre los exámenes médicos que confirmaban el diagnóstico en una reunión junto a Lillian: es la escena de "Té para tres", una de las canciones más melancólicas del repertorio de Soda. Los valores del análisis eran realmente adversos, pero Juan José siguió yendo a la oficina.

A medida que los temas de *Canción Animal* cobraban forma definitiva en lo de Gustavo, hubo que convencer a CBS de poder grabarlos en los históricos estudios Criteria de Miami. “El sello no quería poner el dinero —dice Taverna—, Caldeiro, el presidente, estaba acostumbrado a negociar con Ohanián y no les daba confianza que hubieran dejado esa estructura. La elección de Criteria fue porque Gustavo no quería ir a una ciudad, y si bien Miami no le gustaba mucho, tampoco quería ir a Los Angeles. Los dueños de Criteria te refregaban la historia del estudio por la jeta: ¡No toquen el piano! Allí se grabó ‘Layla’ de Derek & the Dominos[37]”. Esta vez llevaron a Mariano López como primer ingeniero y a Adrián Taverna como segundo porque lo habían dejado afuera de la grabación de *Doble Vida* en Nueva York. Paola Antonucci quiso quedarse en Buenos Aires y en una segunda tanda viajarían los músicos invitados menos Tweety González que estuvo desde el principio porque sus conocimientos eran fundamentales. El Gonzo ya había dejado de tocar con ellos, entonces en esa segunda comitiva viajaron Andrea Álvarez, que haría percusión y coros, y Daniel Melero, que no era un extraño para Zeta y Charly, que lo conocían del tiempo en que Soda buscaba un cuarto integrante, pero que en esas sesiones se les transformaría en un incordio.

Apenas llegados a Miami se instalaron en un departamento con Peter Baleani a la cabeza, encargado de la producción. Gustavo necesitaba un equipo y se lo llevó a Taverna a la tienda Sam Ash. “*Canción animal* es el único disco que está grabado sin procesadores —explica Taverna—, en Miami fuimos a comprar un equipo Vox que estaba carísimo: solo el cabezal salía cinco mil dólares. Estuvimos deliberando con Gustavo, pero el vendedor nos apuraba porque tenía un japonés interesado. ‘Es mucha plata’, decía Gustavo, pero fue una gran inversión. Dijo que lo llevaba pero que necesitaba que hicieran un estuche. ‘En cuatro días lo tenés’, le aseguró el vendedor. Como estábamos

37 Seudónimo de Eric Clapton y su banda.

grabando en Criteria eso imponía respeto. Con un cable, un bafle Marshall que pedimos y ese amplificador grabamos todas las guitarras". Charly Alberti usó una batería Remo, porque ya en tiempos de *Doble Vida* se había convertido en un músico selecto que recibía auspicios de las marcas. Taverna odiaba esa batería. "Pero era muy linda —reconoció—, y tenía un diseño especial para Charly. A Charly lo criticaba siempre todo el mundo, pero fue el primer baterista que consiguió auspicios de baterías, de platillos; que cambió de Zildjian a Sabian y volvió a Zildjian, luego incorporó a Remo y después a Shure y los palillos ProMark. Que tenían su nombre: no estaban escritos con marcador como los de otros".

Para Alberti la complicación llegó con "(En) El séptimo día", una canción pesada en el endiablado ritmo de 7/8 que le costó domesticar. "Había tensión con Charly —reconoce Tweety—, porque la batería es muy botona con los errores, y Charly tocaba muy bien, pero también tenía que tocar cosas que le pedía Gus. Y algunas eran fáciles y otras no. '(En) El séptimo día' fue un parto, pero a la vez eso levantaba mucho la vara para todos, que queríamos estar a la altura y poner lo mejor. Al no haber sido parte de la banda puedo ser más objetivo, pero el liderazgo artístico tiene al líder como primer trabajador. Y Gustavo lo era con creces". La potencia de la canción hizo que ocupara el primer lugar en la lista de temas: era la mejor carta de presentación de un cambio muy potente. Un tema de tintes casi zeppelinianos.

Mucho más fácil, simple y directo fue el proceso de la canción que se convertiría en el éxito más grande de Soda Stereo, que trascendería por mucho los límites del álbum y llegaría a alturas inimaginables en aquel momento: "De música ligera" salió en primera toma. Era muy simple pero había que lograr ese plus interpretativo que la llevó a ser un himno en el rock mundial (Coldplay se cansaría de versionarla). Y ahí está la clave: eso que pasaba cuando los tres Soda estaban en un mismo eje. La génesis del tema reconoce varios vectores. En primer lugar, se sostiene que Gustavo lanzó esa estructura de cuatro acordes en una prueba de sonido en Morelia, México, durante la gira de 1989. El resto se acopló con facilidad y ahí Gustavo pronunció las palabras mágicas: "De aquel amor de música ligera". ¿O fue en Triple durante los ensayos? El concepto de la música ligera en contexto de rock fue otra brillantez de Gustavo, y el hecho de que surgiera en una improvisación fue providencial. "Soda Stereo es la banda menos zapadora de la historia —afirma Taverna—: no saben tocar un tema de Los Beatles. Zeta es un tipo muy ducho, con recursos, pero las líneas de bajo en este disco fueron todas de Gustavo. De hecho, Zeta siempre reconoce que la línea de 'Hombre al agua', la hizo Gustavo para que él se luciera". En esta ocasión, si bien el disparador lo trajo Cerati, los demás enseguida encontraron el lugar en la canción. Pero los derechos autorales los compartió solo con Zeta, lo que parece injusto para Charly Alberti: es el tema de Soda que más derechos de autor ha devengado. Las guitarras de Gustavo con sonido de gaita que usa en el solo han sido relacionadas con los orígenes irlandeses de su madre, Lillian Clarke, pero también suenan muy parecidas a las del grupo escocés Big Country, que tuvo un gran éxito en 1983 con ese sonido, y que a Gustavo le gustó en su tiempo.

Lo de la "música ligera" es más relativo aún. Gustavo siempre habló de una colección de discos que tenían sus padres, presuntamente titulado *Clásicos ligeros de todos los tiempos*, que venían en una caja y que mezclaban piezas clásicas con música de películas. La idea le quedó resonando, y entre los ecos fue deformándose y convirtiéndose en "música ligera". Cerati alguna vez relacionó el concepto con el tema "Música lenta" de Daniel Melero. "Para mí —dice Taverna— viene de los compilados de Esso que traía Juan José, llamados *Cordialidad musical*. Era la música que se escuchaba en las casas. Como por ejemplo *Los más grandes éxitos de Roberto Carlos en Mau Mau*, que lo sigo teniendo y lo hemos escuchado con Gustavo en algún momento. Esa era la música familiar".

Canción Animal también contó con la colaboración de Pedro Aznar. "Yo quería hacer algo con él —dijo Gustavo—; lo de Tango con Charly no pudo concretarse porque cada uno entró en la suya. Me pareció que el disco podía tener un tratamiento interesante en voces y creí que Pedro podía hacer un buen aporte. No lo dudé, lo llamé y en muy poquito tiempo arregló tres temas. ¡Es un animal! Además, capta ciertas cosas, es un tipo sensible". "Teníamos un DAT con un montón de arreglos de Pedro para meter —afirma Tweety—, pero solo usamos un diez por ciento. Finalmente, Pedro terminó haciendo el arreglo de coros de '1990', que casi nunca lo tocamos en vivo". "Uno de los peores temas de Soda —dictamina Taverna—, solo lo tocamos dos veces: Gustavo después odió la canción. Y luego recibió la factura de Pedro Aznar: ¡Gustavo estaba indignado!"

Daniel Melero fue a la grabación de *Canción Animal*, un poco como frontón creativo de Gustavo, que le fue dando cada vez más responsabilidades, casi como si fuera un productor externo del grupo. Lo consultaba todo el tiempo, tenía un código con él y parecía pasarlo bien. Eso causó una lógica rispidez con Zeta y Charly, que sentían que esa función les correspondía a ellos, pero nunca se manifestó de modo abierto. Aunque todo el mundo se daba cuenta. "Gustavo hacía rancho aparte con él —observa Taverna— y los otros dos se volvían locos. Era una cuestión de celos. Como ese disco lo bancaban ellos... En Estados Unidos, descubrimos el delivery y fue maravilloso. Todos pedían siempre una hamburguesa y Melero decía: yo quiero comida tailandesa... Y todos lo miraban. Pero yo aprendí el concepto thai en ese momento". "Quiero ser justo —dice Tweety—, me parece que Daniel lo completaba y lo inspiraba a Gustavo. Y su función era esa: estimularlo. Era desestabilizante porque Gustavo hacía campamento solo con él y generaba celos del resto. Un factor Yoko Ono, o algo así".

—Pero ¿qué pasa que está todo el tiempo con él? —dijo alguien—. ¿Quién es? ¿El primo?

La frase quedó y el apodo también. "Daniel lo despabilaba a Gustavo —concluye Taverna—, sobre todo con Paola. Siempre hubo competencia entre él y Charly por las chicas; con Paola eso se potenció y ella fogoneó mucho eso. La manipulación de Paola era notoria en todos los modos; le inventaba historias, le hacía creer que tenía festejantes que le enviaban regalos. Lo volvía loco a Gustavo".

Daniel Kon fue a visitarlos a Miami, pero no perdió el tiempo: se enteró que había una convención de Sony Music (recién había adquirido CBS) en Palm Beach y salió raudo, sin tener demasiado claro a qué se dirigía. En el lobby del hotel se puso a conversar con una chica que resultó ser la secretaria de Robert Summer, el jefe máximo de Sony Music. A la charla se sumó la mujer de Summer y, lógicamente, pasaron varios jerarcas del mundo discográfico a besarle el anillo, y así, sin quererlo, Daniel fue conociendo a un montón de figuritas difíciles. La delegación argentina se preguntaba qué hacía ahí el jefe de Soda Stereo, sin darse cuenta que estaban presenciando una metamorfosis: esa era la movida audaz de un mánager experimentado. Aun no lo era, pero ya le estaban creciendo las alas. "Comencé a charlar con la gente de Sony —dice Kon—, y los convencí de que Soda Stereo necesitaba un despegue internacional. Era joven, un poco inconsciente, atrevido, y tenía cierto entrenamiento en eso por el periodismo, que te desacartona; entrevistás a un ministro y te das cuenta que tiene la misma vanidad que una estrella de rock: empezás a perder cierto respeto".

—El jueves hacemos un gran almuerzo aquí. ¿Por qué no se vienen con algo para escuchar? —invitó la cúpula de Sony.

Era una oportunidad de oro que Daniel Kon consiguió a puro verbo. Llamó a los Soda y les dijo que ese jueves tenían que ir con dos temas a conocer a la gente de Sony Internacional.

—¡No! ¡No se puede! —recibió Daniel como respuesta—. Las canciones no están terminadas.

—Bueno, hay que terminarlas: terminen dos y las presentamos.

No tardaron en despertarse y darle forma final a "De música ligera" y "Un millón de años luz", que tenía esa bajada tan hipnótica que Gustavo dijo que se la inspiró "Tempted", un tema del grupo Squeeze. Entendieron lo que pasaba: no eligieron cualquier canción. Fueron manejando hasta Palm Beach y entraron a la convención como grandes estrellas; las delegaciones de Argentina, Chile y México no entendían nada. "Nos sentamos en la mesa con 'mis amigas' —ríe Daniel Kon—, la secretaria y la mujer de Summer. Se escucharon las canciones, nos súper aplaudieron y nos fuimos muy contentos. Charly se la perdió porque se volvió antes. A la vuelta, paramos en un supermercado, nos compramos una malla cada uno y nos fuimos a dar un chapuzón al mar para festejar".

Soda Stereo tendría para su nuevo disco un respaldo de la compañía como jamás lo había soñado. Y un nuevo mánager que había atravesado airoso su bautismo de fuego sin todavía saberlo.

23

El abismo y la luna

En la mezcla final, en el ensamblado del monstruo, Soda Stereo se fue dando cuenta de que lo que tenía en sus manos no era un buen disco sino una obra maestra. Sobre todo cuando hicieron la lista de temas, al estilo beatle, buscando los contrastes y el equilibrio. El comienzo poderoso con "(En) El séptimo día", luego suavizado por la psicodelia de "Un millón de años luz", al que le sigue el amenazante swing de "Canción animal", que se disuelve con la ingenuidad de "1990" (con un delicioso solo de piano de Tweety González) y concluye con la furia salvaje de "Sueles dejarme solo", un lamento electrificado que se corta abruptamente, como el final del lado uno de *Abbey Road*. El lado B (todavía se pensaba en términos de álbumes de vinilo) arranca brioso con el hit inapelable, "De música ligera", bien respaldado por la potencia enrevesada de "Hombre al agua", y la sensualidad de "Entre caníbales", que reforzaba el concepto sexual del álbum, concluyendo con "Té para tres", que parecía un remanso de calma, aunque en verdad ocultaba un drama familiar; los teclados oníricos hacían crecer esa canción engañosamente simple. El final de "Cae el sol" es perfecto: se hace de noche, comienza el ocaso y hay algo doloroso en ello, se pierde el día entre las sombras. Y al día siguiente, como dice la letra, "sale el sol".

Canción Animal llegó justo para alumbrar la primavera de la nueva década y se editó en septiembre de 1990, con la puntualidad de los milagros. La tapa naranja hizo que se arquearan algunas cejas. Al comienzo, Tite Barbuzza había recibido encargo de pensar en algo tipo *Revolver* de The Beatles, pero esa idea quedó descartada y Alfredo Lois hizo algo con las pocas indicaciones que le dieron antes que partieran a grabar el disco. Tampoco conformó. Ya Alfredo había manifestado cierto cansancio con las giras y con el tiempo se iría desvinculando aún más del grupo para dedicarse al cine. Gustavo y Paola terminaron utilizando unos adornos que tenían como para representar a los tres Soda, pero lo hicieron en circunstancias particulares. "Psicodélica iba a ser siempre esa tapa —dice Paola—, pero había otras cosas. Una vez yo dije que éramos medio vampiros, pero es porque los músicos hacen las cosas a la noche; él se quedaba haciendo música en el estudio y yo dibujando. Nos gustaba tomarnos un ácido en ese entonces y nos salía la creación. Pintábamos todo sobre el porcelanato blanco del piso del departamento, escribíamos las letras, nos contestábamos: teníamos un juego muy copado".

Entre lo que hizo Alfredo, algunas sugerencias de Zeta y las representaciones de los tres, salió la tapa de *Canción Animal*. "¡Así que yo soy una bola y vos un león cogiendo!", exclamó Zeta cuando la vio. No le faltaba razón, por más que después se dijera que era una bola de tensores que representaba el equilibrio y la maleabilidad. Charly Alberti, en cambio, era solo un elemento decorativo y Gustavo un león rugiente junto con Paola. De equilibrada no tenía nada esa tapa y luego hubo una catarata de palabras para justificarla. Era la mirada de Gustavo sobre sí y sobre el grupo, y eso se iría acentuando con el correr del tiempo. El porte del disco no daba para detenerse en esas minucias y mucho menos la gira que se venía por delante: una monstruosidad de fechas y de producción. Y la estructura de Soda no estaba consolidada.

Si bien Juan José Cerati estaba enfermo, todavía le daba la situación como para seguir al frente, aunque sin viajar. Toda la producción dependía de Marcelo Angiolini, que debía enfrentar la baja de Alfredo Lois, quien además del diseño de Soda siempre se ocupó de las luces. El reemplazante fue Sandro Pujía, que venía de una familia de artistas (el escultor Antonio Pujía es su padre), había pasado una temporada en Europa en un taller escenográfico, y cuando regresó junto con Eddie Pampín formaron una empresa de luces no muy grande. En realidad, Pampín fue el convocado pero estaba trabajando con Charly García, de manera que Sandro se subió al barco de Soda y con ayuda de algunos colegas se abasteció de las luces que iba a necesitar.

"La parte de plata la hablaba con Juan José en su casa —recuerda Sandro—, pero todo lo artístico era con Gustavo. Zeta y Charly metían bocadillo, pero el líder era Gustavo y eso era claro. No es que los otros estuvieran pintados, pero pelearle ese liderazgo a Gustavo era suicida, porque tenía la voluntad, el talento y la vocación de líder. Era algo que ejercía con pasión y que creo disfrutaba profundamente. Terminamos haciendo un diseño inspirado en los colores de la tapa del disco, y sumamos los varilights, una tecnología que recién llegaba a Argentina. Después de cada show, yo iba al camarín y tenía charlas con la banda sobre cosas que se nos iban ocurriendo. Eran charlas muy calientes, con ese subidón post show, transpirados y jadeando".

La gira de *Canción Animal* es la que se hizo a lo largo de cuarenta shows únicamente en territorio argentino y la premisa fue llevar el mismo nivel de producción a todos lados aunque se perdiera dinero. "El que compró la gira —cuenta Angiolini— fue Eddie Simmons, un muchacho que compraba shows para Mar del Plata. Tenía una productora llamada New Music, y fue el que recibió en Londres a los Soda, y les presentó a Lene Lovich, que les hizo una traducción al inglés de 'Juego de seducción'. Hicimos un tour de preproducción, porque había que negociar con los lugares en el interior, ver los hoteles; yo necesitaba relevar distancias a los tableros de energía, ver si había potencia suficiente. Necesitábamos un chofer y lo llevé a Eduardo Dell'Oro, que venía de trabajar como mánager de Julia Zenko".

Eduardo traía mucha experiencia, y además se había cruzado con Gustavo alguna vez cuando ambos estudiaban guitarra con Quique Berro. Antes de Soda había sido mánager de varios grupos barriales y de Daniel Melero. "Comencé con Melero en la época de *Conga* —cuenta Dell'Oro—, y lo invitamos a Gustavo para tocar en el Goethe. Es en ese show donde Cerati le pide colaboración a Daniel para hacer las letras de lo que sería *Canción Animal.* Marcelo me llamó para hacer la avanzada con Eddie Simmons y él. En la primera curva que agarró Eddie le dije: 'Bajate del volante porque no vamos a hacer ni cincuenta kilómetros'. Finalmente hicimos doce mil y chequeamos todos los lugares donde íbamos a tocar. Cuatro meses antes de la gira me llama Pepo Ferradas para ofrecerme ser encargado de transporte y hotelería como tour mánager". Pepo ya venía de los tiempos de Ohanián, y fue repatriado para Soda por Daniel Kon, cuando comenzó a tomar más interés en los temas de negocios. Además, estaba de novio con Andrea Álvarez.

Hubo más cambios en el staff porque algunos asistentes se quedaron trabajando en México, que era una plaza naciente que necesitaba gente profesional como la que Soda tenía. La situación hace lugar para que entre Barakus Iencenella, que pasará a ser el asistente personal de Gustavo en todo lo que se refiere a equipos y guitarra. Otro personaje fundamental de recambio, que ganaría muchísima importancia en poco tiempo, es Eduardo Bergallo que ingresó como reemplazo del monitorista Gabriel Alaniz, que se fue a trabajar a Europa con Pimpinela. "Entro a través de Peter Baleani —explica Bergallo—, que era mánager de producción. Yo no tenía ningún tipo de simpatía especial por Soda ni tampoco había hecho monitoreo en mi vida. Mi cabeza estaba más asociada al jazz-rock que al pop. Pero un día me citan, voy a Supersónico y todos se van a una despedida de soltero. Me quedo solo con Gustavo y vamos en mi auto, charlando de música: él quería conocerme. Fue una entrevista de trabajo sobre ruedas; teníamos gustos en común porque yo venía del palo progresivo tipo Yes, y él tenía mucha información musical. Pegamos buena onda, salvo por Zeppelin, que nunca fui fan".

Entre otras incorporaciones, se iría destacando un chico al que se podría decir que Soda fue criando como si fuera un potrillo. Nicolás Nóbile comenzó como fan; en 1986, cualquiera podía ir hasta la recepción de Ohanián, no había seguridad, ni nada. Analía, la recepcionista, lo vio con sus carpetas de Soda y supo que se había rateado del colegio. Le dijo que esperara, y al rato subió Charly Alberti por el ascensor, luego Zeta y finalmente Gustavo. Les cayó simpático y lo invitaron a una nota a la Rock & Pop. "Estuve con ellos en la radio y comencé vínculo de mascota", cuenta hoy. Un día fue a la puerta de Canal 7 como fan de Soda y ahí conoció a un señor de voz grave, muy bien vestido, que le dijo que lo llamara en la semana. Era Juan José Cerati, que lo citó un día en Heredia, donde fue mimado por Lillian Clarke que le sirvió su ya legendario té con galletitas. Juan José le propuso que armara el club de fans: El Club de la Furia.

"A los dieciséis años ya había hecho de cadete, armado el club y quería trabajar —continúa Nicolás—, entonces Juan José habló con mis padres, ellos ya estaban armando Triple. Les contó que yo quería trabajar, pero les dijo que pensaba que tenía que terminar el colegio. Mis viejos dijeron que mientras estudiara, que lo hiciera. Entonces pasé al turno noche: me iba de Banfield a las nueve de la mañana todos los días, yo tenía las llaves de la oficina de Triple; llegaba 9.45, me quedaba hasta las seis de la tarde y me iba al colegio. Sentía que estaba al pedo pero con el tiempo entendí que me estaban entrenando para lo que venía. ¿Podía estar con los tres Soda a puertas cerradas, sin abrir la boca ni adentro ni afuera? Así me incorporé a la Gira Animal, que fue el tramo por Argentina, porque yo era menor y no podía viajar al exterior".

Es esencial entender que Soda Stereo, además de haber sido uno de los grupos musicales más grandes de Latinoamérica, era toda una escuela. Su ecosistema no se reducía a los tres músicos, sino que se expandía a un pequeño ejército que era un equipo consistente que debía trabajar en conjunto para la banda. El único *primus inter pares* dentro de lo que constituía el equipo era Adrián Taverna, que tenía algunas prerrogativas de las que hizo uso y abuso porque sabía que detrás suyo residía el verdadero poder: el de Gustavo Cerati. Y que Zeta y Charly estaban de acuerdo. Hubo gente que tardó en comprenderlo, aunque finalmente todos lo harían.

— • —

La Gira Animal comenzó con un show en Santa Fe, el 26 de octubre de 1990, y una fecha cancelada en Rosario al día siguiente. Para todo el contingente Soda, la Gira Animal es la que pasó por territorio argentino, con alguna incursión en Paraguay o Uruguay, pero hubo un show anterior a esa gira en Puerto Rico, que fue el último en el que estuvo El Gonzo, en agosto de 1990, y el primero donde Eduardo Bergallo hizo los monitores. "Fue un debut con un estrés total para mí —dice Bergallo—, llovió en el tiempo de la prueba de sonido y tuvimos que salir sin probar. Ellos llegaron en un bote por la playa, se bajaron de ahí y se subieron al escenario, todo muy glamoroso". "Era un cumpleaños —completa Tweety—, ellos llegaron en una lancha, con reflectores. Muy de película".

"Los ensayos eran todos los días —recuerda Andrea Álvarez—, desde las dos de la tarde a ocho de la noche, sábados y domingos incluidos. Gustavo era tan adicto al trabajo que hasta los domingos ensayábamos. Las relaciones ya eran tirantes pero no conozco banda donde las relaciones no fueran tirantes. Gustavo se peleaba mucho con Charly por lo que tenía que tocar. Cuando empezaron, Charly era un tipo que amaba la música, y después está el mito de que tocaba mal, pero es como Ringo Starr: no hay otro como él. No hay batero de Soda como Charly Alberti, porque esa música está concebida para que la toque esa persona. Es un hecho y creo que Gustavo no lo podía tolerar. Como solista pensaba las baterías de otro modo, totalmente distintas que para Soda Stereo cuando sabía que las iba a tocar Charly. Pero eso mismo hacía que su estilo sea famoso, te guste o no. Charly le fue perdiendo el gusto a tocar. Y creo que también había un mambo con el padre, que una vez entró a un ensayo, me vio y dijo: 'Por fin un baterista de verdad acá'. A mí me usaban como elemento de conflicto. Tengo grabado un ensayo donde Gustavo le dice a Charly: '¿No sabés mirarla a Andrea para aprender lo que es el *groove*?' Ahí yo frenaba la cosa, porque no tenía nada que ver y tenía una gran relación de amistad con Charly. Y creo que a Zeta le pasó algo parecido".

"Pienso que nunca tuvieron una buena relación Gustavo y Charly —dice Taverna, que los conoce de los primeros días—. El crecimiento de Gustavo fue tan rápido que el que no haya estado en esa época va a pensar que estoy loco, lo que es probable, pero a nivel imagen Gustavo estaba muy incómodo. El que llamaba la atención era Charly Alberti: uno de los tipos más criticados del rock argentino, pero que es muy vistoso para tocar y es muy efectivo. Es un baterista de pop, es como fue Samalea para Charly García: A1. Es una virtud: toca lo que hace falta, y ya está".

Nada de esto podía ser perceptible para nadie que no estuviera en el vientre de la bestia que era Soda Stereo en 1990, porque los shows eran cada vez mejores y más espectaculares. En todos lados: en ciudades grandes como Córdoba, en pueblos como Clorinda (Formosa), Tres Arroyos (Buenos Aires), en estadios, clubes o canchas de rugby. Si antes eran una aplanadora, ahora eran un planeta que se instalaba sobre un lugar y lo aplastaba. Ya en el disco se notaba que Soda Stereo había liberado el súper poder de la guitarra de Gustavo, que siempre estaba como contenida o se soltaba para un momento determinado. Ahora era todo un guitar hero, en el campo fértil del repertorio de *Canción Animal*, mucho más rockero que los anteriores. Ya nadie podía decirles que eran una banda pop: tenían rock. Y mucho.

Lo que no tenían era dinero: los costos de la Gira Animal fueron tan altos que apenas lograron recuperar los costos: solamente en el concierto del 22 de diciembre de 1990 en Vélez Sarsfield, que tercerizaron con Daniel Grinbank, pese a que no llenaron el estadio (hubo más de treinta mil personas, y lugar para quince mil más), pudieron ganar algo de dinero. "Yo entro como mánager para ese segundo Vélez —cuenta Daniel Kon—, que fue lo único que les hizo ganar plata. Parecía Mandrake porque les hice ganar dinero en una gira que venía a pérdida, pero yo no la organicé. Yo estaba en prensa, ya la gira venía armada con Eddie Simmons". Esa situación impactaba directamente en la interna del grupo, ya que únicamente en los shows se repartían las ganancias en partes iguales entre Gustavo, Zeta y Charly. Y hay que tener en cuenta que hay un porcentaje que se queda SADAIC, que en parte se devuelve al autor de las canciones… que era Gustavo en su mayoría. Eso acentuaba una asimetría de ingresos, que también se trasladaba al cachet de los músicos invitados.

"Yo ganaba muy mal en Soda Stereo —afirma Andrea Álvarez—, porque al principio estaba Juan José que era terrible con el dinero. Un divino, pero difícil para soltar un peso. Cuando se enferma, lo convencen de que tiene que dejar de trabajar. Creo que nunca comprendió del todo el negocio de la música; Gustavo también era agarrado con el dinero, pero a la hora de invertir en el show pedía la mejor pantalla y no escatimaba en gastos. Juan José no entendió que había situaciones donde había que gastar dinero. En su imaginación sentía que las novias de Gustavo le sacaban la plata".

Paola Antonucci ha sido una de las novias más "discutidas" de Gustavo Cerati y su visión siempre ha quedado un tanto eclipsada por las del resto del mundo Soda. "Gustavo tenía cada vez más compromisos y había que seguirlo a él —dice ella—. Eso me hacía sufrir porque yo tenía mis compromisos, y mis compromisos no contaban. Comencé a trabajar para Soda ayudando a Alejandra Boquete con el vestuario, pero a veces no iba a los shows porque tenía que estudiar. Juan José me llamaba: 'Paolita, tenés que ir porque a Gustavo hay que cuidarlo'. Siempre la secretaria, la amante, la enfermera, la amiga, pero tu vida no cuenta. Al comienzo es todo maravilloso pero después no".

"Dentro de los satélites que circundaban a Soda —opina Marcelo Angiolini— Paola era un personaje rarísimo. He vivido situaciones en las aduanas donde uno de los pasaportes tenía retocado el año con lapicera para parecer menor. Yo tenía que manejar veinte pasaportes en la gira. Hoy no sé qué hubiera pasado". "Paola era una persona muy polémica en aquel momento —reflexiona Pepo Ferradas—, picante, pero yo creo que lo liberó mucho a él: lo soltó. Le hacía poner una peluca rockera de colores para salir a pasear por Los Angeles; era heavy, nosotros (por Andrea y él, que eran pareja en aquel momento), la queríamos porque era delirante, pero también lo celaba mucho y lo ponía paranoico". También generaba momentos divertidos. "En ese momento —recuerda Marcela Carminio—, con Alejandra Boquete moríamos por Emmanuel. Entonces Gustavo crea un alter ego cuando se pone la peluca: Emmanuel Cerati. Me acuerdo de haber salido a comer en Monterrey a la noche con él, que tenía puesta la peluca que supuestamente usaba para seducir a Paola en otros momentos".

La gente lo paraba porque le veía cara conocida pero no sabía bien qué pensar.

—Ay, no. Creímos que eras Gustavo Cerati pero no —se desilusionaban.

—¡Eres muy parecido a Gustavo Cerati! —le decían otros.

—No, yo soy Emmanuel Cerati, el hermano —contestaba divirtiéndose.

—¡Ay! ¡No te puedo creer! ¿Y tocas?

—Sí, hago heavy metal.

"Era muy especial —se acuerda Nico Nóbile—, le teníamos que hacer una tarima especial para que ella pudiera ver los shows. Me quería meter en problemas, pero Gustavo siempre me defendió. Un día fui a la casa a buscar algo que Gustavo había olvidado... y encontré todo destruido. Volví al ensayo y le pregunté qué había pasado en el departamento, porque estaba todo roto. Y Paola dijo que yo fui, revisé todo y destruí las cosas".

En aquellos días de gloria de Soda Stereo, estos y otros inconvenientes eran como ríos que corrían bajo la superficie. El concierto de Soda Stereo en Vélez Sarsfield, más allá de haber sido el primero de un grupo de rock en un estadio (Charly García lo hizo como solista), mostró al trío al tope de su juego, en un escenario diseñado con Charly Alberti en el centro; Gustavo y Zeta en los laterales y Andrea y Tweety en tarimas por encima. Cada vez que tocaba "Final caja negra", Gustavo se prendía fuego y a veces perdía el control, pero por la furia y la fogosidad con las que tocaba la guitarra. También era una manera de descargar tensiones".

— • —

Cuando Daniel Kon fue oficializado como mánager, las aguas bajaron turbias. Sobre todo del lado del staff, que respondía y aceptaba a Marcelo Angiolini. Algunos renunciaron, Marcelo se concentró en su papel de production manager, y otros se prepararon para resistir porque la asunción de Kon vendría con cambios que quiso imponer. "Fue un poco como *Game of Thrones* —se ríe Taverna—, pero el desplazamiento de Angiolini fue un golpe duro para nosotros y lo vivimos como una traición de los Soda hacia él. Fue una situación mal manejada por todos. Porque la idea de Kon era limpiar todo el staff y el primero en ser limpiado era yo. Zeta lo contó en su libro. Porque yo tenía influencia en la banda, y era un contrincante que le podía decir que no, como pasó toda la vida. Por eso estuve treinta años con Cerati. Yo le decía que no a cosas que me parecían que no. Y eso siempre me lo agradeció. Con el tiempo terminé muy amigo de Daniel Kon. Pero costó". En realidad, los Soda se opusieron a la renovación y lo primero que hicieron fue hablar con Adrián Taverna para decirle que lo respaldaban pero que contaban con que él ayudara. Adrián siempre fue un guerrero y su lanza siempre apuntó de frente. No iba a ser fácil que depusiera su actitud: era el samurái de Soda Stereo.

"Nunca quise desarmar el staff y de hecho no pasó —aclara Kon—; tuve algunos conflictos con Adrián pero él estaba desde el principio, y en algún momento frente a un tipo como él tenés que sacar pecho. Pero la verdad es que nos hicimos re amigos. Con el staff traté de que gane más que dignamente, reconocí su trabajo y los respeté, por eso, cuando volvimos en 2007, todos estaban contentos que estuviera allí. Lo que sí sucedió es que en un momento nos hacía falta un tour mánager y en el equipo había dos o tres personas, y yo elegí a uno que provocó problemas en gente que tenía ambiciones de ocupar ese lugar. Y elegí al más joven, le di la derecha y el puesto: Pepo Ferradas". Seguramente, por la amplia experiencia que desarrolló en Soda y que potenció con todo lo que hizo después, Pepo Ferradas tiene una mirada más benigna de todo aquel movimiento que se inició con el abandono de la agencia de Ohanián, la transición y la posterior entronización de Daniel Kon.

"Yo vi ese proceso de afuera y de adentro —razona Ferradas—, que fue el de un muchacho que era el guitarrista de una banda y que se convirtió en el líder absoluto, estratégico, ideológico y musical del grupo. Ese proceso ya había concluido en *Doble Vida*, y Alberto Ohanián fue muy importante en eso. Con respecto a Daniel Kon, recuerdo que Gustavo y los Soda estaban muy impresionados con su capacidad intelectual; tenía mucha cultura, buena calidad de conversación, era un periodista reconocido, había escrito libros. Creo que con Juan José volcado a la situación de las finanzas, la inclusión de Daniel derivó en un equipo de *management* que él terminó liderando. A lo largo de mi carrera he visto cómo se han manifestado las relaciones de los artistas trabajando con sus padres y se da de todos los colores. Gustavo admiraba a su padre y quizás mucho no entendíamos bien por qué. No era que le quería dar una mano y mantenerlo ocupado: Gustavo creía en su padre. Lo respetaba y lo admiraba, pero eso generó cierto movimiento interno porque al final no dejaba de ser el padre de uno de los tres y reforzó el liderazgo de Gustavo. Me acuerdo de ir a discotecas a ver a Soda, y el líder inicial de Soda era Charly Alberti. Era el más carismático; Gustavo, lejos de lo que se piensa, era una persona absolutamente normal: era el muchacho de Villa Ortúzar que tocaba la guitarra. El crecimiento de Gustavo como artista en su personalidad, su musicalidad y su espiritualidad fue muy fuerte, pero en el comienzo el líder, el que más hablaba y que iba al frente era Charly. De a poco comienza una mutación basada en el peso musical y el liderazgo pasa a tenerlo Gustavo. Y la continuidad natural de ese liderazgo musical se convierte en un liderazgo estratégico que deriva en la creación de su propia oficina. Y yo le doy más peso a ese movimiento interno".

Hay un factor no explorado en todos los relatos sobre Gustavo y tiene que ver con cierto aspecto de la relación con su padre, respaldado por algunos testimonios que, pese a los hechos en contrario, afirmaban que al comienzo Juan José Cerati albergaba dudas con respecto a la carrera musical de su hijo. Pero para entender esto, hay que conocer un poco más a Juan José. Analía Gómez entró en Triple cuando se estaba buscando un asistente para trabajar con Daniel Kon en el tema contratos y ayudarlo con tareas generales. Analía venía de trabajar en la agencia de Daniel Grinbank, y cuando se hizo el festival de Amnesty International en 1988, viajó a Mendoza de improvisto por su buen manejo del inglés y por pedido expreso del jefe de la delegación extranjera, que la sentó en el vuelo entre Peter Gabriel y Youssou N'Dour. Cuando se enteró de la vacante en Triple, envió un currículum que fue del agrado de Juan José. Lo que él no sabía es que ella conocía a su hijo porque era la novia de su amigo Richard Coleman. "Supongo que lo conocí a Gustavo en algún tugurio con Los Siete Delfines —intuye Analía—, pero no intervino en mi contratación: la arreglé yo con Juan José. Él era un tipo súper gentil, un caballero; era alto, flaco, me hacía acordar a mi papá: tenía el mismo porte. Elegante, muy educado; para Gustavo ha sido muy importante. Ha tenido un poder de autoridad, lo que no quiere decir que fuera autoritario. Era un tipo muy bien puesto, muy cordial, muy correcto, pero también muy estricto".

Con un carácter sensible como el de Gustavo, la figura de un padre del cual emanaba tanta autoridad puede haber causado en él cierto deseo de satisfacerlo. Paola Antonucci coincide con esa mirada. "Gustavo confiaba en su padre —dice ella—, pero creo que lo puso en el lugar del manejo porque quería reconciliarse con él, porque siempre vio a Gus como el rebelde. Tenían buena relación; cuando lo conocí a Gustavo había vuelto a vivir con sus padres. Y los martes a la noche nos íbamos a comer a a la casa de ellos y Lillian siempre hacía acelgas o puerros fritos que a Gustavo le encantaban. Y nos quedábamos con ellos mirando televisión. Nos reíamos mucho con Juan José y creo que fue en ese momento en el que conectaron". Un momento que cada vez estaba más atravesado por el cáncer de Juan José, que desesperaba a Gustavo. Lógicamente, no quería perder a su papá.

Estaba dispuesto a hacer lo necesario para salvarle la vida. Pero al mismo tiempo tenía montones de compromisos con Soda Stereo a lo largo y a lo ancho de 1991, un año que iba a ser clave.

24

El trago amargo

La Gira Animal podría haber seguido *in eternum*, y de hecho se prolongó más allá del show de Vélez, que hubiera sido su conclusión natural, y recién tuvo su punto final el 24 de enero de 1991 en Mar del Plata. Pero llegó otro tramo como coletazo, porque a través de Alberto Ohanián que compró la gira mexicana tuvieron que volver a subirse al avión. Ahí es donde conocieron bien a fondo Venezuela, un país que a Gustavo lo fascinaba porque le ofrecía montones de aventuras. De hecho, hacía lo mismo en otros lugares, sobre todo en México. La vida de turista le sentaba bien.

Fue en Caracas donde hubo un accidente bastante grave, producto de querer hacer un chiste… o por celos. Durante el show, en "Hombre al agua", Tweety González tenía todos sus teclados secuenciados y tocaba la guitarra acústica. Por el diseño del escenario estaba alto, y a muy pocos centímetros del gran equipo de Zeta que también revestía considerable altura. De manera que se subió al cabezal y siguió tocando desde ahí. A Zeta no le molestó en lo más mínimo, pero parece que a Gustavo sí, y se fue aproximando durante un solo hacia donde estaba Tweety, y le hizo un tackle que terminó con el canario en el suelo. "Me agarra de las pantorrillas y me tira, literalmente —recuerda Tweety—. Y yo, para salvar la guitarra, que era de él, pongo la mano y me la doblo mal. Era en el medio del show. Todos se cagaron de risa, pero me quedé caliente porque me dolía muchísimo". "Gustavo le sacudió el equipo —recuerda

Taverna—, y el pobre Tweety cayó de un metro y medio de altura. No se rompió la mano sino que tuvo un esguince de tobillo, y al final hubo que ir a bajarlo porque no podía del dolor. Hubo que hacer que lo viera un médico y le pusieran una bota". Tweety urdió su venganza y le pidió un alicate a su asistente. "Cuando se dio cuenta para qué era me dijo que no", se ríe hoy González. De todos modos, consiguió el alicate, emprendió el show y esperó su momento. Gustavo se le acercó en el medio de un solo y con una velocidad felina que no se le conocía, Tweety le cortó tres cuerdas. Gustavo se rió. "Fue como rematar un chiste. Se lo merecía", finaliza Tweety la historia.

En 1991 había un proyecto que ejercía una poderosa atracción sobre Gustavo, y que Zeta también compartía: la concreción del estudio propio. Si bien Cerati no se consideraba nostálgico, solía buscar en la infancia ideas que nutrieran su presente, y eso lo llevó a Los Supersónicos, sus dibujos animados favoritos que bautizaron Supersónico al estudio. Ya era una palabra bastante demodé, pero no le importó. La idea se fue incubando a fuego lento, pero probablemente Eduardo Bergallo haya subido la intensidad de aquella hornalla. "En una de las giras —cuenta—, empecé a quemarles la cabeza para que se armaran un estudio. Les dije que lo podían hacer en la sala. Teníamos un lugar donde podíamos grabar bien y pasar mucho tiempo, yo me metí solo en la parte de equipamiento e instalación y Carlos Piris hizo el acondicionamiento". "El armado lo hice todo yo, solo —asegura Taverna—, soldé más cables que nunca. Íbamos a comprar cosas a Los Angeles cuando estábamos de gira por México, porque a veces teníamos mucho tiempo muerto ahí y era muy barato ir y venir de México. Le compramos el estudio a un negro que nos vendía la consola con la manguera, pero no nos quiso vender el grabador que él tenía". Gustavo compró la máquina grabadora y Zeta invirtió en la consola. Charly no participó del emprendimiento.

Pero las cosas no se pagan solas y Soda Stereo se embarcó en una serie de funciones en el Teatro Gran Rex, una de las mejores salas de Buenos Aires, donde quebraron un récord del mítico Sandro, al hacer catorce funciones consecutivas. Una locura que salió muy bien por un lado y muy mal por el otro. Todos recuerdan lo maravillosos que eran los shows, pero el ecosistema de Soda Stereo registra que allí es donde la grieta que ya era visible dentro de la banda, comenzó a transformarse en abismo. Si bien nunca lo planteó de frente, Gustavo quería dejar de repartir el dinero de los shows en tres partes iguales (cuatro, en realidad, porque Daniel Kon tenía una parte), y comenzar a ganar el cincuenta por ciento. Era una idea que ya venía de los tiempos de Ohanián, porque Gustavo sentía que se hacía cargo de todo y que los demás solo tocaban. Podía llegar a aceptar un cuarenta por ciento pero no menos. Y del lado de Zeta y Charly eso se percibía como una injusticia porque Gustavo cobraba la recaudación de SADAIC que le correspondía como autor del noventa por ciento del material y los demás solo un porcentaje ínfimo.

"Sí, había diferencias continuamente —confirma Daniel Kon—, eran evidentes pero no eran explícitas. No es que Zeta le decía a Gustavo que no le gustaba como repartía el dinero: no lo decía y se quedaba caliente. Entonces lo hablaba conmigo. Gustavo nunca ganó el cuarenta por ciento: fue un mito. SADAIC te saca un doce por ciento de la recaudación, de manera que lo que cobres por ahí es tan importante como lo que ganes por el show. Yo hablaba con los tres por separado para conciliar posiciones. La discusión podría haber sido distribuir el SADAIC de otra manera, pero Gustavo hubiera dicho: '¿Y vos querés cobrar de 'La ciudad de la furia' cuyos primeros acordes los compuse en mi habitación a los quince años?' Creo que había una legitimidad en el planteo, porque si Gustavo tocaba ese tema solo no sé si iba tanta gente como con Soda Stereo. Yo te puedo hablar media hora como abogado de cualquiera de las dos partes y convencerte que la otra no tiene razón. Ese tema no se solucionó nunca".

Habría otros que atender: Gustavo invitó a Daniel Melero como músico invitado en los Gran Rex, al mismo nivel que Tweety González y Andrea Álvarez. No era demasiado problema; pese a los celos que despertó en Miami, era solo un músico más que tocaría en algunos temas. Nunca se pudo confirmar el rumor de que Gustavo quería hacerlo un miembro más de Soda Stereo. El verdadero inconveniente lo constituyó su presencia en el escenario… en canciones donde no tocaba. Sus extravagantes pasos de baile parecían una distracción innecesaria y el personal técnico intentó reprimir el desagrado que la situación le causaba. Además se veía venir otro cambio: el alejamiento de Andrea Álvarez que, más allá de algunos planteos fuertes que hizo, ya no sería requerida por la profundización de cierta vertiente electrónica que haría más necesaria la presencia de Melero que sus percusiones.

En esa larga serie de conciertos a sala llena se produjo el incidente del sticker. Un día, Daniel Melero se encontró en sus teclados con uno que tenía escrito: "De tocar, ni hablar". "Fue el final de una serie de eventos que venían pasando —confirma Tweety— de los que no solo soy yo protagonista, sino que todo el crew de Soda no se lo bancaba al tipo. Pero nadie lo podía decir abiertamente, era incómodo. Bajaba el volumen y no tocaba; por no bajarse del escenario hacía que tocaba y bailaba. Y un día a mí se me ocurrió antes del show pedirle a mi asistente que le pegara el sticker. Era la frase del momento entre nosotros; tocaba samplercitos con un dedo, o tenías un sonido y él decía que le hacía 'un proceso', y era un puto autopan: una boludez atómica. Pero no fue un hecho tan importante, es como cuando los pibes te bajan a tierra, nada más". Taverna, que siempre tuvo muy buena relación con Melero, dice que lo del sticker no le consta. "Cuando Melero se incorpora a la banda, había temas donde no tocaba, pero no se iba del escenario. Se movía, hacía todo un *acting*, por eso: de tocar ni hablar. Tocaba más la parte del costado del teclado que las teclas. El aporte de Melero era otro, daba otras sonoridades y su rol fue valioso, pero no como para que estuviera arriba del escenario. Era una cuestión estética. Melero creó una tensión entre Zeta, Charly y Gustavo, a quien no le importó demasiado. Pero hubo un planteo sobre la importancia de Melero por parte de Zeta y Charly; y fue contraproducente porque lo que hicieron fue acercarlo más a Gustavo". ¿Y Melero qué decía de todo esto? Le parecía bien, porque lo del sticker resaltaba su condición de "no-músico" que siempre reivindicó, aunque en notas posteriores dejó saber su encono con esa invalidación de sus credenciales musicales.

De esa serie de conciertos, salió un engendro discográfico llamado *Rex Mix*, y que fue mezclado en Supersónico, iniciando así la actividad del estudio. El nombre quedó de algo que Eduardo Dell'Oro escribió en un fax de producción. Mariano López hizo la grabación en vivo y la mezcla final, también hizo algo Taverna y Bergallo remixeó dos canciones. "Era un dub más que un remix —explica Bergallo—, porque no había edición de partes. Se copiaba a cinta y tenías que tener dos máquinas. Esto tenía efectos y muteos. Se hizo con los shows del Gran Rex remezclados y se grabó 'No necesito verte' que se hizo en estudio". Fue un híbrido entre un disco en vivo (dos versiones excelentes de "Hombre al agua" y "No existes", muestran el poderío del grupo) y otra cosa, porque hay remixes de temas en vivo: dos versiones de "En camino", con ritmo Manchester y un sample de "Good Times, Bad Times" de Led Zeppelin. Originalmente solo había dos versiones del tema inédito: "No necesito verte para saberlo" (luego se agregaría otra más para el CD). Gustavo junto con Melero habían estado escuchando los grupos de Manchester que renovaron al rock británico en 1989: Stone Roses, Happy Mondays, The Charlatans y a un grupo anterior que había explotado en 1991: Primal Scream y *Screamadelica*, uno de cuyos tracks se sampleó como coros de "No necesito verte para saberlo", una canción muy especial que tenía una destinataria cruzando la cordillera.

— • —

Cecilia Amenábar aparece en el radar de Gustavo Cerati el 12 de agosto de 1988. Soda Stereo había ido a una presentación televisiva en *Martes 13*, y el día anterior en una conferencia de prensa la conoció. Cecilia tenía diecisiete años y un tío que era uno de los jefes de Radio Concierto, que fue quien negoció el acceso con Marcela Carminio, jefa de prensa del grupo en aquel momento. "Ella era una chica de colegio secundario —recuerda Marcela—, eran dos o tres las que estaban allí. Obviamente, era muy mona y cuando la vieron la hicieron pasar a la conferencia". Lo que no ha quedado claro es cómo se dio el contacto, pero aparentemente el primero en conseguir el teléfono de Cecilia fue Charly Alberti, que se lo facilitó a Gustavo. También se dijo que Charly fue rápido a por ella pero que Gustavo se le interpuso, versión que no es tan creíble. "El teléfono se lo pasó Charly a Gustavo en el avión", afirma Eduardo Dell'Oro, que viajó con ellos y Carminio a Chile. En 1988 las cenizas de la pasión entre Gustavo y su esposa Belén Edwards no habían terminado de consumirse. Y todavía faltaba que se encendiera la hoguera de Paola Antonucci.

Cecilia era miembro del club de fans de Soda Stereo y a medida que se acercaba al fin del secundario comenzó a hacer trabajos de modelaje que la hicieron más conocida en Chile, aunque mucha gente tuviera noción de ella por su padre, Juan Luis Amenábar, un actor que también mostraba su lado deportivo con los autos y los aviones. Piloteando uno, intentando aterrizar, encontró la muerte en un accidente que afectó terriblemente a Cecilia, que tenía solo seis años y lo adoraba. Su madre, María Cecilia Granella Goich, no solo tuvo que sobreponerse a la pérdida, sino hacerse fuerte para Cecilia que creció muy apegada a ella. Los itinerarios de la gira no colaboraron para que Gustavo pudiera estar cerca de Cecilia, entonces se dio entre ambos una relación a la distancia: epistolar, telefónica y, en 1991, con la estrella de Paola Antonucci cayendo, se manifestó a través de esa canción nueva, donde habla de sí como un hombre encerrado en la tempestad y de ella que lo espera cruzando la ruta de la libertad.

La relación entre Gustavo y Paola alcanzó su natural conclusión después de los Gran Rex. "Nos peleamos porque creo que como toda pasión tuvo su momento, y comenzaron las peleas cuando yo quise hacer un poco mi vida —dice ella—. Con mi hermana puse una marca de ropa, y se me acababa el tiempo para no perder la plata que mis viejos habían puesto de depósito en Italia para el desarrollo. Con Gustavo teníamos planes de irnos a vivir a Los Angeles también, había una casa en Silverlake que nos gustaba, pero él también era muy vulnerable y necesitaba apoyo. Yo entendía que él debía enfocarse en su carrera; después de los Rex le dije que me iba a estudiar a Europa un tiempo y él me pidió que hiciéramos un pacto de no hablarnos nunca más. Fue muy drástico. Dije que estaba bien pero no pensé que se lo iba a tomar tan en serio. Y fue así".

En verdad, Gustavo estaba tironeado por los compromisos con Soda Stereo que no aflojaban y nuevos proyectos en los que se había embarcado, acaso para mantenerse en movimiento ante la situación que más lo afligía y ante la cual nada podía hacerse: la enfermedad de su padre era terminal. "Lo sufrió mucho todo ese proceso —concluye Paola— y creyó en cosas que no existen; empezó a llevar su padre a todos lados: a los curanderos, a los médicos filipinos. Y creía cualquier cosa; era muy difícil contradecirlo a él y a Lillian. Iba a hacer todo lo que pudiera para salvarlo". "Gustavo luchó a capa y espada contra esa muerte —confirma Sandro Pujía—, llevando a su papá al oncólogo, y del oncólogo al curandero, y del curandero al médico filipino". "Juan José tuvo un cáncer —explica Taverna—, pero lo operaron en la clínica San Camilo, le extrajeron el tumor y aparentemente no tenía otras consecuencias. Pero después hubo episodios donde comenzaba a perderse y a estar mal. Yo lo acompañé a Gustavo a la clínica para ir a buscar la muestra para hacer una biopsia en un laboratorio. En el taxi a Gustavo se le ocurrió ver esa muestra, pero yo no quise ni mirar".

A Soda Stereo le restaban compromisos en Colombia y Venezuela antes de lo que quizás haya sido su show más grande en términos de convocatoria, el 14 de diciembre de 1991, frente a doscientas cincuenta mil personas: un cuarto de millón de espectadores. Una cifra abrumadora. Fue un recital organizado por la Municipalidad de Buenos Aires con entrada gratuita, en el marco de la Bienal de Arte Joven. Contó con el apoyo de numerosos sponsors y se televisó por Canal 13. Fue mucho más que un evento al aire libre o una muestra de la poderosa musculatura de Soda Stereo: fue un encuentro de generaciones y de clases. Había gente de todos los estratos sociales y de todas las edades hasta donde alcanzaba la vista. El escenario se montó en la avenida 9 de Julio y su intersección con Estados Unidos; a tres cuadras, recién ahí, se comenzaba a diluir la marea humana. Ya se habían hecho convocatorias al aire libre con festivales y presentaciones solistas; Valeria Lynch, una cantante melódica muy popular atrajo a ochenta mil espectadores, una muy buena cifra triplicada por Soda Stereo. No hubo un solo incidente: fueron dos horas de un show excelente y excitante que transcurrieron en una pacífica euforia.

"Marcelo Angiolini estaba ahí desde temprano —explica Nicolás Nóbile—, y me dijo que tuviéramos mucho cuidado al llegar en la camioneta con los Soda porque había doscientas cincuenta mil personas delante del escenario. Pero atrás había treinta o cuarenta mil más. Norberto Montanari, nuestro chofer, nos dijo 'vamos por avenida Del Libertador y entramos directo al escenario'. En un momento, la gente se nos montaba arriba de la camioneta y no podíamos avanzar, íbamos a paso de tortuga. De alguna manera llegamos, los dejé en camarines y subí al escenario a acomodar las aguas y toallas de cada uno. A medida que subía la escalera sentía una presión y cuando avanzo sobre el último escalón veo ese mar de gente".

Nicolás dejó las cosas y bajó rápido las escaleras.

—¡Loco, esto no se puede creer! —les comunicó directamente a los Soda, que fueron subiendo para espiar, también incrédulos.

"Se asomaban para ver. Cuando Gustavo subió para salir a dar el show, tuvo que dar marcha atrás porque era muy fuerte. Gustavo, cuando salía, salía, no le importaba nada, pero esta vez tuvo que respirar hondo para salir. Era muchísima gente, el intendente estaba en los camarines. Una locura".

Más allá del logro y la estadística, ese show fue de máxima importancia para Gustavo: con mucho esfuerzo, Juan José Cerati logró estar presente y observar el logro de la banda de su hijo. Muchos vieron allí como un cierre histórico en el que Gustavo pudo mostrarle a su padre hasta donde había llegado, que se no se había equivocado al elegir el camino que ahora era tan ancho como las dimensiones de la 9 de Julio, que para los porteños es "la avenida más ancha del mundo".

— • —

Cuando Gustavo Cerati y Daniel Melero se pusieron a trabajar en Supersónico en un disco conjunto, el autódromo de rumores se disparó a toda velocidad, para regocijo de ambos que se divertían mucho con todos los rumores que causaba su asociación, que por otro lado parecía ser muy relajada. Ni Zeta ni Charly se hicieron eco de los murmullos de separación de Soda Stereo que circularon a comienzos de 1992. Algunos titulares apócrifos:

"¡Me voy de Soda Stereo y Daniel Melero es mi reemplazante!"

"¡Renuncio a mi carrera solista!"

"¡Zeta y Charly van a armar Los Encargados II!"

A la compañía discográfica no le caía muy bien la idea de un producto a cargo de Cerati y Melero, no por ellos, sino porque sabían que la marca Soda Stereo era imbatible, pero Daniel Kon negoció un contrato de edición por fuera de lo que era el de Soda Stereo, en una de cuyas giras se inició el proceso que desembocaría en *Colores Santos*, el disco en colaboración. "Daniel vino con ese nombre —dijo Gustavo—, y de a poco nos fuimos dando cuenta que el trabajo que estábamos haciendo respondía ese nombre". "En un momento —explicó Melero—, el nombre comenzó a hacerse fuerte, hubo algunos que compitieron con él, y todos se caían"[38].

Sandro Pujía, iluminador de Soda Stereo, recuerda todo con mucho detalle. "Gustavo era un fascinado del agua y cuando estaba en Venezuela no se quería ir. Era como un motor en la idea de salir y que estuviéramos todos: nos transformábamos en una estudiantina que dejaba atrás los esquemas de shows y horarios. Yo también lo aprecio mucho a Daniel, aunque percibía los celos hacia su figura. Trabajé un montón con Los Encargados y supongo que la cercanía creativa que tenía con Gustavo creaba celos. En ese momento me parecieron una boludez y me lo sigue

38 Declaraciones de Cerati y Melero en entrevista con Sergio Marchi.

pareciendo hoy. Eso de quedarse en el escenario mientras no tocaba, exasperaba mucho a los demás y no entendía por qué".

—Tenemos dos días libres en Caracas —le dijo Gustavo a Sandro en el lobby del célebre Caracas Hilton[39]—, y estoy planeando irme a Morrocoy, un parque nacional de islitas que es una divinura total. ¿Vamos? Zeta y Daniel vienen.

—Me encantaría, Gus, pero no me da el presupuesto —se resistió Sandro con su bolsillo de trabajador del rock, muy distinto a las posibilidades de los músicos.

—Pero vamos muy gasoleros —insistió Cerati—, el mayor gasto es la combi y después vamos a un hotel barato y dormimos los cuatro en una habitación.

—La verdad es que no puedo gastar dinero, Gus, tengo que llevar algo a Buenos Aires.

—No, boludo. Vení igual, yo te pago todo.

"Siempre valoré la generosidad de Gustavo —continúa Sandro—, si bien ahí me sorprendió. Porque el espíritu siempre era ese: si hay una dificultad, la volteamos. Fuimos a Morrocoy, el hotel se llamaba La Perla del Oriente, y lo curioso es que lo atendía uno con cara de turco y la entrada estaba ambientada como una mezquita. Nos alquilamos una habitación con cuatro camitas horribles; nos despertábamos temprano, nos íbamos con nuestras heladeritas de comida y bebida, nos tomábamos una lanchita que nos llevaba a una de esas islas locas, y nos dejaba ahí tipo náufragos. Nos volvían a buscar a las cinco de la tarde, y nos pasábamos el día ahí, bajo la palmera, tomando cerveza, fumando cohetes, nadando, haciendo snorkel. En el pueblito Morrocoy había una santería y nos metimos de comedidos. En esa santería, Gustavo y Daniel compraron no sé si todos o varios de los juguetitos que fueron a parar a la tapa de *Colores Santos*".

El disco comienza su proceso creativo como un juego en el que dos chicos juntan sus juguetes en un espacio determinado, en este caso el estudio Supersónico, y simplemente juegan. Gus-

39 El hotel es mencionado en una letra de Fito Páez: "Tercer mundo".

tavo se abocó a las baterías con su MPC 60 y Melero le sumó samplers, texturas y atmósferas con el EMAX II. Y a veces le pedían juguetes prestados a otros nenes. "Yo tenía un secuenciador chiquito Yamaha QUBI 10 —cuenta Eduardo Bergallo, que fue el ingeniero de grabación de *Colores Santos*—, que un día Gus me lo pidió y con él hizo la base del tema 'Colores Santos', sonido que quedó en el disco directo del aparatito. Probamos muchas cosas. Y así trabajamos: la premisa era mejorar las ideas que andaban por ahí de alguna manera".

La prueba, pero sobre todo el error, fue un mecanismo de composición. El error era tratado como un síntoma: algo quiere decir, y hay que seguirlo. Eso sucedió claramente en "Vuelta por el universo", un tema hipnótico, con muchas capas que se van repitiendo y una melodía onírica desarrollada por la voz de Gustavo, que canta como suspendido en el espacio. Hay un solo de guitarra con E-Bow y hacia el final, la canción gira abruptamente hacia otra tonalidad, comandada por un bajo distorsionado. "Lo que entra ahí al final es un bajo con una distorsión y creo que es el Pedulla fretless —recuerda Bergallo—. Lleva el tema a otro lugar. Esas eran las cosas de Daniel, aprovechar el error. Es muy probable que esa parte haya nacido como error".

Gustavo y Daniel no trabajaron por separados sino que se convirtieron en una especie de organismo único que avanzaba por instinto o disparate: "(Los temas) empiezan como una improvisación, como una payasada en que uno pone un sonido y dice: 'a ver cómo te las arreglás para poner algo encima de esto'. Y a partir de ese desafío se va produciendo como un reciclamiento. Todo empieza desde una actitud casi infantil, divertida", decía Melero. "Y lo mejor es que cada vez íbamos más lejos —acotaba Gustavo—, y por eso hubo que ponerle fin, porque seguíamos tocando. Hay versiones que tenemos de los temas de diecisiete minutos"[40]. "Melero era investigador —dice Analía Gómez—, y eso le gustaba a Gus. Quizás Daniel no cayera bien en Triple, pero Daniel era un tipo súper talentoso; hizo que Gustavo saca-

40 Entrevista de Daniel Curto y Claudio Kleiman para la revista *El Musiquero*.

ra una veta musical que no podía sacar con Soda como marca. Gustavo era curioso, Melero era un poco más androide, y eso estaba más de moda; era una época en que empezaban a usar las remeras más apretadas y el hombre se permitía mostrar su lado más femenino. Y a Gustavo le chupaba un huevo y estaba en todo su derecho. Pero yo siempre le decía: esa remerita no te favorece. ¡Y al mismo tiempo le delineaba los ojos antes de un show!".

Colores Santos tuvo varios tipos de canciones; las más pop fueron "Vuelta por el universo" y "Hoy ya no soy yo", con una cadencia medio latina que fue sumamente exagerada para el video en donde se ve a Melero tocando unas tumbadoras, a Gustavo con una guayabera y a Ruth Infarinato, VJ de MTV, que apareció porque formaba parte del séquito de Melero. "Yo era amiga de Daniel —cuenta Ruth—, y lo llevaba a comprar ropa a la galería Bond Street. También era amiga de Eduardo Capilla y me fui haciendo amiga de Gustavo. Me hicieron tocar la guitarra en ese video, pero yo no sabía tocar. 'Vos probá', me dijeron". "Marea de Venus", un poco más de Cerati que de Melero, tiene rémoras del sonido Manchester y alguna influencia de Jesus Jones, que era una banda que sonaba mucho en aquel tiempo, al igual que Ultra Vivid Scene y su disco *Joy*, *Loveless* de My Bloody Valentine y *Screamadelica* de Primal Scream. "Gustavo quería salirse de ese rol de guitarrista —dice Bergallo—, ya tenía la búsqueda que desarrolló más adelante con la electrónica. Pero si escuchás 'Marea de Venus' está adelantado, porque es una especie de *jungle* electrónico. Gus estaba muy informado pero no te decía 'hagamos algo que suene como esto', pero sí tenía esa información en la cabeza. La búsqueda en *Colores Santos* no era con un norte: la onda era explotar a fondo lo que surgiera y lo que fuera pasando, con las opiniones de dos cerebros bastante distintos; yo creo que Gustavo tenía mucha admiración por Daniel. Tenía una mirada distinta a la que cualquiera de los que rodeaban a Gustavo pudiera tener, tenía el foco puesto en otro lado, no en lo evidente. Había mucha interacción de opiniones, jugar, reírse, probar lo ridículo o lo distinto. Esto era más experimental, con la cabeza pop de Gustavo pero también con su habilidad de guitarrista".

Algunos de los temas, acaso los más electrónicos, venían de una colaboración que fue el gérmen de *Colores Santos*: una presentación de Daniel Melero en el Planetario de Buenos Aires donde Gustavo tuvo un rol bastante activo. "Alborada", "Cozumel" y "Quattro" surgen de esa experiencia. El pseudo-jazz de "Pudo ser", que cuenta con el sample de 'A Hard Day's Night' de The Beatles y la voz inmadura de Carola Bony, es como un punto de quiebre en el disco. "A Carola la conocieron en un boliche y la llevaron a cantar —revela Bergallo—. Flavio Etcheto también entra ahí a tocar trompeta, y son cosas de Daniel, de traer gente que por ahí no era la indicada y ver qué se le podía sacar. Como los directores que llaman a no-actores".

Durante la grabación del disco, sucedió lo inevitable. "Estábamos en el estudio —cuenta Taverna—, llaman y piden que Gustavo vaya para la casa porque el desenlace era inminente. Juan José fallece el 3 de enero del 92. Gustavo tenía esa cosa que tenemos todos de la esperanza, de un milagro, no querer que pase, pero estaba muy mal". No por previsible, la muerte de su padre dejó de afectar profundamente a Gustavo; Triple estaba muy cerca de Heredia por lo que pudo llegar para sostener a su padre en los momentos finales. Fue muy conmovedor para Gustavo, por otras razones más allá de la pérdida. "La procesión iba por dentro —explica Analía Gómez—, Gustavo tenía que estar fuerte para su mamá y sus hermanas. Juan José era una figura paterna muy importante, Gustavo había mostrado ser la estrella de la familia y había que sostener ese lugar. Es muy difícil dejarse caer cuando ocupás ese lugar".

El velatorio se hizo ese mismo día, y a la mañana siguiente, Juan José Cerati fue despedido en el cementerio de la Chacarita.

—Bueno, a las tres en el estudio —le dijo Gustavo a Taverna.

—¿Estás seguro, Gus? —respondió Adrián—. ¿Te parece, no querés descansar?

—¿Qué querés que haga, que me quede en casa haciéndome la cabeza? —se sinceró Gustavo.

Había otros factores también: el padre de Daniel Melero también se estaba muriendo y los dos estuvieron hermanados en ese dolor, atravesando el proceso de creación de *Colores Santos*. Y

Gustavo ya tenía bastante avanzada la idea de "Tu medicina", que solo pudo concluir cuando murió su papá. De eso habla la canción: de la desolación de encontrar las ropas, las cosas, pero saber que ya no podría encontrarlo a él. "En realidad el tema surgió en un momento muy especial —dijo Gustavo—, antes que mi papá muriera. Yo adopto una posición de niño y de padre a la vez. Él buscaba un refugio en mí, buscaba lo vital que le sirviera a él, y lo que yo encontraba era mucha más vitalidad en él, que la que pudiera haber imaginado tener yo mismo. La letra la terminé cuando papá murió. Había unos papeles en la clínica, una serie de oraciones y consejos para el enfermero que eran tan precisos y tenían tanto sentido en ese momento, que eso le terminó de dar la vuelta a la letra final. Si bien es un tema que revela una tristeza profunda, también está conectado con la santidad, está conectado con Dios, con la luz, con esa energía que de pronto se va y que uno tiene que empezar a utilizar".

Colores Santos alcanza la redención en el tema homónimo que le da cierre al disco. En un mar de guitarras distorsionadas intervenidas con un loop sonoro que le da un aura casi beatlesca, la letra de la canción no habla de la muerte, ni del dolor, pero sí de la ausencia. ¿La de una pareja? Quizás no es amor. Sentimientos mezclados en un momento incierto de su vida. Tal vez, el peor de todos.

25

En remolinos

“Veo la situación de aquel tiempo con la perspectiva que te da el tiempo, y la compasión que te da esa perspectiva —arranca Daniel Kon—, porque todos éramos mucho más jóvenes. Mucha gente dijo que la inclusión de Daniel Melero en Soda Stereo era lo primero que anticipaba que Gustavo Cerati iba a hacerse solista. Pero nadie tenía ninguna conciencia de nada. Melero le trajo a Gustavo un aire de creación que necesitaba. Imaginate que vos escribís con otros dos todas las notas y tienen entre 19 y 21 años: va a llegar el momento en que querrás escribir algo con otro. Te va a pasar y no es porque odies al que está al lado, sino porque empezás a crecer distinto. Pasa en todas las bandas. Es complicado, sos un Soda Stereo y te traen a alguien de afuera. Pero Gustavo lo necesitaba creativamente y funcionó”.

Colores Santos tuvo una primera presentación ante selectos periodistas y algunos ejecutivos discográficos en la sala grande de Sony Music. Se publicó el 25 de marzo de 1992 y fue dedicado a la memoria de Juan José Cerati. Pocos meses más tarde fallecería el papá de Melero, por lo tanto ambos navegaban aguas agridulces. El disco fue muy bien recibido y “Vuelta por el universo” sonaba espléndida por las radios. Pero Gustavo no se detenía ni por un momento: mientras el disco se editaba, él ya se encontraba produciendo el álbum debut de Los Siete Delfines, el nuevo proyecto grupal de Richard Coleman, que trabajaba en tándem con Gamexane (Horacio Villafañe) que venía del punk más rotundo: fundó Los Laxantes, una de las primeras bandas punks de la Argentina, luego integró La Sobrecarga y Todos Tus Muertos. El bajista era Ricky Sáenz Paz y el baterista Braulio Aguirre, que había tocado en Los Helicópteros. Cuando Richard cerró contrato con Sony le ofrecieron de productor a Charly García o a Cerati. Lógicamente, eligió a Gustavo una vez más: esa disyuntiva ya había sucedido con el último disco de Fricción. El problema fue decírselo a Gamexane, un muchacho de posiciones irreductibles: "¿Gustavo? No, es un blando".

"Esta vez el trabajo fue bastante diferente —dice Richard—, todos estábamos más grandes y experimentados pero yo no había vuelto a grabar desde Fricción: hacía cinco años. Para mí, lo interesante fue meter en una misma habitación a Gustavo y a Gamexane. Fue una experiencia muy intensa pero a la larga se llevaron bien porque Gustavo es un tipo muy hábil, muy inteligente y muy sensible. Y Gamexane era muy buen violero y manipulador también. Pero el otro tenía lo suyo".

—El único que tiene glamour de todos ustedes es Gamexane —repetía Gustavo y generaba un efecto sorprendente.

"Claro —retoma Richard—, porque a Gamexane eso le gustaba y a la vez no. Lo ponía en un lugar distinto pero era verdad: Gamexane se levantaba y se dormía punk. Y estaba hecho mierda y de alguna manera estaba íntegro. No se le veía la costura. Gustavo lo llevó muy bien y valoró las cosas que hacía y las puso adelante en la mezcla".

Gustavo pidió que llevaran todo el material que tuvieran, que no se restringieran, ya que había trabajado así con Carlos Alomar y le había dado buen resultado. No hay que olvidar que el CD permitía mayor cantidad de música. Hicieron un show para cuarenta personas en el Auditorio San Isidro, pero la idea fue grabar el show en vivo para que Gustavo pudiera trabajar con todo el repertorio. "Esta vez llegamos al estudio bien ensayados —sigue Coleman—, y no hubo decepción: hubo sorpresa porque algunas canciones quedaron de primera toma. Gustavo se impresionó con 'Musgo de oro' de Gamexane. Trabajamos más con el sampler y Gustavo decía que tenía tanta afinidad con ese aparato como con una guitarra". Cerati utilizó algunas técnicas experimentales y lo mandaba a Richad a grabar solo con la guitarra sin base alguna. "Yo me iba a hacer quilombo al estudio, acoples con la guitarra, Bergallo lo guardaba en un DAT, lo metían en el MPC (sampler) y era un instrumento más". Varias de los experimentos que funcionaron bien en ese disco de Los Siete Delfines, luego serían utilizados para el nuevo trabajo de Soda Stereo.

Hubo un momento de mucha emoción cuando Richard metió la voz de la primera canción: "Never Du Nozin", uno de los temas centrales del disco. Coleman parecía estar hablando de sus problemas con el alcohol y fue la primera canción que cantó entera. Terminó de hacerlo y se quebró.

—Gustavo, vení, por favor —le pidió a su amigo.

Cuando Cerati entró en la sala lo vio a Richard con lágrimas, y le preguntó qué le pasaba.

—Es que yo pensé que no iba a poder grabar nunca más y de repente me encuentro cantando esta canción acá.

Gustavo lo abrazó fuerte, dejó que se desahogara y le dio ánimos.

—No, Richard. Vos tenés un montón de cosas más para grabar.

Siguieron trabajando en la canción, pero algo raro sucedía: Coleman cantaba todo un semitono más abajo. Lo cantó todo el día, pero no hubo manera: siempre estaba bajo. Terminó la jornada, y a Gustavo se le ocurrió una idea.

—Listo, Richard. Mañana seguimos. Yo me quedo con Bergallo haciendo un par de boludeces y me voy a casa.

Al día siguiente, Richard vuelve mentalizado para finalizar la toma vocal de aquella canción. Gustavo y Bergallo cruzaban miradas y sonrisas cómplices. "¿No querés escucharlo antes?" "Gustavo pone la canción: ¡y estaba afinada! No había autotune, entonces samplearon frase por frase, la metieron en el MPC y le subieron el pitch. Quedó perfecta. Si yo lo hubiera producido lo hubiera vuelto a cantar, pero Gus quiso dejar esa toma que fue tan fuerte emocionalmente".

Como era un disco de guitarras, Gustavo le sacó todo el jugo a Supersónico y a sus equipos, algunos de los cuales maltrató, sacudiendo cables como un poseso a fin de producir más y mejores ruidos. Hacia fines de abril, la producción estaba concluida y el disco sonaba como los dioses. Hubo que insistirle a Cerati para que tocara la guitarra en "Travesía", y ahí Coleman lo produjo a él. En cambio, no hubo ni que decirle una vocal para que se prendiera a cantar en la violenta versión de "Post-Crucifixión", de Pescado Rabioso, el grupo de Spinetta que tanto le había gustado de adolescente.

— • —

Daniel Kon anotó un tanto decisivo cuando pudo concretar la visita de Soda Stereo a España, en el marco de Expo Sevilla 92, una feria organizada para recordar los quinientos años de la partida de Cristóbal Colón y sus tres carabelas desde el puerto de Palos. Europa era una vieja idea, fuera de foco, inalcanzable para Soda Stereo y viajaron gustosos. "Pero también fue un poco raro —dice Eduardo Bergallo—, porque venían de tocar para doscientas cincuenta mil personas en la 9 de Julio y pasaron a un bolichito de ciento cincuenta en Sevilla. Creo que no tenían la intención de hacerse de abajo nuevamente". Tocaron en Madrid, Oviedo, Valencia, Sevilla y Barcelona. Y con la geografía a favor, Gustavo, Zeta, Melero y Taverna viajaron a Londres. "Zeta y yo compartimos la habitación —cuenta Taverna—, ellos iban a comprar ropa y Zeta y yo a comprar discos y a ver lugares".

A través de un contacto que tenía Adrián Taverna, casi llega un productor soñado para Soda Stereo: John Leckie, el hombre que produjo el primer álbum de The Stone Roses, que le dio un paletazo eléctrico al rock británico cuando parecía sucumbir sin remedio ante el acid-house. ¿Habrá caído Gustavo en la cuenta que fue productor también de *Bill Nelson's Red Noise*, ese disco que le prestaron los hermanos Briones en la universidad y que casi tuvieron que extirpárselo? Leckie comenzó su carrera como operador de cinta de discos solistas de John Lennon y George Harrison, produjo a bandas como Magazine, Simple Minds y XTC, entre muchas otras. Leyenda por derecho propio, Leckie era un candidatazo para el nuevo álbum de Soda Stereo. La conexión fue Fabián Jolivet, amigo de Adrián, que en un encuentro comentó que al día siguiente grabaría en una sesión con Leckie. Gustavo encendió a tope sus ojos celestes.

—¿El de Stone Roses?

—Sí.

—Lo quiero conocer.

—Mañana te lo presento.

"Gustavo estaba extasiado —recuerda Taverna—, tuvimos una reunión con él; un tipo alto, pelo larguito, bien inglés y le dimos unos CDs que teníamos del grupo. Leckie contestó que le interesaba, que no sabía que en Argentina había una banda así. Pero su método de trabajo era ensayar dos meses con la banda en Londres y luego grabar otros dos meses. Le contamos que teníamos nuestro propio estudio, pero no había modo de hacerlo venir".

Quedó establecido que el nuevo disco de Soda Stereo se grabaría en Supersónico bajo las manos confiables de Mariano López y que la producción correría por cuenta de Gustavo y Zeta, con la colaboración de Daniel Melero, que seguía influyendo con ideas sobre la banda. Era una época de mucha discoteca, como La Age of Communication, un edificio de dos plantas en Marcelo T. de Alvear y Reconquista y Gustavo comenzó a conocer mucha gente nueva, algunas de ellas bastante nefastas. Y por otro lado, desde 1991 viajaba en secreto a Chile para ver a Cecilia. La relación entre ellos crecía y necesitaba ser alimentada cuerpo a cuerpo. Cecilia estaba estudiando y su madre veía a Gustavo como un factor desestabilizante. Los encuentros eran esporádicos; sin embargo, ya en 1992 por Santiago corría el rumor de que "la Cecilia Amenábar estaba pololeando con el Gustavo Cerati". Y cada aparición suya parecía ratificarlo, confirmándoles a ellos a la vez que había algo poderoso en esa relación.

"El estudio era un chiche —cuenta Tweety González—, Gustavo había cambiado el set y tenía un audio tremendo con el Eventide Harmonizer 3000, un aparato caro y complicado, que usaba Steve Vai. Se enamoró de ese bicho y le sacaba mucho jugo. A partir de ahí, Gus comienza una carrera cibernética donde lo sonidos los inspiran para componer. La distorsión en todas sus variables fue la estrella del disco. La grabación fue muy diferente a la de *Canción Animal*, porque todo el mundo volvía a dormir a su casa y también porque no había fecha de entrega". "Eso fue un poco contraproducente —acota Taverna—, porque usamos quinientas cincuenta horas de estudio y fue devastador para el cerebro de todos". Alex Pels, que trabajaba en MTV, en Nueva York, recuerda el deleite de Gustavo una noche en que fue a su casa y descubrió que tenía unas versiones extendidas de temas de My Bloody Valentine. "Para mí eran una bola de ruido —se ríe hoy Alex—, pero cuando Gustavo vio esos discos enloqueció, los quiso escuchar enteros. Eran muy frescos y me decía: 'esta música es la que va'. No sabés lo contento que estaba".

Gustavo llegó a la grabación del disco con muy poco material preconcebido. Si esto fue por imperio de las circunstancias o algo más meditado, es difícil discernirlo. La posibilidad de tiempo casi infinito que da el estudio propio también estimulaba la experimentación y como Daniel Melero y Tweety González participaron de ese estadío de creación instantánea se favorecía una interacción que llevó una situación donde las distintas energías podían interactuar. Y en ese proceso se notaron los años de tocar juntos que tenían Gustavo, Zeta y Charly. Cerati era quien comenzaba con algo y los demás se acoplaban. "Es un problema de siempre —dice Taverna—, los temas de Soda no salían de zapada. Nunca un tema que se me ocurrió en el bajo o me inventé este ritmo: no pasó nunca". Sin embargo, en las primeras sesiones de Soda para un disco propio en su propio estudio, las energías fluyeron más parejas, aunque Gustavo supiera hacia donde quería dirigir el disco. Zeta y Charly también entendían que necesitaban un cambio para poder seguir siendo los mismos.

Las consignas eran contraste y distorsión. El Eventide Harmonizer 3000 y los juegos de Gustavo en la guitarra fueron creando capas de sonido envolvente; un caldo espeso que luego contrastó con la letra que parecía tener los ojos de Cecilia Amenábar. "En remolinos" es uno de los mejores momentos de la historia de Soda Stereo: Gustavo descargó en esa canción un montón de sentimientos que tenía que purgar (la muerte de su padre, las tensiones, las responsabilidades) y otros que debía exaltar (esa energía misteriosa que lo iba llevando más y más cerca de Cecilia). "Toda la música que escuchábamos influyó en el sonido —dice Taverna—, Gustavo empezó a mirar no solo el mainstream de Europa sino también el indie americano: Ultra Vivid Scene y Sonic Youth. Pero también lo que venía de Manchester y otras cosas: vimos a Suede en esa visita a Inglaterra en 1992, Gustavo adoraba 'Metal Mickey'. También fuimos a un festival a Finsbury Park para ver a Spiritualized y Mercury Rev, que cerró The Cult, y también vimos a Pearl Jam. Todo eso nutrió *Dynamo*". El título fue involuntaria idea de Melero que recordó los tiempos en que las bicicletas usaban dínamo, un dispositivo que a través de energía mecánica genera energía eléctrica, y que se usa pegado a una rueda para alimentar una luz. La Y griega fue una deformación para insuflarle modernidad a un artilugio bastante antiguo.

Un viejo número de Soda Stereo, "La calle enseña", fue tocado y deformado como furioso rock que con una nueva letra terminó llamándose "Texturas". Algunos juegos climáticos quedaron grabados en DAT y luego resueltos como canciones. Tal el caso de "Sweet sahumerio", al que Gustavo decidió sumarle un trío hindú, tal vez como desprendimiento de una naciente espiritualidad, que en un comienzo se manifestó con la contratación de Miguel Ángel, un profesor de yoga, que después los acompañaría a la gira. "Gustavo estaba muy místico por esos días", cuenta Sandro Pujía y lo confirma Nicolás Nóbile. "Había mucha gente del palo del sahumerio, como Boy Olmi, que filmó algunas sesiones de grabación".

Así como la distorsión motorizaba "En remolinos", era el contraste lo que primó en otro tema de Gustavo, de los pocos que firmó solo: "Primavera 0", que tiene una letra que mezcla lo espiritual con algún trazo autobiográfico, cuando asegura que nadie vive sin amor y que lo espera temblando frágil en la multitud. Luego habla de un avión y de recuerdos de "un futuro juntos". Los goles que suenan a la distancia pueden haber sido los de estadio de River, casi frente a su departamento, pero durante un tiempo pudieron haber sido el título del disco: *Gol*. "Siempre mantuvimos como cierta cosa circular —declaró Gustavo—; yo había compuesto 'Primavera 0', que es un tema que tiene una gran cantidad de acordes, la guitarra está paseándose todo el tiempo. Y veo que es un tema que, en cuanto a estructura, es a lo más novedoso que llegamos: todo lo que se supone no es. Quiero decir: ante una carga eléctrica en su comienzo aparece la suavidad de un bajo pulsando y de golpe, cuando supuestamente debería haber un estribillo para que tenga la categoría de un hit común y esperable, se lanza una instrumentación. Todo este tipo de cosas son las que encuentro más atractivas de este disco, y creo que es un nuevo camino para nosotros: un descubrimiento. Nos estimulaba todo el tiempo la posibilidad de salir de los lugares comunes"[41].

Dynamo fue eso: el disco diferente de Soda Stereo. Aun canciones que podrían haber sido clásicos dentro del repertorio del trío, como "Luna roja", están sometidas a un tratamiento sonoro que las vuelve extrañas. Algo similar sucede con "Fue", la única balada del álbum, donde sobresale la trompeta de Flavio Etcheto, y que es junto a "En remolinos" y "Primavera 0", de las pocas canciones que Gustavo firma solo. Si bien Gustavo compuso todas las letras, salvo "Toma la ruta", donde cede autoría a Daniel Melero, el resto tiene créditos dispares. Zeta firmó siete canciones, Melero seis y Alberti dos, todas junto a Cerati. Parecía ser una respuesta al reclamo de democratizar la autoría, pero eso no terminó de cauterizar las heridas, que se transformarían en grietas y luego en abismos casi irremontables.

Dynamo tenía un armado muy preciso que arrancaba, justamente, con "Secuencia inicial" (otra que parece haber tenido destinataria chilena: de hecho arranca con un sonido como de avión), que habla de una cuenta regresiva inadvertida, lugares neutrales, curiosidades y miedos, donde la guitarra parece estar atrapada en un ventilador; y luego engarza perfectamente

41 Entrevista de Daniel Curto y Claudio Kleiman para la revista *El Musiquero*.

con "Toma la ruta" que profundiza la distorsión que se hace aún más aguda en "En remolinos" y alcanza una planicie en "Primavera 0". Esa secuencia es de una perfección a la que Soda Stereo jamás había llegado. De "Luna roja" en adelante el álbum se dispersa un poco con el toque pseudolatino de "Camaleón", que se autogeneró cuando Zeta agarró una guitarra de Gustavo que había ido al baño y cuando regresó, tomó el bajo de Zeta y siguió lo que estaba tocando. "Ameba" tiene una letra que habla de la fama y las expectativas ajenas —desde "Sin sobresaltos" que no aparecía ese tópico—, mientras que "Nuestra fe", con su ritmo dance, era una idea sin terminar que venía desde *Colores Santos*, con una letra más críptica que bien podría aludir a una esperanza, a un amor o a ambas cosas. "Claroscuro", más orientada al sonido Manchester, también es una apelación al amor como fuerza redentora, más allá de la frontera del dolor suicida. "Fue", desde el título habla de un pasado que supo ser eufórico y terminó en desengaño y, una vez más, hace buen contraste con la furia eléctrica de "Texturas", que termina el disco en tono celebratorio y ritmo de rock. El final, con un sonido de cinta rebobinándose, otorga el sentido de circularidad e invita a hacer que el disco dé una vuelta más para el oyente.

"Tenían el disco terminado un lunes —recuerda Eduardo Dell'Oro—, y tenían que entregarlo un jueves. Ahí Gustavo dijo que iba a hacer todas las letras. Llevó su cuadernito, su bitácora de palabras que le sonaban melódicas, y llegó el martes por la mañana y metió todas de un tiro. En una noche escribió todas las letras del disco: un animal". Ya era su método.

— • —

Dynamo se editó en octubre de 1992 y fue toda una sorpresa. Sobre todo para la compañía discográfica que no entendía el concepto musical del álbum, y con quien además Soda Stereo tenía una disputa acerca de la duración del contrato. Para el grupo *Dynamo* terminaba la relación comercial; Sony Music interpretaba que le debían un disco más. Ahí entra el famoso tema de los "medios discos", que son los EP y los discos en vivo. Soda tenía un solo disco en vivo que fue resuelto en el contrato anterior, pero tenía dos EPs en este nuevo período, que comienza en *Doble Vida*: *Languis* y *Rex Mix*. La compañía insistía en que no valían y que *Dynamo* no era un disco suficientemente comercial. "*Dynamo* era un gran disco —asegura Daniel Kon—, pero había que convencer a los ejecutivos de una discográfica en el año 1992. Decían: 'no se escucha la voz, hay mucho ruido'. Hoy nos reímos de eso, pero la banda ya no estaba bien. Había quilombo. *Dynamo* fue un disco muy difícil hasta para encontrarle el tema de difusión". Finalmente, se eligió "Primavera 0".

Aparentemente, durante la grabación de *Dynamo* comenzó a enrarecerse el clima. Gustavo inició un período de desgano con respecto a Soda Stereo pese a lo que podía percibirse como un trabajo hecho según su designio. Melero no fue un factor de conflicto en este punto de la cronología, porque no participó de las presentaciones de *Dynamo*, ni volvería a estar dentro de Soda Stereo. Daniel se había incorporado al seno de trabajo de Soda y con cartel francés en el disco, pero también se había cansado un poco de algunas cosas, de la resistencia que había hacia él. Gustavo tampoco quería seguir luchando por su inclusión, pero no pareció haber habido esta vez una oposición de Zeta y Charly a su participación. Además, en Obras, donde *Dynamo* iba a presentarse, habría una serie de bandas soportes de las que Melero apadrinaba: Martes Menta, Babasónicos, Juana La Loca, Resonantes (el grupo de Flavio Etcheto) y Tía Newton. ¿Habrá sido eso? ¿Ver que Gustavo se adueñaba de la escena que él auspiciaba?

"Daniel Melero no habla de Gustavo", dice Adrián Taverna. Y es lo único que dice este hombre tan locuaz. El problema habría sido un cuaderno de Melero que Gustavo tomó y del cual utilizó párrafos para canciones suyas sin darle crédito de autor. Pero eso sucedió más adelante en el tiempo, y explica el distanciamiento entre Gustavo y Daniel, más no su ausencia en la gira. "Hubo un corte de rostro feroz de parte de la banda del cual Gustavo participó —cuenta Tweety—, y eso fue al toque de *Dynamo*. Era como un ente desestabilizador en un punto, pero más a nivel humano, porque Gustavo hacía campamento solo con él y generaba celos de toda la monada". Es probable que Gustavo no haya querido más discusiones por el tema y que Melero, siendo un tipo sumamente inteligente, haya hecho mutis por el foro. El tema del cuaderno terminaría por poner distancia definitiva entre ambos.

La prensa musical de Buenos Aires cargó mucho las tintas en un supuesto duelo entre lo viejo y lo nuevo, representado por la reunión de Serú Girán en River y los shows de Soda Stereo en Obras, a pocas cuadras de distancia. No había mala onda entre ambos campamentos. Pero lo de Soda fue infinitamente superior a lo de Serú, que contó con innumerables dificultades, y una de ellas era su líder: Charly García atravesaba una de sus tantas fases autodestructivas, pero esta vez arriba del escenario, saboteando lo que pudo ser un concierto hermoso. En Obras, los grupos soportes tuvieron que soportar un poco de hostigamiento por parte de los fans de Soda Stereo, e incluso alguno de ellos dijo a la prensa que "no los cuidaron lo suficiente". Tampoco eran niños de jardín de infantes: eran bandas de rock que quizás no estuvieran listas para un escenario tan importante. Nadie los obligó a participar, pero es difícil decir que no cuando el grupo número uno de la Argentina ofrece su espacio, su infraestructura y una inmejorable posibilidad de exposición.

El show de Soda Stereo fue impecable y el material de *Dynamo* cobró aun mayor volumen trasladado al vivo y hábilmente mezclado con el repertorio viejo. El concierto daba inicio con "En remolinos". "Para mí, esa canción era un festín —dice Adrián Taverna—, sonaba impresionante". Musicalmente todo fluyó, pero la implementación del show de Obras, chocó contra toda clase de problemas. En primer lugar, Gustavo impuso que el que haría la puesta en escena del show sería Sergio Lacroix, un diseñador que venía del underground, con buenas ideas pero muy poca práctica en shows de la envergadura de los que montaba Soda Stereo. "La idea era buena, pero la realización fue pésima", dictamina Sandro Pujía. "No sé de quién fue la idea, pero la planteó Gustavo —dice Taverna—, él quería ir al medio y mandar a Charly Alberti a un costado. Sin tarima. Imaginate cómo le cayó a Charly, que si fuera por él tendría una mansión para la batería. Me acuerdo cuando Gustavo en Vélez le tiró a la mierda el corralito de la batería porque parecía un camionero. Lacroix puso unas telas sobre el escenario que iban hasta la platea, un montaje que a nosotros nos complicaba. El techo de Obras se llovía y todas las telas se mojaron. Al ver las fotos, Charly dijo que quedaba como el culo, que a él no se lo veía. Charly era muy vistoso para tocar, y eso también es algo que no tenían muchos bateristas". Charly Alberti tenía razón esta vez: en las fotos de los shows de *Dynamo* parecía que Soda tocaba sin batería".

¿Una puesta en escena que reflejaba lo que Gustavo pensaba inconscientemente? Seguramente no lo pensó así, pero la propuesta de Lacroix le resultó sensata cuando cualquiera podría haber leído que estaba queriendo borrar a su baterista, con el que siempre tenía conflictos. Los que a partir de aquí se profundizarían.

26

A otra vida

La gira de *Dynamo* fue la más corta de toda la historia de Soda Stereo y es muy difícil encontrar las causas. O tal vez muy fácil. En algún momento de la gira, ya en 1993, Cecilia Amenábar se suma al tour durante un tramo para deleite de Gustavo, que no veía la hora de estar con ella. Previamente, fue a gestionar la autorización de su madre, tarea difícil, pero cuando Gustavo se proponía ser serio y simpático a la vez, lo conseguía. Cecilia se sumó a la gira sin mucho ruido. "No recuerdo cuando apareció —confiesa Daniel Kon—, Zeta y Charly lo sabían antes que yo. Gustavo ya estaba hastiado por la vida que llevaba en Soda y al mismo tiempo muy enamorado de ella, que siempre me resultó agradable y nunca generó ningún inconveniente".

Antes de esto, Gustavo le había confiado sus sentimientos por Cecilia a su jefa de prensa, Analía Gómez.

—Esa niñita me puede —dijo Gustavo, hablando de Cecilia, en un aeropuerto.

—Sí, Gustavo, pero no olvides que esa niñita viene de una familia chilena y exquisita.

—Sí, pero me puede.

Que es algo parecido a lo que alguna vez le dijo Christian Powditch, un chileno amigo de Cecilia, que terminaría siendo muy compinche de Gustavo.

—Mira que a la Cecilia no la sacaste de la puerta de una disco, weón.

No, Gustavo sabía perfectamente que Cecilia era otra cosa.

Christian Powditch conoció a Cecilia, recién en 1989, ya que vivió buena parte de su vida en Buenos Aires, y disfrutó del gran momento del rock en aquella década. Pero no le gustaba Soda Stereo: su banda era Sumo. Había ido a ver Siouxsie & The Banshees y a The Cure en sus presentaciones en Buenos Aires. Cuando regresó a Chile retomó la amistad con Cecilia, de quien era vecino en Vitacura. "A Soda no lo escuchaba en Argentina —cuenta Christian—, y lo jodía a Gustavo con eso; me mostraba temas de *Signos* y me contaba cosas, pero no las conocía: a mí me gustaban Virus y Sumo. Cuando Gustavo empieza a viajar a Chile, Cecilia nos pide a mí y a mi novia que le alquile un departamento en El Bosque, una zona que está entre Providencia y Vitacura. Yo hacía gráfica en aquella época, estaba estudiando arquitectura, hacía fiestas y con Andres Bucci y otro amigo, le fuimos a graffitear el departamento a Cecilia. Ahí comienza a aparecer Gustavo".

Richard Coleman conoce a Cecilia en enero de 1993, cuando Soda toca en el Super Domo de Mar del Plata. Venía de Buenos Aires, rumbo a Pinamar para una fallida reunión de Fricción, y decidió ir a ver a Soda. Llegó a la función del primer día y la conoció luego, cuando fueron a rematar la noche a la discoteca Sobremonte. Ahí Cecilia le preguntó a Gustavo por qué no lo invitaba a tocar. Como Richard no sabía los temas, Gustavo le dijo que fuera a la prueba de sonido y pasaban alguno. "Llegué a la prueba en un estado calamitoso —se ríe Coleman— y toqué con una guitarra que me prestaron y un pedal. Antes de subir hacían como un ritual que era con Miguel Ángel, el gurú de Soda, que los hacía meditar, practicar yoga y les preparaba unas bebidas. Preparó unos tequilas, se fueron a tocar y yo me quedé tomando tequila hasta que llegara mi momento. Subí alcoholizado al escenario y quería subir con algo: no tenía ni mi viola. Entonces agarré un ananá, se lo di a Gustavo, y Barakus me alcanzó la guitarra. Mientras tanto Gustavo se quedó con el ananá en la mano frente al público. Y todos se cagaron de risa". Sería una de las pocas anécdotas divertidas de aquella gira que los llevó a Caracas pocos días después.

"Yo tuve una charla con Gustavo en Caracas —cuenta Taverna—, porque él no quería ir a Caracas. Y eso que logramos quedarnos en el Meliá, pero se aburrió; se tardaba dos horas en llegar a El Cilindro. Hicimos dos shows, que fueron tremendos pese al clima de mierda interno; ellos canalizaban mucho tocando, era como una catarsis y sonaba realmente impresionante".

—No sé qué hacer, Adrián. No quiero seguir con esta situación.

No era que quisiera cortar la gira ni irse con Cecilia: quería separar Soda Stereo. "No quería seguir más con los otros —confirma Taverna—, le dije que en todo caso se tomara un tiempo". En la cabeza de Gustavo se había ido profundizando el conflicto con Soda, y de hecho en esta gira ya no se hablaba con Charly y el clima era tenso por todos lados. Durante la mezcla de *Dynamo* sintió que hizo todo solo, pese a que Zeta era el co-productor y además contaban con la participación de Daniel Melero. Pero la relación con Cecilia influía y mucho. "Ellos hacen un viaje por la costa de Venezuela —cuenta Analía Gómez— y se regalan unas piedras con Cecilia: un ámbar. Y él compra un cuadro que es un mosquito en un ámbar, cuadro que ha tenido muchos años en su living. No sé si era algo que podía compartir con otros en ese momento de Soda Stereo".

A Gustavo ya lo habían desgastado el largo proceso de grabación del disco, la salida de Daniel Melero, el armado y la convocatoria a las bandas de apertura de los shows de *Dynamo* y el conflicto que desató Sergio Lacroix. "Con *Dynamo* —dice Sandro Pujía—, recuperamos la parte de la violencia del rock y arracábamos con todo. Creo que Lacroix no entendió eso y arrancó mal. A la primera reunión vino todo montadísimo, con un look raro, anti rock, como diciendo: yo con ustedes no tengo nada que ver. Y una de las cosas que dijo fue: 'Y lo que no quiero ver más son las dos cosas negras que ponen al lado del escenario que son antiestéticas'. Hablaba de las torres de sonido. Y en esa reunión estaba Adrián en una época bastante demoníaca: si tenía pocas pulgas, ya no quedaba ninguna. Le dio una pequeña clase de audio para explicarle que las dos cosas negras iban a quedar ahí le gustara o no. Y éste salió medio compungido y le fue a llorar a Gustavo de que el staff estaba en su contra".

—Che, ¿qué le hicieron a Sergio? —fue a pedir explicaciones Gustavo.

—Nada, pero quiere sacar el PA (Power Amplification) y le dije que eso no iba a pasar —explicó con tranquilidad Taverna.

—¿Quiere sacar el PA? ¿Está loco? —dijo Gustavo.

—No sé, preguntale: es tu amigo.

También había otro problema, y era que la gira no estaba funcionando bien. No se vendían demasiados tickets. "*Dynamo* fue el nuevo sonido —explica Analía Gómez— y la gente quería escuchar al Soda Stereo que conocía; quería "La ciudad de la furia": no querían lo nuevo. No estaban preparados. Muy de vanguardia, sí, y a veces el mundo está preparado y a veces no". Otras razones tenían que ver con que los fans no conocían el disco porque no estaba editado. Y en este punto, las versiones discrepan. ¿Sony no estaba dando el suficiente apoyo? ¿No lo hacía porque no le gustaba el disco, porque se terminaba el contrato, o porque Soda Stereo ya había firmado con el sello BMG?

"Sony no retiró el apoyo —dice categórico Daniel Kon—; las virtudes y defectos de *Dynamo* son inherentes al disco. Estuvimos todos de acuerdo en firmar con BMG, y todo el mundo sabía que terminaba el contrato con Sony, ya había cierto desgaste con ellos. Las discográficas conocen a un artista de chico, y después no pueden entender que el artista creció y piensa diferente. Y los ejecutivos piensan que son unos desagradecidos. En su momento los de Sony me preguntaron si habíamos firmado con BMG y les dije que no". Pero sí habían firmado y por un millón de dólares. Para saldar ese medio disco pendiente, le ofrecieron a la compañía unos remixes y una canción que había sobrado de *Dynamo*. Nadie podía saber que ese tema, con los años, iría cobrando importancia y hoy es casi un himno: "Zona de promesas".

La canción tuvo un derrotero extraño, porque encabezó un disco de remixes que diagramó Sony, con la idea de transformarlo en un álbum juntando EPs anteriores, en una combinación poco artística. Y el tema también formó parte de un álbum de Fabiana Cantilo. "Yo iba a grabar un nuevo disco —cuenta Fabiana—, que lo iba a producir Gustavo Santaolalla. Como me agarró en la época loca, me mandó un ramo de flores que decía: 'Chau, Fabi. No funcionó'. Ahí surgió la posibilidad que lo produjera Carlos Alomar, entonces fuimos con Fena Della Maggiora a pedirle un tema a Gustavo, y nos dio 'Zona de promesas', porque le pareció que yo lo podía cantar. Es más: le iba a poner ese nombre a mi disco, pero cuando estaba grabando en Nueva York, la Sony le puso *Zona de promesas* a un compilado de Soda y yo nombré al mío *Golpes al vacío*".

La gira por México fue un sufrimiento e incluso después del show de Mexicali, hubo algún tipo de inconveniente por el cual tuvieron que huir del hotel al amparo de las sombras de la noche más profunda. La situación profundizaba la confusión de Gustavo que además percibía que estaban trabajando a una escala menor a la habitual. Entonces decidió ponerle fin. A todo, si era necesario, pero tampoco quería tomar una decisión tan drástica que, sabía, iba a afectar a todo el personal. "Lo de *Dynamo* se complicó porque Gustavo no quiso seguir —dice Daniel Kon—; me llamó a mí y a Zeta a una habitación de hotel y dijo 'no quiero seguir: no doy más'. Había shows que no hicimos, tuve que devolver dinero". Zeta se quedó de una pieza. Kon fue a hablar a solas con Charly Alberti para comunicárselo porque temía que si Gustavo le decía que se bajaba de la gira hubiera una escena de pugilato. El baterista también venía acumulando broncas, pero su temperamento más tranquilo había evitado la explosión. Faltó poco. "Lo curioso era que Gustavo no registraba que se llevaran mal —cuenta Eduardo Bergallo—. Que no hubiera un clima de felicidad en la gira de *Dynamo* no estaba bueno. Cada show era una incógnita, y si estás mal como artista, te escuchás mal o le echás la culpa a alguien. No me gustaba el clima que había. Pero si le preguntabas a Gustavo te respondía: '¿Cómo que nos llevamos mal?', cuando era más que evidente".

El último show de la gira de *Dynamo* se haría en la Universidad Intercontinental de México, pero sucedió algo insólito: un particular se comunicó con la producción y pidió comprar un show privado. Era en una localidad cercana que los Soda no conocían: Ecatepec de Morelos. El lugar se llamaba El Ángel y alguien pensó que sería una discoteca. No. Era una panadería. O, al menos, así quedó registrado como leyenda cuando en tiempos de pandemia, el iluminador Wady Rodríguez rescató la anécdota para redes sociales y la hizo pública.

"Era un cumple de quince de la hija de un panadero —asegura Sandro Pujía—, me acuerdo bien. Un poco me deprimí porque de repente no había más shows y el último era en una panadería. ¡Me pego un tiro! ¡No terminemos así! Llegamos con el equipo, que lo teníamos en camiones, a un barrio y paramos en la puerta de una casa. ¿Dónde está el estadio? ¡Era ahí! Nos abren la puerta y entramos a una casa: al lado estaba la panadería. Fue surrealista: era una casa grande con un gran jardín. ¡Nos equivocamos! No, era ahí. ¿Qué vamos a hacer? Un show. OK, bajemos las cosas. Metimos el escenario en el jardín de una casa, en el contexto de una fiesta de quince. Los padres de la quinceañera nos trataban súper bien, nos traían sanguchitos. Y el show estuvo muy jacarandoso, nos cagábamos de risa, sentíamos muy poca presión. El público estaba más que feliz. Habría cien personas, pero era un cumpleaños. Terminamos el show, nos subimos todos al escenario, descorchamos un champagne, nos abrazamos y al día siguiente nos volvimos a Buenos Aires". "Cuando me dijeron que el show era en el fondo de una panadería pensé que era una broma —cuenta Bergallo—, fue una situación muy rara, en un escenario muy chiquito. Era todo tan bizarro que nadie se animaba a decirles nada a los Soda, que supongo que deben haber llegado recién a la hora del show".

Daniel Kon le baja algunos tonos a la historia. "No fue en una panadería: era un microestadio, que en el frente tenía una panadería. Si era o no el cumpleaños de quince de la hija del hombre que compró el show, no lo sé, pero se vendió a precio regular y además hubo venta de entradas. Nosotros nos divertíamos diciendo que había sido en una panadería, era un lugar bastante precario y humilde comparado con aquellos en los que tocaba Soda, pero era un lugar abierto. La estructura de Soda en aquel momento saltaba si pasaba eso, porque iba la avanzada, veía el lugar, y si no estaba todo bien, veíamos de agregar equipos nosotros o subsanar falencias. Había entrenamiento en Soda, y cosas que no llegaban a pasar. Todo el mundo sabe que hay instancias anteriores, donde se ve el escenario, se decide dónde va todo, se toman medidas. Sí fue el último show de la gira de México, hicimos una foto todos arriba del escenario. Pero no era una panadería, lo que es lindo desde el punto de vista del color. Wady lo publicó, después Flaco Stereo y a partir de ahí salió en todos los medios".

De cualquier modo, en Soda Stereo, el horno no estaba para bollos cuando retornaron a Buenos Aires y se comunicó que iba a haber un impasse de seis meses. "La gira de *Dynamo* fue bastante traumática —confiesa Eduardo Dell'Oro—, porque fue la primera separación de Soda. Todos dijeron que era por seis meses, y sabíamos que no". Mucho menos cuando Gustavo se enteró que Cecilia Amenábar estaba embarazada.

— • —

Laura Cerati y Analía Gómez, ambas con formación psicoanalítica, coinciden en el diagnóstico. "Fue un momento de mi hermano —dice Laura—, en el que murió mi papá, un golpe muy fuerte para él, y creo que sentía que era el tiempo de tener hijos. Aparte por su edad ya era hora; Zeta había tenido varios hijos, yo era madre, mi hermana estaba embarazada. Justo conoció a Cecilia y coincidía con que Chile había sido como el primer amor para Soda: había algo del corazón del país". "Cuando él se casa —explica Analía—, ya había muerto Juan José. Entonces venía la descendencia: es la ley paterna. Creo que Gustavo amó a Belén y a Cecilia, que con ellas hubo construcción feliz, con otras relaciones puede haber habido pasión, diversión, pero no construcción feliz". Cecilia no estaba muy segura, pero Gustavo tenía ganas. Y además la situación de su carrera estaba en pausa.

"Se fue a vivir a Chile —dice Taverna—, y eso sí me sorprendió. No había negociación posible en ese momento, porque Cecilia quería estar con su madre durante el embarazo. Y a Gustavo le comenzaron a gustar cosas de Chile: tenía una tremenda popularidad, era donde menos desapercibido pasaba. Yo estaba viviendo en el garaje de Triple, y antes de irse a Chile vino y se llevó cuarenta compact-discs míos. Vio los de Pescado, que recién se habían editado por primera vez y se llevó esos, los de Color Humano y el doble de Almendra. Discutimos porque era muy descuidado con las cosas".

—Vos me llegás a rayar o a perder un disco y te mato —le dijo Taverna sin contemplaciones.

—Pará, boludo —atinó a defenderse Cerati.

"Los anoté todos y le dije que firmara la hoja, que no sé dónde mierda estará". No fue lo único que se llevó a Chile: también viajaron con él instrumentos y grabadores porque sabía perfectamente que no iba a quedarse solamente en estado de contemplación del crecimiento de la panza de Cecilia. Pero la idea de ser padre era un anhelo que provenía de lo más profundo y pensaba disfrutar el embarazo junto a la que pronto sería su segunda mujer. Pero antes... ¡la fiesta! Gustavo siempre amó las celebraciones y convertiría a esta en algo grande: la familia de Cecilia era muy numerosa, casi un clan, pero Gustavo pensaba por lo menos empatarle con una delegación de amigos a los que les pagó viaje y estadía.

El 25 de junio de 1993, Gustavo Cerati y Cecilia Amenábar contrajeron enlace en la parroquia Sagrada Familia de Santiago de Chile. Él lucía un saco negro con brillos diseñado por el argentino Andrés Baño, y ella toda de blanco con el que fuera el traje de casamiento de su madre. Se la veía melancólica y a él radiante. Ambos hubieran deseado que sus padres estuvieran allí, compartiendo esa felicidad, sobre todo Cecilia. Por el lado de Gustavo asistió toda su familia, sus dos compañeros de Soda Stereo, Adrián Taverna, Sandro Pujía, Eduardo Dell'Oro, Barakus y otros miembros del staff. Invitó a sus dos compañeros de colegio más compinches, y hasta apareció Gabriel Altube. "Con Claudio Giúdice viajamos al casamiento de Gustavo en Chile —cuenta Cristian Avella—, y en el aeropuerto vimos a alguien de pelo largo, rulos y pantalón de cuero: era Gabriel

Altube. Nos dijo que le había hecho caso a Gustavo que le había dicho que si quería tocar la batería tenía que estudiar. Y en un momento del casamiento, se sentó en la batería cuando Zeta se quedó tocando el bajo. Tocaba lindo, pero no entendía demasiado porque hacía algo medio jazzero".

Eso fue cuando terminó el show de Soda Stereo, una reunión festiva y con alta graduación alcohólica. "No solo tocaron absolutamente borrachos —confirma Taverna—, sino que todos estábamos hasta las pelotas. De Argentina fuimos como ochenta y todos al Hyatt de Santiago. Yo tenía una habitación con alguien". Su compañero esa noche fue Sandro Pujía. También estuvo Alejandra Boquete, la histórica maquilladora de Soda Stereo, y cuando se hizo la repartija de lugares la pusieron junto a Adrián: hacía muchos años que estaban separados, pero siempre mantuvieron una buena relación. "Cuando llegamos al hotel —retoma Taverna—, Gustavo nos estaba esperando a Barakus y a mí para armar todo en el salón. Me había dicho que iba a haber un escenario y se iba a tocar... ¡pero quería probar sonido! Estuvimos un par de horas largas decidiendo dónde armar, no había nadie para la producción de un casamiento gigante: tuvimos que buscar un lugar, lidiando con los mozos".

"Ese casamiento fue apoteótico —asegura Eduardo Dell'Oro—, tocaron con un pedo atroz, no se acordaban ni de las canciones ni de las que ya habían tocado".

—¿Tocamos "Persiana americana"?

—¡La tocamos recién!

—No importa, ¡va de nuevo!

El empresario Luis Venegas fue uno de los escasos invitados chilenos por fuera de la familia de Cecilia y los amigos de ella, y lo invitó Gustavo especialmente. "La fiesta fue en el Club de Polo de Vitacura —cuenta Luis—, que es lo más exclusivo de Chile; un lugar muy de la clase alta de la sociedad chilena, muy tradicional. Habrá habido trescientas o cuatrocientas personas esa noche. Tocaron los tres, muy borrachos, sobre todo Gustavo, pero se lo veía muy feliz". "Fue un fiestón increíble —cree recordar Sandro Pujía—, alto generador de anécdotas. Los chilenos estaban horrorizados con los amigos del esposo de la nena. En ese contexto, éramos una calamidad: una banda de forajidos borrachos, drogados y gritando". "Yo fui el DJ esa noche —dice Cristian Powditch—, y nunca más hubo un casamiento en ese club con el desastre que ocasionamos. Ahí conocí a todo el grupete argentino y me cagué de risa con ellos".

Pero no todas fueron carcajadas. "La pica entre argentinos y chilenos salió a la luz —explica Adrián—, y casi terminamos a las trompadas. Nos empezamos a hacer chistes mutuamente y casi pasa a mayores, cuando ya casi había amanecido y quedábamos los peores. Nosotros juntando los instrumentos, sin saco, sin corbata y ahí hubo un intercambio de piñas, pero muy menor". "¡Lo que fue esa vuelta! —junta las manos y mira al cielo Sandro—; Adrián y yo teníamos un vuelo a la mañana muy temprano y llegamos a hacer el check-in en un estado muy deplorable. Debemos haber asustado a las chicas que atendían".

—¿Ustedes vienen del casamiento?

—Sí.

—¿Quieren que los pase a primera?

—Sí, por favor.

"Y nos tiraron en dos de esos asientos grandotes. No podíamos más".

— • —

"No me sorprendió que eligiera a Cecilia —dice Eduardo Capilla, que también fue al casamiento—; Gustavo siempre se quiso casar. Creo que es por la conjunción de esos padres que él tuvo, porque Lillian es una persona hermosa, y a Juan José lo criticaban porque era difícil con el dinero, pero era maravilloso también. Afilado en sus objetivos, pero a la vez muy jodón y festivo. Gustavo era un romántico: quería tener un hogar, una familia y se enamoró terriblemente de Cecilia, que era la diosa *number one* del mundo".

Los días transcurrían apacibles en el departamento de El Bosque. Cecilia estudiaba y cuidaba de su embarazo, y Gustavo comenzó a montarse un pequeño estudio de grabación frente a una pared, el que se fue extendiendo como una planta salvaje hasta tomar todo el living y parte del comedor también. Puede que estuviera harto de Soda, pero jamás de la música. Cecilia tenía una veta artística y musical, y además de esposa fue confidente en esa suerte de juego paralelo que entablaron. Porque mientras ella incubaba al bebé, Gustavo comenzó a darle forma a un disco. El concepto fue el ámbar, ese que encontraron en Venezuela. El ámbar era también el color del líquido amniótico donde se iba gestando el primer hijo de Gustavo y Cecilia. La idea tenía romanticismo y pureza: era su modo de manifestar la emoción de ser padre. En el Estudio Ámbar se gestó Amor Amarillo, su primer disco solista, que hizo más por impulso que con la idea de comenzar una carrera solista.

Otro concepto rector del disco fue *Artaud*, de Pescado Rabioso, o mejor dicho, de Luis Alberto Spinetta. A Gustavo no solo le encantaba ese disco sino la idea de que Luis lo hubiera compuesto y grabado prácticamente solo, apartado del resto de Pescado Rabioso. Esa idea de intimidad y privacidad. Poco podía saber él del paralelo que había entre ambos, porque Spinetta también compuso *Artaud* en una habitación con Patricia Zalazar al lado; ella no estaba embarazada, pero se estaban descubriendo el uno al otro. Y Patricia participaba igual que lo haría Cecilia. Ninguna de las dos era Yoko Ono, que copaba el proyecto de John Lennon y exigía la igualdad. Sus aportes eran sutiles, requeridos y bienvenidos. Es por eso que el único tema ajeno a la autoría de Gustavo es "Bajan", canción que ha tocado en el San Román, en su vieja casa de Heredia o en la plaza 25 de Agosto. Era un poco su conexión con el adolescente, que afloraba frente a la aventura de ser padre.

Una de las primeras canciones salió de una idea que Gustavo tuvo al escuchar una frase en un parque de diversiones de Venezuela: "Yo te llevo, tú me llevas". Y como estaba con Cecilia, fue natural que la invitara a cantar algunas estrofas de "Te llevo para que me lleves", y de hecho ella canta primero. Hay quienes creen que "Lisa" es una canción que hizo creyendo que su primer descendiente sería mujer, pero en realidad se refiere a las lizas, unos peces de aguas tropicales. Y también está emparentada con una vieja canción de los inicios de Soda que decía: "Lisa, servida en bandeja de metal". De acuerdo con Gustavo, también tiene influencia de Spinetta: la de "Durazno sangrando". Pero al establecer su geografía oceánica fue imposible que Gustavo se restringiera de bucear metafóricamente, y de su búsqueda enciclopédica surge lo de la fauna abisal, que habita los fondos de los océanos y donde mora el ceratoide; fue un dato que le pasó la fotógraba Gaby Herbstein: un pez espeluznante que parecería tener un snorkel que en verdad oficia de señuelo, para atraer víctimas y engullirlas.

Al tiempo que se iba dando este proceso de bocetos de canciones, Gustavo compraba libros de padres primerizos y trataba de prepararse para cuando llegara el momento del nacimiento de Benito, nombre decidido a último momento pero pensado desde el comienzo. Nuevamente una vuelta a la infancia: Gustavo pensaba nombres de series o dibujos animados que veía por televisión cuando era chico. Es por eso que durante un tiempo barajó Saturnino, no por su connotación espacial, ni por el aire triste que puede tener una persona (producto de intoxicación con plomo), sino por un pato protagonista de una serie francesa de animales[42]. Pero siguiendo la línea, recordó a Don Gato y su Pandilla, cuyo integrante más simpático era el felino más chiquito, llamado Benito. Ni Demóstenes, ni Cucho, ni Panza hubieran sido apropiados.

Jugando con un arpegio en su guitarra, Gustavo descubrió uno que le recordaba a "Because" de Los Beatles; estaba con los auriculares puestos y la distorsión al máximo. Pero no podía reproducir las múltiples armonías de los de Liverpool y tampoco era su idea, pero cantó una nota que desembocó en la "A" de la primera palabra de "Amor amarillo". La situación de inminente paternidad fue llevando la canción hacia su costa natural. ¿Qué más amarillo que el sol? ¿Qué otra cosa da más vida que el sol? ¿Qué situación más única que la paternidad? Los samples de su MPC 60 también fueron de invalorable ayuda. Hacía tiempo que Gustavo había aprendido a escuchar los retazos sueltos

42 En inglés era *Dynamo Duck*.

de una canción para poder samplearlos, y la idea de salir de cacería de "posibles samples" era una buena oportunidad para comprar discos. La dificultad de combinar dos samples era la ocurrencia, la idea: la asociación feliz que produjera una buena combinación. Todo eso se sintetiza en "Pulsar", tal vez el tema clave de *Amor Amarillo*, que combina samplers, música electrónica, dance y rock en casi cinco minutos hipnóticos en donde una percusión obtenida de un disco de rap ("Microphone Poet" de Rob N' Raz) se entrelaza felizmente con la introducción de "Sirius" de Alan Parsons Project. En una ecografía, Gustavo registró los latidos del corazón de Benito, los mezcló con el sonido de un géiser en ebullición y de ahí habría obtenidos ciertos "bombos" para "Pulsar", que explota con un solo de guitarra colosal, enterrado en la mezcla como un tesoro. Los latidos se escuchan más claramente cerrando "Te llevo para que me lleves".

"Avenida Alcorta" funde geografías porteñas y santiaguinas. Su departamento quedaba en la avenida Figueroa Alcorta y en Santiago de Chile está la avenida Providencia, que muere en la estación del metro Tobalaba, a pasos del departamento que Cecilia y Gustavo habitaban. En ese tema, Cerati decía que lo importante era que estuvieran juntos, fuera en El Bosque, Providencia, en Alcorta y Basavilbaso en Buenos Aires; o en Algeciras y Martín de Zamora en Las Condes, adonde se mudarían al tiempo de nacer Benito, cosa que hizo el 26 de noviembre de 1993. Casi en simultáneo con *Amor Amarillo.* Puntual, como su papá, que lo recibió con mucha alegría.

27

Mal de alturas

A *Amor Amarillo* le faltaba un toque de incubadora para estar verdaderamente listo. Gustavo sabía que debía entrar a un estudio, que sus máquinas le dieron todo lo que podían darle. Por eso mismo viajó a Buenos Aires para terminarlo en Supersónico. Pero había algo más: necesitaba compinches, gente que le devolviera el balón. Durante un tiempo fue Cecilia ese frontón, pero con el avance del embarazo de Benito y del disco en simultáneo, le quedó claro que necesitaba algo más profesional. Pronto corrió la voz en el estudio de que Gustavo llegaría pronto para hacer un disco... solista. Y en ese contexto, nada fue más sorprendente que la convocatoria a Zeta Bosio para que lo ayudara en calidad de co-productor. Para el bajista era un sentimiento mezclado; no dejaba de ser un halago, un mimo, pero tampoco era que Soda Stereo se volvía a poner en marcha. Junto con Daniel Kon había intentado mantener los motores de Supersónico encendidos. En 1992 había producido a Aguirre, la banda de Marcelo Moura y Mario Serra, ex miembros de Virus, y en 1993 a un grupo emergente de La Plata: Peligrosos Gorriones. Gustavo también llamó a Tweety González como consultor de audio.

"Había un gesto que Gustavo hacía mucho —dice Tweety—, que era mirar la cara de los colaboradores en momentos especiales de las canciones, a ver qué recibía. Fuera Zeta, Melero o yo, Gustavo siempre se sentía cómodo con un co-equiper que le confirmara si iba por buen camino, o con quien compartir la alegría que sucede en un momento de creación. Una fórmula que definiría como un poco de acompañamiento terapéutico emocional, más 'haceme la gamba' como gesto de amistad, más la que sea tu especialidad". La de Tweety era el audio y hubo cosas que pudo barnizar y otras que no. "Las baterías eran inmejorables; eran imbatibles y él estaba muy orgulloso de eso. Spinetta era otro tipo que programaba muy bien baterías. La idea original era que las baterías programadas fueran reemplazadas por baterías de verdad tocadas por Daniel Colombres, que a él le gustaba como tocaba y al ser baterista de Fito Páez yo tenía contacto con él. Pero sonaban tan bien con la MPC que quedaron así. Fue un demo-disco, tenía esa frescura de portaestudio de ocho canales".

Pero el tema "Amor amarillo" ganó muchísimo cuando Zeta le puso su bajo; su don melódico le incrementó el gen beatle. En cambio, "A merced", quedó con el bajo que había tocado Cecilia; su amateurismo le daba un toque minimalista que ningún bajista profesional podría haber logrado. El álbum casi no tenía puntos flojos: "Rombos (un cuarto lleno de rombos)" tenía que ver con una pesadilla recurrente que atormentaba a Gustavo desde chico y por eso posee esa atmósfera de agobio; además era un descarte de *Colores Santos*. "Torteval" era un experimento electrónico con una viola sampleada de un disco de Rufus & Chaka Khan. *Amor Amarillo* no tuvo problemas con las autorías; salvo la de "Ahora es nunca" que compartió con Cecilia y el tema de Pescado Rabioso, todas pertenecieron a Cerati. Hasta Zeta expresó una mejoría porque recibió crédito y paga por su trabajo de co-productor, que en Soda Stereo jamás se le había reconocido. "Fue fundamental el trabajo de Zeta en el disco —opina Eduardo Capilla—, porque lo puso como a tierra: hizo que fuera un disco posible. Era muy loco, y Zeta lo hizo más accesible. Gustavo siempre fue muy pragmático y práctico, pero la mirada de Zeta le hizo bien". "Ese año todo quedó en stand-by —recuerda Nicolás Nóbile—, menos Barakus y Bergallo. Creo que *Amor Amarillo* tuvo cierta cosa de romanticismo, de extrañar a Soda en algún aspecto y lo llamó a Zeta, quizás para decirle que no estaba tan enojado. Al menos con él".

Y no, no era con él la cosa: fue con Charly Alberti. Hubo una tensión muy grande ahí y más que separar a Soda Stereo, Gustavo evaluó la posibilidad de cambiar de baterista, pero también supo que Zeta no iba a aceptarlo. Lo dijo en voz alta frente a terceros, y quizás haya sido fruto de un enojo. O tal vez lo haya pensado más tranquilo y llegado a la conclusión que el remedio podía ser peor que la enfermedad. Mientras tanto, ajeno a todo esto, Charly Alberti disfrutaba de su noviazgo con una modelo muy cotizada: Déborah de Corral. "Gustavo vino a mezclar el disco a Supersónico y lo llama a Zeta, pero no habla con Charly: no lo ve —cuenta Adrián Taverna—. Estaba absolutamente todo mal. A Zeta lo llama para ver qué sentía él, qué le pasaba, pero Zeta estaba bastante enojado y no se sabía qué iba a pasar. Por lo pronto, hicieron ese disco".

Había otro tema: el contrato con BMG. ¿Cómo tomaría la nueva discográfica que el primer producto que se le ofreciera no fuera un álbum de Soda Stereo? De eso se encargó Daniel Kon. "Hicimos un almuerzo con Gustavo en Edelweiss y le contamos del disco a Enrique Pérez Fogwill, director de marketing, y a Luis D'artagnan Sarmiento, director artístico. Y le encontramos la vuelta. Por ahí en Sony hubiera sido un quilombo, pero en BMG éramos nuevos y estábamos estrenando una relación". El primer día de noviembre de 1993, *Amor Amarillo* vio la luz; unos pocos días más tarde lo haría Benito Cerati Amenábar. Gustavo sabía que la verdadera creación estaba allí. *Amor Amarillo* tuvo un bajo perfil, tal vez un poco por inseguridad de Cerati, de no querer lanzarse a una carrera solista que pudiera dañar los fragmentos de Soda Stereo. No quiso armar una banda para presentarlo y finalmente decidió hacer un show único en FM 100, ante pocos fans y con la ayuda de Zeta y Flavio Etcheto en calidad de guitarrista. La portada del disco tampoco revelaba mucho: era toda amarilla, dividida en dos tonalidades y en el medio un círculo blanco, una gran idea de Gabriela Malerba y Alejandro Ros, que venían trabajando en el arte de Soda Stereo desde *Rex Mix*. Con el show en la radio el 15 de abril de 1994, Gustavo dio por cerrada la etapa de *Amor Amarillo.* Y comenzó a calcular los pasos para reactivar a Soda Stereo.

¿No es que quería cambiar de baterista hasta no hacía demasiado tiempo? "Había encontronazos entre Gustavo y Charly —confirma Daniel Kon—, pero eran puteadas familiares casi como las de un hermano mayor a un hermano menor. Y si Gustavo dijo eso fue por un enojo, pero no por una cuestión musical ni de dinero". Quizás el tema monetario no tallara, pero la cuestión musical era candente y ante cada mínimo error de Charly, Gustavo se lo hacía notar y a veces de la peor manera. Pero el tiempo pasó, hubo mucha distancia entre ellos y el infierno bajó al mínimo. Gustavo también era consciente de los gastos de una estructura ociosa y no le gustó nada ver un día a Gustavo Cordera, cantante de Bersuit Vergarabat, por la sala de la calle Naón. Habían alquilado algunas horas de estudio en Supersónico para grabar su segundo disco, *Asquerosa Alegría*, junto a Tweety González como productor. Todavía no eran una banda exitosa, pero de algún modo representaban a ese rock callejero, demagógico y pedestre que se ubicaba en la vereda de enfrente de Soda Stereo.

"A Gustavo nunca le cayó bien Cordera —afirma Taverna—, pero había una situación: yo como mánager del estudio tenía que hacerlo trabajar, entonces también grabaron Rata Blanca, Attaque 77, Illya Kuryaki & The Valderramas. Lo peor de todo es que Daniel Kon había contratado a Bersuit como artistas de Triple desconociendo que a Gustavo no le gustaba Cordera". Todo eso pasaba a segundo plano si Soda Stereo se reactivaba. Desde que Gustavo dejó la gira en México, pasaron muchas cosas mayores, entre ellas su casamiento y su paternidad. Benito era chico pero Gustavo sintió que ya podía encarar un movimiento como el de una reunión tripartita para ver si le ponían punto final a Soda Stereo o si le daban la chance de una vuelta más. Se reunieron en un lugar emblemático: la sala de ensayo de Charly Alberti, donde comenzaron. Una vuelta a las raíces, de alguna manera. Ahí a puertas cerradas se hicieron los reproches correspondientes, los viejos conflictos no zanjados: el reparto del dinero, el de las autorías y sobre todo la larga pausa que desembocó en *Amor Amarillo*, donde Charly no participaba. Pero por temperamento, la voz cantante en ese diálogo era la de Zeta, que no podía decir demasiado ya que había co-producido ese álbum. Charly nunca fue una persona conflictiva, y siempre prefirió tragarse las cosas antes que expresarlas. Lo que no quiere decir que fuera sumiso. De esa charla en mayo de 1994 salió la idea de recuperar el tiempo perdido y comenzar a delinear un nuevo disco. Gustavo fue claro: si querían derechos de autor tenían que componer, o al menos traer algo con lo que él pudiera trabajar. Y además quitarle peso porque todas las responsabilidades de Soda Stereo las asumía siempre él.

Lentamente comenzaron a converger en Supersónico, dependiendo de los tiempos de Gustavo, que vivía en Chile, hasta que la vida se les puso negra y los dejó absolutamente congelados en un hecho que nadie hubiera podido prever. Así son las desgracias, y el rayo golpeó con su mayor furia sobre Zeta y su mujer Silvina: en un accidente automovilístico perdieron a su hijo Tobías y casi pierden también a Simón. En ese clásico pool de padres que se turnan para llevar a los chicos al colegio, el lunes 4 de julio de 1994, la madre de un compañerito conducía un auto que fue embestido por un colectivo. Al bajar para ver qué había pasado, discutió con el chofer del otro rodado sin darse cuenta que el suyo se estaba prendiendo fuego con los chicos atrapados. Hubo dos explosiones y lograron extraer a tiempo a Simón del auto, pero no a Tobías. Zeta recibió la noticia mientras hacía un poco de entrenamiento para ponerse en forma. Tanto él como Silvina quedaron destrozados, y a la vez tuvieron que hacer gala de una entereza formidable porque Simón los necesitaba: estaba muy comprometido, por el humo ingerido y sus terribles quemaduras. Fue una tragedia de unas proporciones descomunales que abroqueló al mundo Soda en torno a Zeta durante un largo tiempo en el Hospital Garrahan, adonde Simón fue trasladado.

"El accidente los reunió de diversas maneras —dice Daniel Kon—, al menos a las familias. A mí, en lo personal, me resultó estremecedor. Estaba mirando un partido del mundial cuando me llamó Zeta para contarme que había muerto Tobías y que estaba en el hospital de San Isidro con Simón. Llamé a Pepo y salimos para allá, llegamos primero. Tuve que ir a buscar el cuerpo de Tobías, hablar con los hospitales, la policía, abogados, mientras trasladaban a Simón al Hospital Garrahan, donde se reunió todo el mundo Soda". "Gustavo se acercó a Zeta —cuenta Eduardo Dell'Oro—, Charly se acercó a Zeta: todos nos acercamos a él, porque es una situación que va más allá de cualquier cosa. Gustavo era un tipo que tiraba para arriba, y eso tira para abajo a todo el mundo. Era tan desgarrador todo lo que estaba pasando; teníamos chicos chiquitos: mi hija tenía la misma edad de Tobías. Yo había estado en la casa de Zeta el día anterior al accidente. Marcelo Angiolini también. Eso fue trágico para la banda".

Al que nadie sabía cómo comunicarle la noticia y tuvo que deducirla fue a Adrián Taverna, que se reintegraba a Triple después de unas largas "vacaciones". "Yo había estado internado en el campo por drogas durante tres meses —explica Adrián—. Ese lunes fui al estudio y no había nadie. Y empieza a caer gente, entre ellos Peluca Goldsack, que estaba con Los Siete Delfines. Llegué todo contento y vi a todo el mundo con cara de culo. No sabían cómo decirme, porque no había tenido contacto con nadie por tres meses. Y ese accidente cambió todo. El dolor de esa situación fue inmenso, uno de los días más tristes de mi vida. Gustavo vino de Chile y tuvo una actitud acorde, además era papá reciente. Fue un momento terrible, y creo que hizo que Gustavo se replanteara todo, porque hasta donde yo sabía él no quería volver con Soda. Pero el clima que había antes del accidente había sido complicado, no estaba bien la cosa. Era como pegar los pedazos de un jarrón roto: no queda igual".

Nadie fue el mismo después de ese accidente, que además generó una grieta irreparable entre Zeta y Gustavo, que a los cinco días viajó a Machu Picchu. Zeta necesitaba a su amigo al lado. Ya Simón había comenzado a revertir su período más crítico, un hecho en el orden de los milagros porque la materia tóxica que cubría los pulmones de Simón había comenzado a retroceder. Pero el camino de recuperación de él y sus padres no había hecho otra cosa que comenzar.

— • —

La internación de Simón en el Garrahan duró un mes, pero salió del hospital con tratamientos y protocolos estrictos, porque había recuperado sus pulmones pero su piel requería unos cuidados muy especiales. Y a todo eso hay que agregar el componente psicológico que afectaba a sus padres y a él también, que tarde o temprano tendría que saber que su hermano había muerto en el accidente. Al poco tiempo de su regreso de Machu Picchu, y al ver que lo peor había pasado, Gustavo quiso apurar el proyecto del nuevo disco de Soda Stereo. ¿Insensiblidad de su parte? ¿O deseo de arrancar a su amigo de la depresión mediante la música y el trabajo? Lo cierto es que Zeta no estaba para nada listo, ni lo estaría por un buen tiempo. "Fue una situación compleja —analiza hoy Laura Cerati—; cuando muere el hijo de Zeta, Gustavo estaba en Chile. Y sé positivamente que quería terminar con Soda, pero el accidente fue tremendo. Tal vez Zeta esperaba más de él desde la amistad, y no sé si Gus hizo todo lo que tendría que haber hecho, no quiero juzgar eso. Pero seguro que la situación lo puso ansioso y precipitó su idea de ponerse a trabajar, como algo hasta terapéutico. Gustavo hizo una maniobra distinta en función de lo que estaba pasando, y creo que Soda no terminó ahí porque hubiera sido demasiado".

"No me consta que Gustavo haya apurado las cosas —asegura Taverna—. Todo lo contrario, nadie apuró nada y de eso estoy seguro. Gustavo volvió a Chile, tenía armada su vida allá y compró una casa en el lago Vichuquén. Lo que Gustavo sí tenía claro era que quería hacer un disco y tenía muchos temas, y como mayor rareza, temas con letra. Pero nadie apuró a Zeta. Tengo muy presente que se le dijo 'tomate el tiempo que quieras'". Nicolás Nóbile observó todo desde otra perspectiva. "Esa mañana fue muy difícil y terrible —dice—, y no sé qué le pasó a Gustavo después, y eso que lo conocí mucho y sé cuáles eran sus sensibilidades. Zeta pidió un tiempo de duelo y Gustavo no accedió, creyendo que estaba bien para que Zeta saliera adelante. Creo que lo puso entre la espada y la pared en el peor momento de su vida, y ahí Zeta dijo: 'Ya no es más mi amigo'. Tardó muchos años en volver a valorarlo, pero no desde el mismo lugar. Creo que Gustavo debió haber aceptado la situación, al igual que se aceptó parar el tiempo que quisiera cuando se fue a Chile".

"Hablo con una mano en el corazón —dice Pepo Ferradas—. Fue un momento raro; estaba claro que Gustavo quería volver rápido después del fallecimiento de Tobías que fue un golpe para todos, más que nadie para Zeta y su familia. Cuando Gustavo tuvo sus hijos se demoraba *in eternum* cualquier acción. Pero así como digo esto, nunca vi en Gustavo un gesto de maldad o que no le importara. Teníamos treinta pero éramos todos adolescentes y había situaciones que no sabíamos manejar. Lo juzgamos desde un lugar: quiere volver rápido cuando después se toma su tiempo. Pero nunca Gustavo me dijo a mí o a Daniel que no le importaba. Creo que también tiene que ver con que los hombres no sabemos cómo manifestar gestos de apoyo, no tenemos ese manejo. Y este era un grupo muy de muchachos".

— • —

La amistad entre Gustavo y Christian Powditch comenzó a solidificarse en 1994. "Enganchamos por un disco que le hice escuchar: *Every Man And Woman Is A Star* de Ultramarine. Un par de semanas más tarde me vuelvo a encontrar con Gustavo acá en Chile y me trae de regalo todos los discos de Ultramarine que encontró en un viaje. Así empezamos. Yo estudiaba arquitectura pero era DJ y ponía música. Gustavo empezó a venir a las fiestas de Barracuda, un colectivo donde había DJs, músicos, pintores. Fueron las primeras raves en Chile. Gustavo era una persona con una cultura importante, sobre todo en el arte. Y Andrés Bucci y yo le empezamos a interesar porque además de escuchar estas cosas raras como LFO, Shamen o The Orb, después escuchábamos Tyrannosaurus Rex, ni siquiera T. Rex. Y en esos años me empecé a juntar con Hugo Chávez que puso una disquería en Chile, *Background*, que tenía un sótano donde hacíamos fiestas". Cerati ya estaba familiarizado con la electrónica, pero en sus años chilenos profundizó en el género y eso fue importante para lo próximo que haría con Soda Stereo. Zeta estuvo de acuerdo, y Charly fue el pionero electrónico en Soda gracias a su interés por las computadoras, su afinidad a las máquinas y su posterior vinculación con el mundo digital, cuando Internet haga su irrupción inclaudicable e irreversible en el planeta. El nuevo trabajo de Soda Stereo tendría la inevitable influencia de la electrónica, pero no por ello entregaría la colina de la canción.

Eduardo Bergallo tuvo la responsabilidad de comandar el timón de la consola por primera vez con Soda Stereo. Ya había grabado *Colores Santos* y llevaba varias giras como monitorista del grupo: era un hombre de confianza. "Teníamos un lugar donde podíamos grabar bien, y pasar mucho tiempo —comienza Bergallo—. Parte de la acústica del lugar la aprovechamos para hacer un diferencial en el sonido. Soda siempre era de los samples, del sonido perfecto, y cuando me tocó grabar a mí, lo primero que trabajamos fue la batería de Charly, una Remo que no tenía un sonidazo, pero aprovechando la pared de ladrillos que había se le dio otro sonido. Y por eso este disco suena distinto a lo que venían haciendo".

Soda volvió a trabajar en enero de 1995 en Supersónico tomando cosas que Gustavo ya traía medianamente desarrolladas y con material que comenzó a surgir espontáneamente. Uno de los temas que Cerati trajo de Chile a medio terminar estaba basado en un loop circular que muchos asociaron a Kiss, más precisamente al simple solista de Ace Frehley: "New York Groove", pero en realidad Gustavo tomó el sample de una banda glam tardía llamada Hello, que hizo la versión original de la canción compuesta por Russ Ballard[43] y lo mezcló con el único

43 Russ Ballard fue el guitarrista y cantante del grupo Argent, creación de Rod Argent, tecladista de The Zombies. Ballard se desarrolló como compositor y escribió canciones que fueron exitosas para Kiss, las dos cantantes femeninas de ABBA, America, Santana, Roger Daltrey, Hello y Ace Frehley.

número uno de una de las bandas más exóticas y exquisitas de la historia: Sparks, a cuyo "This Town Ain't Big Enough For Both Of Us" le enlenteció los pianos. Ese sample conjunto derivaría en "Zoom". Era un hit hecho y derecho, sobre todo cuando Gustavo le agregó una guitarra al estilo de George Harrison. Charly Alberti le dio un ritmo marchoso y alegre.

Tratando de evitar roces y conflictos, Soda Stereo trabajó en Supersónico casi sin que se notara que intentaban crear un disco; hubo accidentes naturales que se dan cuando tres que se conocen mucho se liberan de la presión y simplemente tocan, sin demasiada dirección, como si se tratara de un ejercicio, intentando capturar lo que vaya surgiendo. Y aparecieron cosas. La creación de "Paseando por Roma" fue tan natural que pensaron que era como la representación más concreta de una canción de Soda Stereo; los preocupaba encontrar el equilibrio entre la evolución y la continuidad de una banda que ya había tenido un momento de quiebre sonoro con *Dynamo*, y también un momento de crisis durante 1993. Tenían que reconfigurarse y no lo estaban haciendo nada mal. "Fue como revisitar su carrera en un punto —dice Taverna—, al revés de lo que hicieron siempre. Fue un proceso raro, usaron muchas horas, no había una línea definida pero empezó a haber cosas que sonaban a Soda. Se sentía un clima raro y especial, pero era un efecto buscado porque era como el renacimiento de Soda: el grupo estaba muerto. Fue como una refundación: somos esto".

La sensación se reafirmaba en temas como "Disco eterno", una canción mid-tempo, a la que nombraron así porque era larga (casi seis minutos), y que en su letra contenía lo que fue el título del álbum: *Sueño Stereo*. "Pasos" fue mucho más simple y directo; una canción casi acústica que Gustavo revistió con algunas intervenciones electrónicas, al igual que la deliciosa "Crema de estrellas". "Había mucho desarrollo musical —explica Bergallo—; si analizás las canciones de Gus, tenían un minuto de introducción, hay mucha música ahí. Él disfrutaba más la música que las letras, y eso que las que hacía eran buenísimas: frases muy sugestivas a las que vos podés darle tu interpretación. Pero él disfrutaba lo musical y le ponía la energía a eso a fondo, y luego se proponía calcar fonéticamente lo que había estado murmurando. Cantaba cualquier cosa y luego buscaba las palabras y si ponía determinada palabra es porque era musical y creo que ese es gran parte el secreto que tuvo Soda al hacer rock en castellano: que no quedara ni argentino ni fuera de lugar".

Solos en Supersónico, acompañados del otro lado del vidrio del estudio por Bergallo y Taverna, los tres miembros de Soda trataban de volver a aprender el arte de tocar juntos. "Se empiezan a juntar en la sala —cuenta Adrián— y el asunto fue empezar a tocar, a zapar. No se pusieron a tocar los temas de Soda, hacía tiempo que no agarraban el instrumento; se pusieron a buscar sonidos, probar aparatos y grabamos todo en un DAT para tener una referencia, para acordarse de ideas, de cosas. Y empezó a haber una situación".

En realidad, comenzó a haber un disco. Todavía estaban lejos. Pero ya en camino.

28

Cae la frecuencia

Eran tres chicos en su casa, con sus juguetes, intentando alguna combinación que les permitiera un juego grupal. La electrónica fue un modo de romper el hielo, pero hacia el final se vería que lo que más podía conectarlos serían las improvisaciones de a tres: allí residía la fuerza, que estaba casi intacta, esperándolos en el *groove* pesado de "Disco eterno"; en la hipnosis corrosiva de "Ángel eléctrico" y en la naturalidad de "Paseando por Roma", que parecía la canción que podría darles cierto impacto popular. Soda Stereo no quería perder el espíritu de una banda que podía cambiar de disco a disco sin salirse de su eje. Ni tampoco dejar de ser un grupo con hits claros y contundentes: también formaba parte de lo que eran. Eso los preocupaba pero era un fantasma que solo habitaba en sus mentes a tal punto que les impedía ver que "Zoom" era un éxito claro.

Un dato que le pasaron a Gustavo le abrió las puertas al duende loco que solucionaría la idea de las cuerdas: Alejandro Terán. En los tiempos en que la modernidad bonaerense se daba cita en el ICI (Instituto de Cooperación Iberoamericana), Terán dio un concierto desconcertante con una loca orquesta que había armado llamada Mulo, "porque era el máximo híbrido posible". Cuando Gustavo se enteró de esa orquesta tan extraña, llamó a Terán sin dudarlo. Fue una compra llave en mano porque Terán llegó, le hicieron escuchar los temas y le encargaron los arreglos de cuerdas sin instrucciones. "Gustavo jamás te daba una consigna sobre lo que quería que vos hicieras —cuenta Terán—. Gustavo disfrutaba de tu proceso creativo como alguien que se ríe del otro cuando se cae. Tenía un carácter muy luminoso. Si le gustaba la persona en la que delegaba, se dedicaba, con una sonrisa, a verte manotear en el lío que te había metido".

Una de las canciones que recibió tratamiento de cuerdas fue una construcción cuyos cimientos eran una base creada en torno a un sample de Echo & The Bunnymen, del cual Gustavo extrajo una batería: "Efecto Doppler", que llegó a la grabación de las cuerdas que se hicieron en el estudio Moebio en una sola jornada, con un arreglo... y salió con otro. "Hay una parte al final —revela Terán— que es una puerta del estudio que todo el tiempo hacía ruido en la sesión; es una parte solamente de cuarteto. Gustavo abrió la puerta, grabamos el ruido y tocamos ese ruido con las cuerdas. No se planeó: salió ahí". Quizás lo más ingenioso de la canción sea su letra, pero para entender eso hace falta un especialista. Alberto Della Morte, compañero de Gustavo en el San Roque, es licenciado en química y la persona exacta para la explicación. "El famoso 'efecto Doppler' es la sirena de una ambulancia que cuando viene es aguda y cuando se aleja se hace grave. Cuando el objeto se aleja, la frecuencia decae: con el amor pasa lo mismo. En sus letras, Gustavo vincula fenómenos físicos y astrales y los mezcla con el lenguaje del amor; se mete en los entresijos del romance, en la melancolía, en el punto en que la relación no está clara. ¿Cómo se le ocurrió eso si él no estudió física? Gustavo se interesaba por los temas, no era superficial. Lo mismo que el concepto del árbol color sodio, de 'Ángel eléctrico', o lo del ph de tu saliva de 'Crema de estrellas'. Gustavo desde el secundario fue alguien con criterio, inteligente y con inquietudes".

Mucho antes del inicio de la grabación de *Sueño Stereo*, Gustavo se interesó por la salud de Adrián Taverna, que había vuelto muy bien de su internación voluntaria en un centro de salud naturista. "Él vio que yo había vuelto cambiado de ese lugar —cuenta Adrián—, y me preguntó muchas cosas. Yo hice una cura con plantas maestras: satsuma, ayahuasca, yawar panga, bibijido y me hizo muy bien. Lo llevé a Gustavo a conocerlo y de ahí sale el tema 'Planta'. Se interesó por el proceso, pero no se animó a hacerlo entero; de todos modos él no atravesaba una etapa tóxica, pero hizo su experiencia ahí y la letra habla de eso". Esa canción deja al oyente a las puertas de una pequeña suite electrónica que comienza con el instrumental "X-Playo" y culmina en "Moirè", que es el nombre de un efecto óptico, que intenta evitarse en televisión porque causa cierto vértigo visual. Con eso y otras canciones, Soda Stereo acumulaba una cantidad de material suficiente que los animó a pensar en un álbum doble, idea que después fue desalentada por la compañía discográfica.

"Estaba buena la propuesta del disco —dice Eduardo Bergallo—; era totalmente distinto a *Dynamo*, y para mí fue uno de los ejemplos más claros de que no siempre lo que uno piensa que va a funcionar, termina funcionando. Todos pensamos que 'Paseando por Roma' era un hitazo, pero no pasó mucho. Y 'Ella usó mi cabeza como un revólver', que al principio no pasaba nada, de golpe se puso ahí arriba". "Fue a la canción que más se le puso horas de buscarle la vuelta —parece coincidir Taverna—; fue muy importante Oasis por el tema de las cuerdas. Gustavo me decía que los escuchara, que me iban a gustar y yo que no. Y terminaron gustándome algunas cosas. Otro disco que sonó en aquel tiempo fue el primero de Lenny Kravitz, que tenía un tema con muchas cuerdas"[44]. "Había hecho un arreglo como de fondo en viola —cuenta Terán—, que tiene esas notas al aire y que Gustavo lo puso como línea principal en la mezcla. Dio vuelta la cosa, Gustavo era increíble para eso. Lo mismo pasó con los demás temas: a mí no me gustó tanto lo que yo hice, como lo que él hizo con lo que yo hice. Un maestro".

A la hora de buscar productor para el disco, se pensó en reflotar la idea de John Leckie, sobre todo porque habían decidido ir a terminar algunas voces y la mezcla final en Londres, después de descartar un estudio en Italia. Buscaban aislarse, aunque en Supersónico tuvieran una muralla de gente que los

44 "I Build This Garden For Us", del primer álbum de Lenny Kravitz.

protegía del exterior. Pero recordaron el régimen estricto de Leckie y decidieron que nadie mejor que ellos para producir un disco que buscaba rescatar el ADN de Soda Stereo. Y en ese momento comenzaron a pensar en ingenieros para la mezcla y surgió el nombre de Alan Moulder, que trabajaba con Flood, productor que había saltado a la vidriera grande con *Zooropa* de U2 (que co-produjo con Brian Eno) y *The Downward Spiral* de Nine Inch Nails. Moulder venía de trabajar con My Bloody Valentine y Curve, que a Gustavo le encantaban. Es una costumbre argentina querer las cosas de un momento para otro, y se encontraron con que Moulder tenía toda su agenda cubierta por un año. Finalmente, se decidieron por el estudio Matrix, por recomendación de Iain Baker, del grupo Jesus Jones, que había quedado en contacto con Charly Alberti.

Por un lado, Londres tenía fama de buenas grabaciones, pero por el otro la elección fue un chapuzón a una pileta que no se sabía si estaba llena. El técnico de mezcla sería Clive Goddard que no tenía muchos antecedentes. "Se los recomendó la gente de Matrix —explica Bergallo—, y yo fui como por las dudas. Fui primero a transferir las cintas digitales a las cintas analógicas, y a montar el sistema MIDI de Gustavo". Clive resultó ser un profesional excelente y en Matrix terminaron de comprender la naturaleza del disco; Gustavo grabó varias de sus voces en Londres y le dio vuelta a algunas palabras aunque, increíblemente, las letras ya estaban terminadas con anterioridad.

Ejecutivos de BMG viajaron desde Buenos Aires y Estados Unidos para escuchar el álbum terminado, que iba a ser el primero del contrato de Soda Stereo con el sello. "Si grabamos en Londres —dice Daniel Kon—, es porque realmente hubo un gran apoyo de la compañía. Recibieron muy bien el disco pero no la tuvieron fácil con el simple, porque Gustavo quería salir con 'Ella usó mi cabeza como un revólver' como adelanto. Los tipos hablaron de los arreglos, todo muy lindo pero nadie se animó a decirle que el simple era 'Zoom', que funcionó bien aunque no fuera 'Juego de seducción'. La figura de Gustavo era tan fuerte que nunca vi a ningún directivo enfrentarlo. La única vez que sucedió fue en Sony con *Canción Animal*, que se puso firme con que 'De música ligera' tenía que ser el simple, mientras que Gustavo quería '(En) El séptimo día'. Nadie se acuerda ya, pero eso duró poco porque hasta en las disquerías ponían 'De música ligera'. Imaginate en las radios".

Todo pareció transcurrir armoniosamente hasta que llegaron las planillas de SADAIC para firmar la autoría de las canciones y Zeta sintió que Gustavo otra vez lo había avasallado; de los doce temas, Bosio recibió co-autoría en cinco y Alberti en cuatro. Se quejó amargamente en un pub de Londres y sentó un precedente para lo que sería el clima que comenzaría a instalarse cuando Soda Stereo volviera a salir de gira. Cerati de algún modo lo preveía, porque sentía que las cosas estaban mejor pero no habían cambiado: él seguía encargándose de todo. Cuando Charly terminó con lo suyo, comenzó a irse de compras. Gustavo urdió una venganza. "Hicimos una versión distinta de 'Paseando por Roma' —cuenta Bergallo—, que a Charly le copaba porque comenzaba tocando él. Pero se la hicimos con una batería electrónica muy mala. Y cuando llegó como a las cinco de la tarde, Clive Goddard le pone la versión y le pregunta si le gustaba. Todos nosotros siguiendo la broma, diciendo que estaba buenísima y que era la que tenía que ir al disco. ¡No sabés la cara que puso!". Zeta se tomó menos libertades y solo se ausentó para ir a un festival de música electrónica, el Tribal Gathering.

Sueño Stereo se editó con velocidad el primer día de invierno de 1995. No había una tapa que los entusiasmara hasta que el diseñador Alejandro Ros sacó de su formidable galera una maravilla, con la idea de los tres parlantes fotografiados sobre un colchón, a modo de úteros hacia los cuales nadaban unos espermatozoides negros, que no eran otra cosa que auriculares. Esa brillantez dio por tierra con la idea de que hubiera una imagen del grupo en tapa y la foto de Cecilia Amenábar, que fue tomada en Supersónico, se destinó al interior. Las canciones se presentaron agrupadas en "programas" de a tres, evocando el formato de los antiquísimos magazines.

— • —

Luego de la grabación, Gustavo volvió inmediatamente a Chile para reencontrarse con Cecilia y Benito, aunque no por mucho tiempo porque había que mover toda la estructura para la gira, promocionar el disco, ensayar y montar el concepto. Pero Soda Stereo para poder seguir adelante debería aceptar que su líder residía en Chile con todo lo que eso complicaría lo operativo. Por lo pronto, el video de "Ella usó mi cabeza como un revólver" se grabó en el país trasandino aprovechando que Stanley Gonczanski, ex compañero de Gustavo en el Salvador, se había afincado allá y se especializaba en videoclips por aquel entonces. Los hermanos Andrés y Rodrigo Súnico complementarían al grupo en la actuación, caracterizados como si fueran personajes de Tim Burton con galeras y parlantes por todos lados.

Jorge "Pepo" Ferradas se encontraba trabajando en BMG en ese tiempo y recuerda que la compañía aceptó y aportó los fondos para que el video principal de *Sueño Stereo* se hiciera en Chile, "para que Gustavo se moviera menos. A partir de ahí, todo fue mucho más negociado con Gustavo. *Sueño Stereo* se vivió con ilusión pero con Cerati en Chile había una distancia objetiva. Recuerdo un disco sin el rigor de los anteriores, y creo que es porque él quería estar en Chile con su familia. Pero al mismo tiempo tenía otras necesidades artísticas y otras ideas más allá de Soda Stereo. En ese punto, Chile fue su nuevo Melero: no jodía, no le traía presión, y a la vez le daba un margen de otra gente, otras cabezas". "En Santiago vivió su sueño dorado de familia —parece coincidir Cristian Powditch—; fue inmensamente feliz, y él quería ese pedazo de la torta que le iba a ser difícil en Buenos Aires siendo Gustavo Cerati. Acá, la gente era tan tímida que no se le tiraba encima, entonces tenía un espacio de libertad entre Vichuquén y Santiago. Podía ser él mismo, estar con Cecilia y Benito tranquilos: ser alguien común y corriente con una familia divina".

El hechizo se rompió rápidamente cuanto tuvo que volver a ensayar a Buenos Aires y comprobó que su paciencia con Soda Stereo ya no era la de antes. "Gustavo no estaba muy convencido desde antes —razona Taverna—, cuando él se fue a Chile. La gira fue como una tensa calma, sabías que todo estaba al borde, aunque no se esperaran grandes explosiones. No había gran entusiasmo, pero tampoco había mucha hermandad". Y el que lo vivió en carne propia, dolorosamente, fue Charly Alberti. Ante el más mínimo error, Gustavo le saltaba a la yugular. Hubo un ralentando, recurso musical que consiste en ir enlenteciendo la canción hasta desembocar en el final, que a Charly no le salía todo lo bien que quería Gustavo.

—¡En la puta vida te va a salir un ralentando! —le gritó—. Levantate: se hace así un ralentando.

Y se sentó en la batería para mostrarle. Charly Alberti ya había tomado la postura de no responderle las provocaciones. "A esa altura, era una cuestión personal —dice Nicolás Nóbile—, no iba a satisfacerlo nunca. Zeta se ponía a tocar y Gustavo le pedía que repitiera algo y le decía que era interesante. Eso no pasaba nunca con Charly. Estas situaciones lo desgastaron de una manera atroz, y al final era como un trabajo: ya no lo disfrutaba". Nóbile fue designado mánager personal del grupo para la gira de *Sueño Stereo* que comenzó con ocho actuaciones en el teatro Gran Rex de Buenos Aires, donde Soda Stereo demostró que el sueño estaba intacto... siempre y cuando se mirara la superficie y no se viera el adentro. Fue durante la prueba de sonido de uno de esos conciertos, a través de los recientemente aparecidos teléfonos celulares, que se enteró que sería padre nuevamente, aunque debería esperar a Lisa María Cerati hasta 1996.

"Todos los shows fueron muy buenos —dice Nóbile—. Arrancaban con 'Planta', y era tremendo. Durante el día había una convivencia difícil, que descargaban cuando subían al escenario. Y no se notaba. No se miraban, no se hablaban. Eran buenos". En el primer tramo de la gira, Tweety González no pudo sumarse por compromisos con Fito Páez, entonces Fabián Quintiero volvió a Soda Stereo por unos meses. "Me gustó porque había temas que ya conocía —cuenta Fabián—, y otros que yo no había grabado que estaban buenísimos. No me di cuenta de que hubiera una mala relación, yo estaba contento por el reencuentro. Eso sí: le tuve que pedir permiso a Charly García". A Fabián se sumó un cuarteto de cuerdas donde también estaban otros músicos de Charly García: Érica y Ulises Di Salvo, junto a Janos Morel y Alejandro Terán, autor de los arreglos de cuerdas, que se extendieron a otras canciones más allá de las de *Sueño Stereo*.

Nicolás Nóbile estaba emocionado: por fin, después de muchos años en el banco, iba a salir de gira con Soda Stereo. Gustavo le decía: “Preparate”. En el avión, Nicolás recibió el diario local antes de llegar a Colombia, y leyó el titular: “Su Majestad llega a Colombia”. Con la ilusión de un niño fue hasta primera clase y le dijo a Cerati.

—¡Mirá, Gustavo, llega el Papa con nosotros a Colombia!

—No, pelotudo: Su Majestad somos nosotros —contestó Cerati.

—Daaaale, no me cargués.

—Ya te dije: preparate. Ahora vas a ver lo que es Soda Stereo de gira.

“Llegamos a eso de las cuatro de la mañana a Bogotá y había como cuatro mil personas en la calle. Y en la manga del avión había un cordón de soldaditos muy jovencitos, todos uniformados, en fila para que los Soda pasaran por el medio y llegaran a la camioneta. Y a mitad de camino, los policías comenzaron a pedirle autógrafos. ¡Imaginate el resto!”

En Colombia, solamente, hubo siete conciertos, todos en plazas de toros o estadios. Hubo cuatro en Venezuela, dos en Perú, una breve vuelta por Argentina y terminaron a fines de 1995 con tres shows en Chile. Parecía una gira corta, pero era solamente el primer tramo. “El clima de la gira fue raro —recuerda Taverna—, hubo un cuidado que se fue perdiendo rápidamente, la tolerancia era muy poca y se veía en el trato entre ellos. Todos estaban incómodos y eso se trasladaba al staff: no había esa comunión que tiene que tener una banda. Fue la primera vez que empezaron a viajar separados; uno a la mañana, los otros a la tarde. No había mucha interacción entre ellos”. Solo hubo una excepción en Perú, cuando insistieron en ir a ver la película *Apollo XIII*.

“Se habían encaprichado en ir a verla al cine —cuenta Nóbile—. Hago toda una gestión en el shopping para ver a qué hora se podía ver la película con menos gente, diciendo que era un grupo empresario selecto. Entramos con las luces apagadas al cine, nadie los vio, y en un momento dado... ¡el cine entero mirando cómo mirábamos la película! Yo creo que el atosigamiento también fue un factor. A Gustavo lo ponía muy de mal humor que le pidieran autógrafos cuando estaba comiendo. No paraba de comer, mucho menos levantarse para una foto: la comida era sagrada. Una vez hicimos una prueba: se comió un plato de ravioles en menos de cuarenta segundos. Del aburrimiento hacés cualquier cosa". Gustavo siempre tuvo apetito voraz, pero en este caso estaba justificado porque hacía cuatro o cinco shows por semana, volaba todos los días y llegaba un momento en que el cuerpo le pedía descanso. Cosa que le costaba sobre todo en el extranjero por ese espíritu de aventura y sed de conocimiento.

"He conocido los lugares más mágicos de la mano de Gustavo —recuerda Nóbile—; después del show, a cenar y a una discoteca, pero teníamos un código: si al día siguiente había una excursión, a las tres teníamos que estar durmiendo. Se enteraba que a dos horas de Manizales en Colombia había unas termas de agua, y ahí íbamos a pasar el día. Era un aventurero increíble, le encantaba el agua: hemos ido a bucear muchas veces. En Morrocoy, Venezuela, con snorkel, pero buceo real hicimos en Santa Marta, Colombia, con un instructor". Charly Alberti no iba a ningún lado y prefería quedarse en su habitación, y Zeta en la suya jugando con la playstation con alguno de los técnicos. No se hablaban, no se encontraban, no comían juntos. "Para mí era una complicación —continúa Nóbile—, porque la prioridad la tenía Gustavo siempre y los demás a veces tenían ganas de hacer algo y yo estaba con Gus. Prefería mantenerlos separados a que se estén matando en una habitación de hotel".

La situación se va a deteriorar aún más en el segundo tramo de gira, ya en 1996. "Soda en vivo transmitía lo que ninguna otra banda —asegura Eduardo Dell'Oro—, eran increíbles. Los roces existían y yo trataba de pacificar y me rompí el culo para que todo estuviera lo mejor posible y nunca faltara nada. Esto era así con los Soda, pero también con el resto del staff. Sabía de la interna, que había momentos en que la atmósfera estaba jodida entre ellos y eso repercutía en el resto de las cosas. Tuve horas de charla con cada uno, para bajarles las revoluciones y que la cosa no pasara a mayores. Teníamos mucho tiempo para charlar en ciudades donde todo muere a las nueve de la noche. Gustavo me comentaba cosas que le pasaban como una catarsis y yo trataba siempre de vincularlo y unirlo". Daniel Kon comprendió que la mejor manera de negociar y solucionar los conflictos era hablando con cada uno por separado. Que Gustavo solo era mucho más razonable que frente a otros.

La bomba explotó finalmente el 2 de febrero de 1996, cuando Soda Stereo, a la fuerza, tuvo que viajar en una sola combi al Estadio Nacional de Tegucigalpa, en Honduras. Era todo un operativo, porque la camioneta entraba por la pista de atletismo seguida por luces blancas, desembocaba en el camarín y de ahí rápidamente al escenario. Todas las cortinas del rodado estaban blindadas, por lo que nadie de afuera pudo ver los acontecimientos.

—¡Te mato! ¡Te odio! ¡No te aguanto más! —le gritó Cerati a Charly Alberti ahorcándolo contra la ventanilla. El baterista se lo sacó de encima rápido.

Lo extraño es que esa reacción pareció surgir de la nada. Zeta miraba el techo como preguntándose qué estaba haciendo ahí. Parecía que estaban conversando pero en verdad estaban discutiendo en voz baja hasta que Gustavo no pudo disimular más. Nadie podría haberlo sospechado viendo el show. Pero ese incidente hizo que Gustavo y Charly no volvieran a dirigirse la palabra por tres meses. Y ese tramo recién comenzaba. La tensión comenzó a generar metástasis en el resto, y la primera baja fue un histórico: Marcelo Angiolini. "Yo me bajo porque era insostenible la tensión de una ciudad a la otra, antes de subir, luego del show y en algunos shows mismos. En septiembre habíamos tenido una gira de un mes y pico en Colombia, yo era avanzada pero salí atrasado porque nació mi hijo. Acto seguido, mi cabeza ya no quería esa situación, la pasé mal y el corolario fue la gira de febrero y marzo de 1996, donde ya estaba todo podrido. Era muy tensa la situación en los hoteles, y cada encuentro en el lobby era muy tremendo. Decidí bajarme: no podía más".

Su último show fue en Miami, cuando Soda Stereo aceptó el desafío de hacer un *Unplugged* para MTV, pero con sus propias reglas.

29

Final caja negra

Pese al mal momento que atravesaban las relaciones interpersonales entre los tres integrantes de Soda Stereo, 1995 y 1996 fueron años cargados de aciertos; para los fans y la industria en general, *Sueño Stereo* fue un regreso formidable del trío. No fue un golpe de suerte: había mucho trabajo de todo el equipo en general y eso quedó en evidencia cuando hicieron el video de "Zoom", bajo la idea de Eduardo Capilla que en el último show de la serie que hicieron en el Gran Rex, realizó una convocatoria de fans para ir a rodar un clip en el Planetario de Buenos Aires. Se dio una situación de lo más festiva, que puede verse en el clip, donde el grupo hace playback en total cercanía con sus fans, que van en pareja y se besan sin tapujos frente a cámara. Incluso hay algún desnudo de segundos y un fanático dándole un pellizco a un típico bife ancho argentino... totalmente crudo. Todo concluye con Soda Stereo ingresando al Planetario como si fuera una nave espacial que parte rumbo al cosmos al final del video.

Nada de esta alegría pudo percibirse pocos meses después en la gira que comenzó en Honduras y que terminó llevándolos por Estados Unidos. Tocaron a principios de marzo en el teatro Palladium de Nueva York, y luego todo el grupo partió a Miami para hacer un Unplugged para MTV. Todos menos Gustavo. "Recuerdo el show de Palladium —asegura Nicolás Nóbile—, que es el más punk de la historia de Soda Stereo. Nos íbamos para Miami pero Gustavo me dijo que nos quedáramos tres días más, y para ahorrar, como el hotel era muy caro, me dijo que me pasara a su habitación que tenía cuatro camas. Fuimos a lo de Rudy Pensa a comprar instrumentos, a volar en helicóptero por la estatua de la libertad, a comprar cosas electrónicas, pero la idea era pasear tranquilos sin Soda Stereo". Lo que se dice, poner distancia: el Unplugged los mantendría ensayando un buen tiempo.

Hacía tiempo que MTV, a través de Alex Pels, le había ofrecido hacer un Unplugged al grupo, pero la respuesta de Gustavo siempre era: "Nosotros somos Soda Stereo: no podemos hacer temas acústicos". Con Alex había mucha confianza de parte de todo el grupo: fue el productor del evento en The Tunnel donde se logró que el DJ pasara un tema del recientemente terminado *Doble Vida*, en 1988. Después compartió con ellos la alegría del primer show en The Palace de Los Angeles, y fue el productor de la primera nota de Soda Stereo para la cadena MTV, en un segmento que conducía Daisy Fuentes y se llamaba *MTV Internacional*. Una cabeza de puente del rock en español en el canal de la música mundial. En otro programa logró que Soda Stereo y Martika, una cantante que en 1988 era número uno con el tema "Toy Soldiers", compartieran la conducción de un segmento. Pels fue el jefe de producción de MTV Latino, cuando la señal salió al aire. Por su origen argentino, sus compatriotas artistas supieron frecuentarlo para que los ayudara a llegar a MTV y por su carácter afable se hizo amigo de casi todos. "No de Gustavo —ríe Pels—, tenía más complicidad con Charly y con Zeta. Estuve un par de años trabajando en la idea de un Unplugged de Soda, sin resultado positivo, hasta que un día me llama Daniel Kon y me dice que Gustavo cree haberle encontrado un formato a la idea".

El formato violaba todas las reglas del Unplugged porque requería electricidad desde el vamos. "Quería hacer los temas eléctricos —continúa Pels—, pero en un estilo lounge, sentaditos pero con instrumentos eléctricos, en un ritmo más bajo, más íntimo. Consulté a mis jefes que me dieron el visto bueno". Un Unplugged requería de una sinergia importante entre la señal televisiva, la banda y el sello discográfico. Pero había un gran problema porque buena parte del catálogo de Soda Stereo era propiedad de Sony Music, que quedó con la sangre en el ojo cuando el trío firmó con BMG. "Sony les prohibió usar el catálogo —revela Pels—, y por eso casi no hubo versiones de temas de la primera época. Fue una negociación muy dura porque Sony nos decía: 'no les damos nada, estos pibes se fueron a la mierda', y finalmente arreglamos un monto por una equis cantidad de canciones". Fueron cuatro al álbum, y tocaron algunas más en el show.

"Gustavo dijo de hacerle un tratamiento a las canciones —cuenta Taverna—, pero si ves el show hoy te vas a dar cuenta que él se ubica físicamente muy lejos de los otros dos. Se estaba dejando el pelo largo, barbita, y se puso los anteojos oscuros. Jodía con que era Jeff Lynne, y Soda era Electric Light Orchestra, por el tema de las cuerdas". La banda de acompañamiento sufrió una ligera transformación con la reincorporación de Tweety González y el reemplazo del cuarteto de cuerdas por un dúo de cello y violín a cargo de los hermanos Diego y Pedro Fainguersch, a quienes se sumó otro hermano más, Ezequiel, para tocar el fagot en el show. De hecho, Gustavo le hace un guiño en el solo de 'Zoom' (que no llegó al disco), cuando anuncia "basoon", que es fagot en inglés. "Miami tiene esa cosa de relajo —explica Nóbile—, pero nosotros a las diez u once de la mañana nos íbamos al ensayo. Todo estaba muy tirante entre ellos, no había actividades, nos invitaban de todos lados pero nadie quería ir. Gustavo estaba muy metido y Zeta y Charly aprovechaban cuando había un break, pero volvían cuando él decía. Todo el mundo lo llamaba El Jefe a Gustavo". Y la política que predominó en aquellos días era no hacerlo enojar.

"El de MTV fue uno de los contratos más complicados —explica Daniel Kon—, porque te juntás con Pels y está todo bien. Pero con las corporaciones es todo mucho más difícil". "No estuvieron mucho tiempo —cuenta Pels—, ya venían muy ensayados por la gira, tanto que no fui al primer ensayo y lo primero que me dijo mi gente fue: '¡No sabés cómo suena esto: es espectacular!'. Fui a escucharlos y era así: no había que agregar nada ni comentar nada. Gustavo se había comprado la Gibson

335 roja, divina, con el pick up doble. Me acuerdo que me la mostró como un nene con el chiche nuevo". En la previa hubo un incidente que causó un poco de zozobra. Adrián Taverna lo cuenta: "Teníamos la habitación de Barakus y Miguel Lara donde nos juntamos a jugar al fútbol en la Nintendo con ellos, Sandro Pujía y Zeta. Los hermanos Fainguersch tenían la de al lado y nos golpeaban porque querían dormir, pero en realidad estaban molestando. Los sacamos a patadas, nos tiraron una cosa y haciéndose los graciosos nos tiraron agua. Entonces yo agarré un matafuego y los esperé. Cuando abrieron la puerta los rocié y quedaron como Los Tres Chiflados. El problema es que vino la policía y el hotel nos reclamó seiscientos dólares. Los pagamos los Fainguersch y yo: ellos se sintieron heridos, pero si vas a hacer chistes, bancatelá".

La otra cosa que alteró la calma pero por una buena razón fue que Gustavo decidió invitar a Andrea Echeverri de Aterciopelados, grupo colombiano que venía haciendo la gira con ellos, a cantar un tema en el Unplugged. Detrás de esa invitación estuvo la mano de Julio Correal, el empresario colombiano amigo de Gustavo, que era mánager de Aterciopelados. "Las dos bandas se habían conocido en un gran show en la ciudad de La Plata en Argentina —cuenta Julio—; compartíamos el mismo sello donde Soda Stereo era una prioridad grande y Aterciopelados una prioridad alternativa con 'Bolero falaz' que sonaba en la radio. El look hippie chic de Andrea combinaba bien con el glamour de Soda Stereo y ahí nos invitaron a la gira. Uno de mis objetivos fue que Andrea participara de ese Unplugged y en BMG Colombia estaban muy conscientes".

—Che, Julito: los muchachos están pensando en invitar a Andrea al Unplugged —le comentó Daniel Kon a Correal en su habitación.

—¡Mariiiiica! ¡Que no te lo puedo creer, Daniel! ¡Gracias, en serio! —se asombró Julio, que estaba listo para la siguiente jugada.

"Llamé a la disquera en Colombia y les dije que necesitaba presupuesto porque Andrea iba a cantar en el Unplugged con Soda Stereo, y hacían falta mil dólares para vestuario. Y se puso todo el ajuar. Comenzaron los ensayos y Andrea siempre muy nerviosa, porque Gustavo era su ídolo. Cantar con Soda Stereo era una situación para estar cagado de susto, y encima tremenda canción".

Soda Stereo hizo una versión absolutamente psicodélica de "En la ciudad de la furia", donde Gustavo le sacó callos a la Gibson 335 y a los efectos. Andrea utilizó sus registros más graves y más agudos; la tonalidad no era la justa para ella, pero brilló en el Unplugged, generando la envidia de otra colombiana que también quería cantar esa canción. Shakira juró que lo iba a lograr y cumpliría su promesa. "Fue muy simpático —concluye Correal—, y nos fuimos todos muy emocionados porque la invitó a cantar y pese a que se equivocó la letra al final, Gustavo no pidió repetir la canción y quedó así". Cerati salvó el error, fue solo una palabra; Andrea dijo "extraña" y era "prefiere la noche". Él solo agregó "la noche", y se mandó con un solo de guitarra impresionante.

"Básicamente el Unplugged era como una zapada —dice Tweety González—, ellos jazzeaban temas que no son de jazz: fue la vez que más solos tuve en un show de Soda Stereo: con Gustavo nos tirábamos los solos por la cabeza. De Unplugged no tuvo nada y fue muy acertado hacerlo así. La consigna era no usar demasiados sonidos: órgano, piano eléctrico y un par de sintes. Para mí fue una situación divertidísima y creo que aunque ya no estaban bien todos lo disfrutaron bastante, sobre todo Gustavo cuando dijo que era Jeff Lynne". El show tuvo una o dos sorpresas; la primera solo la conocían los que vieron los shows anteriores, ya que Cerati incorporó la mítica frase de guitarra de "Cementerio Club" de Luis Alberto Spinetta en la nueva versión de "Té para tres", que no fue tocada en los Gran Rex. Pero no fue ese el único guiño al rock argentino: en los bises Soda Stereo haría una versión arrasadora de "Genesis" de Vox Dei. "Ese show lo vi con Jorge Álvarez al lado —dice Daniel Kon—; cuando tocaron 'Genesis', al hombre se le caían las lágrimas: no lo podía creer. Las vueltas de la historia: Soda Stereo tocando el tema de la banda a la que él le produjo el primer LP. La polenta que tenía 'Genesis' en vivo era impresionante;

después salió como bonus tracks. No lo pusimos en la primera edición porque había que hacer el CD-Rom". El show tenía una buena duración pero quedaba un tanto corto como para un CD. Pero con el espíritu tecnológico y de modernidad que había en Soda Stereo, poner un CD-Rom, que hasta ese entonces se usaba para juegos de niños, era toda una audacia. Y el que más de acuerdo estaba era Charly Alberti, fanático de la computación, quien ya veía claramente el avance del mundo digital.

El álbum se completó con algunos temas sobrantes de las sesiones de *Sueño Stereo*, que iban a componer la "suite electrónica" que quedó reducida en el álbum. En el Unplugged, que se titularía *Comfort y Música para volar* encontraron su lugar "Sonoman" (inspirada en el personaje homónimo que Gustavo conoció en la revista *Anteojito*, creado por Osvaldo W. Viola, Oswald), "Planeador", "Coral" y "Superstar". De esos cuatro, en tres se compartía la autoría grupal de las canciones. Eso sí, Gustavo se reservó el derecho de mezclarlos en Chile con Eduardo Bergallo. La gira *Sueño Stereo* finalizó en Santiago de Chile el 24 de abril de 1996 y el Unplugged, que tendría las dos primeras letras tachadas en rojo en la portada del álbum, se masterizaría en Chile, y sería dedicado a la memoria de Rafael Abud, aquel periodista pionero en atisbar el potencial de Soda Stereo y que justamente trabajaba para BMG cuando lo sorprendió una muerte temprana.

Gustavo arribó a Chile justo a tiempo para el nacimiento de Lisa María Cerati el 2 de mayo de 1996. A partir de ese momento, para él, la familia estaba completa y ocuparía sus prioridades inmediatas sin por ello desentenderse de lo que Soda Stereo había vuelto a poner en marcha. Aunque del otro lado de la cordillera, todo era incertidumbre.

— • —

No era todo paternidad para Cerati en Chile, aunque ocupaba gran parte de sus días. Había que ponerle un poco más el cuerpo al asunto con dos chicos, no solo por las tareas a realizar sino por una cuestión emocional: dos hijos significaban para él un sueño concretado. Por otro lado, seguía frecuentando la disquería *Background* de Santiago de Chile, donde Christian Powditch en algún momento había armado un estudio de grabación que quedó en desuso, y ese lugar comenzó a utilizarse para zapadas informales cuando Gustavo ya había terminado *Sueño Stereo*. "Él se había comprado un Juno 60 y yo un Roland —cuenta Powditch; estaba por ahí Andrés Bucci, un personaje y también un genio, y otro gallo que era Guillermo Ugarte. Les propuse a los tres que como el estudio estaba botado, lleváramos las máquinas y tocáramos sin ninguna pretensión. Fue pasar el rato, y salió algo largo que después Gustavo cortó y mandó. Él tenía una estructura de músico, yo luego procesaba, metía voces, ruiditos, samples, citas a otros discos". Fue el legendario disquero chileno Hugo Chávez el que les dijo: "Esto ya parece un disco". A lo que Powditch respondía: "Que no, es solo como volar nomás". Gustavo pensaba igual que Chávez, y consiguió que BMG lo editara. Un alto ejecutivo de la empresa dijo: "Suena igual que cuando ponés los cubiertos en el lavarropas".

Pero no todos pensaban igual: Afo Verde, flamante A y R[45] de BMG que se había ganado una buena reputación como músico y productor independiente, prestó atención al interés de Gustavo por la música electrónica y le ofreció que tuviera un sello propio dentro de BMG. "Le propuse un sello electrónico —cuenta Afo—, que se iba a llamar Ambar; tuvimos algunas reuniones y un plan de negocios. Y un día llamó y me dijo: 'Yo soy artista, no sé si puedo hacer estas cosas'. Lo del sello salió porque me preocupaba que desorientara a sus fans, que un día se pone un sombrero y es DJ y al otro día quiere volver a la guitarra. Pero Cerati haciendo música no era una preocupación. Hasta hablamos de que hiciera un disco instrumental. Siempre estuve feliz de ayudarlo porque era un genio". *Habitat Individual* de Plan V se publicó en mayo de 1996, sin demasiada difusión, más para mimar a Cerati que con expectativa de ventas,

45 Artistas y Repertorio.

que él tampoco tenía. "Nosotros éramos unos hippies indefensos —dice Powditch—, era música buena onda, pero Gustavo quería hacer algo que le diera crédito en lo que era el ambiente de la electrónica de 1996". La tapa la hizo Christian inspirado en unas imágenes que vio en la revista *Architecture d'Ajourd'hui* que le regaló el jardinero de la universidad donde estudiaba.

Soda Stereo volvió a ponerse en marcha en octubre de 1996 con dos conciertos en el Teatro Monumental de Santiago y una presentación en el auditorio de Promúsica, un gran local de ventas de instrumentos en pleno centro de Buenos Aires. Fue transmitido por radio e internet y todos los que presenciaron el show quedaron pasmados con la potencia del "Genesis" de Vox Dei. Eran como señales bifurcadas: antes, la pasión electrónica según Cerati, y ahora, el amor de adolescencia vía Vox Dei. Musicalmente, el concierto fue uno de los mejores de la historia de Soda, pero pronto darían uno de los peores. En el mes de noviembre se celebró en el estadio de Ferro Carril Oeste de la ciudad de Buenos Aires lo que se conoció como el Festival Alternativo, cuya primera fecha contaba con Soda Stereo como número central, y otros grupos como Silverchair, Love & Rockets, Nick Cave & The Bad Seeds y Aterciopelados. Como siempre hubo un coro de disidencias en torno a lo que pasó aquella noche.

"Ferro fue horrible —recuerda Daniel Kon—, también se dice que fue el comienzo del fin: yo no lo tengo tan claro, sé que fue una mierda. Eso también lo dice Tweety González. Con Soda había shows de diez puntos, de nueve, de ocho y medio, siempre era así: de siete no bajaban. Este fue de seis puntos". Como señal ominosa, apenas comenzó la presentación explotó el equipo de bajo de Zeta. "Nunca me pasó en la vida —se asombra Taverna—, teníamos otro equipo pero el estruendo de eso... no rompí el equipo de sonido por casualidad. Lo abrimos y parecía que alguien le hubiera puesto una bomba adentro". Surgió también un problema con Andrea Echeverri, que subió para cantar "En la ciudad de la furia" como en el Unplugged, pero algo le sucedió. "No sé si se asustó por la gente —sopesa Taverna— y no cantaba. Yo la quería matar. No emitía sonido, yo le daba rosca al micrófono hasta que empezó a acoplar". "Yo no sé si coincido —desempata Sandro Pujía—, para mí fue un buen show. Hay veces que uno termina llorando y el otro acariciando el cielo". Richard Coleman, que había tocado con Los Siete Delfines, recuerda haberse preguntado qué había pasado. "No tenían ganas —dice—, estaban aburridos. Había un profesionalismo que les hacía hacer las cosas bien, no es que hayan tocado mal. Pero había una energía que ya no funcionaba".

Hubo una novedad pero ajena: tocaron "Cibersirena", una canción del grupo Avant Press que tanto Gustavo como Zeta apadrinaban, donde las caras más visibles eran Leo García y Ezequiel Araujo. "Gustavo nos conocía hacía bastante —cuenta Gabriel Burton, bajista de la banda—, un día lo trajo Daniel Melero a la sala. Y sobre todo admiraba a Ezequiel, también a Leo y recuerdo que nos regaló un disco de Ultra Vivid Scene. Cuando tocaron 'Cibersirena' en Ferro estábamos todos contentísimos". Cuando Soda Stereo bajó del escenario, concedió una entrevista a Much Music, y las caras parecían transmitir varios mensajes. Sobre todo la de Zeta, a quien se le filtraba la amargura por la rotura del equipo de bajo, y quién sabe qué más. "Fijate cómo estaban vestidos los tres —señala Taverna—, Gustavo con saco y camisa, Zeta con una campera de lluvia de Adidas y Charly en bermudas y con remerita. Les sacabas una foto y eran de tres bandas diferentes".

— • —

Como para afianzar sus raíces chilenas, Cerati le hizo caso al consejo de su amigo Christian Powditch: hacerse productor. "Creo que le gustaba estar conmigo —dice Christian— porque yo no era de su corte y lo jodía todo el rato. Siempre le decía que tenía que comenzar a producir artistas porque cuando se le cayera el pelo iba a tener un futuro". Para que esto sucediera tuvo que aparecer Nicole, una cantante precoz que a los doce años editó su primer álbum. Cuando terminó el secundario le había llegado el tiempo del segundo y pensaba que debía alejarse del pop de diseño y hacer algo que mezclara lo acústico y lo electrónico. Algo entre New Order y Chemical Brothers. "El que hace perfecto esto es Gustavo Cerati", pensó automáticamente. Como sabía que estaba viviendo en Chile se puso en campaña hasta conseguir su teléfono y lo llamó. Cerati atendió, Nicole tomó aire y lanzó su párrafo.

—Me llamo Nicole, soy cantante chilena y estoy haciendo un disco; solo una opinión tuya ya sería muy increíble para mí, pero yo creo que eres el productor perfecto para este disco.

—¡Qué increíble! —respondió Gustavo—. Hace una hora o dos acabamos de escuchar una entrevista tuya, con Benito, en la Radio Rock & Pop y escuchamos que te gustan las mismas bandas que a nosotros.

—Ah, ¡qué bueno! Sé que te deben pedir esto mucho, escuchar canciones, opinión, sería increíble que en algún momento pudieras.

—¿Y mañana podés?

"Le di la dirección del estudio de mi partner musical, Andrés Sylleros, y al otro día le hice escuchar unas canciones, entre ellas 'Despiértame', que fue el single del disco. Y enseguida me dijo que sí, que producía el disco". Cuando Nicole le comentó al director artístico de la discográfica quién sería su nuevo productor no lo podía creer. Pensó que iba a ser muy caro, porque Oscar Sayavedra lo conocía bien a Gustavo. "Pero después me dijo que no, que fue súper razonable en todo, no la complicó para nada". Gustavo trabajó primero con la banda en ensayos, les pidió que se relajaran y que sintieran la canción. Nicole estaba por las nubes. Cerati comenzó a grabar cosas en su casa y más adelante en el proceso involucró a Eduardo Bergallo como ingeniero. "La premisa de Gustavo —explica Bergallo— era que los músicos de Nicole no se anticiparan a lo que iba a pasar después con el tema. Cuando la canción pasa de una parte a otra es típico que un músico haga algo para enganchar con esa parte. Pero él siempre decía que eso arruinaba la sorpresa. Que no hay que anticipar ni dar pistas de lo que viene".

Cerati incorporó al repertorio de Nicole una canción de Leo García, "Noche", y hasta cantó en ella, además de tocar guitarras y teclados en diferentes canciones. También le presentó a Sara Ugarte, hermana de Guillermo, miembro de Plan V, que compuso dos canciones y completó el repertorio con un tema de Carola Bony titulado "No soy de nadie". Cuando terminó la grabación, Nicole, Gustavo y Bergallo partieron a Londres, donde volverían a grabar las voces (saturadas en la toma original) y mezclarían el álbum.

—A lugares turísticos no te llevo: andá sola —se atajó Gustavo.

Pero en una de esas salidas, Nicole encontró una calle repleta de negocios que vendían guitarras eléctricas. Era hora de que se comprara una y se enamoró de una Washburn roja, y volvió al estudio para requerir la opinión de Gustavo. "Bueno, vayamos a ver si vale la pena", le dijo incorporándose para salir. La buscaron, pero Nicole se perdió. Gustavo no la dejó caer: "sigamos caminando, pero encontrémosla". "¡Y la encontramos! —celebra Nicole—, Gustavo la probó, estuvo un rato guitarreando y me dijo que sí, que era para mí. Me trataba como la hermana menor, cuando yo salía me pedía que regresara pronto al estudio".

No pasó mucho tiempo antes que Nicole percibiera que Gustavo pasaba mucho tiempo hablando con Buenos Aires, más que con Cecilia en Santiago. "Conversamos y supe que se estaba separando de Soda Stereo, que quería abrirse y hacer sus cosas. Los periodistas argentinos lo llamaban al estudio para preguntarle por eso". *Sueños en tránsito*, el segundo disco de Nicole, quedó exactamente como ella quería. "Gustavo fue súper respetuoso —concluye—, se llevó muy bien con Andrés Sylleros, que lo admiraba mucho. Obviamente, siempre puso en todas las canciones mucho de él, pero respetó la esencia. Podría haber cambiado todo, pero respetó lo que habíamos hecho".

En Buenos Aires todo quemaba, no solo por el verano, y era hora de enfrentar la situación. Soda Stereo había entrado en una pausa en diciembre. Las cosas estaban claras para Gustavo: no quería seguir con Soda Stereo. Zeta y Charly tenían la esperanza de que los malhumores se apaciguaran y pudieran, con tiempo de por medio, continuar con el grupo. "No se bancaban hacía años —sincera la situación Taverna— y lo único que suavizó el escenario fue el accidente de los hijos de Zeta. Hizo que pudieran juntarse a tocar pero tenían ideas diferentes y diferencias irreconciliables". "Tuvimos un verano de mierda —recuerda Daniel Kon—, yo conocía las diferencias internas y sabía que la supervivencia de la banda iba a ser muy difícil, sobre todo porque había alguien que no quería seguir. Gustavo me lo había dicho claramente y me pareció que estirarlo iba a empeorar todo. Armé una reunión en mi oficina para que se lo diga a los otros dos y hubo un clima muy denso".

"Cuando se encerraron en la oficina con Daniel Kon a puertas cerradas —cuenta Nicolás Nóbile—, no había nadie más que yo y Teresa, que era la telefonista. Salía Charly Alberti descompuesto y me decía 'dame agua porque lo mato'. Se llegaron a decir cosas muy fuertes, que son públicas. A Daniel Kon le tocó callarse la boca y aprender a manejar eso, hablando con cada uno por separado. Es un tipo muy hábil y lo fue manejando muy bien. Cómo seguir adelante: había compromisos discográficos y había que cumplirlos. Y Gustavo ya no quería saber más nada".

De haber sido por Cerati, una vez notificados sus dos compañeros de que esta vez sí era el final, se habría tomado un avión a Chile y hubiera comenzado a trabajar en otra cosa. Pero en esa reunión final en la oficina de Kon, el slogan "nada personal" no tuvo la menor utilidad porque Gustavo, Zeta y Charly se dijeron todo lo que tendrían que haberse dicho hacía muchos años.

30

Nada más queda

Casi terminan a las trompadas. Zeta y Gustavo. Los dos que eran los más veteranos del grupo, los que se hicieron amigos en la facultad y coordinaron los primeros acordes de la historia de Soda Stereo, estuvieron a un tris de golpearse el uno al otro; más violenta, era la repetición de la misma escena, el mismo problema irresuelto. Ya en la era de *Dynamo* Gustavo había manifestado estar harto de Soda Stereo. Solo que ahora no era permeable a una marcha atrás. Al principio la cosa fue calma, porque no era cuestión de irritar a Cerati, pero sí explicarle que Zeta y Charly no querían desarmar la banda. Pero al rato volvían a hablar del dinero y los derechos de autor. La discusión escaló cuando quedó claro que Gustavo Cerati y Soda Stereo serían asuntos separados desde ese momento, pero estalló cuando dijo que se negaba a hacer una gira despedida. Ahí el que explotó fue Zeta, que le dijo en veinte minutos todo lo que no le había dicho en más de diez años y fueron cosas feas y, en muchos casos, injustas. Charly Alberti, enojadísimo, pegó un portazo y se fue a la casa. Gustavo quedó muy sacudido por lo que Zeta le había dicho. Y más resuelto a ponerle punto final cuanto antes. Unas horas más tarde, Charly Alberti habló por teléfono a Triple y amenazó con acciones legales si la gira despedida no se hacía. Todos, Daniel Kon incluido, fueron a torcerle el brazo a Gustavo como fuera.

La única solidaridad que encontró Gustavo en ese momento fue la de Adrián Taverna, su eterno Sancho Panza, que al enterarse de las presiones sobre su amigo se llevó la marca. "Yo no voy a hacer esa gira", le dijo a Cerati. "Si vos no venís, yo no voy", le respondió Gustavo. Al rato, Zeta y Charly se enteraron y fueron a apretarlo a Adrián. Una mala idea, porque hacer que Taverna se empaque como una mula puede resultar muy fácil.

—Sos un hijo de puta: ¿cómo vas a decirle a Gustavo que no vas a hacer la gira?

—¿Para qué? ¿Para pasarla veinte veces como el culo igual que en Ferro? No, gracias, me quedo en mi casa. Vayan con otro.

—¿Vos no te das cuenta que nosotros no tenemos plata?

—Yo tampoco. Haré otra cosa. Les sugiero lo mismo.

—Dale, vos que sos el amigo, convencelo.

—Ni en pedo.

Al rato, aparece Daniel Kon con el mismo planteo: "¿Cómo vas a decirle eso a Gustavo?". "Yo no le dije que hiciera nada —le aclaró Taverna—, solo dije que yo no voy a hacer esa gira". ¿Fue un paso de comedia para evitar lo inevitable? No, ni Gustavo ni Adrián querían volver a pasar por ese desfile lánguido que habían sido las últimas presentaciones, porque la mala onda era total y absoluta. Más allá de los planteos legales de Charly Alberti, muy discutibles jurídicamente, había algo más real y atendible: con la separación de Soda Stereo un gran equipo de gente se quedaba sin trabajo. Hacer esa gira de despedida era un modo de darles a todos ellos una buena paga y un tiempo para que comiencen a pensar en otras fuentes laborales. No era lo mismo el desempleo para ellos que para Charly y Zeta, que no eran tan pobres como aseguraban, y que ya tenían proyectos por fuera del grupo y de lo estrictamente musical, algunos de los cuales habían explicitado en alguna conferencia de prensa —México o Miami 1996, de acuerdo a quien lo cuente— frente a la mirada sorprendida de Cerati. Zeta quería producir nuevas bandas y con el tiempo llegaría a ser director artístico de Sony Music. Charly Alberti ya estaba metidísimo en internet, había hecho un acuerdo con Apple y en su cabeza germinaba la idea de un portal llamado Yeyeye.com dedicado a la actividad musical y a la tecnología.

El camino hacia el final de Soda Stereo fue más largo y tortuoso de lo que se podría imaginar y a la vez la certeza del final lo hacía más llevadero. "Gustavo vino un día a casa —cuenta Daniel Kon—, y medio que se convenció de que había que hacer una gira despedida. Me pidió que armara un plan de pocos países y pocos shows". Charly y Zeta querían hacer veinte shows; Gustavo los limitó a tres y se estiró hasta seis. Al haber aceptado, Cerati pudo imponer algunas condiciones. Una de ellas fue el control artístico de *El Último Concierto*, porque había una idea de poner la mayor cantidad de canciones con derechos de autor compartidos para maximizar la ganancia de Charly y Zeta que perdían abrumadoramente en ese terreno. Coincidieron en invitar a todos los músicos que participaron eventualmente en la banda: Andrea Álvarez, Fabián Quintiero, Daniel Sais y Richard Coleman. Tweety González sería el tecladista y ampliarían el plantel con la incorporación de "Los especialistas": el inefable dúo de Alejandro Terán y Axel Krygier, que tocaría saxo barítono, acordeón, flauta y accesorios. Terán se haría cargo del saxo tenor y la viola. Pero Gustavo se encargó de agregarle problemas. "Mi relación con él era de risa —cuenta Terán—, yo era más un músico de él que de Soda. Un día me preguntó si podía tocar la guitarra eléctrica en 'Primavera 0', que pasaba de ser un tema de David Bowie a uno de 2 Minutos, con una delicadeza guitarrística a la que yo arruinaba. Había temas donde tenía que tocar el bongó, pero Gustavo decía que al ser un instrumento de percusión lo tenía que aprobar Charly Alberti. Me hacía tocar una nota y lo aprobaba él. Creo que le venía bien nuestra presencia porque Soda Stereo se había convertido en algo institucional y no le gustaba".

El otro pedido fue personal: que Analía Gómez hiciera la prensa. Su pareja con Daniel Kon había terminado con bemoles y sostenidos, por lo que ya se la daba fuera de Triple, pero Gustavo insistió en que formara parte. "Gustavo ahí me protege —confirma Analía—, porque yo tenía la bola negra y es él quien me defiende y después me pide hablar en privado para exigirme que me pusiera las pilas".

—Te vas a tener que poner fuerte, Ana —le dijo Gustavo—, porque esto va a ser difícil para mí. La cosa está en que vos puedas y quieras.

"Me puse la armadura y lo hice —prosigue Analía—, siempre tuvimos una relación muy de compinches con Gustavo. Él me contaba lo que le pasaba con las mujeres y por eso en el casamiento en Chile, me dio un abrazote así como de hermano. Porque sabía que yo conocía lo que sentía por Cecilia. Teníamos muchas conversaciones más allá de la música, sobre Pitágoras, la música del cosmos o Stephen Hawkings y los agujeros negros".

El 2 de mayo, todos los diarios dieron a conocer el comunicado emitido por la oficina de prensa de Triple Producciones: "Soda Stereo confirma por este medio su separación, resuelta de común acuerdo. Pronto se anunciará la fecha de realización en un estadio de la ciudad de Buenos Aires del último show en la carrera del grupo". La noticia cayó como una bomba aunque tampoco se podría decir, al menos en el ambiente musical, que fue una sorpresa absoluta. En una nota con el Suplemento Sí!, Gustavo lo había dejado entrever cuando dijo que "el futuro de Soda Stereo depende de una reunión entre los tres que vamos a tener en marzo. Hasta entonces, no puedo decir nada". "Tuvimos que comunicar la noticia y salir a vender la gira —explica Daniel Kon—, yo ya sabía que solo podíamos hacer cuatro capitales". Pero hubo una excepción para México, donde se hicieron tres shows: uno en Monterrey y dos en el Palacio de los Deportes en la Ciudad de México. Los restantes serían en Caracas, Santiago de Chile, y el final en el estadio de River de Buenos Aires. Hasta hoy, colombianos, ecuatorianos y peruanos se sienten indignados porque no se despidieron de ellos. No había margen ni tiempo para hacer un itinerario diferente.

Era lógico que el proyecto se agrandase y se convirtiera en un álbum doble grabado en vivo y también tuviera un formato audiovisual. Eso implicó el retorno de Alfredo Lois, un miembro muy querido por toda la banda, para la filmación de la gira despedida. Desafortunadamente, él también estaba despidiéndose: tenía un cáncer muy avanzado y sin chances de mejoría, y al mismo tiempo poseía el temple suficiente como para hacerse cargo del registro. Fue cuidado por los viejos compañeros, sobre todo por Zeta, con quien tenía un gran vínculo y en cuya casa pasó sus últimos días hasta febrero de 1998, cuando Soda ya era irremediablemente historia.

— • —

Durante esas calientes jornadas, como máximos exponentes de lo que afuera de Argentina se llamaba "rock en español", Soda Stereo recibió dos solicitudes para participar en álbumes tributo, por parte de un par de bandas de primera magnitud: Queen y Kiss, pero resolvieron hacerlo solo en el primero más por una cuestión de gusto que por conveniencia: Kiss hizo una lista de "missing in action" (perdidos en batalla), con los grupos convocados que por una u otra razón no participaron, incluyendo a Soda Stereo con nombres como Ozzy Osbourne, Stone Temple Pilots, Nine Inch Nails y Public Enemy. Para el tributo a Queen, integrado por grupos que cantaban en castellano, escogieron versionar "Some day, one day" de Queen II, una canción de Brian May. Le hicieron una interpretación brumosa y nostálgica, en la que Gustavo buscó apegarse al sentido original de la letra lo más posible. Sería lo último que grabarían como Soda Stereo. Después se pusieron a ensayar para la gira que comenzó el 30 de agosto de 1997 en México.

El primer show presagió lo peor y atacó a Soda por el lado más sensible: el sonido. Innumerables dificultades se abatieron sobre el Palacio de los Deportes. La idea original era hacer un solo concierto en el histórico Estadio Azteca cuya capacidad en aquel entonces era de ciento veinte mil espectadores, pero rivalidades comerciales lo impidieron. El Palacio de los Deportes solo tenía capacidad para veintidós mil, y un diseño más moderno que le valió el apodo de El palacio de los "mil soles", por los reflejos de su cúpula. Acaso por lo mismo era también el palacio de los mil rebotes. No fue eso lo que volvió literalmente loco a Adrián Taverna, sino una falla eléctrica que cortaba la energía cada quince minutos. "Fue de terror —recuerda—, yo le pegaba patadas a todo, estaba completamente enfurecido porque era un desastre. Casi termino en el hospital porque me tomé una botella de tequila". Luego se vio que estaba mal conectado el grupo electrógeno. Al día siguiente, Soda Stereo fue en fila a comprobar si su sonidista había sobrevivido la noche.

—¿Estás bien? —le preguntó Gustavo, el primero en aparecer.

—Digamos que sí.

—Dale, hagámoslo. Quiero que esto termine ya.

—¿Vas a poder esta noche? —fue la pregunta que le realizaron todos los demás.

—Quédense tranquilos que hoy no me muero —respondió el sonidista, que fue visitado por un médico que le indicó tres días de reposo.

—Yo tengo que hacer un show esta noche, no va a poder ser.

"Me pusieron algo para revivir a un caballo y así operé el segundo show que salió muy bien. El siguiente fue en Monterrey donde hicimos el mejor concierto de toda la gira y el único que no grabamos. ¡Unos genios!"

Con lo que no se había contado era con el factor anímico, de cómo iba a repercutir en la psiquis de cada uno el hecho de que cada concierto fuera una cuenta regresiva hacia un final impostergable. "Fue una gira tristísima —cuenta Eduardo Dell'Oro—, en cada show que terminaba nos convertíamos en una canilla de lágrimas y nos dábamos cuenta de todo lo que habíamos hecho. Por otro lado, Soda era una marca que facturaba muchísimo, por lo que era como encontrarte con una bolsa de dinero y que la patees". Emoción y divisas se mezclaban todo el tiempo, salvo en Venezuela donde tuvieron un día libre, y Gustavo se hartó y se fue a la playa con Alejandro Terán, Analía Gómez y otros más. Querían ir a Los Roques, pero por problemas de logística y tiempos terminaron en Morrocoy. "Mañana tienen que estar acá para tocar —le dijo Daniel Kon a Analía—. Si llegan a venir insolados sos la primera responsable". "Gustavo sabía ser tan príncipe que hasta su locura era hermosa —dice Terán—, lo que me he reído con él no tiene nombre. Me acuerdo de verlo completamente desnudo corriendo por la playa y le decía a Analía: 'No voy a ir a tocar. Estoy en la naturaleza: ¡ya me liberé! ¡No tengo ganas!' Y Analía sufría porque no sabía cómo llevarlo de vuelta". Pero Analía era psicóloga y conocía bien el juego de Gustavo. "Quería ir a bucear y yo era buzo —cuenta Analía—, y todos buceamos con snorkel, nos daban de comer caracoles vivos que los queman con limón. Creo que también vinieron Tweety y Barakus. La pasamos genial".

Al regreso hicieron una prueba de sonido y estalló una pelea de gran magnitud entre los tres. Ya habían entrado en un modo bipolar, por lo que el show en el estacionamiento de El Poliedro en Caracas salió espectacular. La bronca la descargaban en el escenario. "Tampoco es que se estaban arrancando los ojos todo el tiempo —clarifica Sandro Pujía—, también había joda, risas. Ninguna dinámica es que solo se pelean o solo se aman. Todos son momentos y en Soda también. No es que entrabas al avión y no se saludaban. A veces era así, y otras veces abrazos, besos, chiste, buena onda, o mala onda con chistecito. Venía todo junto". Tuvieron una semana para reponerse y el hecho de que Chile fuera el próximo destino ayudó: Gustavo jugaba de local y, a la vez, Chile fue el primer país donde se experimentó la "sodamanía". Habría mucha efervescencia y esas burbujas empujaron el ánimo grupal hacia arriba.

"El concierto de Chile nos puso las pilas —opina Taverna—, desde que llegamos los técnicos ya la gente estaba expectante: nadie se lo quería perder y salió muy bien. Yo ya quería terminar: no los aguantaba más". Pero el verdadero fusible fue Daniel Kon, porque cada uno iba a hablar con él, que era el mánager, y tenía que encargarse de negociar con los otros, saber qué decir y qué no y a quién. "Hubo una energía nueva cuando decidimos hacer la gira despedida —cuenta Daniel—, Gustavo cambió sabiendo que terminaba. Y yo también: me angustiaba pensando en tener que seguir laburando dentro de este clima cinco años más. Uno venía y me hablaba, después venía el otro. No sé cómo estuve psíquicamente preparado para eso".

Finalmente llegó el 20 de septiembre de 1997, día de *El Último Concierto* en el estadio de River. A su tiempo, Gustavo había propuesto que Avant Press, el grupo de Leo García y Ezequiel

Araujo, fuera el soporte, mientras que Charly, con ayuda de Eduardo Dell'Oro que era el mánager, sugirió el nombre de Santos Inocentes, la banda de su hermano Andrés. Zeta sumó el nombre de Tumbas, una banda que estaba produciendo. Para no profundizar la grieta entre ellos, se convino en que tocarían los tres grupos. Al igual que en Chile, se podría haber hecho otra función pero Gustavo fue tajante: "Yo solo me despido una vez". Los ensayos finales se hicieron para ensamblar a los invitados: el único y previsible no era el de Daniel Melero, que rechazó la invitación. Con el resto ensayaron en Dr. Jekyll, un amplio bar para conciertos, porque en Supersónico no entraban todos. "En 1997, Gustavo y yo estábamos cada uno en su ostra —cuenta Richard Coleman—, pero me llamó, me dijo que era el último show de Soda y quería que tocara. Yo había visto en Ferro lo mal que estaban, pero para lo de River estaban bien; no lo dejaron caer, pusieron todo y estuvo muy bien. Fue muy linda la energía del ensayo y fui el último en ensayar. Cuando terminamos, comenzaron a desarmar la sala para llevar las cosas a River. Debo haber sido el último 'cuarto' Soda y el último invitado".

—Guau, la última cola para ver a Soda Stereo —dijo Cerati desde el balcón de su departamento en avenida Figueroa Alcorta, observando el desfile infinito de caras esperando ingresar a River.

"¡Soda Stereo! ¡Buenos Aires, Argentina!", con esas palabras dichas sin demasiado énfasis, comenzó *El Último Concierto* donde el verdadero entusiasmo provino del público y terminó contagiando a los músicos que arrancaron con ánimo incierto. Para llegar a ese inicio hubo que vencer muchas dificultades, porque la estética le fue encomendada a Eduardo Capilla, que tenía grandes ideas que colisionaban con una implementación factible, lo que le causó algún disgusto a Eduardo Dell'Oro, encargado de que todo se hiciera. Allí mediaron Sandro Pujía y Eddie Pampín, iluminadores, para que bajaran las pulsaciones. La puesta finalmente estuvo a la altura de la circunstancia, pero el día de *El Último Concierto* se transpiró fuerte: el telón no subía ni bajaba. Agregando una cuota de humor bizarro, sorprendió a todos la aparición de Pachorra, un legendario asistente, que llegó a la hora de la prueba de sonido para sacarse unas fotos con un séquito. Se ve que alguien se casaba y era de River. Divertido, desde el escenario, Cerati gritaba: ¡que vivan los novios!

El show fue largo y con versiones novedosas de viejos temas: casi treinta canciones que se pasaron volando para los más de sesenta y cinco mil espectadores que sobrepasaron la capacidad del estadio. A medida que el final se acercaba, la emoción comenzaba a filtrarse por el staff. “El show final fue muy triste —asegura Nico Nóbile—, se fue viviendo como el último show desde antes y todos lloramos bastante. Nos dimos cuenta que todo había terminado”. “Uno de mis argumentos para no hacer la gira era que a mí no me gustaban los velorios —dice Taverna—. ¿Qué vamos a festejar? ¿Que está todo mal? Trataron de acomodarlo para la prensa, pero hicieron la nota para Canal 13 y no se volvieron a hablar”.

Para el final, Soda Stereo guardó “De música ligera”, bramada por todo el estadio, que la tocaron endemoniados y mostrando gestualmente signos que analizados hoy cuentan la realidad. Cuando Cerati bajó de la tarima de Charly Alberti, a quien le golpeó con entusiasmo los platillos, pronunció una despedida inolvidable: “No solo no hubiéramos sido nada sin ustedes, sino con toda la gente que estuvo a nuestro alrededor desde el comienzo. ¡Algunos siguen hasta hoy! ¡Gracias... totales!” Lanzan los acordes finales, cae una lluvia de estrellas sobre el frente del escenario... y fue el final.

—¡Subilos a todos! —le gritó Gustavo a Nicolás Nóbile en la nebulosa de la última gran ovación.

Luego de quitarse con rapidez la guitarra, Gustavo quedó como atontado. Charly salió de la batería y fue a abrazarse con Zeta. Cerati emprendió el camino hacia ellos, pero comprendió que no habría abrazo final. Arrojó una púa hacia la multitud, se frotó las manos y se las llevó a la cara para lanzar un llanto. Raudamente, Nico Nóbile y Barakus entraron con dos botellas de champagne para que festejen. Gustavo lo agarró del cuello a Nicolás, le dio un fuerte abrazo y le dijo al oído: “Se terminó en serio". Zeta fue al medio del escenario a agarrar la segunda botella. Las agitaron y rociaron al público como si hubieran ganado un torneo de Fórmula Uno. Se vuelven a alejar y segundos más tarde son Charly y Zeta los que van al medio del escenario, para ver si pueden lograr el abrazo de los tres juntos. Con el escenario ya invadido, Zeta abraza a Barakus y ya no se puede hacer más nada. Hay nuevos intentos, pero parece una comedia de enredos: cuando dos están juntos en el centro del escenario, falta el otro. A lo último de todo, el que casi lo logra es Charly Alberti al ver a Gustavo y Zeta parados paralelamente a dos metros; estira sus brazos, atrae a sus compañeros entre sí, pero Gustavo sigue aplaudiendo a la gente y Zeta, que se había detenido un segundo, comenzó a hacer lo mismo. Y ya fue el desbande final.

Esa danza estaba definitivamente rota.

31

Ánimo de brillar

Cuando Soda bajó del escenario de su última presentación hubo una muy breve reunión del equipo, con la presencia de Andrés Calamaro que pasó a saludar a los viejos amigos, un brindis apurado y una rápida desbandada. Cada uno se fue por su lado; Zeta, con Silvina y sus hijos, volvió a su casa, mientras que Charly se fue a cenar con amigos y Gustavo fue a un restaurante, Ozono, de la diseñadora Gabriela Malerba en la calle Uruguay. "Soda termina y termina en el último tema —dice Daniel Kon—. Abajo yo me quedé con Zeta en su camarín, Charly se fue con unos amigos, Gustavo se fue a bailar a no sé dónde. Ni siquiera hubo una despedida humana. Charly tampoco estaba bien, Zeta es más emocional". "Tenía un alivio raro —cuenta Taverna—, no estaba feliz. Yo llegué a ese restaurante a comer algo como a las cinco de la mañana. A Gustavo le costó mucho hacer el duelo". Taverna tuvo un escape porque a la semana siguiente se fue de gira como sonidista de Shakira. Durante un tiempo también sería un atípico notario en la separación de bienes, situación que insumió varios meses. Las cosas de Supersónico se las repartieron entre Gustavo y Zeta, no sin mediadores ni discusiones, y poco a poco la estructura de la banda de rock más grande de Latinoamérica se fue desmantelando y terminó en un sorteo con papelitos hecho por Daniel Kon, que comunicó el resultado por teléfono. "Teníamos que decidir —dice Kon— desde quién se llevaba el triple de platino en Perú hasta quién se quedaba con los últimos enchufes".

"¡Y de repente no había más Triple! —exclama Nóbile—. Gustavo me llamó y me pidió que fuera a su departamento de Alcorta. Yo no entendía nada y él tampoco. Y en un punto fue su culpa: él quiso terminar con Soda Stereo". Durante un buen tiempo, Nicolás estaría cerca de Gustavo cuando lo requiriese, pero ya no había entre ellos una cuestión laboral formal y sería una suerte de enlace con el mundo exterior. Cerati fue y vino de Chile para estar con su familia y habló con Cecilia sobre la posibilidad de mudarse a Buenos Aires. Gustavo estaba cada vez más metido en un círculo de gente vinculada a la música electrónica y a cierta modernidad que no alcanzaba la estatura de vanguardia, y a Cecilia ese entorno artístico le gustaba y era aceptada más que por ser la mujer de Cerati, por afinidad estética.

Pero quedaban cosas inconclusas que deberían llegar a buen puerto y aun en ese barco a la deriva, Gustavo seguía siendo el capitán por más que lo viviera como una condena: el disco en vivo. Afo Verde, A y R en BMG, tenía la ilusión de trabajar con Soda Stereo, pero en la primera reunión con el trío le dijeron: "nos separamos". Sin embargo, estuvo bastante ocupado porque *El Último Concierto* se produjo en esos momentos donde la barrera entre lo digital y lo analógico no estaba clara, y Supersónico no era un estudio preparado para registrar un show histórico en vivo. "Producilo vos", le pidió Gustavo a Afo, que lo hizo entrar en razones. "La conversación con Soda —comienza Afo Verde— fue sobre encontrar la mejor manera de grabar en digital, juntarnos con Taverna y Bergallo para ver qué hacía falta y pedirle algo a la gente de Maná que tenía unos aparatos que nos podían prestar. Yo insistí en que había que grabar ese show y editar un álbum, pero Gustavo no quería ni hacer la lista de temas. *El Último Concierto* se mezcló en Triple y nos fuimos a masterizar en Nueva York con Chris Gehringer".

—Vamos a terminarlo a lo grande, Gustavo. Nos hospedamos en el Waldorf-Astoria —decidió Afo.

—Estoy como los presos: me quedan cinco días y dos entrevistas.

Gustavo Cerati: un año y medio de vida.
Sus rulos ya se manifestaban.

En familia: Estela, Juan José, Lillian y Gustavo.
Abajo, Laura.

Almorzando con Cerati: a su lado, mirando a cámara, su compañera Adriana Torea. 1968.

Anticipo del look *Fuerza Natural*, 1969. Tomada por Osvaldo Rossi, tío de Gustavo.

Feliz Domingo: Gustavo dibuja a su compañero Alberto Della Morte, al conductor Orlando Marconi y a la profesora de Biología.

Egresados del San Roque, 1977. Gustavo está junto a un hombre de saco claro, el rector del colegio: Oscar Ancella. Su mirada está en otro lado. Siguiendo la fila hacia la derecha, Roberto Jokanovic.
Arriba: Columna de fotos en el aula del San Roque. Último día de quinto año. 1977.

Proyección folklórica con Vozarrón. La foto es gentileza de Sebastián Schón, primero desde la izquierda. Marcelo Kaplan es el último a la derecha. Gustavo, en el centro, mira al infinito.

Soda Stereo a comienzos de 1985. Foto de prensa: Charlie Píccoli

Cada vez más alto: Soda Stereo firma contrato con Ohanián Producciones.
Foto: Charlie Píccoli

Desayuno en Asunción, Paraguay. A la izquierda conversan Tweety González, Charly Alberti (de espaldas) y Mariano López. Gustavo con lentes, fumando un cigarrillo. A la derecha: Daniel Sais, Roberto Cirigliano y Zeta conversando con el periodista Federico Oldenburg. En el centro, mirando a cámara, Sergio Marchi. Enero de 1988.
Foto: Martín Gurfein

Soda Stereo, primera foto en Caracas, 1986.
Foto: Carlos Sánchez

Gustavo produciendo a la cantante chilena Nicole. De espaldas, Eduardo Bergallo.
Santiago de Chile, 1997. Gentileza: Nicole

11 episodios sinfónicos en Caracas, 2002.
Foto: Carlos Sánchez

Shakira y Gustavo distendidos en un yate, Estambul, 2007. Foto: Gaby Díaz

Izq.: Gustavo Cerati se señala sin saberlo en la pantalla. Foto: Damián Benetucci
Der.: Un guiño al pasado: con Soda Stereo en 2007. Foto: Damián Benetucci

Presentación de *Fuerza Natural*, 15 de mayo de 2010 en Caracas. Foto: Carlos Sánchez

La última fotografía. De blanco, en el final del show en Caracas. Foto: Carlos Sánchez

"Entonces —retoma Afo—, yo me iba al estudio a trabajar con Chris, Gustavo venía a las cuatro horas y supervisaba. Chris fue mi gran cómplice con lo de 'gracias totales'. ¡No lo quería poner! Decía que parecía un cheto boludo. Igual, trabajó todos los días y se metió en todo tipo de detalles". Sin preaviso, un día le propuso a Afo Verde que fueran a correr al Central Park. ¿Cerati con ganas de hacer ejercicio? Un buen psicoanalista le hubiera preguntado de qué quería correr. Esa situación de terminar de disponer de los restos de Soda Stereo lo agobiaba y Afo Verde fue un buen compañero para ese final. La relación entre ambos ganaría en confianza y sería de inestimable ayuda para lo que vendría.

El primer paso artístico de Gustavo, ya divorciado de Soda Stereo, marcó una dirección electrónica al presentarse el 24 de abril de 1998 con Plan V en el Centro Cultural Recoleta. "Me acuerdo —se ríe Christian Powditch— que cuando llegamos la gente se preguntaba: '¿Qué pasa?' '¿No toca guitarra?' '¿Quiénes son estos huevones?' 'Parece que son unos chilenos'. Encima nosotros que teníamos cero atractivo, no sabíamos cómo hacer un show que fuera bueno visualmente. Yo me indignaba porque veía las presentaciones de los Kraftwerk, hasta Yellow Magic Orchestra, y decía que teníamos que tener una estética. Y todos opinaban que no, Gustavo incluido. Para él era un poco tener pares y jugar otro juego. A mí me pasan una batería o una guitarra y no sé hacer nada. Este era el juego de los samples y las máquinas y con eso sí nos manejábamos". Plan V comenzó a circular y a tener vida más allá de Cerati, en el naciente mundo de internet, y se arrimaron a la categoría de grupo de culto. "La cosa empezó a agarrar más vuelo —continua Powditch—, y después Black Dog, uno de los primeros artistas del sello Warp, al que nosotros escuchábamos, salió alucinando y quiso hacer un remix de 'Tripulante', y nosotros impresionados: haga lo que quiera, maestro. Nos pide que nosotros hiciéramos un remix de él, y ahí Gustavo habla con BMG, le sacó unos pesos y sacamos *Plan V vs Black Dog*, con tapa de Alejandro Ros, infaltable dentro del clan de Gustavo".

En enero, Cerati se encontraba en Chile cuando recibió uno

de esos llamados soñados. Así como llegó a tocar con Santana, ahora era Miles Copeland, hermano de Stewart Copeland de The Police, el que le ofrecía un lugar central en el disco tributo a The Police: *Outlandos D'Americas*, con grupos que cantaban en castellano, solo que Gustavo tocaría en una canción con Andy Summers y Stewart Copeland. Compartió esa alegría con sus amigos chilenos.

—¡Me llamó Miles Copeland para que vaya a jugar de Sting! —anunció risueñamente.

La idea era que Gustavo eligiera una canción, la cantara, y, si quería, tocara el bajo, un instrumento para el que tenía muy buen gusto. Viajó a Los Angeles para la grabación y al comienzo tuvo una decepción porque no estaría Stewart Copeland en la batería, sino Vinnie Colaiuta, un sesionista con buena reputación. Lo que Cerati no sabía es que era algo más que un sesionista: Colaiuta es reverenciado como uno de los mejores del mundo por sus pares. Se daría cuenta apenas comenzaran a ensayar el tema que Gustavo escogió: "Bring On The Night", lo que a Andy Summers le pareció una gran elección. Hubo que cambiar la tonalidad del tema para que le quedara cómodo a Gustavo para cantarlo, y ese traspaso de acordes se hizo tedioso para Andy Summers. Cerati le hizo algunas sugerencias y ahí el guitarrista de The Police se dio cuenta de los quilates del sudamericano. No hicieron muchas pasadas, pero en cada una de ellas Colaiuta hacía crecer la canción. Gustavo volvió enloquecido. "Esa experiencia le abrió mucho la cabeza a Gustavo —dice Taverna—, y tocar con Colaiuta lo dejó impresionado. Él era ultra fan de The Police y no lo podía creer, después Miles le presentó a su hermano, Stewart Copeland".

Miles quiso interesar a Cerati en una gira con el plantel de *Outlandos D'Americas* y Gustavo dijo que no, porque quería hacer su proyecto solista. Le levantó la apuesta y le propuso, efectivamente, "jugar de Sting", y hacer una gira mundial con Summers y su hermano, cantando todas las canciones de The Police, llegando hasta ofrecerle un segmento solista acompañados por los otros dos monstruos. A Cerati le costó resistirse, pero tenía una necesidad tremenda de hacer su propio camino y poner más distancia con Soda Stereo. Miles Copeland lo respetó aún más por la firmeza de su decisión. Justo en el momento en que él carecía de mánager, tenía que decirle que no a uno de los más respetados del mundo. Esas decisiones también definen la impronta de un artista, y Gustavo Cerati solista recién estaba naciendo.

— • —

Entre su hogar en Chile y su departamento en Buenos Aires, con algunos teclados y la MPC comenzaría a delinear un material completamente nuevo. Se encontraba en absoluta soledad, pero pasó mucho tiempo con Flavio Etcheto, al que conoció cuando tocó trompeta en *Dynamo*. Flavio fue compañero de salida a discotecas, un buen frontón para intercambiar información de música electrónica, y una ayuda para los sampleos, que comenzaron a gravitar en su nueva estética. Se había planteado hacer algo completamente distinto a Soda Stereo, y BMG temía que saliera con un disco de música electrónica. Pero Gustavo tenía otros planes. Trabajó mucho solo con la MPC 3000, y algunas veces sumaba a Flavio que sabía cómo acompañarlo humana y musicalmente. Usaba menos la guitarra aunque nunca la abandonó. Disfrutaba aprender a trabajar con máquinas, porque lo llevaban por caminos diferentes y ya para ese entonces era un experto programándolas.

La música fluyó sin problemas pero Gustavo comenzó a ponerse en serio a proyectar una nueva carrera cuando decidió buscar casa en Buenos Aires. Y también un mánager. "No tenía y necesitaba uno —dice Nico Nóbile—, pero no quería tocar en vivo. Se corrió la voz de que Cerati buscaba mánager y me llamaban a mí: hubo varios dando vueltas. Yo era muy chico todavía, podía seguir siendo su Personal Mánager, pero no podría haber manejado el negocio; me hubiera quedado grande y con Gustavo yo ya tenía una cuestión más íntima". Cerati tuvo varias entrevistas con aspirantes al cargo y después de ellas llegó a la conclusión que lo mejor sería volver a trabajar con Daniel Kon. "Un día almorzamos —cuenta

Daniel— y en un momento de mucha humildad, me pidió que fuera su mánager. Me hizo escuchar los temas en los que estaba trabajando, lo noté mucho más tranquilo y le dije que sí. Eso me costó un disgusto con Zeta, que no lo entendió y le pareció una traición". Kon ya estaba trabajando con otras personas: era el mánager de Bersuit Vergarabat, que ese año ascendió a las primeras ligas con su cuarto disco, *Libertinaje*, producido por Gustavo Santaolalla. Y también se había convertido en productor del programa *El Rayo*, conducido por una modelo muy famosa y bastante conocida por Soda Stereo: Déborah de Corral, que estaba separándose de Charly Alberti luego de varios años de noviazgo.

Además de Nóbile, otro miembro del equipo de Soda Stereo que quedó muy ligado y en contacto con Gustavo fue Barakus, su fiel asistente. Y a través de él volvió a convocar a integrantes selectos de la vieja pandilla. Lo primero fue un encuentro casual con Adrián Taverna, a quien hacía como un año que no veía, porque después de trabajar con Shakira fue sonidista de Illya Kuryaki & The Valderramas. "Nos pusimos a hablar —dice Adrián—, y él creyó que yo estaba enojado con él porque no me había nombrado al final. Y me dijo que el 'algunos siguen hasta hoy' era para mí. Fue muy fuerte". Ambos le debían a sus cuerpos una generosa cantidad de ejercicio y comenzaron a juntarse para andar en bicicleta.

—Estoy buscando casa por tu barrio —le anunció Gustavo.

—No, vos estás buscando casa en Vicente López —lo frenó Taverna—. Yo vivo del otro lado de Maipú, que es Florida.

Ese fue un buen tema de conversación para ambos: dónde debería vivir Gustavo. Sentía que su familia debía vivir en una casa y que el departamento de Figueroa Alcorta no alcanzaba. Que no tenía que estar demasiado lejos de la casa de su madre en Villa Ortúzar, y que a la vez debía estar cerca de las principales vías de acceso para poder salir pronto a la ruta. Hasta trazaron un perímetro de calles que básicamente comprendían los barrios de Olivos y Vicente López. En este último, encontró lo que buscaba: un lindo chalet en una esquina de la calle Eduardo Madero. "Acompañame a ver una casa que creo que voy a comprar", le pidió a Adrián, que la vio de frente y le dijo: "Es igual a la casa de tu vieja". "Tenía las mismas piedras Mar del Plata, las aberturas eran iguales; entramos y lo que le fascinó era que tenía un ascensor adentro, por lo que podía entrar con el auto al garaje y después ir a la planta baja, primer o segundo piso". La casa tenía un amplio parque con pileta, a la que en esa visita no prestó demasiada atención porque lo que buscaba era otra cosa. Siguió de largo y como un perro marcó el lugar.

—Acá es para hacer el estudio.

—¿No te imaginás mucho olor a humedad? —lo previno Adrián.

Era un pequeño galpón donde los dueños anteriores guardaban los trastes y las cosas de la pileta: barrefondo, cloro, zarandas y demás adminículos. El terreno quedaba en una barranca, era muy grande, y la caída hacia el Río de la Plata se hacía más pronunciada en el sitio que Gustavo señaló. Ahí construyó Casa Submarina, bautizado así porque parecía quedar bajo la piscina y también recordando una vieja serie televisiva llamada *Caza Submarina*, protagonizada por Lloyd Bridges. Una vez adquirida la propiedad, entraron dos equipos de arquitectos: uno para reformar la casa, y el otro para hacer el estudio que fue diseñado por Eduardo Bergallo, uno de los pocos que conoció el lugar con su primera denominación: Sótano Beat.

"Tuvo un par de nombres el lugar —cuenta Bergallo—, pero después se inundó y fue Casa Submarina. Hubo dos inundaciones, una durante la construcción y otra ya con el equipo instalado. Era una barranca, tenía la pileta pegada, pero cuando arrancamos con la construcción él estaba muy contento. Casa Submarina tenía un control-room grande, que era donde más se trabajaba, y un cuarto chiquito para grabar cosas con micrófono. No es que tuviera mucho equipo, pero estaba bien aprovechado". Cuando comenzaron a montar los equipos, Gustavo le hizo escuchar a Bergallo las canciones en las que estaba trabajando. "Me pareció distinto a Soda, muy del momento que se estaba viviendo musicalmente hablando, era original. No tenía un estilo sino un poco de todo, me sorprendió para bien. Lo había hecho un poco en Chile, un poco en el departamento de

Figueroa Alcorta, que todavía estaba porque había muebles que los trajimos de ahí para apoyar los racks". Nico Nóbile confirma el dato: "Esa música nace en Alcorta, ya estaba jugando con ese disco. Tengo la imagen de Gustavo sentado en el piso, con las piernas desparramadas hacia fuera, con la guitarra tirada en el piso, lleno de pedaleras. No fue al otro día de la separación: le llevó unos meses volver a conectar".

— • —

Cuando Casa Submarina estuvo medianamente habitable, Gustavo invitó a Leo García, el cantante de Avant Press, a sumarse a él y a Flavio en una presentación en el Centro Cultural Recoleta, que sería como un show solista muy informal y de entrecasa, en noviembre de 1998, en el marco del Festival Inrockuptibles. Fue otra prueba del buen olfato de Cerati, que se había entusiasmado con *Vital*, primer disco solista de Leo, que había manifestado públicamente su entusiasmo por los pasos que daría Gustavo sin Soda Stereo. Cuando Avant Press fue soporte de *El Último Concierto*, les hicieron una nota para MTV donde les preguntaron si estaban tristes por la separación del trío. "No, yo no estoy triste —respondió Leo—, porque creo en Gustavo Cerati solista". "Gustavo me invitó a Casa Submarina y comenzó a mostrarme las bases que tenía para su disco. Ya estaba Flavio y me invitó también a tocar en el festival. Tocamos con máquinas, yo con un sampler haciendo con mucho gusto las partes de Daniel Melero; tocamos 'Tu medicina', 'Vuelta por el universo', 'Amor amarillo' y 'Bajan'. Él quería algo experimental, y en el camarín estaban Daniel Kon, Maitena (mujer de Daniel en ese entonces) y Nando Travi. Gustavo me dijo que estaba buscando mánager y muy preocupado por eso, porque Daniel no quería ser muy mánager. En un momento se rio y me dijo: '¡Un buen mánager sería Pancho Dotto!'"[46].

46 Pancho Dotto es conocido por ser el mánager de las mejores modelos femeninas.

El disco llegó prácticamente hecho a Casa Submarina, solo había que completar las letras y traspasarlo a cinta. "El proceso fue calcar lo que él había hecho como demo —explica Bergallo—. Si hubo un error, calcar el error. Tocó un montón de instrumentos, distintos músicos se sumaron, hubo un desfile interesante de cosas. Pero el disco en sí, ya lo tenía súper cerrado". Es más, podría haber prescindido de músicos para completarlo pero le pareció interesante que Flavio participara y sabía que podía recostarse en Leo García para las voces y quizás alguna acústica. Bajo y batería fueron dos cuestiones que abordó en modo conjunto y se topó con un problema: no conocía demasiados músicos. Antes del final de Soda Stereo le había pedido a algunas personas de confianza que le presentaran músicos, colegas, y tal vez por eso se había fascinado con Avant Press: eran de otra generación pero captaban su lenguaje.

La primera base rítmica que probó fue la de Christian Basso, que había sido el bajista del Fricción original, y Aitor Graña, a quien le había echado el ojo cuando tocaba en Juana La Loca, y que en ese momento formaba parte de Virus. Curiosamente, distintos allegados a Gustavo (Barakus, Nico Nóbile, Taverna) le fueron sugiriendo dos nombres que venían en tándem aunque no hubieran tocado juntos: Fernando Nalé y Martín Carrizo. Nalé era el bajista de Illya Kuryaki & The Valderramas y confeso fan de Soda Stereo; lo mismo pasaba con Carrizo pero en su caso era más increíble porque era el baterista de A.N.I.M.A.L., una banda de heavy metal. Gustavo ya lo conocía porque algún tiempo atrás, por medio de Nicolás Nóbile y con la complicidad de Adrián Taverna, Martín pudo ir a un ensayo de Soda Stereo. Probablemente haya sido el último antes de que el trío emprendiera la gira final. Martín estaba que estallaba de felicidad aquella vez.

—Llegá un rato antes del ensayo, que yo después veo la onda y te quedás —le dijo Adrián. Martín vio la batería de Charly Alberti, a quien admiraba y preguntó si podía tocar.

—Dos minutos, mirá que si llega Charly y te ve en su batería va a haber quilombo.

—Te lo prometo.

—Bueno, no vayas a romper nada.

"Es que Martín le pegaba muy fuerte a la bata —explica Taverna—, y se puso a tocar un tema de A.N.I.M.A.L., que era 'Persiana americana' de Soda, solo que al doble de velocidad. Es uno de los bateristas más grandes que vi en mi vida". Fernando Nalé ya lo había apalabrado a Gustavo en uno de los dos shows que dio con Plan V en el Centro Cultural Recoleta. "Lo encaré y como conocía a Taverna y a Tweety me lo presentaron —dice Nalé—. Le pregunté si a esa banda le iban a agregar bajo y batería, y que me tuviera en cuenta si era así. Le dejé mi teléfono y me devoró la ansiedad. Finalmente me llamó para que nos juntásemos a tocar en Casa Submarina, y me pasó siete temas de lo que era el demo del disco". Ese día ya estaba Martín Carrizo sentado en la batería y tocaron durante siete horas. "Martín tenía un sonido muy lindo —continúa Nalé—, muy prolijito y una patada gigante que venía muy bien". No fue una improvisación sino un ensayo en tiempo y forma con el nuevo material. Todo terminó y Gustavo dijo: "Bueno, ¿tocamos juntos?" Martín Carrizo no lo podía creer: una eternidad esperó ese instante. No pudieron tocar mucho en la grabación porque el disco estaba casi completo, por lo que tuvieron intervenciones con precisión quirúrgica, para no desordenar el nuevo universo que Gustavo había armado. Y se llamaba *Bocanada*, un título lógico y poético para alguien con tanta afición al cigarrillo.

"Cecilia le había prohibido que fumara en la casa —cuenta Taverna—, por los chicos, y Gustavo estaba enfurecido. Que fume en el jardín, en su estudio, pero no en la casa". El tema "Bocanada" se construyó en base a un sample de "Eruption", un tema de Focus perteneciente a su álbum *Moving Waves* de 1971, que duraba veintrés minutos: el rock sinfónico en su máxima expresión y duración. De allí sampleó dos partes que apenas duran segundos, para construir la cadencia de su canción. Pero Thijs Van Leer, alma mater del grupo holandés, se puso muy duro con el tema de los derechos y terminó recibiendo más de lo que hubiera correspondido. El sample le dio un gran clima donde trabajar con scratches que hizo

Rudie Martínez de Audio Perú, una batería poderosa que tocó Martín Carrizo, y un contrabajo a cargo de Fernando Nalé. "Toqué el contrabajo —revela—, porque el bajo eléctrico chocaba contra el bajo del sample de Focus". La letra de la canción surgió a través de una visita a lo de Gustavo a la que Leo García fue con su amigo y letrista, Pablo Schanton, periodista del diario *Clarín*, quien luego le alcanzó una letra que hablaba del humo y la incomunicación.

"Creo que ya se veían venir las nubes entre él y Cecilia —reflexiona Leo—. Y Pablo Schanton, que es muy vivo y muy inteligente, lo captó enseguida. Había un disco que escuchábamos mucho que se llamaba *Around The House*, de Matthew Herbert. El disco habla de una pareja que se está separando y se escuchan los ruidos de la cocina. La letra de 'Bocanada' está inspirada en eso". El letrista prefirió usar un seudónimo, Eduardo Chaijale, y no su nombre verdadero para no mezclar su trabajo en *Clarín* con su veta de escritor de canciones. Gustavo le agradeció el texto y luego hizo como con los samples: lo deformó y lo modeló a su gusto, sustrayendo y agregando cosas, hasta que quedó a medida para la canción. Si había un conflicto en el matrimonio de Gustavo con Cecilia, no era visible en la superficie, y solo escasas personas de máxima confianza podían detectarlo. "Yo fui mucho a Vicente López —cuenta Christian Powditch—, donde tenían una casa espectacular en la que Gustavo seguía viviendo el sueño de la familia. Me mostraba los temas de *Bocanada* y solo podía aplaudirlo. A veces estaba presente cuando sacaba un arpegio de guitarra y tenía que ponerle letra, entonces empezaba a balbucear y me decía: 'Yo primero canto en esperanto'. Era su sistema. Ahí empieza la separación con Cecilia, y no sé bien qué pasó. Gustavo estaba empezando una nueva etapa en su vida, como siendo joven de nuevo, y por ahí Cecilia estaba un poco más fría en ese tiempo. Se juntaron muchas cosas y yo estaba un poco en el medio porque era amigo de los dos".

En su mente, Gustavo tenía definidas la entrada y la salida de *Bocanada*. Sabía perfectamente que el primer tema era más que un comienzo de disco: era el inicio de una nueva era. Y quería sorprender. "Tabú", con su tempo en 6/8, lo pone muy lejos de lo que podría ser el universo Soda Stereo; con su ritmo selvático extraído de un oscuro tema de Spencer Davis Group, "Waltz for Lumumba", sobre el cual tocó magistralmente Martín Carrizo, Cerati solista hace su primera jugada hablando de la conclusión del milenio: el nuevo fin.

Un nuevo comienzo para él.

32

Aquí y ahora

—¡Perdón, Gus! Me equivoqué —le dijo Leo García a Gustavo con la voz de un chico que ha sido sorprendido manoteando unos caramelos de más.

—¡No! ¡Está bien, dejalo así! —indicó Cerati.

En vez de "cruza el amor por el puente", involuntariamente Leo cantó "usa el amor", y Cerati completó "como un puente". Y fue el final de "Puente" que sería el primer gran éxito de Gustavo como solista: la frase "gracias por venir", tenía usos múltiples porque también era una apuesta al futuro: "gracias porvenir". Sin darse cuenta tampoco, Gustavo repetía una costumbre de Spinetta que cuando hallaba una melodía de antología, buscaba ocultarla o enmascararla. Charly García también tenía esa costumbre con modos más destructivos: ¿la famosa inseguridad del artista? Algo de eso se reveló en Cerati, que no tenía conflictos con el éxito cuando sus dedos delinearon la melodía de "Puente", uno de los pocos temas que desarrolló en la guitarra y no en la MPC. "Era mucho más hit de cómo terminó quedando —cuenta Bergallo—, pero él la fue escondiendo un poco, no quería que fuera tan evidente una canción tan linda, que no quedara como una canción compuesta para ser un hit". Por eso, "Puente" tiene toda clase de efectos que la hacen casi astral. "Tenía que ver con Deepak Chopra —recuerda Leo García—, leíamos muchos libros de autoayuda y yo estaba leyendo *Las siete leyes espirituales del éxito*, que a mí me sirvió muchísimo. Yo canto una frase que comenzaba él: 'el paso que dimos es causa y es efecto'. Hice un arreglo de coros que saqué del disco *Sunflower* de los Beach Boys, y doblé casi todas las frases de ese tema. Todo era con ese pensamiento, un modo de componer muy libre; creo que todo estaba listo, pero Gus necesitaba la compañía de sus músicos".

La cosa fluía muy agradablemente y *Bocanada*, que no estuvo exento de problemas, fue una de las grabaciones que Gustavo más disfrutó. Había cierta espiritualidad flotando en el aire; más allá del libro de Chopra, Cerati se sentía libre: se lo puede percibir en los licks veloces de guitarra limpia que embellecen "Tabú", como una rémora de sus tiempos de jazz-rock en Vozarrón, o delicadas intervenciones en "Beautiful", que en alguna frase parece una invitación a Cecilia, o a otro, a la distensión. Fluir sin un fin, cantó en "Río Babel", que fue vinculado con Jorge Luis Borges por el cuento "La biblioteca de Babel", aunque la referencia más clara del célebre escritor argentino (que figura en agradecimientos junto a Alejandra Pizarnik y Horacio Quiroga) está en "Aquí y ahora" donde menciona a los "senderos que se bifurcan" y su letra parece un hexagrama del I-Ching: "Sé pequeño. Sé una gota en el jardín. Sigue el curso de agua".

No todo era tan cósmico, líquido y aterciopelado en *Bocanada*. Bajo una melodía tramposamente cristalina, que se apoya en un sample de "The circle of love" de Steve Miller Band, están los versos intrigantes de "Engaña" que tiene la curiosidad de tener un microsegundo de silencio intencional. "¡Nos devolvían los discos creyendo que estaban fallados!", recuerda Horacio Nieto que en aquel entonces trabajaba en BMG. Hacia el final de la canción hay como unos gritos ahogados, que no es otra cosa que Gustavo cantando a través del micrófono de la guitarra eléctrica. Quizás lo más traicionero de "Engaña" sea pensar que en la mitad del tema habla de Soda Stereo, cuando habla de que "se rompe la canción, apenas duele", y los versos subsiguientes. Taverna lo descarta: "Estaba queriendo alejarse de Soda, mirá si les va a componer un tema. También hay una necesidad periodística y de los fans en ver mensajes ocultos". Aunque los hubiese.

"Paseo inmoral" es una canción que parece de otro disco pero que le sienta bien a *Bocanada*, un rock and roll encubierto con ritmo duro, reforzado por las siete baterías que Gary Glitter hizo grabar para su "Rock and Roll, Pt. 2". "Habíamos hecho una fiesta para mi cumpleaños —recuerda Bergallo—, y entre los invitados estaban Gustavo y Francisco Bochatón, que para mí es de los artistas grandes que tenemos acá. Estuvieron charlando y él le regaló su disco *Cazuela*, que recién había aparecido. Después se juntaron y Gustavo le pidió una letra". Bochatón compuso "Paseo inmoral" y a Gustavo le gustó tanto que quiso que el disco llevara el título de "Un gran inventor". "A Gustavo lo relajaba no tener que hacer la letra —continúa Bergallo—, y encima estaba la presión de lo buena que era la música y encontrar algo que calzara justo con la melodía de voz que él había balbuceado. No era fácil: Gustavo nunca iba a utilizar una palabra que no sonara dentro de la fonética del rock".

Para *Bocanada*, Gustavo tuvo que firmar un nuevo contrato como solista con BMG. Fue una situación jocosa, porque el director de marketing de la compañía, Horacio Nieto, llegó a la reunión arrastrando una pesada valija.

—¿Qué traés ahí?

—El adelanto.

—¿En efectivo?

—Sí —respondió Nieto, tomó aire, y con las fuerzas que le quedaban apoyó cuidadosamente la valija sobre la mesa de reuniones.

Las caras de Gustavo Cerati y Daniel Kon eran de total desconcierto. Se firmaron los papeles correspondientes; se había arreglado lo que Gustavo quería: un presupuesto para hacer la mezcla final en Londres y algo más. Cuando Cerati firmó el último papel se impuso la constatación del dinero. Daniel Kon fue a abrir la valija y la notó demasiado liviana: en su interior había solo un sobre con un cheque por la cifra prevista.

Las risas aflojaron el ambiente. Ahora sí: Gustavo Cerati era un artista solista bajo contrato.

— • —

En su momento no lo dijo, pero Gustavo compuso la monumental "Verbo carne" inspirado en el recuerdo de su padre. Tenía un loop electrónico sobre el cual cantaba y nada más. La letra estaba terminada y clara. Para Eduardo Bergallo completa una trilogía junto a "Té para tres" y "Tu medicina". "Una canción es la perfecta continuación de la otra: lo previo, el momento y el después". Faltaba algo y Cerati había soñado una audacia. Lo llamó a Alejandro Terán para hacerla juntos. "Tengo una situación que me gustaría que fuera sinfónica", le dijo por teléfono. Se encontraron en Casa Submarina y le mostró el esqueleto de su canción. "El tema era un loopcito electrónico —dice Terán—, con un ostinato un poco militar, y la voz: no había nada más. Muy despojadito. Una letra muy extraña".

—Siento una situación orquestal aquí —le comunicó Gustavo.

—Bueno, armemos una orquestita con amigos —propuso Terán.

—No, me imagino una orquesta más grande... una filarmónica.

—¡AAAHHH, OK! —Terán ya se estaba alarmando.

—¿Vos ya escribiste para orquestas grandes?

—Eeeh, hmm, seeee, no sé.

La cosa creció hasta una orquesta de cuarenta músicos ingleses, que serían grabados en Abbey Road, el mítico estudio que Los Beatles fatigaron en los 60. Primero viajaron Gustavo, Flavio y Daniel Kon para instalarse en un departamento de Knightbridge y comenzar a organizar la mezcla que se haría en Matrix con Clive Goddard, a quien le dijo: "vengo a buscar graves". Sentía que tenía un déficit en esa frecuencia. Daniel tenía pendiente un encuentro con Deborah de Corral que se había ido a vivir a Londres, y Gustavo lo sabía, por eso bajó a saludar cuando se produjo aquella reunión en un pub. Hubo una charla animada y un chispazo, pero mantuvieron cierta compostura británica.

Alejandro Terán llegó poco antes de grabar en Abbey Road y de los nervios no pegó un ojo la noche anterior a la sesión. Portaba una carpetita muy prolija con más de cuarenta partes para los músicos. A las 8.30 de la mañana del día siguiente atravesaron la mítica entrada de Abbey Road. Terán entró al estudio grande, repartió todas las partes y se fue al control. La orquesta todavía no había llegado, pues la sesión era a las nueve de la mañana. Preguntó quién fue el último artista en usar el estudio y le dijeron: John Williams[47]. Casi se desmaya. Faltando quince minutos para la hora señalada llegó la arpista, que siempre requiere más tiempo para afinar por la cantidad de cuerdas. Y como en malón, dos o tres minutos antes de las nueve arribaron todos los demás. El conductor de la sesión sería Gavyn Wright, que había participado en la Penguin Café Orchestra y que era el director de la London Session Orchestra que haría las cuerdas de "Verbo carne". "El técnico puso 'rec' a las nueve en punto y cinco minutos más tarde ya nos podíamos volver a Buenos Aires", recuerda Terán. "¡Se nos saltaban las lágrimas con Gustavo!". Wright fue al control para recoger las impresiones de aquella primera toma. "Hablá vos", le dijo Gustavo con la garganta cerrada de la emoción. "Nos quedamos sin habla: no podíamos creer lo que había pasado —se emociona Terán—. Estábamos con los ojos rojos".

—¿Les gustó la primera toma? —preguntó Wright a los dos músicos que estaban sin palabras—. Los veo muy callados.

"No sabía qué decirle —reconoce Terán— porque todo estaba mucho mejor de lo que había imaginado entonces le pregunté si el cuádruple forte de los trombones podía ser más al límite. Habló con los trombonistas, y en la segunda toma se volaban los techos". Gustavo grabó luego la voz de "Verbo carne" en Matrix, y cuando comenzó a cantar divisó por la ventanita del estudio una de las cruces de la vecina Fulham Christ Church. En el catolicismo, el "verbo que se hace carne" es la palabra de

47 John Williams es uno de los compositores cinematográficos más grandes de todos los tiempos. Lo que había grabado antes que Cerati y Terán procedieran a registrar la orquesta de "Verbo carne" era nada menos que el score de *Amenaza Fantasma*, de la saga Star Wars, en febrero de 1999.

Dios representada en Jesús. A Cerati se le puso la piel de gallina, pero infló sus pulmones y cantó con la emoción a flor de piel, y a la vez, como iluminado por la situación, con la precisión necesaria para enfrentar a los cuarenta y ocho músicos de la orquesta que lo secundaban desde los auriculares. "Fue un flash —recuerda Horacio Nieto, que llegó como en representación de la compañía— porque mientras él cantaba la canción, yo desde afuera también podía ver la cruz". Gustavo agradeció la presencia de Horacio porque le había llevado un cargamento de sus Jockey Suaves Largos.

Bocanada parecía terminar de la misma manera que los últimos dos discos de Soda Stereo: con una suite electrónica que comienza a tomar forma con "Y si el humo está en foco", que es una frase que Gustavo pronunció en tono de pregunta durante la sesión de fotos para portada que hizo con Gaby Herbstein. Si bien Cerati se encargó de disipar la asociación entre "bocanada" y "humo" en varios reportajes ("puede ser también una bocanada de aire fresco", repitió muchas veces), no cabía dudas que visualmente el humo rendía mucho más. De manera que fumó alegremente hasta que Gaby le dijo que no podía hacer foco por el humo. "¿Y si el humo está en foco qué pasa?", sugirió Cerati. Alejandro Ros diseñó la tapa: un Gustavo bañado de azul con pequeños rubíes rojos dispuestos como estrellas. Se dice que la portada de *Bocanada* se inspiró en el *Greatest Hits* de Bob Dylan, y si bien es verdad que se parecen, el álbum de Dylan carece de humo: son sus rulos a contraluz los que producen el efecto de aureola.

El resto de lo que sería la suite está compuesto por tres canciones que tienen una sonoridad parecida, pero que no están vinculadas a "Y si el humo está en foco", porque son interrumpidas en el listado por "Paseo inmoral". "Aquí y ahora (los primeros tres minutos)" es una tenue canción con un ritmo ligero, que se encadena con otro tema de idéntico título y diferente paréntesis "(y después)", que a su vez desemboca en el suave trance de "Alma", compuesto con Flavius al igual que "Perdonar es divino". Se prolonga el estado de gracia del "Aquí y ahora" y *Bocanada* hace su parada final en "Balsa", un instrumental que parece interpretado por un marimbista ebrio en una góndola, efecto conjurado por el sampleo de "O sole mio" cantado por Elvis Presley[48]. Lo que se escucha al revés son unas notas de contrabajo.

Bocanada fue publicado el 28 de junio de 1999. Curiosamente, o no tanto, el corte de difusión fue "Raíz", pese a que la recomendación de Horacio Nieto había sido que el primer corte fuera "Puente". "El simple fue 'Raíz' y yo estuve en contra —revela Afo Verde—, la decisión fue de Carlos San Martín, presidente de la compañía, que venía con una visión europea y lo telúrico le llamó la atención". "Raíz" destila calidez y familiaridad, por su impronta folklórica, subrayada por el sample del tema de Los Jaivas, "Del aire al aire", mezclado con otro de Mark Snow (donde reside el sikus dominante), y otros de Thomas Dolby, Deodato (la batería de Billy Cobham) y XTC. ¿Cómo conjugar todo eso en una canción y que quede coherente? Ahí estaba la inteligencia de Gustavo, que había encontrado un modo diferente de composición, a través de un tropel de sampleos disímiles que podían vertebrarse en una canción integral.

La canción también celebra el regocijo de un hombre que en la víspera de sus cuarenta años ha roto sus amarras con su proyecto musical más duradero. *Bocanada* era una obra maestra, una compleja ingeniería que desarrollaba un universo musical inédito. Otro vocabulario para la nueva década de Gustavo, para el nuevo siglo, para el nuevo milenio.

— • —

Bocanada se presentó ante la prensa en una elegante escucha que se hizo en el desaparecido Hotel Talcahuano, que a Gustavo le simpatizaba. Pero antes de la amable escucha, Gustavo maldijo en varios idiomas a Horacio Nieto, director de marketing de BMG. "Lo que pasó —se ríe hoy Nieto— es que yo había

48 "It's Now or Never" de Elvis Presley es una adaptación de la canzonetta napolitana "O sole mio".

puesto un aviso en el Sí! de *Clarín* que decía: 'Bocanada, lo nuevo de Gustavo Cerati. Un disco de canciones'. Pero es que necesitaba separarlo de Plan V. Para mí es el disco más lindo de Cerati". Las críticas fueron en general favorables, pero no efusivas. En el entorno de Gustavo hubo una sensación de resistencia ante lo nuevo por parte de la prensa especializada a raíz de su coqueteo con la electrónica. Pero también había un cambio de marea donde en el consenso del rock de Argentina se veía con mejores ojos a los que enarbolaban estandartes de pertenencia callejera y lumpen, que al rock de laboratorio finamente destilado. Mucho más dura fue la crítica de *Rolling Stone* con el disco de Ocio, un duo electrónico que Cerati hizo con Flavio Etcheto, cuyo álbum, *Medida Universal* (que venía con una regla de colegio), solamente recibió una estrella.

Entre el lanzamiento y la gira presentación del álbum surgió un contratiempo y no menor: Daniel Kon dejó de ser el mánager de Gustavo Cerati. Más allá de algunas desinteligencias que surgieron, Daniel se fue porque tenía la posibilidad de ser padre. "No llegué a la gira de *Bocanada* —recuerda Kon—, llegué al disco terminado, fui a algunas reuniones con la compañía, pero mi mujer quedó embarazada, lo hablamos y yo quise ocuparme de mi hija. Y en este negocio es difícil hasta ocuparte de tu vida". Cortó sus lazos con la productora televisiva donde participaba, con la Bersuit y finalmente con Gustavo. Quedó en su lugar, interinamente, Nando Travi, segundo de Kon, mientras se designaba a un nuevo mánager. Se pensó en Daniel Grinbank, que había vendido la radio Rock & Pop, pero que luego de su experiencia con Charly García juró no volver a trabajar con artistas directamente. Afo Verde ayudó en la pesquisa y sugirió el nombre del colombiano Julio Correal, mánager de Aterciopelados. También se mencionó a Jorge Mondragón, que trabajó con infinidades de bandas de México. Ambos tenían gran relación con Gustavo, que descartó a Ángelo Medina, mánager de Ricky Martin, porque le parecía que no era su perfil.

"Afo me llamó un jueves y me invitó a Buenos Aires para charlar con él y Gustavo —confirma Julio—. Lo primero que hice fue hablar con Daniel Kon que me dijo que era verdad que renunciaba y que Gustavo me iba a necesitar con él todo el tiempo. Me reuní con Gustavo a almorzar en Puerto Madero y nos miramos de arriba abajo. Conversamos mucho, a la noche fui a su casa en Vicente López para hablar de planes. Yo estaba cerca de montarme una oficina en Miami, pero él era del tipo de artista que necesitaba un mánager cercano. Lo de Miami no le sonaba mucho ni a mí venirme a Buenos Aires". A esa hora se les despertó el apetito y como era muy tarde, Gustavo sacó una pizza fría. Almuerzo de reyes, cena de pobres. Quedaron en que Julio organizaría un tramo de la gira por Centroamérica y verían cómo trabajaban juntos. "Hablé mucho con Gustavo por la necesidad de cantar canciones de Soda en su show solista. No le gustaba, pero a veces intercalaba 'En la ciudad de la furia'. Estaba muy contento con lo que estaba haciendo solo".

"Cuando lanzó *Bocanada* en Bogotá —prosigue Julio—, se realizó una firma de autógrafos en un centro comercial, que él no hacía eso. ¡Y le llegaron cinco mil personas! Fue una locura. Una vez sentado dijo 'me la banco y le firmo a las cinco mil'. Fue en el Centro Comercial Gran Estación, ¡y le firmó a las cinco mil nomás!" Esa misma noche fueron a una fiesta inolvidable donde terminaron inmersos en un paso de comedia porque ni siquiera la policía parecía capaz de frenar la rumba. El capitán del operativo desalojo se impacientaba ante la ausencia de resultados.

—Está difícil, mi capitán: está el señor Cerati —dijo un subordinado.

—No importa, termine la fiesta.

Al rato el hombre volvió con otra novedad: "Mi capitán, también están Antonio de la Rúa y Shakira". La celebridad local demoró un poco la conclusión, solo que era gente que se le parecía y no los verdaderos. Y en un momento salió Fruto Mejía, un conocido DJ Colombia, que era gordito y mechudo. El agente pareció rendirse: "Mi capitán, ¡va a ser imposible! ¡También está Maradona!"

Aquel intento de que Gustavo y Julio trabajaran juntos terminó mal o bien, de acuerdo a cómo se lo juzgue. Hubo tres conciertos de Gustavo por la zona: el mencionado en el Salvador, otro en Panamá y concluyeron el tramo en Venezuela. Amanecían los dos en Caracas después de una salida muy divertida y bien regada, cuando sinceraron posiciones.

—Julito, la verdad es que creo que necesitamos a alguien más cuerdo, porque entre un loco y otro más loco no va a funcionar —reflexionó Cerati.

—Gustavo: tienes toda la razón —coincidió Correal.

Nando Travi terminó siendo elegido como el nuevo mánager de Gustavo Cerati. Lo sugirió Daniel Kon y Gustavo estuvo de acuerdo. Ya había sido tour manager de Soda Stereo en *El Último Concierto* por pedido expreso de Kon a Fernando Moya, mánager de Fito Páez. Con ese artista, Nando adquirió experiencia internacional, y no había demasiados en Argentina. De perfil muy bajo, y sumamente serio, Gustavo concluyó en que la elección de Nando le permitía un cambio con continuidad.

La gira de *Bocanada* había comenzado por México, que para Gustavo siempre fue un lugar grato. "Le gustaba todo —dice Jorge Mondragón—, la comida, las mujeres mexicanas y como era un ídolo lo asediaban. Pero aparte era amigo de la escena mexicana. Si los Molotov hacían una fiesta en su casa, Gustavo iba conmigo. Se sentía cómodo, quizás más que en Argentina porque estaba todo ese rollo de Los Redonditos de Ricota". Al haber descubierto y manejado bandas como Caifanes, Molotov y Café Tacuba, Mondragón tenía un impresionante conocimiento de la noche y el rock mexicano, y era como una suerte de sherpa para Cerati que con él conocía bares, discotecas y una enorme cantidad de lugares. "Gustavo, Flavio Etcheto y yo —prosigue Mondragón—, nos metimos al mejor strip bar de México, el Mex Club. Nos sentamos en una mesa frente a la pista y en ese momento sale una morena espectacular a hacer su striptease con... 'Paseo inmoral'. Los tres dijimos: *what*? Parece que la chica reconoció a Gustavo antes de salir a hacer su show y ya te imaginarás dónde terminó esa morena a la noche".

Los primeros shows fueron en el teatro Metropolitan de la Ciudad de México, un lugar ideal para el despliegue estético que acompañaba la música de *Bocanada*. El encargado de lo visual en aquella gira fue su amigo Eduardo Capilla, que en esta ocasión pudo trabajar mucho mejor, en equipo con Eduardo Dell'Oro, que seguiría siendo Production Manager de Cerati un tiempo más y Sandro Pujía, firme en las luces. Además, Capilla había logrado interesarlo en un guión para una película. "En *Bocanada* —dice Capilla—, Gustavo ya tenía el concepto actoral y toda la interpretación de las canciones tiene un gran componente de actuación. Es un disco dramático en el que interpretaba personajes, historias, y en el vivo hizo un giro con la ilusión de actuar en la película". "Gustavo bajaba conceptos que no era necesario poner en palabras —resume Sandro—; todos estábamos en ese *mood* y yo estaba harto de la estridencia visual. Creo que todos queríamos caminar otros rumbos. El concepto era 'el fluir', un aspecto delicado, sutil: la expectación cómoda. Le propuse a Capilla que el escenario fuera una caja gris para que yo pudiera teñirla de colores y generar el paisaje que se completaba con una pantalla de proyección de videos que Eduardo produjo en base a ideas que tiramos los tres en un *brain storming* con Gustavo. Todo fluyó y hubo mucha felicidad".

Fue una gira de teatros, más chica que la escala que acostumbraba manejar Soda Stereo, pero Gustavo lo entendía perfectamente. Solo que en El Salvador vio los afiches que anunciaban a "Gustavo Cerati: el cantante de Soda Stereo". "Se ponía furioso —recuerda Taverna—, porque veía que toda la publicidad del concierto era con temas de Soda". En el listado de temas del show, el material del trío escaseaba: Cerati sacó a la cancha "Zona de promesas", que nunca había sido interpretada en vivo por Soda, "Sweet sahumerio" y "Hombre al agua". En el show utilizó una expresión local que le causó mucha gracia. Cuando una comida está muy rica, por ejemplo, en El Salvador dicen que "la comida está a la verga". En Argentina, esa palabra alude al miembro sexual masculino. De manera que, socarronamente, cantó "en la ciudad de la verga" cuando interpretó el tema de Soda Stereo.

Tocaba todos los temas de *Bocanada*, un par de *Colores Santos* y uno de *Amor Amarillo*. A ese repertorio lo esperaban seis conciertos programados en el teatro Gran Rex de Buenos Aires. "Estéticamente fue todo muy fino y prolijo —describe Eduardo Dell'Oro—. Canal 13 me lo agradeció: 'jamás vimos un escenario así, sin un cable sin nada, como si fuera un living'. Todas las cosas que pasaban las íbamos mejorando durante todo el día". Se calcula que aquellos shows vendieron veinte mil tickets: nada mal para un solista, por más Cerati que fuera. Pero el público argentino era distinto al latinoamericano y lo hizo enojar cuando comenzó a pedir temas de Soda Stereo o a hacer cánticos de cancha de fútbol donde se decía que "volveremos a ver a Soda como en el 86"[49]. Justamente, cuando toca "Zona de promesas", termina la canción y la audiencia canta "Soda, Soda"; Gustavo le hace una seña a Flavio para que arranque rápido con la próxima canción y la anuncia: "Esto es: 'Aquí y ahora'". Una sutileza para marcar la cancha.

"El primer día fue terrible —recuerda Taverna— porque los fans al tercer o cuarto tema comenzaron a pedir por Soda. Y Gustavo lo llevaba de la mejor manera, pero le dolía que no fueran a escucharlo a él. El show estaba muy bien hecho, sonaba bien y era otra cosa, más teatral en la parte del medio cuando se quedaba solo con Leo y Flavio. Pero la relación con el público fue áspera durante algún tiempo".

—¿Pero cómo no va a tocar "De música ligera"? —se quejaban los productores en Latinoamérica.

Pensando en el público regional, Gustavo decidió ensayar "En la ciudad de la furia" en alguna prueba de sonido, pero la tocó poco y prefirió ubicar a "El rito" en el set-list. "Recuerdo grandes performances cuando agarramos ritmo —dice Taverna—, Gustavo comenzó a soltarse, a interactuar con el público, cosa que no hacía en la época de Soda. El show era espectacular para un teatro, pero no para un estadio y se sentía la diferencia".

Parece coincidir con lo que Christian Powditch le dijo a Gustavo antes de que comenzara su etapa solista: "¿Tú cachái

49 El canto original hablaba de que Argentina volvería a ser campeón "como en el 86". Habría que inventar otro que rime con 2022.

que en esta etapa de tu carrera se acaba la cantidad y empieza la calidad? Tu público va a ser más melómano y no esa masa de gente”. Claro, meridiano y verdadero.

Aunque sin el manto protector de Soda Stereo también su calidad sería puesta en tela de juicio.

33

Otro barco

Hubo un detalle en las presentaciones de *Bocanada* que sorprendió al público: la presencia de Charly García para tocar "Pasajera en trance". En vez de pretender llevarlo a su terreno, Gustavo prefirió seguir a Charly por donde él lo llevara. Durante los 90 fue creciendo una corriente de afecto genuina entre los dos, y Gustavo se había vuelto más social en lo musical. Esa invitación tuvo su contrapartida cuando en mayo de 2000 fue invitado por Charly para tocar la misma canción (favorita de Cerati), y le dio un amplio espacio para los solos. Lo que conocen a García saben que no es de permitir que otros se luzcan en su show. Cada tanto, Gustavo lo visitaba en su célebre departamento de la avenida Coronel Díaz, y Charly se ponía muy contento en su presencia. Descubrieron que tenían un humor parecido.

Pero la apertura de Gustavo a la cuestión social también lo llevó a dar algunas vueltas por otros universos. La peluquería Roho comenzó a ponerse de moda a mediados de los 90 porque uno de sus propietarios, Oscar Fernández, era un fanático de la música y artistas de la nueva camada iban a la peluquería de la calle Senillosa del barrio de Caballito, para renovarse las pelambres: músicos de Los Brujos, Juana La Loca e Illya Kuryaki & The Valderramas circulaban por el pequeño local y atrajeron la mirada de MTV y programas televisivos cool como *El Rayo*. Una de las que se había hecho amiga de Oscar era la fotógrafa Nora Lezano, que estaba dando sus primeros pasos. Iban tantos músicos por Roho que ambos comenzaron a pensar la idea de un almanaque con un artista retratado por Nora simbolizando cada mes del año. Fueron bosquejando una lista cuando alguno de los dos dijo: "Nos falta el one". "¿Quién? ¿Cerati?". Ninguno sabía cómo llegar a él, pero una tarde que en la que pasó la periodista Victoria Arderius de *Clarín*, contó que lo había entrevistado, que tenía súper buena onda, y que si querían le preguntaba. Gustavo no se hizo rogar: "Dales mi número".

Oscar había sido muy fanático de Soda en los 80: su cuarto de adolescente había conocido los posters del trío y de Virus, y llamar directamente a la casa de Cerati lo inquietaba. Tomó aliento y discó su número.

—Hola, ¿se encuentra Gustavo?

—Sí, soy yo. ¿Quién es?

—Habla Oscar, de la peluquería. Por lo del almanaque.

—Ah, sí. ¿Y qué idea tenés para mí?

—Se me ocurrió que un buen lugar para hacerte unas fotos sería una torre de control abandonada en la base aérea de Morón.

—Me gusta, hagámosla. Pero a cambio me cortás el pelo.

—¡Genial! ¿Cuándo querés venir?

En el momento en que Gustavo tocó el timbre de Roho los cuatro socios estaban en el local, y se escondieron en un cuartucho donde comían y preparaban los colores para la tintura. Nadie se animaba a ir a abrirle. Oscar tenía esa responsabilidad y lo recibió con tanta amabilidad como nervios tenía. "Tenía el pelo larguísimo —describe Oscar—, una campera de jean abrochada hasta arriba, unos pantalones camuflados, unas zapatillas azules marca Simple. Nos saludamos, lo invité a sentarse y nos pusimos a charlar".

—Conozco tu obra, todos tus álbumes, todas tus fotos y todos tus looks de memoria.

—¡Qué bueno! Yo ahora estoy pensando en mi disco nuevo.

—¿No querés que pensemos algo para eso?

—Dale. ¿Qué se te ocurre?

"Le comenté que uno de sus looks que más me gustaban era el de *Canción Animal*, con esa peluca como medio glam. 'Sí, está bueno, pero ya lo hice, vayamos para otro lado', me dijo. Ese día le hice un color que tenía una pizca sutil de rojo y eso hizo la diferencia, lo suavizamos un poco y le corté. Lo ves bien en el clip de 'Puente'; hay una foto buenísima de Nora donde le estoy parando los rulos". Gustavo quedó contentísimo con aquel corte iniciático y Oscar Fernández sería su peluquero y amigo para siempre. Oscar puso orden y buen gusto donde había habido un poco de descuido en los tramos finales de Soda Stereo.

En otra latitud, Leandro Fresco, un joven músico electrónico, recibió una sugerencia de su padre: "¿Por qué no te armás algo?" Se venía el fin de 1999 con toda su impronta de fin de milenio, de siglo y de año, y la asociación de turismo de San Martín de los Andes, hermosa localidad de montaña, quería algo especial para un día que tenían vacante en la programación. Hablaron con el papá de Leandro que tiene unas cabañas en el lugar y Leandro tuvo una idea. "Se me ocurrió armar una especie de festival electrónico en la plaza del pueblo. Vinieron DJ Trincado, Leo García, Estupendo, Pómeres y se me ocurrió escribirle a Flavio Etcheto para ver si podía venir Ocio. No había plata pero les podíamos ofrecer todos los gastos pagos por una semana. Flavio le contó a Gustavo, le gustó la idea, y se vino con la familia para acá". Ocio tocó en el evento llamado Atardecer Tecnológico, en el marco de la Navidad Cordillerana, el 5 de enero de 2000. El show salió muy bien, pese a que era algo raro para la localidad; los extranjeros comprendieron mejor el asunto que los locales, alguno de los cuales pidió "De música ligera".

Fue una estadía fantástica donde Gustavo pudo combinar paseos con la familia, su continuidad con Ocio y zapadas nocturnas, una vez que sus hijos se hubieran acostado, en un cuartito con Flavio y Leandro, con quien estableció una buena señal y le mostró lo que estaba componiendo para la película de Eduardo Capilla en la cual iba a actuar. "Cuando vengas por Buenos Aires, no dejes de llamarme", se despidió Gustavo antes de continuar rumbo a Villa La Angostura para después cruzar a Chile. "Lo llamé cuando volví a Buenos Aires en marzo —continúa Leandro—, y ahí empecé a trabajar con él en la música de la película + *Bien*". El film de Eduardo Capilla era una buena idea que se fue tornando compleja y tortuosa en su realización. "Para comenzar —resume Capilla—, me robaron el guión, hicieron otra película con ese guión y otro director. Yo no lo tenía registrado y me cagaron. Originalmente eran dos cirujanos plásticos que encontraban una pomada milagrosa que cicatrizaba rápido. Gustavo se agarró una bronca terrible". Capilla se puso a trabajar en otro guión sabiendo que Gustavo seguía firme en el proyecto y comenzó a trabajar en la música desde el libro. Ese es el momento en que Leandro Fresco se incorpora en la confección de la banda de sonido.

Cuando llegó la hora, empezaron con el rodaje, que se hizo en diversos lugares, entre ellos la provincia de Córdoba. Capilla invitó como co-protagonista femenina a Ruth Infarinato, a quien Gustavo conocía desde aquella vez que visitaron su local de la galería Bond Street, *Santos Modelos*, con la intención de que les prestara ropas para el videoclip de "Hoy ya no soy yo", de *Colores Santos*. También la invitaron a actuar, y al igual que Gustavo y Daniel, hizo varios personajes. "El set fue en una mueblería del microcentro —recuerda Ruth—, nos divertimos mucho. En un momento Gustavo me dijo que tenía que tocar la guitarra y yo le dije que no sabía. 'Vos probá', me dijo y salió bien". Inolvidable Melero tocando tumbadoras y vestido como mago chino en aquel clip. Luego Ruth y Gustavo afianzaron vínculos cuando ella fue VJ de MTV, pero la amistad más fuerte era entre Ruth y Capilla al momento de encarar + *Bien*.

En el film, Gustavo era Jorge Pininfarina, un cirujano de anteojos y ropas holgadas con inquietudes artísticas. "El personaje que Gus compuso en la película es muy lindo —cuenta Capilla—, muy natural. Yo tenía mucha experiencia en trabajar con no-actores por mi trabajo en publicidad. En esta película no filmamos más de tres veces una toma". "La película fue un delirio —dice Ruth—, en una parte aparezco cagando en el monte, en otra colgada de la puerta de un auto. Pero nos divertimos mucho. Gustavo estaba muy entusiasmado y se cagó de risa durante todo el rodaje, porque le ponía humor a todo. Un día pintó el éxtasis y fue tremendo". "Gustavo participó muy generosamente —reconoce Capilla—, le pagué muy poquito por la música, pero era lo convenido, y el disco con la banda de sonido es maravilloso". La película recién se estrenó en noviembre de 2001, cuando Argentina atravesaba una terrible crisis política que terminaría con el gobierno de Fernando de la Rúa pocas semanas más tarde. El resultado es que al haber cambio de autoridades, a Capilla no le pagaron el subsidio convenido y quedó cubierto de deudas que pagó trabajando e hipotecando su casa. La crítica descuartizó *+ Bien*, y algunos medios con intereses cinematográficos buscaron pulverizarla. "Cuando se estrenó —recuerda Taverna—, fui con él y me hizo sentar al lado para verme la cara. Yo me reía en lugares que parece que no eran graciosos". Al fin del estreno, Gustavo le exigió a Taverna una devolución. La tuvo: "La película es una porquería, pero vos estás muy bien".

Durante buena parte del primer semestre de 2000, *Bocanada* continuó presentándose en lugares chicos de Estados Unidos, Latinoamérica y algunas fechas aisladas por el interior de Argentina. Una vez terminados los compromisos, Cerati dio por cerrada esa etapa y se abocó a producir el nuevo álbum solista de Leo García. "Ese fue un disco que todos disfrutamos mucho —cuenta Eduardo Bergallo—, fue un trabajo hecho con mucho cariño y Leo tocaba el cielo con las manos. Gustavo se encontraba en un buen momento y estar trabajando en la música de otro que ya tenía las letras resueltas, era un relax. Lo apreciaba mucho a Leo, le gustaba su música y disfrutaba el gusto de hacer cosas que él no haría. Las acústicas todas las tocó Leo, que es un animal, y Gustavo tiraba unas eléctricas. Era cero invasivo como productor; no era de esos tipos que le ponen su sello sino de los que hacen crecer al artista".

"*Mar* fue mi mejor disco —admite Leo García—, el que me catapultó. Gustavo trató de cuidar lo que realmente soy. Me hizo cantar y tocar mucho, hasta con trece guitarras diferentes, incluyendo una de Pedro Aznar porque la criolla que tenía no le gustaba mucho. Tocó guitarras, hizo coros, tocó teclados". *Mar* contó con buena estrella y a través de Supernova FM, que tuvo el adelanto, se viralizó "Morrissey", lo que facilitó la contratación de Leo García como artista de EMI.

— • —

El 2001 sería una odisea para Gustavo Cerati, y no del espacio. Aunque viéndolo desde alguna perspectiva singular puede haberlo sido, ya que fue un año de un montón de proyectos disímiles, de un disco interrumpido, alguna aventura musical y un colapso de los fuertes, a los que Argentina suele someter a sus habitantes. Pero lo que predominaba en el ánimo de Gustavo era la irremediable separación de su esposa Cecilia Amenábar. Las desavenencias venían desde lejos y se fueron acrecentando con la mudanza a Buenos Aires y se profundizaron aún más con las giras de *Bocanada*. Antes de la inevitable separación, Gustavo se compró un colchón y se fue a dormir al *playroom*, al cual ingresaba directamente desde el auto por el ascensor. "Las peloteras con Cecilia siempre estuvieron —piensa Nico Nóbile—. Cuando nace Benito, estaban queriendo comprar casa en Buenos Aires. Cecilia venía con el chico a Triple a las once de la mañana, me lo daba, y después a las ocho lo venía a buscar. En un punto se quedaba con su papá, pero estaba conmigo. Salíamos a caminar, dábamos la vuelta a la manzana, paseábamos por ahí viendo casas. Pero Gustavo siempre me decía: 'Cecilia no va a querer esto, a Cecilia no le va a gustar'. Ahí entendí que había algún ruido".

Pese a todo, durante los primeros meses de 2001, Gustavo trabajó en los bocetos de canciones para un nuevo álbum, un plan que tenía pautado ya en la grabación de *Mar*. Uriel Dorfman se incorporó como técnico de grabación en ese disco, cuya mezcla sería hecha por su mentor, Eduardo Bergallo, que un día de agosto de 2000, sin anestesia le dijo: "Te voy a llevar a conocer a Gustavo". Lo que Uriel no sabía es que ya casi estaba designado para grabar *Mar*, solo faltaba el sello de aprobación de Cerati. Cuando estaban terminando aquel disco, pidieron unas empanadas y conversaron.

—¿Qué vas a hacer en el verano, Uriel?

—No sé, quizás me voy de vacaciones a México. ¿Por?

—Ah, porque voy a comenzar a grabar mi nuevo disco y me gustaría que estés.

"¡Yo no sabía! —cuenta Uriel—. Se suponía que terminaba con el disco de Leo. Para mí era un desafío trabajar al lado de un músico con tanta experiencia y que había tenido los mejores ingenieros. Técnicamente, Gustavo sabía todo lo que estaba pasando y había que seguirlo". Hacia el mes de marzo, con algunas cosas resueltas, Gustavo decidió hacer los primeros demos del que sería su tercer disco solista, y también resolvió no hacerlo en Casa Submarina, para no agregar fricciones innecesarias con Cecilia. Junto a la banda, se iniciaron los trabajos en los estudios Del Cielito. El grupo de Cerati había sufrido un par de modificaciones. Una de ellas, bastante lógica, fue el reemplazo de Leo García por Leandro Fresco.

—Mirá, yo quiero que toques conmigo, pero si vas a hacer una carrera solista no vas a poder con las dos cosas. Vas a tener que decidir.

Leo entendió que se trataba de un consejo sabio y apostó por lo suyo. Leandro Fresco no era solo un músico electrónico: podía cantar muy bien, tocar teclados, y hasta hacer algo de percusión. "Un día —explica Leandro—, durante las sesiones de + *Bien*, Gustavo me dijo que Leo se iba y que necesitaba a alguien que lo reemplazara. Para mí fue buenísimo porque venía en mi proyecto electrónico experimental, pero siempre quise cantar. Yo no sé tocar ningún instrumento, no estudié música y cuando Gustavo me ofrece tocar con él sentí que tenía que decírselo. Pero a esa altura supuse que se había dado cuenta. Gustavo siempre me dio una mano y me tuvo una paciencia muy loca, al punto que llegué a preguntarme qué le pasaba a ese tipo que me tenía en su banda. Creo que al ser yo tan básico tocando hacía cosas más simples y no caía en la tentación de sobresalir con la destreza. Gustavo buscaba eso".

Tal vez haya habido algo de ese razonamiento para la incorporación de Pedro Moscuzza en lugar de Martín Carrizo en la batería. Es un baterista más de *groove*, de ritmo puro, a quien Cerati conoció a través de Leo García, que ya le había hablado de su grupo Altocamet. Congeniaron rápidamente y se incorporó a la banda con la que haría los demos en los estudios Del Cielito. Y habría un integrante más: el DJ Javier Zuker, un hombre que frecuenta los ambientes del rock desde antes que existiera la música electrónica, a quien Gustavo conocía desde que Soda Stereo ensayaba en la calle Mariano Acha, casa familiar de Fabián Quintiero. Pedro Moscuzza lo invitó al cumpleaños de Gustavo en un bar del barrio conocido como Las Cañitas[50]. "¡Pero era el de Cecilia! —se agarra la cabeza hoy Zuker—. Me dijo que se estaban por juntar a grabar unos demos, si no quería pasar. Me preparé unos cajones de vinilos para samplear cosas y comencé las grabaciones con ellos".

Javier había empezado hacía poco un programa de radio junto a Déborah de Corral que había vuelto al país. Y no solo eso: le alquiló un departamento en un PH de la calle Guatemala en Palermo. "Arrancamos con zapadas —prosigue Zuker— y yo agarré unos coros de unos negros que me encantaban que quedaban muy bien en una de las cosas que tocamos y le pusimos 'Marvin'. No era Marvin Gaye pero el estilo andaba por ahí. Gustavo nunca quiso editar ese tema porque no sabía de dónde había salido el sample; ya había tenido problemas por el de Focus y se estaba cuidando. Pero él era un genio en agarrar un pedacito de algo y transformarlo en otra cosa, un virtuoso del sampleo".

Durante la gira de *Bocanada*, Gustavo se había interesado en el hip-hop mexicano y en artistas como The Neptunes (Chad Hugo y Pharrell Williams) y Timbaland. Le gustaba el sonido de las baterías y las rítmicas de Control Machete, Plastilina Mosh, Molotov, pero sobre todo capturó su oído una banda chilena llamada Los Tetas. Y con esa música en la cabeza le fue dando un vuelco a su estilo musical. Quería que su nuevo disco fuera muy diferente a *Bocanada* y que también se mantuviera lejos de Soda Stereo. "La música que más estuve escuchando y que más me interesó era rítmica —dijo Gustavo—. Tenía ganas de que eso estuviera más presente. El hip-hop es una cosa que me interesó en esta última época, nunca fue mi música favorita. Pero algunos de mis discos favoritos de los últimos tiempos

50 Zona del barrio de Palermo en Buenos Aires en con abundancia de bares y restaurantes.

fueron de hip-hop, o de productores de ese estilo como Timbaland. Porque lo que hacen es llegar a casa y armar una suerte de vanguardia rítmica, a la que a lo mejor llegan los alemanes por su cráneo, y estos llegan por el soul y la simpleza de la cosa. *Bocanada* estaba lleno de loops, y toda esa cantidad de capas sonoras lo hacen muy sutil. Pero yo quería algo más contundente desde el punto de vista rítmico, además porque está bueno movilizar, bailar, moverte, que el ritmo prevalezca sobre otras cuestiones"[51].

Con la banda completa (Nalé, Etcheto, Fresco, Moscuzza y Zuker) grabaron demos de las canciones en ocho canales en los estudios Del Cielito. "Gustavo traía ideas —cuenta Uriel Dorfman—, tenía cositas armadas en la MPC o loops de otro lado. Tenía un juguete de DJ que se lo había regalado a Benito que luego va a usar en la grabación final. Tocaban durante mucho tiempo y después Gus agarraba el Pro-Tools, pegaba, recortaba, armaba estructuras. Y finalmente se grababa la canción como él la había planteado. Ese proceso habrá durado un par de meses y al final fuimos a conocer el estudio El Santito. Pedimos un par de cambios porque había demasiado ambiente, la sala estaba demasiado viva. Luego se interrumpió la grabación".

¿Qué pasó? Dos cosas que sucedieron casi con simultaneidad. Primero se descubrió un error técnico de grabación en la velocidad de sampleo de los demos y eso requería mucho tiempo para ser subsanado. Y lo segundo fue que Gustavo dejó la casa donde vivía con Cecilia y sus hijos, lo más difícil. Era el final del matrimonio y más allá del duelo que eso implica, Gustavo era un padre muy presente en la cotidianeidad de los niños. El hecho de que él viviera en otro lado y estuviera grabando un disco iba a cortar la posibilidad de tener tiempo para Benito y Lisa, a lo que no quería renunciar. Tuvo que encontrar primero un sitio donde instalarse temporariamente y todo junto se le hizo una pelota que le exigía muchísima concentración, porque

51 En nota con Sergio Marchi. 2002.

además Cecilia judicializó la situación de inmediato. Ya no había más diálogo, pero sí habría monólogos, gritos y abogados.

— • —

Gustavo no estaba con la cabeza como para un nuevo disco. "No quiero otro disco más de separación", dijo en aquellos días. No tenía tiempo para seguir avanzando con lo que había comenzado a construir ni tampoco podía quedarse sin hacer nada. Parecía un buen momento para concretar un viejo proyecto que venía de la mano de Diego Sáenz desde 1995. Acompañando en La Habana al músico argentino Osvaldo Montes, especializado en música de películas, conoció al director canadiense Gilles Ouellet, que además de música clásica o de películas escribía arreglos orquestales para artistas de pop o rock. Una de ellas, según dijo, era poco conocida fuera de Québec: Céline Dion. "¿Hay algún artista para hacer algo así en Argentina?", preguntó el director. Diego pensó en Soda Stereo, pero no tenía acceso a ellos que eran una banda gigantesca. Un día, llega un especialista en acustización al estudio de Osvaldo Montes. Sáenz detecta en su maletín un sticker que dice "Soda Stereo en Sevilla".

—¿Qué? ¿Vos trabajás con ellos?

—Sí, soy monitorista de la banda —responde Eduardo Bergallo.

Quedan en contacto por mail y un día le comenta la idea de hacer un concierto en el Teatro Colón de Soda Stereo con una sinfónica, conducida por el canadiense, de quien le da antecedentes. Lo que menos esperó es que Bergallo le dijera que lo iba a charlar con la banda, y aún menos que al tiempo Eduardo le respondiera que Soda había dado el visto bueno, pero que requería un demo. Hablo con Boulet y como Diego tenía que viajar a Canadá, pudieron concretar un demo con un Synclavier emulando la orquesta. "En 1995 —cuenta Diego—, poder quemar un CD era una proeza. Pero lo consigo, llamo a Bergallo y me atiende la mujer que me dice que está en Chile mezclando con Cerati. Pero que me había dejado un mensaje para mí con la dirección del estudio chileno. Al otro día saqué un pasaje y viajé a Santiago donde estaban mezclando *Comfort y Música para volar.* Llegué 17.30 y terminaban a las 18".

Bergallo los presentó, le recordó a Cerati el proyecto de la sinfónica y le explicó que había viajado a Chile solo para llevar el demo. "Bueno, ponelo", pide Gustavo. Sonaron las versiones de "Pasos" y "En remolinos" (sugerencia de Bergallo). Pide escucharlo nuevamente y luego pregunta: "¿cómo hiciste esto?". Ahí Diego le comentó la historia y Cerati le pasó el teléfono de su casa.

—Ahora me voy de vacaciones, pero vuelvo en febrero. A mitad de mes, llamame.

Diego guarda el teléfono y por dentro piensa que no puede ser, que le dio el teléfono de una empresa de taxis para sacárselo de encima. Pero lo llama a mediados de febrero de 1997 y recibe una invitación para ir a su casa. Le comenta lo del concierto de Soda sinfónico y la respuesta lo desarma. "Me gusta, ¿cómo hacemos?" Y eso es exactamente lo que Diego sabía: cómo hacer. Busca el teléfono del teatro Colón, la sala máxima de Buenos Aires, que en ese entonces solo recibía a músicos clásicos de prestigio, y pide hablar con el director, Pedro Pablo García Caffi. Logra también eso y una entrevista a la que acude con Gustavo: su presencia era la garantía de la seriedad del proyecto. Diego cuenta la historia, Cerati y García Caffi escuchan: Sinfonía Stereo.

—Bueno, me encanta la idea. ¿Cuándo quieren hacer esto? —aprueba García Caffi.

—Lo antes que se pueda —responde Diego con entusiasmo.

—En realidad, el teatro Colón se programa con dos años de anticipación porque hay una programación. Piensen un poco el proyecto, vuelvan y lo hacemos.

Cuando están bajando por el ascensor, Gustavo le comunica una mala noticia.

—No puedo hacer esto.

—¿Cómo? ¿Por qué?

—Porque nosotros nos vamos a separar. Pensé que podía ser algo para terminar ahora, pero la verdad es que no vamos a llegar a hacerlo. Lo siento mucho.

Entre presentaciones, diálogos y reuniones, Diego Sáenz le había comentado a Gustavo cosas para hacer en el mundo de editoriales de música, donde conocía gente por haber trabajado en música de películas. "Ahí estuve conectado con un Gustavo más familiar —prosigue Diego—, me presenta a la familia que, justamente, tenía la editorial JJC Ediciones Musicales. Yo quería hacer cosas con él porque antes de conocerlo ya me parecía un monstruo, pero después de conocerlo pensé que era un extraterrestre, algo impresionante. Una de las ideas fue hacer el sitio de Gustavo en internet".

Diego permaneció en las cercanías de Gustavo, quien se dio cuenta que en este muchacho había seriedad y capacidad de trabajo. No fue el único. Un gerente de Canal 13 se comunicó con Sáenz para contarle que había abierto una empresa para hacer contenido digital y que quería hablar con él para ver si se le ocurría algún proyecto.

Y Diego tenía uno muy bueno.

34

La clave íntima

Cuando Diego Sáenz intentó reflotar el viejo proyecto años después, en 2001, volvió a sorprenderse porque encontró luz verde para avanzar sin problemas. Se reunió con Nando Travi, mánager de Gustavo, que le dijo que sí pero que tenían que hacerlo en secreto porque estaban grabando un disco. No podía haber difusión, ni venta de entradas. Esto después se iba a lanzar como contenido digital o un programa de televisión. Diego consiguió los sponsors necesarios para llevar a cabo un ciclo bajo el nombre de *Buenos Aires Classic*, que arrancaría con Cerati y que, en los papeles, continuaría con otros artistas de renombre. Gustavo pidió un solo cambio: que el orquestador fuera Alejandro Terán. Curiosamente no hubo objeción de Cerati al repertorio que para poder ser vendido a los auspiciantes debía ser de Soda Stereo, pero cuando se confeccionó la lista aparecieron cuatro canciones de su etapa solista. "Gustavo no eligió los temas —confiesa Terán—, yo hice los que me quedaban cómodos a mí, me tiró algunos nombres pero al final fui haciéndolo yo".

La pregunta es ¿por qué Gustavo acepta volver a tocar temas de Soda cuando en sus propios shows los evitaba? Porque esto era algo especial, para un público reducido, en secreto, y un proyecto que le permitiría ganar tiempo para solucionar algunos problemas con Cecilia y las cuestiones técnicas de sus primeras grabaciones para el nuevo disco. También era un desafío. "Es que para un cantante —explica Alejandro Terán— la orquesta es como una Maserati para alguien acostumbrado a manejar un autito". Tuvo una breve reunión con Gustavo, a lo mafioso, en un auto en movimiento, que comenzó en avenida Del Libertador y Monroe.

—¿Qué estás haciendo, Terán?

—Estoy estudiando las orquestas de los 60 clase B del cine de terror.

—Hacé eso con mis temas, pero que no sea todo dark. Que haya algo de luz.

—No creo que pueda por mi carácter, pero lo intento.

"La reunión duró tres minutos —se ríe Terán—, me bajé en Del Libertador y Olazábal. Tres minutos y dos cuadras". El director se puso a trabajar en la lista de temas que le habían hecho llegar, pero descartó su versión de "En remolinos", uno de los temas favoritos de Gustavo porque no le gustaba. "Quedó muy James Bond".

Los ensayos se hicieron en el subsuelo del Abasto Plaza Hotel, que pertenecía a uno de los inversores, una sala que les resultó muy cómoda y de la que rápidamente se adueñaron. "No ensayamos mucho —dice Terán—, pero enseguida sonó todo; Gustavo jugaba mucho con las melodías, y reconoció rápido los lugares donde podía soltarse e improvisar y los que no. Podía ser crooner de orquesta sinfónica. No es que lo hacía bien: la rompía". Mientras tanto, Diego Sáenz encontró el lugar perfecto para el evento: el teatro Avenida que era como el Colón, pero más chico. A través de una radio se hizo un concurso: "¿Te gusta Cerati? Vení al evento sorpresa". A los seiscientos ganadores se les hizo firmar un contrato de confidencialidad para mantener el secreto y se les pidió que no aplaudieran al comienzo y que lo hicieran levemente al final porque se trataba de una grabación.

"El 6 de agosto del 2001 grabamos en el Teatro Avenida —explica Diego Sáenz—, lo hicimos un lunes porque era el día en que el teatro no tenía funciones y además no había tanta tecnología de cámara en Argentina; los que tenían cámaras de mayor calidad era la gente de Torneos y Competencias para el fútbol, y el lunes tampoco había fútbol". Como si fuera una gala clásica, los asistentes recibieron un programa donde había información sobre Gustavo y la lista de temas que se interpretarían. Se titulaba *Diez episodios sinfónicos*, porque Terán le hizo llegar a Sáenz una primera maqueta con ese nombre. Después decidieron que era un poco corta la presentación y Cerati quiso sumar "Persiana americana" con arreglos de Terán, sin tener en cuenta que cuando comenzara a cantarla el público no iba a poder reprimir el aplauso. "Fue impresionante lo que cantaba Gustavo —asegura Bergallo, encargado de la grabación sonora—, sobre todo porque es una de las primeras veces que comienza a usar *in-ears* y empieza a escuchar su voz sin el ruido de los músicos de rock y para él era un disfrute el oírse con tanta claridad".

Más impresionante aun fue que Gustavo cantara tan bien dadas las circunstancias previas; poco antes de salir a escena recibió una visita de Cecilia, visiblemente alterada porque se había percatado de la presencia de Déborah de Corral en el público. Le hizo un escándalo tal que los gritos se escuchaban desde la platea y se llevó a Benito y a Lisa. Para Gustavo las cosas entre los dos habían terminado pero se ve que para ella no. "Era para suspender el show, directamente", reconoce Terán. Minutos más tarde, Gustavo empuñó el micrófono, y vestido con el traje especialmente creado por el prestigioso diseñador Pablo Ramírez a pedido expreso del artista, salió al escenario como si nada hubiera sucedido. "Se cantó todo —se asombra aun hoy Terán—, improvisó, jugó, siempre perfecto: la gastó. El disco tiene mucha posproducción, pero lo que cantó él es lo que quedó".

Nunca se había pensado en un disco: era un contenido digital o a lo sumo un especial para televisión, pero BMG le preguntó a Gustavo cuándo entregaría su nuevo álbum: habían transcurrido dos años desde *Bocanada*. Y como ese trabajo estaba en pausa, la compañía aceptó editar *11 episodios sinfónicos*. Gustavo se encargó de la portada, dejó en manos de Bergallo, Terán y Sáenz todo lo que fue la mezcla y dio la aprobación final. El concepto del arte de tapa, que parecía indicar que la referencia era *El Principito*, la famosísima novela de Antoine de Saint-Exupéry, tuvo un misterioso crédito a cargo de DDC. No había que caminar mucho para entender que se trataba de Déborah de Corral, que estaba vinculada sentimentalmente con Gustavo desde hacía un tiempo; antes que saliera de gira con *Bocanada*, con Déborah aún viviendo en Londres, hablaron muchísimo por teléfono y las conversaciones prosperaron. Volviendo a la tapa, la idea era más Tim Burton que *El Principito*, siguiendo el concepto de la orquestación de Terán. "La idea del tapado surgió de la necesidad que había de que él se sintiera protegido, acompañado —contó el diseñador Pablo Ramírez en el documental del show—. Entonces pensamos como que tenía que ir a la guerra o defenderse, y la idea era que fuera como un abrigo militar (...) Estaba muy presente la consigna de que él venía del pop y eso determinó la elección del material, que era tela de jean".

11 episodios sinfónicos fue lanzado al mercado el 22 de noviembre de 2001, cuando Argentina atravesaba una colosal recesión económica que había paralizado el país y que haría renunciar al presidente a las tres semanas. El proyecto original nunca pudo llevarse a cabo, pero quedó el álbum y al tiempo BMG también publicaría el DVD con el registro audiovisual. Hubiera sido lamentable que no existiera registro de esta aventura sinfónica de Gustavo Cerati, que le daba nueva vida a viejas canciones, y oxígeno al artista que en esa coyuntura de su vida personal lo necesitaba en abundancia. Podría haber sido el punto final y feliz para ese proyecto: el momento en que la orquesta saluda y el público aplaude a rabiar. El destino tenía reservado un bis para esta historia.

— • —

A poco de editarse *11 episodios sinfónicos* un llamado del exterior a la oficina del mánager de Cerati hizo que los engranajes volvieran a ponerse en movimiento. Nando, a su vez, se puso en contacto con Diego Sáenz.

—Hola, Diego. Llamaron de México, quieren hacer el show en vivo. Como conocés este proyecto y sabés cómo se hace, ¿no querés producirlo vos?

—Sí, claro —respondió Sáenz, sin tener demasiada idea de cómo llevarlo adelante.

Diego y Alejandro Terán viajaron como avanzada a la Ciudad de México a encontrarse con los productores del show. Terán lucía zapatos con plataforma y tacos. Los productores mexicanos se quedaron anonadados. También estaba el director de la orquesta mexicana. Terán no era director de orquesta, pero dirige muy bien desde la partitura. Sus movimientos eran poco ortodoxos, alejados de la academia, y eso le encantaba a Gustavo que exigía que Terán fuese el director. El concierto se hizo el 9 de febrero de 2002 en el Auditorio Nacional de México para doce mil personas que no sabían qué iban a ver. El anuncio fue con la cara de Gustavo y decía: "Cerati. 9 de febrero. Auditorio Nacional". Se agotó enseguida y fue todo un éxito. Ya el repertorio contaba con catorce canciones: se agregaron "Lisa", "Hombre al agua" y "Fue". Sandro Pujía, encargado del control visual del concierto, comenta que "en las giras de Soda había treinta personas, cuatro toneladas de equipos y no sé cuántos baúles. Y acá éramos siete personas: Nando, Diego, Barakus, Bergallo, Terán, Gustavo y yo. Solo llevábamos un maletín con micrófonos de contacto para los violines y una caja de partituras. No había ni guitarras. La velocidad con la que entrábamos y salíamos de los aeropuertos era una gloria total".

En las orquestas institucionales la mayoría de los músicos, de extracción clásica, no tenían ni idea de quién era Gustavo. Los primeros ensayos eran con Terán y a los finales se sumaba Cerati.

—¡Qué bueno! El Maestro Serrati vendrá a cantar hoy con nosotros —comentó una violinista mexicana.

"La orquesta de México —cuenta Terán— estaba muy bien formada, tocaban cosas dificilísimas: eran como el Barcelona. Las partituras se las comieron crudas y al primer ensayo ya sonaba todo de puta madre". El show fue tan exitoso a nivel artístico que a la Camerata de las Américas le sorprendió muchísimo que la gente pidiera un bis.

—No tenemos bises —se disculpó Cerati—, tenemos que agarrar uno de la lista, hay que buscar la partitura.

Finalmente, el 22 de abril de 2002, las puertas del Teatro Colón de Buenos Aires se abrieron para Gustavo Cerati y fue como concretar la idea original. Solo que el Colón tenía reglas muy estrictas: no podían ser los músicos de Terán que tocaron en el Teatro Avenida sino la orquesta del teatro. Es más, los altos mandos en 2002 decidieron que el director iba a ser el ilustre Pedro Ignacio Calderón, a lo que Gustavo se plantó: "Si no dirige Terán, no lo hago". Luego de algunas negociaciones, se decidió enviar a Terán a la casa de Calderón para ver si había alguna chance de que fuera Alejandro quien dirigiese el concierto. "Fui a su casa y el tipo no solo era un maestro, sino que además tenía rodaje, calle y picardía".

—Maestro, me encanta la idea de que lo dirija usted. Pero no sé ni cómo explicarle: yo no soy músico académico. Es un pedido de Cerati que sea yo.

—Olvidate: lo vas a dirigir vos —se corrió amablemente el Maestro Calderón—. A ver, movete un poco.

Terán comenzó a dirigir una orquesta imaginaria como solía hacerlo, incumpliendo el estricto protocolo del mundo clásico. Calderón abrió los ojos bien grandes.

—¿Quién te enseñó a dirigir?

—No, nadie, maestro, no tengo ni la más puta idea.

—¿Podés separar un poco los hombros del cuerpo? Con más claridad.

"Me dio como una mini clase de dirección y finalmente dirigí yo. Él hizo un programa antes. Todos esperábamos que fuera un obstáculo y no lo fue. En la filmación se ve una computadora Mac en vez de un score, pero jamás cambié la página del primer tema". Después hubo tres conciertos en el desaparecido Teatro Gran Rex de la ciudad de Mendoza; iban a hacer solo uno pero la demanda superó las mejores expectativas. Hubo que aplazar el concierto en Chile por un volcán que entró en erupción y eso abrió una ventana de tiempo para la presentación en el Teatro Teresa Carreño de Caracas.

"Nos tocó una orquesta juvenil —cuenta Terán—, y Venezuela tiene tradición en trompetas y trombones, entonces arreglamos las partituras para que hubiera solos y daba gusto". La orquesta venezolana tenía una energía casi rockera, a tal punto que sorprendieron en los ensayos interpretando una canción que habían sacado de oído, lo que es insólito en el ambiente clásico ya que todo se rige por partituras: "Corazón delator". Hasta se animaron a ponerse de pie en algunos tramos y se vieron un par de saltos discretos. La gira concluyó en Chile en el Centro de Eventos San Carlos de Apoquindo, y hubo unos ensayos previos. En el primero, el productor del evento se aclara la garganta y presenta a los músicos a su director. "Imaginate —ríe Sandro Pujía—, Alejandro montadísimo en sus plataformas. Ya era raro y sin decir ni buenos días, golpea el atril con la batuta y la orquesta se prepara para tocar 'Hombre al agua' y Terán... empieza a dirigir a lo Terán. A los músicos les resultaba completamente extemporáneo, se miraban tratando de disimular el desconcierto. ¿Es en serio? Al mismo tiempo trataban de tocar. No sabían si reír o si enojarse". Terán frena el tema y anuncia.

—Hago esto para romper el hielo. Quédense tranquilos que no soy director, solo hago una pequeña colección de gestos propios.

Hubo un suspiro general como de alivio mezclado con risas y las cosas comenzaron a funcionar de otra manera. Fue un modo hábil de aflojar tensiones y lograr complicidad con la orquesta. En Chile más problemático fue el frío del primer día del invierno de 2002 que desafinaba todas las cuerdas. Al terminar el concierto, Christian Powditch le hizo un chiste a Gustavo que lo hizo reír: "¡Más que El Principito parecés Nosferatu!".

Las críticas que recibió todo este capítulo sinfónico fueron mayormente desfavorables. Se lo criticaba a Gustavo por ese gesto ampuloso de cantar con una orquesta los éxitos del ayer, y le disparaban tanto desde el rock como desde los cenáculos de entendidos en música clásica. "Al disco le dieron con todo —cierra Diego Sáenz—; estaban los *haters* de siempre y había gente a la que le gustaba, pero esa gente no decía que le encantaba. Era tibia la recepción. Preguntaban: ¿por qué no hay guitarra? Y Gustavo se jugó al abismo. Con los años me fui encontrando con gente que cuando se entera que estuve detrás del proyecto de *11 episodios sinfónicos* me dicen que es una obra maestra. Pero en el momento no paraban de matarnos".

— • —

Otro frío, más glacial, más peligroso que el que afectó a las cuerdas en Chile, era el que cubría las relaciones entre Gustavo y Cecilia. Estaban completamente enfrentados y con alguna zozobra económica porque buena parte de los ahorros de Gustavo quedaron atrapados por el "corralito", que restringió el retiro de pesos del sistema bancario generando una estampida financiera y severos asaltos a supermercados alentados por la oposición política peronista, con lo que cayó el gobierno del radical Fernando de la Rúa. Luego de tres presidentes interinos que no pudieron recomponer el orden, el Congreso designó al peronista Eduardo Duhalde, cuyo gobierno profundizó las restricciones y transformó en devaluados pesos lo ahorrado en dólares. Ese fue un demoledor golpe para la economía de Gustavo, que además se enfrentaba a la demanda judicial de Cecilia, con quien ya no podía negociar.

Un amigo de Gustavo que pidió el anonimato explicó así la situación: "Cecilia era una buena chica, de buen corazón, pero su neurosis la superaba y siempre encontraba una mosca en el plato. Gustavo la quería pero no podía resolver ese cuadro, que lo excedía. Ella intentó poner a los hijos en contra de su padre y eso es algo que no debe hacerse. Lo vivía denigrando a Gustavo cuando él la quería. Creo que se enamoró mucho de ella, y no sé si ella se enamoró de él, del artista o de sus ojos celestes. Cada reproche que ella le hacía lo ponía mal, pero cuando lo insultaba Gus se ponía fuerte y le salía la sangre italiana de adentro. Gustavo vivió con angustia los últimos años de su relación con Cecilia por problemas que no existieron y que terminaron con el matrimonio". Por la legislación argentina, Cerati llevaba todas las de perder en el terreno patrimonial. Pero un día Cecilia quiso viajar a Chile con sus hijos sin el consentimiento de Gustavo y eso es completamente ilegal. Los abogados de Gustavo interpusieron una denuncia, y el hecho quedó asentado como antecedente, lo que ayudó a emparejar el tablero de la contienda".

Uno de los confidentes de Gustavo durante los días más aciagos del proceso de separación de Cecilia fue Gillespi, trompetista y hombre de medios, a quien Cerati conocía cuando tocaba en Soda y Gillespi (Marcelo Rodríguez) tocaba en Sumo. "Comenzamos a tener afinidad en la época de *Bocanada* —calcula Gillespi—, cuando yo trabajaba en GP Producciones y él ensayaba ahí para la presentación del disco. El vínculo que tuvimos fue a partir de los aparatos, de la parte tecnológica de la música. Nos colgábamos hablando por teléfono de noche y pasándonos data de software".

Más adelante, en 2001, Gillespi comenzó a trabajar en *Fútbol de Primera*, un programa de televisión con altísimo rating que ofrecía un resumen de todos los partidos. Le encomendaron hacer unos separadores artísticos con grandes músicos y le dieron un presupuesto acorde. Quiso interesar a Spinetta, quien pese a que había mucho dinero de por medio —o quizás por eso—, dijo que no. "Pero con Gustavo avanzamos —explica Gillespi—, y se copó en trabajar solo con su MPC. Fue un mes de trabajo y tenía que hacer lo que se le ocurriese para segmentos de quince o cuarenta segundos, y le pedí un par de improvisaciones largas más libres. Eso era para una parte del programa donde mostraban a la gente entrando a la cancha, un poco de los jugadores, una bandera, un perro que saca la policía del campo de juego: era como un clip que duraba entre tres y cinco minutos".

Cuando resolvieron la parte musical, pasaron a la parte de filmación porque el atractivo no era solo que se supiera que Gustavo Cerati había hecho la música sino también que se lo viera. "Vino con Barakus, se trajo la Telecaster roja, el MPC y pedales nuevos que quería probar. Estuvimos todo un día trabajando, y mucho tiempo juntos en el camarín porque había largos tiempos muertos, por las luces, las cámaras y nos la pasamos hablando. Eso nos hizo muy amigos. Él no estaba muy bien porque hacía poco había hecho *11 episodios sinfónicos* en el Teatro Avenida, y me contó que en simultáneo lo llamaba la mujer para putearlo o para pelear. Y era Cecilia que quería discutir, con toda la orquesta ahí y las cámaras filmando. Un grado de estrés altísimo".

En un momento tuvieron que cortar la grabación de Gillespi porque una interferencia inesperada se colaba por el equipo de Gustavo: era una radio que repetía un discurso. Era el último de Fernando de la Rúa. "Nos fuimos a las nueve de la noche —hace memoria Gillespi—, y cuando salimos nos encontramos con un montón de gente en la calle con cacerolas. Con Gustavo nos quedamos parados mirando pasar a la masa que se dirigía a Plaza de Mayo. Nos preguntábamos como íbamos a salir de ahí porque todas las calles estaban tomadas por peatones".

Fue el 19 de diciembre de 2001. Al día siguiente, De la Rúa firmaba su renuncia a la presidencia de la República Argentina.

— • —

Tras un desayuno de trabajo con Afo Verde de BMG en el hotel Hilton de Buenos Aires, Gustavo le pidió un favor que no se relacionaba con su nuevo disco.

—Afo, abajo tenés cuatrocientas minas para un casting. Nunca fui a uno. ¿Puedo ir? —lo sorprendió Cerati.

—Sí, pero ponete la capucha del canguro porque si te reconocen va a ser un quilombo.

A Gustavo le parecía muy divertida la situación y se quedó un rato a ese casting donde se seleccionaron a las integrantes de Bandana, una banda de teen-pop de la que su hija Lisa se haría fan. Entonces le comentó a Afo que quería ir con ella a conocerlas a sus shows en el Gran Rex. "Podían pasar dos cosas —se ríe hoy Afo—, o que todo el mundo se vuelva loco, o que nadie supiera quién era porque el público era otro. Le conseguí un lateral y armamos una logística para que no lo molesten". Cuando terminó el show y se vació la sala, Gustavo se quitó el camuflaje y fue con Lisa a los camarines del teatro, cantando: "Y estoy pensando en ti", del hit "Cómo puede ser" de Bandana. "Las Bandana quedaron encantadas —retoma Afo—, y les conseguí un palco al lado del escenario para que vieran el show de Gustavo en el Colón".

—¡Me vuelvo loco! —exclamó Cerati—, y de paso me hacés un favor. ¿Me cuidás a Lisa?

Lisa Cerati quedó al cuidado de las Bandana en donde también había una Lisa: Lissa Vera. Durante el show, cuando Gustavo cantó su canción "Lisa", su hija se da vuelta y le dice a Lissa: "¡Esta canción te la escribió mi papá!". "No —le respondió ella—, te la hizo a vos". "No —terminó la discusión la Lisa menor—, vos sos la de Bandana: a vos te la hizo".

Cuando Gustavo volvió a encarrilar la grabación de su nuevo álbum solista, ya tenía las ideas mucho más claras y la disposición de ánimo necesaria como para completarlo de una vez por todas. Había sido un proceso muy largo que ahora lo encontraba mucho más armado aunque instalado provisoriamente en el PH de Déborah de Corral en Palermo. El material musical había comenzado en los estudios Del Cielito, había pasado por los estudios El Santito y ahora encaraba su tramo definitivo en los estudios El Pie con dos productores designados: Toy Hernández, de Control Machete, y Sacha Triujeque, que había producido junto con él *Tómala!* del grupo chileno Los Tetas. En un principio Gustavo había fantaseado con la idea de tener a Howie B como productor, quien había saltado a la fama mundial por su trabajo junto a U2 en *Pop*, pero a Cerati le interesaba más lo que había hecho en álbumes de Tricky. Económicamente era inalcanzable.

Sacha había grabado el primer disco de Kinky y el productor Chris Allison lo llevó a un trabajo en Buenos Aires: el disco de Ácida, la banda de Alina Gandini y Tweety González, que invitó a Gustavo a participar como músico: tocó bajos, guitarras e hizo coros en algunos temas. "Yo lo conocí ahí —dice Sacha—: llegó con un bajo transparente, terminando el disco. Le gustó el trabajo, las mezclas que yo tenía y me lo dijo. Me contó que estaba buscando hacer un disco diferente, incorporando más hip hop, más ritmos, más electrónica. Ni nombre tenía el disco. Regreso a Monterrey y Toy me invita a hacer un disco de unos chilenos llamados Los Tetas. Estuvimos seis meses trabajando pero fue un disco muy padre. Toy se topó en Los Angeles con Fernando, el mánager de Cerati, y le dio el disco de Los Tetas, Gustavo lo escuchó y nos invitó a trabajar en su nuevo álbum".

Gustavo les envió los demos que tenía a Monterrey, alrededor de dieciocho temas, que ya estaban bastante avanzados. "Solo faltaban grabar algunas guitarras —sigue Sacha—, y las voces que fue lo primero que me pidió: un micrófono para grabar. Le pregunté por su preferencia y me permitió escoger un Neumann 67 vintage, al que le puse un compresor, luego un ecualizador y finalmente otro compresor. Se metió en la cabina del estudio, grabó algunas cosas, dijo que estaba perfecto. He tenido muchas producciones difíciles, pero esta no ha sido una de ellas". Temas como "Casa" y "Altar" fueron candidatos a *Sueño Stereo*, y Gustavo había hecho demos con ellos en Chile. Por la cadencia de "Altar" le propusieron a Cerati que Camilo Gastaldi, cantante de Los Tetas, hiciera un rap.

Uno de los discos que Javier Zuker había utilizado para samplear en las zapadas iniciales era de Domingo Cura, el mejor bombista y percusionista del folklore argentino. "Ese fue un disco que me prestó Jaime Torres —explica Zuker—, que un día me invitó a su casa, después de haber tocado los dos con Divididos, y me regaló discos suyos y de Domingo Cura. Cuando lo escuchamos con Gustavo dijimos que era como Massive Attack argentino". La idea maduró y se decidió extenderle una invitación al músico. "De ese disco —contó Cerati—, saqué varios pedacitos que me sirvieron de inspiración rítmica para mezclar un poco el hip-hop con ciertos ritmos de bombo legüero. En *Bocanada* yo había usado mucho sample y sobre eso monté guitarras y canciones, por eso las primeras cosas estaban muy imbuidas de esa metodología, que decidí descartar: todo lo que había sido sampleado o extraído de otro lado fue tocado en vivo. Por eso llamamos a Domingo". La presencia del legendario percusionista fue motivo de regocijo para todos los presentes: entró cargado de bombos. "Le mostré ese pedacito que me había servido de base y dije que se lo sacaba para no imponerle esa dificultad de tocar sobre algo así. Y él me dijo: dejalo, dejalo, quiero tocar encima de eso". "Cuando llegó Domingo Cura —recuerda Fernando Nalé—, pidió que le pasaran el tema dos veces; en una iba a hacer una base y en la otra improvisó. Y fue de uno a diez rapidísimo y nos llevó a todos en un viaje lisérgico: era como un rayo láser de las pampas". "Me sorprendió —confesó Gustavo— porque no debe estar acostumbrado a tocar de esa manera: es pensamiento digital. Era un hombre con muchos años, con mucha marcha, nos pedía más volumen. Fue una experiencia buenísima ver la juventud de la música a través de una persona que, desde los años, no es joven. Y ahí me bajó la ficha: mi juventud depende de eso, de ese espíritu".

Mientras lo veía tocar, Gustavo se inspiró y escribió una letra que relacionó con un viaje que había hecho a Balcarce. "Es un lugar muy lindo: la típica pampa salpicada por unas sierras que son las más antiguas del planeta. La erosión es tremenda y te produce un efecto 'sabiduría de millones de años'. Entre eso y verlo a Domingo sacándole emoción a la madera fui terminando la letra. Con Flavio Etcheto teníamos un grupo de entrecasa que hacíamos con ritmos folklóricos y él tenía una banda llamada Trineo, entonces quería que la nuestra se llamara Sulky[52]". Acaso el respeto a Domingo Cura le hizo pensar un título más sobrio para el tema: "Canción seca". Pero en las últimas semanas de grabación, Sacha Triujeque recibió la visita de su mujer, Rosa Leal, quien fue la que convenció a Gustavo de que la canción se llamara "Sulky".

Fue un encuentro de gigantes: tanto Cura como Cerati quedaron encantados con la experiencia. En un curioso giro del destino, Gustavo se encontraba haciendo música con uno de los artistas que había participado de aquel simple de Mercedes Sosa que gastó de púber. "Esto salió en muchos lugares —dijo Gustavo— y para él fue como un reconocimiento y siempre me nombra. Está muy contento". Pero la alegría no le duró mucho:

52 Un "sulky" es una carreta o carruaje liviano.

en los reportajes Cerati hablaba tanto de Domingo, poniendo énfasis en sus ochenta y cinco años, que un día lo llamó por teléfono.

—Chango: ¡me estás matando! No tengo ochenta y cinco años: ¡solo setenta y dos!

35

Mutación del porvenir

"La gesta de *Siempre es hoy* duró un año y medio —dijo Gustavo—, estuve haciendo el disco durante tanto tiempo y metí tantas cosas, que todos esos momentos estaban 'hoy', por eso le puse *Siempre es hoy*. También está la cuestión del amor, ¿no? Te amo para siempre, pero siempre es hoy. En *Bocanada* decidí ir por el lado de la fantasía, la interpretación, el crooner, el tecno: los personajes. Como estaba con lo de la película pensé que estaba bueno actuar un poco. Era una respuesta a esa cosa de los artistas honestos y de decir las cosas descarnadamente. Pero la honestidad no es un valor artístico: es un valor humano. Uno pretende que los amigos y las personas sean honestas y sinceras. Pero en *Siempre es hoy* me agarró una cosa de no agregar más confusión; ni a mi vida, que ya era suficientemente complicada, ni a la gente. Tenía necesidad de decir las cosas sin tanto filtro, de dejar fluir la música sin meterme tanto en ella. Hay desprolijidad porque me interesó que la hubiera y porque también es parte de mí. También sentí que con *Bocanada* y con *11 episodios sinfónicos* lo que quedaba era como una sensación de distancia con el oyente a partir de una cuestión fantasiosa, promovida por mí pero no con la intención de decir que eso es todo lo que soy. También agarro una guitarra y hago una canción. *Siempre es hoy* es eso[53]".

53 En entrevista con Sergio Marchi. 2002.

Si Gustavo quería honestidad, la encontró en Adrián Taverna que, como era su costumbre, le decía las cosas sin atenuantes, algo reconocido por todos los que rodeaban a Cerati. La opinión de Adrián no era infalible, pero siempre era sincera y además gozaba de impunidad ya que Gustavo le había dado ese salvoconducto desde el inicio de la relación.

—¿Cuánto se puede grabar en un CD? —le preguntó Cerati.

—Hay dos formatos: 72 y 80 minutos.

—Yo quiero llenar un CD de música. Entero.

—Gustavo, nadie tiene tanto tiempo para escuchar. Nosotros nos criamos escuchando LPs de veintidós minutos por lado.

—Bueno, pero vos ponés un CD y lo dejás corriendo.

—¿70 minutos de un artista que te guste mucho?

—No me importa, yo voy a hacer un disco a todo lo que dé un CD. Vos porque sos un prejuicioso.

—No, yo te doy mi opinión: los discos tienen que durar 44 minutos. ¿Cuántos temas tenés?

—17.

—Bueno, hacelo con 12 y después sacás un EP a mediados del año que viene.

—No, yo voy a poner los 17 temas. ¡Y tengo más!

—¿Dónde tenés más?

—Bueno, podría tener más.

"Hoy creo que Gustavo quería un disco doble —reflexiona Taverna—, pero estaba encaprichado con llenar todo el CD. Discusiones como esas teníamos miles". Los diálogos se produjeron en el nuevo hábitat de Gustavo, una casa alquilada a un músico amigo en la avenida Congreso, en el barrio de Coghlan. No era muy lujosa pero lo que le interesó era un cuarto en el fondo de la propiedad donde se montó un estudio casero. Se juntaron a tomar una cerveza en el patio, una tarde de mucho calor, para que Adrián le diera su opinión.

—Me gusta —dijo el ingeniero de sonido—, pero me parece un poco desparejo.

—¿Es malo que sea desparejo?

—No, pero me parece que habría que homogeneizarlo un poco más. Lo que sí, escucho una frecuencia constante.

Gustavo se paró y le señaló un edificio enorme de una compañía telefónica, al borde del túnel que hoy lleva el nombre de Luis Alberto Spinetta, cuyo sistema de aire acondicionado provocaba un ruido que se escuchaba a doscientos metros a la redonda. "A Gustavo lo volvía loco. Pero después de la charla que tuvimos le agregó varias guitarras y el sonido quedó más parejo".

Es verdad que las canciones eran variadas. *Siempre es hoy* comienza con otro ejercicio polirrítmico, producto de las primeras experimentaciones de Gustavo con el Ableton Live, una Workstation de origen alemán que permite samplear, secuenciar MIDI y componer de un modo muy práctico. Pese a no ser nativo digital, la maestría de Cerati con las máquinas es legendaria. "Le habían regalado una XBox —cuenta Eduardo Bergallo— y todos jugábamos al fútbol de consola pero él no le daba bola. Un día jugó un partido y le ganaron. Y no le gustó una mierda: entonces se la llevó a la casa un fin de semana, la aprendió, y el lunes jugó con Barakus todo el día. Y después les ganó a todos. Gustavo era muy de llegar, entender y alcanzar el límite de las máquinas". Y el Ableton Live se transformaría en su nueva obsesión: con ella hizo el comienzo de "Cosas imposibles", cuyo ritmo parece arrancar al revés y luego se va acomodando.

Hubo menos samples en *Siempre es hoy*, aunque es una afirmación temeraria porque Cerati era capaz de extraer un solo sonido y deformarlo hasta que fuere irreconocible y sirviera a sus fines. En "Karaoké" samplea "La carta", de la chilena Violeta Parra, mientras que en "Vivo", que Cerati consideraba de sus mejores canciones, portaba el ADN de "Dazed And Confused" de Led Zeppelin. En ese tema participa otro de los grandes invitados del disco: Charly García, un poco como retribución de gentilezas porque Gustavo había participado de la reunión de Sui Generis en la cancha de Boca cantando "Rasguña las piedras", que fue el tema que sacaron a difusión cuando editaron el disco en vivo llamado *Sí: detrás de las paredes*.

"Llegó hecho un Lord al estudio —reconoció Cerati— y me pidió que le mostrara lo que quería, que era que tocara el piano. Me pidió los acordes y estaba dispuesto a aportar al disco desde un lugar de mucho respeto. Tenemos una relación muy buena desde hace mucho tiempo, de admiración mutua. Yo conozco al Charly desbocado, al caprichoso; lo conozco, lo puedo percibir, pero jamás ha sido así nuestra relación. Se lo notaba muy contento de venir a participar. Y yo desde el vamos pensé que 'Sudestada' era el tema donde Charly tenía que tocar el piano. Y fue una tarde dedicada a que él se explayara con todo lo que quería. Puse un límite de canales, cinco, porque si no podía ser eterno. Y ahí fuimos: en el primero ya estaba todo. Charly es un tipo muy sensible que se adecua a las circunstancias. Yo lo adoro, siempre tuvimos una relación muy fluida y nunca me tuve que poner paranoico por lo que pudiera hacer o no".

Sacha Triujeque también recuerda la visita de Charly al estudio como una ocasión divertida. "Fue una experiencia maravillosa —dice—, llegó y quiso grabar el piano Rhodes y el piano de cola al mismo tiempo. Lo gracioso fue que cuando terminamos de grabar me dijo que íbamos a editar. Generalmente a los productores nos dejan editar al final, no es común que lo haga el músico".

—¿Y cómo lo vamos a hacer?

—Vos subí hasta donde llegues, si yo te pongo la mano así lo dejás (pulgar arriba) y si la pongo así lo borrás (pulgar abajo).

Gustavo se acercó disimuladamente a Sacha y le ordenó: "No borres nada". "Entonces él se sube a donde está el equipo, detrás de la consola, y se queda parado allí. Le pongo 'Sudestada' a todo volumen y me iba marcando con el dedo y yo hacía como que borraba. Muy chistosa la experiencia". A Toy Hernández no le pareció lo mismo; cuando Charly estaba probando qué iba a grabar quiso hacerle una amable sugerencia y se encontró con el García hidrófobo que le ladró: "¡Yo toco lo que quiero!" Déborah de Corral también pasó para el estudio para grabar coros en "Casa" y "Torre de marfil", además de hacer el silbido de "Altar". Y fueron de las últimas cosas que se grabaron. *Siempre es hoy* entró en proceso de mezcla y Gustavo decidió el orden de las canciones, las diecisiete, que sumadas daban más de 70 minutos: una enormidad. Había que darle consistencia a la secuencia porque había cosas muy dispares: desde el *groove* pesado de "No te creo" hasta la atmósfera *pinkfloydiana* de "Fantasma" podía caber un universo. Las voces se grabaron en una exhalación. "Se me chinaba el cuero, como decimos en México —se acuerda Sacha—, grabar sus voces era increíble: las hacía en tres o cuatro tomas, un poquito de edición y vamos ya. Cuando terminábamos toda la instrumentación de un tema, yo comenzaba una premezcla de la base y mientras tanto él terminaba sus letras. Cuando las tenía listas, grabábamos".

Entre Sacha, Toy Hernández y Gustavo se dio una buena química que por momentos devenía en lluvia de ideas, lo que es fácilmente perceptible si se escucha *Siempre es hoy* con auriculares. Hay muchas capas de sonidos y una abundancia de arreglos muy sutiles que contrastan con el poderoso audio de las bases. Cuando los mexicanos llegaron, todavía retumbaba el eco de las cacerolas con las que la gente protestaba. Unos meses más tarde, con el disco terminado, percibieron la distensión de la gente ante cierta mejora de la economía. *Siempre es hoy* vio la luz el 11 de noviembre de 2002, después de tanto andar, pero el disco no se quedó en el mismo lugar; si bien sostuvo la idea original de Cerati, de un disco más espontáneo y con tendencia hacia el hip-hop, también se vio afectado por todo lo que le pasó en su vida personal. La compañía puso a rotar "Cosas imposibles" en la radio, pero no le puso demasiada garra a la difusión. Sentía que faltaban hits. Además el CD mostraba una porción del rostro de Gustavo, pintado por el artista Diego Gravinese en la portada, que solo se revelaba completo al desplegar todo el librillo.

— • —

Las críticas fueron dispares. La prensa especializada parecía estar dividida en varias facciones; algunas respondían al calor de las masas todavía fermentadas por Los Redonditos de Ricota, otras en la defensa de un rock tradicional donde Cerati era considerado un producto "pop" (sin entender que el pop formó parte del rock desde sus inicios), y otros enarbolando el raído estandarte de la electrónica que hacía mucho tiempo que se vendía como lo nuevo y ya era un niño con la barba crecida. Era lógico: *Siempre es hoy* no fue la continuación de *Bocanada* ni la vuelta a Soda Stereo, y su alto componente electrónico fue más metodológico que estilístico. Es más, haciendo gala de su pereza y no poca ignorancia, muchos críticos exhibieron algún rasgo xenófobo por la presencia de un rap hecho por un chileno, y dos productores mexicanos de los que dijeron que eran de Control Machete (Sacha Triujeque es ingeniero y nunca integró la banda). Parecía haber un pase de facturas cruzadas hacia Cerati. Los medios más masivos hicieron una lectura amarillista, buscando hilvanar teorías basándose en frases aisladas en torno a la separación de Cerati y Cecilia Amenábar, o alrededor de su noviazgo con Déborah de Corral, pero analizando la música con la misma superficialidad que las revistas del corazón.

"Si somos críticos de música —se defendió Gustavo—, hagamos crítica de la música, no nos pongamos tan amarillos, *porque-la-gente-quiere-eso*. Me parece una falta de respeto no solo hacia mí, sino hacia la propia condición del crítico. Si vas a hacer la crítica de un disco, andá y hacé la crítica de ese disco. El resto de las cosas son pelotudeces. Ahora si todo lo que escribís son pelotudeces que nada tienen que ver con la música, y por la música pasás tangencialmente, ¿de qué crítica estamos hablando? ¿Qué estamos haciendo? Yo odio esa bajada de línea amarilla que tienen algunos medios últimamente, porque parece que están perdiendo lectores. Eso no le hace muy bien a la música. Igual, me importa un cuerno, porque salió mi disco ahí y la gente ni lo lee. Tampoco influye en las ventas, pero uno lee eso y se pregunta: ¿Por qué tenés que hacer una interpretación tan arbitraria como si fueras un amigo mío? No sos mi amigo, no escribas como si fueras un amigo mío. Ese es el asunto. La crítica es un arte, nadie quiere verlo porque es difícil, pero andá a los griegos. Es difícil adoptar una posición de juzgamiento de una cosa, pero no es tan difícil sacarle a la música condimentos que no tienen nada que ver con la música y tienen que ver con la popularidad. A los críticos les encanta hacer juegos de palabras como 'este es el amor después del amor amarillo'. ¿Qué estás diciendo, flaco? ¿Yo qué tengo que ver con Fito Páez? Fito pasó por una cuestión emocional que quizás no tiene nada que ver con la mía. Ese tipo de comparaciones son puro juego de palabras, es vacío, nada más. Es una manera de ser ingeniosos. Vos podés escribir lo que quieras, pero lo que escribas sos vos. Y el disco soy yo. Y ahí es donde veo si alguien tiene la altura o no para hacerlo"[54].

Decodificar *Siempre es hoy* a través de sus letras, y esto aplica a cualquier disco de Cerati, es el juego que más engaña, porque sus palabras eran elegidas por la sonoridad y después él le buscaba algún sentido narrativo. No fue un compositor confesional, por más que algunos versos pudieran tener nombre y apellido. Se habló mucho de que "Karaoké" estaba dirigido a Cecilia Amenábar, o de que "Cosas imposibles" aludía a su relación con Déborah de Corral. Imposible saberlo. "Nunca me gustó —explicó Cerati— que alguien me diga mucho de qué está hablando una canción, más allá que me pueda llegar a interesar leerlo en una nota, porque me puede llegar a complicar la vida. Porque me está quitando la magia. No me parece una cosa tan interesante. Algunas letras son muy claras, otras no tanto. Si vos le preguntás a Spinetta cómo es que llegó a eso, uno imagina que siempre está en un estado de lucidez total y no es real: a veces esas cosas son musicales. Primero yo parto de la música; a lo mejor en esa música existe algún tipo de palabra... Un tema como 'Vivo', o como 'Signos', tenían esa palabra de movida. La música me da siempre la idea de la letra. Por eso, no es algo tan concreto lo que quiere decir una letra. Cuando algunos periodistas o críticos hacen referencia a mi vida personal directa y filosofan sobre si esta canción se la escribí a Déborah (de Corral) o si se la escribí a mi exmujer, o a Ricky Maravilla, están pifiando, porque están

54 Ídem.

subestimando al oyente. A mí no me importa porque Lennon escribió 'Jealous Guy' (Tipo celoso), yo sé que tiene que ver con Yoko Ono y todo eso, pero cuando escucho la canción ella es lo suficientemente importante para que no me interese otra cosa. Me pega porque mi emoción simpatiza con esa canción. Es natural que uno quisiera que no se dijera tanto sobre el artista; se pierde un poco la magia de las cosas. Están sonando las canciones y la gente la toma para donde quiere. La canción es un manejo de emoción; es una cosa que puede salvarte el estado de ánimo"[55].

— • —

Antes que Gustavo se lanzara a la carretera para defender *Siempre es hoy* en los escenarios, y aun antes de que editara el álbum, hubo una reunión de Soda Stereo. MTV Latino decidió entregar un premio a la trayectoria por primera vez, como lo dijo el conductor Mario Pergolini, y era lógico que pensaran en la banda más reconocida en el continente y en el rebote mediático que habría si lograban esa reunión. La idea fue que tocaran dos o tres temas, pero era imposible. Sin embargo, Cerati accedió a reunirse con sus dos compañeros de grupo, aun sabiendo que eso iba a intensificar las presiones para una reunión. Que no eran evidentes pero que ya las había.

Las cámaras captaron el encuentro en el pasillo del teatro Jackie Gleason el 24 de octubre de 2002, en Miami; Cerati en las primeras filas esperó a Zeta y Charly que se acercaron juntos. El baterista pareció más contento de ver a Gustavo que Zeta. Igual, todo se desarrolló en un clima de cordialidad, aunque cuando les entregaron el premio, que consistía en una espantosa lengua, Charly Alberti le dijo a Gustavo: "Bueno, ahora vamos a poder hablar todo lo que no hablamos". En realidad, Cerati no tenía nada nuevo que decirles a sus compañeros: ya se habían encontrado previamente en esa ocasión

55 Ídem.

como para no verse directamente en el teatro. "La primera vez que los volví a ver a los tres juntos fue en una vereda de South Beach en Miami —reconoce Daniel Kon—, cuando les entregaron la lengua de MTV. Yo viajé con Zeta, Charly ya estaba en Miami, y Gustavo vino de otro lado. Pararon los tres en un complejo de pequeños apartamentos frente al mar. Fue raro el clima, pero más raro era que ellos, que habían hecho juntos algo tan grande, no se vieran por cinco años. Después cada uno se fue por su lado".

Junto a Fernando Nalé, Flavio Etcheto, Leandro Fresco, Pedro Moscuzza y la incorporación de Loló Gasparini en coros, Cerati comenzó a tocar en vivo los temas de *Siempre es hoy*, pero el primer show fue muy accidentado... porque terminaron todos presos. En realidad fue una suerte de festival en Quito, el 27 de diciembre de 2002, en el que coincidían Charly García, Fito Páez y Gustavo. Cerati no tuvo problemas en abrir el show y nadie se opuso a que Charly García fuera el cierre, a sabiendas del caos que causaba a su paso. "¡Tremendo quilombo! —resume Taverna—. En ese show hubo mucha camaradería entre todos ellos y las respectivas crews. Toco Gustavo y todo salió bien, Fito tenía un show más picante, pero García no llegaba. Todo armado para Charly, una, dos horas de demora, la gente comenzó a impacientarse. Los ecuatorianos tenían la costumbre de llenar el lugar de policías y vino el jefe del operativo a apurarnos".

—¡Vamos! ¡Comiencen que la gente está esperando! ¡Es una falta de respeto!

"Ya era una orden —retoma Taverna—, imaginate cómo lo tomó Charly. Subió, comenzó a tirar todo, tocó un tema y medio y se fue. Fito subió al escenario, le arregló los teclados a García, le dejó todo funcionando. Pero Charly subió, tiró todo a la mierda, hizo dos temas, la gente lo chifló y él los puteó y se fue al camarín". Se armó una batalla campal, se quisieron llevar detenido a Charly. Los plomos hicieron causa común y fueron rápido al escenario y Gustavo y Fito con sus respectivas bandas se quedaron como guardia pretoriana de García. Hasta el cónsul argentino en Quito tuvo que intervenir para que no se detuviera a nadie. Aunque en realidad estaban todos detenidos en el camarín, inventando una categoría alternativa al arresto domiciliario.

La gira presentación de *Siempre es hoy* arrancó formalmente en México en febrero de 2003 y tuvo su epicentro en Buenos Aires donde Gustavo Cerati se presentó por primera vez en el Luna Park, ante el disgusto de su sonidista que conocía perfectamente bien las deficiencias acústicas del lugar. "Siempre estuve en contra —asume Taverna—, pero era lo que podíamos hacer: queríamos un estadio. Gustavo no quiso un teatro porque quería que la gente bailara". Finalmente todo sonó muy bien, con un volumen a lo Taverna (brutal), y la participación de Charly García y Déborah de Corral haciendo coros en un par de temas. Cuando cantó "Te llevo para que me lleves", que originalmente Gustavo había grabado con Cecilia, el público la silbó. No fue una elección inocente la de Cerati: no quiso exponer a Déborah pero quería hacer un gesto fuerte hacia los cuestionamientos a su nueva dirección musical y a su vida privada.

En algún momento del año, Gustavo se fue a vivir a la Casa Turrón, bautizada así por las incrustaciones en piedra de su exterior. Quedaba muy cerca de su viejo departamento de Figueroa Alcorta, pero en la tranquilidad del barrio. Fue su casa más familiar, donde Benito y Lisa encontrarían un buen espacio para ellos. Era una propiedad grande que en un momento compartió con Déborah... y su madre, amante de los perros, que contagió a Gustavo que llegó a comprarle uno a Lisa y lo llamaron Kiss. Al principio no pudo habitarla demasiado porque se la pasó de gira. Y sucedieron dos cosas que marcaron una divergencia y crearon algún grado de confusión en los fans de Cerati. En agosto de 2003 se dio el gusto de editar como doble *Reversiones / Siempre es hoy*, en donde dejó que diferentes artistas recrearan las canciones del álbum como quisieran. Están músicos de su banda como Leandro Fresco, que realizó una versión híperdance de "Casa", su admirado Joerg Wunder, que despojó de bombos a "Sulky", Leo García, Andrés Bucci, Capri, Christian Powditch, Miranda!, Javier Zuker y otros.

Simultáneamente, los shows en vivo se iban poniendo cada vez más rockeros. Un poco por impronta de la banda, que tenía su base analógica (Fernando Nalé y Moscuzza) y su costado más tecno (Flavio Etcheto y Leandro Fresco), y otro poco por el desequilibrio que ¿sin querer? provocaba Gustavo con su guitarra eléctrica. "Vivo" tenía una sección que cada vez se iba poniendo más y más rockera. "Gustavo usa por primera vez en su vida una Gibson Les Paul —explica Taverna—, y no es un detalle menor; tiene un sonido más grueso, más Jimmy Page: no es chingui-chingui. Nunca antes había tenido una pero ahora quería un sonido más grande de guitarra. Fue la mutación de la sutileza de *Bocanada* donde la guitarra apenas aparece a esto que comienza a pasar en la gira donde la guitarra comienza a estar cada vez más presente. La mutación comienza apenas salimos a la ruta".

El camino será largo y tendrá curiosos desvíos como la creación de Roken, un trío de laptops que se genera por combustión espontánea en zapadas digitales que involucran a Gustavo, Flavio y Leandro Fresco en las trasnochadas noches de hotel durante la gira. Roken debutará a fines de 2003 en Caracas y se presentará en varios festivales electrónicos a lo largo de 2004. Si la gente todavía se sentía rara al ver a Gustavo sin Soda Stereo, hay que imaginarse la confusión al verlo en el marco de un trío de computadoras portátiles.

"Fue una locura —se ríe Leandro Fresco—; cuando estábamos de gira, después de cada show queríamos salir de joda y terminábamos en algún bar o discoteca. Yo iba con la valijita con CDs a todos lados y terminábamos preguntándole al DJ de cada lugar si nos dejaba subir a pasar música nosotros. Comenzamos invadiendo las cabinas de los lugares y en Los Angeles fuimos a una fiesta, ya preparados con la computadora. Vino una persona a preguntarnos si tocábamos en otro lado porque le había gustado el set: pasábamos Giorgio Moroder, The Orb, INXS, cualquier cosa. Hicimos una gira bastante larga en 2004, hubo shows muy desordenados y otros gloriosos. La gente pedía que Gustavo cantara algo y ahí nace 'Vértigo' que es la única canción que compusimos entre los tres. Viajábamos cuatro: Flavio, Gustavo, yo y Nicolás Bernaudo, que era el mánager. Era muy cómodo y divertido". Según la leyenda, el trío obtiene su nombre el 22 de noviembre de 2003, cuando Cerati se presentó en República Dominicana. En Santo Domingo encontraron un cartel escrito en holandés y el grupo quedó bautizado. Niet Roken quiere decir: no fumar.

Una advertencia que a Gustavo le hubiera convenido seguir.

36

De las historias pasadas

Iban a los gritos por la ruta. Cantando: "¡Libreeeeee! ¡Cooomo el ave que escapó de su prisión, y puede al fin volar!" Ellos muertos de risa, y los del fondo también por el espectáculo que brindaba el insólito dúo. El chofer español los miraba por el espejito sin hacer ni un gesto. Gustavo Cerati y Adrián Taverna estaban felices y desatados. En una estación de servicio, Gustavo se compró un "grandes éxitos" de Nino Bravo, lo puso en un reproductor amplificado por un "marshalito"[56], lo llamó a Taverna y se instalaron en los dos asientos de adelante de la combi que transportaba a ellos y a la banda por las rutas españolas, a cantar Nino Bravo a grito pelado. Los dos conocían las canciones desde chicos y se divertían como tales. Leandro Fresco recuerda el momento y lanza una de sus carcajadas de pájaro. Para Gustavo y Adrián era simplemente una prolongación de la estudiantina que protagonizaban en las giras de Soda Stereo.

"Cuando volvíamos de Córdoba, por ejemplo —evoca Adrián—, había un lugar que era parada obligada para comer, en Roldán. Siempre nos sentábamos enfrente del otro y armábamos bandas nuestras en joda. Una de ella era Los Boldos porque después de comer pedíamos té de boldo. Nos acordábamos de las etiquetas que traían los discos, 'Convivencia sagrada', 'Soul

56 Es un micro amplificador Marshall, pero que suena como el grande y hasta distorsiona. Gustavo lo utilizaba como ahora se usan los parlantes bluetooth para reproducir música.

power', 'Rock progresivo' y decíamos que nuestro disco iba a tener una que iba a decir 'Rock digestivo'. Hacíamos letras en el micro y los demás nos miraban: armamos como cinco temas". En el micro español, quince años después, el éxtasis llegaba cuando se morían las baterías del amplificador y la música de Nino Bravo se teñía de una confusa distorsión.

Para Cerati, Europa era una deuda, un desafío: Soda Stereo nunca pudo pasar más allá de la superficie del viejo continente. En octubre de 2004 se concretó una gira de bajo presupuesto por el sur y el este de España, con motivo de la edición española de *Canciones Elegidas 93-04*, un compilado de Cerati solista que incluía un tema inédito: "Tu locura", que compuso para *Locas de amor*, una serie de televisión. Se lo pidieron un día, y a la semana siguiente la canción estaba lista, con letra y todo: fue de las primeras cosas que hizo en Unísono, el estudio que se construyó en Florida, el lado oeste de Vicente López. De ahí en adelante se transformaría en su cuartel general. Había aprendido que hacerse el estudio de grabación en la casa no era lo mejor. Salvo algunas cosas que pudo rescatar, Casa Submarina lo perdió en el divorcio con Cecilia. Cuando se fue, el lugar se inundó porque daba a una barranca, y pareció como un signo del destino.

"La gira por España fue muy austera —cuenta Taverna—, era algo que bancaba él, entonces fuimos con un backline pequeño, la banda, un solo asistente (Barakus o Miguel Lara), Nando y yo. Fueron quince días; en algunos lados vinieron menos de trescientas personas pero en Madrid hicimos dos días la sala Heineken, donde entraban 1200 personas, y en Barcelona la Bikini, misma capacidad y dos noches también. A Gustavo lo ponía de muy buen humor ese hacerse de abajo, no tenía exigencia. Sabía que no iba a ganar plata, era volver al amateurismo. Los hoteles no eran cinco estrellas, bajamos a tres. Pero ese no era el tema. La pasamos bárbaro y éramos como nenes". Fue un momento extraordinario en medio de un año ordinario, tanto que pudo compartir un espacio con su nueva novia y su antigua esposa. Sucedió en el casamiento de Pedro Moscuzza en Mar del Plata, que invitó a todo el mundo a una fiesta en la playa donde había escenario para tocar. Estaban Benito, Lisa, Cecilia, Déborah, miembros de su banda y amigos en común como Christian Powditch. "Viajé con Gustavo y Déborah a Mar del Plata y fue muy divertido, porque Déborah sabía que yo era amigo de Cecilia —cuenta Christian—. Entonces me miraba como sin saber si me tenía que pedir perdón o qué, y yo me cagaba de risa. Pero Gustavo y Cecilia eran dos personas adultas y yo era amigo de los dos, eran amplios mentalmente. Gustavo siempre fue muy buen papá. Benito era muy chico, pero muy parecido a Gustavo, y ya empezaba a hacer música y nos moríamos cuando Benito tocaba y Lisa le hacía los coros".

Tan relajado estaba todo que cuando después de un show de Altocamet y algunos temas de Trineo el bajista residente comenzó a tocar la base de "En la ciudad de la furia", Gustavo se rindió al momento.

—Bueno —le dijo a Oscar Fernández—, me parece que voy a tener que subir, ¿no?

"Subió y fue fantástico —confirma Oscar—. Hicieron temas de Soda Stereo con un nivel de locura acorde a la borrachera que todos teníamos y estuvo genial". Pero aun en medio de la normalidad había una tormenta que había comenzado a formarse lentamente y Gustavo la iba esquivando como podía, porque su relación con Déborah de Corral iba sufriendo los embates de dos personalidades dominantes. Y ella toleraba que su novio fuera un *rockstar* pero no le gustaba ni medio. En una ocasión transitaban las calles de Palermo llenas de gente por alguna fiesta, y Gustavo aminoró la marcha de su auto para no pisar a nadie y puso su mejor cara; sin ocultarse y quizás con un poco de vanidad, dejó la ventanilla baja. Para mostrarse o para mostrarle a ella, que no escondió el mal humor que le causó ese gesto tan simple. Fue un primer signo de desintegración en esa pareja que parecía ser tan mágica.

Hubo un incidente en una de las tantas giras de Roken en 2004. Gustavo anunció sin anestesia que iba a bajarse de la gira y volverse de inmediato a Buenos Aires. Esa decisión la tomó después de una discusión con Déborah por teléfono. Todos pensaron que se había vuelto a Buenos Aires porque lo buscaron para que reconsiderara la decisión y no lo encontraban. Finalmente, Gustavo apareció y se sobrepuso, porque ante todo era un profesional. Pero estaba hecho un trapo de piso. "Gustavo no quería perder a Déborah —reconoce Taverna—, él era muy intenso y a una persona como Déborah no le gusta que estén encima, es más libre, más relajada. Cuanto más se alejaba, más intenso se ponía Gustavo". Del placer de estar en pareja con alguien que, supuestamente, podía entenderle muchas cosas al ser también una figura pública, Cerati ingresó en el pantanoso terreno del amor obsesivo. "Estaba hasta las pelotas con Déborah —sigue Adrián—, lo he ido a buscar porque estaba enloquecido, lo llevé a comer, le hablé. Y ya había una insistencia por la reunión de Soda, lo que le sumaba presión. Atravesó muy mal ese período".

"Déborah tenía un carácter muy fuerte —agrega Eduardo Capilla—, y lo peleaba mucho. No como Cecilia, pero no sé si ella estaba tan enamorada de él. Gustavo era un poquito inocente y a veces pavo. Sé que sufrió mucho la separación con Déborah, que la lloró mucho, que le suplicó que no lo dejara. Pero Débora fue muy terminante y él quedó muy dolido". El problema es que ya en los primeros meses de 2005 Déborah se fue... pero su madre se quedó en Casa Turrón. Y Gustavo no quiso pedirle que se fuera porque pensaba que, quizás con ella en el hogar, Déborah volvería. Finalmente se convenció de que eso no iba a suceder y entró en un duelo feroz y profundo. Obviamente, eso no le impediría disfrutar de los placeres de ser Gustavo Cerati y vivir una soltería que le permitía tener la compañía que quisiese. Una de ellas fue una chica llamada Mae, a quien conoció cuando fue a tocar con Roken a Bogotá, la dueña de un bar llamado Cristalia, el que Gustavo atendió por unos días cuando decidió prolongar su estadía en Colombia. Pero la procesión seguía por dentro y sus amigos se dieron cuenta.

En abril de 2005 se realizó otra edición del festival Vive Latino en México. Como curiosidad, en la grilla se había hecho lugar para la Zuker XP, el grupo de Javier Zuker al cual Adrián Taverna le hacía sonido. "La idea de la Zuker XP en el Vive

Latino era una locura —reconoce Javier—. No éramos un grupo de rock en español, era un *mash up* con una banda, caños". Cuando Gustavo se enteró decidió ir también y terminó tocando no solo con la XP sino también "Sin cadenas" con Los Pericos. No hubo aviso previo, por lo que la sorpresa fue total y desconcertante. "Me habían dicho que el público era muy pesado —continúa Zuker—; Ely Guerra tocó temprano y lo hizo con una red adelante. Le tiraban de todo. Cuando comenzamos a tocar nosotros, a los diez minutos la gente comenzó a gritar 'botella, botella', y yo pensé que nos iban a cagar a botellazos. Imaginate: nosotros tocando en una onda Chemical Brothers y un público esperando que toquen rock. Lo de 'botella' era la gente pidiendo por un grupo llamado Botellita de Jerez, pero yo no lo sabía". Gustavo subió al escenario sin aviso y se puso a tocar y a cantar como si hubiese ensayado, y la gente se calmó. Un poco. "No se lo esperaban, Gustavo tocó dos o tres temas, nosotros seguimos después pero acortamos el show".

Gustavo se instaló en una cómoda habitación de hotel y en una noche difícil se puso a hacer música con una laptop que había llevado, que carecía de muchas de las herramientas que solía utilizar para componer. Se puso a buscar pianos melancólicos, los sampleó y trató de hallar posibles combinaciones. Al día siguiente fue a buscar a Taverna, que se alarmó muchísimo al verlo tan angustiado. "Estaba insoportable —exclama—, estaba tan nervioso por el tema Déborah... pero cuando charlamos estaba con la angustia del viaje de vuelta, a tal punto que me vino a pedir una pastilla. ¡Y darle una pastilla a Gustavo era una lucha! Lillian los crió con homeopatía. Podía tomarse un éxtasis, pero no una pastilla médica. El tema es que nos había agarrado mucha fobia a volar y yo hice un curso que da la gente de Aerolíneas Argentinas, para manejar ese tema. Gustavo sabía que yo para viajar tomaba algo que me planchara. Y nunca lo había visto así, entonces le di una pastilla y lo obligué a que se la tomara delante mío. Después en Buenos Aires me dijo que la pastilla no le hizo nada. ¡Y era para dormir a un caballo!"

La soledad era una tortura para Gustavo; cuando estaba con sus hijos la llevaba bastante bien. Pero cuando se quedaba absolutamente solo no. Entonces invitó a Oscar Fernández, que también se estaba separando, a que fuera a vivir a la Casa Turrón con él.

—Oski, venite a vivir acá. Es enorme y estoy solo. Paso mucho tiempo afuera por los viajes y es bueno que haya alguien en casa.

A Oscar la invitación le vino de perillas y la convivencia fue genial. "Algo hermoso, bien de amigos. Nos escuchábamos todos los discos, cenábamos juntos a la noche cuando volvía del estudio, nos pedíamos una pizza o comíamos lo que hubiera en la heladera. Charlábamos, hablábamos de música, mirábamos la tele, alguna película". En el relato de Oscar hay algo parecido a una rutina: ¿Qué hacía Gustavo todos los días en el estudio? Durante los primeros meses de 2005 estuvo como productor en las sombras de *Cuarto Creciente*, nuevo disco de Leo García que formalmente fue producido por Ezequiel Araujo y el propio Leo. "En ese disco mío —dice Leo— fue donde tocó más guitarras; metió solos, ruidos, modificó muchas armonías. No sé bien qué hizo, pero puso su magia ahí". En Unísono había movimiento, música y gente que él conocía y apreciaba: Bergallo, Leo, Araujo y Nicolás Pucci, también conocido como Parker, a quien Bergallo sumó al staff de Unísono.

"Yo estudiaba en la Universidad de Quilmes música y composición —se presenta Pucci— y trabajaba en un colegio en Olivos. Ahí conocí a Bergallo y comencé a trabajar como su asistente personal. Quería darme un puesto de trabajo fijo y me tiró tres posibilidades, una de las cuales era trabajar en Unísono con Gustavo. Y yo era fan. Un día me llevó a conocerlo, Eduardo me presenta y él me dice: 'Hola, Nico, un placer, si Eduardo te trajo acá sos bienvenido'. Fue un diálogo de siete segundos, luego Bergallo habló con él y después me dijo que Gus quería que trabajara allí con él. Mi función era todo: cambiar un foquito, cambiarle las cuerdas a la guitarra de Gustavo, hacerle setecientos cafés, prender la computadora, ventilar, encender sahumerios. Y con mucho amor me dediqué a cuidarlo a él como ser; yo estoy en el palo de la energía, del yoga, de la meditación, todas las plantas de Unísono las planté yo. Gustavo siempre tuvo un trato excelente conmigo: un caballero total".

Nicolás tuvo que hacer un curso acelerado porque era el que tenía que encargarse de que todo anduviese, y proveer a Cerati de todo lo que necesitara para componer. Ir al depósito y buscar tal o cual guitarra y llevar determinado amplificador al control. "Yo venía de una sala de ensayo. Fue mucha información de golpe y tener que ponerme a la altura de un genio, técnicamente hablando". Y cuando volvió de México, el genio se puso a frotar la lámpara.

—¿Sabés manejar el Ableton Live? —le preguntó Cerati a Parker.

—No, no lo conozco.

—Bueno, aprendé a manejar este programa porque es el futuro. Es rapidísimo y me vendría bien que aprendieras a usarlo.

Aunque no lo hubiera manifestado, Gustavo ya tenía un disco en la cabeza y estos eran los movimientos previos a la composición, una vez superada mínimamente la conmoción de su separación de Déborah. La dirección del álbum había empezado a surgir en los casi tres años de presentaciones con el repertorio de *Siempre es hoy*, donde cada vez metía más guitarra y hacía solos más largos. Taverna lo notó y se lo comentó.

—Ah, ¡volviste a la violita! Estás con todo.

—El disco que viene es todo de guitarras. Ya vas a ver.

—¡Me alegro muchísimo!

—Bueno, ¡pero no te empieces a hacer el loco desde ahora!

— • —

La relación con Déborah de Corral todavía era buena cuando Gustavo y ella viajaron a Punta del Este, invitados por Pancho Dotto. Hasta ese momento, Cerati no le tenía afecto a la ciudad uruguaya, quizás por el recuerdo de 1981 cuando su aventura con Savage naufragó. Pero veía que mucha de la gente que conocía veraneaba allí y hablaba maravillas del lugar. Fue algunas veces más pero no se encariñó hasta el verano de 2004. "Le escapaba a esa cosa careta de gente de guita —cuenta

Oscar Fernández—, Gustavo prefería su casa en el lago Vichuquén en Chile, donde compuso 'Crema de estrellas' y otras de *Sueño Stereo*. Fui a pasar un año nuevo ahí y era una casa divina". Pero la casa del lago, como el estudio, se fue con el divorcio y tal vez por eso decidió comprar una en Punta del Este, al norte de José Ignacio. Le parecía un lugar fantástico para ir con los chicos y él podía disfrutar su vida de fiestas y encuentros sociales. Su círculo social se amplió mucho en Punta del Este y allí se fue haciendo amigo de una vecina que siempre iba a pasar fin de año a la chacra La Colorada: Shakira. La cantante colombiana nunca ocultó su fanatismo por Soda Stereo ni su admiración por Gustavo Cerati, y solían reunirse a conversar o a tocar: ella agarraba la batería y Cerati el bajo. Improvisaban, cantaban y se divertían. De esa relación partió la invitación de Shakira a que Gustavo produjera algunos temas de su álbum *Fijación Oral*, que sería doble y se publicaría en dos volúmenes, uno editado en junio de 2005 y el otro en noviembre del mismo año.

Cerati co-produjo dos canciones en el volumen 1, cantado en castellano, y otro par en el 2, donde Shakira vocalizaba en inglés. "Día especial" y "No" fueron trabajadas en el estudio Compass Point de Bahamas, cuyo propietario es nada menos que Chris Blackwell, el fundador de Island Records. Las otras dos en las que Gustavo participó fueron retocadas en Unísono. "Lo de Shakira fue muy divertido —recuerda Tweety González, co-productor de Cerati—, estaba en una época donde se hicieron amigos. Shakira tenía el disco terminado pero quería que Gustavo hiciera algo. Era un disco a todo trapo, con producción ejecutiva de Rick Rubin. Uno de los temas, 'How do you do', tenía una estrofa con unos productores top y el estribillo realizado con The Matrix. Y nosotros teníamos las sesiones de eso en Unísono y durante un mes trabajamos con cuatro temas. Uno lo bajamos a la mitad de tempo y lo hicimos balada, pero ella no lo usó porque ya tenía muchas. Shakira vino un domingo al estudio, en la época en que estaba de novia con Antonio de la Rúa. Escuchó, le gustó, pero solo usó el diez por ciento de lo que hicimos".

Cuando Shakira presentó el disco terminado en una reunión de la compañía discográfica al más alto nivel, hubo alguien que detectó algo distintivo en algunas canciones, y en todas el factor en común era la participación de Gustavo Cerati. "¡Estos temas están buenos! ¿Quién es este tipo?", preguntó Rick Rubin y anotó el nombre en su libreta. La amistad entre Cerati y Shakira se probaría fuerte y los llevaría a compartir escenario más adelante. Otras amistades comenzaron a converger en torno a Gustavo como si hubieran sido dirigidas por el destino. En julio de 2003, Cerati y Flavio Etcheto estaban comiendo una hamburguesa en Johnny Rockets de Los Angeles, cuando un ciclista atraído por la calva de Flavio se aproximó y los saludó.

—¿Qué tal, chicos?

—¿Qué hacés acá?

—¡Yo vivo acá!

Gustavo se fundió en un abrazo cariñoso con su viejo camarada Richard Coleman que se encontraba viviendo en Estados Unidos. Lógicamente, recibió una invitación para ir a ver el show, y después se fueron a cenar juntos los dos solos para ponerse al tanto. "Conversamos mucho —recuerda Richard—, fue una linda salida, hacía mucho que no nos veíamos. Cuando volví a Buenos Aires en 2003 tenía ganas de verlo otra vez y le dije que quería ir a ver un ensayo: estaban preparando la presentación en el Gran Rex y tenían la sala armada. Barakus me armó un espacio al lado de Gustavo y la pasé bomba, porque necesitaba reconectar desde otro lugar. Mi comunicación con los músicos angelinos no era una conexión real, así que disfruté mucho ese momento".

Para esa ocasión, Gustavo había decidido desempolvar una vieja canción de Soda Stereo: "Un millón de años luz". La pasan, Cerati corta el tema y se da vuelta.

—¿Querés tocar? —le dice a Richard.

—¿Tocar qué? —responde, despistado.

—Tocar en este tema. Dale, es refácil. Barakus, traele la Les Paul a Richard.

Con su habitual eficiencia, Barakus le arma un set a Richard en un santiamén mientras Gustavo le pasa los acordes, y le pide algo más: "¿Por qué no cantás una estrofa?" Y es así que Richard Coleman vuelve a los escenarios argentinos como invitado de Gustavo en los tres shows del Gran Rex. "Canté la parte 'de las historias pasadas...' Y Gustavo comenzaba el solo y me dejaba el final a mí. La verdad es que fue muy emocionante, muy lindo".

En esos días, Richard recibe un llamado inesperado, el de Roberto Costa, cabeza de Popart, la productora más importante de Argentina que tenía a su cargo el festival Quilmes Rock, que Gustavo cerraría.

—Hola, Richard. ¿Cómo estás? Tengo un tema con Gustavo que no solo quiere que toques con él en ese tema que hacen juntos, sino que además quiere que Los Siete Delfines le abran el show.

—Sí, lo sé, pero ya le dije a Gus que tengo el pasaje para volver a Los Angeles y no lo puedo cambiar.

—Olvidate, nosotros nos hacemos cargo de todo el cambio del pasaje pero tenés que estar porque si no Gustavo no quiere tocar.

De manera que Coleman tocó un set entero con su grupo y otra vez un tema con su amigo que después del show lo agarró y le dijo: "Che, quería que supieras que fue muy lindo compartir estos shows, tenerte en la sala y que te veo como hacía años que no te veía. Recuperé al Richard que conocí, un tipo en el que se puede confiar, talentoso y estoy muy contento por eso".

"No me lo esperaba —se sincera Coleman—. Porque me cuidó y me puso en la cancha. Salir del alcohol fue para mí algo muy difícil, y que él me dijera eso fue una situación de amistad muy real, muy verdadera. Volví contento a Los Angeles y a los pocos meses decidí regresar a Buenos Aires. No había buen trabajo ni posibilidades de conseguirlo. Mi gato, Cachito, se había enfermado y realmente no podíamos pagarle el tratamiento, era muy caro. Y en un momento, empiezo a evaluar todo, y acá había conseguido un trabajo de música publicitaria que me daba muy buena guita. Me volví".

Cachito tenía hígado graso y vivía con Coleman desde comienzos de los años 90. Si no hacía el tratamiento, sus días estaban contados. Cuando Richard decidió la vuelta, el felino volvió a ingerir alimento y lejos de morirse, vivió dieciocho años, hasta 2007, cuando Richard ya formaba parte de la súper banda que Gustavo Cerati montaría para presentar su nuevo trabajo.

— • —

El proceso del nuevo material encontró a otro antiguo compañero en la consola de grabación en calidad de co-productor, a la par de Cerati. Tweety González también había partido a California en busca de nuevas oportunidades con Ácida. Poco tiempo después de verlo a Coleman, Gustavo se encontró con Tweety en Tijuana, muy cerca de Los Angeles. "Crucé la frontera con Alina —cuenta Tweety— y nos fuimos a ver el show de Tijuana. Para mí tenía un valor emotivo volverlo a ver a él y a la monada, Taverna, Barakus, todos los pibes". Para Gustavo también había una cuestión emotiva y de reconocimiento, porque fue Tweety el que recomendó a Sacha Triujeque para producir *Siempre es hoy*: bien podría haberse postulado él. Ahora le tocaba sentarse en la mesa de comando junto al jefe... después de haber tenido dos infartos y una obstrucción coronaria, producto de una alimentación perniciosa. Era demasiado joven para esas patologías: cuarenta y dos años. "Cuando comenzamos a trabajar, hacía tres meses que me había 'asfaltado' las vías circulatorias, y Gustavo me cagaba a pedos si comía galletitas. Me cuidaba mucho. ¡Justamente él! ¡Con lo que fumaba!"

El formato de las primeras improvisaciones fue de trío: Gustavo, Fernando Nalé y Leandro Fresco tocando una batería electrónica con pads. Se hizo evidente la necesidad de un baterista real y Tweety recomendó a Emanuel Cauvet, un músico con mucha potencia que tenía el sonido necesario para un disco poderoso. "Tiene un brazo que pesa una tonelada y cuanto toca el tambor lo parte", lo definió Tweety González que también se sumó a las improvisaciones cuando estaba Uriel Dorfman para grabar y lo liberaba de ese rol. Gustavo se encontró con Uriel en un show de Kinky en El Condado y le advirtió: "Comenzá a venir por la sala que estamos por grabar". Tweety introdujo una novedad: el drum doctor; un especialista en baterías que permitiera variedad de instrumentos y sonidos. Quien cumplió ese rol fue Gustavo "Bolsa" González, con experiencia en el tema, y que además es un baterista extraordinario. Cerati se dio cuenta al verlo tocar para probar las diferentes baterías y se hizo una pregunta: "¿Por qué tiene que ser siempre un mismo baterista?"

En la cabeza todavía tenía el chip de "banda", sin animarse a pensar siquiera que además de músicos invitados podía contratar para su disco a quien quisiese. Haría bien en mantener ese chip funcionando porque lo necesitaría para un futuro todavía impensable.

37

Un nuevo amanecer

Mucho se ha hablado de la aparente falta de compromiso social de Cerati. Sin embargo, cada vez que una causa noble y apolítica ha requerido su participación, generalmente ha accedido. La Fundación Huésped, una organización dedicada a la lucha contra el HIV, lo sabe porque Gustavo y Zeta le cedieron los derechos del tema "Luna roja" de Soda Stereo. Cuando la fotógrafa Gaby Herbstein lo invitó a formar parte junto a otros músicos del calendario 2006 a beneficio de la fundación, se puso a disposición enseguida. Le explicó que el concepto de la foto era "las caricias no transmiten", por eso aparece fuertemente maquillado, luciendo una boa, y toqueteado a cuatro manos. Oscar Fernández estuvo con él para cuidarle los cabellos.

Entonces la vio, y no era la luna roja. Sofía Medrano era una jovencita de poco más de 20 años que trabajaba en el vestuario de la sesión y Gustavo le piropeó la camperita que tenía con un bordado atrás. Galantería masculina. Pero luego consiguió su teléfono a través de Oscar, y le mandó algunos mensajes que fueron devueltos en términos corteses, nada más. Un par de meses después pensó en escribirle y ella le contó que estaba cenando con amigas. "Estamos muy cerca, ¿no querés que te pase a buscar después de cenar?" Con toda lógica, sus amigas la alentaron al encuentro, pero Sofía no estaba del todo segura. "Ellas enloquecieron —se ríe Sofía—, yo era un poco inconsciente. Me daba un poco de cosa por todo eso de la fama". Gustavo la esperó con su camioneta sin vidrios polarizados en la puerta del restaurante, y ella pensó que podían ser un bocado para las revistas de chimentos pero nada de eso sucedió. "Nos fuimos a su casa, y estuvimos hablando mil horas hasta la madrugada. Fue un flechazo fuerte". A tal punto que tres meses más tarde Sofía era una nueva habitante de Casa Turrón.

Gustavo le llevaba veinticinco años, algo que no tenía importancia para Sofía que se considera "un alma vieja". ¿Una chica con ojos de ayer? "Él se sorprendía. ¿Cómo podés conocer esto?, me preguntaba. Siempre fui muy curiosa, somos seis hermanos de diferentes matrimonios y soy la menor. En esa época hablábamos mucho de lo que nos gustaba: él tenía una gran colección de películas de Stanley Kubrick, otra de John Waters y una serie que era *Twin Peaks*. Viajamos mucho y él se traía todo lo nuevo: pilas de discos. En esa época sonaba mucho *Friendly Fire* de Sean Lennon, *Icky Thump* de The White Stripes y *On An Island* de David Gilmour. También uno de Nine Inch Nails. No es que elegía un artista, quería saber qué estaba sonando, lo que salía en el momento. Nos gustaba más escuchar música que cine".

Todos los que conocieron a Sofía la recuerdan con cariño y coinciden Gustavo nunca estuvo tan relajado como cuando la tuvo al lado. "Estaba muy metido en el proceso de composición —recuerda Sofía—, escribía algo y me lo leía o yo le tiraba alguna punta. En esa época empieza a intervenir Benito. No hablamos mucho de su relación con Déborah, era una pareja superada en ese punto. Íbamos mucho a Unísono y comencé a conocer su mundito de ahí, estuve bastante en ese proceso de grabación y lo disfruté un montón. Gus estaba en un plan y todo el mundo me decía que fue una época bastante luminosa de él. También íbamos a comer siempre a Villa Ortúzar o a la quinta de San Isidro, recontra tano, trataba de no perderse esa comida. Conocí bien a la familia, a Lillian, a Laura, y a Estela que es un amor y Gus la admiraba un montón. Es como la hermana tapada de Gus; no sé qué rollo habrá habido de chicos, pero él hablaba hermosamente de Estela. Como se iba de viaje mucho tiempo, cuando estaba trataba de pasar tiempo con su familia. Ese espacio era sagrado".

Durante ocho meses, Cerati cumplió casi un horario de oficina en Unísono, desde las dos de la tarde hasta medianoche, con Tweety, Uriel y Nico Parker al pie del cañón, más los músicos. Y se iba con tarea para el hogar. "Se llevaba algunas cosas que salían se zapadas —cuenta Tweety—, y las traía de vuelta toqueteadas. El disco se fue dando, ni siquiera lo hablamos pero estaba claro que no iba a ser un disco cibernético. Y en el medio trae un equipo nuevo: el 2Rocks, que nos cambió la onda y grabamos casi todas las guitarras de nuevo. Pero todo era una suma de cosas y él era muy tuerca con los sonidos de viola. Para mí fue tremendo, porque después de jugar con Messi todos te parece amateurs".

Las guitarras de Cerati rugían pero no en todo el material. Había canciones que surgieron desde el Ableton Live y otras que eran mixtas. Una de ellas tenía un ritmo hipnótico y una melodía encantadora. "Nos daba muy Charly. ¿Y a quién vas a traer para tocarla si no al batero de Charly García?" En su libro *Mientras otros duermen*, Fernando Samalea recuerda exactamente la fecha, martes 23 de agosto de 2005, el desarrollo de la sesión y que era el cuarto baterista. La base de la mayoría de las canciones las había hecho Emanuel Cauvet, pero Gustavo quiso que "Lago en el cielo" tuviera el beat de Pedro Moscuzza, y en un momento con Tweety no pudieron resistir la tentación de hacerlo tocar a Bolsa González que le dio el toque pesado a "Uno entre mil". A Samalea le tocó "Olvido" pero el tema cambiaría de nombre. O de piel: cuando retocara la letra recibiría nueva denominación. Ahí fue Sofía la que hizo un pequeño aporte a las palabras, que en vez de decir "frotémonos más" terminó diciendo "toquémonos más". "Era un poco fuerte la letra", confirma Medrano. Previsor, Samalea llevó su glockenspiel, un instrumento que es cruza entre un xilofón y un vibráfono. De esa manera, "Otra piel" cobró su forma definitiva. "Cuando aparece Samalea en escena —resume Tweety—, a Gustavo le agarra un flashback de Fricción, se copa y empieza a hacerlo tocar en más temas".

El flashback estaba también gatillado por la presencia de Richard Coleman en las grabaciones. "Iba mucho al estudio porque si no tenía que estar en lo de mi vieja —confiesa Coleman—, entonces me iba a hacer café o a escuchar, a estar con los muchachos". Había vuelto hacía poco tiempo de vivir en Estados Unidos y todavía se estaba acomodando. Pero cuando pasaron un par de días, Gustavo le extendió una invitación formal.

—Ya veo que con vos las cosas son así —dijo Cerati—. Quiero invitarte formalmente a ser parte de la grabación de este disco.

—¡Bueno! Si me lo pedís así… —aceptó Richard—. ¿Qué querés que haga?

—Hay un montón de cosas para tocar, pero necesito que me des una mano con las letras.

—Ok, ¿de qué vamos a hablar?

"No era difícil —resume Coleman— porque era un disco de rock y estábamos recién separados. Era algo muy reciente y estábamos los dos con el alivio, sin llegar a estar como Julio Iglesias en el disco *Divorcio*. Esa cosa agridulce era tierra fértil para escribir unos cuantos temas, igual que saber que las palabras de uno le iban a ir bien al otro, para mí era más fácil imaginar mis palabras en la boca de Gustavo. Yo trabajaba conscientemente imaginando siempre en que era Gustavo el que iba a cantar la canción, que no era una letra para mí".

Coleman metió una guitarra en "La excepción", tal vez el tema más volcánico del álbum, y colaboró con cuatro letras aunque él creyó que fueron menos. Con la frase que Gustavo le tiró, "Uno entre mil" recibió una letra "más larga y compleja de la que Gustavo reemplazó una parte por algo que ya tenía escrito —prosigue Richard—, y usó el concepto de 'Jugo de luna', que estaba en esa letra larga". Y no solo eso.

—Mirá —le dijo Cerati a Coleman—, me gustó tanto lo de "Jugo de luna" que terminé escribiendo este otro tema.

"O sea que escribiste cuatro temas", le sonrió Cerati y le dio el crédito correspondiente en "Uno entre mil", "Caravana", "Dios nos libre", otro titular que Gustavo le dio a Richard como guía, y del cortar y pegar letras surgió "Jugo de luna". La química entre ellos seguía intacta y ahora, con la llegada de Fernando Samalea, ya eran tres cuartos de Fricción. Nalé y Fresco, a esa altura, eran viejos conocidos, lo mismo que Tweety y Uriel. Todos embarcados en la misma aventura. Quizás no lo percibió conscientemente, pero Gustavo se encontraba rodeado de amigos haciendo música. La compañía de Sofía terminó de configurar un escenario ideal. "Yo noté un cambio —analiza Richard—, no te puedo decir cuán oscuro, deprimido o herido estaba durante la grabación del disco, pero sí te puedo decir lo contento que lo vi cuando empezó a salir con Sofía, una chica divina, cero histeria, fuera de las candilejas".

El universo estaba a su favor.

— • —

—Oski, tenés que ayudarme. Hice una balada muy grasa tipo Robbie Williams: la tenés que escuchar.

—Gustavo, está buenísima, la tenés que poner en el disco.

—No sé, veremos.

Gustavo había metido los samples de los pianos que grabó en su habitación de hotel de México, cuando fue al Vive Latino, en el Ableton Live y se puso a jugar con ellos. Sampleó pianos de dos discos distintos porque necesitaba acordes mayores y menores. Cuando tuvo listo todo, llevó la canción a Unísono para someterla a consideración de los demás.

—Traje un tema ¿quieren escucharlo? —dijo con inocencia.

"Pone play —describe Tweety—, y sin la letra, sin casi nada, ya te arrancaba la cabeza la canción. Tenía una batería programada así nomás. Era como una balada inglesa, muy John Lennon, y como los acordes mayores y menores venían de discos diferentes, tenían tal diferencia en la ecualización que hacían todo muy psicodélico. Solo que no tenía nada que ver con lo que estábamos haciendo, que era muy rockero, muy de viola".

"¡Eran cuatro pianos diferentes! —disiente Eduardo Bergallo—. Era cualquier cosa y esa era la gracia. A Gus le molestaba, lo distraía que el sonido del piano cambiara tanto de acorde a acorde. ¿Tweety no grabó nada? Porque tuvimos discusiones de ¿le grabamos o no le grabamos? Para mí está buenísimo así. Gus preguntaba para saber, para tener otras opiniones, pero hacía lo que quería. Analizaba la reacciones de los demás pero hacía lo que se le cantaba. Preguntaba pero para certificar a donde quería ir él. Daba una sensación de que te dejaba participar pero se iba a hacer como él quería y ya sabía cómo lo quería".

Lo que no sabía era si lo quería en el disco. Y durante mucho tiempo, ese tema fue un descarte seguro. Tweety fue el que insistió y discutió para que la canción fuera al álbum. Es la función de un productor: ver lo que para el artista no es evidente. Y el tema era un hit clavado. Solo había que reemplazarle la batería por una real.

—Tocalo vos —le pidieron al Bolsa.

"Lo metió de primera toma —cuenta Tweety—, le daba una cadencia diferente, muy sutil. Pero era la toma que tenía que ir". Luego le pidieron a Samalea que sobregrabara un pase. Y ahí quedó la bata. Las baterías del disco fueron pequeños Frankenstein armados con tomas diferentes. Martín Carrizo pasó a saludar, pero no grabó nada. En cambio Marcelo Baraj grabó, posiblemente en "Medium", otra canción de ensueño, no tan rockera, que le fue dando esa variedad al álbum. "Adiós" recibió la colaboración de Benito Cerati, que pasó unos días junto a Lisa, su padre y Sofía Medrano, que había sido "blanqueada" hacía poco tiempo, cuando Benito cumplió doce años. Gustavo notó que desde chico Benito se interesaba por lo que hacía en los estudios más que en el vivo. Ya había participado de alguna manera cuando su padre le propuso ponerle título a una canción de *Bocanada*. "Río", le sugirió Benito, y Cerati padre completó con la palabra "Babel". En "Adiós", la frase que define al tema es de Cerati hijo: "decir adiós es crecer". Mostró también haber captado profundamente la relación de su padre con la melancolía musical: "ponés canciones tristes para sentirte mejor". Básicamente definió el color de la canción. "Además, ese sonido —explica Tweety—, las clean guitars, guitarras distorsionadas pero limpias: ¡eran la especialidad de la casa!"

En Punta del Este es donde las canciones y el sentido del disco terminan de cobrar la forma y el carácter que hoy se conocen. "Viajábamos mucho a Uruguay —confirma Sofía—, leíamos mucho el I Ching. Gus se estaba haciendo una casa en Punta del Este, pero como no estaba lista parábamos en lo de Alan Faena. Cuando estuvo más habitable nos mudamos, en diciembre de 2005. Íbamos mucho a decidir cosas, a comprar pintura y definir los colores de las habitaciones; compartíamos mucho todo lo que tenía que ver con diseño. Fuera de temporada caminabas tranquilísimo por ahí. Le gustaba el pueblito (Maldonado), el mar, los caballos. Tenía un apetito voraz, comía con muchas ganas. Se desenchufaba fácil del trabajo y le gustaba estar en la naturaleza sin nadie alrededor".

La letra de "Lago en el cielo" está inspirada por la Laguna Blanca, situada a pasos de lo que aun hoy continúa siendo un segundo hogar para toda la familia Cerati. El tema tiene una frase de Sofía: "apago tu fuego, enciende mi agua", que es por los signos astrológicos de ambos: Gustavo es Leo (fuego) y Sofía es Piscis (agua). "A él le gustaban los simbolismos —revela Medrano—, los misterios del universo: ahí volábamos". Hasta ese momento el nombre del álbum parecía ser *Llévame a un lugar con parlantes*, una frase de "La excepción", y tanto este tema como el anterior parecían tener que ver con ese nuevo amor que había encontrado. "Todavía estaba hecho un cachivache —asegura Taverna—, pero volvió de Punta del Este con todo el disco en la cabeza". Solo tenía que terminarlo. Y ver qué hacer con "Robbie Williams", la balada que no le cerraba. "Hacían jodas con que el tema era una balada muy grasa —recuerda Nicolás Pucci— y pensaban en vendérselo a alguien. Y yo le decía que era un temazo, que no lo vendiera. ¡Era un hit! De hecho, hicimos un CD con el demo y yo se lo llevé a Shakira al Sheraton. Se ve que no lo usó o no lo quiso, pero en principio era para Shakira. ¡Qué suerte! Fue hermoso que lo hiciera Gus, porque él no iba a hacerlo grasa".

Para ese momento Cerati había viajado a Nueva York a hablar con el venezolano Héctor Castillo por recomendación de Tweety González. Había sido el bajista de la banda Dermis Tatú con la que probó suerte en Los Angeles y tras la separación, Héctor se fue a vivir a Nueva York donde fue contratado como ingeniero de sonido por Looking Glass, el estudio de

Philip Glass, un compositor clásico vinculado al minimalismo y al ambient, que se conoció en Buenos Aires por el éxito de la película *Koyaanisqatsi* a comienzos de los 80. En el estudio acumuló experiencia durante muchos años hasta que en un momento llegó al estudio un cliente muy especial: David Bowie. Héctor Castillo es uno de los segundos ingenieros de *Heathen*, álbum de 2002. Recibió un llamado del "canario" (como le dice afectuosamente a Tweety) y después se reunió con Cerati en Looking Glass.

"Justo estaba trabajando con música de Bowie y le mostré —cuenta Héctor—. Inmediatamente hubo afinidad: Gustavo era fanático de David y quedamos en que el plan era ir a ayudarlos a terminar de grabar unas cosas y a mezclar el disco que todavía no tenía nombre. Esto fue en diciembre, pero no nos alcanzó el tiempo, tuve que volver a Nueva York y regresar a Buenos Aires en enero. Muchas cosas estaban establecidas y faltaban tantas otras porque Gustavo procrastinaba las letras hasta el final. Cuando lo conocí, yo había escuchado *Siempre es hoy* y le expresé que tenía deseos de escucharlo de vuelta a la guitarra, y me dijo que esa era la idea del nuevo disco. Ya en mi segunda estadía todo estaba ahí y fue muy fácil el trabajo: Gustavo estaba muy conectado con lo que estaba haciendo".

Como en buena parte de todo lo que compuso en su vida, la letra de la balada apareció a último momento: "Crimen" es una canción de despedida a un gran amor. Quizás la melodía haya sido una descarga catártica pero no así la letra, que fue escrita desde un lugar feliz con el oficio que le dieron los años. La música le pedía una situación particular. "Me parecía que era una canción que hablaba, ya desde el intro —explicó Cerati—, tenía que tener una letra con una sensación melancólica, de alejamiento, algo así. Realmente quise escribir sobre eso, fui lo más simple que puede en cuanto a la letra: ¿qué otra cosa puedo hacer?, dice la canción. Y sobre eso... uno va transitando por la vida con diferentes relaciones, y a veces se cortan, se terminan, y quedan como esas especies crímenes sin resolver, ¿no? Esas cosas que podrían haber sido de otra forma pero son de ésta y uno no sabe por qué ocurrieron, y apenas alcanza a aprender algo para embarcarse en otra”[57].

“La idea de Gustavo —dice Héctor— era grabar unas cuerdas con Terán, pero esa idea no terminó de aterrizar y con Tweety le sugerimos que hiciéramos una orquesta de guitarra con Ebow[58], las doblamos y fuimos haciendo todas las armonías una a una. Ese fue un experimento que hicimos con Bowie para su disco *Toy*, que él bautizó como ‘la orquesta del hombre pobre’. Es un disco que grabó después de *Hours...* con temas poco conocidos que decidió retomar”. Fue la frutilla del postre; después de unos tarareos celestiales surge claro y radiante el sonido de esa guitarra que remite a Queen, porque Brian May grabó muchos solos armonizando distintas guitarras, pero no fue pensado de esa manera. En reportajes, Gustavo diría que las influencias del álbum fueron Led Zeppelin y Queen.

Faltaba el nombre: *Llévame a un lugar con parlantes* era un título largo. Y se le ocurrió algo muy simple: *Ahí vamos.* Tenía espíritu de grupo, tenía ímpetu, no era melancólico e indicaba acción futura. Cuando se lo contó a su amigo Oscar Fernández, éste se quería matar: “Cuando estaba en Rock & Pop haciendo un programa con Favio Posca yo tenía una muletilla que era ‘ahí va’. Gustavo lo escuchaba en el auto y me dijo que no daba que yo estuviera todo el tiempo con ‘ahí va’, que era muy repetitivo. Por eso, cuando me disco que el disco se iba a llamar *Ahí vamos* pensé que me estaba haciendo un chiste. ¡Tanto que me retó!”

— • —

La portada de *Ahí Vamos*, que el mundo conoció el 4 de abril de 2006 con su edición, era clara y contundente: un blanco y negro del perfil de Gustavo sobre unos círculos concéntricos,

---

57 Entrevista con Radio Disney Argentina en el lanzamiento de *Ahí Vamos*.

58 El Ebow es un arco eléctrico que interactúa con las frecuencias de una cuerda de guitarra.

alzando su guitarra que parece despedir la luz de un sol naciente. Nadie podía confundirse: respiraba rock desde el "vamos". Ezequiel de San Pablo diseñó todo el arte de portada y también realizó el videoclip de "La excepción". Gustavo lo vio trabajar durante toda la gira de *Siempre es hoy*, donde se encargaba de inflar una pantalla de LED sobre la cual tiraba imágenes. Todos esos shows de gira dejaron una sensación en Ezequiel, que supo trasladar fielmente a la portada del álbum.

"Lo conocí a Gustavo a través de Diego Gravinese —cuenta Ezequiel—, y después de escucharlo tanto en vivo en la gira de *Siempre es hoy*, me quedó ese momento en que Gustavo agarraba la viola y se mandaba un solo que te volaba la peluca. La tapa de *Ahí Vamos* tiene mucho que ver con el bagaje de una gira de rock; tiene la idea de la tipografía de los anvils (estuches) para guardar los equipos y el Op-Art, un estilo visual con el que yo estaba muy copado. Todo el arte de tapa, incluyendo la edición en DVD que tiene el gato negro, la mano y esos tentáculos buscan representar un solo de guitarra, toda esa electricidad: lo que pasaría microscópicamente por los dedos, entre las cuerdas, cuando Gustavo agarraba su guitarra. Siempre le decía que él era como un guitar-warrior, pero en el momento no pensé en T.Rex que tiene el disco *Electric Warrior*. A mí me gustaban las tapas de Vaughan Oliver del sello 4AD". Toda esa gráfica también se desplegaría en el video de "La excepción", que Ezequiel de San Pablo también dirigió.

"Crimen" nació como clásico: era transversal y podía sonar en cualquier radio y gustarle a todo tipo de público. "Yo tenía que ir a Madrid —explica Afo Verde—, a una convención de la compañía y quería llevar terminadas un par de canciones del nuevo disco de Gustavo. Me invitó al estudio a seleccionar qué llevarme. El disco me parecía espectacular. Y me muestra 'Crimen', pero me dice de no salir con este tema como corte porque era una de las pocas del disco que no era rock al palo. Cuando llegué a Madrid ya había escuchado doscientas veces el material, lo llamé a Gustavo y le dije: 'No me odies, pero el simple tiene que ser 'Crimen', y preparate porque con esta canción te va a pasar algo muy grande'".

La canción le abrió la puerta al resto de *Ahí Vamos*, que después desplegó toda su magia. A Cerati parecía costarle esa idea tan clara de "vuelta al rock" o "regreso a la guitarra". "Es un disco con sonidos de guitarra —dijo—, pero por otro lado la guitarra es mi instrumento natural; quizás están un poco más potentes y más arriba que en otras mezclas. Es una exageración decir que es un disco de guitarrista porque también estoy cantando y hay otras cosas sonando. Existe la idea de que yo en los últimos discos estuve tocando menos la guitarra, lo que no es tan así pero ahora parecería que hubiese regresado a la guitarra. Por otro lado si escuchabas lo que venía haciendo en los shows en vivo, te das cuenta que venía por ese lado. Me parece que en *Ahí Vamos* hay bastantes puntos de contacto con diferentes momentos de mi vida. Será que uno se va poniendo más grande, va aglutinando un montón de cosas y se va encontrando con las mismas marcas en el camino. Pero no se puede recorrer el camino de la misma manera, uno no puede volver hacia atrás siquiera: todo lo veo mirando hacia adelante. Aun teniendo todos los recuerdos que pueda tener de Soda Stereo, siempre estoy clavado en lo que sucede ahora. Y así que no hay una división tan estricta entre aquel Gustavo y este otro: es el mismo".

Para el público, *Ahí Vamos* fue un cambio bienvenido y festejado. No había una nueva estética para comprender como en *Bocanada*, ni una cantidad de música gigantesca que descifrar como en *Siempre es hoy*. Este perfil más rockero, además, repercutía favorablemente en todo el entorno de Gustavo: ya se veían de gira. "A mí gusta más la etapa guitarra —explica su iluminador, Sandro Pujía— que la etapa maquinola: yo quiero escucharlo cantar y tocar la guitarra. En *Ahí Vamos* se arma la mejor banda de Gustavo. Samalea toca bárbaro y suena bárbaro; Nalé, capo total, y la inclusión de Richard: aparece otra guitarra ¡y qué guitarra! Y aparece otra voz ¡y qué voz! Gustavo no había tocado nunca con otro guitarrista. Y eso fue bestial. Esa banda era un sueño. Recuperamos el palazo en la nuca: el rock no es una caricia en la mejilla y recuperamos ese espíritu".

Por todo eso, *Ahí Vamos* era el vehículo perfecto para que la carrera solista de Gustavo pudiera cobrar un vuelo de mayor altura comercial sin resignar sus estándares artísticos. Pero para que eso sucediera habría que remover un obstáculo insignificante en términos físicos, aunque gigantesco en otros planos.

Un tsunami que nadie vio venir.

38

El paisaje más soñado

Gustavo tenía una relación especial con cada país que visitó. Le gustaba conocer mundo, gente, costumbres, comidas, paisajes, culturas: su sed de conocimiento era tan voraz como su apetito. Y uno de los lugares que más le gustaba en el mundo era Tulum, en México. "Venía a Tulum todo el tiempo —confirma el empresario mexicano Jorge Mondragón—, era su lugar de vacación. Se quedaba en el hotel Ana y José. De México le gustaba todo, la comida, la calidad de la gente, las mujeres, la vida nocturna y que hubiera una cultura de rock muy fuerte". Cuando terminó *Ahí Vamos* se fue de vacaciones con Sofía Medrano. "Fuimos primero a Tulum —cuenta Sofía—, y después hicimos todo un recorrido hasta Chiapas, nos tomamos un avión y nos fuimos a Guatemala, donde había una zona de volcanes, lagos y una reserva muy hermosa. Nos gustaba viajar, de curiosos: en Guatemala encontramos una de las ruinas mayas más altas y desde ahí veías toda la selva, una luja roja tremenda, los monos aullando: una locura. En ese viaje nos encontramos con el subcomandante Marcos. Hicimos un recorrido parecido y en determinado momento nos encontramos con un comando de gente encapuchada: ¡miles! ¡Con armas! Eran todos del ejército zapatista. Nos pararon y no reconocieron a Gustavo, pero no hubo ningún tema raro".

Las caminatas prolongadas le causaron un dolor de piernas que iba y volvía. Sofía le hacía masajes pensando que era algo muscular, por el esfuerzo, pero el dolor se tornó demasiado intenso y fueron a ver a un médico que, vaya paradoja, le hizo un eco doppler[59] y ahí le apareció la trombosis. Volvieron pronto a Buenos Aires; una noche, cenando en Edelweiss, Gustavo comenzó a sentirse mal. Sofía lo llevó de inmediato a la clínica Suizo Argentina donde se confirma la trombosis, pero le dieron el alta ambulatoria sugiriendo que se hiciera ver pronto con un especialista. Pero Gustavo había empezado el rodaje del clip de "Crimen", y estaba encantado con la idea que le había traído el videasta Joaquín Cambre de hacer algo como si fuera un policial negro. Una vez más la idea de lo actoral se hacía presente. Y el dolor de piernas también y más intensamente que nunca.

"Gustavo no era un tipo que se quejara —dice Oscar Fernández—, pero en ese momento me dijo que le dolía muchísimo. Le insistí en que fuéramos a que lo viera un médico pero él quería terminar la filmación. Ahí me acerco a Nando, su mánager, y le dije que le dolía de verdad, que la estaba pasando mal". El mánager habló telefónicamente con su médico personal, después lo puso al habla con Gustavo, y el doctor le pidió que se midiera las pantorrillas. Al comprobar la diferencia de diámetro entre una y otra le dijo que fuera inmediatamente a una guardia. Oscar lo acompañó a la Suizo Argentina y ante los síntomas decidieron hacer una tomografía, para descartar una tromboflebitis. Y el estudio la confirmó. Oscar habló con Nando, que a su vez llamó a Laura y Cerati quedó internado tres días. En un momento, le preguntó al médico si podía fumar.

—Flaco: ¿no entendés que corre riesgo tu vida? ¡Olvidate! —lo fulminó el facultativo.

"Ahí empezaron los cuidados —confirma Oscar—, anticoagulantes para viajar. El médico nos explicó que era un coágulo que si se disparaba podía llevar a situaciones más complicadas". Concretamente: se le podía ir a la cabeza (aunque no fuera el único destino posible), como una burbuja. Otra paradoja para el ex líder de Soda Stereo. Una más: el último cigarrillo que fumó fue en el set de filmación donde una de las características

59 "Eco Doppler" es el título de un tema de Soda Stereo.

del detective que Gustavo encarnaba es que era fumador. "A partir de ahí —explica Sofía— se planteó un cambio de vida: dejar de fumar, medias especiales que tenía que usar para volar, anticoagulantes: todo un tema". "Estuvimos con mi madre en la internación —recuerda Laura Cerati—, que duró tres o cuatro días. Y él, con mucho miedo, se tuvo que quedar muy quieto para que ese coágulo no migrara. Estaba con Sofía Medrano, que fue una gran compañera de él en ese momento. Estuvo delicado y con miedo. Mi padre también tuvo problemas circulatorios y hasta mi abuelo paterno, Ambrosio Cerati, murió de complicaciones por esa cuestión".

No era un cuadro para tomárselo a la ligera y por eso Gustavo realizó un pequeño milagro: dejar de fumar. De hecho, en declaraciones periodísticas, contaba que había abandonado el tabaco y que el último cigarrillo era el que se había fumado en la filmación. Y que tenía que ser el último para que no fuera lo último que hiciera. Pero el hecho de no poder fumar lo desesperaba, aunque en un primer momento lo manejara bastante bien. Ese espacio libre de humo duró lo que la pausa entre una canción y otra. Lo ocultó mucho y por eso mucha gente cree que ese período sin fumar duró un año. Ya al comienzo de la gira *Ahí Vamos* estaba fumando nuevamente. "Yo le tengo fobia al cigarrillo —expresa Taverna—, pasa la gente fumando y siento el olor. Y yo se lo sentí en la prueba de sonido del primer día del Auditorio Nacional en México cuando subí al ascensor con él".

—¡Estuviste fumando! —lo retó Taverna.

—¿Estás loco, vos? —se defendió Gustavo. Adrián se le acerca como un sabueso, olisqueándolo y él se rinde.

—¡No le digas nada a nadie!

"Y encima fumaba Jockey Suaves Largos: era el único tipo que fumaba eso. En las giras, antes de cargar la viola había que cargar los cartones de cigarrillos de Gustavo. Se asustó mucho con la tromboflebitis, pero como todo, le duró un ratito".

Pese a su cuadro de salud, Gustavo se desvivía por salir a la ruta con su nueva banda. La puesta a punto en los ensayos había sido muy satisfactoria y sabía que tenía un show muy bueno. La gira iba a comenzar en Obras Sanitarias, pero por el tema de salud de Gustavo pospusieron ese arranque y el 1° de junio de 2006 largaron en el Auditorio Nacional en México. "La reacción del público fue muy distinta —se acuerda Nico Bernaudo, asistente personal de Cerati— porque los primeros shows de la gira estaban planteados en lugares con sillas, pero ni la gente ni Gustavo querían sillas. Para él, la gira no era de gente sentada y de hecho el público estaba más tiempo parado que sentado". Y en los cinco conciertos de Obras eso iba a quedar clarísimo: solo el primero fue con sillas. En esa serie de shows hubo un invitado muy especial: Ricardo Mollo, guitarrista de Divididos, banda que formó con Diego Arnedo tras el abrupto final de Sumo cuando murió Luca Prodan.

Ricardo es considerado "un gran frenador de shows"; cuando veía alguna cosa que no estaba bien entre el público, paraba la música y ponía orden amablemente. Podía ser alguna bengala, una trifulca entre espectadores o el famoso cantito que entonaban desde el fondo: "Luca no se murió/ que se muera Cerati/ la puta madre que los parió". Mollo advirtió la grieta entre el público mucho antes que los políticos argentinos y los medios comenzaran a hablar de la grieta política. Y decidió hacer algo al respecto. Javier Zuker y Adrián Taverna fueron los nexos para que Ricardo pudiera manifestarle a Gustavo sus ganas de tocar en las presentaciones. Era un gesto que ejemplificaba la buena onda entre dos músicos cuyos públicos parecían enfrentados. Cerati le contó a Taverna, que conocía a Mollo desde hacía muchísimo tiempo, la charla que tuvieron por teléfono.

—Me llamó Mollo. Quiere venir a tocar y le dije que sí.

—¡Me encanta! ¿Para qué tema?

—Le dije que podía ser "Bomba de tiempo", pero él me pidió cantar "Crimen".

Así es como Mollo tocó dos canciones en Obras. En los dos primeros ensayos se concentraron en "Bomba de tiempo", pero como no había signos de que hubiera otra canción, él mismo tomó la iniciativa. "¿Pasamos 'Crimen'?", preguntó directamente. Y lo que salió de esa primera versión terminó por convencer a Gustavo. Pero... ¿por qué tanta insistencia con "Crimen"? Ricardo sabía que tocar una balada con Cerati iba a ser toda una transgresión, una subversión del orden y de los estereotipos que se calcificaron en torno al imaginario del rock argentino. La idea fue un éxito. "Y con esta delantera, nos vamos a Alemania", dijo Gustavo después de presentar a Mollo en "Bomba de tiempo": eran tres guitarristas formidables en escena junto con él, Ricardo y el otro Ricardo, Coleman. Mollo cantó brillantemente en "Crimen" y también hizo un solo muy bueno. A partir de esa situación se creó un puente entre los dos, que sostendrían en el tiempo.

— • —

La gira de *Ahí Vamos* no solo fue exitosa: fue feliz. La banda convivía en armonía con su líder y pasaba grandes momentos arriba y abajo del escenario. "Noté que Gustavo bajó mucho el perfil —comenta Richard Coleman—. Se puso muy cercano, muy amable con el resto de la banda; más de compartir, estaba menos histérico. Y Sofía era completamente bajo perfil. En esa época tuvo el tema de la trombosis, tuvo que dejar de fumar y engordó un poquito, cuando terminó la gira estaba gordito pero estaba bien, estaba sano, y eso es lo más válido". "En *Ahí Vamos* estuve en algunas giras —dice Sofía Medrano—, y es difícil. Fue una experiencia única, un grupo humano divino, terminábamos de tocar y nos íbamos a comer. Con Samalea hablaba mucho, y todos me contaban que Gus estaba un poco más abierto a todo; muchos me dijeron que él no contaba tanto sus cosas, que era más reservado. Y a mí me sorprendía porque nosotros nos pasábamos horas hablando de tantas cosas de la vida, de nuestros miedos, nuestros monstruos, que a mí me resultaba raro cuando me contaban que no hablaba mucho. A Richard y Adrián los quería un montón. Compartí mucho la amistad que tenía con Eduardo Capilla y en esa época era uno de sus más amigos, de esos que no son amigos del campeón".

El disco fue otro suceso: según la leyenda se vendieron 40 mil copias en Argentina el primer día que *Ahí Vamos* salió a la venta. Fue doble platino en Argentina, platino en Chile y oro en México. Hubo cinco cortes de difusión y todos tuvieron su correspondiente clip: "Crimen" de Joaquín Cambre, "La excepción" de Ezequiel de San Pablo, "Adiós" de Joaquín Cambre nuevamente, "Lago en el cielo" de Andrés Fogwill (probablemente el director que más trabajó con Cerati) y "Me quedo aquí" de Oscar Fernández, un verdadero hallazgo espontáneo. De él fue también la idea de que el video de "Lago en el cielo" fuera hecho por los fans, y que cada uno hiciera unos segundos. "Estábamos con Andy Fogwill —recuerda Oscar—, y a Gustavo le encantó la idea. Pobre Andy: ¡lo metí en una situación difícil! Llegaban videos de todas partes del mundo y tuvo que meter a mucha gente a trabajar. Me puteó en todos los idiomas, pero al final quedó bien. Cuando se terminó de filmar, quedaron una alfombra y un sillón que me hacían acordar a la tapa del disco *El Amor* de Julio Iglesias, dos parlantes y una planta que estaba ahí. Había muchas cosas para usar. Gus ya estaba con la ropa para irse a su casa y le dije que se me ocurrió un clip. Eran las 4.30 de la madrugada. Le mostré el sillón, el fondo y le gustó. Le dije que íbamos a tardar lo que duraba el tema. Fue él quien eligió 'Me quedo aquí'. El director de fotografía me dio una mano con la luz. Le pedí luz de domingo de otoño a las siete de la tarde. Todo lo que pasa en ese clip no está planeado, Gustavo lo hizo tan bien que hasta agarró la guitarra y todo fue mágico".

Con un poco de posproducción y algunos efectos especiales, "Me quedo aquí" quedó increíble. El propio Cerati diría en algún momento que es uno de sus videos más lindos. Hasta Damián Amato, hoy presidente de Sony Music Argentina pero en ese momento director de Marketing, dijo que el video era brillante: "El artista mirando a cámara y tocando el tema como si estuviera en el living de su casa". Sin dudas, Gustavo se hallaba en estado de gracia, pero también tenía un gran equipo al lado. Una de las incorporaciones más recientes había sido la de Amelia Álvarez en la prensa. Ella lo conocía desde los comienzos de Soda, a través de Charly Vázquez, su marido, que hacía sus primeros pasos en Radio Del Plata como coordinador de aire de *Submarino Amarillo*.

"Iban mucho a la radio —recuerda Amelia—. Me acuerdo un día que Soda fue a hacer una entrevista al estudio y se armó toda una logística para que entraran oyentes al estudio mientras los entrevistaban. ¡Era una hilera de gente impresionante!" Amelia trabajó muchos años en una empresa muy grande de alimentos para mascotas y fue mechando su tarea institucional con algunos trabajos para bandas chicas. Finalmente, se desvinculó de aquella compañía y se hizo cargo de la prensa de Miranda!, un grupo que ganó muchísima visibilidad en los primeros años 2000. Y a fines de 2005 recibió el llamado de Fernando Travi para armar una reunión. "Nos reunimos —prosigue Amelia— y llevé una propuesta formal de prensa porque siempre trabajé en empresas. Y como trabajé con artistas en desarrollo, le ofrecí una suerte de entrenamiento que consistía en explicarle funcionamiento de medios, cosas básicas para ahorrar el tiempo de capitalizar errores para aprender. Y Gustavo se prestó a eso con una gran humildad. Un tipo que venía dando notas hacía miles de años. Me dijo: 'Sí, claro. ¿Cuándo lo hacemos?' Cualquier otro hubiera dicho que no hacía falta". Como buena madre, Amelia estuvo atenta a la salud de Gustavo y pedía un catering especial siguiendo la dieta médica que hubo que observar tras su trombosis. También le pedía que comiera más despacio porque Gustavo seguía deglutiendo su alimento con la voracidad de un perro hambriento. "Si yo no fumo —acota Amelia—, fue por una devolución que tuvo conmigo. Yo había dejado de fumar y cuando estaba haciendo una seguidilla de notas hubo un bache de tiempo, conversamos y le dije que me parecía que era el día para robarle un cigarrillo. ¡Para qué! Me retó: 'De ninguna manera voy a ser yo el que te dé el cigarrillo para que vuelvas al vicio'. Él sabía ya que después del primero, viene el segundo, el tercero y los demás".

Desde el mes de junio en que se inició la gira, Cerati no dejó de tocar en todo el año y las fechas se prolongaron hasta bien entrado 2007. Además de recorrer Latinoamérica, Estados Unidos y toda Argentina, hubo una segunda gira por España que tuvo un efecto colateral muy deseado: una fecha en Londres. Un argentino que estaba organizando fiestas latinoamericanas escribió al mail del site de Gustavo y llegó hasta Nando Travi. Quería saber si iban a ir a Europa y si había posibilidad de hacer una fecha en Londres. Sergio Schuchinsky después haría que otros argentinos tocaran en la capital del Reino Unido, pero no era alguien conocido como para comenzar por Cerati. Una visita suya a Buenos Aires fue clave para que Gustavo y su mánager confiaran en él. Pudo haber salido muy mal la experiencia, pero fue todo lo contrario. El 12 de octubre de 2006, en The Forum hubo dos mil personas que agotaron las entradas. Público latino y algunos ingleses de compañía disfrutaron un show excelente en el que todos se emplearon a fondo.

"En esta gira —comenta Coleman—, fue cuando mejor tocamos en nuestras vidas. Antes no, pero ahí cantábamos haciendo armonía también. Teníamos mucha conexión con Gus. Estábamos tocando y me sacaba la lengua de una manera asquerosa; una mezcla de Gene Simmons y un putazo glam. No sé dónde dijo: 'a ver, Richard: ¡mostrales la pija!' ¡Yo me quería matar! Era muy gracioso Gustavo; con él y con Adrián llorábamos de la risa". Coleman fue uno de los que más retó a Cerati por haber retomado el vicio del tabaco. "Empezó a fumar un poco en España, porque fumábamos hachís, que se mezcla con tabaco. Le hacía comentarios que para la plebe eran políticamente incorrectos, pero él sabía tomarlos".

La gira duró hasta el 9 de junio de 2007, cuando se presentó *Ahí Vamos* en el Yacht Club de Paraguay. En el medio hubo dos shows sumamente especiales que acentuaron la sensación de alegría en todos. El primero fue la invitación para que Gustavo, en calidad de solista, se presentara nuevamente en el festival de Viña del Mar, en Chile, el 23 de febrero de 2007. Eso remitía, sobre todo a Cerati y a Taverna, a la consagración que Soda Stereo había tenido en el festival veinte temporadas atrás. "Ese día fue muy emocionante para él y para mí —asegura Adrián—, porque éramos los únicos que habíamos estado veinte años atrás. Ese show fue impresionante. Si para Soda Stereo el festival de Viña del Mar fue como la rampa de lanzamiento, este show para Gustavo era la confirmación de que él era el artista que quería ser. Sin dudas, una de las noches más lindas que vivimos; yo me emocioné mucho y hasta se me piantó algún lagrimón".

Pocas semanas más tarde, se montó un concierto gratuito en un gran parque público en avenida Figueroa Alcorta y La Pampa. Acudieron doscientos mil espectadores, una cifra que superó las previsiones más optimistas. Pero para Gustavo, la persona más importante de todas era una sola: su invitado. Después de muchos intentos por coincidir esta vez Cerati le hizo una propuesta formal a Luis Alberto Spinetta para que fuera a tocar con él y se encontró con una predisposición absoluta por parte de su ídolo que fue a ensayar gustoso. Llegó como sigiloso, pidiendo disculpas por interrumpir, acompañado por Aníbal "La vieja" Barrios. Todo Unísono se puso a su disposición. Y Gustavo estaba como contenido, parco, serio. "Con Spinetta, Gustavo se paralizaba —explica Taverna—; lo he visto pararse frente a miles de personas, frente a artistas de cualquier índole, pero con Spinetta no podía, lo paralizaba. Con todo el resto se sentía un par. Con Spinetta lo superaba la emoción". De alguna cósmica manera, Spinetta lo percibió y cuando terminaron de armarle su set, confesó lo que sentía él también.

—Perdoname, Gustavo. Estoy re nervioso de ensayar con esta banda, con estos musicazos.

—No, Luis, ¡por favor!

—Ya sé, perdoname, pero tenés a Nalecito, este monstruo en el bajo: no lo puedo creer.

La idea de tocar "Té para tres" partió de Luis Alberto y eso hizo aún más feliz a Gustavo, que prefirió pisar sobre seguro y tocar "Bajan", que había versionado en *Amor Amarillo*. "Cuando Luis entró a Unísono —cuenta Nico Parker Pucci—, vi a un ser muy diferente a todo lo que había conocido, en cantidad de amor y humildad: no la estaba careteando. Gustavo tenía un amor total por Luis y estaba serio". Cerati le explicó a Spinetta que en "Té para tres" había un arreglo especial que incluía un fraseo de guitarra de "Cementerio club" de Pescado Rabioso, y que como él era el autor tenía que tocarlo. Cuando Gustavo fue al baño, Spinetta lo llamó a Taverna, con quien tenía cierta complicidad, y le dijo algo al oído. "La letra de 'Bajan' tenía un error —explica Adrián—; era 'vidrio sin sol' y no 'tibio sin sol', y no sabía cómo decírselo. Finalmente se lo dije yo y fue una de las vergüenzas más grandes que Gustavo pasó en su vida". "El show de Alcorta y Pampa fue el mejor de toda la gira —afirma Uriel Dorfman—, Gustavo estaba re emocionado, y había entre él y Spinetta una cuestión mutua de respeto y admiración. Nos sorprendió la cantidad de gente que hubo y todo fue perfecto. Fluyó increíble".

Más que una reunión cumbre, fue un hito histórico y un gusto para los dos. Si Gustavo estaba paralizado frente a Spinetta, en el show en vivo pareció al revés: se vio a Spinetta nervioso y a Cerati como hechizado por estar compartiendo escenario con Luis. En el mes de abril, *Ahí Vamos* arrasó en la entrega de los Premios Gardel con los que se nomina a las mejores ediciones discográficas del año en Argentina, y Gustavo se alzó con siete estatuillas, incluyendo el Gardel de Oro. Cuando Cerati dudaba ante la idea de incluir "Crimen" en el disco, Tweety le dijo: "¡Boludo! ¡Te vas a ganar el Grammy con este tema!". Y no falló: en el 2006 ganó un Grammy Latino por "Crimen" como Mejor Canción de Rock y por el álbum en Mejor Álbum de Rock, a los que se sumaría otro en 2007 cuando "La excepción" vuelva a ganar como Mejor Canción de Rock. La carrera solista de Gustavo Cerati era un éxito indiscutible respaldado por cifras incuestionables. Si alguna vez tuvo dudas de su viabilidad como solista, esas dudas quedaron aplastadas.

Y si el pasado lo perseguía en forma de fantasma, iba siendo hora de quitarle la sábana.

39

La nave vuelve a partir

¿Cuándo comenzaron las presiones para la vuelta de Soda Stereo?

Al día siguiente de *El Último Concierto*. El trío dejó una marca insuperable en la historia del rock latinoamericano, de manera que el reclamo tenía escala continental. Gustavo Cerati tuvo que agarrar firme el volante para establecerse como solista y que la sombra de su viejo grupo no lo eclipsara. La calidad de sus álbumes bajo su propia escudería era inapelable y logró establecer la distancia necesaria con el recuerdo. Pero los fans de Soda Stereo siempre añoraron una vuelta más, tanto como Gustavo quería alejarse de su viejo grupo. El éxito apabullante de *Ahí Vamos* lo dejó en un lugar paradójico en el que para seguir adelante tenía que darse una vuelta por el pasado. Pudo decir que no. Pero con los años transcurridos, los viejos enojos apagados y un éxito consolidado, estaba a tiro de una oferta que no podía rechazarse. Una burbuja en el tiempo.

El que primero lo supo fue Roberto Costa, dueño de Popart, la productora más grande de la Argentina que además tenía experiencia y resto como para encarar producciones latinoamericanas. Y Roberto sabía con quién tenía que hablar: Daniel Kon. El tema es que el ex mánager de Soda Stereo ya había tenido una aproximación anterior de Daniel Grinbank quien, montado en el sponsoreo de una marca de telefonía móvil, intentó una reunión. Kon lanzó una sonda al espacio y los resultados le indicaron que no era el momento. Que Gustavo no tenía la menor intención. Y era una reunión por un dinero importante pero para un solo show. "Cuando Roberto me llama a La Pedrera —cuenta Daniel Kon—, me costaba salir de ese mundo en el que estaba, pero él es muy calmo y muy sabio, no me acosó. Los primeros encuentros fueron almuerzos en el Oviedo donde comenzamos a hacer números en una servilleta, como los almaceneros; empezamos a imaginar una gira y ahí vi que podía ser".

Luego hubo contactos con Charly Alberti y Zeta Bosio que, lógicamente, ansiaban la vuelta. Tras un paso por el mundo digital, Alberti se había reactivado musicalmente con el proyecto Mole, también integrado por su hermano Andrés. Zeta había pasado por el mundo discográfico pero antes tuvo que reconstruirse; la muerte de su hijo y la separación de Soda lo dejaron en un lugar de fragilidad del que le costó mucho salir. Le ofrecieron ser bajista de La Ley, un grupo chileno que tuvo mucha repercusión, pero descartó la idea. Más adelante le dijo que sí a Fernando Ruiz Díaz, de Catupecu Machu, para reemplazar a su hermano Gabriel que había sufrido un tremendo accidente automovilístico, del cual nunca pudo recuperarse por completo. Pero Soda Stereo era jugar en otra liga en la que casi no tenían contrincantes, salvo Maná con una propuesta musical muy diferente para otro público. En ese rompecabezas, la pieza maestra era Gustavo. Sin él, no había Soda.

Daniel Kon en persona se encargó de la exploración y lo invitó a discutir la posibilidad de reunir a Soda Stereo a fines de 2006 en el restaurante La Parolaccia. La cifra podía ser la que Gustavo quisiera porque el mundo Soda Stereo posee recursos cuantiosos, pero también había que cuidar un equilibrio con los demás. Había porcentajes que incluían al mánager y la historia varía de acuerdo a quien la cuente. Los problemas que llevaron a la separación de Soda Stereo permanecían intactos, pero la habilidad de Kon logró mantener el *statu quo* de otros tiempos. Zeta y Charly querían que se repartiese el 12% que SADAIC (derechos de autor) retiene en todo show para luego darle un 70% de eso al autor. Gustavo quería el 50% del porcentaje general de venta de tickets y eso afectaba los demás porcentajes. Podría haber aceptado un 40% pero luego se convino en que cobraría un 25% del *bordereaux* (lo recaudado por venta de entradas), al igual que Bosio, Alberti y Kon, pero nadie se metería con lo que él cobrara por SADAIC, del cual Zeta y Charly también recibían algo aunque no tanto como Gustavo, que era el compositor predominante. Cerati introdujo otras condiciones: tenía que ser un período acotado en el tiempo, acordar una cantidad de shows, que se tuvieran en cuenta en el armado de la gira las horas de vuelo por el tema de la coagulación de su sangre y que no hubiera más de dos shows seguidos y un tiempo prudencial entre una tanda y otra.

Cuando la fumata blanca del acuerdo dejó ver su forma hubo que hacer que los tres se juntaran. Daniel Kon sostiene que fue en la casa de Charly Alberti y que él no participó, pero todos le pidieron que estuviese. Esa famosa charla donde se juntaron los tres solos y se dijeron todas las cosas parece habitar en el terreno mitológico. Sí hubo posteriormente una reunión ampliada en la que participaron Nando Travi y Diego Sáenz, mánager y *production manager* de Cerati. Fue en Casa Turrón donde pudieron comprobar el efecto que la vista de los tres juntos provocaba en su propia gente: hasta Benito, que ya había ingresado en la adolescencia, se asombró. Ese era otro punto importante para que la reunión se diera: que los hijos de todos pudieran ver a Soda Stereo corporizado nuevamente.

En esa reunión se habló de cantidad de shows, ciudades, compromisos, modus operandi y personal a bordo. En un momento se sacaron cuentas concretas con la cantidad de dinero aproximada que iba a recibir cada uno: la cifra los impresionó, a tal punto que Charly Alberti intervino.

—Pero, pará. ¿Qué tenemos que hacer para que nos den todo eso?

—¡Tenés que entregar el culo! —respondió Cerati despabilándolo.

"Yo lo encontré mucho más maduro y más tranquilo a Gustavo —reconoce Kon—, y también lo sintieron los otros dos. Se separaron y diez años después eran hombres más maduros. Era mucho más deportiva la vuelta, había más *fair play*. Sos el mánager de Soda y decís: quiero mil entradas por día para mí. En cualquier circunstancia te mandaban a la puta que te parió, pero ahí te las daban. O sea: podías pedir porque era el mundo Soda". Con lucidez, Nando Travi propuso que cada uno de los tres se manejara individualmente, que cada uno viajara a su tiempo y en su propio transporte. Era un modo de evitar fricciones innecesarias de la convivencia. "Entonces —retoma Kon— ya no tenían motivos para las quejas. Era una gira soñada. Ningún grupo consiguió esto. Era México: están estos seis hoteles. Elegí uno: ¿cuál te gusta? Hay siete vuelos de Bogotá a LA, ¿en cuál querés viajar? Y en eso estaba Nando, gran jugador, con mucha experiencia como tour mánager".

Ese acuerdo preliminar hizo que otra maquinaria, más grande, la de Popart, se pusiera en movimiento y se alquilara River, en principio para dos shows, que podían llegar a ser tres: ¡ni en el mayor de los optimismos imaginarían que serían finalmente seis! Gustavo todavía estaba de gira con *Ahí Vamos* y había que evitar que la noticia se filtrase. A tal efecto, se firmaron acuerdos de confidencialidad con todos los implicados y los que comenzaron a ser convocados. Era una operación muy grande, enorme, que había que cuidar como a un bebé recién nacido.

— • —

Volviendo de una discoteca en Punta del Este, a Gustavo se le aflojó la lengua y realizó un comentario inofensivo; corría el mes de abril y lo de Soda todavía era secreto.

—Oski, cuando vuelva Soda nos vamos a comprar esos terrenos y nos vamos a hacer unas casas buenísimas frente al mar.

—¿Qué? ¿Va a volver Soda? —se sobresaltó Oscar Fernández.

Es así como el coiffeur ingresó involuntariamente a la cuarentena de la restricción y el contrato de confidencialidad que todos aquellos portadores de la novedad debían firmar hasta que la noticia se hiciera pública en el mes de julio. Adrián Taverna fue uno de los primeros en estampar su firma en esos papeles que impedían revelar el secreto, ya que como sonidista y amigo de Gustavo y Soda Stereo fue uno de los pocos a quienes Cerati consultó antes que todo cobrara forma.

"Gustavo se sentía fuerte como para hacerlo —revela Taverna—, pero fue terrible firmar ese contrato y cada vez que escuchaba la palabra Soda era insoportable hasta que se hizo público. Los únicos que sabíamos en su banda éramos Nando, Gustavo y yo. El tema de la reunión lo puso tenso, nervioso, y creo que si hubiese sido por él Soda no se habría juntado nunca más, pero por su éxito personal se dieron las cosas como para que se hiciera". Hacia el mes de junio comenzaron a correr los rumores, justo cuando quedaban dos fechas de Cerati como solista: una en Rosario y otra en Paraguay. En el micro que los llevaba a Rosario, pidió a todos los músicos que se sentaran atrás porque la noticia había trascendido de un productor rival. "Daniel Grinbank había filtrado la noticia —explica Taverna—, porque él traía a The Police y quiso anunciarlo antes para ganarnos de mano, ya que éramos potencialmente el mismo público. Gustavo estaba furioso y charlamos en unos asientos que estaban lejos de la banda, que se fue al fondo y lejos del chofer. Le dije que negara todo porque había medios esperando". Se lo negó hasta a los propios cuando Amelia Álvarez, su jefa de prensa, le pidió instrucciones para manejar a los periodistas que habían olido la presa. Después del show, Cerati reunió al grupo y les confirmó que Soda Stereo regresaba, que era por un tiempo acotado, y que el año que viene él retornaba a su carrera solista.

La reunión de Soda Stereo alteró todos los parámetros: los del rock argentino, los del latinoamericano, los del negocio musical, los del negocio discográfico y también los personales. En el caso de Gustavo, su relación con Sofía Medrano ya sufría cierto desgaste por otras cuestiones pero no hay dudas que también se vio afectada. "La vorágine de Soda arruinó varias parejas —dice Sofía—. No diría que arruinó la nuestra, pero comenzaron a aparecer un montón de personajes nuevos y todo era más vertiginoso. Era un montón de otra gente que volvía a entrar a su vida otra vez, era muy grande lo de Soda también. No era fácil estar con Gustavo porque era un sex symbol. Me pasó que la primera vez que fui a México con él, estábamos cenando y una mina se le tiró encima y le dio un beso. Creo que lo de Soda más la personalidad de Gus, que tampoco dejaba de ser un *rockstar*, hizo todo muy arduo. Había todo el tiempo mucha disponibilidad de todo, muchas tentaciones. En nuestra relación no hubo desbordes, los desbordes vinieron después cuando nuestra relación ya estaba en crisis. Obviamente, nos pasaron cosas muy profundas que no voy a contar, pero ahí vino un alejamiento. Él hizo un viaje solo y ahí comienzan las otras cosas".

Probablemente, Sofía se refiera al viaje que Gustavo hizo a Hamburgo, Alemania, invitado por Shakira para presentarse como músico invitado de ella en Live Earth, una versión menos global pero más ecológica del Live Aid o, si se quiere, del Live 8, más cercano en el tiempo. El 7 de julio de 2007 (07.07.07), en el Nordbank Arena de Hamburgo, Shakira se dio el gusto de presentar a Cerati, vestido de azul y empuñando su Gibson 335, en "Día especial". Luego Gustavo aceptó la invitación para ir a tocar a Estambul y navegar en un yate privado por las islas griegas. "Me tocó vivir con Shakira esos momentos con Gustavo —recuerda Jorge "Pepo" Ferradas—, y la pasamos muy bien. Él era una persona muy normal y todo el mundo se sorprendía de su simpleza. Cerati era un *rockstar*, pero también era el chico de Villa Ortúzar que nunca perdió la pasión por la música, por la guitarra y por las canciones. Lo que a él le gustaba del mundo Shakira era el nivel de producción, no el nivel de la guita, sino el hecho de que se podían hacer cosas muy grandes".

En una cena que Cerati compartió con Tweety González y Eduardo Bergallo, en la parrilla El Pobre Luis, dejó caer la bomba sobre la mesa. "¡Vuelve Soda!", les anunció como quien le pide pan al mozo. Las mandíbulas de los otros dos cayeron al suelo. No era inocente la primicia porque Eduardo Bergallo tendría que encargarse de todas las grabaciones y Tweety era el tecladista histórico. "Estaba contento cuando lo dijo —asegura Tweety—. Se lo tomaba muy en serio, no era fácil ensamblar eso. Yo estaba produciendo el disco de Ximena Sariñana con

Héctor Castillo y tenía programada la mezcla en Nueva York la semana en que Soda comenzaba a ensayar. Discutí con Gus, porque él me quería desde el principio, pero no podía cancelar este trabajo y se enojó muchísimo. Llegué una semana después y estaba todo bien".

Leandro Fresco se había puesto muy contento con la reunión de Soda Stereo. Lo que imaginaba era que iba a tener un pase para el backstage y una ubicación VIP para el show, pero no sospechaba que iba a ser algo más que primera fila. Acompañando a Gustavo a un evento fue notificado de que había sido alistado. "Te tengo que decir algo", le dijo Gustavo, y Leandro pensó que lo iba a despedir.

—Viste que va a volver Soda, y que necesitamos músicos que nos acompañen.

—¿Y va a estar Tweety?

—Seguramente esté, pero necesitamos dos más. ¿No te gustaría tocar con nosotros?

La sonrisa de Leandro nunca fue más fresca ni más radiante. "Me daba risa —confiesa—, porque me preguntaba si quería con una formalidad que me causaba gracia. Nosotros teníamos una relación muy cotidiana. ¿Cómo no iba a querer?"

En un cumpleaños donde ambos habían bebido, ya cuando la reunión era un secreto a voces, Cerati le hizo un comentario a Leo García.

—¿Viste que se vuelve a juntar Soda Stereo?

—Sí, claro. Algo me habían dicho —respondió Leo.

—¿Qué tema pondrías en la lista?

—"Picnic en el 4° B" —dijo, sin dudar.

—Hmm, pero ese tiene una guitarra que solo vos podés tocar.

"¡Y ahí me la dejó picando! Yo entré en un estado en el que no podía dormir. ¡Era la mejor banda de Latinoamérica! ¡La mejor de la historia!" Finalmente, Gustavo terminó con el insomnio de Leo.

—¡Listo! ¡Ya está! ¿Querés tocar en Soda Stereo?

—¿Qué hay que hacer?

—Tocar la guitarra y hacerme los coros.

—¿Realmente te hago falta, Gus?

—Sí, Leo, yo me quiero divertir.

Cuando terminaron la conversación, Leo se puso a saltar en el sillón de la felicidad que no le cabía en el cuerpo.

— • —

En el primer ensayo, estuvieron solamente Gustavo, Zeta y Charly. "Yo pasé a saludar —comenta Taverna—, porque hacía como diez años que no los veía. Se armó toda la sala, nos aseguramos de que todo funcionaba, y cuando estuvo todo listo, Gustavo dijo que nos fuéramos todos, yo incluido. No querían a nadie, ni en la sala ni afuera". Cuando se cerró la puerta de la sala de Unísono no hubo que pensar demasiado qué tema iba a ser el primero a ensayar. Eligieron aquel que sobrevivió a todas las listas y permaneció como un mojón inalterable en todos los shows: "Sobredosis de TV". Les salió de memoria. Todavía no estaban en su mejor forma, pero algo más pasaba cuando los tres estaban juntos. La magia, recién despierta y todavía bostezando, los había estado aguardando estos diez años.

La puesta a punto no fue fácil. Gustavo era el que venía con mayor rodaje y se notaba; aunque Zeta hubiera estado tocando con Catupecu Machu y Charly con Mole, tuvieron que ensayar bastante para llegar a un buen nivel. Prueba de eso es que Leandro Fresco recibió un llamado de Gustavo un domingo, el día antes del primer ensayo de Soda con los músicos invitados para decirle que necesitaban diez días más solos. En el medio, se hizo el anuncio formal de la gira y se dejó en claro que luego cada uno de los músicos volvería a sus proyectos personales. Un aviso a doble página publicado en los diarios más importantes de Argentina mostraba a tres hombrecitos de señalética sobre un fondo amarillo y la leyenda: "Me verás volver. Octubre 2007". Y en la otra página a los sponsors, casi más grandes que los protagonistas.

"El primer día que fuimos a ensayar —evoca Leo García—, tenían un pizarrón gigante y Gustavo me dio el marcador para que anotara las canciones. Le puse florcitas, dibujitos, no existían los emojis todavía. Gustavo me preguntaba: ¿qué canciones? "¿Cuál es para vos tu 'De música ligera'? ¿Cuál va a ser la última canción del show? Y elegí 'Nada personal', porque era muy ochentosa y muy moderna. Me sonaba a ringtone. Después Charly Alberti la puso como ringtone en su celular". "Cuando llegué ellos estaban como un avión —afirma Leandro Fresco—, faltábamos nosotros, pero ellos ya sonaban en forma". Tweety, con su eficacia habitual, se hacía cargo de la mayoría de los teclados, mientras que Leo García apoyaba con su guitarra española o acústica y hacía coros junto a Leandro Fresco que se diversificaba en teclados, percusión o disparando sonidos.

Durante los dos meses que estuvieron ensayando de lunes a lunes, entre ocho y diez horas por día, se fue estableciendo una rutina de horarios que no se cumplían por más o por menos: nadie llegaba a la hora indicada. Gustavo siempre estaba una hora antes, con su obsesión por la puntualidad pero también porque Unísono era su casa y diversos asuntos de Soda requerían de su opinión. Zeta, en cambio, llegaba inevitablemente tarde, lo que era una característica suya que le valió el apodo, y con la que irritaba a Cerati. Diferente fue el caso de Charly Alberti, que siempre llegaba una hora más temprano que Gustavo. "Charly era el más profesional de todos —dictamina Taverna—, era un obsesivo de la prolijidad. Muy dedicado a su instrumento, a practicar; siempre fue muy consciente de sus limitaciones pero también supo explotar sus virtudes". A lo largo de todo el proceso, esa secuencia se repetiría, y la dedicación de Alberti lo iría acercando a Gustavo, mientras que cierto descontento de Zeta lo iría alejando de él. Durante *Me verás volver*, Zeta atravesó corrientes personales cruzadas: se separó definitivamente de Silvina Mansilla, y comenzó una relación con la modelo Estefanía Iracet.

"Leandro y yo éramos el *soutien* de Cerati —ríe Leo García—, él lo decidió. A los Soda no los veíamos juntos pero no se llevaban mal. En un momento hubo un estrés porque había que ensayar todos los días, entonces cada uno tuvo una recaída en algún momento. Y sabían que tenían el peso de ser la mejor banda de Latinoamérica, sumado al negocio y la responsabilidad ante la gente que los estaba esperando". Y era verdad: apenas se pusieron a la venta los tickets, la demanda fue en línea con los pronósticos más optimistas; en todas las ciudades, la gente quería ver a Soda. Y los que nunca vieron al grupo, más todavía: se produjo el habitual encuentro de las generaciones que vivieron el fenómeno y aquellos que escucharon hablar del prodigio por sus padres, sus tíos, sus hermanos mayores.

El diseño de luces y puesta en escena que les hizo Martin Phillips estuvo a la altura de su impresionante currículum. Cada uno de los Soda tenía como una turbina de avión lumínica sobre sus cabezas, por lo que tuvieron que precisar la ubicación de cada uno en el escenario. Un detalle curioso fue que los músicos invitados fijos, Tweety, Leo y Leandro tocaban detrás de las pantallas. "Esa gira fue demasiado para mí —confiesa Tweety González—, demasiado *corporate rock*, demasiada gente: cada uno tenía su combi y su mánager. No dudo que eso logró que funcionaran bien: más que una reunión era como una tregua en un punto. Viví los shows incómodo porque tocaba entre dos pantallas, veía el culito de Charly de costado, a veces veía a Zeta de refilón y a Gustavo solo si cruzaba la segunda parte del escenario, lo que casi no sucedía. Me llegaron a poner un espejo porque yo lo pedí. En los últimos shows, ni espejo había. Pero todos los shows los sentí muy sólidos".

El equipo de producción de Soda Stereo fue gigantesco e involucró a una cantidad de personas suficiente como para reactivar la economía de una ciudad chica. Daniel Kon fue el mánager general junto con Roberto Costa, productor titular. Marcelo Carballar venía del círculo de Zeta y se incorporó como mánager administrativo. Más allá de los asistentes de escenario lógicos para cada uno de ellos (Barakus fue el de Gustavo, Miguel Lara fue el stage-manager y asistente de Zeta, Pablo Leocata se encargó de Charly y el resto quedó en manos de Pablo Bernini), hubo un personal mánager también para cada uno: Nicolás Bernaudo ya venía cumpliendo esa función con Gustavo, Tomás Moreno fue el asistente personal de Zeta y Lilia Fuster cubrió la función con Charly Alberti. La consigna de Daniel Kon era: "Si pasa algo, yo quiero gente nuestra ahí: uno sanito para que despierte a uno de nosotros. Nico Bernaudo fue el de Gustavo, y la verdad es que *Me verás volver* tuvo a los mejores soldados haciendo buena letra. Al otro día le veía la cara a los dos: Nico estaba hecho polvo y Gustavo era el primero en llegar a la prueba de sonido". "En la gira de Soda —cuenta Leandro Fresco—, a la camioneta que había para Gustavo le decían 'la van de la muerte', porque terminaba el show y Gustavo, Leo, yo y un montón de otros nos íbamos de joda. Entrábamos al boliche a las tres y salíamos a las siete, y el chofer nos tenía que esperar".

—¡Por favor! ¡Cámbienme a la van de Charly Alberti que se va a dormir temprano! —imploró el conductor designado.

En un cumpleaños de Afo Verde, los dos Gustavos quedaron frente a frente en un espacio delimitado por sillones. Ambos navegaban corrientes diferentes porque Cerati volvía con Soda y Gustavo Cordera se había ido de su grupo Bersuit Vergarabat; el que los había hecho coincidir en aquella celebración fue Daniel Kon, que manejó a los grupos de ambos. Naturalmente, la conversación entre los dos músicos tocó el tópico de las separaciones.

—En mi caso —dijo Cordera—, está todo bien, terminé en excelente relación con los demás.

—Bueno: ¡esperá un año y me contás! —acotó Cerati. Los tres se rieron con ganas.

Antes del debut en River el 19 de octubre de 2007, Soda Stereo había sido visto en algunos lugares estratégicos, producto de la casualidad o del descuido, y nadie conectó los puntos como para darse cuenta que había una reunión en marcha. En el mes de mayo, Fabián Quintiero celebró sus cuarenta años en su propio bar, el famoso Soul Café, e invitó a un montón de amigos, la mayoría músicos muy conocidos del rock argentino. "Creo que es la primera vez que Zeta y Gustavo se juntaron a tocar después de la separación —calcula Fabián—, y yo tenía un escenario con equipos porque tocaba con Ratones Paranoicos. Y en un momento suben los dos al escenario y como Charly Alberti no estaba, el baterista de esa noche fue Roberto Pettinato, que cuando baja me dice: '¡Jé: Soda Stereo nunca sonó así!' Después Gustavo subió con Ratones a cantar 'Rock del gato'. Hermosa noche". Al mes siguiente, Mole se presentó en La Trastienda: en el lugar estaban Daniel Kon, Gustavo Cerati acompañado por Leandro Fresco y Zeta Bosio, más Charly Alberti en la batería del grupo actuante. ¡Nadie se dio cuenta!

El 20 de septiembre hubo una recepción para prensa e invitados en Museum donde Cintia Finkelstein, la jefa de prensa de Soda Stereo 2007, tuvo su bautismo de fuego. Venía de la productora 4K (Cuatro cabezas), y era una persona de confianza de Daniel Kon. Su lugar no era el más grato en la estructura y por eso dudó ante el ofrecimiento: su trabajo iba a ser tener que decir que no todo el tiempo. Se había casado hacía poco y fue su pareja quien le dijo: "¡Sos la única que puede dudar ante un ofrecimiento así!" El primer encuentro con Gustavo no pudo ser más auspicioso.

—¡Guau! —no pudo contenerse Cintia cuando miró sus pies— ¡Esas botas no hablan español!

—Tenés razón —se río Cerati y le dijo que eran unas Dior.

"En general procuro mantener un trato distante con los talentos porque me parece que te mantiene la cabeza más fría. Pero bueno, a Gustavo le encantó y fue impensadamente una buena manera de romper el hielo. De hecho más adelante me dijo: 'Bueno, basta, no me digas más Gustavo, decime Gus'. Siempre fue muy amoroso y también Charly y Zeta, toda gente divina. El desafío era que la banda iba a hacer poquita prensa, y había que transitar ese camino sin que los medios se enojaran porque uno no tenía tanto para dar. Que no nos odien. Había toda una identidad visual que regenerar, y los tres eran muy estetas. Hicimos una tapa para *Rolling Stone* que salió en siete países al mismo tiempo; también unas tapas muy lindas para *D Mode*, y después notas para *Clarín* y *La Nación*". En Museum, Cintia pudo darle algo a todos: la posibilidad de ser los primeros en ver a Soda Stereo en acción. Tocaron "Sobredosis de TV" y "En la ciudad de la furia", y luego respondieron las preguntas de los periodistas.

Sin embargo, fuera del mundo Soda, la primera persona en enterarse de la reunión muchísimo antes de que sucediera fue el humilde playero de un estacionamiento cercano a la oficina donde se estableció la base de operaciones, en el edificio de Callao y Tucumán donde vivía Daniel Kon. Un día por la tarde, vio llegar a Charly Alberti; pocos minutos más tarde arribó Gustavo Cerati, y después lo hizo Zeta Bosio. Ahí lo supo y cuando lo vio a Daniel Kon no pudo menos que decirle: "¡Al final era cierto que se juntaban!".

Casi que le hacen firmar un contrato de confidencialidad.

40

Al calor de las masas

El primer River se vendió en dos horas. Las ocho fechas de la gira *Me verás volver* se convirtieron en veintitrés. Todos shows de estadios, menos las dos fechas en Miami, realizadas en una arena grande que si se suman los asistentes hubiera tenido dimensión de estadio. Sony Music ya había editado una compilación llamada *Me verás volver (Hits & más)* de dieciocho temas, que se vendía como el agua en una rave. Los tickets volaron.

La previa al comienzo de la gira no fue tan feliz: les tocó una noche inusualmente fría cuando hicieron el ensayo previo en el Club Ciudad. Diego Sáenz había dicho que se definían las posiciones en ese momento y no se tocaban más. Tampoco había mucho misterio, pero lo cierto es que ante la inminencia del arranque de la gira todos se pusieron muy nerviosos. Y Gustavo más que todos. Sin embargo, estaban mucho más preparados de lo que ellos mismos podían suponer y tenían detrás un equipo formidable. "En un trabajo como este —asegura Daniel Kon—, tenés que saber si en noviembre va a haber huracanes en Costa Rica. Pero vos vivís todos los días pensando en eso y en el plan B, si es que hay viento. ¿Hay otro modo de hacerlo? ¿Podés tener un lugar alternativo en interiores? ¿Y cuánta gente entra? ¿El baúl más grande, el de Charly, cabe en el avión? Estás trabajando y pensando en resolver situaciones que todavía no han llegado. En una banda de rock hay mucha angustia en la gente que labura, mucho nervio, sobre todo los de producción: viven pensando dónde va a ocurrir el desastre. Después vas y te cagás de la risa, pero sucede también lo otro".

La lista de temas había sido puesta a prueba una y mil veces: eran en total veintiocho canciones, y que en el concierto final cantó el número mágico de treinta. Todos los efectos lumínicos y escenográficos habían quedado perfectos y Martin Phillips se transformó en un personaje muy querido por todos. A tal punto que, enterada la producción de que no veía a su padre desde hacía décadas, y que éste vivía en Colombia, organizaron el reencuentro. Leo García descontracturaba todo con su desfachatez. "Sí —reconoce—, yo realmente era el más molesto de la banda, muy boca suelta. Yo estaba en el equipo de Gustavo y me aprovechaba al máximo de eso: papá era mi amigo. Tenían que aguantarme y si nos emborrachábamos era peor. ¿Vos te querías divertir? Bueno, te vas a divertir. Pero Gustavo solo se iba a divertir si yo era boca suelta e hinchapelotas. Jodíamos mucho; Leandro y yo somos homosexuales y en una banda tan heterosexual como Soda que hubiera dos putos era mucho. Pero Zeta y Charly eran muy *open-minded*. Aunque éramos diferentes".

El domingo previo al primer River, entró la primera avanzada de producción a descargar las cosas y colocar los vallados cuando el sol caía. Hasta el miércoles se armó el escenario, el sistema de iluminación, todo el circuito eléctrico, la generación de energía, la protección del campo de juego. El miércoles se montó el sistema de sonido; al día siguiente llegó Taverna y ya no hubo paz en el vecindario. Hernán Nupieri, el *sound-tech* que calibra todo equipo que vaya a tocar Adrián, había dejado las cosas en el punto exacto. Luego llegó la banda para probar sonido y pasar todo el show con vestuario y cambio de instrumentos incluido. Zeta tenía nueve bajos y quería usarlos todos. El repaso de las canciones insumió siete horas. La prueba de sonido final sería el mismo viernes al medio día.

Gustavo se encontraba especialmente frenético el día del debut. Cuando terminó la prueba, el único que no quería irse a la casa era él, y eso que vivía a ocho cuadras. Taverna se despidió hasta la hora del show.

—¿A dónde vas? —preguntó Gustavo.

—A mi casa.

—Pero vamos a comer.

—Bueno, como y me voy.

—¿Estás loco? ¿Cómo hacés para entrar después con toda la gente?

—¿Querés que me quede y a las nueve de la noche esté en pedo? —lo azuzó Adrián.

—¿No estás nervioso?

—Si vos me dijeras que tengo que venir a cantar y a tocar la guitarra, estaría muy nervioso, porque no lo sé hacer. Tengo que venir a hacer lo único que sé hacer en la vida. Me voy a dormir la siesta.

—Bueno, pero estate acá a las cinco.

—¿Para qué? Si el show es a las nueve. A las ocho, estoy.

—¿Cómo vas a entrar a esa hora?

—Tengo credencial, estacionamiento, todos me conocen.

"Aparecí siete y media por él —reconoce Taverna—, y estaba furioso conmigo. Yo llegué recién bañado, descansado, con cara de bebé. En auto estaba a cinco minutos de mi casa. Lo primero que hice fue abrirme una cerveza y se puso como loco".

—¡No empieces ahora!

—No me rompás las pelotas, vos hacé lo que quieras.

El enigma de la música que sonaría cuando se apagaran las luces fue revelado aparentemente por Diego Sáenz: "Algún día (si piensas volver)" era la última canción que Soda Stereo había grabado para un tributo a Queen. Y sería la que volvería a encenderlo. La canción final fue una discusión diferente porque Taverna eligió "Alive & Kicking" de Simple Minds y a Gustavo le pareció una antigüedad. Cerati había confeccionado una lista de canciones que se ponía en random para las instancias anteriores al concierto. Pero no sabía cuál debía sonar para el después y le encomendó la tarea a Adrián.

—¿Y qué tal "Bittersweet Symphony" de The Verve? —sugirió Gustavo.

—¿Ah, como comienza U2 sus shows? —lo pinchó Adrián.

Hubo una larga discusión sobre la cuestión y Taverna usó

como cómplices a Zeta y Charly Alberti. "¿Usamos 'Alive & Kicking' como cierre?". Sí, respondieron a coro, y a Diego Sáenz le encantó la idea.

—Hacé lo que quieras —se resignó Cerati.

—Si no, ponemos 'Let's spend the night together' de los Stones —siguió pinchándolo Taverna.

Cerati lo miró con furia.

—¡Tengo una de Kiss también! —remató el sonidista.

"Gustavo comienza el show con una variación —explica Taverna— porque el tema de Queen está en otro tono y combina acordes hasta llegar a un sí, con el que comienza 'Juego de seducción''. En el primer show, Gustavo estaba feliz y exultante, y ese momento tenía que estar ahí en el disco y el DVD. Después Gustavo repitió en un par de shows lo de '¿Saben qué acorde es este? Sí', luego se aburrió y no lo dijo más".

Una vez arriba del escenario, Soda Stereo estuvo por completo a la altura de su propia leyenda e incluso puede que la haya sobrepasado. Gustavo sabía que para encarar la vuelta de Soda tenía que volver a ponerse el traje de superhéroe y lo hizo con ganas, responsabilidad y talento. Se había convertido en un guitarrista tan espectacular que con su performance ponía el show en un nivel de altitud donde podía faltar el oxígeno, pero Charly Alberti le mantuvo el ritmo y Zeta también. Los músicos complementarios fueron una grata sorpresa para que las voces y los teclados fueran los de los discos. Un millón de personas pudo atestiguar que los vieron volver y que volvieron en serio. Todo el espectáculo fue formidable, a lo grande y Soda Stereo, una vez más, retuvo el título de la banda de rock más grande de Latinoamérica, no solo por la convocatoria sino también por el rendimiento sobre el escenario. Después, están las ópticas particulares.

"Soda parecía tener un guión —dice Nico Bernaudo, que marcó a Gustavo por toda la cancha, arriba y abajo del escenario—, pero lo armaron ellos ahí arriba. Creo que Gustavo disfrutó lo de Soda a más no poder. Si bien cada uno se manejaba con su equipo, había lugares donde salíamos juntos. Las tres burbujas no estaban aisladas ni había orden de aislarse. Los

Soda son como un Chevy: le ponés la llave y arranca". "Mucha alegría después del primer show —recuerda Daniel Kon—. Y un aflojar después del esfuerzo, pero era alegría lo que había. Era el primer show en el mismo lugar donde se habían separado; aquella vez habían agarrado cada uno para su lado, y esta vez no: había mucha comunión después del primer River". "El primer show fue buenísimo —coincide Taverna—, de una manija bárbara: fue como volver a respirar después de diez años. Fue el mejor show de toda la gira, pero todos fueron de muy alto nivel, no menos de ocho puntos. Después de los primeros diez shows se empezaron a llevar mal de vuelta. La mala relación se notaba. Yo la notaba".

Leo García y Leandro Fresco se constituyeron como espectáculo aparte, ya que al no haber estado nunca en una producción de tanto nivel y tan masiva, lo vivieron como dos chicos en un parque de diversiones. De hecho, tuvieron su propio segmento en el DVD que se llamó L&L, donde se ve el clima que generaban. Aunque algunas cosas quedaron afuera. "A la hora de divertirnos —cuenta Leo García—, yo me ponía una boa, nos pintábamos los labios, nos poníamos peluca. Estábamos divirtiéndonos mucho. Cuando fuimos a Miami ya estábamos muy cansados y gritábamos: '¡Soda Stereo es una banda gay!'. Si alguno no nos aguantaba más, cambiábamos de peluca y ya se reían de vuelta. Eso después nos lo dijo la gente de producción, que se habían divertido mucho con nosotros. Andábamos con Leandro todo el tiempo hinchando las pelotas para ver qué podíamos hacer con la cámara que nos habíamos comprado. Más allá de que nadie nos veía porque tocábamos detrás de la pantalla: eso era una discoteca. Nosotros bailábamos todo el tiempo, teníamos boas de colores, pelucas, nuestro traje era un puterío increíble. Estaban Lillian Fuster y gente de Popart bailando con nosotros. Tuve que hacer varios análisis de mi vida y reincorporar donde está la felicidad más cerca de este presente: porque la felicidad quedó allá. Bajar fue feroz, nada se comparaba con eso".

La gira *Me verás volver* transcurrió en estado de gracia, pero no sin tensiones: en Guayaquil se encontraron con toda una industria de "productos Soda Stereo" sin licencia, que la producción intentó desmontar. En Chile se presentaron dos inconvenientes: uno era que después del segundo show en Chile había casi pegados otros dos conciertos en Buenos Aires, lo que por contrato no se podía hacer. Era una cláusula que Gustavo había exigido. Pero ese no fue el real problema: se habían acordado tres televisaciones de la gira, una en Buenos Aires, otra en México y la restante en Chile. Y Gustavo no quiso hacerla. La solución que encontraron Daniel Kon y Luis Venegas, el empresario chileno, fue hacer un "falso vivo", o sea transmitir el show con una demora de quince minutos por si salía algo mal, tener el tiempo para no emitir una canción y pasar a la siguiente. De todos modos, Cerati no estaba contento con eso tampoco. "Gustavo podía generar esas cosas —blanquea Kon—, tuve que ir a su cuarto de hotel a hacerlo entrar en razones. Él mismo había estado de acuerdo y había firmado esas televisaciones. Lo hacía por inseguridad; comprende como un civil... pero después sale el artista. Sí, nos puteábamos, obvio: me arruinaba la mañana en Chile. Pero sería injusto si califico a Gustavo por esas situaciones. Porque la mayoría de las veces, eso no sucedía. Pero si pasaba tenía que enfrentarlo yo, y no era un pibe fácil: tenía mucha personalidad".

Curiosamente, el *rockstar* más importante de Latinoamérica estaba solo, sin pareja estable. Durante los shows en River fueron desfilando una importante cantidad de novias de otros tiempos, muchas candidatas a serlo y algunas futuras: hasta sus dos exesposas fueron a los conciertos. No le faltaron mujeres a Cerati durante aquel tiempo, pero parecía refugiarse más en sus hijos (disfrutó mucho que pudieran verlo con Soda) y en sus amigos. Colombia fue un lugar de encuentro para todos y tras el show de Bogotá hubo una rumba de antología en Andrés Carne de Res, donde cantaron "Cuando pase el temblor" presos de una borrachera monumental. Luego, a Gustavo lo fue dominando el mal humor. Curiosamente se fue acercando a Charly Alberti al tiempo que se alejaba de Zeta, pero en determinado momento se sintió incómodo. Pero faltaba poco para el fin de gira. Los motivos eran musicales y humanos a la vez. Zeta tampoco parecía tener muy buena onda con Gustavo. "En determinado momento —reflexiona Taverna—, fue empezarse a bancar que el cubo mágico no se pudiera armar. Hubo encontronazos todo el tiempo. Y a él, eso lo dejó mal".

La ciudad de Córdoba, en el interior de Argentina, fue el penúltimo show. Insistieron en tocar allí para que el público de tierra adentro pudiera ir a un lugar más accesible geográficamente. Allí Gustavo fue con Benito, que lo bajaba a tierra pidiéndole cosas de niño: "Papá, cortame la milanesa", y tuvo el buen tino de invitar a un embajador que tenía buena relación con los tres: Gillespi, el trompetista. "Fui en calidad de amigo —cuenta Gillespi—. Estuve mucho con Gus y habían armado una carpa VIP dentro del estadio, con DJ, unos mozos con canapés y bebidas, familiares y amigos. Nos quedamos un par de horas ahí hasta que se vaciara el estadio. Lo fui a buscar a Germán Daffunchio de Las Pelotas, que estaba en las inmediaciones; lo junté con Gustavo y tuvieron una charla hermosa. Porque se suponía que Germán, por haber tocado en Sumo, era medio enemigo de Soda; en una época tanto en los shows de Divididos como de Las Pelotas el público cantaba 'que se muera Cerati'. Y tuvieron una charla divina de violas y equipos".

Como si hubiera estado coreografiado, luego de esa charla, los tres Soda Stereo rodearon a Gillespi como si fueran una fuerza policial.

—Vos tocaste con Sumo —le dijeron—, ahora vas a tocar con Soda.

"Para mí fue increíble, porque quedaba un sexto River. Esa fecha se agregó por demanda y porque era un récord de venta: con esa fecha superaban los cinco shows de los Rolling Stones, cerraban la gira y tocaban con un montón de invitados. Y yo fui el último".

Hubo otro invitado ilustre en ese show de Córdoba: Gustavo Cordera fue invitado por Daniel Kon a ver el show desde el mangrullo, donde tuvo la compañía de Benito y Lisa Cerati. "Cuando hablábamos de Cordera, él me decía que era 'mi amigo', entonces en Córdoba le avisé a Gustavo: 'hoy va a venir mi amigo'. Después del show, Cordera fue a saludarlo, lo felicitó y le dijo que el concierto había estado increíble. Y lo más gracioso es que Cordera estaba en la zona de invitados sacándose fotos, entonces entré al camarín de Gustavo para decírselo".

—¿Sabés quién se está sacando fotos con Cordera ahora mismo? Tu mamá y tus hijos —le anunció Kon, y estallaron en carcajadas los dos.

"Muchos de los mitos alrededor del carácter de Gustavo en algunos casos son ciertos; los he visto y he lidiado con ellos, es parte del trabajo. Pero la verdad es que una vez que terminaba el trabajo, Gustavo era un tipo muy agradable, solo que trabajando era tan exigente que a veces se tornaba insoportable, pero tampoco mucho más que con otros artistas con los que yo trabajé. En esta clase de trabajo, inevitablemente, estás de mal humor. Y él lo tenía: además de su genialidad tenía un carácter fuerte. Pero también tenía muy buen humor y sabía reírse de sí mismo".

Para el cierre en River, el 21 de diciembre de 2007, hubo muchísimas caras nuevas y necesariamente el show se prolongó hasta alcanzar las tres horas. Estuvieron todos los invitados: los que tocaban siempre como Richard Coleman, o los que representaron una parte de la historia como Carlos Alomar, que se sumó feliz cuando lo invitaron, al igual que Andrea Álvarez o Gillespi. El que logró un mejor trato fue Fabián Quintiero que tocó en tres temas. El único que no aceptó la invitación fue nuevamente Daniel Melero. Antes, Nicolás Bernaudo que conocía a los dos, intentó ser un enlace y les hizo saber a ambos que los dos preguntaban por el otro. "Sé que tuvieron un encuentro en casa de Daniel, pero más de eso no supe". Trascendió una declaración de Melero: "Nos encontramos pero afuera había una tormenta y caían rayos: el cielo se partió al medio".

Cuando concluyó "Te hacen falta vitaminas" esa noche también finalizó la "burbuja en el tiempo". Por suerte no sucedió como en la despedida anterior donde Gustavo quedó solo mientras los otros dos festejaban sin él. Hubo un abrazo de tres y una reverencia final. Esa noche, la danza no estuvo rota pero terminó como un baile civilizado. *Me verás volver* había sido un éxito por donde se lo mirase. Gillespi se quedó asombrado cuando, sobre el escenario, Cerati le decía: "Mirá el cielo: pasó un avión". Después le dijo que mirase las estrellas, que estaban alineadas. Y después le pidió que observara la luna. "¿Cómo podés estar prestando atención al cielo con lo que está pasando? —se sigue preguntando Gillespi—. Ese estadio era como un hervidero y ellos súper tranquilos. A mí me agarró como un miedo escénico antes de salir. Después del show conversé mucho con Lillian que sabía exactamente cómo había sido toda la gira, todo lo sabía: una genia. Y después nos fuimos al Faena Hotel pero no sé cómo volví a mi casa".

— • —

Todo había parecido una fiesta, pero aun con lo que le gustaban las fiestas a Gustavo, se sintió aliviado cuando llegó el final. "Para Gustavo fue muy importante sanar esa herida que quedó de la separación de 1997 —razona Taverna—. Esa herida quedó cerrada después del primer show… y después se volvió a abrir. A Gustavo lo alteró mucho lo de Soda Stereo, no terminó pasándola bien. Quedó hastiado de los otros dos. Le angustiaba lo que pasó. Lo entendí a Gustavo; estar delante de 60 mil personas y siendo vos el *frontman* tenés que estar preparado. Y bajar de eso… te lo regalo. Porque al otro día te levantás y sos Gustavo, no sos Cerati; al día siguiente, café con leche, unas tostadas y se terminó. Pero él era muy criterioso y ya comenzaba a pensar lo que iba a hacer. No se quedaba como un hámster rumiando". Todavía quedaba el álbum doble y el DVD. Eduardo Bergallo y Mariano López trabajaron en estudios diferentes con el material registrado en la gira: se grabó el 90% de los shows.

Cerati delegó en Taverna la elección de las performances y le había dejado indicaciones precisas de cuáles eran los temas que iban a ir ya que no entraban todos. Luego, en el formato de DVD, se logró con los distintos menús incluir prácticamente la totalidad de las canciones, haciendo un doble DVD en donde hubo lugar para el segmento de L&L (Leandro y Leo), un documental y los temas con los últimos invitados.

—Hasta acá llegue yo. Vos, fijate —le dijo a Adrián.

"Gustavo soltó —dice Taverna—. Los demás no vinieron a la mezcla. Pero cuando ya era inminente que se terminaba, Gustavo quiso escuchar. Teníamos un código en la escucha: no lo tenía que molestar ni él a mí. Cuando viene se le trasluce el enojo con Zeta que se ponía a improvisar en el medio de los temas. Lo llamé para que viniera a grabar unas partes de vuelta y no tuve respuesta. Lo llamó Gustavo, lo puteó, pero tampoco vino".

—Buscá la mejor toma que haya, ponelo, y que se vaya al carajo.

Gustavo se fue a Punta del Este y Daniel Kon estaba en La Pedrera, bastante cerca. Charly Alberti también estaba en Punta del Este y se reunió con Gustavo en casa de Daniel, que los convocó porque Popart había hecho un gran ofrecimiento para hacer cincuenta shows más en 2008. "¡Había salido todo tan bien! —cuenta Daniel, con alguna resignación—. Vino la gente de Coachella para ver el show y se podía tocar allí. También estaba la posibilidad de hacer una presentación de Soda Stereo en el Madison Square Garden y hubo un ofrecimiento para que tocaran en Barcelona. Evaluamos todo eso con Roberto Costa: se podían repetir lugares en Latinoamérica e incluso ir a algunos donde no habíamos tocado. Hablé con Zeta que no pudo venir a la reunión. Pero estaba todo dado para que hiciéramos una segunda parte de la gira a partir del 7 de marzo. Nos juntamos en mi casa Charly, Gustavo y yo. No había ni enojo, ni nada parecido, simplemente Gustavo sintió que esa burbuja había terminado y ya". Charly hubiera querido seguir con la gira, pero fue diplomático.

—Gustavo, si a vos te parece bien, podemos hacer como los Rolling Stones, vernos cada tres o cuatro años, grabar un par de temas y salir nuevamente de gira. El tiempo dirá.

No hubo una respuesta clara por parte de Cerati, pero fue terminante en que Soda Stereo no volvería en 2008. Zeta quería retomar la gira y ante la negativa de Cerati sintió que se repetía aquella situación de México en 1992, cuando Gustavo decidió cortarla e irse a Chile con Cecilia. Para él, fue la última palabra. Su enojo con Cerati creció como la marea en el crepúsculo.

"Nosotros ya sabíamos que el año que viene no se seguía —recuerda Taverna—, a mí me hubiera gustado hacerlo pero Gustavo no quería ni ahí. Dijo basta, que nunca más iba a tocar los temas de Soda y cada vez que le preguntaban por el grupo se enojaba muchísimo. Popart ofreció comprar cincuenta shows, de los cuales veinte iban a ser en Europa porque sabían que ese era el gancho para que Gustavo dijera que sí. También podían ser quince en Estados Unidos y el interior de México que no habíamos recorrido". La idea de Gustavo era retomar su trabajo como solista y no estaba dispuesto a entregar ni un centímetro de lo que había logrado.

Tenía una sola cosa en mente: hacer el mejor disco de su carrera. El máximo esfuerzo.

41

Todo por delante

Antes de que entrara en el torbellino de la reunión de Soda Stereo, Gustavo comenzó a estudiar la sabiduría de la Cabalá en el Templo Libertad de Buenos Aires. No era religioso, pero sí tenía inquietudes espirituales. Sus actividades no le permitieron la constancia de un buen alumno, pero intentó ir a todas las clases que pudo y retomó en 2008. No fue su relación con Naila Borensztein, del grupo No Lo Soporto (del cual también Spinetta era fan), lo que lo indujo a iniciarse en la Cabalá, pero a través de ella participó gustoso en el tema "Nunca iré", y también en el video donde hace de piloto de avión y, esto no es seguro, de personal de limpieza de la aeronave al final del clip. Un ex compañero del San Roque, Alberto Della Morte, fue al encuentro de Cerati cuando se encontraba grabando la canción en un estudio situado en avenida Córdoba y Sánchez de Bustamante. "La última vez que lo vi —cuenta Alberto— fue en una reunión en mi casa, Soda estaba por juntarse. Luego lo llamé porque mi hija cumplía quince años, para ver si me grababa un saludo en video. No solo me respondió al toque sino que me dijo que viajaba pronto a Estados Unidos, entonces teníamos que hacerlo antes del fin de semana. Lo vi muy bien. Pero cuando vino a casa aquella vez ya había tenido el asunto de la tromboflebitis y había empezado a fumar de vuelta. Mi mujer lo cagó a pedos por eso".

Fue de las primeras cosas que Gustavo hizo en 2008, año en el que pasó mucho tiempo en la Casa Camaleón, su residencia en Punta del Este. Fue con sus hijos, con algún amigo y a veces con compañía femenina. De tanto frecuentar el lugar se fue nutriendo de nuevas amistades como la de Anita Álvarez de Toledo, una cantante argentina que había hecho coros para Fito Páez, frecuentó el círculo de Charly García y terminaría siendo muy amiga de Gustavo. Era como su par femenina y disfrutaban de salidas nocturnas a discotecas, restaurantes y celebraciones. Fue quien ofició de involuntaria celestina entre Gustavo y la actriz Leonora Balcarce, con quien comenzó a salir en 2008. Anita y Leonora son buenas amigas y con Gustavo se cruzaron en todos lados. "Leonora era la mujer ideal para mi hermano —dice Laura—, y esto dicho por él. Ella amaba a sus hijos, y eso era fundamental. Sofía Medrano también, era amorosa con los chicos. Leonora tenía esa cosa de madraza". Cuando la relación se consolidó, viajaron juntos a Italia y a Inglaterra en un recorrido que Cerati evaluó como gastronómicamente excelente. Más adelante, cuando Gustavo adquiriese una casa inmensa en la calle Tapiales de Vicente López, Leonora se mudaría con él y con sus hijos. No fue fácil decirle adiós a la entrañable Casa Turrón, pero la nueva era aún más grande y contaba con la ventaja de la ubicación: a cinco minutos de Unísono en auto. Hasta podía ir caminando si tenía ganas.

Antes de sus vacaciones europeas, Gustavo viajó a Estados Unidos para encontrarse en Nueva York con Pedro Aznar y con Roger Waters, el ex bajista de Pink Floyd, que estaba trabajando en un tema llamado "The child will fly" para la Fundación ALAS, encabezada por Shakira, y cuyo enlace Cerati conocía muy bien: Ruth Infarinato. Lo insólito es que Gustavo y Pedro se quedaron en la casa de Roger Waters que, vestido con una bata, les sirvió el desayuno al día siguiente. Cuando entraron en confianza, Gustavo no pudo menos que consultarle a Waters sobre cosas de Pink Floyd, y se preguntó cómo se hubiera sentido si hubiera sido al revés: no tenía la menor gana de hablar de Soda Stereo. Para su asombro, Roger Waters le respondió todo lo que le preguntó, y hablaron de música, y de la canción. "Vas a tocar el bajo, ¿no?", le preguntó Gustavo, ya que "The child will fly", en esa instancia de creación no lo tenía. Cerati cantó y también hizo un solo de guitarra, que luego fue reemplazado por otro de Eric Clapton. Pero su voz y la de Pedro quedaron. Al mes siguiente, el 17 de mayo, Gustavo aceptó participar del concierto benéfico organizado por la Fundación ALAS en Puerto Madero. Lo hizo por partida doble ya que tocó en el set de Fito Páez cuatro canciones: "Ciudad de pobres corazones", "Puente", "Crimen" y "Gente sin swing". Y finalmente Shakira se pudo dar el gusto de tocar con Cerati "En la ciudad de la furia", que lo tenía atragantado desde el Unplugged (o el Plugged) de Soda Stereo en 1996. En el bajo los acompañó Pedro Aznar. "Shakira estaba tan celosa de que Gustavo hubiera cantado 'En la ciudad de la furia' con Andrea Echeverri que no paró hasta que la cantó en el festival de la Fundación ALAS en Buenos Aires", confía Jorge "Pepo" Ferradas.

— • —

A los 48 años era natural que el pasado frecuentara los pensamientos de Gustavo, no en forma de trauma o tormento sino de recuerdo. Cerati nunca fue dado a la evocación nostálgica ni se ha regodeado con sus logros: siempre miró hacia adelante. Sin embargo, hubo un par de notas musicales durante los shows de Soda Stereo que delataban esa mirada, probablemente orientada por el crecimiento de sus hijos: estaban en la edad donde él ya respiraba música por los poros. Para encontrar esas notas hay que escuchar "En la ciudad de la furia" de *Me verás volver*, cuando llega al 4:50 del contador, antes del break; Gustavo toca dos notas que, aisladas, son las mismas que tocaba Steve Hackett, en otra tonalidad, para dar comienzo a "Dance on a volcano". ¿Un gesto meditado, un guiño para muy pocos? Es más factible que haya sido una casualidad del momento o un juego espontáneo incubado a lo largo de los shows. O un acto reflejo. O tal vez algo inconsciente o una mera coincidencia. Pero a lo largo de la confección de su nuevo material iría surgiendo una curiosidad por la música de los años 70, tal vez alimentada por el trabajo con Roger Waters. Ni loco iba a hacer un disco retro, pero seguramente encontraría allí algo que podría malear, transformar, manipular hasta hacerlo completamente suyo.

Con el Ableton Live a mano, se instaló en Unísono a trabajar en su estudio. Nicolás "Parker" Pucci, como encargado del estudio, era quien asistía a Gustavo cuando lo requería. Un día lo vio llegar con una pila gigantesca de CDs que fue escuchando metódicamente para detectar partes sampleables. Era como un detective de sonidos, dedicado e implacable. Es así como retomó su interés por Steve Winwood, a quien consideraba un cantante impresionante que ameritaba una escucha más profunda. Y dio con *John Barleycorne Must Die*, el disco que Traffic editó en 1970, y que inauguraba la segunda etapa del grupo una vez que se hubo extinguido Blind Faith, el efímero grupo de Winwood con Eric Clapton. Pero Gustavo tenía intereses musicales tan diversos que, cuando el álbum ya estaba en su proceso de grabación, hizo publicar una lista de cosas que estaba escuchando: Electric Light Orchestra, George Harrison, Devo, Todd Rundgren, Fleetwood Mac, Charly García, Luis Alberto Spinetta, David Lebón, rock argentino de los 70, Of Montreal, Hot Chip, The Strokes (que se los acercó Nico Pucci), Yes, TV on the radio y Tom Petty. Pero fueron muchos más. Ese trabajo sonoro hizo que se recluyera en su estudio sin querer ver a nadie. Se quedó absolutamente solo y absorto en los sonidos.

—Nico, no necesito que te quedes hoy. Me voy a quedar sampleando y te vas a aburrir. Andate a tu casa y nos vemos mañana —le dijo a Nico Parker.

Cuando se terminó la pila de compactos a escuchar, decidió que necesitaba más y lo llamó a Adrián Taverna, que vivía cerca de Unísono, para que lo abasteciera. "Me pidió música: rock argentino, viejo para variar —confirma el ingeniero de sonido—. Le llevé todos los discos de Billy Bond y La Pesada del Rock and Roll. Le llevé también Color Humano, El Reloj, Manal, nada de Spinetta ni Vox Dei, que ya los conocía mucho. Busqué cosas diferentes. Si no me equivoco también le llevé el disco de La Cofradía de la Flor Solar, *Triángulo*, que era el disco raro de Pappo's Blues. Se encerró a escuchar y si había algo que le interesaba lo cargaba en la computadora. Yo veía que él no hacía nada cuando estaba yo, no quería mostrar lo que estaba haciendo".

—¿No querés que me quede?

—Seeee —pero lo dijo sin convicción.

—Ah, no solo no querés que me quede sino que querés que me vaya.

—No hinchés las pelotas —le contestó Gustavo.

—Me voy, me voy que tengo cosas que hacer.

—Vení otro día.

"Lo respeté, obviamente —concluye Adrián—. No había asistentes, no había nada. Era él solo con la computadora y los monitores del estudio". Parecía que Gustavo estaba buscando cosas a ver qué aparecía, aunque en verdad ya tenía un plan en mente que había conversado con Héctor Castillo cuando coincidieron en Nueva York durante la visita de Cerati a Roger Waters. De hecho, algunas grabaciones de "The child will fly" se hicieron en Looking Glass, el estudio donde Castillo trabajaba. "En un momento en que él había venido acá —recuerda Héctor—, me dijo que estaba pensando en el disco nuevo, en qué hacer. Hicimos un poco de *brain storming* y salió la idea de hacer un disco más acústico y psicodélico". Castillo sería el co-productor y trabajarían nuevamente juntos en Unísono.

Richard Coleman lo llamó a mediados de año para ver en qué andaba, y Gustavo le dijo que estaba comenzando a componer nueva música pero que todavía no tenía nada. "Volví a hablar con él dos o tres meses después ¡y ya tenía todo resuelto! Me contó que había estado trabajando con samples en el Ableton Live, que él usaba como herramienta, no como máquina. Iba todos los días al estudio y le daba, le daba, muy obsesivo. Su plan era una deconstrucción de música que a él le gustaba y la fue trabajando".

—La música ya está —le dijo Gustavo—, pero seguramente voy a necesitar que me des una mano con las letras.

—¿De qué vamos a hablar esta vez? —preguntó Richard—. Ahora parece que los dos somos felices y va a ser más difícil. ¿Qué hacemos? ¿Se acabó la música?

"Ahí salió el tema de la psicodelia como concepto general,

como algo que aunara el proyecto. Todavía no tenía nombre. Y le interesaba el lenguaje psicodélico, me hablaba todo el tiempo de que había psicodelia en el disco. Le dije: 'Dejame que empiezo con esto, averiguo un par de cosas y después nos metemos con los temas específicos'. Así que me puse a trabajar en la psicodelia como concepto, a averiguar cosas, ver cuál era el lenguaje psicodélico. Las canciones no eran psicodélicas por el sonido solamente. Empecé a bajar letras de Barrett, Floyd, Hendrix y empecé a averiguar qué leían o qué autor o poetas estaban ligados a la psicodelia que no necesariamente fueran tan conocidos. Obviamente, los músicos no son lectores ejemplares, algunos más que otros".

Por su lado, Gustavo, que era un insaciable consumidor de cine, se encontró con un filme llamado *Special*, "sobre un tipo que cree que tiene súper poderes, pero es medio un lumpen. Un tipo que no terminás de entender si los tiene o no, pero él se los cree; combate un crimen que no existe, pero sigue adelante. Y los amigos le dicen que para que tenga súper poderes tiene que manejar las fuerzas naturales". Ahí le terminó de cerrar cierta idea que venía barajando de tanta contemplación que hizo en Casa Camaleón de José Ignacio: la naturaleza. "Me encontré con que iba escribiendo —dijo Gustavo—, y se me aparecía todo el tiempo el tema del viento. Sentí que pasaba algo, y después lo amplié porque comenzaron a aparecer otros elementos. Hasta cuando tocaba temas de amor o del tiempo, estaba presente la cuestión de las fuerzas naturales. La relación que siento más importante en el disco es con lo que me rodea, ya no con una supuesta persona. Siempre pensaba en un pavo real, la explosión de que de repente despliega la cola. Los sonidos; me quedaba en la pampa escuchando y me daba cuenta de que 'eso' no se callaba nunca: esa sensación de que todo me está hablando, de que hay música por todos lados"[60].

Si bien Gustavo habló mucho de *Special*, cuyo protagonista era Les, un policía de tránsito que decidió entrar a un ensayo

60 Entrevista de Marcelo Fernández Bitar y Sergio Marchi. 2009.

clínico y se encontró con efectos colaterales que lo indujeron a creer que gozaba de súper poderes, fue su hijo Benito el que le aterrizó el título *Fuerza Natural*, que participa en la letra de la canción homónima y en otras tres. Con la película es probable que haya surgido la idea del antifaz, porque Les intenta encontrar un buen disfraz para su vocación de combatir el crimen y en un momento prueba un antifaz, aunque después lo descarta. Pero es tan probable como que haya sido una foto del propio Gustavo de niño, que le sacó su tío Osvaldo Rossi, en la que se lo ve feliz, saltando en los bosques de Ezeiza con un antifaz destartalado en la cara, y una capa que le quedaba corta. Esa idea se combinaba con la de un jinete; Gustavo montaba mucho a caballo en José Ignacio. En una de las tantas casualidades que habitaron la imaginería desplegada en *Fuerza Natural*, Richard Coleman le contó, ya de gira, que había escrito una frase en Zaragoza, España, cuando fueron a presentar *Ahí Vamos*: "Como un caballo que corre con su jinete sin vida".

La música de "Fuerza natural", la canción, está basada en un sample de "John Barleycorne must die" de Traffic, que luego combinó con otro de un artista que le gustaba mucho: Captain Beefheart. De "Same old blues", perteneciente a su disco *Bluejeans and Moonbeams*, extrajo un fragmento de guitarra que sonaba como una mosca fatigada. Y como si fuera poco, en la versión final usó un indetectable sample de "Reloj de plastilina" de Charly García. "Es que los samples —ilumina Leandro Fresco—, para ser identificados, necesitan cierta duración; en *Fuerza Natural* había guitarras de Tom Petty que eran como el final de un delay. De hecho hay millones de sampleos en todo el disco que no tengo idea de dónde salieron". Al completar buena parte de la música con el Ableton, se encontró con que había una maraña de cosas que iba a tener que ponerse a traducir en notas y acordes. ¿Quién podía darle una mano con todo eso? Le parecía una tarea agotadora. Y se le vino a la mente el nombre de Gonzalo Córdoba, a quien recordaba de sus tiempos en Suárez, una banda argentina underground en donde la voz cantante la llevaba Rosario Bléfari. Cerati y Córdoba tocaron juntos en la presentación en el Teatro Astros de *Mar*, el álbum que Gustavo le produjo a Leo García. Se sumó a la oda al noise de "Poesía rock". Pero lo que lo decidió a Gustavo fue verlo tocar en la presentación del disco solista de Fernando Nalé, *Forma*, en el Teatro Chacarerean. Tras el show, en el backstage, Cerati se encontró con Córdoba y lo felicitó.

—También me gustó mucho lo que hiciste en el disco de Hana —añadió—. Tenés muy lindo sonido y muy buen gusto.

"Me trató súper bien de entrada —afirma Gonzalo—, siempre muy amoroso conmigo. Yo siempre fui fan de él; no me entusiasmaba mucho Soda Stereo, pero sí cómo tocaba Gustavo. El primer disco me hizo enloquecer, yo era fan de The Police, *Nada Personal* me parecía más plástico. Cuando me llamó para invitarme a tocar en *Fuerza Natural* yo me dije: '¿Qué pretende este hombre de este humilde guitarrista del under?' Me invitó a Unísono y me mostró todo en el Ableton Live".

—Compuse todo esto sin tocar una sola guitarra, todo con samples. Lo fui haciendo en Uruguay, lo vengo haciendo acá; no tengo idea en qué acorde está nada. ¿Vos te animás a desglosar todo esto?

"Esa fue mi primera tarea: transcribir todo. Había capas y capas de guitarras sampleadas. El disco no solo estaba completo sino que había diez temas más. ¡El entusiasmo que tenía! ¡Estaba en llamas! Unas semanas después volví para enseñarle a Gustavo sus propios temas. Y el resto fue Disneylandia, estuve desde la primera toma de batería".

La grabación comenzó alrededor de noviembre y fue otra transcripción de instrumento por instrumento. Pero había una dificultad y no era menor: Fernando Nalé se estaba recuperando de un tratamiento de desintoxicación y no estaba bien como para grabar. Y para Cerati no existía la menor posibilidad de grabar con otro que no fuera Fernando. "Realmente fue bravo —admite Nalé—, tuve dos semanas de internación y dos años y medio de tratamiento ambulatorio, tomando mucha medicación. Necesité ayuda familiar. Y Gustavo se involucró mucho, fue a visitarme y a hablar dos veces; la primera para grabar el disco, donde mis terapeutas le pidieron diversas condiciones ambientales y de compañías, qué tipo de personas no podía estar. Y la segunda para la gira. También me impulsaron a que presentara mi disco solista, y también ahí estuvo Gustavo para apoyar". "Yo fui con Gustavo y Uriel a visitar a Fer —cuenta Leandro Fresco—; primero tenías que tener una entrevista con la psicóloga. Gustavo volvió una vez más y firmó un papel donde se hacía responsable de Fer, porque él no estaba para grabar. Fue muy heavy, pero al día de hoy Fer está impecable y es una alegría". "Le tuvo un amor y una paciencia enorme a Nalé —cuenta Gonzalo Córdoba—, el aguante que le hizo no tiene nombre. Era verdad que no estaba para grabar, pero Gus le tuvo un aguante increíble y tocó muchos de los bajos". Que para Gustavo no era dificultad: le gustaba el instrumento y tenía muy buen gusto. Pero él quería al único miembro de su banda que estaba desde *Bocanada*.

Héctor Castillo se dio cuenta de que iba a ser una grabación difícil al poco tiempo de comenzar a trabajar. "*Fuerza Natural* fue un poco más laborioso porque no era un disco compuesto con la guitarra sino con samples y mucha edición en el Ableton Live y eso hizo todo mucho más lento. Cuando llegué solo había ideas encaminadas en el Ableton pero nada tocado. Al principio empezamos a avanzar bastante rápido, a aterrizar cosas, a darle forma. Pero Gustavo era otra persona en ese disco. Nunca estaba desconcentrado, pero había otro tipo de mambo que lo hacía enfocarse en cosas que no son tan importantes". Gonzalo Córdoba también notó algo por esa línea. "Me quedé azorado cuando tardó ocho horas para grabar la intro de 'Fuerza natural'; sabíamos las notas pero no sonaba igual que el demo, después probó montones de violas y amplificadores, escuchaba una sutileza. Fue una sesión de un día grabando solo la intro. Yo había grabado un arpegio para 'Convoy', que tiene una guitarra muy sencilla, limpita y delicada. Hice tres o cuatro tomas que estaban bien y cuando se va el operador, Gustavo se queda editando y yo en el sillón de atrás, escuchando lo que hacía con mi toma. Me arreglaba cositas chicas, mínimas. Y yo, mudo. Hasta que en un momento se da vuelta".

—Disculpame, pero no lo puedo evitar: me encanta la perfección —le dijo hasta con vergüenza.

—¡Sí! ¡Ya me doy cuenta!

¿En qué momento la búsqueda de la perfección se transforma en una obsesión? No hay un modo ni un punto exacto: todo gran artista es un obsesivo que respira su obra. Solo que en esta ocasión Gustavo se encontraba ensimismado, fastidioso y trabajando una cantidad de horas que entraban en la categoría de lo inhumano: entre doce y catorce. "Su forma de trabajar era muy compleja —explica Taverna—; primero por su cabeza descomunal: hacía producción, composición y ejecución. La cosa fue creciendo, Gustavo se fue cebando con las guitarras: cien canales de guitarra por canción. Una locura. Por eso grabé muy poco con él en estudio: por su manija permanente". En las sesiones había una guardia permanente de Leandro Fresco y Anita Álvarez de Toledo; Uriel Dorfman y Nicolás Pucci también, mientras que Gonzalo Córdoba y Fernando Samalea iban si tenían que grabar o se dejaban caer cuando tenían tiempo.

Las canciones iban cobrando forma musical aunque no podían terminarse porque faltaban las letras. Más allá de esa situación clásica en todo trabajo de Cerati había cierta tensión entre Gustavo y Héctor Castillo porque la obsesión del artista lo desbordaba. Y algo más: interfería con su trabajo. Didi Gutman de Brazilian Girls, que fue uno de los tecladistas invitados, sabe bien lo que sucedía: "Todos los procesos requerían de muchas horas-culo y se hacía tedioso. Héctor estaba súper fatigado de seguirle el tren a Gustavo, pero es algo que pasa bastante en todos los discos en general. ¿Cuándo se ve la luz al final del túnel? Pero él volvía a la mañana y Gustavo le había cambiado todo durante la noche". A partir de esa situación, antes de irse, Héctor guardaba el tema con otro nombre sin decírselo para que no se lo cambiara. Se hacía difícil para él trabajar así.

Gustavo entró en un terreno de desconfianza con Héctor y le pidió a Adrián Taverna que fuera todos los días para tener una segunda opinión sobre las cosas.

—No, Gustavo, ni en pedo.

—Para mí es importante que estés.

—Pero para mí es incómodo estar delante del ingeniero opinando.

"Entonces comencé a ir todos los días un ratito, a las siete de la tarde, un par de horas. Empezamos a tener una metodología. Yo llegaba y nos subíamos al auto que se compró para ir con los chicos a Punta del Este a escuchar lo que habían estado haciendo. Me lo llevaba un par de horas y de paso les dábamos un descanso a todos. No se entendía con Héctor: Gustavo estaba muy acelerado. Llega a diciembre detonado, fastidioso con todos. Yo dejé de ir y él empezó a venir a casa. Héctor me llamaba a mí para ver si podía hablar con Gustavo porque estaba muy loco. Y Gus venía a decirme que no sabía qué hacer con Héctor porque sentía que no estaban coincidiendo".

Se llegó a un punto donde las canciones no podían terminarse porque no tenían letra y también Héctor Castillo pidió una tregua porque tenía que volver a Nueva York, hacía dos meses que no veía a su familia, por lo que cerca de Navidad se le puso pausa a la grabación del álbum y quedaron en seguir grabando algunas cosas en Nueva York. Pero Gustavo quería que todo se terminara mezclando en Unísono. Eso le permitió a Cerati distensión, irse a Uruguay a pasar las fiestas y trabajar en las letras. Allá se encontró con algunos miembros de su banda, entre ellos Gonzalo Córdoba con quien coincidió en una fiesta".

—Voy a ver si en estos días me pongo al día con las letras —le comentó Gustavo

—¿No querés que Adrián te tire unas letras?

Adrián era Paoletti, a quien Cerati conocía de su grupo Copiloto Pilato y que estaba en la fiesta. "Adrián es un tipo de bajo perfil —dice Gonzalo—, pero un poeta maravilloso y esa noche charlamos de la naturaleza y el viento. Estábamos en situación de noche, fiesta, y Gustavo nos dijo de ir a su casa al día siguiente por la tarde. Quedaron unos aportes de Adrián y él le quedó agradecido de por vida. Nos encontramos dos o tres veces ese verano, en mi casa o en la de él, y Gustavo resultó ser muy abierto, cero snob; venía a casa, jugaba con nuestros hijos, los llevaba a caballito. ¿Ese es Gustavo Cerati?".

Sí, ese era Gustavo. Y también el que protagonizó tres rodadas memorables en Punta del Este que fueron pasto para las ferias mediáticas. "Una noche —recuerda Leandro Fresco—, se subió a una especie de monopatín con dos ruedas, quiso andar en eso, se cayó y se sacó el hombro, que se había jodido haciendo esquí acuático en Chile. Después, en una fiesta de Pancho Dotto, pegó un trompo y se cayó; gritaba que le dolía el hombro y de la nada apareció un pibe que dijo ser guardavidas, lo hizo acostar en el piso y le acomodó el hombro. No termina acá. De ahí nos vamos a lo de Alan Faena y en el jardín Gustavo tropieza, se cae, y se saca el hombro de nuevo. Y de ahí nos fuimos al sanatorio Cantegrill a que se lo acomoden".

Por cosas como esas se hacía llamar Torpeman, una especie de antihéroe que era una amenaza permanente. Para los demás y para él mismo también. Amelia Álvarez, su jefa de prensa, tuvo que sacar un comunicado para llevar tranquilidad a los fans y aclarar que "si bien Gustavo sufrió una caída que le dislocó el hombro y lo obligó a inmovilizarlo por unos días con un cabestrillo simple, no fue intervenido quirúrgicamente. Por tanto, su trabajo en el nuevo disco de estudio no se verá interrumpido".

42

Vuelve la misma sensación

Led Zeppelin III fue el disco elegido por Gustavo Cerati para marcar un norte con respecto a *Fuerza Natural* aunque no se constituyó en modelo a seguir: simplemente una referencia. ¿Qué tiene de especial ese disco? Que no repite la fórmula de los dos anteriores y que abre el juego a sonoridades acústicas, a nuevos elementos como la música del Medio Oriente y la música celta, a instrumentos que se escapan de la caja de herramientas habituales. "Sí, yo pensé en Led Zeppelin —dijo Gustavo—, sin ánimo de compararme. Zeppelin sacó el I y el II y son unos brutales tanques del hard-rock. Y de pronto, sacan el III, que yo lo entendí mucho tiempo después, pero igual me lo devoré. Qué bueno que en el rock, cuando estás estigmatizado en algún lugar o estás apuntando, de golpe hacés 'trac', y cambiás eso; sigue habiendo algo de esa situación pero de golpe explorás un poco en otros lados. Eso sentí. Yo quería hacer un disco más acústico, no todo el disco, pero sí que quería limpiarme de la distorsión de *Ahí vamos* y buscar la energía por la interpretación de instrumentos más acústicos".

"Las acústicas aparecen en casi todo el disco —explica Gonzalo Córdoba—, y hay guitarras resonadoras que figuran como dobro en los créditos, pero que es una guitarra con un chapón resonador. Toqué mandolinas también, que se tocan de otro modo porque es chiquitita, más que un ukelele y tiene su complicación. A Gustavo le gustaba cómo yo encaraba el entretejido de guitarras acústicas. En 'Cactus' metí un golpe de charango donde suena más la madera que las cuerdas, y una guitarra imperceptible afinada una octava arriba. No la escuchás, pero si te la saco falta algo. Hubo mucho trabajo de eso".

"Cactus" es una de las canciones más hermosas que Cerati haya compuesto. Tiene algo de esas fusiones de lenguaje de rock con sonoridad folklórica que él convirtió en algo indiscutiblemente suyo, y que trasciende las fusiones previas de rock y folklore argentino. Hay un golpe de misticismo que es activado por la música misma, que no remite a lo andino, como en "Cuando pase el temblor", sino a lo desértico, y esto es así porque hay inspiración mexicana. Es una mezcla botánica que viene de la idea del maguey, una planta de floración lenta que alcanza la madurez a los diez años (no a los cien como dice la letra) y muere al producir su fruto. "Y hay una frase del tema que dice: 'cuando te busco no hay sitio en donde no estés', y está tomada de una experiencia con un peyote en el desierto. Con Leandro fuimos a hacer esa experiencia y el mismo chamán dice: 'lo vas a buscar y no vas a encontrar nada, pero en algún momento vas a ver uno y ese no debes comerlo. Una vez que veas el primero, vas a ver todos'. ¡Y es tal cual! La frase vino de ahí, pero el tema no es la descripción de un viaje de peyote"[61].

La canción llegó sin letra y Gustavo decidió grabar las guitarras con Gonzalo Córdoba juntos en el estudio, "para capturar el retumbe que se genera cuando hay varias guitarras sonando. Y ahí estábamos, él y yo frente a frente tocando una chacarera. Insólito". Cerati sabía que era un tema precioso pero no le encajaba con el resto del disco: demasiado folklórico. Y cuando grabó la base no sabía bien de qué iba a hablar. "Es una canción por la que peleé mucho —cuenta Héctor Castillo—, pero al no tener letra no se terminaba y se estaba quedando en la carpeta de temas descartados. Le parecía demasiado folklórico para el disco". El que finalmente acudió al rescate de la canción fue Leandro Fresco, que le puso unas texturas electrónicas y se quedó trabajando en la computadora toda una tarde. "Nos

61 Entrevista de Marcelo Fernández Bitar y Sergio Marchi. 2009.

dio una cantidad de tracks —finaliza Héctor—, que cuando los pusimos metió al tema dentro del concepto del disco. Y con eso le metimos presión a Gustavo para que lo incluya". "A mí siempre me volvió loco desde que Gus me lo mostró —explica Fresco—. Tiene una melancolía que me hizo conectar al toque con la canción. No siento que le haya modificado mucho, agregué cosas, pero tal vez lo que yo sentía se transmitió de alguna forma. Hice algo muy sutil. Puse esas reversas, un silbido, una cosa de triangulitos y una percusión, le agregué un loop atrás, y una percusión que se repite".

Como estaba previsto, en el mes de marzo Gustavo viajó a Nueva York para grabar algunas cosas con Héctor, pero sobre todo para poder acceder a algunos sesionistas interesantes como Sterling Campbell, que fue el baterista de las últimas giras que hizo David Bowie, participó en álbumes de Duran Duran, salió de gira con los B 52's y tenía un golpe demoledor: alguien recuerda que de tan fuerte que grabó en *Fuerza Natural*, las torres de los tambores se iban aflojando. "Sterling tocó los temas más rápidos, más energéticos —explica Héctor—. Gustavo necesitaba un push para arriba y siempre fue mi deseo conectarlo con músicos de la camada de gente con la que yo trabajo aquí. Es otro lenguaje". También tocó algunos teclados Glenn Patscha (Marianne Faithfull, Madelaine Peyroux, Sheryl Crow y Bonnie Raitt entre otros) y Byron Isaacs se encargó de algunos bajos y guitarras Lap Steel, también conocidas como "hawaianas", que destilan un sonido que se asocia con la música country, que en efecto tiene cierta influencia en el disco: los hijos de Gustavo viajaron a Texas con su madre y le compraron algunos álbumes del género. Pero los discos que más ayudaron a inspirar una dirección para *Fuerza Natural* fueron *Raising Sand* de Robert Plant y Allison Krauss, con su modernización del sonido country, y Tom Petty a quien Gustavo terminó de descubrir en aquel tiempo con un compilado y *Highway Companion*, álbum producido por su admirado Jeff Lynne, de Electric Light Orchestra, cuya influencia se puede percibir en "Magia" que contiene sonidos de vocoder, muy usados por ELO. "No estaba escuchando necesariamente Electric Light Orchestra —aclaró

Gustavo—, pero de golpe me encontré con que 'Magia' andaba por ahí, entonces iba a escuchar esos discos a ver qué era lo que pasaba"[62].

Otro de los que grabó en Nueva York fue Didi Gutman, que estuvo por ser un miembro de Soda Stereo cuando Daniel Sais dejó su puesto. "Lo rechacé —confiesa— porque estaba con un proyecto personal. Hoy pienso en eso y me digo: ¡qué pelotudo!" Varios años más tarde, Didi armó su proyecto personal e internacional: Brazilian Girls. Ya radicado en Nueva York, volvió a Buenos Aires para tocar con su banda en el festival BUE y un enmascarado le dirigió la palabra: "¿Te acordás de mí?" "¡Era Gustavo disfrazado! Me contó que le gustaba mucho Brazilian Girls, sobre todo el bajista, y que si él tocara el bajo, tocaría así". Gutman metió varios teclados en *Fuerza Natural*, pero el que más recuerda es el de "Sal". "Lo toqué en un piano que David Bowie le regaló a Héctor Castillo —cuenta Didi—, un piano de pared, medio choto, pero justamente por eso está bueno. A veces esos pianitos *indie* te dan mucho juego, una linda textura: un piano low-fi. Ya tenía mística. Cuando toqué el tema pensé en Coldplay como referencia. Y a Gustavo le encantó cómo quedó. Me dio la impresión de que él quería controlar bastante el proceso, pero ese piano se lo colé de una".

En un nuevo entorno, donde Héctor Castillo era local, su relación con Gustavo se emparejó y avanzaron bastante en canciones que a las que les faltaba todavía un golpe de horno. Una de ellas, que se completó en Buenos Aires, era la más evidentemente psicodélica del álbum: "He visto a Lucy", nombre extraído de "Lucy in the sky with diamonds", de The Beatles, alta cumbre psicodélica. Por eso mismo, Cerati quiso que hubiera un bajo Höfner como el de Paul McCartney, pero ¿quién podía tener uno? Uriel Dorfman sabía y lo llamó a Fernando Blanco, con quien había trabajado cuando participó de la grabación de *Mancha Registrada* de Los Súper Ratones.

62 Ídem.

—Hola, Fernando. Estoy trabajando con Gustavo en el estudio y hay una canción muy beatle que quiere grabar con un Höfner. ¿Nos prestarías el tuyo? Lo mando a buscar.

Fernando pensó que era riesgoso un traslado en manos desconocidas de su preciado bajo, que había comprado en 1983, en una casa de Mar del Plata que vendía cassettes, donde lo encontró arrumbado como un trasto viejo. Y se ofreció a llevarlo en persona. Con Gustavo se conocían de haber compartido algunos tramos de viaje con sus respectivas bandas y haber conversado sobre Los Beatles, como no podía ser de otra manera. Al comienzo, el bajo fue a las manos de Fernando Nalé, pero después Gustavo quiso tocarlo. "Gustavo se entusiasmó con el sonido —cuenta Blanco—, y me llamó la atención porque yo pensaba que él era un músico muy frío, de construcción, y lo vi muy físico, muy sanguíneo. El Höfner es de notas cortas, tiene poco *sustain*: la nota se apaga enseguida. Gustavo se dio cuenta al toque y empezó a armar un arreglo muy bueno". Luego, Cerati lo llamó a Fernando para que viera cómo iba a grabar su bajo: por línea, pero utilizando un parlante como micrófono. Es algo que había leído en el libro de Geoff Emerick, el ingeniero de grabación de The Beatles[63], que permite capturar frecuencias que un micrófono no captaría. Antes de despedirse, mantuvieron un pequeño diálogo.

—Te fuiste de Súper Ratones, ¿no? ¿Cómo se llama tu nueva banda?

—Nube 9.

—¿Qué quiere decir?

—Es el título de un disco de George Harrison.

—Sí, pero ¿qué significa?

—Hasta donde yo sé es como un estado de felicidad, como cuando te enamorás y estás en una nube. Otros dicen que tiene que ver con estar colocado, o con la meditación. Una nube de pedos del amor.

—Ah, mirá qué bien.

---

63 *Here, There and Everywhere: My Life Recording the Music of The Beatles.* Geoff Emerick and Howard Massey. 2006.

Gustavo sacó su libretita y anotó "Nube 9". Lo que Fernando no podía imaginar es que el nombre de su banda aparecería en una letra del disco. Quedaron en seguir hablando porque Cerati quería ir alguna vez a la semana Beatle en Liverpool, donde Fernando tocaba con Nube 9. "Lo más gracioso —cierra Blanco— es que cuando voy a tocar con el Höfner me preguntan si es el bajo que tocó Gustavo. ¡Es más famoso el bajo que yo!" "He visto a Lucy" cuenta con la batería de Bolsa González, que fue nuevamente drum doctor de un álbum de Cerati. Y como tiene ese toque ligeramente hacia atrás, supo que podría darle cierta pesadez a una canción muy volátil. "Terrible baterista —dictamina Gonzalo Córdoba—, como decía Gus: es un baterista de estadios. Hay videos de cuando él grababa y veías como se movía todo, porque tocaba con una energía tremenda".

La canción donde aparece la misteriosa frase Nube 9 es "Numeral", o, como figuró en el álbum "#", que al entrar "Cactus" en el álbum perdió su número y quedó como track oculto al final, después de "He visto a Lucy". Era necesario porque Gustavo quería que fuesen trece canciones al igual que *Ahí Vamos* para que coincidiera con la numerología maya. Los mayas se regían por las lunas y en su calendario cada mes tiene 28 días, como el período de las mujeres, lo que al final da un año de trece meses. Cerati usó ese concepto para el disco, que ya venía místico por influencia de sus estudios cabalísticos, pero en especial para ese tema, donde hace un juego de palabras con cada número. Juega con las tres notas necesarias para cada acorde, los cuatro elementos a los que le suma el viento (*Viento* fue barajado como primer título de *Fuerza Natural*), las cinco estrellas de un hotel, el seis diabólico del 666, los siete colores del cerro de Siete Colores en Purmamarca, Jujuy, los ocho pasos del yoga, el 11 de su cumpleaños (11 de agosto) y el trece de la mala suerte. "Numeral" continúa con la línea psicodélica cósmica que *Fuerza Natural* adquiere a partir de "Sal" y que se prolonga en "Convoy" y "He visto a Lucy".

Gustavo quería que *Fuerza Natural* fuera un viaje donde el oyente pudiera perderse, como él mismo canta haberlo hecho en el tema que le da título. Pero también tiene sectores bien delimitados: el área más country del disco es la que agrupa "Amor sin rodeos" y "Tracción a sangre", que contiene un pequeño homenaje a Manal. "Sí, eso fue a propósito —confirma Taverna—; la voz grave en 'me llenó', está inspirada en 'Porque hoy nací'". Cuando Gustavo me pidió discos, entre otros, le llevé *El león* y el doble negro de Manal". Luego se llega a la región de guitarras rasgueadas que engloba "Desastre" y "Rapto", ambas con colaboración de Benito Cerati en las letras: "El ambiente de hoy no me agrada para salir", es frase de su inspiración. Mientras la primera tiene elementos de ciencia ficción mezclados con reflexiones emocionales respecto al vínculo de Gustavo con las mujeres ("de las mareas soy rehén"), la segunda deriva de "Vértigo", una canción de Roken y una de las más energéticas del álbum junto con "Dominó". Esta última está basada en una letra de Richard Coleman, originalmente titulada "ZZ Pop". "Lo del efecto dominó lo había escrito para otro tema —explica Coleman— que no la terminó usando pero sí usó la idea y le puso 'Dominó'. En 'Naturaleza Muerta' me dijo que tenía la imagen, pero nada más. Le dije que me dejara unos días y cuando se la llevé la usó entera, no me corrigió nada. Fue una idea mía, de esas de ciencia ficción".

"Por razones básicamente técnicas —cuenta Héctor Castillo— lo que más costó fue mezclar el disco: usábamos la misma computadora como multipistas, base de efectos, procesadores y procesamiento. En un momento no daba más. Recuerdo haber terminado de mezclar el disco y estar desilusionado con el resultado. Mi plan era traérmelo a mezclar acá con todas mis porquerías, pero Gus estaba decidido a terminarlo en su estudio y en ese momento. Y yo tenía otros compromisos y debía regresar. No podía quedarme *ad infinitum* y volverlo a mezclar. Y las mezclas que se hicieron en Unísono son las que quedaron. Lo más difícil fue eso. Cuando estás tan metido en ese proceso, cuatro meses todos los días, en jornadas de catorce o quince horas, a veces te da la sensación de que no fuiste suficientemente al fondo de las cosas, no llegaste al potencial completo de los temas, del artista".

Adrián Taverna coincide y al mismo tiempo disiente. "El disco arrancó en agosto o septiembre de 2008 y se terminó más o menos en abril. Fue un proceso muy largo y la mezcla final de *Fuerza Natural* fue bastante caótica: tardaron dos o tres días por tema. El presupuesto estaba completamente excedido aun cuando se hubiera usado el estudio de Gustavo: Héctor Castillo tuvo que hacer muchos viajes, viajó Gustavo, se hizo el mastering en Estados Unidos. Los números los manejaba Nando y era él quien tenía que ir a pelearse a la compañía. Ahora, el producto final, para mí, fue excelente. Es como *Dark Side of the Moon*: no tiene fallas".

Fuerza Natural se terminó a comienzos de junio y Gustavo quedó feliz con el resultado. Cuando volvió de la masterización hizo una escucha privada con toda la gente que participó y se puso a trabajar en el arte del álbum con el Bureau Institute, que era el estudio de diseño de Roy García II. "Yo quería que la tapa fuera un poco *shocking* —dijo Gustavo—. La idea era hacer un cierto tributo a las tapas tipo Hipgnosis[64] de la época dorada de las tapas del rock, y de hecho yo pensé en algunos colores como la tapa de *Animals*, de Pink Floyd. Poner un elemento discordante o movilizador en un supuesto contexto real. El personaje salió de la idea de la canción, como el jinete enmascarado ("Amor sin rodeos"). ¿Qué íbamos a hacer? ¿Un Zorro flotando sobre la ciudad? Estaba bueno el triunfo de algo a sangre como un caballo arriba de una ciudad genérica, como en la que se viene una tormenta. Entonces me dije: a ver, montemos un superhéroe arriba de ese caballo pero no podía ser el Zorro, así que talibanizaremos un poquito la situación. No hay una explicación, pero sí quería algo que te movilizara, imaginando *Wish You Were Here*, donde había un tipo prendido fuego. En

64 Hipgnosis es el estudio de diseño de Storm Thorgersson y Aubrey Powell, que diseñó tapas icónicas de álbumes de rock como *Dark Side of the Moon* de Pink Floyd, *Electric Warrior* de T. Rex o *Houses of the Holy* de Led Zeppelin.

el librito, la idea fue que todas las láminas que hay de fotografía pudieran haber sido la tapa del disco"[65].

Roy García II no era un extraño para Gustavo y ya había trabajado en el diseño de *Me verás volver*. También le había diseñado portadas a Capri, DJ, músico y productor argentino, que participó en *Siempre es hoy* y que era muy querido por Cerati. Pero el lazo fue Andrés Fogwill, el cineasta que se encargaba de los videos de Gustavo. Roy fue a ver al artista a Unísono, y coincidieron en el amor por Hipgnosis y la inquietud de hacer algo por el estilo pero que no fuera un hurto. "Gustavo se había sacado unas fotos en la casa de Uruguay —cuenta Roy—, en el verano había estado con él en una fiesta, y charlamos un montón. Él se había sacado unas fotos que luego me mostró con un caballo y un saco negro. Tenía esa idea del jinete, pero en las fotos estaba de a pie y yo hice un dibujo donde estaba en el aire. Ahí le cerró la idea. Debajo del dibujo él me anotó todo lo que tenía que haber en el arte: lásers, picos, plumas de pavo real y un libro de alquimia que le había dado Anita. Entonces nos pusimos a producir todo eso".

En la foto de portada, donde un jinete enmascarado sobrevuela la ciudad de París, colaboró mucho Manuel Morales, acreditado vestuarista que trabajó con Cerati en *Me verás volver*. Roy había sugerido que la ciudad no fuera ninguna de Argentina y Gustavo le indicó que hablara con Germán Sáez que había tomado una imagen desde el Gran Arco de la Defensa. La foto original fue limpiada de gente y autos para que quedara desértica. El jinete de la tapa no es Gustavo sino… un policía. "Esa fotografía la tomó Nicolás Hardy —cuenta Roy—, en una escuela de equitación de la policía porque si el caballo estaba en el aire tenía que saltar, y este policía saltaba vallas que luego quitamos. Hay una foto de una foto de los lásers, que es un retrato de Gustavo que hace Nora Lezano. La foto del desnudo, porque Gustavo dijo que tenía que haber uno, la de la chica con

65 Ídem nota 60.

lásers, la del ojo con todos los planetas y la de Gus con antifaz y él mismo reflejado en su propio antifaz son de Gisela Filc".

Pese a la intriga que despertó en su momento el dibujo central, donde se puede ver una estrella de David (probable alusión a sus estudios de la Cábala) rodeada por otros elementos dentro y fuera como una constelación simbológica, la verdad es mucho menos misteriosa que las fantasías que despertó. "Es como una especie de composición en base a gráficos alquímicos muy antiguos —esclarece Roy—; el orden sí es el de la alquimia, pero están mezcladas muchas anotaciones alquímicas de diferentes épocas, todo puesto en un lenguaje más contemporáneo. Las palabras que se leen son de una lista que armó Gus. Me pedía que le pusiera cosas donde fuera, pero que tenían que estar, como la luna creciente y la estrella de la bandera de Turquía. Él empezó a tener una idea linda de cómo era el objeto disco entero y le asignaba diferentes narrativas a cosas distintas. Se volvía loco con la foto del ojo con los planetas". "Se puede leer como si estuviéramos ante un desastre ecológico —resume Gustavo—. No hay nadie en la ciudad ya: limpiamos a todas las personas".

El 20 de julio, día del amigo en Argentina, se anunció que *Fuerza Natural* se publicaría el 1° de septiembre, y se dio a conocer el primer corte: "Déjà Vu", una canción hipercalórica que resumía a la perfección el espíritu del disco. Sterling Campbell le ponía alto octanaje al tema que jugaba con la idea del fenómeno psíquico del "déjà vu", que es la sensación de haber vivido anteriormente un hecho que transcurre en tiempo presente. La canción es una página pop perfecta: original, de tempo rápido, melodía optimista, estribillo épico y una dinámica llena de guitarras que vienen y van. Más una letra con muchas imágenes alucinatorias: el reloj derretido, las similitudes soñadas, los sitios imaginados, sumados a la metáfora sexual, y un par de sentencias esperanzadoras: "La poesía es la única verdad", "Sacar belleza de este caos es virtud". Era exactamente lo que Gustavo había estado buscando: psicodelia pop.

"En el momento de componer esta canción sentí que fue muy fácil su construcción —explicó Gustavo—. Por esa misma razón escribí sobre ella en ese aspecto. Yo pensaba en un hit.

¿Un hit qué es? Un hit es como un *déjà vu*, de alguna manera te toca en un lugar que ya parece que hubieras andado por ahí. Cuando estoy componiendo y veo que conscientemente voy por un mismo lugar que ya fui, lo abandono. Pero siempre voy a pasar cerca. Agarro la guitarra y voy por algunos lugares, también con la computadora. Y en ese momento veo que David Lebón saca un disco y una canción llamada "Déjà vu", lo cual me hizo pensar que existen decenas de discos y temas llamados así. Y que no hace otra cosa que reforzar la idea de lo que es un *déjà vu*. La canción es autorreferencial, estoy escribiendo sobre ella, armónicamente las cosas se encadenaban casi sin ningún esfuerzo. De alguna manera, todo está como un poco en el aire, uno baja ideas; la canción fue caminando sola hacia un lugar como si yo hubiera pasado por ahí muchas veces. Es la sensación de *déjà vu*, que es algo natural, que todo el mundo tiene, pero que no deja de ser misterioso. Y jugué con la idea de que un mínimo detalle cambia y la canción cambia para otro lado, tiene otro final".

Era un primer paso hacia un regreso glorioso de alguien que nunca se fue. Creaba ansiedad por escuchar el disco completo, que es el fin último de todo simple o adelanto. Y, además, desde el comienzo y hasta el final de sus casi tres minutos y medio, era un hit hecho y derecho.

Algo parecido a un *déjà vu*. ¿O no?

43

Vida nómade

A mediados de 2009, Gustavo se encontraba viviendo en la calle Tapiales con un perro llamado Jack. Su pareja con Leonora Balcarce ya era parte del pasado, pero no le faltaban compañías femeninas. Ni masculina: en algún momento le dejó la parte de adelante a Flavio Etcheto, que necesitaba un lugar donde parar momentáneamente. Taverna recuerda que Gustavo salía muchísimo en esa época. "De por sí, era un tipo hiperactivo —dice Adrián—, estaba muy enroscado. No se podía quedar solo: no soportaba la soledad, y de hecho lo cantó en 'Lago en el cielo'. Salía todos los días con Oscar Fernández, Leandro, a veces Anita. Se puso muy salidor después del regreso de Soda. Gustavo nunca tuvo una relación muy firme con sus mujeres: en algún momento necesitaba la variedad. Era muy mujeriego, y en la gira un perro de presa".

—Si de una guitarra podés sacar tantas melodías, ¿por qué no podés sacar un montón de cosas de una sola mujer? ¿Por qué tenés que estar todo el tiempo cambiando de mujeres? —le observó su hermana Laura.

— Es que también tengo un montón de guitarras.

"Me contó que se le pinchaba el deseo al poco tiempo. Por eso tuvo tantos amores en la vida. Su energía pasional ligada a la música, la tomaba también del amor por las mujeres. Era súper mujeriego porque admiraba, porque deseaba, porque amaba. No hubo una: fueron todas".

Lógicamente, la inminente gira presentación de *Fuerza Natural* era una buena oportunidad para entrar en contacto con nuevas mujeres pero para eso tenía que definir la banda. Fernando Nalé era inamovible y Leandro Fresco también. ¿Qué pasa con la batería? "Él tenía un problema con los bateristas —se ríe Taverna—, tocar tantos años con Charly Alberti le causó un trauma. Él quería a Sterling Campbell pero se iba a hacer difícil y caro. Hasta llegamos a pensar en Pomo. Me consultaba a mí porque decía que yo conocía músicos". La confirmación de Fernando Samalea se impuso por sentido común: siempre respondió bien, en estudio o en vivo. ¿Qué hacer con la guitarra? Gonzalo Córdoba había sido convocado para el estudio, pero ya contaba con la bendición para la gira. Como *Fuerza Natural* tenía muchas voces, Anita Álvarez de Toledo se hizo necesaria y además tenía el toque sexy que sumaba: en vivo era un fuego y se comía el escenario. Pero esa alineación dejaba afuera a Richard Coleman.

El propio Coleman sintió que no iba a formar parte, porque aunque participó en dos letras del nuevo disco tocó muy pocas guitarras. Cursaba el mes de julio cuando Richard le dijo a su mujer que iba a diagramar lo que restaba del año de otra manera, porque si se quedaba esperando que Gustavo lo llamara y no lo hacía se le iba a pasar el 2009 y sería una pérdida de tiempo. Fue casi una invocación: a los pocos días Cerati estaba del otro lado de la línea.

—¿Vos sabés que estaba pensando que estaría bueno tocar a tres violas?

—¡En la última gira querías tocar a dos baterías! —respondió Coleman.

—Bueno, ¿estás para la gira?

—Dejame ver si puedo ordenarme. ¿Cuándo empezaríamos a ensayar?

—Y... ahora. En agosto.

—¡El mes que viene!

¡Tres guitarras eléctricas! Desde los tiempos del rock sureño que eso no se hacía, Gustavo nunca fue un amante del género pero siempre le gustó romper las reglas. Tenía una usina de poder a disposición. Una base rítmica muy sólida, Leandro Fresco aportando las sutilezas, los teclados, percusión y las voces, en donde se complementaba con Anita y a veces eran los tres junto a Gustavo conformando un bloque compacto. Y tres violas de lujo: Richard hasta se animó con el lap-steel guitar.

También hubo que organizar la dinámica del show: ese armado insumió un buen tiempo porque Gustavo decidió encarar una puesta bien teatral, utilizando la idea del jinete enmascarado que era como el concepto del disco. Por fortuna, no quiso subir a caballo al escenario: tan solo con un antifaz especialmente diseñado. Durante la primera parte del show, todos lucirían de negro, y a la mitad, virarían al blanco. El traje de Gustavo era barroco, pero permitía cierta flexibilidad y alguna prontitud a la hora de quitárselo. Esa banda contaba con muchas voces: Anita, Leandro, Richard, Nalé, todo un arsenal sin contar a Gustavo que pese a que desde que Soda se reunió había vuelto a fumar con voracidad, seguía manteniendo su voz en plena forma. El 11 de agosto cumplió cincuenta años y se ve que la fecha le pesó porque decidió hacer una fiesta a todo trapo. La última vez que lo había festejado a lo grande fue a sus cuarenta. Ahora, la ortografía le daba la oportunidad de una trampita: en vez de cincuenta, sin cuenta. Eterno. Infinito. Sin cuenta.

"Justo el día en que cumplí cincuenta, vaya casualidad, estaba enfermo como la mierda: me sentía horrible. Es un número... yo ya decidí escribirlo con 's'. Para mí está perfecto, hay que celebrarlo. Y *Fuerza Natural* también es fruto de este momento". Y ese momento lo encontraba en plenitud, o por lo menos así lo entendía él en la letra de su canción. También asumía que podía equivocarse. Donde no se equivocaba era en el armado de su show: quizás el mejor de su carrera. Aunque era muy arriesgado tocar todos los temas del nuevo disco.

—Ahora vamos a ver cómo te las arreglás para hacer sonar todo esto —lo desafió a Taverna.

"Realmente fue complejo para todos —razona el sonidista—, llegamos a un punto máximo de evolución, de no dejar ningún detalle librado al azar. En *Ahí Vamos* había lugar para las desprolijidades, en *Fuerza Natural*, no. Después de *Me verás volver* queríamos hacer algo contundente, de mucha calidad y superior a todo lo que habíamos hecho. Era un gran desafío en el sentido vocal, y para mí era muy importante que se entendiera semejante voz: tenía la mejor carta. Gustavo fue el cantante más grande de todos con los que trabajé y trabajé con muchos. Está cien escalones más arriba, no solo por su voz, su calidez y su afinación, sino porque no decaía en ningún momento".

Eso se percibió claramente en el inicio de la gira, el 19 de noviembre en Monterrey donde Gustavo Cerati ofreció un show innovador, caliente e intenso. Llegaron con anticipación para hacer un ensayo general: no era simple trasladar un espectáculo concebido en una sala a un estadio con capacidad para 22 mil espectadores. Eso ayudó a que el concierto fuera impecable. "Al show de Monterrey lo tengo en un cuadrito —asegura Taverna—, ¡Gustavo estaba tan feliz! A mí me hacía ruido que arrancáramos con todo el disco nuevo, pero a los pocos shows tuve que darle la razón". En el inicio, Gustavo encaraba a la multitud sin movimiento, protegido por su antifaz y una banda sonora que duraba dos minutos hasta que él arrancaba con el riff de "Fuerza natural". Ese primer tramo de gira fue excelente: ocho conciertos, de los cuales la mitad fueron en México. En Chile, Gustavo se quedó sin voz y hubo que reprogramar la función. Tenían todo armado y fue el primer show suspendido en la carrera de Gustavo por causas que tuvieran que ver con él.

—¿Ya terminaste ahí? —le dijo Fernando Travi a Taverna que ya estaba en el Movistar Arena.

—Casi, ¿por ahí como está todo?

—Gustavo no está bien: no puede hablar. Si terminaste, subite a una van y vení al hotel, así charlamos con él.

"Lo encontré desencajado y gesticulando. Le pedí que no gritara, le toqué la frente y volaba de fiebre. No quería tomar ningún tipo de remedio nunca pero esta vez hubo que llamar al médico y tuvo que hacer caso. Chile era muy especial para él, y además habían viajado sus hijos desde Buenos Aires para verlo. Benito y Lisa estaban alucinados porque tenían su propia habitación y podían pedir helados y hamburguesas al *room service*. Le traían amiguitos, Gustavo los saludaba y les daba salida rápido. La simpatía le duraba muy poco en esas circunstancias. Para bajarlo, me puse a jugar a la Playstation con él. Siempre jugábamos todos pero ese día estaba tan enojado que solo jugó conmigo hasta la una de la mañana, cuando lo frené. 'Uno más, uno más', me decía. Yo le insistí en que descansara. No se puso bien enseguida, pero ese día se guardó, no salió, cosa que me llamó mucho la atención. Gustavo también se asustaba. Cuando finalmente hicimos el show fue increíble, veníamos motivados".

— • —

Se buscó un chivo expiatorio por aquella suspensión en Chile: fue el aire acondicionado. El del hotel, el del avión: cualquiera que lo haya apuntado. No fue la cantidad de shows porque habían transcurrido cinco días desde el último en México. La gira estaba diseñada así por Gustavo, con largos tiempos en el medio, no solo para cuidar la voz sino para poder disfrutar del lugar y salir a pasear. El show siguiente, el de Montevideo, hubo que correrlo de todas maneras pero no por Cerati sino por Luis Alberto Spinetta que iba a realizar una jugada imprevista con un concierto en el estadio de Vélez reuniendo a sus grupos míticos: Almendra, Pescado Rabioso e Invisible. Cerati fue el primero de los artistas invitados en dar el sí. No podía estar ausente de una noche que no solo concentraba a las tres bandas que lo alucinaron de adolescente, sino que también lo contaba como invitado especial. Fue a ensayar al edificio de la calle Saldías su parte en "Té para tres" y "Bajan". Nicolás Pucci fue su asistente esos días. "Luis es muy especial —le dijo Gustavo a Nicolás—, es un maestro: él es el Uno. Siento total admiración, respeto y cariño por él". Quedó claro para todo el mundo cuando después de su participación, tomó el micrófono y le dijo a Spinetta delante de cuarenta mil personas: "Si hay un sueño cumplido, es este —y se señaló a sí mismo—, disfrutalo, Luis". Después corrió, pegó un saltito y le dio a Spinetta un abrazo sentido.

El día del show, Nicolás Pucci lo esperó en el estadio, y Gustavo viajó con Taverna que también quería estar presente y era el responsable de llevarlo a Cerati a Montevideo a tiempo para el show de *Fuerza Natural*. "Sube al auto y a los cinco minutos saca un cigarrillo —asegura Adrián—. Le dije que en mi auto no se fumaba. Hasta lo arrimé al cordón y le dije que le llamaba un *remise*. Todo en tono jocoso, pero le hice un escándalo. Se la bancó como un señorito pero nos agarró un atascamiento en la General Paz[66] y ahí no pudo más, bajó la ventanilla y me dijo que fumaba afuera, sacando la cabeza. Después puse el aire acondicionado y me pidió que lo bajara, siempre decía que le hacía mal. Estaba nervioso, ese show era muy importante para él. Llegamos al backstage y fue impresionante porque estaban todos los músicos que conocíamos desde toda la vida: los que habían tocado con Spinetta".

Gustavo se emocionó cuando lo vio a Bocón Frascino, el primer bajista de Pescado Rabioso. Fue a su encuentro y se presentó. Bocón se sorprendió y alcanzó a musitar: "Uh, Cerati". Lo mismo hizo con Pomo, por quien tenía debilidad. El show duró cinco horas y media, y Gustavo no se movió de ahí, instalado con otras deidades del rock argentino como Charly García, Ricardo Mollo, David Lebón, Fito Páez y muchos otros. "En ese show, Gustavo estaba extasiado —confirma Taverna—. No lo pude sacar hasta las cinco y media de la mañana: solo quedaba el piletero de Vélez. Nos fuimos a Montevideo en barco porque Gustavo quería evitar todo tramo en el que tuviera que volar". Aunque no pareciera, le preocupaba viajar en avión, no solo por la fobia que desarrolló, sino por su salud: tenía que aplicarse una inyección antes de volar para que su sangre estuviera anticoagulada. "Ese show en Montevideo fue el mejor que hicimos —dice Taverna—, hubo un montón de gente como ni siquiera habíamos metido con Soda: lo llenamos y lloviznaba... ¡le quedaba tan bien al concierto!"

Restaban solo dos presentaciones hasta fin de año: la de Córdoba y la de Buenos Aires. Gustavo tenía una van pro-

66 Avenida que evolucionó hacia modo autopista que delimita la Ciudad de Buenos Aires entre el Riachuelo y el Río de la Plata.

gramada para que lo fuera a buscar y lo llevase al aeropuerto. Benito lo iba a acompañar. Pero Gus se rebeló contra el vuelo, probablemente porque llovía y era una excusa para no subir al avión.

—¿Cuánto sale que vayamos con la combi hasta Córdoba? —le preguntó al chofer. El conductor le puso un precio y allí fueron. Setecientos kilómetros, ocho horas de viaje. Gustavo quiso fumar y el chofer le dijo que no se podía.

—¿Cuánto sale que yo pueda fumar?

Gustavo estaba cada vez más difícil con el cigarrillo. Todo el mundo lo sabía. Cada uno trató de pedirle que redujera el consumo, y Cerati encontró el modo de desalentarlos a todos. Fue otro show memorable aunque el mánager lo sufrió más que nunca, no solo por el costo de la van, sino porque no es el mismo riesgo tener a un artista en vuelo una hora que en la ruta durante ocho.

El 19 de diciembre de 2009 se presentó *Fuerza Natural* en el Club Ciudad de Buenos Aires. Era una fecha histórica porque luego el entrañable Club Ciudad quedaría vedado para conciertos por quejas de los influyentes vecinos del lugar, que callaban cuando las multitudes futboleras hacían desmanes muy cerca, en el estadio de River. Se hizo un ensayo general pero el día originalmente programado para el concierto coincidió con un diluvio de proporciones bíblicas. El recital de Cerati fue de los mejores y las críticas coincidieron en un elogio unánime. La banda ya venía muy consolidada luego de la gira y con el final a la vista se empeñaron y lograron un show inolvidable. Gustavo saludó a los vecinos, como quejándose de que no pudieran seguir haciéndose conciertos en el club.

—¿Se escucha bien? ¿Se escucha fuerte? Saludos a Macri[67]. Ojo que tengo un sonidista heavy metal, no lo hagan enojar porque no respondo por él. ¿Estás bien, Adrián? ¿Por qué cerveza vamos?

---

67 Mauricio Macri era, en ese entonces, jefe de Gobierno de la Ciudad de Buenos Aires.

"Él tenía la teoría de que yo ponía el volumen más fuerte si había bebido —aclara Adrián—, pero siempre me decía que no me pasara: jamás que no lo pusiera fuerte".

— • —

El show de *Fuerza Natural* comenzaba con todos de negro, y en la segunda mitad todos vestían de blanco. El momento en que se hacía el cambio de color comenzaba a gestarse cuando el escenario explotaba de psicodelia en "He visto a Lucy", la sección de vientos invitada para ese show, comandada esa noche por Gillespi, atronaba y Cerati desaparecía tras un breve solo. Todos los demás eran largos y ardientes, pero ese era corto porque después venía el "duelo" entre Richard Coleman y Gustavo Córdoba, que daba tiempo a que Gustavo terminara de cambiarse.

La inclusión de "Zona de promesas", el único tema de Soda Stereo que tocó durante aquellos conciertos, no era nada nuevo, porque ya había utilizado la canción anteriormente. Pero la muerte de Mercedes Sosa un par de meses antes la hizo más propicia para ese momento en donde Gustavo relevaba a los demás, que corrían a vestirse de blanco. Para él fue un altísimo honor haber sido convocado para lo que fue *Cantora 1 y 2*, un álbum doble donde un enorme grupo de artistas cantaba con ella. "Cuando hablé con Mercedes para este disco —cuenta Afo Verde, en calidad de presidente regional de Sony—, le pregunté qué le gustaría. Y me dijo: 'A mí me gustaría hacer de cantora: yo soy una cantora'. Ya teníamos título. Entonces le propuse que como siempre había hecho cosas con músicos de diferentes estilos, que hiciera eso pero con nuevos amigos".

—¿Por qué no lo invitamos a Gustavo Cerati? —le preguntó Afo.

—Pero él no va a querer cantar conmigo, él es muy moderno. Me encanta la voz que tiene.

—¿Por qué no probás esta canción que está en tres, que podrías cantar como un vals?

—¡Qué linda, nene! ¿Pero creés que él va a querer cantar?

"Le canté 'Zona de promesas' bien valseada, y le gustó eso de 'mama sabe bien'. Ya había grabado con Spinetta 'Barro tal vez' y solo tenía cuatro o cinco canciones". Nando Travi explica que "el hecho que Mercedes hubiera grabado con Luis ayudó a que Gustavo estuviera abierto a la idea. Yo tuve la sensación de que no le iba a interesar, pero con Spinetta tenía algo para convencerlo. De nuestro lado, la propuesta fue que grabara 'Raíz' o 'Sulky', pero ella se enamoró de 'Zona de promesas'".

Mercedes Sosa ya no estaba bien de salud, no obstante impuso como condición a casi todos sus invitados que la grabación fuera real, que los dos artistas cantaran juntos en el estudio. Gustavo aceptó todo, porque para él resultaba muy halagador que la cantante cuyo simple "Alfonsina y el mar" descifró de niño, lo invitara a cantar en un disco de ella. Todo fue filmado y la reunión entre ambos quedó en el EPK de Cantora. Mercedes Sosa, una mujer muy inteligente y sensible, supo cómo halagarlo sinceramente. "¡Qué voz tan particular que tenés, Gustavo! Cuando los franceses no saben cómo describir algo dicen que es *particulière*, que quiere decir particular, especial". ¡Justo ella, que fue considerada la mejor voz de América Latina! Gustavo cantó su composición con una dulzura absoluta en la grabación, sin saber que no volverían a encontrarse. "Me acuerdo que a la salida me dijo: '¿Estuvo bien, no?' —recuerda Nando Travi—. Estaba contento, no se conocían y fue un lindo encuentro". Cerati se haría presente en el velatorio de la cantante, que murió el 4 de octubre de 2009.

— • —

Así como "Zona de promesas" era un enlace dentro de su propio concierto, el receso de verano era una pausa necesaria para Gustavo en su gira. O le habría venido bien si hubiera utilizado las horas de ocio para descansar y bajar de revoluciones. Una gira siempre tiene un alto consumo energético y ésta le había demandado un alto costo. Se fue a Punta del Este y se la pasó de fiesta en fiesta, distendiéndose de otra manera y persiguiendo modelos flaquitas y bastante más jóvenes que él. Con una de ellas tuvo un romance estival que se difuminó cuando ella viajó a Europa por trabajo. Otra fue Chloé Bello, hija de Marcelo Bello, que conducía el programa televisivo *Música Total*, el primero en emitir un clip de Soda Stereo. A Chloé, Cerati la conocía de habérsela cruzado en eventos y fiestas, en un ambiente donde ambos eran celebridades que hacían las delicias de los fotógrafos que luego vendían sus tomas a un buen precio a distintos medios de comunicación. Rubia, alta, bonita, de temperamento fuerte, era irresistible para Gustavo que intentó sacarle conversación sin demasiado éxito en temporadas anteriores. Como sentía que no había un eco, cambiaba de dirección y buceaba en mares más propicios. A ella, Cerati le parecía un viejo: le llevaba veintiocho años y lo llegó a calificar de "cachivache" en reportajes[68].

En el verano de 2010, la película cambió de rumbo. De acuerdo con Chloé, aceptó salir con Gustavo para darle celos a un pretendiente. Y Cerati hizo exactamente lo mismo: cortejó a Chloé no solo porque le parecía hermosa sino para poner celosa otra modelo con la que estaba saliendo y había viajado a Europa. Las necesidades de ambos coincidían y una salida podía serle de utilidad a los dos. Lo que no tenían programado era enamorarse de un modo tan brutal. Pero, de acuerdo a lo que ha declarado públicamente Chloé, la llama no surgió de inmediato. La primera salida fue en Buenos Aires a ver a Coldplay en River, el 26 de febrero, con la participación especial de Benito Cerati. Nada muy *hot* podía suceder con un adolescente presente. Hubo otras salidas y cuando la fue a buscar a la casa de su madre, Nora Portela, que también fue modelo entre los 70 y los 80, hubo una violenta advertencia de la progenitora que, siguiendo el relato de Chloé, agarró de los rulos a Gustavo y le dijo: "Ché, ¡a mi hija la cuidás que solo tiene veintidós años!" Injusto prejuicio: Gustavo siempre fue un caballero. Y además, Chloé no necesitaba que nadie la cuidara: a los diecisiete años ya se había ido a trabajar a Europa como modelo, por lo que tenía una experiencia importante no

68 Buena parte de las declaraciones de Chloé fueron vertidas en el programa radial de Matías Martin en Urbana Play.

solo en la vida, sino en el mundo de las celebridades. Tal vez, al ser Portela una proteccionista animal, haya hecho como las hembras caninas que acostumbran a chumbarle al macho para que Cerati supiera quién tenía los dientes más filosos.

Lo que encendió la llama piloto de este amor fue un simple beso: como en los cuentos. Y para ser un "jovie"[69], parece que no besaba nada mal, porque con ese beso venció toda resistencia, y de cierta distancia Bello cambió de marcha y se mudó a su casa. Chloé tenía sus compromisos laborales, pero Gustavo le dijo que quería que se fuera de gira con él. Los primeros conciertos en Buenos Aires otorgaron el tiempo necesario para la sincronización. Gustavo tocó primero en un festival gratuito llamado "Argentina abraza a Chile", que había sufrido un terrible sismo en febrero. Para Cerati, Chile era una segunda patria, y no dudó en participar. Luego vino un show para poca gente en el Samsung Studio, producto de un concurso, y otra fecha en Rosario. Chloé recién pudo incorporarse a la gira en Neuquén para ver el recital de su flamante novio el 9 de abril en el Estadio Ruca Che.

"Mi primer recuerdo de ella es de conocerla en el aeropuerto de Neuquén —recuerda Taverna—, Gustavo me presentaba a todas las novias. Chloé era muy alta, rubia, muy bonita. Y Gustavo estaba con una sonrisa de lado a lado. No existía nada más alrededor. Él estaba muy contento y Chloé llenaba los requisitos de lo que siempre soñó". "Antes del show estuve con él en su habitación —cuenta Richard—, y escuchamos juntos *Goodbye Yellow Brick Road* de Elton John. Ahí estaba todo bien, pero en general su humor estaba diferente. Para mí la gira de Soda le sacó mucha energía, lo avejentó. Estaba ya con las primeras marcas de la edad. En los ensayos de *Fuerza Natural* le noté el cansancio, el agotamiento y la obsesión por el laburo —cuenta Richard Coleman—. Pero me acuerdo cuando comenzó a hablar de Chloe, que estaba muy enamorado. '¡No sabés la cabeza que tiene!'. Siempre decía eso, como si uno pensara que todas las modelos fueran taradas".

---

69 Vocablo que deriva del lunfardo tanguero que da vuelta las sílabas: viejo.

Después del show hubo un incidente que llamó la atención de todo el mundo: un desmán en el hotel. Cosa rara, porque Gustavo no era de provocar destrozos hoteleros como la típica estrella de rock. En esta ocasión, se graffiteó la habitación de Gustavo con marcador y se vandalizó el libro de visitas; aparentemente una travesura de chicos protagonizada por los tortolitos que fue escalando y que culminó con una hoja arrancada del libro de visitas y escribiéndole "gordo puto" a la firma de Maradona. "Es verdad —confirma Nicolás Bernaudo—, en Neuquén hubo una escena donde rompieron la habitación y dejaron unos retratos en el libro de visitas. Fue extraño. Nunca había pasado. Nos sorprendió a todos".

¿Qué estaba sucediendo que Gustavo Cerati se comportaba como Charly García? Lógicamente, se pensó en que la compañía de Chloé gatillaba ese comportamiento adolescente, pero no era verdad: Gustavo tenía cincuenta años y no iba a jugar el papel de estrella de rock porque se lo pidiera una chica de veintidós por más enamorado que estuviese. Parecía un caso de juventud por ósmosis: Gustavo se subía al ritmo de Chloé porque le gustaba pero no porque ella lo incitara o lo dominara. Se lo tomó como un incidente aislado y el tour siguió rumbo a Mendoza. El show de Neuquén había sido muy bueno y el de Mendoza había sido aún mejor. Había doce días hasta el concierto de Lima al que Chloé no fue porque tenía otros compromisos y regresó a la gira en la fecha siguiente, en Los Angeles.

Mientras esperaban en la cola del check-in hacia Lima, Gustavo le hizo una consulta a su amigo Richard Coleman.

—Richard, ¿vos cómo hiciste el tratamiento?

—¿Qué tratamiento?

—Para dejar de tomar.

—No, Gus, yo fui a Alcohólicos Anónimos, porque me obligaron en Estados Unidos: si no me quitaban la licencia de conducir. Después me lo tomé en serio y empecé a ir a reuniones, pero no hice ningún tratamiento psiquiátrico o con placebos.

—Ah, porque tengo una amiga con ese problema y me parece que debería que hacer algo con eso.

Coleman comprendió claramente que "la amiga" no existía, pero que Gustavo sentía curiosidad, tal vez evaluando cosas para sí mismo. También supo que si intentaba indagar sus reales intenciones iba a perder esa puerta que Gustavo había entornado.

—Primero, decile a tu amiga que si quiere hacer algo que no lo haga en Argentina —recomendó Richard—, que lo haga más lejos de lo habitual. Estar fuera del agua te ayuda más para cortar con el vicio.

La cola empezó a moverse y no había más personas por delante.

—Pero esta conversación es más larga, Gus. Sigámosla porque a mí me gusta hablar de esto y le podemos dar una mano a tu amiga.

—Sí, dale. Después seguimos.

"En Lima, el show se hizo en el estadio San Marcos, contra una tribuna —hace memoria Taverna—, porque en el estadio nacional tocaba Ricardo Arjona, y Gustavo se la pasó todo el show haciendo chistes con eso. Después fuimos a Los Angeles, pero tuvimos una escala en Panamá. Y algo raro pasó, porque Gustavo vio que el avión era chiquito y dijo que no viajaba".

—¿Ese es el avión? Yo ahí no viajo. ¿Qué aerolínea es? ¿Vos vas a viajar ahí?

—¿Y qué querés que haga? —le respondió Adrián un poco fastidiado—. ¿Qué me quede a vivir en Panamá?

—No te hagás el canchero que te cagás todo en los vuelos.

—Yo ya me tomé la pastilla, así que no tengo problemas.

En Los Angeles se reencontró con Chloé y, a diferencia de la gira de *Ahí Vamos*, hizo rancho aparte. Lo que tenía sentido: era un amor nuevo y fogoso, querían estar solos. Y así lo entendieron todos. Antes del show en Los Angeles, Chloé se quebró el dedo meñique y le pusieron una férula. Era un poco atolondrada: como el novio. Tal para cual. En los aeropuertos, se la vigilaba para que no se perdiera el vuelo: parecía costarle formar parte de un contingente. Gustavo estaba muy emocionado con ella. "Lo noté un poco más distante —recuerda Richard— y de hecho no tuvimos tanta comunicación fuera del escenario y cuando estábamos todos juntos. Pero en los ratos libres estaba con su novia, lo cual era muy lógico". "La gira fue tan tranquila como las que veníamos teniendo —asegura Nico Bernaudo que lo seguía a sol y a sombra porque controlaba que Gustavo tomara su medicación y sostuviera el régimen anticoagulante—, con ese ritmo pausado que Gustavo quería para sus giras para poder descansar o salir a recorrer culturas". Ese tiempo de descanso que podía fastidiar un poco a los demás lo pasaba con Chloé. "Donde no le pude seguir tanto el rastro —continúa Bernaudo— fue en Estados Unidos porque ahí te alquilás un auto y salís".

Gustavo tenía la idea de que los clips de *Fuerza Natural* fueran una *road movie* y que cada canción fuera como el capítulo de una serie. El primero fue "Déjà Vu", realizado por la productora Landia, en donde Gustavo maneja un auto por una carretera (se filmó en Puerta Tastil, Salta, Argentina) y tiene visiones psicodélicas de una mujer que se contonea frente a un tren que pasa. En el asiento trasero transporta una caja misteriosa que será protagonista también del segundo video, "Rapto", donde aparece Anita Álvarez de Toledo al volante, entra a un bar con la caja y Gonzalo Córdoba, que interpreta a un estrafalario agente de policía, intenta detenerla. En el tercer video, que iba a ser "Magia", el rol protagónico lo iba a cumplir Fernando Samalea en función de mago. Se llegaron a rodar algunas partes con Andrés Fogwill (también miembro de Landia, que hoy gana premios internacionales en publicidad y cine), pero esa filmación fue muy delirante y la magia se puso negra. El cuarto video, según le dijo Cerati al periodista Bebe Contepomi en una entrevista para televisión en Los Angeles, iba a ser "Desastre", otra canción de *Fuerza Natural*. Pero el clip no llegó a ser filmado porque aconteció otra clase de desastre.

Un tsunami tan grande que nadie lo vio venir.

44

Efecto dominó

El siguiente show de la gira *Fuerza Natural* fue el de Tijuana, y luego vino el de Acapulco. Entre ambos hubo cuatro días de diferencia y mientras la banda viajaba hacia el sur, Gustavo tomó un vuelo hacia Los Angeles con Chloé. Era ir y volar a Acapulco, dos tramos cortos, pero cada viaje en avión entrañaba cierto riesgo para la salud de Cerati y por eso, y a su expreso pedido, se diseñó la gira de una manera. Pero no le importó: ¿qué le hacía una mancha más al tigre? De todos modos tenía que seguir viajando en avión pero él se cuidaba de inyectarse la medicación y usar las medias de azafata. Lo que no cuidaba era el resto de las observaciones médicas en términos de ingesta, sobre todo de cigarrillo: su consumo de tabaco era alarmante pero tampoco era reciente. Lo que pesaba sobre su sistema circulatorio por mera acumulación.

Antes del show de Acapulco pasó un tiempo con el empresario Jorge Mondragón, su pareja y Chloé. "Nos reímos de que ambos estábamos en las mismas circunstancias —dice Jorge—, los dos cincuentones saliendo con chiquitas de veinte. Gustavo estaba muy enamorado. Eso sí, fumaba dos cajetillas y media de cigarros al día. Nos fuimos a una isla los cuatro y platicamos sobre lo difícil que era llevarle el ritmo a las chavitas a nuestra edad, pero en tono divertido. Lo encontré más estable, más maduro, pero al mismo tiempo más nervioso. Diría que estaba muy cómodo con *Fuerza Natural* que tuvo un gran lanzamiento; le metieron mucha caña a ese disco". El concierto siguiente sería en el Miami Dade Stadium. "Fue un muy buen show —recuerda Alex Pels—, estuve con él en el backstage y fue muy amoroso: estaba divino. Pero sé que había salido de ronda la noche anterior con un par de conocidos míos. Terminaron muy tarde todos cascoteados".

—Venimos de una fiesta en un yate con Erik Morillo —le dijo lo más campante Gustavo a los integrantes de su delegación.

Eran las diez de la mañana. Entró con Chloé de la mano y un cigarrillo en la otra. Nadie movió un músculo pero hubo algunas cejas en alto. Cerati era salidor, todos lo sabían, pero también era muy responsable. Llegaba puntual a las pruebas de sonido, siempre entero, no perdía ningún vuelo y en los shows lo daba todo y más: estaba tocando como nunca. "Nunca sentí que se prendiera una alarma —dice Leandro Fresco—, él estaba en una relación nueva, muy al mango y muy feliz. En esta gira estaba más en plan novio, compartía menos con nosotros pero yo entendía. Era normal. No sentí alarma, aunque noté que él estaba en otra frecuencia". En algún momento de la gira, con los que tenía mayor antigüedad en el rubro de la amistad, les contó que Chloé iba a viajar a Londres por trabajo, que cuando terminara el tramo en Caracas él volaría a Madrid para apoyar el lanzamiento del disco en España, y que se iba a casar con Chloé en Marruecos. Todo parecía demasiado veloz para una relación de dos meses, pero a Gustavo le gustaba manejar con velocidad en la ruta y en la vida. "Estaba embobado con ella —acepta Taverna—, pero lo he visto tantas veces así. Era un enamoradizo compulsivo, y siempre era para casarse. Cuando salimos ese segundo tramo de 2010, Gustavo no paraba. Estaba permanentemente acelerado, no descansaba nunca y cada vez fue peor".

—¡Qué resaca tengo! —le confesó Cerati al público de Miami—. ¡Qué alguien me traiga un tequila, por favor!

La audiencia lo tomó como una humorada, un guiño cómplice y sus allegados no se sorprendieron porque en los dos tramos de la gira estuvo dicharachero frente al micrófono, más parlanchín de lo que solía ser; alegre de estar enamorado, de estar en la ruta, de tener una banda tan buena que pudiera estar a la altura de un trabajo que él consideraba el mejor de su carrera. Su esfuerzo por dejar completamente atrás a Soda Stereo se veía recompensado por el resultado. Se sentía en estado de gracia, aunque se sintiera en estado de desgracia por el dolor de cabeza. Eso era pasajero. O fue lo que creyó. Luego del concierto cenó en Prima Pasta, un clásico para los argentinos que están o viajan a Miami, y lo vieron cuatro o cinco personas que se preocuparon porque lo notaron sobregirado, excedido, con el motor a más revoluciones de lo que la marcha exigía.

Con reserva de su identidad, alguien que estuvo muy cerca de Gustavo durante unos cuantos meses no demasiado tiempo atrás quedó impresionado. "Compartí la inquietud con varias personas, pero no vi a muchas de ellas preocupadas. Alguien que venía con el ritmo de Gustavo era indetenible. El show de Miami fue muy bueno, y después hubo bastante joda y fiesta. Cuando la cosa amainó le dije que me impresionaba y me respondió que cuando terminara la gira se iba a Uruguay y se iba a calmar y a limpiar". Era difícil detectar el punto en el que Cerati excedía el límite de velocidad porque las ruedas venían girando muy rápido desde hacía tiempo y ya parecía algo normal. Los ojos de afuera podían ver cualquier cosa, pero no aquellos que lo hubieran conocido: a ellos se les hacía más marcado el contraste. Chloé viajaba a la misma velocidad pero su carrocería era más joven.

"Sí —acepta Taverna—, había una combinación de que a él se lo notaba exultante; estaba tan pleno y enamorado... Pero nunca estuvo incoherente, nunca hizo un show donde derrapara: jamás perdió un avión. Entonces solo nos dábamos cuenta nosotros, pero no resultaba diferente al Gustavo de los últimos años. Todo esto empezó con la reunión de Soda. Y de ahí no bajó más. No fue una fiesta, fue una situación excitante. No tengo idea de cuándo comenzó su dolor de cabeza, conmigo no se quejaba. No lo supe hasta Colombia. Y parece que le pasaba de antes. Positivamente, sé que él a mí me ocultaba cosas pero en Colombia me acuerdo perfecto que me lo dijo.

—Me duele la cabeza.

—Y, ¡hay que parar un poco! ¡Tenés que descansar!

"¡Y medio que se me enojó!"

Quedaban solamente tres shows antes que el tramo finalizase: Medellín, Bogotá y Caracas. Antes del inicio de la gira, Nando los reunió a todos y les dijo que había una responsabilidad general de cuidarlo a Fernando Nalé, que había tenido problemas. Ya estaba a pleno para volver al escenario, pero no podía salirse del camino. Richard Coleman, en cambio, había recuperado la sobriedad hacía tiempo y no requería de cuidados. Sabía cómo hacerse cargo de sí mismo y su problema era otro, y lo resolvió con categoría.

Por ser amigo de tantos años de Gustavo tenía algunas prerrogativas y las usaba. No podía tener una habitación para él solo, pero podía elegir entre compartirla con Nalé o con Gonzalo Córdoba. Eran dos guitarristas en un mismo territorio y sentía que los dos andaban con cuidado uno del otro.

—¿Sabés qué? Poneme con Gonzalo, a ver si nos hacemos amigos o nos peleamos.

"Dicho y hecho —resume Richard—, funcionó. La primera semana nos contamos toda la vida, la niñez y cómo comenzamos a tocar. Nos conocimos en los ensayos pero nos fuimos haciendo amigos en la gira".

— • —

El lunes 10 de mayo Cerati y su comitiva llegaron a Medellín: tenían un show al día siguiente en La Macarena, una plaza de toros. Allí los aguardaba Julio Correal, empresario y amigo de Gustavo. "Yo lo vi fantástico —recuerda Julio—, y en el *rider* se especificaba que después del show habría fiesta y había que armarle un DJ—Set para que pusiera música. Estaba muy ilusionado porque estaba con su novia, Chloé, que era fantástica y preciosa. Estaba súper bien, pero noté un poquito de indisciplina con la alimentación y que estaba fumando como una bestia. También estaba un poco estresado porque tenía que viajar a Madrid para promocionar *Fuerza Natural* y el viaje era largo.

Si un vuelo duraba más de cuatro horas, lo tenía que hacer en posición horizontal".

Se había comprado una guitarra Mosrite de doble mango en Los Angeles y no encontraba la canción dónde meterla. Se salía de la vaina por usarla en el show y en Acapulco decidió desempolvar otro tema de Soda Stereo, "Trátame suavemente" para darle el gusto a Chloé que era la única canción que conocía del legendario trío. Repitió en Miami y Medellín (donde pifió y buscó la mirada de Gonzalo Córdoba), ya con su agarre más acostumbrado a la guitarra y el tema se quedó hasta el último show. No así Chloé que se despidió de Gustavo después del de Medellín porque debía viajar a Londres por trabajo; la idea era encontrarse en Europa y en algún momento casarse en Marruecos. "Tengo todo por delante", cantaba noche tras noche, al comienzo de cada concierto.

El show de Bogotá dejó cierto sabor amargo porque no hubo lleno. Era el efecto Soda: la escala de Cerati solista y la del trío no eran las mismas. En Miami hubo cinco mil espectadores, pero el lugar lució lleno porque podía disimularse con telones negros y un armado diferente. La banda partió el viernes hacia Caracas y Gustavo lo haría en la mañana del sábado. Tras el show del jueves en el estadio El Campín, a Gustavo le comenzó a doler la cabeza, y cosa rara, no quiso salir. "Quédate en el hotel —le dijo Julio Correal—, tómate un agua de coco y nos llamas si te sientes mejor". Aparentemente el remedio funcionó porque después se lo vio a Cerati en Armando Records, una conocida discoteca de Bogotá, donde lo esperaban un montón de amigos. Pero luego se fue con Julio Correal y su mujer a la casa de otro amigo en Chapinero. "Y nos quedamos hasta las cuatro de la mañana hablando de la familia", asegura Julio.

El viernes, Gustavo sintió los efectos de la noche anterior, pero cuando Julio pasó a buscarlo se sorprendió.

—Che, Julito. ¿Cómo hacés para llegar tan fresco como si nada?

—No sé, Gus: no me da guayabo. ¿Qué quieres que le haga?

Nando Travi fue bastante claro con Gustavo en remarcarle

los beneficios de seguir existiendo para los hijos, para hacer música y divertirse. Y que era importante descansar un poco. Cerati tenía que guardar resto para enfrentar a la prensa madrileña, encontrarse con Mundy Epifanio para diseñar un plan de presentaciones en Europa y coordinar si se comenzaba en octubre con un nuevo tramo de la gira o se esperaba al 2011. En Buenos Aires lo aguardaba una cirugía de hombro para que no se le siguiera saliendo de lugar. Y un buen descanso reparador en Punta del Este o donde quisiera.

En Caracas habría revancha contra el show de Bogotá y el clima fue absolutamente diferente. "El show de Caracas fue tremendo —afirma Uriel Dorfman, monitorista en la gira—, Gustavo estaba cantando increíble, el lugar estaba llenísimo y todo fue alucinante". El concierto se celebró en el campus de la Universidad Simón Bolívar. "Un lugar hermoso —recuerda Gonzalo Córdoba—, rodeado de montañas. Debió ser un poco alto porque recuerdo nubes que nos tapaban el público. Fue una situación mágica". "En Caracas —cuenta Coleman—, tuvimos un público amoroso que realmente lo esperaba y un lugar precioso; grande, pero no al pedo. No era frío como lugares anteriores. Gustavo llegó el día del show a las diez de la mañana y tocó muy bien esa noche. Yo después supe que en Colombia había habido rock and roll, pero siempre fui muy respetuoso de la privacidad ajena, y desde mi condición de 'sobrio', Gustavo también me cuidaba de eso, no me llamaba a participar".

Gustavo se hospedó en el hotel Gran Meliá de Caracas y alrededor de la una de la tarde llegó al predio de la universidad para un encuentro con los fans, vistiendo un jean, una remera gastada con el logo de la NASA, y una curiosa medallita que en vez de un santo tenía un parlante muy chiquito. Usaba anteojos oscuros y tenía una barba de dos o tres días, lo que estaba dentro de los parámetros habituales en su look. Alguien lo notó lento y detectó que llevaba los cordones desatados, lo que podría indicar alguna hinchazón de sus pies y también la causa de su lentitud: nadie está muy cómodo con los cordones sin atar. Los animó a hablar y dijo que se sentía un poco mal porque estaba resfriado. Se encontraba perfectamente ubicado en tiempo y espacio y se encontró con los ganadores de un concurso con quienes conversó un rato y luego se fue a probar sonido. En esa prueba hubo un detalle que alguna gente cercana luego magnificó, una confusión de Gustavo cuando le dijo a Gonzalo Córdoba que tocaran "No te creo", que es una canción que no estaba en la lista y que no tocaban hacía mucho tiempo. "Esa no la tocamos", lo corrigió Córdoba, "Magia, hacemos". Gustavo lució un poco sorprendido, pero antes Anita había gritado "no te creo", lo que parecía más una acotación de ella ante una conversación entre Gustavo y Taverna a través del micrófono[70].

Del otro lado del vallado, o casi, se encontraba el fotógrafo Carlos Sánchez que era el profesional contratado por Evenpro, la productora de la presentación. Lo conocían, se trataba del primero en fotografiar a Soda Stereo en Caracas, cuando el resto de sus colegas se negaba a retratar a gente con tanta efusividad capilar. El mánager de Gustavo le pidió que tomara fotos de todo el concierto, porque la regla habitual para los fotógrafos es que puedan trabajar los tres primeros temas para que luego el show se desarrolle sin interferencia de flashes. "El mánager me pidió que le tomara fotos a Gustavo hasta el último tema porque se estaba terminando la gira y no tenía fotos de la segunda mitad que es donde salía vestido de blanco", explica Sánchez.

—Cuidado con las muecas de Gustavo y fíjate que él suda mucho en los shows.

Ese es un detalle no menor: el fotogénico de Soda Stereo era Charly Alberti. Y durante toda su vida, Gustavo ha gesticulado arriba del escenario por el simple disfrute de la música. A veces esos gestos son estéticamente agradables, pero en fotos suelen distorsionar el rostro del artista. "El show estuvo espectacular —afirma Carlos—, de todo lo que yo he visto de él solista, apar-

---

70 Las charlas entre Gustavo y Adrián Taverna a través del sistema de monitoreo solían ser escuchadas con atención por los que estuvieran en el escenario. Un show aparte.

tando el sinfónico, fue de lo mejor. Él le puso mucho corazón, le gustaba estar en Venezuela y el público era muy fan. Se lo veía alegre, pero yo noté que estaba un poco agotado, aunque en mis fotos de aquella noche lo veo feliz".

Todos estaban contentos: el clima era espectacular, el meteorológico y el popular. Era el cierre de gira, que aunque fuera un tramo anunciaba la cercanía del regreso a Buenos Aires para todos salvo para Nando y Gustavo. Fue un show muy caliente, muy preciso, sin nada fuera de lo normal. Sí hubo una mención especial para Richard Coleman, porque Cerati recordó que había vivido en Caracas de chico "en la etapa formativa de la vida, ¿hasta qué edad?". "Hasta los seis", respondió Richard, sorprendido por la memoria de Gustavo. En "Lago en el cielo", que fue la canción final, se lanzó a un solo prolongado, girando varias veces sobre sí mismo, sin perderse sobre el escenario. Cuando abordaron la combi que los iba a trasladar los quinientos metros que había hasta el camarín, Gonzalo Córdoba se acercó a Gustavo.

—Che, ¡qué solazo te mandaste! Lo hiciste largo —lo felicitó. Gustavo se rió.

"En el último solo siempre se prendía fuego: era el apogeo del show. Le hice ese comentario, después llegamos a los camarines y comenzaron a aparecer los amigos y los amigos de los amigos". Gustavo fue a su camarín y a los pocos minutos se acercó Richard y se les sumó Taverna. "Después del show —cuenta Richard— nos quedamos él, Adrián y yo charlando un rato y hablamos textualmente de que había sido el más exitoso de la gira. Estábamos solos, se dio la charla, no fue a propósito; después vino un fan habitual, nos miramos con Adrián y nos fuimos a comer algo. Dejamos a Gustavo atendiendo su ego". No se quedó solo porque Nico Bernaudo no le perdía pisada. Al toque llegó Uriel Dorfman en su habitual recorrido de recolección de los *in-ears* a medida de sus oídos.

—Buenísimo el show, Gus.

—Gracias, Uriel. Sí, estuvo bien.

"Luego nos sacamos una foto todos juntos —hace memoria Uriel—, Gustavo incluso hizo algún chiste. Al terminar, cada uno se dio vuelta y fue a saludar a conocidos, como en todo show". "Nos hicimos la foto famosa —cuenta Richard— que la sacó Samalea con una cámara automática. Yo estaba medio atrás y no lo podía ver bien, Gustavo entró para la foto, se puso de espaldas a mí, y se fue". "Cuando nos vamos a sacar la foto con toda la crew —dice Gonzalo Córdoba—, Gustavo apareció con cara rara, como de desconectado. Estaba como en otra foto".

Todos se dispersaron y Cerati se dirigió con premura al camarín y detrás suyo fue Nico Bernaudo porque fue el primero en darse cuenta que a Gustavo le sucedía algo. Notó que su marcha estaba como fuera de tempo. "Entré al camarín y lo vi mal —cuenta Nico—, no podía hablar y yo no llegaba a entender cuál era el problema. Lo ayudé a sentarse, llamé al mánager y me fui a buscar al médico que estaba en la puerta". Nando Travi, Diego Sáenz y Charly Michel, que era el kinesiólogo de Soda Stereo y continuó trabajando luego con Cerati, ingresaron al camarín y rápidamente hicieron que la seguridad desalojara el lugar. El fotógrafo Carlos Sánchez, que estaba bajando las escaleras para hacer unas fotos finales de la recepción programada, se encontró a contramano de la gente. Vio también cómo su amigo Mario Vargas corría presuroso al camarín y escasos minutos más tarde observó la rápida salida de la ambulancia.

No había que ser mago para darse cuenta de que algo grave sucedía. Eran cerca de las once de la noche en Caracas y en el lugar se hizo un silencio total, por lo que algunos miembros del equipo de Gustavo pudieron escuchar los bips de los aparatos. Ingresaron el paramédico y una enfermera, le tomaron inmediatamente la presión y la frecuencia cardíaca. Antes lo acostaron en el suelo, porque estaba con la espalda contra la pared. Cuando vieron los parámetros todo estaba altísimo: la presión arterial, la frecuencia cardíaca y la respiratoria. "Hay que llevarlo", indicó el paramédico a los pocos minutos. El mánager aceptó de inmediato y Gustavo se incorporó y fue caminando a la ambulancia que estaba a muy pocos metros. No iba a permitir que lo vieran en una camilla mientras le fuera posible. Nando Travi viajó con él en la ambulancia, y detrás fueron Nico Bernaudo, Adrián Taverna y Santiago Otero, el director de Evenpro. La idea original era trasladarlo al centro San Bernardino pero quedaba muy lejos, entonces por cercanía se optó por llevar a Gustavo a la policlínica Las Mercedes, que en ese momento experimentaba un corte del suministro eléctrico. El otro lugar cercano era el Centro Médico Docente La Trinidad y se dirigieron con premura hacia allí.

En La Trinidad fue ingresado con el informe del paramédico que poseía los siguientes datos:

Nombre: Gustavo
Apellido: Cerati
Motivos de consulta: Mareos y dificultad respiratoria
Antecedentes: Para el momento niega
Signos vitales:
TA (tensión arterial): 160/120
FC (frecuencia cardíaca): 135
FR (frecuencia respiratoria): 34
Examen físico:
Disminución de la fuerza muscular en el miembro superior derecho, los miembros inferiores y el miembro superior izquierdo conservaban su fuerza muscular.
Diagnóstico final: Crisis hipertensiva. ACV a descartar.

Dentro del entorno de Gustavo, las opiniones posteriores se dividieron en dos. Una decía que el equipo médico se quedó paralizado sin saber qué hacer y que era un médico jovencito recién recibido, lo que no fue verdad. Y la otra opinión no es un juicio de valor sino la certeza de que Gustavo recibió atención médica con la celeridad que su cuadro ameritaba. Al paramédico, y lo hizo constar en su informe, no se le dificultó saber lo que sucedía. Cualquier doctor sabe que si hay una afasia, es decir una parálisis de un lado del cuerpo, una dificultad motora o una pérdida del habla, hay algo que está sucediendo en el cerebro. Y lo más probable es que se trate de un AIT: un accidente isquémico transitorio.

Mario Vargas, el paramédico en cuestión, vio buena parte del show y declaró lo siguiente: "Se le notaba un poco el cansancio, ya en las últimas tres o cuatro canciones. Tenía un poco de ojeras. Cuando fuimos a tomar la atención y vimos esa tensión que no estaba en sus parámetros procedimos a hablar con el mánager y decirle que la recomendación era trasladarlo a una clínica. El mánager sin mediar palabra accedió y no hubo necesidad de sacar la camilla. Y ahí sí le colocamos 25 mg de captotril, una tableta de 10 mg de atelonol, y oxígeno a tres litros"[71]. Lo necesario para atacar el cuadro hipertensivo hasta que se le pudieran hacer estudios que determinaran por qué se había producido, evaluar y confirmar que se tratara de un accidente cerebro-vascular, como el cuadro de afasia hacía prever, y proceder al tratamiento médico correcto.

Cuando a Vargas se le preguntó si Gustavo tenía aliento alcohólico u olor a cigarrillo respondió que no. "Nada de eso". Después de la foto, Fernando Nalé se fue a la van que iba a llevar a los músicos al hotel. "Cuando veo que pasa el tiempo y no nos movíamos fui a preguntarle a una de las chicas de producción por qué no arrancaba la combi. Ahí me dijeron que a Gustavo le había bajado la presión, después me dijeron que se había desmayado y que lo llevaban a que lo vieran". "Nos quedamos un rato ahí —recuerda Coleman—, todo era un quilombo porque nadie sabía qué hacer. Los médicos se llevaron a Gustavo y a nosotros nos subieron a una van y nos llevaron para el hotel. Estuvimos casi todos en mi habitación un buen rato esperando noticias; estábamos con Leandro, Nalé, Gonzalo y no sé si estaban Samalea y Anita. Pero nos quedamos atónitos. Preocupados, pero atónitos". "Desde que se tomó la foto hasta que yo lo vi a Gustavo en esa situación —precisa Bernaudo—, pasaron quince segundos. Hasta que vino el médico fueron treinta segundos más. No sé cuánto tiempo habrá pasado entre que lo

71 Declaraciones de Mario Vargas al programa *Compás de Espera* del canal Vía X.

revisaron y hasta que lo subieron a la ambulancia. Pero más rápido que eso no existe".

Solamente el médico y acaso la enfermera podían saber que si se trataba como se temía de un ACV, un accidente cerebro-vascular, el factor tiempo era crucial.

45

Bomba de tiempo

Los sucesos de esas horas fueron turbulentos y traumáticos. Las pocas personas que participaron de ellos los recuerdan parecidos pero con mínimos detalles cambiados que pueden incidir en la reconstrucción de lo que verdaderamente le sucedió a Gustavo Cerati al filo de la noche del 15 de mayo del 2010 en Caracas. Lo cierto es que en la atención inmediata no hubo demoras y rápidamente Gustavo fue trasladado a un lugar donde se le podía brindar la atención médica necesaria. "El sanatorio de La Trinidad es considerado A1 —asegura el fotógrafo Carlos Sánchez—, de lo mejor de Venezuela y también de los más caros". Es fundamental entender que si hay presunción de ACV, el diagnóstico no puede demorar porque hay una ventana terapéutica de cuatro horas para intervenir con una terapia trombolítica que conjure la situación. Un cuerpo humano es una máquina sutil, imperfecta y cada organismo tiene sus peculiaridades: ese tratamiento no sirve en todos los casos. Y no se trata de inyectar un anticoagulante habitual como la heparina y nada más. La terapia trombolítica se terminó de instrumentalizar a fines de los 2000 y es difícil saber si en Venezuela la estaban utilizando, dada la compleja situación socioeconómica que atraviesa aquella nación desde mucho antes de 2010 y que aún persiste.

El único médico venezolano de los que atendieron a Gustavo Cerati que habló un poco más allá de las declaraciones que en estos casos se hacen a la prensa, de las que tienen muchas palabras pero poco contenido más allá del formalismo, fue el neurocirujano Hernán Scholtz que intervino de urgencia al músico a las 72 horas de su arribo. "Estuvo tres días enfermo, estuvo manejado por neurología y se hizo el tratamiento adecuado en ese momento, porque él, a la hora en qué llegó y el tiempo que había transcurrido, había pasado la ventana terapéutica que hay por el trombo crítico". Es por eso que algunos médicos de Argentina dijeron que en Buenos Aires se habría salvado. La observación es incierta e incomprobable, aunque tal vez sus chances podrían haber aumentado mínimamente porque la terapia trombolítica ya se usaba en Argentina y no hay datos que permitan afirman que en Venezuela también. Pero hay situaciones en las que no se utiliza esc tratamiento: es una situación bastante compleja que evalúa un neurointensivista, ni siquiera un médico clínico. Porque se puede empeorar la situación y pasar de un accidente isquémico a una situación hemorrágica. Una isquemia es cuando un trombo obstruye una arteria e impide la irrigación de una región del cerebro que, en el caso de Cerati, probablemente haya sido el área de Brocca, que es la zona del lenguaje. Una hemorragia es lo que normalmente se conoce como un derrame que ocurre cuando se rompe un vaso cerebral y que los especialistas consideran más severo que una isquemia.

Lo que sí parece bastante cierto es que en La Trinidad no había neurólogo de guardia y que recién alrededor de las cinco de la mañana, con la ventana terapéutica cerrada, apareció uno que explicó lo que estaba sucediendo. Nando Travi ya estaba en comunicación con médicos de Buenos Aires con los que iba monitoreando la situación con los pocos datos que poseía, y él o Nicolás Bernaudo logró hablar con un neurólogo de Buenos Aires que les dijo que eso tenía todas las señas de un ACV, como constaba en el informe paramédico. Gustavo ingresó en camilla al centro médico por precaución y fue derivado a una sala común. Lo ideal hubiera sido que lo ingresaran en terapia intensiva. ¿Hubiera cambiado eso los acontecimientos? Cualquier respuesta es contrafáctica. El neurólogo presente recomendó una fórmula: paz + ciencia. Adrián Taverna, por su temperamento y también por lo asustado que estaba de ver así a su amigo, no podía atenerse a esos dos parámetros y exigía algún tipo de acción. "Una de las primeras cosas que dicen es: 'lo vamos a dejar en observación'. Yo me quedé con él, con Nando, Nico y Charly hasta las cinco de la mañana. Nos dijeron que había que esperar que al mediodía viniera el director porque era un domingo. Insistiendo logramos que lo viera alguien. Todo el mundo estaba asustado y yo estaba enloquecido sin ver que se hiciera nada".

Desde afuera hay voces críticas que señalan que habría que haber llevado a Gustavo a otro lado, pero no se tiene en cuenta que si hay un coágulo dando vueltas es muy riesgoso mover al paciente siquiera en la misma Caracas: no era prudente ni tampoco factible contratar un avión sanitario que trasladara a Gustavo a Miami, México o Buenos Aires. En aquellas horas críticas hubo alguien de su entorno que consiguió localizar a uno de los mejores neurólogos de Venezuela y el hombre se quedó esperando un llamado que nunca sucedió. Demasiadas opiniones para un caso tan complejo e incierto. Porque la tomografía craneal se le hizo pero sus resultados no fueron muy claros: las primeras imágenes no permitieron establecer la ubicación del trombo. El neurólogo que atendió a Cerati dijo que había que esperar la evolución porque la situación podía cambiar a un terreno más favorable o a un escenario más crítico. Eso se vería en cuarenta y ocho horas.

Gustavo no podía hablar pero estaba consciente. Tenía dificultad de expresión, pero al mismo tiempo entendía todo. Y evidenciaba un estado de frustración al ver que su brazo derecho no le respondía y que no podía hablar. El avión de vuelta a Buenos Aires salía a las siete de la mañana: Anita Álvarez de Toledo y Leandro Fresco decidieron quedarse; Fernando Samalea también pero ya lo tenía previsto de antes. Mandaron de vuelta a todos los demás. "Yo no pensé en quedarme: lo que pensé era que tenía que venir la familia —dice Richard Coleman—. No había nada que yo pudiera hacer y para mí tenía que venir la familia para llevárselo porque, más allá de todo y sin prejuicios, viendo el estado en que estaba esa ciudad, ese país, ya se notaba que estaba todo bastante mal. Cuando ves la pobreza, la ves. Y del viaje anterior, cuatro años antes, a este, se veía claramente el deterioro".

Adrián Taverna hizo la primera guardia para que los demás fueran a dormir porque hacía falta alguien lúcido para hablar con el médico que llegaría al mediodía, aunque en verdad nadie durmió. Gustavo estaba muy serio, sin poder hablar, y a veces se dormía. Parecía que el sueño lo atrapaba en sus redes y lo obligaba, al fin, a descansar. No era cansancio: después se sabría que era un síntoma. Al mediodía no llegó ningún médico, pero sí un plato de arroz con pollo, algo de sopa y un poco de salsa "por si el señor quiere comer". "¿Tenés hambre?", le preguntó Taverna y Gustavo dijo que sí. Se lo tomó como una buena señal. Luego sí llegó un primer médico, que habló un rato largo con Nando, y un segundo, y un tercero. "Era un festival —se indigna aun hoy Adrián—, venían a ver al artista y yo me calenté. Nadie se presentaba, venían todos con guardapolvos".

Había preocupación porque ya había trascendido a la prensa venezolana que Gustavo había sido trasladado en ambulancia al centro médico, por lo que se decidió emitir un comunicado a través de Amelia Álvarez explicando que Cerati se había descompensado y también se habló con Laura para que estuviera al tanto de la salud de su hermano. Se dijo que había tenido una suba de presión debido a estrés y agotamiento. En ese momento, Benito y Lisa dormían en la casa de Laura. Pero el domingo, Gustavo parecía estar mejor. "Ya empezó a mandar —se ríe Taverna—, no quiso la sopa, ni el plátano frito, y se comió el pollo con arroz con el apetito de siempre. Y yo comencé a hablarle, pero estaba como fastidioso. ¿Lo habré aturdido? Cuando lo acompañé al baño, vio que podía caminar pero se quedó frente al espejo, como si no se reconociera. Me miraba, me hizo señas de que quería escribir. Yo pensé que me iba a putear por escrito. Pero al no poder escribir creo que tomó conciencia de que algo muy grave le estaba pasando. Agarró el control remoto de la tele y se puso a hacer zapping. Empezó como a despabilarse, a estar más activo, yo jugaba con el control remoto de la cama y se ve que lo fastidié; lo subía, lo bajaba, para joderlo, y en un momento me levantó la mano para que pare. En eso vi una reacción. Fue muy notable el cambio. Nando y Nico estaban conmigo. Charly Michel se quedaba a la noche, y a las ocho o nueve me mandaron a dormir. Cuando Nico volvió a entrar, antes que me fuera, le pregunté si tenía hambre y me dijo que sí".

—Ya sé: querés una pizza de La Mezzetta.

Gustavo le hizo una cara que fue elocuente: ¿estás loco? Pero aceptó la arepa que Nico Bernaudo le ofreció, no sin antes preguntarle a las enfermeras si el paciente podía comer. Samalea pasó por la tarde, y a la nochecita fueron Leandro y Anita. Nando y Nico se fueron con Taverna al hotel a descansar. "Me fui contento —dijo Adrián— porque lo había visto reaccionar y con mucha movilidad dentro de lo que podía. ¡En cualquier momento pedía un cigarrillo!". El panorama cambió drásticamente en la mañana del lunes porque cuando llegaron a las nueve para la consulta acordada con el médico, Gustavo estaba muy mal. "Todos estábamos optimistas porque él había pasado bien toda la noche —confiesa Adrián—, y yo estaba seguro que llegábamos y nos iba a empezar a retar a todos. Pero llegué y lo vi muy mal: nada de lo que me habían dicho era lo que estaba pasando".

Cerati se agarraba la cabeza y evidenciaba que sentía mucho dolor. Taverna comenzó a gritar y casi le aplican un sedante a él, pero llevaron a Gustavo a hacer un estudio y decidió acompañarlo. Por suerte, porque la camilla no pasaba por la puerta del lugar donde le iban a hacer otra tomografía.

—Agarrate —le dijo Adrián a Gustavo y lo alzó—. Mirá: somos como recién casados —le dijo mientras lo trasladaba. Con un ojo, Gustavo le hizo entender que no estaba para chistes.

"Fue el último momento en que tuvimos conexión. Lo puse en el sillón, le acomodé la ropa y después lo limpié del pegote de todos los sensores que le pusieron: yo trataba de que lo tocaran lo menos posible. Lo volví a poner en la camilla, lo tapé y después que un médico lo revisó lo llevé a hacerse una resonancia".

Cuando lo colocan en el resonador, Taverna le habló.

—Gus, estoy acá afuera, quedate tranquilo.

Adrián le había sacado la cadenita con el parlante y se aseguró de que no hubiera ningún objeto metálico. De repente, escuchó que el resonador había parado y vio que el técnico salió a buscarlo.

—Va a tener que entrar usted con él porque se mueve mucho.

¡Gran problema! Adrián es claustrofóbico y ni en esa ocasión quiso acercarse a menos de dos metros del aparato, pero se quitó toda la metalería, lo abrazó y entró con Gustavo al resonador, que por suerte era abierto.

—¡Aguantá, Gus! —intentó calmarlo—, es un ratito, así nos vamos de acá, tenemos que ir a casa.

Lo llevó de vuelta a su habitación, pero lo vio en muy mal estado. Adrián se angustió y con toda la razón del universo a su favor. Gustavo Cerati estaba cursando un segundo ACV. Los resultados de los estudios confirmarían las peores presunciones.

— • —

—¿Cuándo podés viajar, Laura?

—Apenas me digan.

A Laura le cambió por completo el panorama en el segundo llamado, tempranísimo el día lunes. "Agarré dos cositas y salí para el aeropuerto —cuenta Laura—. Cuando llegué, mi hermano estaba en una habitación común, con máscara de oxígeno y tubos. Le estaban haciendo un montón de estudios y me explicaron que evidentemente había tenido un coágulo que le afectaba el cerebro, pero que todavía no habían podido ubicarlo bien. Lo que les llamaba la atención era que se estaba adormeciendo cuando no había motivo para que eso pasara".

Gustavo le reconoció la voz, entabló contacto visual con su hermana, pero no podía hablar. Hizo algún gesto típico de él, de tocarse los rulos y sacó algo de atrás de la almohada. "Era una estampita de un santo de la salud, según pude entender[72]. Alguien

72 Es probable que haya sido una estampita de José Gregorio Hernández, el médico de los pobres, una figura venerada en Venezuela y también en Colombia. Se le pide ayuda en situaciones graves de salud. Fue beatificado en 2021.

se la había dado. Se quedó un rato mirándola y luego volvió a guardarla en el mismo lugar. Los médicos iban y venían".

—Quedate tranquilo, Gus, que estoy acá y estamos todos para cuidarte y que te pongas bien —le dijo Laura, que se quedó a su lado todo el día.

Cuando ya llevaba más de veinticuatro horas sin dormir, le sugirieron a Laura que fuese al hotel, donde ya tenía una habitación esperándola y que tratara de descansar y volver temprano al día siguiente. Por el tránsito se demoraba mucho en ir y volver. El martes, cuando ya está a bordo de un auto para regresar a la clínica, Laura recibe un llamado desesperado del mánager de Gustavo.

—Laura, va a haber que intervenirlo y quitarle la plaqueta craneal para descomprimr el cerebro porque lo tiene muy inflamado. Solamente lo pueden hacer si lo autorizás vos.

—¿Es absolutamente necesario?

—Si no lo hacen, se muere.

—Bueno, que lo hagan.

—Hasta que no firmes no pueden hacer la operación. ¿En cuánto llegás?

—En lo que el tránsito permita.

Laura fue directo a terapia intensiva, donde Gustavo había sido trasladado, y apenas firmó se lo llevaron para el quirófano. En Buenos Aires la noticia ya había trascendido. No se trataba de una descompensación ni un vahído. Las palabras "cirugía cerebral" daban cuenta de un estado de gravedad máxima.

— • —

Taverna tuvo que viajar a Buenos Aires porque debía firmar la escritura de su casa y no podía posponer más el trámite. No estuvo ni veinticuatro horas en Argentina, y regresó a Caracas junto con Diego Sáenz que había viajado el domingo con los músicos y también quiso estar cerca de Gustavo. Al partir, la vio llegar a Laura por otra manga en el aeropuerto acompañada por Martín Larumbe de Popart, que viajó con ella para acompañarla y tratar de mantener a raya a los periodistas que asediaban la clínica.

Gustavo Ortiz, a quien todos en Caracas conocen como Maturín, fue designado por la empresa de seguridad contratada por la productora para estar al frente de un grupo de cuatro personas. El problema no era la prensa en el ingreso de la clínica, sino los paparazzis y periodistas que intentaban ingresar con guardapolvo médico. Ya Taverna había abarajado a un par con su olfato de sabueso. "El martes comencé a trabajar —cuenta Maturín— y puse a un muchacho de seguridad en planta baja, otro en la puerta del quirófano o en cuidados intensivos, y otro en el piso de arriba donde estaba su habitación. Nuestro trabajo era ser filtro y trabajar junto con los médicos y la seguridad propia de la clínica. Vimos a la prensa hacer barbaridades, disfrazarse de doctor, de enfermero, para llegar a los familiares". Pero el mayor riesgo era algún paparazzi kamikaze que intentara tomarle alguna foto a Gustavo. Se ofrecía mucho dinero por esa imagen. "Un día vi a uno que entró con guardapolvos —cuenta Taverna—, lo veo venir por el pasillo y miro, hace algo que me pone alerta, lo encaro y comenzó a escapar. Lo alcancé y tenía cámara oculta y micrófono. Después vino una mujer maquillada como una puerta y la vi nerviosa, no conocía el lugar. Le dije que se fuera porque la iba a meter presa".

Con la firma de Laura, Gustavo fue intervenido con velocidad para hacerle un desplaquetamiento, una operación por la cual se retira una plaqueta ósea del cráneo para que el cerebro inflamado tenga lugar donde expandirse y no comprima el tallo cerebral, que es la pieza crucial de la región, la llave maestra del organismo. "La lesión que tuvo él —explicó el neurocirujano Hernán Scholtz—, que pensamos que era una arteria del cerebro, originalmente comenzó en la arteria carótida, que es lo que se llama una infección de carótida. Aparentemente, la carótida tuvo una lesión, eso fue formando trombos y los trombos fueron tapando la arteria cerebral. Estando en coma se entuba para una buena ventilación y manejar el edema cerebral". En esa precisa instancia, Scholtz observó uno de los síntomas más temidos: la midriasis, la dilatación de pupila. ¿Por qué es tan grave? Porque significa que está afectado el tallo o tronco cerebral. De manera que los problemas fueron dos: la lesión de carótida y el edema que aprisionó el tronco.

"Cuando la gente de terapia pidió una tomografía urgente —prosiguió Scholtz— nos damos cuenta que hay un gran edema cerebral con gran infarto y lo que nosotros hacemos se llama una craneotomía compresiva, le quitamos un hueso de la mitad del cráneo que está afectado. ¿Para qué? Para darle espacio al cerebro para que se pueda expandir, baje la presión y deje de comprimir el tallo. Y también se le puso un catéter dentro del ventrículo cerebral; los ventrículos es un área del cerebro que produce líquidos, que es un líquido cerebral (cefalorraquídeo o cerebro espinal), que si uno pone un catéter ahí y va sacando el líquido se puede ir bajando la presión. La idea de la cirugía era bajarle la presión que había en el cerebro comprimiendo el tallo cerebral. Todos estos síntomas ocurren en terapia intensiva, por supuesto al darse cuenta lo que estaba ocurriendo, llaman a neurocirugía que estábamos aquí en quirófano. Y terapia intensiva quedaba a veinte metros. (...) Cuando vinieron los médicos de Argentina, a verlo aquí en terapia, llegaron al diagnóstico que tenía la carótida hasta arriba, dijeron que es una enfermedad muy grave y es eso lo que tiene que vencer. Desde el punto de vista quirúrgico nosotros estamos muy conformes con lo que hicimos y cuando hablamos con los médicos de Argentina, se le explicó el caso, y dijeron que hicimos lo que se hubiera hecho en Argentina"[73].

El domingo 16 de mayo, se le avisó a Chloé Bello lo que le estaba sucediendo a Gustavo. De acuerdo a su versión, no estaba en Londres como se esperaba sino en Amberes (Antwerp), en Bélgica. Le contaron que Gustavo la quería a su lado y se encaminó de inmediato a Caracas pero explicó que como no había aeropuerto iba a tardar en llegar. En realidad, Amberes tiene su propio aeropuerto, y el de Bruselas se encontraba a una hora en auto. Tuvo que viajar a París por tierra, a cuatro horas de Amberes, para conseguir un vuelo que la depositara

73 Declaraciones del doctor Hernán Scholtz al programa Compás de Espera del canal Vía X.

en Caracas. Si llegó dos horas antes que la familia, como declaró, fue antes de que llegaran Lillian, Estela y Guadalupe, la hija de Laura, que había llegado a Caracas hacía ya 24 horas. Porque una vez que Laura firmó la autorización, Gustavo fue al quirófano y una vez concluida la operación quedó en terapia intensiva donde las visitas son acotadas a una o dos veces por día y con un máximo de dos personas por paciente. Más tarde arribarían a La Trinidad los hijos de Gustavo acompañados por su mamá. Se les dio a todos una habitación especial para que pudieran esperar más cómodamente que en un pasillo.

"A la familia la vi con mucha fe —recuerda Maturín—, la mamá de Gustavo decía siempre que Gustavo iba a salir de esto. Tuve mucha afinidad con todos ellos. Pero los días eran tensos con la prensa afuera: había siempre un mínimo de veinte o treinta periodistas y teníamos que tener ojos entornados porque de repente se metían por el estacionamiento, pero los interceptábamos a la salida del ascensor porque nos comunicábamos por radio. En esos días las mejores aliadas fueron las enfermeras que nos indicaban si tal o cual era personal de la clínica. Aquí trataron de tomar una foto de Gustavo, y era un personal médico. Nos avisaron e intervinimos, pero creo que fue una foto que salió borrosa por algún lado y luego me enteré que a esa persona la habían botado de la clínica. Yo bajaba con anticipación cuando tenía que llevar a la familia a comer a un lugar dentro de las instalaciones del centro, y tratar de que la prensa entendiera el momento que estaban atravesando ellos".

Chloé Bello declaró que la familia le impedía el acceso a Gustavo, pero ese acceso era muy restringido por la condición de su novio y los problemas que hubo con ella en la clínica no tuvieron a la familia directa como protagonista. Por descuido, Chloé bajó a fumar a un cigarrillo justo al lugar donde estaban todas las cámaras y los periodistas, alguien avisó y alguien fue a retirarla de esa zona de exposición. "No me di cuenta", le dijo. Luego hubo una fuerte discusión entre Chloé y Cecilia Amenábar y también un cruce muy feo con Anita Álvarez de Toledo. "Creo que ella (por Chloé) estaba angustiada —explica Laura Cerati—, propio de la situación, recuerdo que se había quebrado un dedo. Pero cuando otros me decían que había que echarla yo dije que no. Que si mi hermano quería escuchar su voz, ella tenía que estar". Maturín recuerda los cruces con menor énfasis. "Creo que siempre lo manejamos para que una entrase por un lado y la otra por el otro, para que no fuese un encontronazo directo. Sí había un ambiente como tenso, pero nunca vi una confrontación directa ni nada. Nosotros teníamos que mediar con ambas porque todas tenían un poco de derecho de estar ahí presentes. Pero en mi guardia, que estuve siempre de ocho de la mañana a diez de la noche mínimo, nunca tuve que ver un encontronazo directo, a lo mejor malas caras, una que otra palabra, pero era algo que se quedaba en eso, porque siempre había alguien que se metía rápido, uno para cada lado y ya está". Hubo otra persona dentro del entorno que medió y que las invitó a ambas, a Chloé y a Cecilia, a que regresaran a sus bases para mayor tranquilidad de todos. Solo se habría ido Cecilia. Fueron días muy intensos y brumosos, por lo que nadie termina de recordar con precisión todas las cosas que pasaron y los diálogos que se produjeron.

"Después de la intervención —explica Laura—, Gustavo permanece en terapia intensiva y nosotros hacemos un montón de interconsultas. Incluso trajimos al doctor Ramón Leiguarda, una eminencia, a Caracas. Cuando se le mandaron algunos estudios dijo que no había nada más que hacer. ¿Pero qué quiso decir? Que había que esperar la evolución, que la lesión estaba en un lugar muy inaccesible y que las cosas se iban a definir en los próximos días. Que había que ver qué tipo de reacciones podía llegar a tener, pero que todas iban a ser muy lentas. Decidimos que cuando Gustavo estuviera más estable se iba a evaluar trasladarlo". Adolfredo Sáez, director adjunto del Centro Médico Docente La Trinidad, declaró a medios de prensa: "La condición del paciente permanece estacionaria y sometida a un monitoreo intensivo. Para el momento actual no hay evidencia de deterioro neurológico con relación al día de ayer. Sus otros órganos y sistemas se encuentran dentro de la normalidad. Su situación es crítica". En Buenos Aires, la conmoción era enorme. Se pasó de una descompensación a que la vida de Gustavo Cerati pendiera de un hilo en apenas dos días.

El metrónomo de Dios puso el tiempo en suspensión.

46

Signos

El primer desafío que Gustavo Cerati tendría que enfrentar desde su nueva condición era que no se infectara la herida. La bacteria intrahospitalaria fue el primer enemigo que sorteó con éxito, pero su recuperación se trataba de un incierto camino de obstáculos. Sus parámetros permanecieron estables durante las casi dos horas de operación. Para su familia y los allegados en Caracas, lo más difícil fue volver a verlo sin sus rulos, con la cabeza vendada. Pero vivo. Cerati quedó en estado de coma, y no en estado vegetativo persistente que es con los ojos abiertos. Aunque pudieran entrar de a dos, solamente al mediodía y a las siete de la tarde, y no siempre pudieran verlo todos los días, nadie quiso irse de Caracas. En determinado momento de aquellos veintitrés días, ante lo inalterable del estado de Gustavo, el sentido común fue prevaleciendo y el gentío que acompañaba al músico empezó a ser gentilmente invitado a regresar a Buenos Aires. Hasta Leonora Balcarce se hizo presente para acompañar a Laura, pero nadie podía hacer más que esperar. Estaban también los hijos de Estela y algunos músicos. "Me quedé quince días pagándome la estadía —cuenta Leandro Fresco— y comencé a sentirme mal: estaba muy bajoneado. Hablé con Laura y me dijo que fuera tranquilo, tampoco había mucho para hacer. Me estaba empezando a deprimir y me vine. Me acuerdo cuando llego al aeropuerto de Buenos Aires, me tomo un taxi, el chofer estaba escuchando la radio y apenas subo dan un parte de Gustavo.

Y me cago de risa porque en la radio dicen algo que yo sabía que no era verdad".

Desde que se supo lo que le había pasado a Cerati, todos los medios de comunicación trataron el tema de las más diversas maneras, especulando sobre su recuperación, el grado de la misma, su muerte inminente (lo "mataron" varias veces), sus supuestas palabras y, sobre todo, por qué se había llegado a este punto. Los medios más morbosos hablaron de la combinación de cocaína y viagra desconociendo que el medicamento utilizado para la disfunción eréctil es un vasodilatador y no un vasoconstrictor que pudiera haber contribuido a angostar el sistema circulatorio. Radios, portales, diarios, revistas y canales de televisión se alimentaban de hechos inciertos, especulaciones, teorías conspirativas y artículos que muchas veces tenían origen en las zonas más imaginativas del Caribe. Todas lecturas sensacionalistas que podrían haber sido tamizadas por un poco de conocimiento médico básico.

Si se hace una lista de los factores de riesgo para un accidente cerebro-vascular, el primero en aparecer es el tabaco. Cuando Gustavo tuvo la tromboflebitis, la primera recomendación médica fue dejar de fumar. El susto le duró poco y fue volviendo al cigarrillo. "Él se cuidaba muchísimo —asegura Laura—; con la tromboflebitis, tuvo un susto muy enorme, entonces deja de fumar, se anticoagula, cambia su dieta... durante un tiempo. Pero no lo sostuvo de forma estricta. Como cualquier ser humano, después de perder el miedo empieza a creer que ya está mejor, pero si además le agregamos que era un tipo que no paraba, que se movía todo el tiempo y en todas direcciones, que le encantaba la noche, comerse la vida..."

Los antecedentes familiares no son modificables, y existían por la rama paterna: Ambrosio Cerati, abuelo de Gustavo, murió por problemas circulatorios; Juan José Cerati también los tenía aunque falleció por cáncer de pulmón, asociado al cigarrillo pese a haber dejado el hábito unos cuantos años antes de morir. Gustavo sí podría haber hecho algo de ejercicio que ayuda a la prevención del ACV, un riesgo que tenía claro: la tromboflebitis fue su aviso de curva. No pudo modificar sus hábitos. No era alguien que tuviera tendencias autodestructivas, ni vocación suicida, ni desprecio por la ciencia. Solo padecía de la natural condición humana de buscar satisfacción y placer. En los tiempos en que Soda Stereo ensayaba para su regreso, le comentó a un amigo que no había disfrutado de la gira de *Ahí Vamos* por las restricciones que debía observar. No podía comer lo que le gustaba, no podía fumar, debía ser muy moderado con la ingesta de alcohol y ni hablar de otros consumos. Su estilo de vida era diferente, y con Soda Stereo aún más. Otros amigos, con diversas palabras, creen que el regreso a su vieja banda no le hizo bien porque lo condujo a un nivel de excitación del que no pudo bajarse. Aunque lo intentó y por momentos lo logró. El motor que lo llevaba a hacer cualquier esfuerzo por cuidar su salud siempre fueron sus hijos. Pero la suya era una mente joven en un cuerpo fuerte con un sistema circulatorio muy sensible. Y lo sabía. En varios reportajes aludió a la tromboflebitis y dijo que fue un aviso claramente recibido. "¿Quiero que la próxima vez sea la última?" Definitivamente no quería eso: Gustavo Cerati amaba la vida. Que lo puso ante esta circunstancia.

Así dadas las cosas, además de la salud de Gustavo, había tres preocupaciones esenciales: su madre, Lillian, y Benito y Lisa. Claro que la situación golpeaba con fiereza a todo el resto de sus familiares, amigos y al público. Y también a Chloé Bello, que pese a haber tenido un noviazgo muy breve con Gustavo, dos meses y medio, estaba profundamente enamorada. Pero Lillian era mayor: estaba por cumplir ochenta años cuando su hijo tuvo el ACV. Al revés, Benito tenía dieciséis años y Lisa apenas catorce. Muy jóvenes para perder a su padre. Ellos tres fueron el motivo de mayor desvelo aparte de Gustavo. Y sería así en todo momento.

— • —

Los días transcurrieron muy lentamente en Caracas pero fueron los necesarios para organizar el traslado de Gustavo. Benito y Lisa volvieron a Buenos Aires con Adrián Taverna, que contaba con la autorización de Cecilia para que los llevara de regreso a Buenos Aires. "Cuando nos pusimos a investigar a fondo el tema —cuenta Laura—, Estados Unidos era una opción, pero fuimos llegando a la conclusión de que lo mejor iba a ser que Gustavo estuviera en un buen lugar en Buenos Aires. Toda decisión fue tomada pensando en lo mejor para él. Ahí decidimos lo del avión sanitario y para mayor seguridad también pedimos que viajara con nosotros el médico de cabecera de Gustavo en Caracas, que era el terapista intensivo Antonio Martinelli". Nando Travi, con la colaboración de la gente de Evenpro y Popart, fue el que hizo todas las gestiones para conseguir el avión sanitario. Si bien hubo ofrecimientos del gobierno argentino de proveer uno, el problema es que se necesitaba una nave que pudiera hacer el viaje sin escalas de Caracas a Buenos Aires porque la presurización de la aeronave era otro factor de riesgo muy alto. Con Gustavo viajaron el doctor Martinelli, una enfermera, Lillian, Guadalupe y Laura.

El avión sanitario costó alrededor de noventa mil dólares y fue Sony Music quien financió el traslado, gracias a una maniobra urgente que hizo Nando Travi y a una audacia que cometió Afo Verde. Cuando se pudo conseguir la aeronave hubo que depositar la totalidad del importe en una cuenta bancaria para poder reservarla y había un plazo que corría. Es muy difícil disponer con cierta rapidez de semejante importe, aun cuando se posea el dinero. La cuenta de Cerati, con su titular en coma, era de momento inaccesible. Nando le pidió ayuda a Afo Verde de Sony, que necesitaba la autorización de Richard Sanders, una de las máximas autoridades del sello en el 2010 para poder hacer el depósito. Pero el hombre estaba en una convención en Asia y no había modo de comunicarse con él. Afo aturdió los teléfonos de los gerentes financieros de Sony en toda la región hasta que finalmente el de México aceptó hacer la transferencia bajo responsabilidad de Afo. Así se consiguieron el dinero y la aeronave para trasladar a Cerati a Buenos Aires, y cuando se pudo acceder a su cuenta se devolvió el importe. Pero en el mundo corporativo, lo que hizo Afo era muy arriesgado. Finalmente, Sanders pudo ser localizado pero con la transferencia consumada.

—Esto es lo que está pasando con Gustavo y yo autoricé el giro —explicó Afo con más detalle—; si creés que esto es un motivo para echarme, lo voy a entender, pero no tenía chance de esperar tu autorización.

—Te hubiera echado si no lo hubieras hecho —lo respaldó el directivo.

La familia de Gustavo es recordada con mucho cariño por todos aquellos que interactuaron con ellos en Caracas y viceversa. Laura no cree que haya habido mala praxis, que fue un fantasma que se agitó permanentemente por medios de comunicación. Hasta en Venezuela lo pensaban. Lo cierto es que si bien pudo haber habido errores importantes, se intentó salvar la vida de Gustavo en todo momento. Así lo entendió la familia que les hizo pequeños regalos a los profesionales médicos y hasta al personal de seguridad. Para ellos todo era agradecimiento. Y la esperanza de que Gustavo pudiera mejorar en Buenos Aires.

"El operativo de la partida de Cerati —cuenta Maturín— fue muy temprano, cinco o seis de la mañana. Fue la única vez que lo vi pese a que la mamá me ofreció pasar a la habitación. No quise: para mí era un momento muy personal y muy familiar. Lo sacamos bien oculto, muy tapado para que no le pudieran hacer fotos. Estuve hasta el momento en que lo ingresamos en la ambulancia. Sé que llegaron muy rápido al aeropuerto y despegaron de una. Era la manera más segura de hacer las cosas". Gustavo Cerati dejó Caracas el 7 de junio y ese mismo día arribó a una Buenos Aires que lo aguardaba con el corazón en la mano. El avión sanitario aterrizó en Aeroparque y tres ambulancias aguardaron al pie de la aeronave, pero solo una se dirigió con él al Fleni, el centro neurológico donde Cerati pasaría los próximos cuatro meses. Las otras dos fueron vehículos para despistar a la prensa. Se dijo que hubo un helicóptero de un medio importante sobrevolando el área para tomarle fotos a Cerati cuando lo hicieran descender, pero es difícil que en un aeroparque tan vigilado y activo como el de Buenos Aires pudiera volar una nave sin autorización. Cuando bajaron a Gustavo, se lo cubrió con paraguas y la foto no pudo ser tomada, fuera esto posible o no.

— • —

La estadía de Gustavo Cerati en el instituto Fleni, considerado palabras mayores en el terreno de la neurología, fue de unos pocos meses. Apenas ingresó se le hizo un estudio profundo para ver con exactitud su estado de salud y sobre todo el daño cerebral, que se presumía muy importante. Los informes fueron concluyentes y demoledores para todos los que albergaron alguna esperanza de mejoría. "Entre otras cosas —explica Laura—, nos dijeron que la arteria estaba diseccionada, que no se trataba solamente de un coágulo, o sea que hubo una perforación que ocasionó derrames. La disección estaba, además, en una región del cerebro que era sumamente inaccesible y muy sensible. También nos dijeron que esto les ha sucedido también a deportistas tremendamente entrenados, por un simple movimiento, como una brazada. Algo que le podría pasado, y les pasa, a otras personas, más allá de cualquier tipo de vida que llevaran".

La Organización Mundial para la Salud (OMS) realizó un estudio estadístico de la mayor causa de muerte en el mundo en el período 2010-2019. El 16% de los fallecimientos mundiales están relacionados con cardiopatías, y le sigue de cerca el accidente cerebro-vascular, responsable del 11% de los decesos. Muchas veces no existe relación entre la calidad de la atención médica o la rapidez con que esta se produce: hay personas que sufren un ACV en Boston y que llegan a los pocos minutos al mejor centro especializado y se mueren igual. En el caso de Gustavo, hubo un infarto cerebral descomunal con un daño muy extenso. En medicina se lo llama infarto cerebral maligno y tiene pésimo pronóstico. Sobre todo si hay daño en el tallo cerebral, considerado el centro de la vida. En Venezuela se lo explicaron a la familia pero le dejaron algún margen para la esperanza. En Fleni se terminó de entender la imposibilidad de que se pudiera revertir el estado de Gustavo, y otra cosa más: no había modo de que se quedara en Fleni más allá de determinado tiempo. Hubo mucha angustia y discusión en el núcleo más cercano a Cerati acerca de qué hacer con él. Se pensó en acondicionar su casa, que tenía mucho espacio, y contratar médicos y enfermeras. Pero Laura encontró una solución mejor: su internación en ALCLA, una clínica de rehabilitación neurológica en la que Gustavo ingresó el 24 de octubre, cuatro meses y medio después de su llegada a Buenos Aires.

En ALCLA es donde los amigos comenzaron a jugar el juego que más engaña: despertarlo. No fue con intención lúdica sino desde el amor más genuino; todos albergaban la secreta esperanza de poder ayudar de alguna manera a la recuperación de Gustavo. Y sucedió algo que ya había pasado en Fleni, aunque era un lugar menos amistoso para el extendido grupo de amigos y conocidos de Gustavo: al comienzo hubo un aluvión de visitas, como una oleada repentina que muy pronto amainaba. Y es que no era nada fácil enfrentar la situación de visita. "Siempre fue muy impresionante —cuenta Gonzalo Córdoba que lo visitó en ambas clínicas—, pero en Fleni, cuando salió de terapia intensiva, era más impresionante porque tenía muy buena cara. Y era una persona que estaba durmiendo, con muy buen aspecto. Seguí visitándolo pero en un momento se me hizo muy doloroso: ibas para hablar un poco con Laura o con Lillian".

Fue a lo largo de los años que Gustavo permaneció internado que se recortó, inmensa, la figura de Lillian: su fortaleza ante la adversidad, su temple, su capacidad de infundir esperanza, su don de gentes. Una madre que desafiaba los peores pronósticos y le oponía la ilusión de ver a su hijo despertar. Estableció un lazo profundo y cariñoso con los fans que a su vez fueron la parte más grata de todo el tiempo que Gustavo quedó suspendido como una nota infinita: el cariño de la gente fue una caricia para la familia Cerati. Una palabra de aliento, una foto nueva en el gran paredón que los seguidores coparon frente a la clínica, otro significado que se le arrancó a las letras de Gustavo en forma de verso amoroso que desea la recuperación, el despertar, el milagro.

Casi todos los amigos y amigas fueron a visitar a Gustavo, aunque algunos no quisieron ir a sabiendas de que no podían hacer nada y prefiriendo el recuerdo de los buenos tiempos. Chloé Bello fue a visitarlo cada vez que lo requirió y la familia jamás le obstruyó el acceso, como ella dijo en un reportaje. "Jamás dejó de entrar a ver a mi hermano y vino a verlo cuando quiso —asegura Laura—. Ella venía cuando quería o cuando podía porque viajaba, pero cada vez que pidió ir a la clínica, tuvo autorización nuestra para entrar. También está mi entorno: mi hija, mi hermana, mi madre. Todos los que entraban estaban en una lista con nombre, apellido y número de documento. Nosotros solo teníamos que autorizarla. Todo esto fue hecho pensando en la tranquilidad y la seguridad de mi hermano: no podía entrar cualquiera a verlo. El personal de ALCLA pasó a ser como de la familia por la cantidad de tiempo que pasaban con nosotros. Gente de primera".

Dentro del amplio universo de los músicos, el primero en acercarse fue Fernando Ruiz Díaz de Catupecu Machu, que había pasado por un trance parecido cuando se accidentó su hermano Gabriel. Otro fue Ricardo Mollo; fue con su hijo Atahualpa Merlín, que tocaba a Gustavo como para llamarle la atención. Cuando se estableció en ALCLA, el kinesiólogo Charly Michel le consiguió a Gustavo un sillón ortopédico espectacular que parecía un trono y que servía para que, además de cambiarlo de posición, algo fundamental en un paciente postrado, recibiera a las visitas. Así lo vio Charly García que acudió a ALCLA acompañado por Pedro Aznar, aun cuando por experiencia propia le tiene una profunda aprehensión a todo lo que tenga que ver con el universo médico. Hasta Daniel Melero fue a visitar a Cerati. Oscar Fernández siempre se encargó de cortarle el pelo para que Gustavo se viera bien y fue el que le cargó el primer iPhone con música. Luego, Adrián Taverna le sumó más canciones y Pedro Moscuzza amplió aún más el repertorio. Eduardo Bergallo conserva las seis listas de reproducciones que le hizo a Gustavo y no se olvida de la primera vez porque sucedió algo muy impresionante.

"Lo fui a ver a ALCLA —cuenta—, porque me contaron que le habían hecho una resonancia en tiempo real poniéndole la voz de sus hijos y evidentemente había reconocimiento auditivo. Entonces decidí ir y le llevé música. Estaba Laura y alguien más, le puse los auriculares, a un volumen no muy alto. Creo que le puse 'Siberian Khatru' de Yes, y tuvo una convulsión. Nos asustamos todos, vinieron los médicos, lo tranquilizaron y nos dijeron que era casualidad, pero yo estudié un poco el tema y sé que no fue casualidad. Lo que logra el cerebro relacionado con la música es increíble". En sus playlists le puso canciones que sabía que a Gustavo le gustaban: Crucis, Daniel Lanois, Beck, Air, High Llamas, Spinetta, Genesis, Richard Hawley.

Al comienzo, Adrián Taverna iba a verlo todos los días, pero tuvo que aflojar porque comenzó a hacerle mal. Luego estableció una rutina por la cual Diego Sáenz lo iba a buscar todos los viernes por la mañana y lo visitaban juntos. Fernando Nalé también tuvo que espaciar sus visitas. Leandro Fresco fue bastante y Anita también. Uno de los visitantes más frecuentes fue Leo García. Para él fue muy duro todo lo de Gustavo, porque además en ese tiempo perdió muchos seres queridos. "Yo iba todos los días —reconoce Leo—, Lillian siempre fue un amor pero yo fui hasta en momentos en que no se podía ir. Sucedieron cosas increíbles en la clínica, tuve mucho contacto con él; pasé mi cumpleaños, le apreté la mano y me la apretó fuerte. Una vez me puse a llorar y sonaron todos los aparatos: ¡no quería que llorase!" En un punto, le pidieron que espaciara sus visitas.

Richard Coleman lo visitó semanalmente durante una temporada. "Costaba ir —recuerda—, porque cuando volvía quedaba tildado varios días. Era muy fuerte. En el momento decía qué bueno estar con él, me sentía bien. Pero era raro. Le contaba cosas, que estaba trabajando en el disco, lo gastaba, le contaba cosas de cuando éramos pendejos. Era un monólogo raro pero muy difícil; en un momento quebraba esa dificultad y sentía que le estaba haciendo bien: que no lo estaba abandonando. Lillian, Laura y los chicos (Benito y Lisa) estaban siempre. Iba con mi mujer, Alejandra, y con mi hija, porque Lillian se ponía contenta de verla". Coleman ya estaba trabajando en su primer disco solista, *Siberia Country Club*, que tiene una canción que debe haber sido una de las últimas cosas que grabó Cerati. "Gus grabó en el tema 'Normal', en donde hace un solo alucinante y unas rítmicas muy lindas. Hace un contrapunto y el solo del final".

Daniel Kon también fue a la clínica y en un operativo que contó con la complicidad de Charly Michel también subieron con él Zeta Bosio y Charly Alberti, aunque gente del entorno de Gustavo dice que no sucedió. "Sí, estuvieron los tres juntos —ratifica Kon—, pero se enteró muy poca gente antes de que se hiciera público. También ocurrió algo de lo que se contó, que comenzaron a sonar todos los aparatos". Hubo una declaración poco feliz de Charly Alberti que explicó lo que le costó recuperarse después de ver a Gustavo y que ante lo prolongado de la situación "hay que dejarlo ir... o venir". No hubo mala intención: expresó algo que muchos no se atrevían a verbalizar. En la medicina se discute mucho el encarnizamiento terapéutico. ¿Hasta qué punto debe intervenir la medicina para mantener vivo a alguien que ya no parece tener esperanza de poder retornar a la vida que alguna vez tuvo? Ya había pasado más de un año de la internación de Gustavo en ALCLA y rondaba en algunos allegados el dilema. Lo que seguramente nadie sabía, y mucho menos Charly Alberti, es la particularidad médica del caso de Gustavo, y los procesos fisiológicos que sobrevendrían si la alternativa de desconectarlo de todos los soportes se llevaba a cabo. Lo más probable, aunque la medicina es una ciencia imperfecta, es que Cerati hubiese seguido vivo un tiempo más pero con un deterioro muy importante en la calidad de vida con respecto a la que tenía con los soportes médicos. Los detalles de esa alternativa son estremecedores. Gustavo no tenía muerte cerebral, porque alguna actividad remanente permanecía. El coma y la muerte cerebral son cosas distintas; en coma, hay una parte del cerebro que está viva aunque no pueda evidenciar respuesta en el cuerpo. Por eso hay lagrimeos por saturación del conducto lacrimal, cambios de postura y movimientos reflejos. El tema es la interpretación que se le da a cada uno de los signos y hay mucho de sugestión. Aunque no todo pueda reducirse a una cuestión voluntarista: existen muchas preguntas que la ciencia no puede aún responder en torno a casos de este tipo.

—Yo me cortaría un brazo para que este pibe despierte —le dijo Luis Alberto Spinetta a Tweety González.

Fue a la clínica a visitarlo y llevó una guitarra para que lo despertara. Otros intentaron terapias más convencionales como estimularle el olfato con tabaco o algún aroma fuerte. Spinetta, siempre genial, tuvo la idea de la guitarra. Era una Fender Telecaster de fabricación mexicana que le había comprado a Dante como primer instrumento; de hecho estaba en sus manos y la tomó prestada para Cerati. Le pidió a Fernando Nalé que lo acompañara y fue también con su amigo oftalmólogo, Daniel Rawsi. Cuando lo presentó como "el doctor Rawsi" se produjo un momento gracioso.

—¡Qué bueno que viniste, Luis Alberto! —lo saludó Lillian—. ¿Trajiste a un médico para que lo vea a Gustavito?

—No, Lillian: el médico es para mí.

Spinetta se conmovió mucho al verlo y le confesó a la prensa que "no era el mismo después de ver a este gigante dormido". Que necesitó ir de inmediato a Arribeños, calle donde aún vivía su madre en la vieja casa familiar, porque sintió una necesidad muy fuerte de abrazarla y de cobijarse en sus brazos. Probablemente se haya reflejado en ese acto una fuerte compasión por Lillian y fue a abrazar a su madre, Julia. Luego le escribió un poema hermosísimo a Gustavo:

> *Dios Guardián Cristalino de guitarras / que ahora / más tristes / penden y esperan / de tus manos la palabra / Precipitándome a lo insondable / tus caricias me despiertan a la vez / en un mundo diferente al de recién... / Tu luz es muy fuerte / es iridiscente y altamente psicodélica / Te encuentro cuando el sol abre una hendija / que genera notas sobre la pared sombreada / Y suena tu música en la pantalla / sos el ángel inquieto que sobrevuela / la ciudad de la furia / Comprendemos todo / tu voz nos advierte la verdad / Tu voz más linda que nunca.*

47

Una luz sin fin

"Está, pero no está". Esa fue la sensación que experimentó la mayoría de los que visitaron a Gustavo Cerati a lo largo de su internación en ALCLA. "Estaba perfecto —recuerda su amigo de Chile, Christian Powditch—, impecable, con su naricita de príncipe, sin escaras. Mucha gente me decía que no fuera, que me quedara con el recuerdo de Gustavo que tenía, pero igual fui a visitarlo. Estuve con Lillian y luego llegó Benito. Muy fuerte: son esos eventos extraordinarios para los que nadie está preparado. A Benito lo afectó muchísimo porque él era loco de su papá; a Lisa le pegó de otra manera, probablemente lo sintió más internamente. Lillian es como un roble, ella pensaba que estaba durmiendo y que mañana podía despertar".

Durante un largo período apareció por la clínica gente mística que afirmaba que podía despertar a Gustavo: sacerdotes, curanderos, milagreros, santones, ilusionistas. No faltaron enajenados y charlatanes, que quedaban en evidencia tras algunas pocas preguntas y a los que se les negó el acceso. Daba la impresión que a Lillian le hacía bien cada hendija de esperanza que pudiera ofrecérsele. Le gustaba ver a gente del pasado de su hijo que se hacía presente: Lillian atendía a todos con la mayor amabilidad y agradecimiento, sin reprochar nada a aquellos que quizás iban a saludar a la familia pero no se animaban a entrar en la habitación de Gustavo. Una buena parte se quedaba en la entrada dialogando con quien estuviera presente de la familia. Siempre había alguien.

Nicolás Nóbile, que fue mano derecha de Gustavo durante los años noventa en Soda Stereo, recuerda el shock de sus visitas. "Fui varias veces —evoca—, pero me quedaba afuera con Lillian; Guadalupe y Laura estaban casi siempre. Y un día Lillian me dijo: 'dale, andá a ver a tu amigo'. Entonces entré a la habitación y él estaba sentado en esa silla medio rara que tenía, conectado a unos medidores con agujas y números. Lo vi gordito, con buen semblante, pero durmiendo. Le agarré la mano, le empecé a hablar; le dije que se despertara, que lo extrañaba. Y de golpe comenzó a sonar algo, temblaban los medidores y llegó una enfermera que me pidió que saliera. Yo me asusté. Lillian me tranquilizó: 'No te hagas problema porque él siente y esos medidores reaccionan'. La enfermera me dijo que 'estaba en un shock emocional muy fuerte, por eso es que se exaltó. Si querés pasá ahora, que está más tranquilo'. Dije que no, tenía miedo que le pasara algo. Un día entró Teresa (Albornoz, secretaria de Unísono), que le hacía un café especial y lo llevó. ¡Cuando olió ese café se puso como loco! Después le pedí disculpas a Lillian, porque no pude volver".

"Fuimos a verlo con Peluca (Goldsack, mánager de grupos y amigo de todo el universo del rock argentino) —cuenta Gillespi—, y más allá del shock que me provocó la situación, él estaba sentado, con su ropa, con el pelo bien cortadito, afeitado y era como si estuviera ahí conversando. Hacía movimientos de cabeza, movía los globos oculares dentro de los párpados. Con Peluca estábamos uno de cada lado y hablábamos un poco los dos, y parecía mirar al que estuviese hablando, todo con los ojos cerrados. ¡En cualquier momento se va a despertar y nos va a preguntar cómo andamos! Quedé varios días impresionado". Nadie que haya visitado en esos años a Gustavo se fue sin sentir una posterior zozobra. Y todos presenciaron algún tipo de reacción, más leve o más intensa.

Anastasia, una de las que fueron sus tantas novias, también concurrió a ALCLA, ya recibida de cirujana plástica, y recordó un diálogo que traído al contexto adquiere relevancia.

—Tashi, vos que viviste en Europa —le preguntó Gustavo—, ¿conociste el caso de Karen Ann Quinlan?[74]

—Sí, claro, escuché hablar y leí algo.

—¿Y qué te pareció?

—Terrible, pobre mina.

—¿Y vos qué pensás? ¿Qué te gustaría que hicieran con vos?

—No sé, nunca lo pensé, pero dejame tres meses y si no me despierto, desenchufame. ¿Vos?

—Nooo, a mí no. Dejame ahí enchufadito.

—No te preocupes, si te llega a pasar le voy a decir a tu mamá que no te desenchufe.

Los días, los meses, los años fueron transcurriendo y Gustavo siguió viviendo no sin percances de salud. De vez en cuando, una alarma recorría las usinas de noticias porque se lo derivaba a otro centro para atender alguna patología. Hubo varias emergencias. La familia vivió cada uno de esos incidentes en la salud de Gustavo con muchísima angustia. Pero él se recobraba de cada una de las crisis, desde la neumonía hasta paros cardíacos, que su salvaje corazón vencía. Su organismo peleó todas las batallas. El tiempo lo afectó y tiñó su pelo con canas. La barba también comenzó a seguir la coloratura del cabello, pero lo afeitaban seguido.

Hubo un libro que todos leyeron y comentaron: *La escafandra y la mariposa*, de Jean Dominique Bauby, publicado en 1997, que también fue película. Cuenta la historia de un hombre que sufre un accidente cerebro-vascular que afecta su tallo pero, a diferencia de Cerati, recupera la conciencia más no la movilidad en lo que la medicina denomina "síndrome de cautiverio". La persona puede razonar, entender, recordar, pero no puede hablar: ni siquiera mover más que unos milímetros alguna región de su cuerpo que le incomoda. Para algunos de los que vieron

---

74 Fue un caso médico célebre de la década del 70. A los 21 años, a raíz de una sobredosis de alcohol y barbitúricos, se sintió mareada y perdió la conciencia en una fiesta. Sin respiración fue trasladada al hospital y quedó diez años en estado vegetativo persistente. Su caso fue objeto de debate sobre la eutanasia y la ética médica. Murió en 1985 de neumonía.

la película o leyeron el libro, la obra resultó muy reveladora. Eduardo Capilla, gran amigo de Gus, no lo pudo soportar, aunque no fuera la situación que atravesaba Cerati.

Capilla lo iba a visitar seguido, y cuenta que la cantidad de visitantes fue mermando con los años. "Pero nunca quedó solo —dice Capilla—, habían puesto a una viejita que estaba todo el tiempo de guardia cuando no podía ir nadie y yo me la encontraba. Cuando yo llegaba, ella se podía ir un rato. Era una viejita linda y un día la encontré muy contenta. Pregunté qué pasaba. 'Contale', le dijo al terapeuta. Los dos lo estaban sentando para que no se le formaran escaras, para que respirara mejor, entonces le quitaban el soporte y Gustavo respiraba solito. Eso era cuando estaba bien y no había tenido ninguna neumonía: los antibióticos lo tiraban muy abajo. Lo estaban sentando y la viejita le preguntaba todo el tiempo: ¿estás bien, Gustavo? ¿Estás cómodo, Gustavo? ¿Querés algo, Gustavo? Le preguntó muchísimas veces lo mismo: un poco hinchapelotas la viejita. Hasta que en un momento Gustavo dijo: sí. El terapeuta lo escuchó. Y la viejita no lo podía creer".

La familia de Gustavo se aferró a la posibilidad del milagro hasta el último momento. Pero nuevamente fue Benito el más lúcido, al menos en declaraciones públicas, cuando en 2014 dijo que esperaba que sucediera lo que tiene que suceder. "Por supuesto que uno espera lo positivo —le expresó al Suplemento Sí! del diario *Clarín*—, y Dios quiera que así sea. Sería el milagro más grande de todos y lo mejor que podría pasarnos a la familia entera. Pero hay que caer en la realidad de vez en cuando".

— • —

Gustavo cumplió 55 años en la clínica y tres semanas más tarde, el 4 de septiembre de 2014 a las 9:53 de la mañana, su alma se soltó del cuerpo y abrazó el resplandor. Sonaron las alarmas en ALCLA y una doctora declaró su muerte y extendió el certificado correspondiente. La familia fue avisada de inmediato. Como en su canción "Numeral", Gustavo Cerati paró de contar. Se había quedado sin números: sin cuenta. La noticia comenzó a hacerse pública después del mediodía y una honda congoja atravesó a todos los que disfrutaron de su música, a los que ocasionalmente bailaron algún tema de Soda Stereo en una discoteca en los 80, o simplemente conocían su nombre o lo vieron por televisión o simplemente empatizaban con Lillian, esa madre que afrontaba el destino de su hijo con una dignidad inconmensurable. En Buenos Aires, las nubes parecieron ponerse de acuerdo en agruparse como en formación celestial, y las calles se humedecieron. Después de evaluar varias alternativas que se le acercaron a la familia, aceptaron que el velatorio fuera en la Legislatura de la Ciudad de Buenos Aires. Ellos y dos o tres amigos íntimos tomaron la decisión final de que el velatorio se hiciera a cajón cerrado. Hubieran preferido que la gente pudiera verlo por última vez pero resolvieron preservar el recuerdo que cada uno hubiera conservado.

A partir de las nueve de la noche, hubo un desfile incesante de una mansa y triste muchedumbre que formó una cola de más de dos kilómetros, desafiando la lluvia, que por la mañana se tornó torrencial. Zeta Bosio fue acompañado por su esposa y se le veía el dolor en el rostro. Adrián Taverna tuvo que ir temprano al cementerio de la Chacarita como testigo que confirmaba la identidad de quién era llorado en la Legislatura de Buenos Aires a cajón cerrado. "Sí, era algo que como amigo me correspondía", analiza hoy Adrián. Los músicos de la banda de Gustavo, incluso los que participaron en formaciones anteriores a la última, también fueron a darle el último adiós al Jefe. Así le comenzaron a decir al final de Soda Stereo, en su etapa solista e incluso durante los años de internación: "Si El Jefe se despierta, vos salís eyectado", se amenazaban en broma. Hubo desconsuelo, lágrimas, llantos como ráfagas, tristeza inconsolable. Fue como si con el último latido del corazón de Gustavo, se hubiera destrabado el misterioso mecanismo del duelo trabado en una pausa permanente. Antes, había que estar fuerte para él. Ahora que ya no estaba, se lo podía llorar con tranquilidad. "Todo el velatorio y el sepelio —dice Richard Coleman— fue algo muy emocionante, muy fuerte y fue como la descarga de estos cuatro años. El dolor estuvo todo el tiempo y yo fui uno de los amigos que tuvo el honor de llevar su cajón. Derramamos las lágrimas que merecía la situación". El cielo parecía acompañar a una Buenos Aires que se transformaba en un dolor que atravesó a todo el continente, y lloraba cada vez más fuerte. Chloé Bello viajó urgentemente desde Nueva York para el último adiós. También estuvieron Leonora Balcarce y Cecilia Amenábar. Guadalupe no soltó la mano de su abuela Lillian, también acompañada por su cuñada, Dora Cerati. Nunca se vio a un Charly García tan respetuoso que caracterizó a Cerati con una frase simple y certera: "Era un arquitecto del sonido". El Indio Solari, que ya había expresado su tristeza por la situación de Cerati, comunicó su pesar con un texto que publicó en una carta abierta:

> *Gustavo: Ahora sí vas a poder evitar el cansancio de huir de la muerte. Todo este tiempo dormido fue necesario, quizá, para enseñarte a morir consolando a tus queridos. Los verdaderos artistas, estoy convencido, conocen la muerte antes de morir. No se dejan llevar ni un minuto antes ni uno después de reconciliarse con la vida. Dicen por allí que al morir nos es dado conocer el secreto de la música en nuestro primer llano al nacer. En cuanto a lo que me toca, me has hecho disfrutar de tu dulce voz y de tus espléndidos juegos con las guitarras. Tu etapa solista fue sólida y aventurera y es lo que más me gusta de lo que nos has dejado. Bueno... a comenzar de nuevo en tierra incógnita. Mi aplauso para vos. Indio.*

Después de muchos llamados telefónicos y trámites se logró que Gustavo pudiera ser ubicado en un nicho contiguo al de su padre, Juan José. Hasta hoy, no pasa un día sin flores. Siempre hay alguien que lleva algún ramito, o una simple rosa; muchos de ellos son latinoamericanos de paso por Buenos Aires. Nadie lo olvida, ni lo olvidará. ¿Nada más queda? Queda todo por delante.

Porque Gustavo, que no descansó en su vida, menos iba a descansar en la eternidad.

— • —

En el mes de junio hubo dos eventos que suministraron la primera muestra de la inmensidad del legado de Gustavo Cerati. *Infinito* es un compilado que abarca toda la obra solista y comienza con "Fuerza Natural", que podría verse como un testamento artístico. Se le dio exagerada importancia a la frase que Gustavo pronunció en el EPK donde expresaba que si se retirara en ese momento, se iría contento por *Fuerza Natural*. Lo que habla del valor que le asignaba al disco y le comunicaba al público que en él encontró su máxima expresión artística. Gustavo jamás pensó en morirse: se comía la vida con la misma intensidad con que devoraba la comida. Pero sus cinco álbumes de estudio fueron de una calidad superlativa y desde que partió no hubo nadie que pudiera acercársele.

Infinito no opera como un "grandes éxitos" convencional; un poco porque los dos únicos hits rotundos de su etapa en solitario fueron "Crimen" y "Puente", pero cualquier canción de esta selección podría haber sido un éxito. Existe un equilibrio en la lista aunque haya cinco temas de *Fuerza Natural* y *Ahí Vamos*, las obras más recientes de Cerati y solo dos de *Amor Amarillo*, que fue un experimento solista cuando aún Soda Stereo seguía funcionando. Hay cuatro de *Siempre es hoy*, y solamente tres de *Bocanada*, que para muchos es el mejor disco solista de Cerati; otros prefieren *Fuerza Natural* o *Ahí Vamos*. Cualquier selección hubiera sido igual de discutible. Y hay que tener en cuenta que los *11 episodios sinfónicos* no participaron de esta compilación. Cerati ha sido un artista tan amplio que delimitarlo resulta una tarea abstracta.

"Si lo vemos de manera arbitraria —ensayó Gustavo una explicación—, podemos decir que *Siempre es hoy* es el tercero que lleva mi nombre y que tiene canciones originales. Pero también está *11 episodios sinfónicos*, que se sale un poquito de la trayectoria, básicamente porque son interpretaciones diferentes de canciones que ya hice en otros discos. También está la banda de sonido de *+ Bien*, u otros proyectos... Yo no hago la cuenta, te aseguro, pero noto que hay gente que llama a *Siempre es hoy* el tercer disco solista mío, o el segundo, porque el primero, *Amor Amarillo*, se grabó mientras yo estaba en Soda Stereo. Como proyecto de disco, de canciones, *Siempre es hoy* es el tercero que hice"[75].

Diferente fue el show homenaje #GraciasGustavo que se le hizo en un lugar emblemático: el Planetario de la Ciudad de Buenos Aires, donde el público acude a observar distintos espectáculos relacionados con el cosmos y algunos objetos como piedras lunares o pedazos de meteoritos. "Se lo propusieron a Richard —cuenta Gonzalo Córdoba— y lo hablamos mucho entre nosotros. Lo pensamos como un modo de cerrar la banda, la gira: cerrar. Se iba a hacer en una fecha, después se cambió y Samalea no estaba de acuerdo, había algo de su agenda que lo impedía, entonces tocó Martín Carrizo, que era un capo y al que todos conocíamos. Adrián Taverna dijo que no lo iba a poder hacer y el sonido lo hizo Hernán Nupieri, que era del equipo también. Anita nos dijo que no iba a poder abrir la boca sin ponerse a llorar, entonces tampoco estuvo. Ensayamos muchísimo y el primer tema que tocamos fue "Lago en el cielo", que fue el último que tocamos con Gustavo. Terminamos de ensayarlo por primera vez… y se nos caían las lágrimas. Pero lo hicimos con muchísimo amor, lo mejor posible y para mí poder haber tocado al menos un tema de Gustavo ("Adiós") con David Lebón fue un sueño. Nos dio esa sensación de cierre que necesitábamos".

Richard Coleman lideró a sus compañeros y con él también cantaron Leandro Fresco y Fernando Nalé. Hubo muchísimos invitados: Leo García, Alejandro Álvarez (de Barco), Miranda!, Benito Cerati, Banda de turistas, Fernando Ruiz Díaz (de Catupecu Machu), Alejandro Lerner, Pedro Aznar, Walas (de Massacre) y David Lebón. Lillian Clarke cumplía años ese día y su nieto Benito pudo desearle feliz cumpleaños desde el escenario y cantar una canción de su papá: "Te llevo para que me lleves" que en la grabación de *Amor Amarillo* fue la canción en

75 Entrevista con Sergio Marchi. 2002.

la que Gustavo puso sus latidos, grabados desde el vientre de Cecilia. El cierre fue con "Puente" y todos los artistas sobre el escenario frente a cuarenta mil personas que también tuvieron su cierre, su despedida a Gustavo. "Este es un cierre a una gira que no pudo terminar. Este es nuestro homenaje: tocar los temas como Gus quería", pronunció Coleman las últimas palabras. El grupo solo volvió a reunirse parcialmente cuando se hizo una presentación para prensa del documental *BIOS* de Nat Geo, pero Richard no quiso saber nada y la producción pretendió que los músicos participaran gratuitamente, lo que se considera algo amateur e irrespetuoso.

La dimensión de *Séptimo día* (Sép7imo Día) fue mucho más grande porque se trataba de una puesta del Cirque du Soleil, que intentó replicar lo que había hecho con el espectáculo *Love*, dedicado a The Beatles, pero con el repertorio de Soda Stereo. Y eso implicaba una ecuación imposible: no hay Soda Stereo sin Gustavo Cerati. No estaría su aporte, su visión, su extraordinaria capacidad de generar ideas, concatenarlas y producirlas; no se podía esperar que Zeta y Charly suplieran eso. Ahí es donde se hace casi indispensable la figura de Adrián Taverna, que es lo más cercano al pensamiento de Cerati por más que no fuera músico. Durante toda la historia del trío, es el que lo ha hecho sonar, y parte del éxito de la banda era la potencia que tenía en vivo que nacía sobre el escenario, pero que Adrián proyectaba como ninguno. Con su capacidad de memoria era el que conocía todos los sonidos y tenía su geolocalización, además de ser, como bromeaban Zeta y Charly, "el amigo". "Hablale vos que sos el amigo", solían pedir su intermediación.

Todo comienza a fines de 2014. Ante la muerte de Gustavo se decide preservar mejor el tesoro y se comienzan a digitalizar las cintas de Soda Stereo. Una vez finalizado el proceso, Diego Sáenz le comunica a Adrián Taverna que hay un acuerdo para trabajar con el Cirque du Soleil en torno a Soda Stereo y que se requería su participación. Taverna dijo que no, pero con su tesón habitual, Diego lo invitó a él y a su equipo a Las Vegas a ver dos espectáculos: *Love* de The Beatles y *One* de Michael Jackson. A los dos días llegaron Zeta Bosio y Charly Alberti:

no se veían con Taverna desde hacía algunos años. "Me quieren, los quiero, pero tenemos una relación un tanto belicosa: una prolongación de la relación con Gustavo". Las cosas fueron avanzando y, al comprobar el nivel del show del Cirque du Soleil, Taverna dio el sí y se puso a trabajar.

La tarea era crear mash-up (mezclas de dos o más canciones) a la medida del espectáculo, por lo que tendría que trabajar en equipo con la gente del Cirque du Soleil. Y luego con Zeta y Charly que querían participar, con toda lógica. Eso fue lo más difícil para Adrián, pero un profesional de sus quilates puede trabajar en equipo... cuando quiere. Lo primero fue hacerse de los multi-tracks[76] para poder armar las nuevas mezclas y los mash-up. Decidió comenzar por el disco que más le gustaba: *Canción Animal*. Fue abriendo canales, modificando mezclas, cronometrando, experimentando variables. Hasta que abrió el canal de la voz. Eso lo conmocionó: parecía que Gustavo hubiera estado ahí. "Lo escuché toser y me tuve ir. No fui por una semana al estudio". No iba a ser una tarea fácil desde lo técnico y tampoco desde lo anímico.

"Había escuchado mucho *Love* en el auto —cuenta Adrián—. Fue muy inspirador para mí. Después fui abriendo las canciones de la lista que había hecho, empecé a probar diferentes mezclas, sacar instrumentos. Tenía cuarenta conciertos en vivo, los multi-tracks originales. No hay tomas de descarte, esa siempre ha sido la fantasía general; Soda no era una banda de zapar y no era prolífica como para dejar temas afuera y elegir. Lo que hay es lo que había: nada más queda". El trabajo insumió unos dos años, pero al final quedó muy bien: *Séptimo Día* es como Soda Stereo reforzado y (bien) deformado. Funcionó perfecto para el espectáculo y también como disco individual: es Soda Stereo en 3-D. Dos de las mezclas las hizo Nicolás Pucci: "Ella usó mi cabeza como un revólver" y "Un misil en mi placard", el resto es todo Taverna. En total son veinte canciones largas

76 Las pistas individuales de cada disco. Así se descubrió que las cintas originales de *Nada Personal* y *Signos* estaban extraviadas. Probablemente se hayan utilizado para otras grabaciones.

que insumen casi una hora y veinte de escucha. El sonido está potenciado y alcanza un logro particular en su homogeneidad: cuando se utilizan temas del primer disco no quedan desfasados en sonido con lo último.

Hay un track que tiene importancia histórica y es la versión alternativa de "De música ligera", donde Gustavo quiebra la voz y le otorga una calidez formidable a un tema que ya es más que humano. Había dos versiones, una larga y una corta que fue la que se conoció en *Canción Animal*. La que se usó en *Séptimo Día* es la larga pero intervenida por Taverna, que potencia la batería y le hace mash-up con "X-Playo" sumado a "Moirè", y desordena algunos átomos dándole variedad y tratamiento estelar al órgano. "Tiene una magia especial —dice Taverna—, es la toma y no hay misterio. Es el único *outtake* de la historia de Soda Stereo. En 1990 fuimos a grabar a Miami y no sabíamos qué versión elegir. Grabamos las dos y no nos decidimos hasta la mezcla y ahí dijimos: vamos con la versión corta. Porque comenzaba con la viola; la versión larga comenzaba con la voz y la guitarra. Cuando hacíamos los shows acá, hacíamos esa versión. En *Séptimo día* tiene doble estribillo, uno es cantado y el otro es instrumental. La parte final es "Moirè" y vuelve a la canción".

Sorprende la conjunción entre "Picnic en el 4°B", "Te hacen falta vitaminas" y "Mi novia tiene bíceps", que suena con una energía como si hubiera hecho temporada de gimnasio. Sobre todo porque "Bíceps" es una de las canciones que, junto con "1990", Soda siempre tachaba primero a la hora de confeccionar una lista para un show. "Quedó simpático en *Séptimo día*", concede Adrián. "Primavera 0" parecería también tener algunas alteraciones que indicarían que se usó una toma alternativa. "En realidad, cambia la voz, la base es la misma, pero cuando Gustavo metió las voces hizo una grave, una media y otra aguda. Lo que hice fue cambiar los planos; en la original tiene más importancia la media y en *Séptimo día* yo puse más fuerte la grave y la aguda y bajé la media. Es como *Fuerza Natural* donde hay cien canales de guitarra y parece una sola. No hay tomas falsas en Soda Stereo: se borraban; no acumulábamos canales al pedo ni hacía falta que Gustavo cantara diez veces la canción".

Cualquier fanático de Soda Stereo que conozca bien la discografía encuentra en *Séptimo día* un paisaje diferente, sea porque Taverna lo hizo sonar más contemporáneo, porque quitó elementos, o simplemente puso más fuerte algunos que antes eran más débiles y viceversa. "Por ejemplo, 'Luna roja' no tiene la bruma *noise*, es una versión más minimalista pero el tema es exactamente igual. Lo maravilloso de esto es que me das un tema de heavy metal y yo puedo hacerlo sonar como si fuera uno del Paz Martínez a través de la mezcla. *Séptimo Día* es el sueño del pibe: puedo jugar libremente con todo y no hay límites. Al contrario: sumaba a que se produjera un 'Planeta Soda Stereo'. Y eso me envalentonó y se me ocurrieron un montón de cosas más. Me gustaría hacerlo con los discos de Gustavo. Me sumergí tanto en el concepto de la cosa que es un período de mi vida fuera de mi vida. Un tiempo muy creativo con una responsabilidad enorme".

"No sé qué estaría haciendo Gustavo hoy en día —concluye Adrián—, porque era un tipo tan insatisfecho que siempre estaba buscando cosas. Sí hay una cuestión de gusto y de búsqueda que creo que está muy bien representada y esa es mi mayor satisfacción. Defendí a mi amigo, que está presente, y eso habla de nuestra hermandad. Obvio, él fue un genio: yo lo acompañé y aprendí todo a su lado. No es casualidad que haya estado tanto tiempo con él, que hubiera podido elegir a quien quisiera". Lo que Adrián no sabía era que le seguirían encomendado otras cosas imposibles que él llevará adelante gracias a su instinto, su talento y esa hermandad que supo forjar con Gustavo.

48

Resplandor

Gustavo Cerati siempre fue un animal social, su biografía personal así lo indica. Nunca buscó el aislamiento ni la privacidad extrema y privilegió más su condición gregaria y cercana que la burbuja de la estrella de rock. En su música, esa vocación siempre estuvo clara; en su adolescencia y primera juventud se le superponían las bandas como más adelante se le superpusieron sus novias, y todas ellas siempre contaron que buscaba la relación familiar transcurrido el período en el que dos personas se descubren íntimamente y solo quieren estar juntas y a solas.

Satélite, un compilado editado por Sony el 10 de agosto de 2018, dio cuenta, al menos parcialmente, de las colaboraciones que hizo Gustavo con otros artistas y que quedaron plasmadas en un trabajo de estudio, salvo las dos canciones que toca en vivo con Luis Alberto Spinetta en su show de Las Bandas Eternas. Una de las ideas que atesoraba Cerati para un futuro era producirle un álbum a su admirado Spinetta. No sería descabellado que también podrían haber hecho un disco en colaboración: Spinetta ya había hecho uno con Fito Páez, y Gustavo se sumó gustoso a la idea de *Tango 3* con Pedro Aznar y Charly García. Otro de sus proyectos era hacer un disco solo con guitarra y voz. Ideas nunca le faltaron.

En *Satélite* hay colaboraciones con grandes artistas consagrados y también con grupos menos conocidos como 202, el grupo de los hermanos Raúl y Oscar Cariola, quienes participaron de Santos Inocentes, banda que integraban con Andrés Alberti, hermano de Charly. Diego Cariola, formidable baterista, es parte del Trans-Siberian Express que acompaña a Richard Coleman como solista. Y Gustavo tomó clases de canto con Raúl aunque tal vez no las necesitara: Déborah de Corral también estudiaba con él y era un modo de estar cerca en un momento donde se alejaban sin remedio. Cerati cantó en "Desde el papel", una sólida balada con énfasis de rock donde su voz se ve muy bien respaldada y ofrece un color distinto al de los Cariola. "Tesoro" formó parte del álbum *Cuarto Creciente*, de su amigo Leo García, y si bien canta solo en esa página, las huellas de Cerati figuran por todo el álbum, que además se grabó en Unísono. Ni Leo sabe cuántas cosas tocó Cerati en ese disco: cuando Gustavo se metía en algo, generaba un torrente de ideas. "Tesoro" es una deliciosa composición con aires de beat y una secuencia de acordes inicial que recuerda un poco a "La balsa" de Los Gatos, uno de los ladrillos fundacionales del rock argentino, grabado cuando Cerati solo tenía ocho años.

"Tráeme la noche" es la versión castellana de "Bring on the night" de The Police, donde Gustavo colaboró con Andy Summers como si lo conociera de toda la vida, sin experimentar el temor reverencial que aqueja a todo músico cuando está frente a alguien que lo influyó fuertemente. Solo que Cerati le deja a Summers la guitarra y empuña el bajo como si fuera Sting, pero imprimiéndole su propio estilo. Fue una colaboración que pudo ser más amplia, porque al conocerlo Summers quiso trabajar más con Gustavo, que a su vez pudo canalizar sus inquietudes por la separación de Soda Stereo con alguien que ya había pasado por esa situación. "Inquieto y creativo", lo definió Andy Summers. Más relajado debe haberse sentido en "Nunca iré", su colaboración con No Lo Soporto, más allá de su relación afectiva con Naila Borensztein, por una cuestión estilística. La misma confianza debe haber sentido con "Electroshock" de los mexicanos de Telefunka, donde se adaptó sin problemas al tecno-pop. La amplitud estilística da espacio para pensar que Cerati debe haber sido muy bueno para los juegos de rol. Al menos en los musicales, lo fue.

Poner su voz en otro tema de Luis Alberto Spinetta, en cambio, debe haberlo cargado de responsabilidad, sobre todo porque era una producción ya definida por Lito Vitale para el disco *Escúchame entre el ruido*. Y también porque se trataba de "Los libros de la buena memoria", una de las máximas performances vocales de Spinetta que influyó enormemente sobre Cerati. "En el año 2006, estuve a cargo de la producción del homenaje a los cuarenta años del rock argentino que hizo Cultura Nación —explica Lito Vitale—. La idea era que cada artista popular rockero cantara una canción de otro que no hubiera hecho antes, y ahí surgieron las combinaciones. Lo primero fue llamarlo a Spinetta para que cante 'Tres agujas' de Fito Páez y que Machi toque el bajo. Llamé a Gustavo porque la idea era que él cantara 'La Bestia Pop' de Los Redonditos de Ricota y que el Indio cantara 'En la ciudad de la furia', de Soda Stereo. Gustavo había accedido, y el Indio no dijo que no pero me retrucó con cantar 'El salmón' de Andrés Calamaro. Yo tenía ya 'Los libros de la buena memoria' destinado a Gustavo Santaolalla, pero no lo pudimos concretar por cuestiones de su agenda. Ya no tenía sentido que Cerati hiciera algo de Los Redondos, y como sabía que amaba a Spinetta le propuse que hiciera 'Los libros de la buena memoria'. Grabó en su estudio y me mandó siete canales de voz, uno de ellos con la combinación de las distintas tomas que hizo, que era lo que él quería que yo dejara. Escuché ese primero y no chequeé nada más porque me pareció sublime la versión. Está cantada con un corazón profundísimo".

Es curioso que Andrés Giménez, miembro de A.N.I.M.A.L., haya pensado en Cerati para colaborar en su proyecto D-Mente, porque lo convocó para una balada de coloratura folk y la voz de Gustavo resultó perfecta para "Sueño en gota". Una banda tributo a The Beatles, Los Durabeat, le propuso cantar en "I'm losing you" de John Lennon, y además la cantó con ellos en vivo en un festival. Fabiana Cantilo, que fue a cantarle una zamba a Gustavo cuando estaba internado en ALCLA, contó nuevamente con él cuando a través de Afo Verde fue invitado a cantar y tocar guitarra en "Eiti-Leda" de Charly García. "Gustavo era muy serio trabajando —recuerda Cantilo—, y cuando llegó al estudio salí a buscarlo y me encontré con un montón de gente. Había venido un *rockstar*. Mucho silencio, mucho respeto, se entendía perfecto con los productores y no hubo nada que él hiciera que no me gustase". Lo bueno de esa colaboración es que Gustavo le puso su propia impronta a una catedral del rock argentino y casi que mejora una canción de por sí inmejorable.

Uno de los temas más lindos de *Satélite* es "19", de Emanuel Horvilleur, ya en franca carrera solista tras la separación de Illya Kuryaki & The Valderramas. "Hubo un verano en Punta del Este —recuerda Oscar Fernández—, en el que yo estaba con Gustavo y recibí un llamado de Emanuel, que no andaba muy bien, se había separado de Celeste Cid. Le pregunté si no se quería venir y me dijo que no daba, que yo estaba con Gustavo. Le pregunté a él y me dijo: 'obvio, decile que venga'. Gus tenía tan buena onda que iba a decir que sí. Y después terminó cantando y tocando la guitarra en esa canción de Emanuel".

Seguramente, de todas las colaboraciones del disco, más allá de "Zona de promesas" con Mercedes Sosa, la que más trascendió fue "El mareo", una canción de Bajofondo Tango Club, un colectivo liderado por Gustavo Santaolalla, aunque la invitación a Cerati corrió por cuenta de Juan Campodónico. Gustavo canta todo el tema con una voz narcótica, interpretando como un actor la narrativa de la letra. Era un registro raro para la expresividad de Cerati, que podía hacer estallar cualquier canción y, como quedó de manifiesto en "El mareo", podía hacerlo también cantando como si le hubieran suministrado un ansiolítico. Es el choque entre su tono somnoliento, el ritmo bailable, los bandoneones y las cuerdas que ascienden lo que genera el hechizo melancólico que caracteriza al tema.

Hay muchas otras colaboraciones que podrían haber formado parte de esta compilación porque Cerati participó en grabaciones de Shakira, Fricción, Daniel Melero, Los Brujos, Fernando Samalea, Babasónicos, Sui Generis, Antonio Birabent, Fito Páez, Leandro Fresco y muchísimos otros. Nunca sucedía que Gustavo no tuviera ganas de tocar: la música, junto con el amor y la comida, conformaban sus máximas pasiones. Andrés Calamaro lo invitó a participar en su álbum de 1989, *Nadie sale vivo de aquí*, en dos canciones.

—Andrés: ¿es comedia o tragedia? —le preguntó Cerati por cómo debía cantar "Adiós, amigos adiós".

—¡Lo que vos quieras, Gustavo!

Esa es la clave de *Satélite*: comprobar la amplitud de la paleta de colores de Cerati y su vocación de jugar en conjunto, sin extralimitarse en sus superpoderes. Como Lionel Messi, Gustavo mejoraba cualquier equipo.

— • —

—¿Escuchaste el show de Monterrey? —le preguntaron a Taverna en Sony.

—No lo tengo —respondió, amargo.

—¿No lo grabaste vos?

—No, hice la mezcla: no tenía con qué grabarlo.

—Queremos que lo escuches, a ver si te parece que podríamos editarlo.

Adrián hubiera preferido el show del Club Ciudad que, desafortunadamente, no fue filmado. En cambio, el de Monterrey estaba muy bien registrado en cámara y era perfecto para un DVD. El inconveniente era que no se había grabado como para un disco en vivo, y lo que había era una mezcla directa de consola que Taverna hizo para un *streaming*. "El audio —explica Adrián— no tiene ningún tipo de tratamiento y solo hicimos la remasterización. La mezcla había quedado registrada en un video madre, que es buena fuente. La calidad de audio e imagen es óptima". La mayoría de los consumidores no opinaron lo mismo en cuanto al sonido y hubo muchas quejas en redes sociales. "Lo siento: yo hice un disco —se defiende Taverna—. El disco suena muy bien.

Te desafío. Cuando se estrenó el DVD en los cines todos dijeron que era una mierda. Le dije a algunos que se tomaran el trabajo de escucharlo en DVD o en el CD, no en plataformas: todos me pidieron perdón". La verdad, quizás, esté en un lugar intermedio: como sonido para un *streaming* es superlativo; comparado con el sonido habitual para un CD se nota el defecto de origen de no estar capturado para ese fin. Pero sí se nota la diferencia entre el sonido que puede alcanzar en una plataforma de *streaming*, y el que tiene en el CD doble que se publicó como *Fuerza Natural Tour/ En Vivo/ Monterrey, Mx, 2009.*

Y donde el conjunto triunfa es en el DVD: es una performance inapelable sonora y visualmente. Se lo siente vivo desde el bucle inicial que permite optar entre el show completo y las canciones individuales. La música transmite y si se sube el volumen a buen nivel, el sortilegio funciona y se disfruta de uno de los mejores conciertos de *Fuerza Natural.* Se perciben algunos cambios entre el disco y lo que es el traslado de ese material a un escenario y hay verdaderas perlas: el arranque con "Fuerza natural", el entramado de guitarras en "Magia", el momento *pinkfloydiano* en "Sal" cuando Gustavo toca el slide, y la arrolladora interpretación de "Paseo inmoral", con citas a "John Lee Hooker '74" de Johnny Rivers (que Gustavo bailó como todo adolescente argentino en los 70) y a Pescado Rabioso cuando superpone el riff de "Post-Crucifixión".

Hay detalles interesantes en la gráfica confeccionada por Roy García II. "Primero, el contraste del escenario con las esferas de colores —esclarece el diseñador—, que tiene esa cosa avant-garde, y ellos con esa ropa más retro, medio sargento; las pecheras con botones: tiene algo de soldado del pasado, pero al mismo tiempo algo de folk o de western. Fuimos a una tapa muy sintética; la idea era tener estos *dots*, estos puntos, que eran la representación del escenario, conviviendo con un retrato muy lindo de él en primer plano. Lo que nos pasa al trabajar con cosas de Gustavo es que él está tan vivo en la gente que cuando hacés algo hoy tiene que estar vivo. No tiene que sonar a archivo, a retrospectiva, a revisión. Entonces siempre buscamos que las cosas que hacemos después de lo que pasó parezcan de ahora".

Fuerza Natural Tour/ En Vivo/ Monterrey, Mx, 2009 debe ser evaluado como lo que es: un documento histórico. Una de las mejores faenas de Gustavo Cerati con lo que fue su mejor banda como solista en un entorno inmejorable. Sus solos lo ubican sin margen de error en el terreno más rockero y virtuoso de su carrera. Es un artista capturado en su punto máximo de expresión. Único. Vivo.

— • —

Hoy, todo repercute en las redes sociales, que a veces son una caja de resonancia muy perversa. El "Cambalache" del tango, donde es igual un burro que un gran profesor, devino en profecía. Cualquiera opina cualquier cosa. Y las opiniones quedan igualadas en un *timeline* más allá de su procedencia. Cuando se conoció la noticia de la gira *Gracias Totales* hubo un maremoto de improperios contra Zeta Bosio y Charly Alberti, a los que se acusaba de querer armar un Soda Stereo sin Gustavo Cerati con fines de lucro. Para evitar eso la gira y el grupo, técnicamente, se llamaron *Gracias Totales Soda Stereo*. Esta explicación la ofrece Laura Cerati. Para ese momento había infinidad de bandas tributo a Soda Stereo en todo Latinoamérica y hasta Coldplay, en una de sus presentaciones en Argentina, había tocado "De música ligera"; luego lo haría todas las noches de sus diez shows en River durante 2022. En 2011, cuando Gustavo permanecía en coma, Bono de U2, invitó al público argentino a "pensar en Gustavo Cerati. Le enviamos amor, amor y respeto. Él nos va a escuchar y va a escuchar también las voces de todos ustedes". En su serie de conciertos hicieron sonar bien fuerte "De música ligera", que era cantada por todo el estadio.

La idea también podía verse de otra manera: no había habido cierre para Soda Stereo. No había existido la posibilidad de volver a reunirse para cantar una vez más aquellas canciones que transformaron la música de Latinoamérica para poder dejarlas descansar. ¿No tenían derecho Zeta y Charly a hacer lo que tantas bandas tributo estaban haciendo? ¿Les estaba vedado un cierre a ellos dos, que fueron parte fundamental de la historia de Gustavo Cerati? Todo el mundo tiene derecho a un duelo en serio, pero la idea de un concierto es más celebratoria y también permite cerrar la historia. La llave que destrabó esa cerradura fue *Séptimo día*. "Volver a escuchar los temas de Soda —razona Taverna—, sonando bien fuertes, en un estadio lleno de gente... era importante. Era movilizante volver a estar dentro de una cosa que involucraba tanta cantidad de gente. Volver a escuchar las canciones. Te cargaba de adrenalina: ¡es nuestra banda!"

Sucedía que esa banda tenía un líder, que era Gustavo Cerati, y ese líder, cantante, guitarrista y compositor de los temas de Soda Stereo ya no estaba. ¿Cómo volver a hacer algo en vivo sin Gustavo? Zeta y Charly se lo plantearon a Popart y también a Taverna, que dijo que no contaran con él. Luego, lo corrieron con la misma frase: "si no lo hacés vos, lo va a hacer otro". Ese era el punto débil de Adrián: él era el guardián del tesoro. Aunque no su dueño. Y por otro lado, Zeta y Charly, ante la ausencia de Gustavo, necesitaban de Adrián. Lo podría haber hecho otro, sí, pero ¿hubiera salido tan bien? Porque no se trataba solo de un sonidista sino de alguien que entendía cómo trabajaba la mente de Cerati. Adrián tuvo una reunión a solas con Laura Cerati, que había recibido la propuesta de Zeta y Charly, que dejaron en claro que con o sin ellos lo iban a hacer. Laura a su vez había hablado con Benito y con Lisa, con quien consulta todas las cuestiones pertinentes a la obra de Gustavo, y toman las decisiones en conjunto. Tanto Taverna como Laura finalmente aceptaron que se avanzara con el proyecto, pero ambos pusieron condiciones. "Para nosotros no era tiempo —dice Laura—, ni tenía el formato que considerábamos adecuado, pero después lo mejoraron. . Que en el equipo de trabajo estuvieran Adrián y Richard Coleman nos daba tranquilidad porque es gente que conocemos de toda la vida".

Es así que Adrián Taverna fue el director musical de *Gracias Totales Soda Stereo*, armó la banda, eligió los cantantes (no todos) y las versiones. "Una de las pautas —explica— fue No Más Trío: Gustavo es irremplazable. Eso lo planteé a viva voz: había que hacerlo de esa manera. Iba a haber tres guitarristas permanentes; yo quería poner sesionistas pero me decían que iba a quedar muy frío. Entonces, lo armé con músicos que me iban a responder, y el primero que lo entendió fue Richard Coleman. Los otros dos guitarristas fueron Roli Ureta, a quien conozco desde Fricción, y Simón Bosio, que no está por ser el hijo de Zeta, sino porque le produje dos discos y sé lo que toca. Siempre lo cargo a Zeta: ¡al fin hay un músico en la familia! Quería tres guitarristas diferentes. Busqué en Roli un guitarrista diferente a Richard. Y el otro integrante fue Fabián Quintiero porque toca muy bien y fue un Soda Stereo". Hubo otra recuperación importante con Marcelo Angiolini como mánager general, quien cumplió esa función en los inicios de la banda.

Gracias Totales fue un éxito, pero la gira debió interrumpirse por la pandemia. Comenzó en Colombia, luego se dirigió a Perú y alcanzó a brindar dos shows en México, pero no pudieron continuar. "Todo empezó con un alerta de Estados Unidos —explica Angiolini—, ya había alertas que se había puesto difícil porque la NBA había empezado a suspender los partidos de básquet con público. Y ahí se nos comenzaron a prender todas las alarmas porque nosotros íbamos a tocar en arenas". Recién se pudo retomar el 18 de diciembre de 2021 en Buenos Aires. "Hubo un cantante por cada tema: veintidós cantantes en total —explica Taverna—. Gustavo canta en tres: "Sobredosis de TV", "Fue" y "De música ligera". Gustavo aparece filmado con imágenes de shows en vivo, y hay solos de él. No hacía falta que estuviera todo el tiempo en pantalla. El resto de los cantantes se fue eligiendo por afinidad; Richard cantó 'Hombre al agua'. Hubo algunos que yo hubiera querido como Ricardo Mollo, Vicentico, Andrés Calamaro y Fito Páez que me dijeron que no, pero les agradecí de todos modos. Llevó un año y medio armar todo eso. Con los shows íbamos de punto y terminábamos siendo banca: Gustavo es irremplazable, pero traté de que los que estuvieran fueran los mejores posibles".

De acuerdo a las fechas y al lugar, había más o menos cantantes en vivo: el resto estaba en una pantalla gigante. Lógicamente, no se podía llevar a Chris Martin de Coldplay a cantar en todos los shows, de manera que su participación se grabó. "Le pedí al ingeniero que, si podía, lo cantara como Gustavo. El ingeniero hizo silencio: está con el número uno del mundo. Pero yo también creo lo mismo de Gustavo". Hubo performances correctas y algunas sobresalientes como la de Gustavo Santaolalla cantando "Cuando pase el temblor" y tocando el charango. Estuvieron muy bien Rubén Albarrán de Café Tacuba en "Lo que sangra (La cúpula)", Andrea Echeverri en "Pasos" y Robi Draco Rosa se apoderó de "En remolinos" en una interpretación brillante. Pero la gran sorpresa fue Benito Cerati cantando "Zoom", que se constituyó en el nudo emotivo del show. Tuvo una evolución notable con respecto a su participación en el homenaje anterior a su padre en 2015, en el Planetario de Buenos Aires. Cantó la canción de *Sueño Stereo* como si estuviera en el living de su hogar, suelto como perro campestre y convincente sin aprovecharse del asombroso parecido físico con Gustavo. Utilizó sus propios recursos y seguramente su papá habría estado orgulloso.

"Empezamos el primer show con mucha presión —se sincera Taverna—, se apagaron las luces y se me comenzó a llenar el culo de preguntas. Y lo que me pasó fue que en los últimos tres temas no paré de llorar. Lloré todo lo que no lloré desde que falleció Gustavo. Sentía una cosa que tenía adentro, y todo el show sentí la presencia de Gustavo. Al arrancar y ver esos ojos azules tan grandes que me miraban otra vez... ufffff. Fue el primer impacto. Sonaba increíble, como si estuviera ahí. El segundo tema lo cantaba Richard y era el primer tema con voz en el escenario. Ahí me relajé. Hasta los últimos tres temas".

Sí, el primer impacto con "Sobredosis de TV", canción invencible, guerrera fiel de todos los conciertos de Soda Stereo, conjuraba el hechizo. Verlo a Gustavo en la pantalla, gigantesco, tocando la canción con el resto de los músicos ocasionaba un momento fuera de la realidad y los que vivieron la historia original retornaron a los años donde esta canción sonó en miles de conciertos, se bailó en infinidad de discotecas, se cantó a viva voz en pubs, estadios, boliches y sótanos de mala muerte que apestaban a cerveza derramada y sudor estancado. Que es donde comenzó toda esta historia. Algún tiempo atrás.

— • —

Una herencia es un conjunto de bienes y derechos que se traspasa de padres a hijos, e inclusive a otros miembros de una familia, y pertenece al mundo de lo legal. Un legado tiene otro contorno y se vincula más con lo espiritual, lo emocional y lo cultural, que en el caso de un artista como Gustavo Cerati le pertenece a todo aquel que lo sienta propio. Son los frutos inesperados de una obra, más allá de la obra en sí. Es un universo que no para de crecer porque el arte tiene una enorme cantidad de significados que varía de persona en persona. Y todos son válidos.

En coincidencia con lo que hubiese sido su cumpleaños 63, el 11 de agosto de 2022 vio la luz una nueva entrega de los episodios sinfónicos, que lejos de confundirse con lo que fueron los once de la primera temporada, grabados en Buenos Aires y en silencio, se erigen en un universo completamente distinto pese a sus pocas diferencias. Los *14 episodios sinfónicos* tuvieron su registro en el Auditorio Nacional de la Ciudad de México, el 9 de febrero de 2002, y es la falta de restricciones al público lo que le añade nueva vida. Eso, y la característica singular de la Camerata de las Américas, del Maestro Roberto Kolb. Sin olvidar, claro está, la interpretación de Gustavo que, como Gardel, parece cantar cada día mejor en cada episodio. Quien se tome el trabajo de escuchar *11 episodios sinfónicos* y *14 episodios sinfónicos*, más allá de las inclusiones de "Lisa", "Fue" y "Hombre al agua" en la segunda temporada, encontrará pequeñas variaciones, diminutos deleites donde el oyente atento hallará pequeños tesoros que se unen como la cuenta de un collar invisible.

Hablando de Carlos Gardel, Lillian Clarke se sorprendió en el velatorio de su hijo al ver las multitudes que desafiaban la lluvia para despedirlo, y recordó aquel adiós al gran cantor del tango. Ella tenía solo seis años, y su familia se mudó a General Alvear el año en que los restos de Gardel llegaron a Buenos Aires para ser despedidos en el Luna Park. No existía la televisión y Lillian vivía a más de doscientos kilómetros, ¿cómo pudo recordar entonces? El dolor por la pérdida de un ídolo popular no viaja por cables: es parte de un sentimiento que se transmite por otros medios; es una vibración de tono triste a la que todos acompañan más allá de su conocimiento del personaje. Provoca algo que se extiende como la prolongación de un nervio empático. Sucedió también con la muerte de Luis Alberto Spinetta, el 8 de febrero de 2012, mientras Gustavo se hallaba en coma. Se popularizó entre los fans de Cerati un rezo: "Luis, decile a Dios que despierte a Gustavo".

El despertar de Gustavo sucedió de otra manera: a través de su obra. Primero fueron las conjeturas que bordearon la oscura silueta de las teorías conspirativas que aseguraban lo profético de algunos versos con respecto a su muerte. Pero hubo otras que encerraban la ineludible esperanza más allá de cualquier imposibilidad. Escuchar una canción de Soda Stereo o de Gustavo como solista durante esos cuatro largos años de su coma era algo parecido a una plegaria. Tras su muerte, una vez transcurrido el largo camino del duelo, el repertorio de Cerati comenzó a surgir inmenso, luminoso, ya sin ataduras a la circunstancia final. La alegría agridulce de "De música ligera" bajando en torrente. El desborde hormonal de "Te hacen falta vitaminas". Los errores ópticos que provoca "Déjà Vu", con su ritmo triunfal. La reflexión hipnótica del sentido del disfraz en "Camuflaje". El desgarro por el amor finalizado de "Crimen". La determinación de un hombre que caminará por las piedras hasta el calambre, no sin temor, no sin vergüenza, desafiando a un planeta con desilusión en "Cuando pase el temblor". La certeza de que del mismo dolor vendrá un nuevo amanecer.

La cuenta es infinita como sus canciones. Gustavo Cerati ha dejado un legado de proporciones incalculables, que transformó la música de Argentina y el rock de Latinoamérica, que emocionó a personas de diferentes generaciones, y que lo seguirá haciendo. Su obra aparece en cualquier lugar, con cualquier pretexto, cualquier excusa, cualquier error, mágica en su dimensión. No hay sitio donde no estén sus canciones para transformarnos el día, la noche, el estado de ánimo, con su perfección inigualable, con sus guitarras electrizándonos o acariciándonos. Hay miles de músicos en este mismo momento tratando de descifrar sus acordes, sus palabras, homenajeándolo permanentemente, todavía deslumbrados por el resplandor de su arte. Su cara aparece en pintadas callejeras o en estatuas respetuosamente diseñadas y en todo lo que está en el medio.

El hombre alado ya es parte de todos. Su Buenos Aires, esa ciudad de la eterna furia, percibe su vuelo en los amaneceres o en la noche profunda, antes que todos despierten. Retumban como truenos sus pasos por la ruta del jinete enmascarado, tras una melodía, en el vértigo de la eternidad.

Su luz no deja de pulsar.

Agradecimientos

A todos los entrevistados, porque fueron ellos los que hicieron posible este libro. A los que están de nombre presente y a los que prefirieron el anonimato. Incluyo a los que no quisieron participar: ayudaron a forjar el carácter de este libro.

Quiero dar las gracias también a todos los que colaboraron de un modo u otro: Nando Travi, Damián Benetucci, Cocó Herrera, Martín Gurfein, Marcelo Fernández Bitar, Fernando Aceves, Celeste Soto, Martín Rea y Natalia, Daniel Brizuela, Ezequiel Losada, Andreína Talín, Silvia Cerávolo, Marcelo Curt, Alfredo Rosso, Cecilia Hoffmann, Daniel Gutiérrez, Charlie Píccoli, Carlos Sánchez, Fernando Rabih, Gabriela Widmer, Nina Marchi, Antonio Marchi, Fernando Blanco, Guillermina Arraiz, Raul Korman, Marcela Giussani, Sergio Ponfil, Luis Herman, Marcelo Morano, Federico Anelli, Guillermo Gilabert, Gustavo Radaelli, Marcela Mercurio, Marcelo Gasió, Mario Vargas, Juan Ignacio Boido, Mariano Kairuz, Mariana Creo y todos en Penguin Random House.

A la respetuosa memoria de Martín Carrizo y Flavio Etcheto, a quienes no alcancé a entrevistar.

A todos mis alumnos a distancia en tiempos de pandemia.

Mi gratitud especial para Fernando Samalea, compañero de aventuras con Charly García y hombre de consulta, que me regaló y firmó un fragmento de la batería que usó con Gustavo en la gira de *Fuerza Natural*. Preside el estudio donde escribí *Algún tiempo atrás*.

Como en el libro de Spinetta, la compañía de mi perro Dylan resultó la pieza fundamental para mantenerme cuerdo escribiendo o para salir a caminar y tomar aire.

Esta obra se terminó de imprimir
en el mes de abril de 2025,
en los talleres de Diversidad Gráfica S.A. de C.V.
Ciudad de México